Wirtschaftsmathematik für Dummies – Schummelseite

Niemals null im Nenner

$\dfrac{0}{5} = 0$, aber $\dfrac{5}{0}$ ist undefiniert.

Spezielle Produkte

Ausklammern: $ab + ac = a(b + c)$

Erstes quadriertes Binom: $(a + b)^2 = a^2 + 2ab + b^2$

Zweites quadriertes Binom: $(a - b)^2 = a^2 - 2ab + b^2$

Summe und Differenz: $(a + b)(a - b) = a^2 - b^2$

Quadratformeln

✔ Wenn $ax^2 + bx + c = 0$ ist, dann gilt $x = \dfrac{-b \pm \sqrt{b^2 - 4ac}}{2a}$.

✔ Wenn $x^2 + px + q = 0$ ist, dann gilt $x = -\dfrac{p}{2} \pm \sqrt{\left(\dfrac{p}{2}\right)^2 - q}$.

W0062830

Regeln für Potenzen

$x^a \cdot x^b = x^{a+b}$

$x^a \div x^b = x^{a-b}$

$x^0 = 1$

$x^{-1} = \dfrac{1}{x}$

$\left(x^a\right)^b = x^{a \cdot b}$

$\sqrt[b]{x^a} = x^{\frac{a}{b}}$

Regeln für Wurzeln

$\sqrt[n]{a \cdot b} = \sqrt[n]{a} \cdot \sqrt[n]{b}$

$\sqrt[n]{\dfrac{a}{b}} = \dfrac{\sqrt[n]{a}}{\sqrt[n]{b}}$

$\sqrt[n]{a^m} = a^{m/n}$

Logarithmusregeln

Äquivalenzen: $a^x = y \leftrightarrow \log_a y = x$

Logarithmus eines Produkts: $\log_a x \cdot y = \log_a x + \log_a y$

Logarithmus eines Quotienten: $\log_a \dfrac{x}{y} = \log_a x - \log_a y$

Logarithmus einer Potenz: $\log_a x^n = n \log_a x$

Logarithmus eines Reziproks: $\log_a \dfrac{1}{x} = -\log_a x$

Logarithmus von a zur Basis a: $\log_a a = 1$

Logarithmus von e zur Basis e: $\ln e = 1$

Logarithmus von 1 zur Basis a: $\log_a 1 = 0$

Matrizenregeln

$A + B = B + A$

$A \cdot B \neq B \cdot A$

Cramer'sche Regel

Klassisch: Die Lösung des linearen Gleichungssystems $\begin{cases} ax + by = c \\ dx + ey = f \end{cases}$ ist

$x = \dfrac{c_1 b_2 - b_1 c_2}{d} = \dfrac{c_1 b_2 - b_1 c_2}{a_1 b_2 - b_1 a_2}$, $y = \dfrac{a_1 c_2 - c_1 a_2}{d} = \dfrac{a_1 c_2 - c_1 a_2}{a_1 b_2 - b_1 a_2}$.

In Matrizenschreibweise: $\begin{pmatrix} x_1 \\ \vdots \\ x_n \end{pmatrix} = \dfrac{1}{\det(A)} \begin{pmatrix} \det(A_1) \\ \vdots \\ \det(A_n) \end{pmatrix}$

Wirtschaftsmathematik für Dummies – Schummelseite

Die handliche Ableitungstabelle

Die Produktregel:
$$\frac{d}{dx}(uv) = u'v + uv'$$

Die Quotientenregel:
$$\frac{d}{dx}\left(\frac{u}{v}\right) = \frac{u'v - uv'}{v^2}$$

Die Kettenregel:
$$\frac{d}{dx}f\big(g(x)\big) = f'\big(g(x)\big) \cdot g'(x)$$

1. $\dfrac{d}{dx}c = 0$

2. $\dfrac{d}{dx}x = 1$

3. $\dfrac{d}{dx}cx = c$

4. $\dfrac{d}{dx}x^n = nx^{n-1}$

5. $\dfrac{d}{dx}e^x = e^x$

6. $\dfrac{d}{dx}\ln x = \dfrac{1}{x}$

7. $\dfrac{d}{dx}a^x = a^x \ln a$

8. $\dfrac{d}{dx}\log_a x = \dfrac{1}{x} \cdot \dfrac{1}{\ln a}$

9. $\dfrac{d}{dx}\sin x = \cos x$

10. $\dfrac{d}{dx}\cos x = -\sin x$

11. $\dfrac{d}{dx}\tan x = \sec^2 x$

Die noch handlichere Integral-Tabelle

1. $\int dx = x + C$

2. $\int x^n dx = \dfrac{x^{n+1}}{n+1} + C, (n \neq -1)$

3. $\int e^x dx = e^x + C$

4. $\int \dfrac{dx}{x} = \ln|x| + C$

5. $\int a^x dx = \dfrac{1}{\ln a}a^x + C$

6. $\int \ln x\, dx = x(\ln x - 1) + C$

7. $\int \sin x\, dx = -\cos x + C$

8. $\int \cos x\, dx = \sin x + C$

9. $\int \tan x\, dx = -\ln|\cos x| + C$

Leontief-Modell

$$y = (E - Q) \cdot q$$

$$q = (E - Q)^{-1} \cdot y$$

Zählregeln

$$\binom{n}{k} = \frac{n!}{(n-k)!\,k!}$$

$0! = 1$ (per Definition)

$1! = 1$

$2! = 2 \cdot 1 = 2$

$n! = n \cdot (n-1) \cdot (n-2) \cdot \ldots \cdot (3) \cdot (2) \cdot (1)$

Wahrscheinlichkeitsregeln

Additionsregel: $P(A \cup B) = P(A) + P(B) - P(A \cap B)$

Wenn A und B einander ausschließen: $P(A \cup B) = P(A) + P(B)$

Multiplikationsregel: $P(A \cap B) = P(A) \cdot P(B|A)$ oder $P(B) \cdot P(A|B)$

Wenn A und B unabhängig sind: $P(A \cap B) = P(A) \cdot P(B)$

...mplementregel: $P(A^c) = 1 - P(A)$

Wirtschaftsmathematik für Dummies – Schummelseite

Wahrscheinlichkeitsdefinitionen

✔ A und B schließen einander aus, wenn $P(A \cap B) = 0$ ist.

✔ A und B sind unabhängig, wenn $P(A|B) = P(A)$ oder $P(B) = P(B|A)$ ist.

Wahrscheinlichkeitsgesetze

Gesetz der totalen Wahrscheinlichkeit: $P(B) = \sum_i P(A_i) \cdot P(B \mid A_i)$

Bayes-Theorem: $P(A_i \mid B) = \dfrac{P(A_i) \cdot P(B \mid A_i)}{\sum_i P(A_i) \cdot P(B \mid A_i)}$

Diskrete Wahrscheinlichkeitsverteilungen

X	X zählt	p(x)	Werte von X	E(x)	V(x)
Diskrete Gleich-verteilung	Ergebnisse mit gleicher Wahr-scheinlichkeit (endlich)	$\dfrac{1}{b-a+1}$	$a \leq x \leq b$	$\dfrac{b+a}{2}$	$\dfrac{(b-a+2)(b-a)}{12}$
Binomial-verteilung	Erfolge bei n fixen Versuchen	$\binom{n}{x} p^x (1-p)^{n-x}$	$x = 0, 1, \ldots, n$	np	$np(1-p)$
Poisson-verteilung	Ankünfte in einer fixen Zeitspanne	$\dfrac{e^{-\lambda} \lambda^x}{x!}$	$x = 0, 1, 2, \ldots$	λ	λ

Stetige Wahrscheinlichkeitsverteilungen

X	X misst	f(x)	Werte von X	E(x)	V(x)
Stetige Gleich-verteilung	Ergebnisse mit gleicher Dichte (stetig)	$\dfrac{1}{b-a}$	$a \leq x \leq b$	$\dfrac{b+a}{2}$	$\dfrac{(b+a)^2}{12}$
Exponential-verteilung	Zeit zwischen Ereignissen; Zeit bis zu einem Ereignis	$\lambda e^{-\lambda x}$	$x \geq 0$	$\dfrac{1}{\lambda}$	$\dfrac{1}{\lambda^2}$
Normal-verteilung	Werte mit glockenförmiger Verteilung (stetig)	$\dfrac{1}{\sigma\sqrt{2\pi}} e^{-\frac{1}{2}\left(\frac{x-\mu}{\sigma}\right)^2}$	$-\infty < x < \infty$	μ	σ

Investitionsrechnung

Formel

$$C_0 = \sum_{j=1}^{n} \frac{P_j}{(1+i)^j} - A_0$$

Der *interne Zinssatz* i_{inn} ist der Zinssatz, bei dem der Kapitalwert der Investition gleich 0 ist.

Wird benutzt für

Der *Nettokapitalwert der Investition* C_0 setzt sich aus der Summe der auf einen beliebigen Zeitpunkt auf- oder abgezinsten Periodenüberschüsse einer Investition zusammen, minus der Anschaffungsauszahlung.

Wirtschaftsmathematik für Dummies – Schummelseite

Zinsrechnung

Formel	Wird benutzt für
$K_n = K_0 \cdot (1+i)^n$	Berechnung des *Endkapitals* in der Zinseszinsrechnung
$i = n\sqrt{\dfrac{K_n}{K_0}} - 1$	Berechnung des *Zinssatzes* in der Zinseszinsrechnung
$n = \dfrac{\log K_n - \log K_0}{\log(1+i)}$	Berechnung der *Laufzeit* in der Zinseszinsrechnung
$K_0 = \dfrac{K_n}{(1+i)^n}$	Berechnung des *Anfangkapitals* in der Zinseszinsrechnung
$K_n = K_0 \cdot (1 + n \cdot i)$	Berechnung des *Endkapitals* in der linearen Zinsrechnung
$i = \dfrac{1}{n} \cdot \left(\dfrac{K_n}{K_0} - 1\right)$	Berechnung des *Zinssatzes* in der linearen Zinsrechnung
$n = \dfrac{1}{i} \cdot \left(\dfrac{K_n}{K_0} - 1\right)$	Berechnung der *Laufzeit* in der linearen Zinsrechnung
$K_0 = \dfrac{K_n}{(1 + n \cdot i)}$	Berechnung des *Anfangkapitals* in der linearen Zinsrechnung
$K_n = K_0 \cdot e^{i \cdot n}$	Berechnung des *Endkapitals* für eine *stetige* Verzinsung

Rentenrechnung

Formel	Wird benutzt für
$R_{n\_nach} = r \cdot \dfrac{(q^n - 1)}{(q - 1)}$	Berechnung des *nachschüssigen* Rentenendwertes
$R_{n\_vor} = r \cdot q \dfrac{(q^n - 1)}{(q - 1)}$	Berechnung des *vorschüssigen* Rentenendwertes
$R_n = r\dfrac{q^n - 1}{i} + \dfrac{d}{i}\left(\dfrac{q^n - 1}{i} - n\right)$	Berechnung des *Rentenendwertes* für eine jährlich *arithmetisch* wachsende Rente bei einer jährlichen Rentenzahlung und mit jährlicher Zinsverrechnung
$R_n = r\dfrac{q^n - c^n}{q - c}$ wenn $q \neq c$ oder $R_n = r \cdot n \cdot q^{n-1}$ wenn $q = c$	Berechnung des *Rentenendwertes* für eine jährlich *geometrische* wachsende Rente bei einer jährlichen Rentenzahlung und mit jährlicher Zinsverrechnung

Tilgungsrechnung

Formel	Wird benutzt für
$A_t = Z_t + T_t$	Berechnung der *Annuität* in der Tilgungsrechnung
Ratentilgung	Bei der *Ratentilgung* bleiben die Tilgungsraten über die Laufzeit konstant.
Annuitätentilgung	Bei der *Annuitätentilgung* bleiben die Annuitäten über die Laufzeit konstant.

Wirtschaftsmathematik für Dummies

Christoph Mayer, Sören Jensen, Suleika Bort, Deborah Rumsey,
Mark Ryan und Mary Jane Sterling

Wirtschaftsmathematik
für Dummies

Herausgegeben von Christoph Mayer, Sören Jensen
und Suleika Bort

WILEY-VCH Verlag GmbH & Co. KGaA

**Bibliografische Information
der Deutschen Nationalbibliothek**

Die Deutsche Nationalbibliothek verzeichnet diese Publika-
tion in der Deutschen Nationalbibliografie;
detaillierte bibliografische Daten sind im Internet über
http://dnb.d-nb.de abrufbar.

1. Auflage 2009
6. Nachdruck, 2013

Das vorliegende Werk wurde sorgfältig erarbeitet. Dennoch übernehmen Autoren und
Verlag für die Richtigkeit von Angaben, Hinweisen und Ratschlägen sowie eventuelle
Druckfehler keine Haftung.

Gedruckt auf säurefreiem Papier

Korrektur: Petra Heubach-Erdmann und Jürgen Erdmann, Düsseldorf

Satz: Beltz Bad Langensalza GmbH, Bad Langensalza

Druck und Bindung: CPI, Ebner & Spiegel GmbH, Ulm

Coverfoto: Young woman writing on blackboard, close-up of hand / © Jeffrey Coolidge

ISBN: 978-3-527-70375-3

Über die Autoren

Dr. Christoph Mayer studierte Betriebswirtschaftslehre an der Universität Mannheim. Danach unterrichtete er als wissenschaftlicher Mitarbeiter lineare Algebra und Finanzmathematik und promovierte am Lehrstuhl für ABWL, Risikotheorie, Portfoliomanagement und Versicherungswirtschaft. Aktuell arbeitet er im Konzernrisikomanagement der EnBW Energie Baden-Württemberg AG. Des Weiteren ist er Lehrbeauftragter für Wirtschaftsmathematik an der Fachhochschule Ludwigshafen.

Sören Jensen studierte ebenfalls Betriebswirtschaftslehre an der Universität Mannheim. Er blieb seiner Alma Mater treu und promoviert nun am Lehrstuhl für ABWL, Risikotheorie, Portfolio Management und Versicherungswirtschaft. Herr Jensen war während seines Studiums als Tutor für lineare Algebra und Finanzmathematik tätig und hält heute Vorlesungen und Übungen in Finanzmathematik für Wirtschaftswissenschaftler an der Universität Mannheim.

Suleika Bort promoviert und arbeitet am Lehrstuhl für Allgemeine Betriebswirtschaftslehre und Organisation an der Universität Mannheim. Sie lehrt hier vor allem im Bereich Management. Zudem ist sie Dozentin für Wirtschaftsmathematik an der Fachhochschule Ludwigshafen am Rhein. Frau Bort studierte Betriebswirtschaftslehre an der Universität Mannheim.

Dr. Deborah Rumsey promovierte 1993 in Statistik an der Ohio State University. Nach ihrer Graduierung wechselte sie zum Department of Statistics der Kansas State University, wo sie den renommierten Presidential Teaching Award gewann. Im Jahr 2000 kehrte sie an die Ohio State University zurück und ist heute Mitglied des Department of Statistics. Deborah Rumsey war Mitglied des Statistics Education Executive Committee der American Statistical Association und Lektorin des Teaching-Bits-Abschnitts des Journal of Statistics Education. Ihre Forschungsinteressen liegen auf der Lehrplanentwicklung, der Weiterbildung und Unterstützung von Lehrern und auf immersiven Lernumgebungen.

Mark Ryan ist Absolvent der Brown University und der University of Wisconsin Law School sowie Mitglied des National Council of Teachers of Mathematics. Er lehrt seit 1989 Mathematik. Er leitet das Math Center in Winnetka, Illinois (www.themathcenter.com), wo er Kurse für höhere Mathematik gibt, wie unter anderem eine Einführung in die Analysis und einen Workshop für Eltern, der auf einem von ihm selbst entwickelten Programm basiert.

Mary Jane Sterling ist Dozentin für Mathematik an der Bradley University.

Inhaltsverzeichnis

Einführung

Einst erhob der römische Kaiser Vespasian eine Latrinensteuer auf öffentliche Toiletten. Sein Sohn Titus war über diese neue Einnahmequelle gar nicht glücklich. Als die ersten diesbezüglichen Steuergelder in die Schatzkammer gelangten, nahm Vespasian ein Geldstück, hielt es Titus unter die Nase und fragte ihn, ob er irgendetwas rieche. Sein Sohn verneinte dies und Vespasian gab das berühmte Zitat »Pecunia non olet« (Geld stinkt nicht) von sich. Aber nicht nur des lieben Geldes wegen kann es Spaß machen, sich mit der Wirtschaftsmathematik zu beschäftigen. Lesen Sie dieses Buch, machen Sie sich ein Bild und genießen Sie es, zu denen zu gehören, die sagen können: »Wirtschaftsmathematik? Das passt.«

Dieses Buch ist ein Rundum-Sorglos-Paket für alle wichtigen Aspekte der Wirtschaftsmathematik. Ohne dass Sie eine einzige schlaflose Nacht haben, werden wir Ihnen alles beibringen, was Sie wissen müssen, wenn es um Gewinnmaximierung, Ausschussverringerung, Produktpalettenoptimierung, Renditen, Investitionen oder sonstige Anlagen geht.

Über dieses Buch

Wirtschaftsmathematik für Dummies richtet sich an Studenten der Wirtschaftswissenschaften in den ersten Semestern, Schüler von Wirtschaftsschulen und alle, die einen guten Überblick über das Themengebiet gewinnen wollen.

✔ Wenn Sie als Student der Wirtschaftswissenschaften Mathematikkurse belegen müssen und Ihr Lehrbuch nicht gerade das hergibt, was Ihr Professor verspricht, dann sollten Sie dieses Buch lesen. Es deckt die wichtigsten Themen der Wirtschaftsmathematik ab und erläutert diese sehr anschaulich.

✔ Für Schüler einer Wirtschaftsschule bietet dieses Buch nicht nur eine Einführung in die Wirtschaftsmathematik, sondern zusätzlich eine nützliche Vertiefung des Stoffs in lineare Algebra, Analysis und Finanzmathematik.

✔ Leser, die nicht mehr zur Schule gehen, werden die Darstellungen im Buch klar und verständlich finden. *Wirtschaftsmathematik für Dummies* vermittelt die Grundlagen, die in der Wirtschaft unumgänglich sind.

Dies ist ein benutzerfreundliches Mathematikbuch. Wo immer möglich, erklären wir die Konzepte mit Hilfe praxisnaher Beispiele. Wir haben alle Erklärungen in eine einfache, verständliche Sprache gepackt und eigentlich auf jeglichen Mathematik-Slang verzichtet.

Konventionen in diesem Buch

Die folgenden Konventionen halten den Text konsistent und leicht verständlich.

✔ Neu eingeführte Begriffe sind *kursiv* dargestellt und werden bei ihrem ersten Auftreten erklärt.

✔ Bei der schrittweisen Lösung von Aufgaben ist die allgemeine Vorgehensweise **fett** dargestellt, gefolgt von den Besonderheiten der jeweiligen Aufgabe.

Törichte Annahmen über den Leser

Ob Sie es wollen oder nicht, wir setzen voraus,

✔ dass Sie mindestens in einem Mathematikkurs physisch anwesend waren.

In diesem Buch werden zwar alle Themenbereiche ausführlich eingeführt und vorgestellt, jedoch könnten die Erklärungen der späteren Teile für jemanden ohne Vorkenntnisse etwas knapp ausfallen. Wenn Sie ein wenig eingerostet sind, bietet Ihnen Teil I und die ersten Kapitel von Teil II eine gute Wiederholung der notwendigen Grundlagen.

✔ dass Sie fleißig sind.

Wir haben versucht, den Stoff so eingängig wie möglich zu gestalten, aber das Ganze ist und bleibt nun mal gute Mathematik. Sie können den Stoff leider nicht lernen, indem Sie einfach eine Kassette im Auto anhören oder eine Pille schlucken – noch nicht, jedenfalls.

Das ist nicht zu viel verlangt, oder?

Wie dieses Buch aufgebaut ist

Das Buch ist in Teilen angeordnet, die Teile in Kapiteln, die Kapitel in Abschnitte. Wir orientieren uns dabei an den Teilgebieten der Mathematik: Algebra, Analysis, lineare Algebra, Wahrscheinlichkeitsrechnung und Finanzmathematik.

Teil I: Auf die Plätze ... Einfache Algebra

Teil I ist ein Überblick über die einfache Algebra, die Sie als Grundlage für die folgenden Teile brauchen. Wenn Sie diesen Überblick nicht benötigen, können Sie ihn einfach überblättern oder gegebenenfalls nur darin nachschlagen. Wenn Sie dagegen ein wenig eingerostet sind, ist es durchaus sinnvoll, diesen Teil durchzuarbeiten – wenigstens oberflächlich.

Teil II: Analysis

Was wäre die Mathematik ohne die gute alte Analysis? In der Analysis dreht sich alles um Funktionen. Funktionen helfen, das Wirtschaftsleben zu erfassen und zu vereinfachen. So können Sie zum Beispiel eine Funktion aufstellen, die Ihnen den optimalen Verkaufspreis eines Produkts bestimmt. Dieser Teil des Buchs macht Sie mit den Eigenschaften von Funktionen und den beiden großen Konzepten der Analysis – der Differentialrechnung und der Integralrechnung – vertraut. Für Fortgeschrittene gibt es ein Kapitel über mehrdimensionale Funktionen.

Teil III: Ordnung schaffen in der Zahlenwelt – Mit Matrizen und Gleichungssystemen

In diesem Teil lernen Sie Matrizen kennen. Neben den einfachen Rechenarten wie Addition und Multiplikation enthält Teil III auch einiges zur weiterführenden Matrizenrechnung. Das Lösen von linearen Gleichungssystemen bildet ein weiteres zentrales Element dieses Teils. Sie erfahren, wie beliebig große Gleichungssysteme problemlos zu lösen sind, ohne den Überblick zu verlieren – nicht zuletzt auch dank der Matrizenrechnung! Zwei zentrale ökonomische Modelle – die simultane innerbetriebliche Leistungsverrechnung und das Leontief-Modell – runden diesen Teil ab.

Teil IV: Wahrscheinlichkeitsrechnung

In diesem Teil dreht sich alles um Wahrscheinlichkeiten. Da im Wirtschaftsleben sehr viel einer gewissen Unsicherheit unterliegt (zum Beispiel die Entwicklung von Aktienkursen oder die des Ölpreises), weiß man im Voraus nicht sicher, ob ein Ereignis eintreten wird oder nicht. In den meisten Fällen kann man aber zumindest eine Aussage darüber treffen, mit welcher Wahrscheinlichkeit dieses Ereignis eintreten wird. Dieser Teil vermittelt Ihnen die notwendigen Grundlagen der Wahrscheinlichkeitsrechnung. Sie erfahren, wie Sie Erwartungswerte und Varianzen sowie Wahrscheinlichkeiten für einige Zufallsereignisse berechnen können, und lernen verschiedene Wahrscheinlichkeitsverteilungen kennen.

Teil V: Finanzmathematik

Im vorletzten Teil dieses Buches kommt Dagobert Duck ins Spiel: Es geht um das liebe Geld. Grundlegend für dieses Kapitel ist die Berechnung von Zinsen (von lat.: *census*, die Abgabe). Sie beschäftigen sich mit der Zinsrechnung und lernen die Rentenrechnung sowie die Tilgungsrechnung kennen. Sie werden Konzepte kennen lernen, mit denen Sie Ihrem Banker auf die Füße treten können. Und da Sie sich in der Wirtschaftsmathematik befinden, dürfen auch die Investitionsrechnung und die Kurs- und Renditerechnung nicht fehlen.

Teil VI: Der Top-Ten-Teil

Hier finden Sie zwei Top-Ten-Listen: Zehn Schritte beim Lösen von Textaufgaben und zehn Dinge, mit denen Sie nicht durchkommen.

Zusatzmaterialien im Internet

Unter www.wiley-vch.de/publish/dt/books/ISBN978-3-527-70375-3 finden Sie drei wichtige Tabellen (über Wahrscheinlichkeitsverteilungen), die Sie in der Wahrscheinlichkeitsrechnung benötigen werden.

Symbole, die in diesem Buch verwendet werden

Achten Sie auf die folgenden Symbole. Damit lenken wir Ihre Aufmerksamkeit auf besonders wichtige Informationen, die Ihnen das Leben mit der Wirtschaftsmathematik leichter machen werden.

 Neben diesem Symbol finden Sie wichtige Anmerkungen zum Vorgehen bei der Bestimmung der Lösung oder es gibt weitere nützliche Informationen.

 Hier gibt es Dinge, die Sie sich unbedingt merken müssen.

 Dieses Symbol wird neben Informationen angezeigt, die Ihnen das Leben leichter machen. Lesen Sie sie unbedingt durch. Es lohnt sich.

 Augen auf! Dieses Symbol weist auf häufig gemachte Fehler in der Wirtschaftsmathematik hin.

Wie es weitergeht

Mit Kapitel 1 natürlich, wenn Sie ganz vorne anfangen wollen. Wenn Sie bereits Grundwissen aus der Wirtschaftsmathematik mitbringen oder nur eine Auffrischung für das eine oder andere Thema benötigen, können Sie jederzeit an anderen Stellen anfangen zu lesen. Im Inhaltsverzeichnis finden Sie, was Sie suchen. Wenn alles gut geht, werden Sie in einem halben Jahr in der Lage sein, den Punkt »Wirtschaftsmathematik« auf Ihrer To-do-Liste abzuhaken (wenn Sie das mal nicht glücklich macht):

__ Das Badezimmer renovieren

__ Eine dreistöckige Torte backen

__ Ein Buch schreiben

✔ Wirtschaftsmathematik lernen

__ Ein Haus mit Terrasse bauen

__ Ein fahrendes Bett konstruieren

__ Eigene Hühner züchten

__ Den Wildpark besuchen

__ Die Welt verbessern

Setzen Sie diese Liste nach Bedarf fort.

Teil I
Auf die Plätze ... Einfache Algebra

In diesem Teil ...

In der Mathematik ist es wie beim Klavierspielen: Man sollte erst die Grundlagen beherrschen, ehe man sich größeren Herausforderungen stellt. Dieser Teil richtet sich an alle, die diese Grundlagen schon länger nicht mehr verwendet haben und eine kleine Auffrischung brauchen. Wenn Sie sich bei dem Umgang mit Brüchen, Gleichungen, Ungleichungen und Wurzeln sicher fühlen, dann auf zum zweiten Teil!

Am Anfang stand die Algebra

In diesem Kapitel

▷ Sich mit Vorzeichen und Klammern anfreunden

▷ Assoziativ-, Kommutativ- und Distributivgesetz kennen lernen

▷ Mit Brüchen und Prozenten rechnen

▷ Potenzen, Wurzeln und Logarithmen lieben lernen

▷ Mehr als einen Term ausmultiplizieren

*E*inmal ganz von vorn. Dieses Kapitel behandelt die Grundlagen der Algebra. All diese Ausdrücke und Aufgabenstellungen sind Ihnen in Ihrem Leben – oder auch nur im Mathematikunterricht – sicherlich über den Weg gelaufen. Haben Sie sich noch nie so richtig mit ihnen anfreunden können? Oder ist Ihre Freundschaft ein bisschen eingerostet? Kein Problem. Dieses Kapitel bietet Ihnen die wunderbare Möglichkeit, sich wieder kennen zu lernen.

Mit Vorzeichen rechnen

In diesem Abschnitt erfahren Sie, wie man Zahlen mit Vorzeichen addiert, subtrahiert, multipliziert und dividiert, egal, ob alle Zahlen das gleiche Vorzeichen haben oder ob sie gemischt vorkommen.

Zahlen mit Vorzeichen addieren und subtrahieren

Eins plus eins ergibt zwei. Diese wohlbekannte Rechnung ist das Paradebeispiel für eine Addition von zwei positiven Zahlen. Auch wenn Sie sich noch nie darüber Gedanken gemacht haben, es gilt allgemein:

$$(+a) + (+b) = +(a + b)$$

Die Addition zweier negativer Zahlen funktioniert ähnlich. Sie schuldeten Claudia schon sechs Euro und mussten sich noch einmal fünf Euro ausleihen. Nun schulden Sie ihr elf Euro.

$$(-a) + (-b) = -(a + b)$$

Wenn die Vorzeichen zweier Zahlen unterschiedlich sind, kann man die Zeichen erst einmal außer Acht lassen und zunächst die Differenz der beiden Zahlen ermitteln. Das ist die Differenz zwischen ihren Beträgen (wobei der Betrag einer Zahl die Zahl ohne ihr Vorzeichen ist). Die Zahl, die weiter von 0 entfernt ist, legt das Vorzeichen der Lösung fest.

$(+a)+(-b)=+(|a|-|b|)$, wenn das positive a weiter von 0 entfernt ist

$(+a)+(-b)=-(|b|-|a|)$, wenn das negative b weiter von 0 entfernt ist

Und zum Schluss die Rechenregeln für die Subtraktion: Verwandeln Sie die Subtraktion in eine Addition und schon haben Sie die Aufgabe gelöst.

$(+a) - (+b) = (+a) + (-b)$

$(+a) - (-b) = (+a) + (+b)$

$(-a) - (+b) = (-a) + (-b)$

$(-a) - (-b) = (-a) + (+b)$

Zahlen mit Vorzeichen multiplizieren und dividieren

Multiplikation und Division von Zahlen mit Vorzeichen sind wirklich sehr einfach – vorausgesetzt, Sie können multiplizieren und dividieren. Die Regeln sind nicht nur leicht, sondern für beide Rechenarten außerdem die gleichen.

Beim Multiplizieren und Dividieren von Zahlen mit Vorzeichen gilt: Wenn beide Vorzeichen gleich sind, ist das Ergebnis *positiv*; wenn die beiden Vorzeichen unterschiedlich sind, ist das Ergebnis *negativ*:

$(+a) \cdot (+b) = +ab$ $(+a)/(+b) = +(a/b)$

$(+a) \cdot (-b) = -ab$ $(+a)/(-b) = -(a/b)$

$(-a) \cdot (+b) = -ab$ $(-a)/(+b) = -(a/b)$

$(-a) \cdot (-b) = +ab$ $(-a)/(-b) = +(a/b)$

Algebraische Eigenschaften – eine Skizze

Die Mathematiker haben die Regeln und Eigenschaften entwickelt, die Sie in der Algebra anwenden, damit jeder fleißige Student, engagierte Wissenschaftler, neugierige Schüler und gelangweilte Streber, die an derselben Aufgabe arbeiten, alle dieselbe Lösung erhalten – egal, wo sie sich befinden oder wann sie die Aufgabe lösen. Natürlich wollen Sie nicht, dass sich die Regeln täglich ändern (und wir wollen auch nicht jedes Jahr ein neues Buch schreiben!). Sie brauchen Regelmäßigkeit und Sicherheit – und das gewährleisten die strengen Regeln und Eigenschaften der Algebra, die wir Ihnen in diesem Abschnitt vorstellen.

Bewahren Sie Ordnung – mit dem Kommutativgesetz

Das *Kommutativgesetz* gilt für die Operationen der Addition und Multiplikation. Es besagt, dass Sie die Reihenfolge der Terme in einer Operation ändern können, ohne dass sich das Endergebnis dadurch ändert:

✔ **Kommutativgesetz der Addition:** $a + b = b + a$

✔ **Kommutativgesetz der Multiplikation:** $a \cdot b = b \cdot a$

Wenn Sie 2 und 3 addieren, erhalten Sie 5. Wenn Sie 3 und 2 addieren, erhalten Sie ebenfalls 5. Wenn Sie 2 mit 3 multiplizieren, erhalten Sie 6. Wenn Sie 3 mit 2 multiplizieren, erhalten Sie ebenfalls 6.

Algebraische Ausdrücke treten normalerweise in einer bestimmten Reihenfolge auf, die praktisch ist, wenn Sie es mit Variablen und Koeffizienten (Multiplikatoren von Variablen) zu tun haben. Zuerst kommt der Ziffernanteil, gefolgt von den Buchstaben in alphabetischer Reihenfolge. Aber die Eleganz des Kommutativgesetzes ist, dass $2xyz$ dasselbe ist wie $x2zy$. Es gibt keinen Grund, den Ausdruck in der zweiten, scheinbar durcheinandergeratenen Darstellung zu schreiben, aber es ist gut zu wissen, dass Sie die Reihenfolge bei Bedarf beliebig ändern können.

Harmonie in der Gruppe – mit dem Assoziativgesetz

 Wie das Kommutativgesetz (voriger Abschnitt) gilt auch das Assoziativgesetz nur für die Operationen der Addition und Multiplikation. Das *Assoziativgesetz* besagt, dass Sie die Gruppierung von Operationen verändern können, ohne dass sich dadurch das Ergebnis ändert:

✔ **Assoziativgesetz der Addition:** $a + (b + c) = (a + b) + c$

✔ **Assoziativgesetz der Multiplikation:** $a(b \cdot c) = (a \cdot b)\,c$

Mit Hilfe des Assoziativgesetzes der Addition oder Multiplikation können Sie Ausdrücke vereinfachen. Wenn Sie dann bei Bedarf auch noch das Kommutativgesetz anwenden, haben Sie damit eine sehr mächtige Kombination an der Hand. Wenn Sie $(x + 14) + (3x + 6)$ vereinfachen wollen, lassen Sie zunächst die Klammern weg (dank des Assoziativgesetzes). Anschließend vertauschen Sie die beiden mittleren Terme unter Anwendung des Kommutativgesetzes der Addition. Schließlich ordnen Sie die Terme mit Hilfe von Klammern neu an und kombinieren die zusammengehörigen Terme:

$$(x + 14) + (3x + 6)$$
$$= x + 14 + 3x + 6$$
$$= x + 3x + 14 + 6$$
$$= (x + 3x) + (14 + 6)$$
$$= 4x + 20$$

Die Schritte sind hier äußerst detailliert beschrieben. Sie haben die Aufgabe wahrscheinlich sofort im Kopf gelöst. Wir haben die Schritte so gezeigt, um zu verdeutlichen, wie Kommutativgesetz und Assoziativgesetz kombiniert werden. Jetzt können Sie sie auf komplexere Aufgabenstellungen anwenden.

Das Distributivgesetz – Werte verteilen

 Das *Distributivgesetz* besagt, dass Sie jeden Term in einem Ausdruck innerhalb einer Klammer mit dem Koeffizienten außerhalb der Klammer multiplizieren können, ohne den Wert des Ausdrucks zu verändern. Sie brauchen dazu eine einzige Operation, die Multiplikation, die sich über die Terme erstreckt, die Sie addieren und subtrahieren:

✔ **Distributive Multiplikation über die Addition:** $a(b + c) = a \cdot b + a \cdot c$

✔ **Distributive Multiplikation über die Subtraktion:** $a(b - c) = a \cdot b - a \cdot c$

Wenn Sie das Distributivgesetz auf die Aufgabenstellung $12\left(\dfrac{1}{2}+\dfrac{2}{3}-\dfrac{3}{4}\right)$ anwenden, machen Sie sich das Leben leichter: Sie verteilen die 12 über die Brüche, indem Sie jeden Bruch mit 12 multiplizieren, und fassen dann die Ergebnisse zusammen:

$$12\left(\frac{1}{2}+\frac{2}{3}-\frac{3}{4}\right)$$

$$=12\cdot\frac{1}{2}+12\cdot\frac{2}{3}-12\cdot\frac{3}{4}$$

$$={\cancel{12}}^{6}\cdot\frac{1}{\cancel{2}_{1}}+{\cancel{12}}^{4}\cdot\frac{2}{\cancel{3}_{1}}-{\cancel{12}}^{3}\cdot\frac{3}{\cancel{4}_{1}}$$

$$=6+8-9$$

$$=5$$

Es ist viel einfacher, die Lösung mit Hilfe des Distributivgesetzes zu finden, als alle Brüche auf denselben Nenner 12 zu bringen, sie zu kombinieren und dann mit 12 zu multiplizieren.

Das Distributivgesetz wird auch in umgekehrter Reihenfolge angewandt, wenn Sie eine Zahl ausklammern. Dabei ziehen Sie einen Faktor, der in einer Summe oder Differenz in jedem Term vorkommt, nach vorne und setzen die verbleibenden Teile in eine Klammer:

$$6,5\cdot2,4+6,5\cdot4,3+6,5\cdot2,3+6,5$$

$$=6,5(2,4+4,3+2,3+1)$$

$$=6,5\cdot10$$

$$=65$$

Auch hier ist der Vorteil klar erkennbar: Statt vier Multiplikationen mit Dezimalzahlen durchzuführen, muss man dank des Ausklammerns nur eine einzige Multiplikation vornehmen. Diese Vorgehensweise ist die Umkehrung des Distributivgesetzes und heißt *faktorisieren*.

 Mit dem Distributivgesetz beziehungsweise dem Faktorisieren werden Gleichungen vereinfacht – mit anderen Worten, Sie bereiten sie auf die Lösung vor.

Was Sie über Brüche wissen sollten

Wenn Sie ein Analysis-Buch auf einer beliebigen Seite aufschlagen, dann wird Ihnen mit ziemlicher Sicherheit ein Bruch begegnen. Sie können nicht flüchten. Für den Umgang mit Brüchen brauchen Sie ein paar Regeln.

Ein paar schnelle Regeln

Die erste Regel ist ganz einfach, aber sehr wichtig, weil sie in der Welt der Analysis immer wieder vorkommt:

 Der Nenner eines Bruchs darf *nie* 0 sein. So ist $\frac{0}{5}$ ist 0, aber $\frac{5}{0}$ ist undefiniert.

Man erkennt ganz leicht, warum $\frac{5}{0}$ undefiniert ist, wenn man betrachtet, wie die Division funktioniert:

$$\frac{8}{2} = 4$$

Diese Berechnung besagt, dass 2 viermal in 8 passt; mit anderen Worten: $2 + 2 + 2 + 2 = 8$. Aber wie viele Nullen bräuchten Sie, um 5 zu erhalten? Dies funktioniert nicht, deshalb können Sie 5 (oder irgendeine andere Zahl) nicht durch 0 dividieren.

Und noch eine schnelle Regel:

 Das *Reziprok* einer Zahl oder eines Ausdrucks ist ihr multiplikatives Inverses – eine verrückte Methode zu sagen, dass irgendetwas mit seinem Reziprok multipliziert gleich 1 ist. Um das Reziprok eines Bruchs zu erhalten, kehren Sie ihn um. Das Reziprok von $\frac{3}{4}$ ist also $\frac{4}{3}$, das Reziprok von 6 (was man auch als $\frac{6}{1}$ schreiben kann) ist $\frac{1}{6}$ und das Reziprok von $x - 2$ ist $\frac{1}{x-2}$.

Brüche multiplizieren

Das Addieren ist üblicherweise einfacher als das Multiplizieren, aber bei Brüchen gilt das Umgekehrte – los geht es also mit der Multiplikation.

Die Multiplikation von Brüchen ist ein Kinderspiel – Sie multiplizieren alles Obenstehende miteinander und dann alles Untenstehende miteinander:

$$\frac{2}{5} \cdot \frac{3}{4} = \frac{6}{20} = \frac{3}{10} \text{ oder } \frac{a}{b} \cdot \frac{c}{d} = \frac{ac}{bd}$$

Brüche dividieren

Die Division von Brüchen umfasst einen zusätzlichen Schritt: Sie kehren den zweiten Bruch um und multiplizieren dann – etwa so:

$$\frac{3}{10} \div \frac{4}{5}$$

$$= \frac{3}{10} \cdot \frac{5}{4} = \frac{15}{40}$$

Jetzt kürzen Sie Zähler und Nenner mit 5 und erhalten:

$$= \frac{3}{8}$$

Beachten Sie, dass Sie auch vor der Multiplikation hätten kürzen können. Weil 5 einmal in 5 passt und in 10 zweimal, können Sie eine 5 kürzen:

$$\frac{3}{{}_2\cancel{10}} \cdot \frac{\cancel{5}^1}{4} = \frac{3}{8}$$

Beachten Sie außerdem, dass die ursprüngliche Aufgabenstellung auch als $\dfrac{\frac{3}{10}}{\frac{4}{5}}$ hätte dargestellt werden können.

Brüche addieren

Sie wissen, dass Folgendes gilt:

$$\frac{2}{7} + \frac{3}{7} = \frac{2+3}{7} = \frac{5}{7}$$

Diese Brüche können Sie addieren, weil sie einen gemeinsamen Nenner haben. Dasselbe funktioniert mit Variablen:

$$\frac{a}{c} + \frac{b}{c} = \frac{a+b}{c}$$

Beachten Sie, dass dort, wo in der obigen Gleichung eine 2 stand, in der unteren Gleichung ein a steht; wo in der obigen Gleichung eine 3 stand, steht in der unteren Gleichung ein b, und ebenso verhält es sich für 7 und c.

 Variablen verhalten sich immer wie Zahlen.

Wenn Sie sich also fragen, was mit der Variablen oder den Variablen in einer Aufgabenstellung zu tun ist, dann fragen Sie sich, wie die Aufgabe aussähe, wenn anstelle der Variablen Zahlen stünden. Anschließend gehen Sie mit den Variablen in der Aufgabenstellung wie mit den Zahlen um. Schauen Sie sich dazu folgendes Beispiel an:

$$\frac{a}{b}+\frac{c}{d}$$

Sie können diese Brüche nicht addieren, wie im obigen Beispiel gezeigt, weil es hier keinen gemeinsamen Nenner gibt. Angenommen, Sie versuchen, die Aufgabe mit Zahlen statt mit Variablen zu lösen. Wissen Sie noch, wie man $\frac{2}{5}+\frac{3}{8}$ addiert? Wir werden hier nicht jede Zeile der Lösung kürzen. Sie werden gleich sehen, warum.

1. **Suchen Sie den *kleinsten gemeinsamen Nenner* (eigentlich funktioniert bei der Addition von Brüchen jeder gemeinsame Nenner) und wandeln Sie die Brüche entsprechend um.**

Der kleinste gemeinsame Nenner ist 5 mal 8 oder 40. Wandeln Sie also die Brüche in 40stel um:

$$\frac{2}{5}+\frac{3}{8}=\frac{2}{5}\cdot\frac{8}{8}+\frac{3}{8}\cdot\frac{5}{5}$$
$$=\frac{2\cdot 8}{5\cdot 8}+\frac{3\cdot 5}{5\cdot 8}$$

8 · 5 ist dasselbe wie 5 · 8, deshalb können Sie die Reihenfolge umkehren. Diese Brüche sind 40stel, wir möchten hier die 5 · 8 in den Nennern vorübergehend beibehalten.

2. **Addieren Sie die Zähler und behalten Sie den gemeinsamen Nenner unverändert bei:**

$$=\frac{2\cdot 8+3\cdot 5}{5\cdot 8}$$ (Sie sehen, dass dies gleich $\frac{16+15}{40}$ oder $\frac{31}{40}$ ist.)

Jetzt können Sie wieder die ursprüngliche Aufgabenstellung betrachten, $\frac{a}{b}+\frac{c}{d}$. Hier steht statt der 2 ein a, statt der 5 ein b, statt der 3 ein c und statt der 8 ein d. Jetzt führen Sie genau dieselben Schritte aus wie bei der Addition von $\frac{2}{5}+\frac{3}{8}$. Sie können sich jede der Zahlen in der oben gezeigten Lösung als die Zahl auf einer Münze vorstellen und die Variable ist der Kopf auf der anderen Seite. Angenommen, Sie haben eine Münze mit einer 2 auf der einen Seite und einem a auf der anderen Seite; eine weitere Münze hat eine 8 auf der einen Seite und ein d auf der anderen Seite usw. Jetzt gehen Sie nach den Schritten aus der vorigen

Lösung vor, drehen die Münzen um, und schon haben Sie die Lösung für die ursprüngliche Aufgabenstellung. Und hier die Lösung:

$$\frac{ad + cb}{bd}$$

Brüche subtrahieren

Bei der Subtraktion von Brüchen gehen Sie genau wie bei der Addition vor, außer dass Sie hier subtrahieren statt addieren. Mit Einsichten wie diesen kann man wirklich gutes Geld verdienen.

Prozent berechnen

Das Wort _Prozent_ hört man eigentlich jeden Tag, meist in einem der folgenden Zusammenhänge:

✔ Die Regenwahrscheinlichkeit beträgt 40 Prozent.

✔ Der DAX ist um zwei Prozent gestiegen.

✔ In Ihrem Test waren 99 Prozent richtig.

 Prozent kann man mit Brüchen, die einen Nenner von 100 haben, ausdrücken. Um wie viel Prozent es sich handelt, steht dann im Zähler: so viel von Hundert. Das Prozentzeichen ist %.

✔ $80\% = \dfrac{80}{100} = 0,80$

✔ $16\dfrac{1}{2}\% = \dfrac{16,5}{100} = 0,165$

✔ $2\% = \dfrac{2}{100} = 0,02$

In den folgenden Formeln geht es um Prozent und Prozentsätze. Drücken Sie Prozent immer als Dezimalzahlen aus, damit sie leichter zu multiplizieren und zu dividieren sind. Dabei verschieben Sie das Dezimalkomma des Prozentsatzes zwei Stellen nach links. Wenn kein Dezimalkomma vorkommt, stellen Sie es sich ganz rechts vor.

Steuern und Rabatte beurteilen

Sie können sowohl die Steuern, die Sie zahlen, als auch den Rabatt, der auf eine Sache gewährt wird, mit Prozentrechnen ermitteln.

✔ Preis ohne Steuern = Kosten der Sache / (1 + Steuersatz als Dezimalzahl)

✔ Ermäßigter Preis = ursprünglicher Preis · (1 – Preisermäßigung in Prozent als Dezimalzahl)

✔ Ursprünglicher Preis = ermäßigter Preis / (1 – Preisermäßigung in Prozent als Dezimalzahl)

Jeder Kunde wird mit Ermäßigungen konfrontiert. Es lohnt sich aber, zuerst das Angebot zu überprüfen. Sehen Sie sich dazu folgende Beispiele an.

✔ Der Preis des 24.000-Euro-Autos, das Sie schon lange kaufen möchten, wurde um acht Prozent heruntergesetzt. Wie viel kostet es jetzt? Und wie viel würde es ohne die 19 Prozent Mehrwertsteuer kosten?

Ermäßigter Preis = 24.000 · (1 – 0,08) = 24.000 · 0,92 = 22.080 Euro

Preis ohne Steuern = 24.000 / (1 + 0,19) ≈ 20.168,07 Euro

✔ Der Preis der Schuhe, für die Sie sich interessieren, ist zuerst um 40 Prozent und dann noch einmal um 15 Prozent herabgesetzt worden. Wie viel haben sie ursprünglich gekostet, wenn Sie sie jetzt für 68 Euro kaufen können?

Berechnen Sie zuerst, wie viel die Schuhe vor der zweiten Herabsetzung und dann, von diesem Wert ausgehend, was sie vor der ersten Herabsetzung gekostet haben.

- Preis nach der ersten beziehungsweise vor der zweiten Herabsetzung:
  68/(1 – 0,15) = 68 / 0,85 = 80 Euro

- Preis vor der ersten Herabsetzung beziehungsweise Originalpreis:
  80/(1 – 0,40) = 80 / 0,60 = 133,33 Euro

Die zweimalige Rabattierung von 40 Prozent und anschließend von 15 Prozent ist nicht das Gleiche wie ein Rabatt von 55 Prozent. Ein Rabatt von 55 Prozent auf 133,33 Euro hätte 60 Euro ergeben.

Potenzen machen stark

Sie sind in der Analysis völlig hilflos, wenn Sie die Potenzregeln nicht kennen:

✔ $x^0 = 1$

Diese Regel gilt immer, egal um welches x es sich handelt – einen Bruch, eine negative Zahl, irgendetwas –, außer für 0 (0 in die Potenz 0 erhoben ist nicht definiert). Also:

(Alles außer 0)^0 = 1

✔ $x^{-3} = \dfrac{1}{x^3}$ und $x^{-a} = \dfrac{1}{x^a}$

Beispielsweise ist $4^{-2} = \dfrac{1}{4^2} = \dfrac{1}{16}$. Klasse! Vergessen Sie das nicht! Beachten Sie, dass die Lösung $\dfrac{1}{16}$ *nicht* negativ ist.

✔ $x^{2/3} = \left(\sqrt[3]{x}\right)^2$ und $x^{a/b} = \left(\sqrt[b]{x}\right)^a = \sqrt[b]{x^a}$

Diese praktische Regel können Sie rückwärts anwenden, um eine Aufgabenstellung mit Wurzel in eine einfachere Form mit Potenz umzuwandeln.

✔ $x^2 \cdot x^3 = x^5$ und $x^a \cdot x^b = x^{a+b}$

Hier *addieren* Sie die Potenzen. (Bei x^2 *plus* x^3 dagegen können Sie gar nichts machen, weil es keine *ähnlichen Terme* sind. Sie können nur Terme addieren oder subtrahieren, wenn der variable Teil jedes Terms gleich ist, zum Beispiel $3xy^2z + 4xy^2z = 7xy^2z$. Falls es Sie interessiert – das funktioniert aus genau demselben Grund, warum drei Stühle plus vier Stühle gleich sieben Stühle sind; *unähnliche* Terme können nicht addiert werden – oder würden Sie versuchen, fünf Stühle und zwei Autos zu addieren?)

✔ $\dfrac{x^5}{x^3} = x^2$ und $\dfrac{x^2}{x^6} = x^{-4}$ und $\dfrac{x^a}{x^b} = x^{a-b}$

Hier *subtrahieren* Sie die Potenzen.

✔ $\left(x^2\right)^3 = x^6$ und $\left(x^a\right)^b = x^{ab}$

Hier *multiplizieren* Sie die Potenzen.

✔ $\left(xyz\right)^3 = x^3 y^3 z^3$ und $\left(xyz\right)^a = x^a y^a z^a$

Hier *multiplizieren* Sie die Potenz in jede Variable *ein*.

✔ $\left(\dfrac{x}{y}\right)^4 = \dfrac{x^4}{y^4}$ und $\left(\dfrac{x}{y}\right)^a = \dfrac{x^a}{y^a}$

Und hier dasselbe.

✔ Es gilt NICHT $(x+y)^2 = x^2 + y^2$

In diesem Fall dürfen Sie die Potenz nicht einmultiplizieren. Stattdessen multiplizieren Sie auf die übliche Weise aus:

$$(x+y)^2 = (x+y)(x+y) = x^2 + xy + yx + y^2 = x^2 + 2xy + y^2.$$

Was passiert, wenn Sie das Gesetz fälschlicherweise auf Zahlen anwenden: $(3 + 5)^2$ ist gleich 8^2 oder 64, und *nicht* $3^2 + 5^2$, was gleich 9 + 25, also 34 ist.

Zu den Wurzeln der Wurzeln

Wurzeln, insbesondere Quadratwurzeln, begegnen uns überall in der Analysis. Es ist also unabdingbar, dass Sie wissen, wie sie funktionieren, und dass Sie die grundlegende Beziehung zwischen Wurzeln und Potenzen verstehen. Und genau das werden wir Ihnen jetzt zeigen.

Jede Wurzel kann in eine Potenz umgewandelt werden, zum Beispiel $\sqrt[3]{x} = x^{1/3}$, $\sqrt{x} = x^{1/2}$ oder $\sqrt[4]{x^3} = x^{3/4}$. Sie brauchen die folgenden Wurzelregeln eigentlich gar nicht – Sie wandeln jede Wurzel in eine Potenz um und wenden die Potenzregeln an, um die Aufgabe zu lösen (das ist im Übrigen eine sehr sinnvolle Vorgehensweise). Aber wenn Sie ein Arbeitstier sind, dann sehen Sie sich die folgenden Regeln an. (Sehen Sie sie womöglich zum ersten Mal?) Wenn Sie nämlich diesen Dingen irgendwann begegnen, dann ist es hilfreich, die Regeln zu kennen:

✔ $\sqrt{0} = 0$ und $\sqrt{1} = 1$

 Negative Zahlen können Sie nicht unter einer Quadratwurzel oder einer anderen geradzahligen Wurzel berechnen – zumindest nicht in der grundlegenden Analysis.

✔ $\sqrt{a} \cdot \sqrt{b} = \sqrt{a \cdot b}$, $\sqrt[3]{a} \cdot \sqrt[3]{b} = \sqrt[3]{ab}$ und $\sqrt[n]{a} \cdot \sqrt[n]{b} = \sqrt[n]{ab}$

✔ $\dfrac{\sqrt{a}}{\sqrt{b}} = \sqrt{\dfrac{a}{b}}$, $\dfrac{\sqrt[3]{a}}{\sqrt[3]{b}} = \sqrt[3]{\dfrac{a}{b}}$ und $\dfrac{\sqrt[n]{a}}{\sqrt[n]{b}} = \sqrt[n]{\dfrac{a}{b}}$

✔ $\sqrt[3]{\sqrt[4]{a}} = \sqrt[12]{a}$ und $\sqrt[m]{\sqrt[n]{a}} = \sqrt[nm]{a}$

Sie *multiplizieren* hier die Wurzelindizes.

 ✔ $\sqrt{a^2} = |a|$, $\sqrt[4]{a^4} = |a|$, $\sqrt[6]{a^6} = |a|$ usw.

Wenn Sie eine *geradzahlige* Wurzel haben, brauchen Sie die Absolutwertstriche für die Lösung, denn die Antwort ist immer positiv, egal ob a positiv oder negativ ist. Handelt es sich um eine ungeradzahlige Wurzel, brauchen Sie die Absolutwertstriche nicht. Somit gilt:

✔ $\sqrt[3]{a^3} = a$, $\sqrt[5]{a^5} = a$ usw.

 ✔ Es gilt NICHT $\sqrt{a^2 + b^2} = a + b$.

Wenn Sie diesen Fehler machen, werden Sie sofort in den Kerker geworfen.

Versuchen Sie es einmal mit Zahlen: $\sqrt{2^2 + 3^2} = \sqrt{13}$, was *nicht* gleich 2 + 3 ist.

Logarithmen . . . wirklich keine Hexerei

Ein *Logarithmus* ist eine andere Möglichkeit, eine exponentielle Beziehung zwischen Zahlen auszudrücken. Zum Beispiel:

$2^3 = 8$, dann gilt

$\log_2 8 = 3$ (sprich »Der Logarithmus mit der Basis 2 von 8 ist 3«)

Diese beiden Gleichungen drücken genau dasselbe aus. Sie können sich die eine davon als die griechische Methode vorstellen, diese mathematische Beziehung zu beschreiben, und die andere als die lateinische Methode, dasselbe zu sagen. Die Basis eines Logarithmus kann eine beliebige Zahl größer 0 sein. Wenn die Basis gleich 10 ist, geben Sie sie konventionsgemäß *nicht* an. log 1000 = 3 beispielsweise bedeutet, $\log_{10} 1000 = 3$. Auch die logarithmische Basis e ($e \approx 2{,}72$) wird als *ln* statt als $\log_e$ dargestellt – Mathematiker verwenden dies so oft, dass sie vermutlich eine besondere Abkürzung dafür eingeführt haben.

Die folgenden Eigenschaften von Logarithmen sollten Ihnen geläufig sein:

✔ $\log 1 = 0$

✔ $\log_c c = 1$

✔ $\log_c (ab) = \log_c a + \log_c b$

✔ $\log_c \left(\dfrac{a}{b} \right) = \log_c a - \log_c b$

✔ $\log_c a^b = b \log_c a$

✔ $\log_a b = \dfrac{\log_c b}{\log_c a}$

> Mit dieser Eigenschaft können Sie Dinge wie $\log_3 20$ auf Ihrem Taschenrechner berechnen, indem Sie $\dfrac{\log 20}{\log 3}$ unter Verwendung der Basis 10 für c eingeben.

✔ $\log_a a^b = b$

✔ $a^{\log_a b} = b$

Mehr als einen Term ausmultiplizieren

Im Abschnitt über das Distributivgesetz haben wir Ihnen gezeigt, wie man einen Term mit einer Reihe weiterer Terme ausmultipliziert. Jetzt erfahren Sie, wie man ein *Binom* mit zwei Termen und ein *Polynom* mit drei oder mehr Termen ausmultipliziert.

Das Wort *Polynom* besteht aus zwei Teilen: *poly* heißt *viele*, *nomen* heißt *Name* oder *Bezeichnung*. Ein Polynom ist ein algebraischer Ausdruck mit zwei oder mehr Termen. Ein Polynom mit einem Term ist ein Monom, ein Polynom mit zwei Termen ist ein Binom, ein Polynom mit drei Termen ist ein Trinom.

Binome ausmultiplizieren

Beim Ausmultiplizieren eines Binoms mit einer Anzahl von Termen muss man beide Terme des Binoms auf jeden der weiteren Terme verteilen, also mit ihnen multiplizieren. Anhand folgender Schritte sehen Sie, wie das funktioniert:

1. **Teilen Sie das erste Binom in seine zwei Terme x^2 und $-y^2$ auf.**

   $(x^2 - y^2)(x^2 + 2xy + y^2)$

2. **Multiplizieren Sie jeden dieser Terme mit den anderen Termen.**

   $x^2(x^2 + 2xy + y^2) - y^2(x^2 + 2xy + y^2)$

3. **Führen Sie die Multiplikationen durch.**

$$x^2(x^2) + x^2(2xy) + x^2(y^2) - y^2(x^2) - y^2(2xy) - y^2(y^2)$$

4. **Vereinfachen und kombinieren Sie.**

- Multiplizieren Sie und addieren Sie die Exponenten.

$$x^4 + 2x^3y + x^2y^2 - x^2y^2 - 2xy^3 - y^4$$

- Kombinieren Sie die Terme.

$$x^4 + 2x^3y - 2xy^3 - y^4$$

Polynome unter der Lupe

Wie lautet die höchste Potenz in einem Polynom? Die höchste Potenz von $x^3 + 1$ ist beispielsweise 3, also handelt es sich dabei um ein *Binom* dritten *Grades*. Es handelt sich dabei um ein *Binom*, weil das Polynom zwei Terme hat, und um den dritten *Grad*, weil die höchste vorkommende Potenz 3 ist. Ein Polynom fünften Grades hat die höchste Potenz 5.

Der Koeffizient vor dieser höchsten Potenz heißt *Leitkoeffizient*. Ist der Leitkoeffizient 1, heißt das Polynom *normiert*. Eine Zahl ohne Variable heißt *Absolutglied*. Beispielsweise ist $2x^3 - 7x^2 + x + 3$ ein Polynom dritten Grades mit Leitkoeffizient 2 und Absolutglied 3.

Die Polynome der ersten Grade haben besondere Namen:

✔ **Grad 0:** konstant

✔ **Grad 1:** linear

✔ **Grad 2:** quadratisch

✔ **Grad 3:** kubisch

Polynom mal Polynom

Die Regel, die Sie gleich kennen lernen, trifft auf jedes Produkt mit einer beliebigen Anzahl von Termen zu. Man kann diese Methode auf vier, fünf und mehr Terme anwenden.

 Wenn man ein Polynom (viele Terme) auf eine beliebige Anzahl von weiteren Termen verteilt (sie ausmultipliziert), muss jeder Term des ersten Faktors mit jedem Term des zweiten Faktors multipliziert werden. Nach der Multiplikation wird vereinfacht und kombiniert.

Das folgende Beispiel besteht ausschließlich aus Variablen, die alle unterschiedlich sind.

1. **Teilen Sie die Terme des ersten Faktors auf und multiplizieren Sie jeden dieser Terme mit dem zweiten Faktor.**

$$(a + b + c + d + \ldots)(z + y + w + x + \ldots) =$$

$$a(z + y + w + x + \ldots) + b(z + y + w + x + \ldots) + c(z + y + w + x + \ldots) + \ldots$$

2. Führen Sie die Multiplikationen durch.

$$az + ay + aw + ax + \ldots + bz + by + bw + bx + \ldots + cz + cy + cw + cx + \ldots$$

3. Kombinieren Sie die Terme.

Zum Beispiel wäre $az + az = 2az$. Im vorangegangenen Beispiel gibt es jedoch keine ähnlichen Terme – prüfen Sie das aber immer nach!

Besonders verteilt: Manchmal geht es schneller

Das Ausmultiplizieren von Polynomen ist nicht schwierig, aber man kann Zeit sparen, wenn man ein paar Besonderheiten des Ausmultiplizierens kennt. Dann muss man nicht alles mühsam multiplizieren, sondern kann anhand von festen Regeln eine Abkürzung beim Rechnen nehmen. Erkennt man eine dieser möglichen Abkürzungen nicht, ist es auch kein Weltuntergang – man ärgert sich höchstens über sich selbst. Hier ein paar hilfreiche Formeln:

✔ Die drei binomischen Formeln:

$$(a + b)^2 = a^2 + 2ab + b^2$$
$$(a - b)^2 = a^2 - 2ab + b^2$$
$$(a + b)(a - b) = a^2 - b^2$$

✔ Die Differenz zwischen zwei Kubikzahlen:

$$(a - b)(a^2 + ab + b^2) = a^3 - b^3$$

✔ Die Summe von zwei Kubikzahlen:

$$(a + b)(a^2 - ab + b^2) = a^3 + b^3$$

Rechnen mit der dritten binomischen Formel

Wie würden Sie $16 \cdot 14$ rechnen? Nun, die einfachste Möglichkeit ist, Sie tippen es in Ihren Taschenrechner ein. Eine andere Möglichkeit ist, Sie rechnen erst 10 mal 14 und addieren dann noch 6 mal 14. Eine dritte Möglichkeit ist die dritte binomische Formel. Schauen Sie sich folgendes Beispiel an:

$$16 \cdot 14 = (15 + 1) \cdot (15 - 1) = 15^2 - 1^2 = 225 - 1 = 224$$

Und das soll Sie weiterbringen? Nun ja, diese Rechnung klappt eben nur in bestimmten Fällen und dann sollten Sie auch noch wissen, was jeweils die Quadratzahlen ergeben. Treffen beide Voraussetzungen zu, ist dies auf jeden Fall eine Möglichkeit, schwierigere Aufgaben schnell im Kopf zu rechnen. Was halten Sie zum Beispiel von der Aufgabe $53 \cdot 47$?

Gleichungen lösen

In diesem Kapitel

▷ Lineare und quadratische Gleichungen lösen

▷ Mit rationalen Gleichungen arbeiten

▷ Wurzeln in Gleichungen verarbeiten

▷ Exponentialgleichungen und Gleichungen mit Logarithmen

*F*ür die Lösung einer algebraischen Gleichung brauchen Sie ein bisschen Know-how: Sie benötigen die grundlegenden mathematischen Werkzeuge, und Sie müssen wissen, worum es geht und was nicht erlaubt ist. Denn Sie wollen eine Gleichung nicht bis zur Unkenntlichkeit verstümmeln. Außerdem brauchen Sie ein Konzept, um Gleichungen mit Brüchen, Wurzeln und negativen Exponenten oder Bruchexponenten zu lösen. In diesem Kapitel werden Sie lernen, wie man mit Gleichungen umgeht, indem man sie in neue Gleichungen umformt, die einem vertrauter sind und die einfacher zu lösen sind. Außerdem werden Sie sehen, wie wichtig es ist, Ihre Lösungen zu überprüfen, weil man durch die Umwandlung von Gleichungen in andere Formen seltsame Fehler einschleusen kann.

Ausgeglichene Gleichungen

Stellen Sie sich eine Gleichung wie eine Wippe vor. Normalerweise sitzt auf jeder Seite der Wippe ein Kind – damit die Sache funktioniert, sollten die Kinder etwa gleich schwer sein, sonst macht es keinen Spaß. Wenn Sie ein weiteres Kind auf die eine Seite setzen, sollten Sie möglichst schnell ein viertes Kind auftreiben, weil die Begeisterung der ersten beiden sich im anderen Fall in Grenzen hält. Erst wenn Sie das vierte Kind auf die andere Seite setzen, funktioniert die Wippe wieder und das Ganze hält sich die Waage.

Das gleiche Prinzip trifft auf Gleichungen zu – sie sollten »ausgeglichen« bleiben. Wenn Sie auf der einen Seite etwas machen, sollten Sie das Gleiche möglichst schnell auch auf der anderen Seite machen, damit die beiden Gleichungen *äquivalent* sind.

Zwei Gleichungen sind *äquivalent*, wenn auf beiden Seiten der Gleichung die gleichen Rechnungen zur Anwendung gekommen sind. Sie können nach Belieben addieren, subtrahieren, multiplizieren und dividieren – solange Sie alle Rechnungen auf beiden Seiten durchführen. Diese Rechnungen nennt man auch *Äquivalenzumformungen*.

Eine Gleichung ist *wahr*, wenn beide Seiten der Gleichung dem gleichen Wert entsprechen – auch wenn auf der einen Seite drei und auf der anderen nur zwei Terme stehen sollten, zum Beispiel: $1 + 2 + 3 + 4 = 5 + 5$.

Lineare Gleichungen lösen

In den folgenden Abschnitten lernen Sie die gebräuchlichsten Methoden für das Lösen von Lineargleichungen kennen – alles im richtigen *Verhältnis*.

 Eine Gleichung heißt *linear*, wenn die höchste Potenz in der Gleichung 1 ist. In linearen Gleichungen finden sich weder Exponenten noch Wurzeln.

 Wenn Sie eine lineare Gleichung lösen, müssen Sie alle Variablen auf eine Seite des Gleichheitszeichens bekommen und alle Zahlen auf die andere Seite. Dann multiplizieren Sie mit dem oder dividieren durch den Koeffizienten der Variablen und erhalten das Ergebnis.

✔ **Ziel 1:** Schaffen Sie alle Variablen auf die eine Seite und alle Zahlen auf die andere Seite der Gleichung.

- Vor diesem Schritt ist es empfehlenswert, so weit wie möglich zu *vereinfachen*. Vereinfachen bedeutet hier, dass Sie alles, was kombiniert werden kann, kombinieren, und die Gleichung so in ihrer einfachsten Form erhalten. Zum Beispiel:

  $2(3x - 2x + 7) = 30$

- Sie können diese Aufgabe vereinfachen, indem Sie zuerst alle ähnlichen Terme auf jeweils einer Seite addieren, subtrahieren, multiplizieren und/oder dividieren.

- $3x$ und $2x$ sind zwei ähnliche Terme auf der gleichen Seite. Vereinfachen Sie, indem Sie $2x$ von $3x$ subtrahieren, Sie erhalten x.

  $2(x + 7) = 30$

- Jetzt können Sie weiter vereinfachen, indem Sie die Klammer mit 2 ausmultiplizieren.

  $2x + 14 = 30$

- Jetzt können Sie nicht weiter auf einer Seite vereinfachen, aber Sie können 14 von *beiden* Seiten subtrahieren. Damit kommen Sie Ihrem Ziel, die Variable alleine auf einer Seite zu erhalten, schon einen Schritt näher.

  $2x + 14 - 14 = 30 - 14$

  $2x = 16$

✔ **Ziel 2:** Multiplizieren Sie mit dem oder dividieren Sie durch den Koeffizienten der Variablen, um diese alleine zu bekommen.

- Um dieses Ziel zu erreichen, müssen Sie beide Seiten der Gleichung durch 2 dividieren.

  $$\frac{2x}{2} = \frac{16}{2}$$

  $x = 8$

- Überprüfen Sie Ihre Lösung, indem Sie die Zahl 8 für die Variable x in der Ausgangs-gleichung einsetzen.

  $2[3(8) - 2(8) + 7] = 30$

  $2[24 - 16 + 7] = 30$

  $2[15] = 30$

  $30 = 30$

Quadratische Gleichungen lösen

Eine quadratische Gleichung ist eine beliebige Polynomgleichung *zweiten Grades* – das heißt, die höchste Potenz von x oder der verwendeten Variablen ist gleich 2. Es gibt ver-schiedene Methoden, quadratische Gleichungen zu lösen. In diesem Abschnitt werden wir Ihnen jedoch nur die einfachste und schnellste Lösung vorstellen: die *Quadratformel*.

Es gibt zwei verschiedene Quadratformeln: Die *abc-Formel* (auch *Mitternachtsformel* ge-nannt) und die *pq-Formel*. Welche der beiden Formeln Sie verwenden, ist egal. Sie führen beide zum gleichen Ergebnis.

Die Lösung oder die Lösungen einer quadratischen Gleichung, $ax^2 + bx + c = 0$, ergeben sich aus der abc-Formel:

$$x = \frac{-b \pm \sqrt{b^2 - 4ac}}{2a}$$

Lösen Sie die Gleichung $2x^2 - 5x = 12$ unter Verwendung der abc-Formel:

1. **Bringen Sie alle Terme auf eine Seite der Gleichung, damit auf der anderen Seite nur noch 0 steht.**

   $2x^2 - 5x - 12 = 0$

2. **Setzen Sie die Koeffizienten in die Formel ein.**

   In diesem Beispiel ist a gleich 2, b ist −5 und c ist −12, damit erhalten Sie:

   $$x = \frac{-(-5) \pm \sqrt{(-5)^2 - 4(2)(-12)}}{2 \cdot 2}$$

   $$= \frac{5 \pm \sqrt{25 - (-96)}}{4}$$

   $$= \frac{5 \pm \sqrt{121}}{4}$$

   $$= \frac{5 \pm 11}{4}$$

   $$= \frac{16}{4} \text{ oder } -\frac{6}{4}$$

   $$= 4 \text{ oder } -\frac{3}{2}$$

Die andere Möglichkeit, mit einer Quadratformel eine quadratische Gleichung zu lösen, ist die pq-Formel. Sie liefert Ihnen die Ergebnisse einer quadratischen Gleichung der Form $x^2 + px + q = 0$. Der Unterschied zur abc-Formel ist, dass vor dem x^2 nun keine beliebige Zahl steht, sondern eine 1 stehen muss. Sollte vor dem x^2 keine 1 stehen, sondern eine beliebige Zahl oder eine Variable, so müssen Sie die Gleichung zunächst umformen, um die pq-Formel anwenden zu können. Dies machen Sie, indem Sie die Gleichung durch die Zahl oder die Variable vor dem x^2 dividieren. Und hier ist die Formel:

$$x = -\frac{p}{2} \pm \sqrt{\left(\frac{p}{2}\right)^2 - q}$$

Faktorisieren von Trinomen mit der Quadratformel

Angenommen, Sie wollen die Gleichung $2x^2 - 5x - 12 = 0$ mit Hilfe von zwei Faktoren darstellen. Dank der beiden Nullstellen, die Sie durch die Quadratformel erhalten haben, ist dies ganz einfach. Bilden Sie die Differenz von der Variablen x und ihren beiden Lösungen, und schon haben Sie die beiden Faktoren. Somit erhalten Sie

✔ $(x - 4)$ bei der Lösung 4

✔ $\left(x + \dfrac{3}{2}\right)$ bei der Lösung $-\dfrac{3}{2}$

Die neue Gleichung lautet somit

$$(x - 4)\left(x + \frac{3}{2}\right) = 0.$$

Sowohl 4 also auch $-\dfrac{3}{2}$ bilden eine Lösung der Gleichung. Die Gleichung hat sich somit nicht verändert.

Wie faktorisieren Sie aber das Trinom $2x^2 - 5x - 12$? Der erste Gedanke wäre, einfach die linke Seite der Gleichung $(x - 4)\left(x + \dfrac{3}{2}\right) = 0$ in Faktorschreibweise zu übernehmen. Täten Sie dies, kämen Sie jedoch zu einem anderen Ergebnis:

$$(x - 4)\left(x + \frac{3}{2}\right) = x^2 + \frac{3}{2}x - 4x - 6 = x^2 - 2{,}5x - 6$$

Sie erhalten genau die Hälfte des ursprünglichen Trinoms. Um also das Trinom zu erhalten, müssen Sie noch mit 2 multiplizieren:

$$2 \cdot (x - 4) \cdot \left(x + \frac{3}{2}\right) = 2 \cdot \left(x^2 + \frac{3}{2}x - 4x - 6\right) = 2x^2 - 5x - 12$$

Für das Faktorisieren eines Trinoms gilt allgemein: $ax^2 + bx + c$ $= a \cdot (x - x_1) \cdot (x - x_2)$, wobei x_1 und x_2 die beiden Lösungen der Gleichung $ax^2 + bx + c = 0$ sind.

Faktorisieren von Trinomen mit nur einer Lösung

Ja, Sie haben richtig gelesen. Eigentlich braucht man zum Faktorisieren eines Trinoms nur eine Lösung. Hat man diese eine Lösung, so lässt sich ax^2 – bx – c faktorisieren als:

$$ax^2 + bx + c = (x - x_1) \cdot \left(ax + ax_1^2 + x_1 \cdot (a + b) + b + c \right)$$

Wobei x_1 die bekannte Lösung der Gleichung ax^2 – bx – c = 0 ist.

Betrachten Sie das Trinom $2x^2$ – $5x$ –12. $x = 4$ ist eine Lösung der Gleichung. Somit lässt sich das Trinom faktorisieren zu:

$$2x^2 - 5x - 12 = (x - 4) \cdot \left(2x + 2 \cdot 4^2 + 4 \cdot (2 - 5) - 5 - 12 \right)$$
$$= (x - 4) \cdot (2x + 32 - 12 - 17) = (x - 4) \cdot (2x + 3)$$

Dieses Ergebnis sieht zwar anders aus als das Ergebnis, was Sie vorhin hatten, ist aber genau das gleiche. Vom ersten aufs zweite Ergebnis kommt man, indem man den Faktor 2 in die zweite Klammer zieht:

$$2 \cdot (x - 4) \cdot \left(x + \frac{3}{2} \right) = (x - 4) \cdot \left(2 \cdot x + 2 \cdot \frac{3}{2} \right) = (x - 4) \cdot (2x + 3)$$

Jetzt werden Sie sagen: »Und wofür brauche ich diese Formel?« Sie haben ja recht. Eigentlich hat man entweder keine oder beide Lösungen einer quadratischen Gleichung. Aber falls Sie irgendwann mal nur eine haben sollten, dann wissen Sie, wo Sie nachschlagen können.

Bleiben Sie bei Gleichungen mit Brüchen rational!

Ein *rationaler* Term in einer Gleichung ist ein Bruch. Eine Gleichung mit einem oder mehreren Brüchen, die alle rational sind, ist eine *rationale Gleichung*. Und obwohl sich das Wort »rational« gut anhört, sind Gleichungen, die Brüche enthalten, oft nicht ganz einfach zu lösen.

Eine Strategie für die Lösung einer rationalen Gleichung ist, den Bruch oder die Brüche loszuwerden, indem die Gleichung in eine äquivalente Form umgewandelt wird, die dieselbe Lösung hat – eine Form, die einfacher zu lösen ist.

Zwei der gebräuchlichsten Methoden, die Brüche loszuwerden, ist die Multiplikation mit dem kleinsten gemeinsamen Nenner (kgN) und die Kreuzmultiplikation der Verhältnisse. In diesem Buch erläutern wir nur die Kreuzmultiplikation genauer. Eine wunderbare Beschreibung der Multiplikation mit dem kgN können Sie in *Lineare Algebra für Dummies* nachlesen.

Diese mathematische Fingerfertigkeit zur Lösung von Gleichungen mit Brüchen ist nicht ganz gefahrlos. Manchmal erzeugt die neue Gleichung eine _irrelevante Lösung_, also eine falsche Lösung, die erscheint, weil Sie das Originalformat der Gleichung verändert haben. Um sich gegen falsche Lösungen zu schützen, müssen Sie die Lösungen, zu denen Sie gekommen sind, anhand der Originalgleichung überprüfen. Keine Sorge. Wir werden in den nächsten Abschnitten noch genauer darauf eingehen.

Rationale Gleichungen mit Proportionen lösen

Eine _Proportion_ ist eine Gleichung, in der ein Bruch gleich einem anderen Bruch gesetzt wird. Beispielsweise ist die Gleichung $\frac{a}{b} = \frac{c}{d}$ eine Proportion. Proportionen haben praktische Eigenschaften, die sie interessant für die Lösung rationaler Gleichungen machen. Sie können die Brüche eliminieren oder zumindest so abändern, dass sie handlichere Nenner enthalten.

Wenn Sie die Proportion $\frac{a}{b} = \frac{c}{d}$ haben, gilt Folgendes:

✔ ad und bc, die Kreuzprodukte, sind gleich, womit Sie $ad = bc$ erhalten.

✔ $\frac{b}{a} = \frac{d}{c}$, die Reziprokausdrücke, sind gleich, das heißt, Sie können die Proportion umkehren.

Eine rationale Gleichung mit Hilfe der Kreuzprodukte lösen

Um eine Gleichung wie $\frac{x+5}{2} - \frac{3}{x} = \frac{9}{x}$ zu lösen, suchen Sie einen gemeinsamen Nenner und multiplizieren dann jede Seite mit dem gemeinsamen Nenner. Aber es gibt auch eine schnellere, einfachere Methode:

1. **Addieren Sie zu jeder Seite $\frac{3}{x}$ und addieren Sie die Terme mit demselben Nenner, um eine Proportion zu bilden.**

$$\frac{x+5}{2} - \frac{3}{x} + \frac{3}{x} = \frac{9}{x} + \frac{3}{x}$$

$$\frac{x+5}{2} = \frac{12}{x}$$

2. **Erzeugen Sie das Kreuzprodukt, indem Sie jede Seite mit dem gegenüberliegenden Nenner multiplizieren.**

$(x + 5)x = 24$

Dies ist eine quadratische Gleichung. Und so suchen Sie nach den Lösungen (siehe den Abschnitt _Quadratische Gleichungen lösen_ weiter vorne in diesem Kapitel).

3. Vereinfachen Sie die quadratische Gleichung.

$(x + 5)x = 24$

$x^2 + 5x = 24$

4. Setzen Sie die Gleichung gleich 0.

$x^2 + 5x - 24 = 0$

5. Suchen Sie nach den Lösungen, indem Sie zum Beispiel die abc-Formel anwenden.

Die abc-Formel liefert Ihnen die Ergebnisse einer quadratischen Gleichung:

$$x = \frac{-b \pm \sqrt{b^2 - 4ac}}{2a}$$

$$x = \frac{-5 \pm \sqrt{5^2 - 4 \cdot 1 \cdot (-24)}}{2 \cdot 1}$$

$$x = \frac{-5 \pm \sqrt{121}}{2}$$

$$x = \frac{-5 \pm 11}{2}$$

$x = 3 \text{ oder } -8$

Sie haben zwei Lösungen, $x = -8$ und $x = 3$. Sie müssen beide überprüfen, damit keine dieser Lösungen irrelevant ist. Für $x = -8$ erhalten Sie:

$$\frac{x+5}{2} - \frac{3}{x} = \frac{9}{x}$$

$$\frac{-8+5}{2} - \frac{3}{-8} = \frac{9}{-8}$$

$$-\frac{3}{2} + \frac{3}{8} = -\frac{9}{8}$$

$$-\frac{12}{8} + \frac{3}{8} = -\frac{9}{8}$$

$$-\frac{9}{8} = -\frac{9}{8}$$

Die Lösung $x = -8$ funktioniert. Und für $x = 3$ gilt dies ebenfalls:

$$\frac{x+5}{2} - \frac{3}{x} = \frac{9}{x}$$

$$\frac{3+5}{2} - \frac{3}{3} = \frac{9}{3}$$

$$\frac{8}{2} - \frac{3}{3} = 3$$

$$4 - 1 = 3$$

Warum soll ich die Gleichung überprüfen?

Die Gleichung $x+6=5+6$ hat eine einfache Lösung nämlich $x=5$. Betrachten Sie nun die ähnliche Gleichung $\dfrac{x+6}{x-5}=\dfrac{5+6}{x-5}$.

Wie lautet die Lösung dieser neuen Gleichung? Nun, da der Zähler unserer bisherigen Gleichung entspricht und der Nenner auf beiden Seiten der gleiche ist, sollte sich die Lösung der Gleichung ($x = 5$) doch nicht verändert haben. Was passiert aber, wenn man $x = 5$ in die neue Gleichung einsetzt? Auf beiden Seiten stände im Nenner eine 0. Da dieser Term undefiniert ist, ist $x = 5$ keine Lösung der Gleichung. Somit hat diese Gleichung keine Lösung.

Manche Änderungen einer Gleichung können die Lösung verändern. Deswegen sollten Sie Ihre Lösungen immer überprüfen, damit Sie irrelevante Lösungen erkennen.

Kürzen um wirklich jeden Preis

Eine weitere wunderbare Eigenschaft von Proportionen ist, dass Sie die Brüche in einer Proportion kürzen können, indem Sie gemeinsame Faktoren finden, und zwar in vier verschiedene Richtungen: oben, unten, links und rechts. Die Möglichkeit, eine Proportion zu kürzen, wird dann interessant, wenn Sie in einer Gleichung sehr große Zahlen haben.

Nachfolgend sehen Sie einige Beispiele für das Kürzen von Proportionen oben (Zähler), unten (Nenner), links und rechts:

Zähler	Nenner	Links	Rechts
$\dfrac{15x}{28}=\dfrac{5}{49}$	$\dfrac{3x}{28}=\dfrac{1}{49}$	$\dfrac{100y}{300(y+1)}=\dfrac{121}{77y}$	$\dfrac{y}{3(y+1)}=\dfrac{121}{77y}$
$\dfrac{^{3}\cancel{15}x}{28}=\dfrac{\cancel{5}^{1}}{49}$	$\dfrac{3x}{_{4}\cancel{28}}=\dfrac{1}{\cancel{49}_{7}}$	$\dfrac{^{1}\cancel{100}y}{_{3}\cancel{300}(y+1)}=\dfrac{121}{77y}$	$\dfrac{y}{3(y+1)}=\dfrac{\cancel{121}^{11}}{_{7}\cancel{77}y}$
$\dfrac{3x}{28}=\dfrac{1}{49}$	$\dfrac{3x}{4}=\dfrac{1}{7}$	$\dfrac{y}{3(y+1)}=\dfrac{121}{77y}$	$\dfrac{y}{3(y+1)}=\dfrac{11}{7y}$

Die gekürzten Formen der Proportionen machen die Kreuzmultiplikation viel einfacher und handlicher. Nehmen Sie beispielsweise die folgende Proportion. Zuerst kürzen Sie über die

Zähler und dann kürzen Sie die linken Brüche. Und zum Schluss nehmen Sie eine Kreuz-multiplikation vor und lösen die quadratische Gleichung:

$$\frac{80x}{16} = \frac{30}{x-5}$$

$$\frac{\overset{8}{\cancel{80}}x}{16} = \frac{\cancel{30}^{3}}{x-5}$$

$$\frac{8x}{16} = \frac{3}{x-5}$$

$$\frac{\overset{1}{\cancel{8}}x}{\underset{2}{\cancel{16}}} = \frac{3}{x-5}$$

$$\frac{x}{2} = \frac{3}{x-5}$$

$$x(x-5) = 6$$

$$x^2 - 5x = 6$$

$$x^2 - 5x - 6 = 0$$

$$(x-6)(x+1) = 0$$

$$x - 6 = 0,\ x = 6$$

$$x + 1 = 0,\ x = -1$$

Die Lösungen sind $x = 6$ und $x = -1$. Wie üblich, müssen Sie Ihre Lösungen prüfen, ob Sie keine irrelevanten Lösungen erzeugt haben:

$$\frac{80x}{16} = \frac{30}{x-5}$$

✔ **Bei x = 6:** $\dfrac{80(6)}{16} = \dfrac{30}{(6)-5}$

$$\frac{480}{16} = \frac{30}{1}$$

$$480 = 30(16)$$

✔ **Bei x = -1:** $\dfrac{80(-1)}{16} = \dfrac{30}{(-1)-5}$

$$\frac{-80}{16} = \frac{30}{-6}$$

$$(-80)(-6) = 30(16)$$

Beide Lösungen funktionieren also.

Reziproke rationale Gleichungen

Die Eigenschaft von Proportionen, die besagt, dass die Proportion $\dfrac{a}{b} = \dfrac{c}{d}$ äquivalent zu ihrem Reziprokausdruck $\dfrac{b}{a} = \dfrac{d}{c}$ ist, ist in Gleichungen wie $\dfrac{1}{x-3} = \dfrac{2}{5}$ praktisch. Nachdem Sie die Proportion umgekehrt haben, erhalten Sie im Nenner auf der linken Seite eine 1. Jetzt brauchen Sie nur noch auf jeder Seite 3 zu addieren, um die Gleichung zu lösen.

$$\frac{x-3}{1} = \frac{5}{2}$$

$$x - 3 = 2,5$$

$$x = 5,5$$

Machen Sie sich frei von Wurzeln!

Der Begriff *Wurzel* deutet häufig darauf hin, dass Sie eine Wurzel ziehen sollen – die Quadratwurzel einer Zahl, die Kubikwurzel usw. Eine Wurzel in einer Gleichung hat dieselbe Bedeutung, aber bringt eine völlig neue Dimension ins Spiel, was perfekt zu lösende Gleichungen betrifft. Im Allgemeinen behandeln Sie Wurzeln in Gleichungen genau so, wie Sie Brüche in Gleichungen behandeln – Sie versuchen, sie loszuwerden. Aber Vorsicht: Die irrelevanten Lösungen, die schon im grauen Kasten *Warum soll ich die Gleichung überprüfen?* weiter vorne in diesem Kapitel aufgetaucht sind, erscheinen auch hier. Sie haben es erfasst: Sie sollten Ihre Lösungen überprüfen.

Beide Seiten einer Wurzelgleichung quadrieren

Wenn Sie eine Gleichung in der Form $\sqrt{ax+b} = c$ haben, quadrieren Sie beide Seiten der Gleichung, um die Wurzel loszuwerden. Ein Problem tritt dann auf, wenn Sie eine irrelevante Lösung erhalten.

Betrachten Sie die Nicht-Gleichung $-3 = 3$. Sie wissen, dass diese Gleichung nicht korrekt ist, aber was passiert, wenn Sie beide Seiten dieser Aussage quadrieren? Sie erhalten $(-3)^2 = (3)^2$ oder $9 = 9$. Jetzt haben Sie eine Gleichung. Durch die Quadrierung beider Seiten können Sie eine fehlerhafte Aussage überdecken oder verbergen.

 Ähnlich der Vorgehensweise, wie Sie Brüche in Gleichungen loswerden, ist die Methode, beide Seiten zu quadrieren, die einfachste Möglichkeit, mit Wurzeln in Gleichungen zurechtzukommen. Sie akzeptieren dabei, dass Sie immer auf irrelevante Lösungen achten müssen, wenn Sie Gleichungen durch Quadrieren lösen.

Um beispielsweise die Gleichung $\sqrt{4x+21} - 6 = x$ zu lösen, gehen Sie wie folgt vor:

1. Ändern Sie die Gleichung so, dass der Wurzelterm alleine auf der linken Seite steht.

2. Quadrieren Sie beide Seiten der Gleichung.

Auf dem Papier sieht das Ganze wie folgt aus:

$$\sqrt{4x+21} = x+6$$

$$\left(\sqrt{4x+21}\right)^2 = (x+6)^2$$

$$4x+21 = x^2+12x+36$$

 Häufig wird beim Quadrieren das Binom auf der rechten Seite falsch quadriert. Vergessen Sie nicht den mittleren Term! Sie können die beiden Terme nicht alleine quadrieren. Es gilt: $(a + b)^2 = a^2 + 2ab + b^2$.

Jetzt haben Sie eine quadratische Gleichung (siehe den Abschnitt *Quadratische Gleichungen lösen* weiter vorne in diesem Kapitel). Setzen Sie sie gleich 0 und lösen Sie dann die Gleichung auf, indem Sie die abc-Formel anwenden:

$$4x+21 = x^2+12x+36$$

$$0 = x^2+8x+15$$

$$x = \frac{-8 \pm \sqrt{64-4\cdot1\cdot15}}{2}$$

$$x = \frac{-8 \pm 2}{2}$$

x = –3 oder x = –5

Jetzt prüfen Sie, ob Ihre Lösungen für die Originalgleichung gültig sind. Für $x = -3$ erhalten Sie

$$\sqrt{4(-3)+21} - 6 = \sqrt{-12+21} - 6 = \sqrt{9} - 6 = 3-6 = -3$$

Funktioniert. Jetzt probieren Sie es mit $x = -5$. Sie erhalten:

$$\sqrt{4(-5)+21} - 6 = \sqrt{-20+21} - 6 = \sqrt{1} - 6 = -5$$

Auch diese Lösung funktioniert.

 Dass beide Lösungen funktionieren, ist eher die Ausnahme als die Regel, wenn Sie es mit Wurzeln zu tun haben. Größtenteils funktioniert eine der beiden Lösungen, aber nicht beide. Und manchmal tut man sich all die Arbeit an, um schließlich festzustellen, dass keine Lösung in der Originalgleichung funktioniert. Sie erhalten natürlich eine Lösung (nämlich dass es keine Lösung gibt), aber sie ist nicht sehr befriedigend.

Zwei Wurzeln ausgleichen

Einige Gleichungen, die Wurzeln enthalten, sind geradezu prädestiniert dafür, dass man beide Seiten mehrfach quadriert. Beispielsweise müssen Sie beide Seiten mehrfach quadrieren, wenn Sie einen Wurzelterm nicht auf einer Seite der Gleichung isolieren können. Und normalerweise müssen Sie beide Seiten mehrfach quadrieren, wenn in der Gleichung drei Terme vorhanden sind – zwei davon mit Wurzeln.

Angenommen, Sie müssen die Gleichung $\sqrt{3x+19} - \sqrt{5x-1} = 2$ bearbeiten. Diese Aufgabe lösen Sie wie folgt:

1. **Verschieben Sie die Wurzeln so, dass nur auf jeder Seite eine Wurzel erscheint.**

2. **Quadrieren Sie beide Seiten der Gleichung und multiplizieren Sie aus.**

$$\sqrt{3x+19} = 2 + \sqrt{5x-1}$$
$$\left(\sqrt{3x+19}\right)^2 = \left(2+\sqrt{5x-1}\right)^2$$
$$3x+19 = 4 + 4\sqrt{5x-1} + 5x - 1$$

3. **Verschieben Sie alle Terme, bei denen es sich nicht um Wurzeln handelt, auf die linke Seite und vereinfachen Sie.**

   Damit erhalten Sie

$$3x+19-4-5x+1 = 4\sqrt{5x-1}$$
$$-2x+16 = 4\sqrt{5x-1}$$

4. **Vereinfachen Sie die Formel, indem Sie jeden Term durch 2 dividieren, die 2 ist der gemeinsame Faktor aller Terme auf beiden Seiten.**

   Sie erhalten schließlich

$$\frac{-2x}{2} + \frac{16}{2} = \frac{4\sqrt{5x-1}}{2}$$
$$-x+8 = 2\sqrt{5x-1}$$

5. **Quadrieren Sie beide Seiten, vereinfachen Sie und setzen Sie den quadratischen Ausdruck gleich 0. Lösen Sie nach x auf.**

   Damit erhalten Sie Folgendes:

$$(-x+8)^2 = (2\sqrt{5x-1})^2$$
$$x^2 - 16x + 64 = 4(5x-1)$$
$$x^2 - 16x + 64 = 20x - 4$$
$$x^2 - 36x + 68 = 0$$
$$x = \frac{36 \pm \sqrt{36^2 - 4 \cdot 1 \cdot 68}}{2 \cdot 1}$$
$$x = \frac{36 \pm 32}{2}$$
$$x - 34 = 0, \; x = 34$$
$$x = 2 \text{ oder } x = 34$$

Sie erhalten die beiden Lösungen $x = 2$ und $x = 34$.

Vergessen Sie nicht, jede Lösung in der Originalgleichung zu überprüfen:

$$\sqrt{3x+19} - \sqrt{5x-1} = 2$$

✔ **Bei $x = 2$:** $\sqrt{3(2)+19} - \sqrt{5(2)-1} = \sqrt{25} - \sqrt{9}$
$$= 5 - 3$$
$$= 2$$

✔ **Bei $x = 34$:** $\sqrt{3(34)+19} - \sqrt{5(34)-1} = \sqrt{121} - \sqrt{169}$
$$= 11 - 13$$
$$= -2$$

Die Lösung $x = 2$ funktioniert. Die andere Lösung, $x = 34$, funktioniert in der Gleichung nicht. Die Zahl 34 ist eine irrelevante Lösung.

Exponentialgleichungen lösen

Um eine algebraische Gleichung zu lösen, suchen Sie nach Zahlen, die für die Variablen eingesetzt werden können und eine wahre Aussage bilden. Beim Lösen von Exponentialgleichungen werden sehr viele Techniken eingesetzt, wie Sie sie für algebraische Gleichungen anwenden – Sie addieren oder subtrahieren von jeder Seite, Sie multiplizieren jede Seite mit derselben Zahl oder dividieren durch diese, faktorisieren, quadrieren beide Seiten usw. Für die Lösung einer Exponentialgleichung brauchen Sie jedoch meistens noch den Logarithmus und seine Rechenregeln.

Hier sehen Sie zunächst ein Beispiel für eine Exponentialgleichung, für deren Lösung Sie keinen Logarithmus brauchen:

$$6^{9-12x} = 6^{2x-3}$$

Da die beiden Basen gleich sind, müssen auch ihre Exponenten gleich sein, damit die Gleichung gültig ist. Somit werden die Exponenten gleichgesetzt und nach x aufgelöst:

$$9 - 12x = 2x - 3$$
$$9 + 3 = 2x + 12x$$
$$12 = 14x$$
$$x = \frac{12}{14} = \frac{6}{7}$$

Eine andere einfache Exponentialgleichung könnte wie folgt aussehen:

$$4^x = 50$$

Die Lösung dieser Gleichung ergibt sich aus der Definition des Logarithmus (siehe Kapitel 1 Abschnitt *Logarithmen ... Wirkliche keine Hexerei*). Ihre Lösung ist:

$$x = \log_4 5$$

Nun zu den spannenderen Aufgaben: Was halten Sie von der Gleichung $\dfrac{6^x}{\sqrt{3}} = 7^{2x-3}$?

Um diese Gleichung zu lösen, benötigen Sie einen kleinen Trick. So wie Sie beide Seiten einer Gleichung quadrieren, um Wurzeln loszuwerden, nehmen Sie den Logarithmus (mit beliebiger Basis) von beiden Seiten, um die Exponenten loszuwerden. Damit Sie die Ausdrücke später in Ihren Taschenrechner eingeben können, sollten Sie jedoch entweder den natürlichen oder den 10er-Logarithmus verwenden.

$$\frac{6^x}{\sqrt{3}} = 7^{2x-3}$$

$$\ln\left(\frac{6^x}{\sqrt{3}}\right) = \ln\left(7^{2x-3}\right)$$

Sie haben ja recht, das sieht nicht wirklich einfacher aus. Aber dank der Eigenschaften von Logarithmen, die Sie in Kapitel 1 kennen gelernt haben, können Sie diese Gleichung ohne Probleme auflösen.

$$\ln\left(\frac{6^x}{\sqrt{3}}\right) = \ln\left(7^{2x-3}\right)$$

$$\ln\left(6^x\right) - \ln\left(\sqrt{3}\right) = \ln\left(7^{2x-3}\right)$$

$$x \cdot \ln\left(6\right) - \ln\left(3^{0,5}\right) = \left(2x - 3\right) \cdot \ln\left(7\right)$$

$$x \cdot \ln\left(6\right) - 0,5 \cdot \ln\left(3\right) = 2x \cdot \ln\left(7\right) - 3 \cdot \ln\left(7\right)$$

$$x \cdot \ln\left(6\right) - 2x \cdot \ln\left(7\right) = 0,5 \cdot \ln\left(3\right) - 3 \cdot \ln\left(7\right)$$

$$x = \frac{0,5 \cdot \ln\left(3\right) - 3 \cdot \ln\left(7\right)}{\ln\left(6\right) - 2 \cdot \ln\left(7\right)}$$

$$x \approx 2,52$$

Mathematik kann so schön sein.

Logarithmische Gleichungen lösen

Logarithmische Gleichungen können mehrere Lösungen haben, so wie alle anderen algebraischen Gleichungen auch. Was die Lösung logarithmischer Gleichungen von anderen algebraischen Gleichungen unterscheidet, ist, dass Sie den logarithmischen Teil so schnell wie möglich loswerden wollen und dann stattdessen entweder eine Polynom- oder eine Exponentialgleichung lösen. Polynome und Exponentialgleichungen sind einfacher und Ihnen vertrauter, und Sie wissen bereits aus den vorangegangenen Abschnitten, wie man sie löst.

Bevor Sie anfangen, logarithmische Gleichungen zu lösen, müssen Sie die Lösungen überprüfen, die Sie aus den neuen, umgeformten Darstellungen erhalten. Möglicherweise erhalten Sie Lösungen aus den Polynom- oder Exponentialgleichungen, aber sie funktionieren vielleicht in der logarithmischen Gleichung nicht. Wenn Sie in einen anderen Gleichungstyp umwandeln, wird die Gefahr einer *irrelevanten Lösung* eingeführt, also einer Lösung, die in die neue, umgeformte Gleichung passt, die aber nicht unbedingt in die ursprüngliche Gleichung passen muss.

Log gleich Log setzen

Eine Art der logarithmischen Gleichung enthält nur Terme, die alle einen Logarithmus enthalten (alle Logarithmen müssen dieselbe Basis haben). Sie brauchen genau einen logarithmischen Term auf jeder Seite. Wenn eine Gleichung mehrere logarithmische Terme hat, müssen Sie mit Hilfe der Eigenschaften der Logarithmen die Gleichung so umformen, dass sie der Regel entspricht. Anschließend können Sie folgende Regel anwenden:

Wenn $\log_b x = \log_b y$, dann gilt $x = y$

Wenn Sie beispielsweise die Gleichung $\log_4 x^2 = \log_4 (x + 6)$ sehen, wenden Sie diese Regel an, wodurch Sie die Gleichung umformen und $x^2 = x + 6$ lösen können:

$$x^2 = x + 6$$
$$x^2 - x - 6 = 0$$
$$(x - 3)(x + 2) = 0$$
$$x = 3 \text{ oder } x = -2$$

Mit $x = 3$ und $x = -2$ finden Sie Lösungen für die quadratische Gleichung, und beide funktionieren auch in der ursprünglichen logarithmischen Gleichung:

✔ **Wenn $x = 3$ ist:**

$\log_4 3^2 = \log_4 (3 + 6) = \log_4 9 = \log_4 9$

3 ist also eine Lösung.

✔ **Wenn $x = -2$ ist:**

$\log_4 (-2)^2 = \log_4 (-2 + 6) = \log_4 4 = \log_4 4$

Noch eine Lösung!

Wenn keine Basis für den Logarithmus angezeigt wird, dann können Sie davon ausgehen, dass die Basis 10 gemeint ist. Es handelt sich dabei um *allgemeine Logarithmen*.

Die folgende Gleichung zeigt Ihnen, wie Sie möglicherweise eine irrelevante Lösung erhalten. Wenn Sie $\log (x - 8) + \log x = \log 9$ lösen, wenden Sie zuerst die Eigenschaft für den Logarithmus eines Produkts an, um nur einen einzigen logarithmischen Term auf der linken Seite zu erhalten: $\log (x - 8)x = \log 9$. Anschließend können Sie die Logarithmen vergessen und erhalten die Gleichung $(x - 8) x = 9$. Dies ist eine quadratische Gleichung, die Sie zum Beispiel mit der abc-Formel lösen können:

$$(x - 8) x = 9$$
$$x^2 - 8x - 9 = 0$$
$$x = \frac{8 \pm \sqrt{8^2 - 4 \cdot 1 \cdot (-9)}}{2 \cdot 1}$$
$$x = \frac{8 \pm 10}{2}$$
$$x = 9 \text{ oder } x = -1$$

Wenn Sie die Lösungen überprüfen, stellen Sie fest, dass die Lösung 9 wunderbar funktioniert:

$$\log (9 - 8) + \log 9 = \log 9$$
$$\log 1 + \log 9 = \log 9$$
$$0 + \log 9 = \log 9$$

Die Lösung −1 dagegen funktioniert nicht:

$$\log (-1 - 8) + \log (-1) = \log 9$$

Sie können hier gleich aufhören. Beide Logarithmen auf der linken Seite haben negative Argumente. Das Argument in einem Logarithmus muss positiv sein, die −1 funktioniert also in der logarithmischen Gleichung nicht (auch wenn sie in der quadratischen Gleichung eine Lösung darstellte). Daher ist −1 eine irrelevante Lösung.

Logarithmische Gleichungen in Exponentialgleichungen umformen

Wenn eine logarithmische Gleichung logarithmische Terme und einen Term ohne Logarithmus enthält, müssen Sie algebraische Techniken und logarithmische Eigenschaften (siehe Kapitel 1) anwenden, um die Gleichung in die Form $y = \log_b x$ zu bringen. Nachdem Sie die Gleichung richtig umgeformt haben, können Sie mit der Äquivalenz daraus eine rein exponentielle Gleichung erzeugen.

Um beispielsweise $\log_3 (x + 8) - 2 = \log_3 x$ zu lösen, subtrahieren Sie zunächst $\log_3 x$ von jeder Seite und addieren dann 2 zu jeder Seite, um $\log_3 (x + 8) - \log_3 x = 2$ zu erhalten. Anschließend wenden Sie die Eigenschaft für den Logarithmus eines Quotienten $\left(\log_c \left(\dfrac{a}{b} \right) = \log_c a - \log_c b \right)$ an, formen die Gleichung unter Anwendung der Äquivalenz um und lösen nach x:

$$\log_3 \frac{x+8}{x} = 2$$
$$3^2 = \frac{x+8}{x}$$
$$9x = x + 8$$
$$8x = 8$$
$$x = 1$$

Die einzige Lösung ist $x = 1$, die auch in der ursprünglichen logarithmischen Gleichung funktioniert:

$$\log_3 (x + 8) - 2 = \log_3 x$$
$$\log_3 (1 + 8) - 2 = \log_3 1$$
$$\log_3 9 - 2 = 0$$
$$\log_3 9 = 2$$
$$3^2 = 9$$

Teil II
Analysis

In diesem Teil ...

In der Analysis dreht sich alles um Funktionen. Funktionen laufen Ihnen nicht nur jeden Tag in der Schule oder im Studium über den Weg, sondern sind auch im Wirtschaftsleben unumgänglich. Dieser Teil erklärt Ihnen anhand der wichtigsten Funktionen, was eine Funktion ist. Er macht Sie mit ihren Eigenschaften und den beiden großen Konzepten der Analysis – der Differentialrechnung und der Integration – vertraut. Für Fortgeschrittene bietet dieser Teil ein Kapitel über mehrdimensionale Funktionen.

Ein Leben mit Listen: Folgen und Reihen

3

In diesem Kapitel

▷ Sich mit der Terminologie der Folgen vertraut machen

▷ Mit arithmetischen und geometrischen Folgen arbeiten

▷ Terme mit rekursiv definierten Funktionen kennen lernen

▷ Von Folgen zu Reihen weitergehen

▷ Folgen erkennen, die in der Praxis auftreten

▷ Besondere Formeln für Folgen und Reihen diskutieren und anwenden

E ine *Folge* ist eine Liste von Dingen oder Personen – und weil es in diesem Buch auch um Algebra geht, geht es in den hier beschriebenen Folgen um Zahlen. Eine *Reihe* ist die Summe der Zahlen in einer Liste. Diese Konzepte erscheinen in vielen Bereichen des täglichen Lebens (auch außerhalb von Top-Ten-Listen). Beispielsweise können Sie eine Liste der Sitznummern jeder Reihe eines Kinos machen. Anhand dieser Liste können Sie die Zahlen addieren, um die Gesamtzahl der Sitze zu ermitteln. Sie wollen natürlich am liebsten Situationen, in denen die Anzahl der Elemente in einer Liste nicht zufällig ist; Sie bevorzugen es, wenn die Anzahl einem Muster oder einer Regel folgt. Mit Hilfe von mathematischen Ausdrücken mit mathematischen Symbolen und Operationen können Sie die Muster beschreiben, die die Elemente einer Folge bilden. In diesem Kapitel erfahren Sie, wie Sie die Terme in Folgen beschreiben, und, wenn Sie Glück haben, wie Sie ohne größeren Aufwand beliebig viele Terme addieren.

Die Terminologie der Folgen

Eine *Folge von Ereignissen* besteht aus einem oder zwei Vorkommnissen, wobei ein Element oder Ereignis einem anderen folgt, das einem anderen folgt usw. In der Mathematik ist eine *Folge* eine *Liste* von Termen, oder Zahlen, die nach irgendeiner mathematischen Regel erzeugt werden. Beispielsweise besagt {3 + 4n}, dass die Zahlen in einer Folge mit der Zahl 7 beginnen und in jedem weiteren Term um 4 größer werden. Die Zahlen in der Folge sind 7, 11, 15 ...

 Die drei Punkte (...) hinter einer kurzen Liste von Termen werden als *Ellipse* bezeichnet. Sie verwenden sie anstelle von »usw.« oder »etc.«.

 Die formale Definition einer Folge lautet: Eine Funktion ist eine Folge, deren Definitionsbereich aus positiven ganzen Zahlen (1, 2, 3 ...) besteht.

Das ist wirklich praktisch – Sie haben es nur mit positiven ganzen Zahlen zu tun. Der restliche Abschnitt beschreibt zahlreiche praktische Merkmale von Folgen, die Ihnen sicher gefallen werden.

Die Notation der Folge

Ein wichtiger Hinweis darauf, dass Sie es mit einer Folge zu tun haben, ist, wenn Sie etwas wie {7, 10, 13, 16, 19 ...} oder $\{a_n\}$ sehen. Die geschweiften Klammern, {}, weisen darauf hin, dass Sie eine Liste mit Elementen haben, so genannte *Terme*. Die Terme werden normalerweise durch Kommas voneinander getrennt. Der Term a_n ist die Notation für die Regel, die eine bestimmte Folge darstellt. Wenn Sie eine Folge identifizieren, können Sie entweder so viele Terme in der Folge auflisten, dass das Muster daraus ersichtlich wird, oder Sie geben die Regel an, nach der die Terme erstellt werden.

Wenn Sie beispielsweise die Notation $\{2n + 1\}$ sehen, wissen Sie, dass die Folge aus den Termen {3, 5, 7, 9, 11, 13, ...} besteht. $2n + 1$ ist die Regel, die die Folge erzeugt, die entsteht, wenn Sie alle positiven ganzen Zahlen anstelle des n einsetzen. Wenn $n = 1$ ist, dann ist $2(1) + 1 = 3$, wenn $n = 2$ ist, dann ist $2(2) + 1 = 5$ usw. Der Definitionsbereich einer Folge besteht aus allen positiven ganzen Zahlen, das Verfahren ist also so einfach, wie bis 3 zu zählen.

Weil die Terme in einer Folge mit positiven ganzen Zahlen verknüpft sind, können Sie sie anhand ihrer Position in der Auflistung der ganzen Zahlen ansprechen. Wenn die Regel für eine Folge beispielsweise $\{a_n\}$ lautet, dann heißen die Terme in der Folge a_1, a_2, a_3, a_4 usw. Diese übersichtliche Anordnung erlaubt Ihnen, den zehnten Term in der Folge $\{a_n\} = \{n^2 - 1\}$ anzusprechen, indem Sie schreiben:

$$a_{10} = 10^2 - 1 = 99$$

Das heißt, Sie müssen nicht erst die ersten neun Terme schreiben, um zum zehnten zu gelangen. Die Folgennotation spart Ihnen enorm viel Zeit!

Die Fakultät in Folgen

Eine mathematische Operation, die man in vielen Folgen findet, ist die *Fakultät*. Das Symbol für die Fakultät ist ein Ausrufezeichen.

So sieht die Formel für die Fakultät in einer Folge aus:

$$n! = n(n - 1)\,(n - 2)\,(n - 3)\,\ldots\,3 \cdot 2 \cdot 1.$$

Wenn Sie eine Fakultät berechnen, multiplizieren Sie die betreffende Zahl mit jeder positiven Zahl, die kleiner als die betreffende Zahl ist.

Beispielsweise ist $6! = 6 \cdot 5 \cdot 4 \cdot 3 \cdot 2 \cdot 1 = 720$, und $9!$ ist $9 \cdot 8 \cdot 7 \cdot 6 \cdot 5 \cdot 4 \cdot 3 \cdot 2 \cdot 1 = 362880$.

 Sie können eine besondere Regel für 0! (null Fakultät) anwenden. Die Regel lautet, 0! = 1. Sie fragen sich jetzt, wie das sein kann. Es ist einfach so. Die Mathematiker haben festgestellt, dass die Fakultäten besser funktionieren, wenn 0! gleich 1 ist.

Wenn also $\{c_n\} = \{n! - n\}$ ist, dann schreiben Sie, dass $c_1 = 1! - 1 = 1 - 1 = 0$, $c_2 = 2! - 2 = 2 \cdot 1 - 2 = 0$, $c_3 = 3! - 3 = 3 \cdot 2 \cdot 1 - 3 = 6 - 3 = 3$ usw. ist. Sie schreiben die Terme in dieser Folge als $\{0, 0, 3, 20 \dots\}$.

Alternierende Folgenmuster

Ein besonderer Typ von Folgen ist eine alternierende Folge. Eine *alternierende Folge* enthält Terme, die immer vom Positiven zum Negativen und wieder zum Positiven usw. wechseln. Sie hat einen Multiplikator von –1, der in irgendeine Potenz erhoben wird, zum Beispiel n, $n - 1$ oder $n + 1$. Durch Anwendung der Potenz, die der Zahl des Terms zugeordnet ist, auf die –1 alternieren die Terme, weil die positiven ganzen Zahlen zwischen gerade und ungerade alternieren. Gerade Potenzen von –1 sind gleich +1, und ungerade Potenzen von –1 sind gleich –1.

Beispielsweise ist die alternierende Folge $\{(-1)^n \, 2(n + 3)\} = \{-8, 10, -12, 14, \dots\}$, weil

$$a_1 = (-1)^1 \, 2(1 + 3) = -1 \cdot 2(4) = -8$$
$$a_2 = (-1)^2 \, 2(2 + 3) = +1 \cdot 2(5) = 10$$
$$a_3 = (-1)^3 \, 2(3 + 3) = -1 \cdot 2(6) = -12$$

usw.

Nachfolgend sehen Sie ein Beispiel für eine alternierende Folge, das eine Fakultät enthält (siehe voriger Abschnitt), ebenso wie einen Bruch – ein bisschen von allem. Die ersten vier

Terme der Folge $\left\{(-1)^n \, \dfrac{(n+1)!}{n}\right\}$ beispielsweise lauten:

$$a_1 = (-1)^1 \, \frac{(1+1)!}{1} = -1\left[\frac{2!}{1}\right] = -1\left[\frac{2}{1}\right] = -2$$

$$a_2 = (-1)^2 \, \frac{(2+1)!}{2} = 1\left[\frac{3!}{2}\right] = 1\left[\frac{6}{2}\right] = 3$$

$$a_3 = (-1)^3 \, \frac{(3+1)!}{3} = -1\left[\frac{4!}{3}\right] = -1\left[\frac{24}{3}\right] = -8$$

$$a_4 = (-1)^4 \, \frac{(4+1)!}{4} = 1\left[\frac{5!}{4}\right] = 1\left[\frac{120}{4}\right] = 30$$

Die Folge lautet also $\{-2, 3, -8, 30, \dots\}$.

Dabei wird der Absolutwert (das heißt der Betrag, also die Zahl ohne ihr Vorzeichen) der Terme immer größer, während die Terme zwischen positiv und negativ alternieren.

Muster in Folgen

Die Liste der Terme in einer Folge kann ein Muster aufweisen – muss es aber nicht. Natürlich haben Sie mit der Funktionsvorschrift – der Vorschrift, die Ihnen sagt, wie die Terme der Folge erstellt werden – schon einen Hinweis auf das Muster der Terme. Sie können die Terme einer Folge immer auflisten, wenn Sie die Vorschrift haben, und häufig können Sie auch die Vorschrift erkennen, wenn Sie genügend Terme aus der Folge vorliegen haben, die Ihnen erlauben, das Muster zu erkennen.

Die Muster, nach denen Sie suchen können, können ganz einfach, aber auch ganz raffiniert sein:

✔ eine aus einer Zahl bestehende Differenz zwischen jedem Term, beispielsweise bei 4, 9, 14, 19, ..., wobei die Differenz in diesem Fall 5 ist

✔ ein Multiplikator zwischen den Termen, beispielsweise eine Multiplikation mit 5, so dass Sie 2, 10, 50, 250, ... erhalten

✔ ein Muster innerhalb des Musters, etwa bei den Zahlen 2, 5, 9, 14, 20, ..., wo die Differenzen zwischen den Zahlen bei jedem Schritt um 1 größer werden

Wenn Sie ein Muster erkennen und eine Vorschrift für eine Zahlenfolge schreiben sollen, können Sie Ihre Liste der Möglichkeiten durchgehen – die hier erwähnten oder auch andere – und dann prüfen, welche Art Vorschrift passt.

Differenz zwischen Termen

Das am schnellsten und am einfachsten zu findende Muster ist eine allgemeine Differenz zwischen den Termen. Eine *Differenz* zwischen zwei Zahlen ist das Ergebnis einer Subtraktion. Normalerweise können Sie erkennen, wenn eine Folge dieser Art vorliegt, indem Sie sie anschauen – Sie überprüfen, welchen Abstand die Zahlen voneinander haben.

 Wenn Sie in einer Zahlenfolge nach Differenzen suchen, achten Sie darauf, immer in derselben Reihenfolge zu subtrahieren – die Zahl minus der Zahl unmittelbar links davon.

Die in den folgenden drei Abschnitten betrachteten Folgen haben etwas gemeinsam: Die Terme in den Folgen haben eine gemeinsame *erste Differenz*, eine gemeinsame *zweite Differenz* oder eine gemeinsame *dritte Differenz*.

Erste Differenz

Wenn die *erste Differenz* der Terme in einer Folge eine konstante Zahl ist, ist die Vorschrift für die Definition der Terme normalerweise ein linearer Ausdruck (ein linearer Ausdruck hat den Exponenten 1 für n). Beispielsweise besteht die Zahlenfolge {2, 7, 12, 17, 22, 27, ...} aus Termen, die die gemeinsame Differenz von 5 haben. Die Vorschrift für diese Beispielfolge lautet $\{5n - 3\}$. Mit dem Multiplikator 5 ist der nächste Term in der Folge jeweils um 5 größer als der vorhergehende. Sie subtrahieren die 3, damit die Folge mit der 2 und nicht mit einer 5 beginnt. Folgen mit einer gemeinsamen ersten Differenz werden auch als *arithmetische Folgen* bezeichnet (darum wird es im Abschnitt *Arithmetische und geometrische Folgen* weiter hinten in diesem Kapitel gehen).

Zweite Differenz

Wenn die zweite Differenz der Terme in einer Folge eine Konstante ist, zum Beispiel 2, ist die Vorschrift für diese Folge normalerweise quadratisch – sie enthält den Term n^2. Die Zahlenfolge $\{-2, 1, 6, 13, 22, 33, 43, \dots\}$ beispielsweise besteht aus Termen, die eine gemeinsame zweite Differenz von 2 haben. Die erste Differenz zwischen den Termen erhöht sich für jedes Intervall um 2:

$$
\begin{array}{ccccccccccccc}
-2 && 1 && 6 && 13 && 22 && 33 && 46 \\
& 3 && 5 && 7 && 9 && 11 && 13 & \\
&& 2 && 2 && 2 && 2 && 2 &&
\end{array}
$$

Die Vorschrift für dieses Beispiel lautet $\{n^2 - 3\}$.

 Es gibt keine schnelle, einfache Methode, die jeweiligen Vorschriften zu finden, aber wenn Sie wissen, dass eine Vorschrift quadratisch sein soll, haben Sie schon einen Ausgangspunkt. Sie können versuchen, die Zahlen 1, 2, 3 usw. zu quadrieren, und dann prüfen, wie Sie die Quadrate anpassen können, indem Sie subtrahieren oder addieren, damit die Zahlen in der Folge der Vorschrift entsprechen.

Dritte Differenz

Die Folge $\{0, 6, 24, 60, 120, 210, 336, \dots\}$ stellt eine allgemeine *dritte Differenz* von 6 dar. Die nachfolgende Abbildung zeigt in der ersten Zeile unterhalb der Funktion die erste Differenz, darunter die zweite Differenz und darunter die dritte Differenz:

$$
\begin{array}{ccccccccccccc}
0 && 6 && 24 && 60 && 120 && 210 && 336 \\
& 6 && 18 && 36 && 60 && 90 && 126 & \\
&& 12 && 18 && 24 && 30 && 36 && \\
&&& 6 &&& 6 && 6 && 6 &&
\end{array}
$$

Die Vorschrift für diese Beispielfolge lautet $\{n^3 - n\}$ und enthält somit einen Kubik-Term.

 Die Vorschrift für diese Folge springt Ihnen bei Betrachtung der Terme nicht unbedingt ins Auge. Sie müssen mit den Termen ein wenig herumspielen, um die Vorschrift zu erkennen. Beginnen Sie mit einem kubischen Term und versuchen Sie dann, konstante Zahlen zu addieren oder zu subtrahieren. Wenn das nichts bringt, multiplizieren Sie Zahlen. Hört sich recht ziellos an, aber die Möglichkeiten sind begrenzt. Grafische Taschenrechner bieten Funktionen zur Kurvenanpassung, die Daten entgegennehmen und die Vorschriften für Sie

ermitteln, aber Sie müssen immer noch auswählen, welche Art Vorschrift (welche Potenzen) für die Daten in Frage kommt.

Vielfache und Potenzen

Einige Folgen haben klar erkennbare Vorschriften, die ihre Terme erzeugen, weil jeder Term ein Vielfaches oder eine Potenz einer konstanten Zahl ist. Beispielsweise besteht die Folge {3, 6, 9, 12, 15, 18, …} aus Vielfachen von 3, und die Vorschrift lautet {3n}.

Aber was tun Sie, wenn die Folge mit 21 beginnt? Was ist die Regel für {21, 24, 27, 30, 33, 36, …}? Die Terme sind alle Vielfache von 3, aber {3n} funktioniert nicht, weil Sie mit $n = 1$ anfangen müssen. Denn der Definitionsbereich einer Folge sind die positiven ganzen Zahlen – 1, 2, 3, … –, Sie können also nichts nehmen, was kleiner 1 ist.

Wie Sie Folgen mit kleineren Zahlen beginnen lassen können, ist die Addition einer Konstanten zu n (das sich wie ein Zähler verhält). Die Zahl 21 ist $3 \cdot 7$, also addieren Sie 6 zu n ($1 + 6 = 7$), um die Vorschrift {3(n + 6)} zu erhalten.

Die Folge $\left\{1, -\frac{1}{2}, \frac{1}{3}, -\frac{1}{4}, \frac{1}{5}, -\frac{1}{6}, ...\right\}$ hat zwei interessante Merkmale: Die Terme haben alter-

nierende Vorzeichen (siehe den Abschnitt *Alternierende Folgenmuster* weiter vorne in diesem Kapitel), und die Brüche haben die positiven ganzen Zahlen in ihrem Nenner. Um die Vorschrift für diese Folge zu schreiben, betrachten Sie diese beiden Merkmale genauer. Die alternierenden Terme weisen auf eine Potenz von −1 hin. Der erste, der dritte, der fünfte und alle anderen ungeraden Terme sind positiv, Sie können also den Faktor −1 in die $n + 1$. Potenz erheben, um diese Exponenten gerade und die Terme positiv zu machen. Für die Brüche können Sie n, die Nummer des Terms, in den Nenner stellen. Die Regel für diese Folge lautet also:

$$\left\{(-1)^{n+1}\frac{1}{n}\right\} = \left\{\frac{(-1)^{n+1}}{n}\right\}$$

Andere Folgen können Terme haben, die nur Potenzen derselben Zahl darstellen. Diese Folgen werden als *geometrische Folgen* bezeichnet (weitere Informationen darüber finden Sie im nächsten Abschnitt *Arithmetische und geometrische Folgen*). Ein Beispiel für eine geometrische Folge ist {2, 4, 8, 16, 32, 64, 128, …}. Sie erkennen, dass diese Terme Potenzen der Zahl 2 sind.

Arithmetische und geometrische Folgen

Arithmetische und geometrische Folgen sind besondere Folgen. Da Sie arithmetische und geometrische Folgen normalerweise schnell erkennen und ihre Vorschriften schreiben können, sind sie zu guten Freunden der Mathematiker geworden. Im Abschnitt *Und jetzt zu den Reihen* weiter hinten in diesem Kapitel werden zudem sehr hübsche Formeln für die Summen der Terme von arithmetischen und geometrischen Folgen vorgestellt, die uns einen völlig neuen Bereich der Mathematik eröffnen.

Gemeinsame Grundlagen: Arithmetische Folgen

Arithmetische Folgen sind Folgen, deren Terme dieselben Differenzen haben, egal wie lang die Liste ist (mit anderen Worten, egal wie viele Elemente die Liste enthält).

Eine Möglichkeit, die allgemeine Formel für arithmetische Folgen zu beschreiben, sieht wie folgt aus:

$$a_n = a_{n-1} + d$$

Die Formel besagt, dass der n-te Term der Folge gleich dem unmittelbar vorhergehenden Term [dem $(n-1)$. Term] plus der allgemeinen Differenz d ist.

Eine weitere Gleichung, die Sie für arithmetische Folgen verwenden können, lautet:

$$a_n = a_1 + (n-1)\,d$$

Diese Formel besagt, dass der n-te Term der Folge gleich dem ersten Term ist, a_1, plus $n-1$ mal die allgemeine Differenz, d.

 Welche Gleichung Sie verwenden, ist davon abhängig, was Sie darstellen wollen. Die erste Formel verwenden Sie, wenn Sie einen Term in der Folge auswählen und den nächsten bestimmen wollen. Wenn Sie beispielsweise den nächsten Term nach 201 in der Folge $a_n = a_{n-1} + 3$ ermitteln wollen, addieren Sie 3 zu 201 und erhalten den folgenden Term mit 204. Mit der zweiten Formel finden Sie einen bestimmten Term in einer Folge. Um beispielsweise den 50. Term in der Folge zu bestimmen, wobei $a_n = 5 + (n-1)7$ ist, ersetzen Sie das n durch 50, subtrahieren 1, multiplizieren mit 7, addieren 5 und erhalten 348.

Wenn Sie wissen, dass die allgemeine Differenz zwischen den Termen einer arithmetischen Folge gleich 4 und dass der sechste Term gleich 37 ist, können Sie diese Information in die Gleichung $a_n = a_1 + (n-1)\,d$ einsetzen, wobei $a_n = 37$, $n = 6$ und $d = 4$ ist. Damit erhalten Sie Folgendes:

$$a_n = a_1 + (n-1)\,d$$

$$a_6 = a_1 + (6-1)\,d$$

$$37 = a_1 + (6-1) \cdot 4$$

$$37 = a_1 + 20$$

$$17 = a_1$$

Sie stellen fest, dass der erste Term gleich 17 ist. Jetzt können Sie nach der allgemeinen Vorschrift auflösen, indem Sie a_1 und d ersetzen und vereinfachen:

$$a_n = a_1 + (n-1)\,d$$

$$a_n = 17 + (n-1) \cdot 4$$

$a_n = 17 + 4n - 4$

$a_n = 13 + 4n$

Eine arithmetische Folge, die eine allgemeine Differenz von 4 hat und deren sechster Term gleich 37 ist, hat die allgemeine Vorschrift {13 + 4n}.

Dieses Verfahren verwenden Sie, wenn Sie die Zahlenwerte des ersten Terms kennen und nach einer Vorschrift in einer Aufgabe einen bestimmten Term berechnen wollen. Nachfolgend ein Beispiel für eine Aufgabenstellung, für die Sie eine arithmetische Folge verwenden können:

Michael ist Angestellter der Ca. Ingelmann Wurstfabrik GmbH & Co. KGaA und erhält einen leistungsabhängigen Stundenlohn. Im Arbeitsvertrag ist ein Grundlohn von 6,50 Euro pro Stunde vereinbart. Michael geht davon aus, dass er seinen Lohn durch Lerneffekte in der ersten Arbeitswoche um 25 Cent pro gearbeitete Stunde steigern wird. Wie hoch ist sein Stundenlohn am Ende der ersten Woche, wenn die wöchentliche Arbeitszeit 42 Stunden beträgt?

Mit einer arithmetischen Folge können Sie die Aufgabe schnell lösen. Unter Verwendung der Formel $a_n = a_1 + (n - 1) d$ ersetzen Sie a_1 durch 6,5, n durch 42 und d durch 0,25:

$a_n = a_1 + (n - 1) d$

$a_{25} = 6,50 + (42 - 1) \cdot 0,25$

$a_{25} = 6,50 + (41) \cdot 0,25 = 6,50 + 10,25$

$a_{25} = 16,75$

Na dann hoffen wir mal, dass Michaels Annahmen richtig sind.

Der multiplikative Ansatz: Geometrische Folgen

Eine *geometrische Folge* ist eine Folge, bei der sich jeder Term von dem nachfolgenden Term durch ein allgemeines Verhältnis unterscheidet. Das heißt, die Folge verwendet eine konstante Zahl, die mit jedem Term multipliziert wird, um den nächsten Term zu erzeugen. Bei arithmetischen Folgen addieren Sie eine Konstante, bei geometrischen Folgen multiplizieren Sie.

Eine allgemeine Formel oder Vorschrift für eine geometrische Folge lautet:

$g_n = r g_{n-1}$

In dieser Gleichung ist r das konstante Verhältnis, das mit jedem Term multipliziert wird. Die Vorschrift besagt, dass Sie den n-ten Term erhalten, indem Sie den vorhergehenden Term [den $(n - 1)$. Term] mit dem Verhältnis r multiplizieren.

Eine andere Möglichkeit, die allgemeine Vorschrift für eine geometrische Folge zu schreiben, lautet:

$g_n = g_1 r^{n-1}$

Die zweite Form der Vorschrift enthält den ersten Term, g, und wendet das Verhältnis so oft wie notwendig an. Der n-te Term ist gleich dem ersten Term, $(n - 1)$-mal mit dem Verhältnis multipliziert.

Sie verwenden die erste Vorschrift, $g_n = rg_{n-1}$, wenn Sie das Verhältnis r und einen bestimmten Term in der Folge kennen und den nächsten Term bestimmen wollen. Wenn beispielsweise der neunte Term in einer Folge mit dem Verhältnis 3 gleich 65.610 ist und Sie den zehnten Term bestimmen wollen, multiplizieren Sie 65.610 mit 3 und erhalten 196.830. Sie verwenden die zweite Vorschrift, $g_n = g_1 r^{n-1}$, wenn Sie den ersten Term in der Folge kennen und einen bestimmten Term ermitteln wollen. Wenn Sie beispielsweise wissen, dass der erste Term gleich 3 ist, das Verhältnis ist 2 und Sie suchen den zehnten Term, dann finden Sie diesen Term, indem Sie 3 mit 2^9 multiplizieren. Sie erhalten 1.536.

Sie können das Verhältnis oder den Multiplikator r finden, wenn Sie in einer geometrischen Folge zwei aufeinanderfolgende Terme haben. Sie dividieren dabei den zweiten Term durch den unmittelbar vorhergehenden Term – der Quotient ist das Verhältnis. Wenn Sie beispielsweise eine geometrische Folge haben, in der der sechste Term gleich 1.288.408 ist, und der fünfte Term ist 117.128, dann ermitteln Sie r, indem Sie 1.288.408 durch 117.128 dividieren. Sie erhalten 11. Das Verhältnis, r, ist also gleich 11.

Angenommen, die Vorschrift für eine bestimmte geometrische Folge lautet $\left\{ 360 \left(\dfrac{1}{3} \right)^{n-1} \right\}$.

Für $n = 1$ ist die Potenz für den Bruch gleich 0 und Sie haben 360-mal die Zahl 1. Es ergibt sich also $g_1 = 360$. Wenn $n = 2$ ist, ist der Exponent gleich 1, der Bruch wird mit 360 multipliziert und Sie erhalten 120. Nachfolgend die ersten Terme dieser Folge:

$$\left\{ 360, 120, 40, \frac{40}{3}, \frac{40}{9}, \frac{40}{27}, \dots \right\}$$

Sie finden die einzelnen Terme, indem Sie den vorhergehenden Term mit $\dfrac{1}{3}$ multiplizieren.

Hier ein weiteres Beispiel, das Ihnen die geometrischen Folgen näher bringen soll. Probieren Sie es bei der nächsten Party aus. Ein unüberlegter Spieler wettet einen Euro auf den Wurf einer Münze und verliert. Statt zu zahlen, sagt er »Doppelt oder nichts«, das heißt, er will die Münze noch einmal werfen: Er zahlt zwei Euro, wenn er verliert, und sein Gegner erhält nichts, wenn der Spieler gewinnt. Hoppla. Er verliert erneut, und er sagt wieder »Doppelt oder nichts«. Wenn er diese Verdopplung und das ständige Verlieren 20-mal wiederholt, wie viel schuldet er dem Gegenüber beim 21. Versuch?

Unter Verwendung der Vorschrift $g_n = g_1 r^{n-1}$ (Sie kennen den ersten Term, einen Euro, und den Multiplikator) ersetzen Sie den ersten Term durch die Zahl 1, r durch 2 für die Verdopplung und n durch 21:

$$g_{21} = 1(2)^{21-1} = 1(2)^{20} = 1048576$$

Der Spieler schuldet seinem Gegenüber über eine Million Euro, wenn er 21 Würfe macht und immer verliert. Er will den einen Euro nicht zahlen – wie er es wohl mit dieser Summe macht?

Vielleicht sollte der Spieler nicht mit so einer hohen Summe beginnen. Was passiert, wenn er mit 25 Cent statt mit einem Euro beginnt? Wenn Sie dieselbe Formel anwenden, $g_n = g_1 r^{n-1}$, ist der erste Term gleich 0,25 und das Verhältnis ist weiterhin 2. $g_{21} = (0,25)2^{20}$ = 262.144. Das Problem ist also kaum kleiner geworden. Bei zwei weiteren Würfen, also bei $n = 23$, hat er auch hier die Million erreicht.

Rekursiv definierte Funktionen

Eine andere Möglichkeit, die Terme einer Folge zu beschreiben, statt die allgemeine Vorschrift für die Folge anzugeben, ist die *rekursive Definition* der Folge. Dazu bestimmen Sie den ersten Term, oder ein paar der ersten Terme, und beschreiben, wie Sie die restlichen Terme finden, indem Sie die davor stehenden Terme verwenden.

Die rekursive Vorschrift für eine arithmetische Folge lautet $a_n = a_{n-1} + d$, und die rekursive Vorschrift für geometrische Folgen lautet $g_n = rg_{n-1}$.

Das nachfolgende Beispiel zeigt eine rekursiv definierte Folge. Es sei $a_1 = 6$ und $a_n = 2a_{n-1} + 3$. Die Vorschrift sagt, um einen Term in der Folge zu finden, betrachten Sie den vorhergehenden Term (a_{n-1}), verdoppeln ihn ($2a_{n-1}$) und addieren 3. Der erste Term ist 6, also ist der zweite Term 3 mehr als das Doppelte von 6, also 15. Der nächste Term ist 3 mehr als das Doppelte von 15, also 33. Hier einige der Terme dieser Folge: {6, 15, 33, 69, 141, …}.

Manche Aufgaben verlangen, dass man die Zahlen in einer rekursiven Folge einer Vorschrift entsprechend auflistet. Wenn man ausgesprochenes Glück hat, muss man die Vorschrift selbst erstellen. Sie werden diese Aufforderung »Bestimmen Sie Ihre eigene Vorschrift« kennen lernen, wenn Sie zur diskreten Mathematik weitergehen – nicht nur hier!

Sie können Folgen auch rekursiv definieren, indem Sie auf mehrere vorhergehende Terme verweisen. Angenommen, Sie haben $a_n = 3a_{n-2} + a_{n-1}$. Diese Vorschrift besagt, dass Sie, um den n-ten Term in der Folge zu bestimmen (Sie können n beliebig wählen, den 5. Term, den 50. Term usw.), die beiden vorhergehenden Terme betrachten müssen [den $(n - 2)$. Term und den $(n - 1)$. Term], den vorvorherigen Term mit 3 multiplizieren, $3(a_{n-2})$, und dann den vorherigen Term, a_{n-1}, zu dem Produkt addieren.

Um die Terme dieser Folge zu schreiben, müssen Sie zuerst zwei aufeinanderfolgende Terme identifizieren. Für diese Folge sei $b_1 = 4$ und $b_2 = -1$. (Okay, das haben jetzt nicht Sie ausgewählt, sondern wir. Wir haben zwei zufällige Zahlen ausgewählt, aber nachdem sie ausgewählt sind, bestimmen Sie, was mit den restlichen Zahlen in der Folge passiert – unter Anwendung der vorgegebenen Vorschrift.) Nachfolgend sehen Sie, wie sich die Terme verhalten. [**Hinweis**: Wenn Sie nach dem sechsten Term suchen, brauchen Sie den $(n - 1)$. Term, das ist der fünfte Term, und den $(n - 2)$. Term, das ist der vierte Term.]

$$b_1 = 4, b_2 = -1$$

$$b_n = 3b_{n-2} + b_{n-1}$$

$$b_3 = 3b_1 + b_2 = 3(4) + (-1) = 12 - 1 = 11$$

$$b_4 = 3b_2 + b_3 = 3(-1) + 11 = -3 + 11 = 8$$

$$b_5 = 3b_3 + b_4 = 3(11) + 8 = 33 + 8 = 41$$

$$b_6 = 3b_4 + b_5 = 3(8) + 41 = 24 + 41 = 65$$

Rekursiv formulierte Folgen verwenden vorhergehende Terme der Folge, um nachfolgende Terme zu bilden. Die Vorschriften für diese Folgen sind nicht so übersichtlich wie die Vorschriften, mit denen Sie den 50. oder den 100. Term finden können (zum Beispiel in arithmetischen oder geometrischen Folgen), ohne dass Sie alle vorhergehenden Terme finden müssten. Aber die rekursive Vorschrift ist manchmal einfacher zu formulieren.

Angenommen, Sie stellen fest, dass Ihr Gehalt 20.000 Euro in diesem Jahr, 25.000 Euro im nächsten Jahr und in jedem darauf folgenden Jahr 80 Prozent des Gehalts von vor zwei Jahren plus 40 Prozent des Gehalts vom vorherigen Jahr beträgt. Würden Sie diesen Vertrag unterschreiben? Die Vorschrift lautet $b_n = 0{,}8b_{n-2} + 0{,}4b_{n-1}$. Unter Verwendung der beiden ersten Terme und dieser Vorschrift stellen Sie für Ihr Gehalt die folgende Folge fest: {20.000, 25.000, 26.000, 30.400, 32.960, …}.

Und jetzt zu den Reihen

Eine *Reihe* ist die Summe einer bestimmten Anzahl an Termen einer Folge. Wie viele Terme? Das ist Teil der Aufgabenstellung – entweder ist die Anzahl vorgegeben oder Sie bestimmen sie.

Es kann sehr praktisch sein, alle Terme einer Folge auflisten zu können, aber man kann noch sehr viel mehr mit Folgen machen. Beispielsweise ist es hilfreich, eine bestimmte Anzahl an Termen einer Folge zu addieren, wenn es sich bei der Folge um eine Auflistung handelt, beispielsweise, wie viel Geld Sie für Spesen im Monat erhalten oder wie viele Sitzplätze ein Theater hat.

Die Bestimmung der Summe einer Folge bedeutet, dass alle Terme addiert werden, die man braucht, um beispielsweise die Gesamtspesen für den Monat oder die Sitzplätze in den ersten 20 Reihen des Theaters zu ermitteln. Dieses Verfahren hört sich nicht nach besonders viel Arbeit an, insbesondere in Zeiten des Taschenrechners, aber wenn die Zahlen groß werden und Sie die Summe vieler Terme brauchen, kann die Aufgabe schon mühevoll sein.

Aus diesem Grund haben viele Folgen für Anwendungen in der Wirtschaft und im Finanzbereich Formeln für die Summen ihrer Terme. Diese Formeln stellen eine große Hilfe dar. Bei einigen geometrischen Folgen können Sie *alle* Terme – unendlich lange – addieren, und die Summe aller Terme vorhersagen.

Die Notation für die Summenbildung

Die Mathematiker wollen, dass ihre Formeln hübsch und präzise sind. Aus diesem Grund haben sie ein besonderes Symbol eingeführt, das anzeigt, dass sie die Terme einer Folge addieren. Dieses Symbol ist *Sigma*, $\sum$, das *Summenzeichen*.

Die Notation $\sum_{k=1}^{n} a_k$ zeigt an, dass Sie alle Terme der Folge mit der allgemeinen Vorschrift a_k von $k = 1$ bis $k = n$ addieren wollen:

$$\sum_{k=1}^{n} a_k = a_1 + a_2 + a_3 + \ldots + a_{n-1} + a_n$$

Wenn Sie beispielsweise die Summe $\sum_{k=1}^{5}(k^2 - 2)$ brauchen, müssen Sie die ersten fünf Terme ermitteln, für $k = 1$, 2 usw. Anschließend addieren Sie alle diese Terme:

$$\sum_{k=1}^{5}(k^2 - 2) = (1^2 - 2) + (2^2 - 2) + (3^2 - 2) + (4^2 - 2) + (5^2 - 2)$$

$$= -1 + 2 + 7 + 14 + 23 = 45$$

Sie stellen fest, dass die Summe gleich 45 ist.

Wenn Sie alle Terme in einer Folge addieren, und zwar endlos, dann verwenden Sie im Summenzeichen das Symbol für unendlich, also $\sum_{k=1}^{\infty} a_k$.

Arithmetische Summenbildung

Eine arithmetische Folge hat eine allgemeine Vorschrift (siehe den Abschnitt *Gemeinsame Grundlagen: Arithmetische Folgen* weiter vorn in diesem Kapitel), die den ersten Term und die allgemeine Differenz zwischen aufeinanderfolgenden Termen angibt: $a_n = a_1 + (n-1)\, d$. Eine arithmetische Reihe ist die Summe der Terme, die aus einer arithmetischen Folge stammen. Betrachten Sie die arithmetische Folge $a_n = 4 + (n-1)\, 5 = 5n - 1$. Die ersten zehn Terme in dieser Folge sind 4, 9, 14, 19, 24, 29, 34, 39, 44 und 49. Die Summe dieser zehn Terme ist 265. Wie haben wir diesen Wert erhalten? Stift und Papier! Die einfache Methode ist ausreichend für eine kleine Zahlenliste. Aber möglicherweise gibt sich Ihr Mathematik-dozent nicht immer mit kleinen Listen zufrieden. Wir betrachten jetzt eine Formel für die Summe der ersten n Terme einer arithmetischen Folge.

Die Summe der ersten n Terme einer arithmetischen Folge, S_n lautet:

$$S_n = \frac{n}{2}\left[2a_1 + (n-1)\, d\right] = \frac{n}{2}(a_1 + a_n)$$

Hier sind a_1 und d der erste Term und die Differenz der arithmetischen Folge $a_n = a_1$ + $(n - 1)\, d$. Das n gibt an, welchen Term in der Folge Sie erhalten, wenn Sie den Wert von n in die Formel einsetzen.

 Der erste Teil der Formel auf der linken Seite erlaubt Ihnen, den ersten Term, die Differenz und die Anzahl der zu addierenden Terme einzugeben. Der zweite Teil auf der rechten Seite ist schneller und einfacher; Sie verwenden ihn, wenn Sie sowohl den ersten als auch den letzten Term kennen und wissen, wie viele Terme Sie addieren. Im nächsten Beispiel ist n gleich 10 – so viele Terme wollen Sie addieren. Wenn Sie in der Formel für den allgemeinen Term 10 für n einsetzen, erhalten Sie das Ergebnis 49.

Um die Formel für die Summe der zehn Zahlen 4, 9, 14, 19, 24, 29, 34, 39, 44 und 49 zu erhalten (wofür wir oben 265 ausgerechnet haben), setzen Sie die bekannten Daten ein:

$$S_{10} = \frac{10}{2}\,(4 + 49) = 5(53) = 265.$$

Angenommen, Sie wollen jetzt die ersten 100 Zahlen in einer Folge addieren, die mit 13 beginnt und eine allgemeine Differenz von 2 zwischen jedem der Terme hat: 13 + 15 + 17 + 19 + … bis zur 100. Zahl. Sie ermitteln die Summe dieser 100 Zahlen, indem Sie den ersten Teil der Summenformel anwenden:

$$S_n = \frac{n}{2}\left[2a_1 + (n-1)\,d\right]$$

$$S_{100} = \frac{100}{2}\left[2(13) + (100-1)\,2\right] = 50(26 + 198) = 50(224) = 11200$$

Geometrische Summenbildung

Eine geometrische Folge besteht aus Termen, die sich durch ein allgemeines Verhältnis voneinander unterscheiden. Sie multiplizieren einen Term in der Folge mit einer konstanten Zahl oder einem Verhältnis, um den nächsten Term zu erhalten. Sie können zwei verschiedene Formeln verwenden, um die Summe der Terme in einer geometrischen Folge zu bestimmen. Sie verwenden die erste Formel, um die Summe einer bestimmten, endlichen Anzahl von Termen in einer geometrischen Folge zu bestimmen – einer beliebigen geometrischen Folge. Die zweite Formel bezieht sich nur auf geometrische Folgen, die ein Verhältnis haben, das zwischen 0 und 1 liegt (einen echten Bruch); Sie verwenden sie, wenn Sie alle Terme in der Folge addieren wollen – und zwar endlos (weitere Informationen über geometrische Folgen finden Sie im Abschnitt *Der multiplikative Ansatz: Geometrische Folgen* weiter vorn in diesem Kapitel).

Die ersten n Terme addieren

Die Formel, mit der Sie eine bestimmte, endliche Anzahl an Termen einer geometrischen Folge addieren, enthält einen Bruch, mit dem Sie das Verhältnis – oder die Potenz des Verhältnisses – von 1 subtrahieren. Sie können die Formel nicht kürzen, versuchen Sie es also erst gar nicht. Wenden Sie sie einfach an.

Sie finden die Summe der ersten n Terme der geometrischen Folge $g_n = g_1 r^{n-1}$ mit Hilfe der folgenden Formel:

$$S_n = \frac{g_1(1-r^n)}{1-r}$$

Der Term g_1 ist der erste Term der Folge, und r stellt das allgemeine Verhältnis dar.

Angenommen, Sie wollen die ersten zehn Terme der geometrischen Folge $\{1, 3, 9, 27, 81, \ldots\}$ addieren. Sie identifizieren den ersten Term, 1, und dann das Verhältnis, nämlich die Multiplikation mit 3. Setzen Sie diese Information in die Formel ein:

$$S_n = \frac{g_1(1-r^n)}{1-r}$$

$$S_{10} = \frac{1(1-r^{10})}{1-3} = \frac{1-59049}{-2} = \frac{-59048}{-2} = 29524$$

Eine riesige Zahl. Ist die Anwendung der Formel nicht wirklich einfacher, als $1 + 3 + 9 + 27 + 81 + 243 + 729 + 2187 + 6561 + 19683$ zu addieren?

Alle Terme bis unendlich addieren

Geometrische Folgen haben ein Verhältnis, also einen Multiplikator, der von einem Term zum nächsten führt. Wenn Sie eine Zahl mit 4 multiplizieren und das Ergebnis wiederum mit 4 usw., erzeugen Sie in kürzester Zeit riesige Zahlen. Es hört sich unmöglich an, Zahlen zu addieren, die scheinbar unendlich groß werden.

Die Algebra hat jedoch eine wunderbare Eigenschaft für geometrische Folgen mit Verhältnissen zwischen –1 und 1. Die Zahlen in diesen Folgen werden immer kleiner, und die Summen der Terme dieser Folgen überschreiten nie bestimmte, konstante Werte.

Wenn das Verhältnis größer 1 ist, wächst und wächst die Summe, und Sie erhalten keine endgültige Antwort. Wenn das Verhältnis negativ ist und zwischen 0 und –1 liegt, ist die Summe ein einziger, konstanter Wert. Für Verhältnisse kleiner –1 haben Sie dann wieder Chaos.

In Abbildung 3.1 sehen Sie die Terme in einer Folge, die mit 1 beginnt und ein Verhältnis von ½ hat. Außerdem sehen Sie die Summe der Terme zu jedem jeweils nachfolgenden Punkt.

n	g_n	S_n	Dezimal
1	1	1	1
2	$\dfrac{1}{2}$	$1 + \dfrac{1}{2} = \dfrac{3}{2}$	1,5
3	$\dfrac{1}{4}$	$\dfrac{3}{2} + \dfrac{1}{4} = \dfrac{7}{4}$	2,75
4	$\dfrac{1}{8}$	$\dfrac{7}{4} + \dfrac{1}{8} = \dfrac{15}{8}$	1,875
5	$\dfrac{1}{16}$	$\dfrac{15}{8} + \dfrac{1}{16} = \dfrac{31}{16}$	1,9375
6	$\dfrac{1}{32}$	$\dfrac{31}{16} + \dfrac{1}{32} = \dfrac{63}{32}$	1,96875
⋮	⋮	⋮	
12	$\dfrac{1}{2,048}$	$= \dfrac{4,095}{2,048}$	1,999511719
⋮	⋮	⋮	
n	$\left(\dfrac{1}{2}\right)^{n-1}$	$= \dfrac{2(2^{n-1})-1}{2^{n-1}}$	1,999999999......

Abbildung 3.1: Terme in einer geometrischen Folge addieren

Die allgemeine Regel für die Folge, die mit 1 beginnt und ein Verhältnis von ½ hat, lautet:

$$g_n = g_1 r^{n-1} = 1 \cdot \left(\frac{1}{2}\right)^{n-1} = \left(\frac{1}{2}\right)^{n-1}$$

Sie ermitteln also eigentlich Potenzen von ½. Hier die ersten Terme:

$$\left\{1, \frac{1}{2}, \frac{1}{4}, \frac{1}{8}, \frac{1}{16}, \frac{1}{32}, \frac{1}{64}, \frac{1}{128}, \frac{1}{256}, \frac{1}{512}, \cdots\right\}$$

Wie Sie in Abbildung 3.1 sehen, ist die Summe der Terme gleich *annähernd* 2, wenn die Anzahl der Terme zunimmt. Die Zahl im Zähler des Bruchs der Summe ist immer 1 weniger als zweimal der Nenner. Die Summe in Abbildung 3.1 geht gegen 2, nimmt aber nie den Wert 2 an. Sie geht so nahe an 2, dass Sie auf 2 runden können. Die Eigenschaft, sich einem bestimmten Wert *anzunähern*, trifft für jede geometrische Folge mit echtem Bruch (zwischen 0 und 1) als Verhältnis zu.

Die Algebra bietet ebenfalls eine Formel, um die Summe *aller* Terme in einer geometrischen Folge mit einem Verhältnis zwischen 0 und 1 zu finden. Sie stellen sich diese Formel vielleicht komplizierter vor als die Formel für die Bestimmung ein paar weniger Terme, aber das ist nicht der Fall. Die Formel ist sogar einfacher.

Die Summe aller Terme einer geometrischen Folge mit Verhältnis r zwischen 0 und 1 ($0 < r < 1$) ist $S_n \rightarrow \dfrac{g_1}{1-r}$, wobei g_1 der erste Term in der Folge ist. Sie können diese Regel auf die Summe der Folge anwenden, deren erster Term 1 ist, und deren allgemeines Verhältnis ½ ist:

$$S_n \rightarrow \frac{g_1}{1-r} = \frac{1}{1-\dfrac{1}{2}} = \frac{1}{\dfrac{1}{2}} = 2$$

Summen von Folgen in der Praxis

Für die Hausaufgaben ist es wirklich praktisch, Werkzeuge zu haben, mit denen man alle Terme in einer mathematischen Folge addieren kann. Aber wie sieht es in der Praxis aus? Warum sollte man in der Lage sein wollen, Folgen in der realen Welt zu addieren? Sie werden erstaunt sein, wie viele Anwendungen es gibt! Hoffentlich erkennen Sie anhand der drei Beispiele, die wir Ihnen zeigen werden, wie hilfreich die Summenbildung sein kann.

Inventur der Lebensmittel

Lars und Robert wurden von der Heddeshausener Lebensmittelverteilung beauftragt, die Inventur in deren Frischdienstlager durchzuführen. Das Lager umfasst 25 Gänge. Im ersten Gang stehen 36 Europaletten. In den darauf folgenden Gängen erhöht sich die Anzahl jeweils um eine Palette. Ein Angestellter kann eine Palette in zwei Minuten inventarisieren. Wie viele Stunden sind Lars und Robert mit der Inventur beschäftigt? Angenommen, die beiden teilen die Arbeit zu gleichen Teilen auf.

Für diese Aufgabe brauchen Sie die Summe einer arithmetischen Folge (siehe Abschnitt _Arithmetische_ Summenbildung weiter vorn in diesem Kapitel). Der erste Term ist 36, die allgemeine Differenz ist 1, und Sie haben 25 Terme. Mit der Formel für die Summe der Terme einer arithmetischen Folge berechnen Sie Folgendes:

$$s_n = \frac{n}{2}\left[2a_1 + (n-1)\,d\right]$$

$$= \frac{25}{2}\left[2(36) + (25-1)\cdot 1\right]$$

$$= \frac{25}{2}\left[72 + 24\right]$$

$$= \frac{25}{2}\left[96\right] = 1200$$

Die beiden müssen also insgesamt 1.200 Paletten inventarisieren. Das entspricht 600 Paletten pro Person. Bei zwei Minuten pro Palette sind das 1.200 Minuten oder 20 Stunden pro Person.

Lohnverhandlungen

Dominik bittet seine Chefin Frau Staudinger um eine Lohnerhöhung. Sie antwortet: »Auf keinen Fall. Nicht, bevor du dein Diplom in der Tasche hast.« Um trotzdem ein bisschen mehr Geld zu bekommen, könnte Dominik Frau Staudinger den folgenden Handel vorschlagen: Er bekommt einen Cent am ersten Tag des Monats, zwei Cent am zweiten Tag des Monats, vier Cent am dritten Tag, acht Cent am vierten usw., so dass der Lohn an jedem Tag bis zum Monatsende verdoppelt wird. Da Frau Staudinger von Dominiks mathematischen Fähigkeiten nicht überzeugt ist, rechnet sie das Angebot lieber nach.

Wie viel erhält Dominik bei diesem System für den Monat Januar? Dieser Monat hat 31 Tage, an denen Dominik seine Cents sammeln kann. Wenn Sie die Formel für die Summe einer geometrischen Folge anwenden, deren erster Term gleich 1 ist, deren allgemeines Verhältnis gleich 2 ist, und deren Anzahl an Termen gleich 31 ist (siehe den Abschnitt *Geometrische Summenbildung* vorn in diesem Kapitel), berechnen Sie Folgendes:

$$S_n = \frac{a_1(1 - r^n)}{1 - r}$$
$$= \frac{1(1 - 2^{31})}{1 - 2}$$
$$= \frac{1 - 2147483648}{-1}$$
$$= 2147483647$$

Dies ist natürlich die Antwort in Cent. Sie müssen also noch das Dezimalkomma einsetzen. Dominiks Lohn für Januar beträgt also 21.474.836,47 Euro. Wie wird Frau Staudinger sich wohl entscheiden?

Besondere Formeln für Reihen

Die Algebra enthält mehrere besondere Folgen und Reihen, die Sie in der höheren Mathematik häufig einsetzen, beispielsweise in der Analysis oder in Anwendungen aus dem Finanzbereich. Für diese Anwendungen haben Sie Formeln für die Summen der Terme in den Folgen. Die Addition aufeinanderfolgender ganzer Zahlen ist eine Aufgabe, die dadurch leichter gemacht wird, dass Ihnen Formeln zur Verfügung stehen. Wenn Sie die Fliesen zählen wollen, die Sie für einen Boden oder ein Mosaik benötigen, die Gesamtsumme einer Annuität berechnen oder ähnliche Aufgabenstellungen verfolgen, verwenden Sie ebenfalls Summen von Zahlenfolgen.

 Nachfolgend einige besondere Formeln, die Ihnen bestimmt irgendwann begegnen:

✔ **Die Summe der ersten n positiven ganzen Zahlen:**

$$1 + 2 + 3 + \ldots + n = \frac{n(n+1)}{2}$$

✔ **Die Summe der Quadrate der ersten *n* positiven ganzen Zahlen:**

$$1^2 + 2^2 + 3^2 + \dots + n^2 = \frac{n(n+1)\,(2n+1)}{6}$$

✔ **Die Summe der Kubikwerte der ersten *n* positiven ganzen Zahlen:**

$$1^3 + 2^3 + 3^3 + \dots + n^3 = \frac{n^2(n+1)^2}{4}$$

✔ **Die Summe der ersten *n* ungeraden positiven Zahlen:**

$$1 + 3 + 5 + 7 + \dots + (2n - 1) = n^2$$

Wenn Sie beispielsweise die Summe der Quadrate der ersten zehn positiven ganzen Zahlen ermitteln wollen, erhalten Sie mit der oben gezeigten Formel Folgendes:

$$1 + 4 + 9 + \dots + 100 = \frac{10(10+1)\,(20+1)}{6}$$
$$= \frac{10(11)\,(21)}{6} = 385$$

n ist die Nummer des Terms, nicht der eigentliche Term.

Um die Formel für die Summe der ungeraden positiven ganzen Zahlen anwenden zu können, müssen Sie die Nummer des Terms bestimmen – welche ungerade Nummer stellt das Ende der Folge dar? Wenn Sie beispielsweise alle positiven ungeraden Zahlen von 1 bis 49 addieren wollen, bestimmen Sie den 49. Term. Unter Verwendung der Gleichung $2n - 1$ für 49 sehen Sie, dass $n = 25$ ist, weil $2(25) - 1 = 50 - 1 = 49$ ist:

$$1 + 3 + 5 + \dots + 49 = 25^2 = 625$$

Fantastische Funktionen

In diesem Kapitel

▷ Graphen zeichnen

▷ Definitions- und Wertebereich bestimmen

▷ Stetige Steigungen

▷ Funktionale Polynom- und Exponentialfunktionen

▷ Fulminante rationale und logarithmische Funktionen

▷ Fabelhafte trigonometrische und zusammengesetzte Funktionen

▷ Wachstumsfunktionen wachsen lassen

*F*unktionen sind schon eine tolle Sache, da sie einiges vereinfachen und veranschaulichen. Grundsätzlich ist eine Funktion eine Beziehung zwischen zwei Dingen, wobei das eine vom anderen abhängig ist. Beispiele finden sich überall: Die Produktionskosten einer Firma sind von ihrer Produktionsmenge abhängig. Der Kontostand eines Sparbuchs ist vom Guthabenzinssatz abhängig. Die Nachfrage nach einem Produkt ist von dessen Preis abhängig. In diesem Kapitel werden wir Ihnen verschiedene Arten von Funktionen vorstellen.

Wie sieht eine Funktion aus?

Wir sind keine Fachleute für die Geschichte der Mathematik, aber man scheint sich allgemein einig zu sein, dass René Descartes (1596–1650) das Konzept des x-y-Koordinatensystems erfunden hat, wie in Abbildung 4.1 gezeigt.

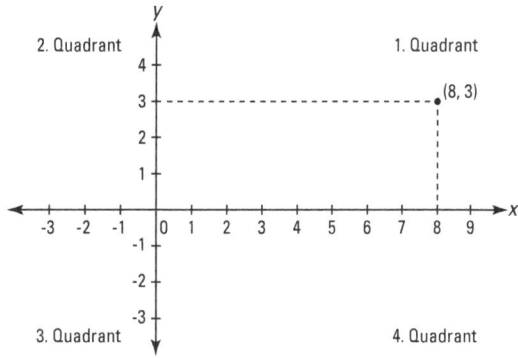

Abbildung 4.1: Das Kartesische (nach Descartes benannte) Koordinatensystem oder x-y-Koordinatensystem

Isaac Newton (1642–1727) und Gottfried Leibniz (1646–1716) wird die Erfindung der Analysis zugeschrieben, aber es ist schwerlich vorstellbar, dass sie das ohne den Beitrag von Descartes geschafft hätten, der mehrere Jahrhunderte zuvor wirkte. Stellen Sie sich das Koordinatensystem (oder den Bildschirm Ihres grafischen Taschenrechners) als Ihr Fenster in die Welt der Analysis vor.

Betrachten Sie die vier Graphen in Abbildung 4.2. Bei diesen vier Kurven handelt es sich um Funktionen, weil sie dem *Test der vertikalen Linie* genügen. (Hinweis: Wir verwenden hier den Begriff *Kurve* für beliebige Formen, egal ob es sich dabei um gekrümmte oder um gerade Linien handelt.)

 Eine *Kurve* ist eine Funktion, wenn eine vertikal durch die Kurve gezogene Gerade die Kurve nur ein einziges Mal berührt, unabhängig davon, wo sie gezeichnet wird. Damit ist garantiert, dass es für jede Eingabe nur genau eine Ausgabe gibt.

Egal wo Sie eine vertikale Linie in einen der vier Graphen in Abbildung 4.2 ziehen, berührt diese die Kurve nur an einem einzigen Punkt. Probieren Sie es aus!

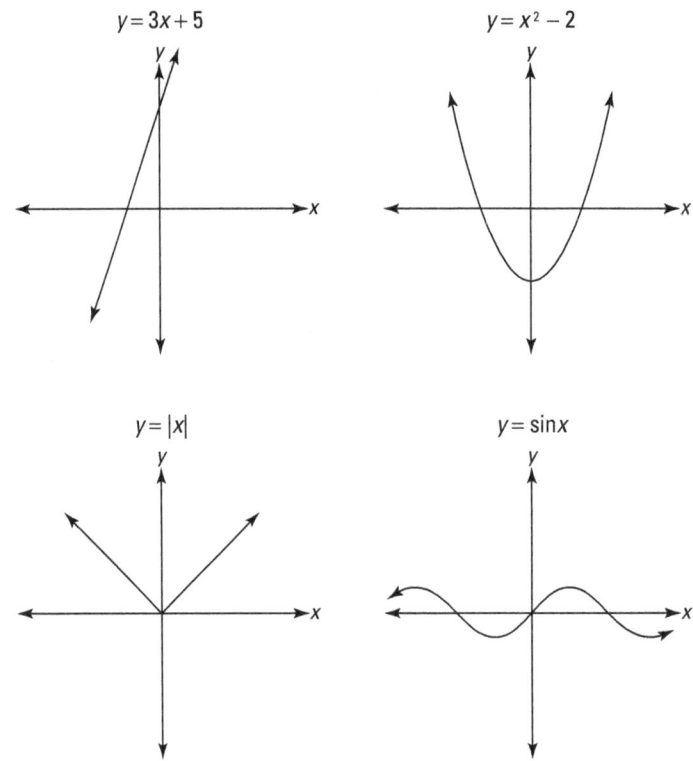

(Hinweis: Diese Graphen verwenden unterschiedliche Skalen.)

Abbildung 4.2: Vier Funktionen

Wenn jedoch eine vertikale Linie so gezeichnet werden kann, dass sie die Kurve an zwei oder mehr Stellen berührt, handelt es sich bei der Kurve nicht um eine Funktion. Die beiden Kurven in Abbildung 4.3 beispielsweise sind keine Funktionen.

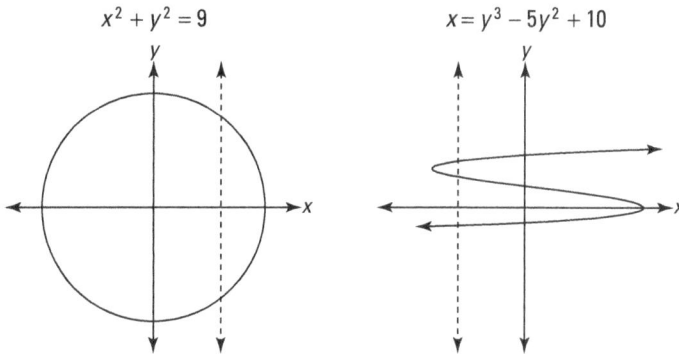

$$x^2 + y^2 = 9 \qquad\qquad x = y^3 - 5y^2 + 10$$

(Hinweis: Diese Graphen verwenden unterschiedliche Skalen.)

Abbildung 4.3: Diese beiden Kurven sind keine Funktionen, weil sie den Test mit der vertikalen Linie nicht bestehen. Es handelt sich dabei aber um Relationen.

Die vier Kurven in Abbildung 4.2 sind also Funktionen, die beiden Kurven in Abbildung 4.3 sind es nicht, aber alle sechs Kurven sind *Relationen*.

 Eine *Relation* ist eine beliebige Menge von Punkten im x-y-Koordinatensystem.

In der Analysis beschäftigen Sie sich unter anderem mit bestimmten Relationen, die keine Funktionen sind – Kreise beispielsweise –, aber ein Großteil der Aufgabenstellungen der Analysis beschäftigt sich mit Funktionen.

Was es mit Definitions- und Wertebereich auf sich hat

Die Eingabe- und Ausgabewerte einer Funktion sind für diejenigen, die mit der Algebra arbeiten, von höchstem Interesse. Sie sind nicht so begeistert? Wir werden versuchen, Ihr Interesse zu wecken. Die Begriffe *Eingabe* und *Ausgabe* beschreiben, was innerhalb der Funktion passiert (insbesondere, welche Zahl Sie eingeben und welches Ergebnis Sie erhalten). Die Fachbegriffe für diese Wertemengen heißen *Definitionsbereich* und *Wertebereich*.

Den Definitionsbereich einer Funktion bestimmen

Der *Definitionsbereich* einer Funktion besteht aus allen Eingabewerten der Funktion. Mit anderen Worten: Der Definitionsbereich ist die Menge aller Zahlen, die Sie eingeben können, ohne eine unerwünschte oder unmögliche Situation zu erzeugen. Solche Situationen können auftreten, wenn Operationen wie Brüche, Wurzeln oder Logarithmen in der Funktionsdefinition auftreten.

 Viele Funktionen schließen keine Werte aus, aber Brüche machen gerne Probleme, wenn im Nenner eine 0 auftaucht. Und auch für Wurzeln gibt es Einschränkungen, und Logarithmen kommen nur mit positiven Zahlen zurecht.

Sie müssen in der Lage sein, den Definitionsbereich für eine Funktion zu ermitteln, damit Sie erkennen, wo Sie die Funktion verwenden können – das heißt, für welche Eingabewerte sie geeignet ist. Den Definitionsbereich einer Funktion können Sie aus ihrer Gleichung oder ihrer Funktionsdefinition ermitteln. Dabei betrachten Sie den Definitionsbereich dahingehend, welche reellen Zahlen Sie für die Eingabe verwenden können und welche Sie ausschließen müssen. Sie können den Definitionsbereich wie folgt ausdrücken:

✔ **In Worten:** Der Wertebereich für $f(x) = x^2 + 2$ besteht aus allen reellen Zahlen (alles funktioniert).

✔ **Ungleichungen:** Der Definitionsbereich von $g(x) = \sqrt{x}$ ist $x \geq 0$.

✔ **Intervallnotation:** Der Definitionsbereich von $h(x) = \sqrt{9 - x^2}$ ist $[-3, 3]$.

Wie Sie den Definitionsbereich ausdrücken, ist davon abhängig, welche Aufgabe Sie bearbeiten – Funktionen auswerten, Graphen zeichnen oder ein mögliches Modell ermitteln, um nur ein paar davon zu nennen. Nachfolgend sehen Sie einige Beispiele für Funktionen und die zugehörigen Definitionsbereiche:

✔ $f(x) = \sqrt{x - 11}$. Der Definitionsbereich besteht aus der Zahl 11 und allen Zahlen größer 11. Sie schreiben $x \geq 11$, oder in Intervallnotation $[11, \infty[$. Sie können keine Zahlen kleiner 11 gebrauchen, weil Sie dann die Quadratwurzel einer negativen Zahl ziehen, die *keine* reelle Zahl ist.

✔ $g(x) = \dfrac{x}{x^2 - 4x - 12} = \dfrac{x}{(x - 6)(x + 2)}$. Der Definitionsbereich besteht aus allen reellen Zahlen ausschließlich 6 und −2. Sie schreiben diesen Definitionsbereich als $x < -2$ oder $-2 < x < 6$ oder $x > 6$, in Intervallnotation $]-\infty, -2[\cap]-2, 6[\cap]6, \infty[$. Es kann einfacher sein, zu schreiben »Alle reellen Zahlen außer $x = -2$ und $x = 6$«. Der Grund, warum Sie −2 und 6 nicht verwenden können, ist, dass diese Zahlen einen Nenner von 0 erzeugen würden, und ein Bruch mit einer 0 im Nenner erzeugt eine Zahl, die nicht existiert.

✔ $h(x) = x^3 - 3x^2 + 2x - 1$. Der Definitionsbereich besteht aus allen reellen Zahlen. Sie brauchen nichts auszuschließen, weil es keinen Bruch in dem Ausdruck gibt, der zu 0 werden kann, und weil es keine Wurzel gibt, unter der ein negativer Wert entstehen kann. Sie schreiben diesen Definitionsbereich mit einem R mit Doppelstrich, $\mathbb{R}$, in Intervallnotation $]-\infty, \infty[$.

Intervallnotation

In einem Intervall mit nach innen geöffneten eckigen Klammern sind alle Zahlen zwischen den Enden und die Enden enthalten. Man spricht von einem *geschlossenen Intervall*. So enthält das Intervall $[-3, 3]$ alle Zahlen von −3 bis 3, einschließlich −3 und 3.

In einem Intervall mit nach außen geöffneten eckigen Klammern sind die Enden nicht in dem Intervall enthalten. Man spricht von einem *offenen Intervall*. So sind in dem Intervall]–3, 3[also alle Zahlen zwischen –3 und 3 enthalten, –3 und 3 an sich jedoch nicht. Anstatt nach außen geöffnete eckige Klammern werden manchmal auch nach innen geöffnete runde Klammern verwendet. So sind zum Beispiel die beiden Intervalle]–3, 3[und (–3, 3) identisch.

Ein Intervall kann auf der einen Seite offen und auf der anderen geschlossen sein, man spricht dann von einem *halbgeschlossenen* beziehungsweise *halboffenen* Intervall. Endet ein Intervall auf der einen Seite bei minus beziehungsweise plus unendlich, so kann es auf dieser Seite definitionsgemäß nicht offen sein, weil unendlich nun mal kein genauer Wert ist, den man einschließen kann.

Den Wertebereich einer Funktion beschreiben

Der *Wertebereich* einer Funktion besteht aus allen ihren Ausgabewerten – allen Werten, die Sie erhalten, wenn Sie die Werte aus dem Definitionsbereich in die *Funktionsvorschrift* (die Funktionsgleichung) eingeben. Sie können den Wertebereich einer Funktion aus ihrer Gleichung ermitteln, aber manchmal müssen Sie sie auch zeichnen, um sich besser vorstellen zu können, was passiert.

Ein Wertebereich kann aus allen reellen Zahlen bestehen, oder er kann eingeschränkt sein, wenn der Aufbau der Funktion dies vorgibt. Es gibt keine einfache Möglichkeit, Wertebereiche zu beschreiben – zumindest keine so einfache wie für die Beschreibung von Definitionsbereichen –, aber Sie können für bestimmte Funktionen Hinweise erhalten, indem Sie ihre Graphen betrachten, und für andere, wenn Sie bestimmte Charakteristika dieser Kurvenarten kennen.

Nachfolgend finden Sie einige Beispiele für Funktionen und ihre Wertebereiche. Wie Definitionsbereiche können Sie auch Wertebereiche in Worten, als Ungleichungen oder in Intervallnotation ausdrücken:

✔ $k(x =) = x^2 + 3$. Der Wertebereich dieser Funktion besteht aus der Zahl 3 und allen Zahlen größer 3. Sie schreiben diesen Wertebereich als $k \geq 3$ oder in Intervallnotation als [3, ∞[. Die Ausgaben können nie kleiner 3 sein, weil die eingegebenen Zahlen quadriert werden. Das Ergebnis einer quadrierten reellen Zahl ist immer positiv (oder 0, wenn Sie 0 eingeben). Wenn Sie eine positive Zahl oder 0 zu 3 addieren, erhalten Sie nie etwas, das kleiner als 3 ist.

✔ $m(x) = \sqrt{x}$. Der Wertebereich dieser Funktion besteht aus allen positiven Zahlen und 0. Sie schreiben den Wertebereich als $m \geq 0$, oder in Intervallnotation als [0, ∞[. Die Zahl unter der Wurzel kann nie negativ sein, und alle Quadratwurzeln ergeben einen positiven Wert oder 0.

✔ $p(x) = \dfrac{2}{x - 5}$. Einige Funktionsgleichungen, wie die hier gezeigte, enthalten keinen

direkten Hinweis auf ihre Wertebereiche. Häufig ist es sinnvoll, die Graphen dieser Funktionen zu skizzieren.

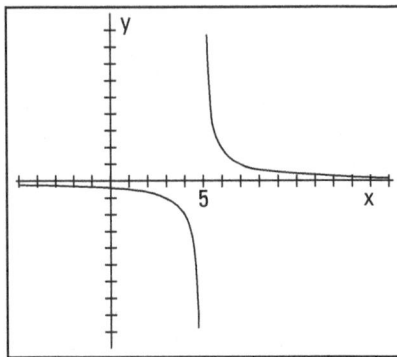

Abbildung 4.4: Versuchen Sie, Gleichungen, die nicht sofort einen offensichtlichen Wertebereich deutlich machen, zu skizzieren.

Der Graph in Abbildung 4.4 berührt nie die x-Achse, kommt ihr aber sehr nahe. Für die Zahlen im Definitionsbereich, die größer 5 sind, hat der Graph wirklich sehr große y-Werte sowie einige y-Werte, die nahe 0 liegen. Aber der Graph berührt nie die x-Achse, deshalb erreicht der Funktionswert nie den Wert 0. Für Zahlen im Definitionsbereich kleiner 5 liegt die Kurve unterhalb der x-Achse. Diese Funktionswerte sind negativ – und einige von ihnen sind sehr klein. Aber auch hier erreichen die y-Werte nie die 0. Sie erkennen also, dass der Wertebereich der Funktion alle reellen Zahlen ausschließlich der 0 umfasst. Sie schreiben den Wertebereich als $y < \neq 0$ oder $]-\infty, 0[\cap]0, \infty[$. Haben Sie auch bemerkt, dass die Funktion keinen Wert für $x = 5$ hat? Das liegt daran, dass die 5 nicht im Definitionsbereich liegt.

Wenn der Wertebereich einen niedrigsten oder einen höchsten Wert hat, liegt ein _absolutes Minimum_ oder ein _absolutes Maximum_ vor. Wenn der Wertebereich beispielsweise gleich $[2, \infty[$ ist, enthält er die Zahl 2 und alle Zahlen größer 2. Das _absolute Minimum_, das die Funktion ausgeben kann, ist 2. Nicht alle Funktionen haben solche absoluten Minimum- und Maximumwerte, aber es ist wichtig, sie zu erkennen – insbesondere, wenn Sie Funktionen verwenden, um Ihr Gehalt zu berechnen. Wollen Sie, dass Ihr Gehalt bei einem _absoluten Maximum_ von 500 Euro eingefroren wird?

Geradeheraus – Geraden in der Ebene

Eine _Gerade_ ist die einfachste Funktion, die Sie in der Koordinatenebene zeichnen können. (Geraden sind in der Analysis wichtig, denn eine Kurve sieht wie eine Gerade aus und verhält sich auch wie eine Gerade, wenn Sie sie weit genug vergrößern.) Abbildung 4.5 zeigt ein Beispiel: $f(x) = 3x + 5$.

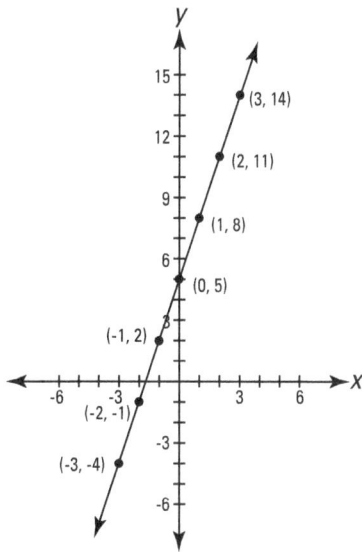

Abbildung 4.5: Der Graph der Geraden f(x) = 3x + 5

Die Steigungen treffen

Das Wichtigste an der Geraden in Abbildung 4.5 – zumindest für Ihre Betrachtungen innerhalb der Analysis – ist ihre Steigung oder Steilheit. Beachten Sie, dass *f*(*x*) jeweils um drei Einheiten nach oben geht, wenn *x* um eine Einheit nach rechts geht. Sie können sich die Steigung gut vorstellen, indem Sie eine Treppe unterhalb der Geraden zeichnen (siehe Abbildung 4.6). Der vertikale Teil einer Treppenstufe wird als *Höhe* bezeichnet, der horizontale Teil als *Weite*. Die Steigung ist definiert als das Verhältnis zwischen Höhe und Weite:

$$Steigung = \frac{H\ddot{o}he}{Weite} = \frac{3}{1} = 3$$

Sie müssen die Länge nicht als gleich eine Einheit annehmen. Das Verhältnis zwischen Höhe und Weite und damit die Steigung ergibt sich immer als derselbe Wert, unabhängig davon, welche Schrittweite Sie wählen. Wenn Sie die Länge auf 1 setzen, ist die Steigung gleich der Höhe, weil eine Zahl dividiert durch 1 gleich dieser Zahl ist. So kann man sich die Steigung gut vorstellen – die Steigung ist der Betrag, um den eine Gerade steigt (oder fällt), wenn sie eine Einheit nach rechts geht.

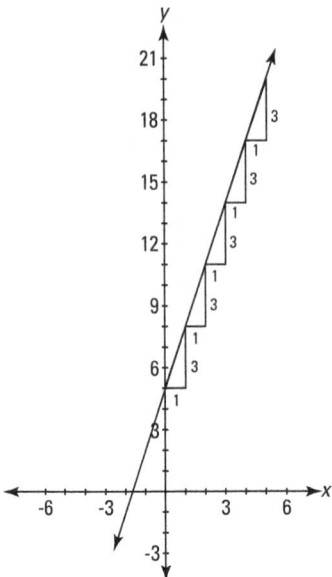

Abbildung 4.6: Die Gerade f(x) = 3x + 5 hat die Steigung 3.

Geraden, die nach rechts steigen, haben eine _positive_ Steigung; Geraden, die nach rechts fallen, haben eine _negative_ Steigung. Horizontale Geraden haben eine Steigung von 0 und vertikale Geraden haben keine Steigung – man sagt, die Steigung einer vertikalen Geraden ist _nicht definiert_.

Und hier die Formel für die Steigung:

$$Steigung = \frac{f(x_2) - f(x_1)}{x_2 - x_1}$$

Wählen Sie zwei beliebige Punkte auf der Geraden aus Abbildung 4.6 aus, beispielsweise (1, 8) und (3, 14), und setzen Sie sie in die Formel ein, um die Steigung zu berechnen:

$$Steigung = \frac{14 - 8}{3 - 1}$$
$$= \frac{6}{2}$$
$$= 3$$

Die Steigung einer Funktion

Im vorherigen Abschnitt wurde die Steigung von Geraden betrachtet. Im nächsten Schritt widmen wir uns der Steigung einer beliebigen Funktion.

 Die Steigung einer beliebigen Funktion in einem Punkt ist die Steigung der Geraden, die diese Funktion in dem Punkt tangiert (sofern solch eine Gerade existiert).

Betrachten Sie die Funktion $f(x) = \frac{1}{2}x^2$ und ihre Steigung an der Stelle $x = 1$ in Abbildung 4.7. Die Steigung der Geraden, die $f(x) = \frac{1}{2}x^2$ an der Stelle $x = 1$ tangiert, ist 1 (wie man darauf kommt, wird später in Kapitel 6 erklärt). Somit ist die Steigung der Funktion $f(x) = \frac{1}{2}x^2$ an der Stelle $x = 1$ gleich 1.

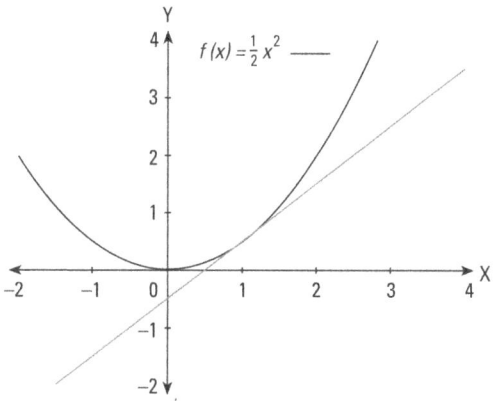

Abbildung 4.7: Die Funktion $f(x) = \frac{1}{2}x^2$ *und ihre Tangente an der Stelle* x = 1

Beachten Sie, wenn Sie vom Punkt $(1; \frac{1}{2})$ eine Einheit nach rechts und eine Einheit nach oben gehen, befinden Sie sich immer noch auf der Geraden, jedoch nicht mehr auf der Funktion. Die Funktion und die Gerade hatten an der Stelle $x = 1$ die gleiche Steigung. Was ist passiert? Die Steigung der Geraden ist zwar konstant geblieben. Jedoch hat sich die Steigung der Funktion geändert. Je weiter Sie nach rechts gehen, desto steiler wird die Funktion.

 Die Steigung einer Funktion ist eine Näherung, wie sich der Funktionswert ändert, wenn man eine Einheit nach rechts geht. Dies ist jedoch nur für sehr kleine Änderungen des x-Wertes zu gebrauchen. Je größer die Änderung des x-Wertes wird, desto größer wird meistens auch der Fehler.

Polynome

Das Wort *Polynom* kommt von *poly-*, das für *viele*, und *-nom*, das für *Name* oder *Bezeichnung* steht. *Binom* (zwei Terme) und *Trinom* (drei Terme) bezeichnen ausgewählte Polynome. Die Terme in einem Polynom bestehen aus Zahlen und Buchstaben, die über eine Multiplikation miteinander verbunden werden.

Obwohl der Name scheinbar für Komplexität steht, gehören Polynome zu den einfacheren Funktionen oder Gleichungen in der Algebra. Die in Polynomen verwendeten Exponenten sind immer ganze Zahlen – keine Brüche und keine negativen Zahlen. Polynome werden mit wachsendem Exponenten immer interessanter – sie können mehr Schnittpunkte und Wendepunkte haben.

Die Standard-Polynomform

Eine Polynom-Funktion ist eine besondere Funktion, die sich von anderen Arten von Funktionen oder Gleichungen unterscheidet: Die Exponenten für den variablen Term in einer Polynom-Funktion sind immer ganze Zahlen. Konventionsgemäß schreiben Sie die Terme vom größten Exponenten hin zum kleinsten. Der Exponent 0 für die Variable bedeutet, der variable Faktor wird gleich 1, weshalb Sie die Variable dort überhaupt nicht mehr erkennen.

Die traditionelle Gleichung, wie die Terme eines Polynoms üblicherweise geschrieben werden, sehen Sie unten. Lassen Sie sich von allen Hoch- und Tiefstellungen nicht verwirren. Der Buchstabe a wird in Kombination mit Zahlen wiederholt, statt a, b, c usw. zu schreiben, weil für ein Polynom mit einem Grad größer als 26 die Zahlen im Alphabet ausgehen würden.

Die allgemeine Form für eine Polynomfunktion lautet:

$$f(x) = a_n x^n + a_{n-1} x^{n-1} + a_{n-2} x^{n-2} + \ldots + a_1 x^1 + a_0$$

Hier stehen die a für reelle Zahlen und die n für ganze Zahlen. Der letzte Term ist technisch betrachtet eigentlich $a_0 x^0$, wenn Sie die Variable in jedem Term darstellen wollen.

Wenn Sie sich selbst ein Beispiel überlegen wollen, denken Sie sich erst ein n aus und dann noch die Zahlen a_0 bis a_n. Wichtig ist, dass n eine ganze Zahl sein muss. Wie wäre es mit $n = 4$ und $a_0 = 2{,}5$; $a_1 = 4$; $a_2 = -3$; $a_3 = -0{,}5$ und $a_4 = 2$? Die Funktion wäre wie folgt:

$$f(x) = 2x^4 - 0{,}5x^3 - 3x^2 + 4x^1 + 2{,}5$$

Abbildung 4.8 veranschaulicht die Funktion.

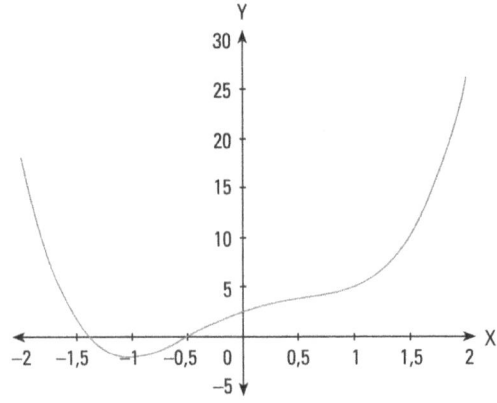

Abbildung 4.8: Der Graph der Funktion $f(x) = 2x^4 - 0{,}5x^3 - 3x^2 + 4x^1 + 2{,}5$

Vom Verstand geleitet: Rationale Funktionen

Der Begriff *rational* hat zahlreiche Bedeutungen: Man sagt, rationale Menschen handeln vernünftig und vorhersehbar. Sie können auch sagen, *rationale Zahlen* sind vernünftig und vorhersehbar – ihre Dezimalwerte wiederholen sich entweder (das heißt, sie haben ein erkennbares Muster und laufen endlos), oder sie terminieren (das heißt, sie finden ein plötzliches Ende). In diesem Abschnitt wird das rationale Repertoire um die rationalen Funktionen erweitert.

Ob Sie rationale Funktionen von Hand zeichnen (womöglich mit einem Bleistift!) oder mit einem grafischen Taschenrechner – Sie müssen in der Lage sein, ihre verschiedenen Eigenschaften (Schnittpunkte, Asymptoten usw.) zu erkennen. Andernfalls können Sie Ihren Taschenrechner genauso gut als Briefbeschwerer nutzen.

Rationale Funktionen erkunden

Rationale Funktionen begegnen Ihnen im Allgemeinen in Form von Brüchen:

$$y = \frac{f(x)}{g(x)}$$

Dabei sind *f* und *g* Polynome (Ausdrücke mit ganzzahligen Exponenten, siehe den Abschnitt *Polynome* weiter vorn in diesem Kapitel).

Rationale Funktionen (und insbesondere ihre Graphen) unterscheiden sich hinsichtlich dessen, was sie haben und was sie nicht haben. Die Graphen rationaler Funktionen haben *Asymptoten* (Linien, die gezogen werden, damit Sie die Form und die Richtung der Kurve besser erkennen – mehr dazu in Kapitel 5). Außerdem haben rationale Funktionen häufig *nicht* alle reellen Zahlen in ihren Definitionsbereichen. Polynome und Exponentialfunktionen verwenden alle reellen Zahlen – ihre Definitionsbereiche sind nicht beschränkt.

Definitionsbereiche erweitern

Wie im Abschnitt *Den Definitionsbereich einer Funktion bestimmen* weiter vorne in diesem Kapitel bereits erklärt, besteht der *Definitionsbereich* einer Funktion aus den reellen Zahlen, die Sie in die Funktionsgleichung einsetzen können. Werte im Definitionsbereich müssen in der Gleichung funktionieren und sollten keine imaginären oder nicht existierenden Antworten erzeugen.

 Sie schreiben die Gleichungen rationaler Funktionen als Brüche – und Brüche haben Nenner. Der Nenner eines Bruchs darf nicht 0 sein, Sie müssen also alles aus dem Definitionsbereich ausschließen, was den Nenner einer rationalen Funktion zu 0 machen würde.

Hier einige Beispiele für Definitionsbereiche rationaler Funktionen:

✔ Der Definitionsbereich von $y = \frac{x-1}{x-2}$ besteht aus allen reellen Zahlen außer der 2. In Intervallnotation schreiben Sie den Definitionsbereich als $]-\infty, 2[\cup]2, \infty[$. (Das Symbol

∞ bedeutet, dass die Zahlen endlos größer werden, das Symbol –∞ bedeutet, dass die Zahlen endlos kleiner werden. Das Symbol ∪ zwischen den beiden Teilen der Antwort bedeutet *oder*.)

✔ Der Definitionsbereich von $y = \dfrac{x+1}{x(x+4)}$ besteht aus allen reellen Zahlen außer 0 und

–4. In Intervallnotation schreiben Sie den Definitionsbereich als] –∞, –4[∪] –4, 0[∪]0, ∞[.

✔ Der Definitionsbereich von $y = \dfrac{x}{x^2+3}$ besteht aus allen reellen Zahlen; es gibt keine Zahl, die den Nenner zu 0 machen könnte.

Exponentialfunktionen

Eine Exponentialfunktion hat eine Potenz, die eine Variable enthält, beispielsweise $f(x) = 2^x$ oder $g(x) = 10^x$. Abbildung 4.9 zeigt die Graphen dieser beiden Funktionen in einem einzigen x-y-Koordinatensystem.

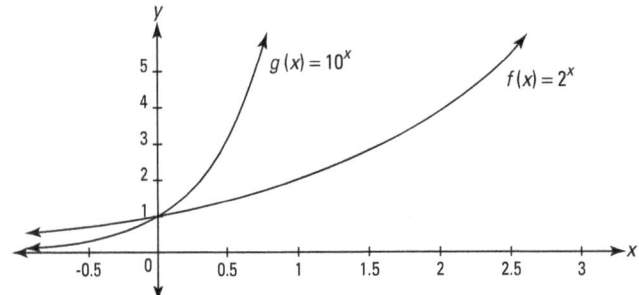

Abbildung 4.9: Die Graphen von f(x) = 2^x und g(x) = 10^x

Beide Funktionen laufen durch den Punkt (0, 1), so wie alle Exponentialfunktionen der Form $f(x) = b^x$. Wenn b größer als 1 ist, liegt ein *exponentielles Wachstum* vor. Alle diese Funktionen wachsen nach rechts hin endlos, und wenn sie links gegen minus unendlich gehen, schmiegen sie sich an die x-Achse an und kommen ihr immer näher, ohne sie jedoch ganz zu berühren. Mit dieser und ähnlichen Funktionen stellen Sie Sachverhalte wie Investitionen, Inflation oder ein Bevölkerungswachstum dar.

Liegt b zwischen 0 und 1, haben Sie eine Funktion mit *exponentieller Abnahme*. Die Graphen solcher Funktionen stellen die Umkehrung der exponentiellen Wachstumsfunktion dar. Funktionen für eine exponentielle Abnahme kreuzen die y-Achse ebenfalls am Punkt (0, 1), aber sie steigen endlos nach links und nähern sich der x-Achse *rechts* an. Diese Funktionen stellen Sachverhalte dar, die mit der Zeit schrumpfen, beispielsweise den Zerfall von radioaktivem Uran.

Exponentielles Wachstum und exponentielle Abnahme werden in dem Abschnitt *Wachstumsfunktionen* weiter hinten in diesem Kapitel genauer betrachtet.

Logarithmische Funktionen

Eine logarithmische Funktion ist eine Exponentialfunktion mit vertauschten x- und y-Achsen. Mit anderen Worten: Die Auf-/Ab-Richtung eines Exponentialgraphen entspricht der Rechts/Links-Richtung eines logarithmischen Graphen und die Rechts/Links-Richtung eines exponentiellen Graphen entspricht der Auf/Ab-Richtung eines logarithmischen Graphen. (Weitere Informationen über Logarithmen finden Sie in den Kapiteln 1 und 2.) Sie sehen diese Beziehung in Abbildung 4.10 dargestellt, wo $f(x) = 2^x$ und $g(x)$ log$_2$ x in einem Koordinatensystem dargestellt sind.

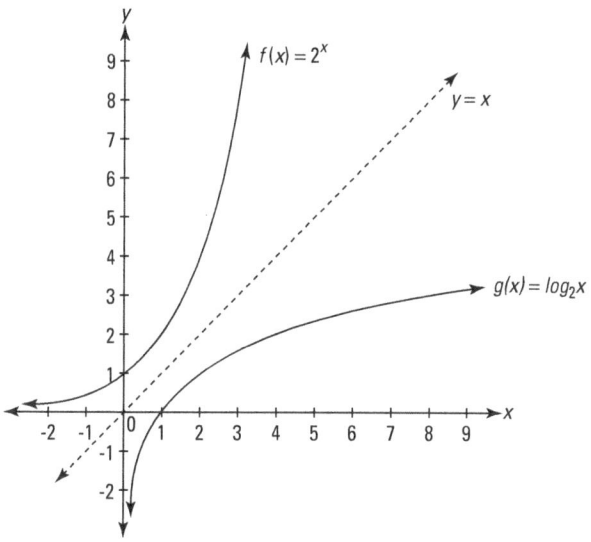

Abbildung 4.10: Die Graphen für f(x) = 2^x *und* g(x) = log$_2$ x

Sowohl Exponentialfunktionen als auch logarithmische Funktionen sind *monoton*. Eine monotone Funktion steigt entweder innerhalb ihres gesamten Definitionsbereichs (und heißt dann *monoton steigende* Funktion), oder sie fällt innerhalb ihres gesamten Definitionsbereichs (und heißt dann *monoton fallende* Funktion).

Beachten Sie auch die Symmetrie der beiden Funktionen in Abbildung 4.10 zur Geraden $y = x$. Dies macht sie zu Inversen voneinander.

Sinus, Kosinus und Tangens zeichnen

Abbildung 4.11 zeigt die Graphen von Sinus, Kosinus und Tangens, die Sie auch mit einem grafischen Taschenrechner erzeugen können.

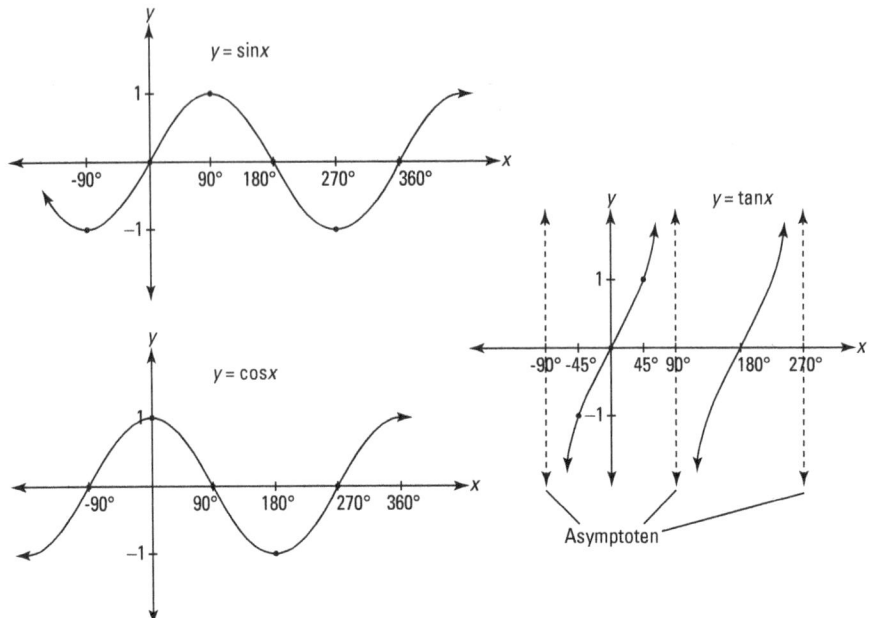

Abbildung 4.11: Die Graphen der Funktionen Sinus, Kosinus und Tangens

 Sinus, Kosinus und Tangens – und ihre Reziprokfunktionen Kosekans, Sekans und Kotangens – sind *periodische* Funktionen. Ihre Graphen haben eine grundlegende Form, die sich unendlich oft nach links und rechts wiederholt. Die *Periode* einer solchen Funktion ist die Länge eines ihrer Zyklen.

Wenn Sie den Einheitskreis kennen, können Sie diese drei Graphen von Hand zeichnen. Die Graphen für Sinus und Kosinus haben dabei dieselbe Form – der Kosinus ist dasselbe wie der Sinus, nur um 90 Grad nach links verschoben. Außerdem geht ihre einfache Wellenform höchstens bis 1 und –1, verläuft endlos nach links und rechts und wiederholt sich dabei alle 360 Grad. Das ist die *Periode* der beiden Funktionen, also 360 Grad. (Es ist übrigens kein Zufall, dass 360 Grad eine vollständige Umdrehung des Einheitskreises ist.) Der Einheitskreis teilt Ihnen mit, dass sin 0° = 0, sin 90° = 1, sin 180° = 0, sin 270° = –1 und sin 360° = 0 sind. Wenn Sie bei diesen fünf Ausgangspunkten beginnen, können Sie einen ganzen Zyklus skizzieren. Dieser wiederholt sich nach links und nach rechts. Anhand des Einheitskreises können Sie auch die Kosinus-Funktion skizzieren.

Beachten Sie in Abbildung 4.11, dass die Periode der Tangensfunktion gleich 180° ist. Aufgrund dessen und aufgrund des grundlegenden Musters der sich wiederholenden umgekehrten S-Formen können Sie eine Skizze der Funktion anfertigen. Da $\tan \theta = \frac{y}{x}$ ist, können Sie anhand des Einheitskreises feststellen, dass tan (–45°) = –1, tan 0° = 0 und tan 45° = 1 sind. Damit erhalten Sie die Punkte (–45°, 1), (0, 0) und (45°, 1). Da sowohl tan (–90°) als auch tan 90° undefiniert sind ($\frac{y}{x}$ erzeugt an diesen Punkten eine 0 im Nenner), zeichnen Sie vertikale *Asymptoten* an den Stellen –90° und 90°.

Eine *Asymptote* ist eine imaginäre Linie, der eine Kurve immer näher kommt, die sie aber nie berührt.

Die beiden Asymptoten an den Stellen –90° und 90° und die drei Punkte an den Stellen (–45°, –1), (0, 0) und (45°, 1) zeigen Ihnen, wo ein umgekehrtes S zu skizzieren ist. Die S-Formen wiederholen sich alle 180° nach links und nach rechts.

Zusammengesetzte Funktionen

Eine *zusammengesetzte* Funktion ist eine Kombination aus zwei Funktionen. Beispielsweise sind die Kosten für die Stromversorgung eines Haushalts davon abhängig, wie viel Sie verbrauchen, der Verbrauch ist wiederum von der Außentemperatur abhängig. Da die Kosten von dem Verbrauch und der Verbrauch von der Temperatur abhängig sind, sind die Kosten von der Temperatur abhängig. Die Kosten stellen eine Funktion des Verbrauchs, der Verbrauch eine Funktion der Temperatur und somit die Kosten eine Funktion der Temperatur dar. Diese letzte Funktion, eine Kombination aus den beiden ersten, ist eine zusammengesetzte Funktion.

Es seien $f(x) = x^2$ und $g(x) = 5x – 8$. Setzen Sie 3 in $g(x)$ ein: $g(3) = 5 \cdot 3 – 8$, das gleich 7 ist. Jetzt nehmen Sie dieses Ergebnis, 7, und setzen es in $f(x)$ ein: $f(7) = 7^2 = 49$. Betrachten Sie dazu Abbildung 4.12. Die g-Funktion macht die 3 zu einer 7, und die f-Funktion macht die 7 zu einer 49.

Abbildung 4.12: Zwei Funktionen

Sie können das Endergebnis der beiden Funktionen auch in einem Schritt angeben, indem Sie die folgende *zusammengesetzte* Funktion verwenden:

$$f\big(g(3)\big) = 49$$

Sie berechnen zuerst die innere Funktion einer zusammengesetzten Funktion – $g(3) = 7$. Anschließend berechnen Sie für die Ausgabe, 7, die äußere Funktion, $f(7)$, woraus sich 49 ergibt.

Um die allgemeine zusammengesetzte Funktion $f\big(g(x)\big)$ zu bestimmen, setzen Sie $g(x)$, das gleich $5x – 8$ ist, in $f(x)$ ein. Mit anderen Worten, Sie bestimmen $f(5x – 8)$. Die f-Funktion nimmt eine Eingabe entgegen und quadriert sie. Damit erhalten Sie

$$f(5x – 8) = (5x – 8)^2$$
$$= (5x – 8)(5x – 8)$$
$$= 25x^2 – 40x – 40x + 64$$
$$= 25x^2 – 80x + 64$$

Damit ergibt sich $f(g(x)) = 25x^2 - 80x + 64$.

 Bei zusammengesetzten Funktionen kommt es auf die Reihenfolge an. Als allgemeine Regel gilt $f(g(x)) \neq g(f(x))$.

Wachstumsfunktionen

Es gibt verschiedenen Arten von Wachstum. Die Telefonkosten wachsen zum Beispiel linear mit der Anzahl der telefonierten Minuten (sofern Sie keine Flatrate haben). Je mehr Sie telefonieren, desto mehr müssen Sie zahlen und zwar für jede weitere Minute den gleichen Preis. Bei einer Parkhausgebühr ist das anders. Die Kosten hängen zwar auch von der Zeit ab, jedoch kostet nicht jede Stunde gleich viel. Die erste Stunde kostet am meisten, die zweite weniger usw. Irgendwann haben Sie dann den Tagessatz erreicht, den Sie zum Glück nicht überschreiten können.

Wachstumsfunktionen helfen, diese verschiedenen Arten von Wachstum zu beschreiben. In den folgenden Abschnitten werden die vier wichtigsten Arten betrachtet: lineares, exponentielles, beschränktes und logistisches Wachstum.

Lineares Wachstum

Angenommen, die Telefonkosten pro Monat setzen sich ausschließlich aus einer Grundgebühr in Höhe von 15 Euro und Kosten pro Minute in Höhe von drei Cent zusammen. Die Funktion K(t) beschreibt die Kosten pro Monat:

$$K(t) = 15 + 0,03 \cdot t$$

Dabei entspricht t der Anzahl der telefonierten Minuten pro Monat. Telefonieren Sie zum Beispiel 50 Minuten pro Monat, so haben Sie Telefonkosten in Höhe von:

$$K(50) = 15 + 0,03 \cdot 50 = 16,50 \ €$$

Würden Sie eine Minute mehr telefonieren, hätten Sie zusätzlich Kosten in Höhe von drei Cent.

$$K(51) = K(50) + 0,03 = 16,50 + 0,03 = 16,53$$

Weitere Beispiele für lineares Wachstum sind die Getränkekosten eines Diskobesuchs (Eintritts- und Getränkepreis), Stromkosten pro Monat (Grund- und Kilowattstundenpreis) oder der Gesamtpreis einer bestellten Menge von Scharnieren ohne Mengenrabatt (fixe Bestellkosten und Stückkosten). All diese Beispiele lassen sich durch lineare Funktionen der allgemeinen Form beschreiben:

$$B(t) = B(0) + a \cdot t$$

Exponentielles Wachstum

Bei exponentiellem Wachstum ist der Zuwachs zum Bestand nicht konstant. Er hängt von dem bereits vorhandenen Bestand ab. Angenommen, ein Land hat weder Zu- noch Auswanderung. Der Zuwachs der Bevölkerung in absoluten Zahlen hängt von der Differenz zwischen Geburten- und Sterberate, aber auch von der bereits vorhandenen Bevölkerung ab. Dieses Land hat momentan eine Million Einwohner und die Geburtenrate übersteigt die Sterberate um zwei Prozentpunkte. So lässt sich die Einwohnerzahl ein Jahr später berechnen als:

$$E(1) = E(0) \cdot 1,02 = 1.000.000 \cdot 1,02 = 1.020.000$$

Wieder ein Jahr später beträgt die Einwohnerzahl:

$$E(2) = E(1) \cdot 1,02 = 1.020.000 \cdot 1,02 = 1.040.400$$

Im t-ten Jahr beträgt die Einwohnerzahl:

$$E(t) = E(t-1) \cdot 1,02$$

Um herauszufinden, wie hoch die Einwohnerzahl im zehnten Jahr ist, könnten Sie nacheinander die Einwohnerzahlen der Jahre 1 bis 10 berechnen. Es geht aber auch einfacher. Da die Bevölkerung über zehn Jahre jedes Jahr um zwei Prozent wächst, berechnet sich die Einwohnerzahl wie folgt:

$$E(10) = E(0) \cdot 1,02^{10} = 1.000.000 \cdot 1,02^{10} = 1.218.994$$

Was würde passieren, wenn die Sterberate die Wachstumsrate um zwei Prozent übersteigen würde? Die Bevölkerung würde stetig abnehmen. Wir groß wäre die Bevölkerung nach zehn Jahren?

$$E(10) = E(0) \cdot 0,98^{10} = 1.000.000 \cdot 0,98^{10} = 817.073$$

Dies ist ein Beispiel für die *exponentielle Abnahme*. Weitere Beispiele für exponentielles Wachstum beziehungsweise Abnahme sind das Guthaben auf einem Sparkonto beziehungsweise der radioaktive Zerfall oder der Druck in einem Fahrradreifen beim Öffnen des Ventils.

Die allgemeine Form für sowohl exponentielles Wachstum als auch Abnahme ist:

$$B(t) = B(0) \cdot a^t$$

Beim exponentiellen Wachstum ist $a > 1$; bei der exponentiellen Abnahme ist $a < 1$. $B(0)$ bezeichnet den Anfangsbestand. Abbildung 4.13 veranschaulicht die Beispiele des Bevölkerungswachstums ($a = 1,02$) und der Bevölkerungsabnahme ($a = 0,98$).

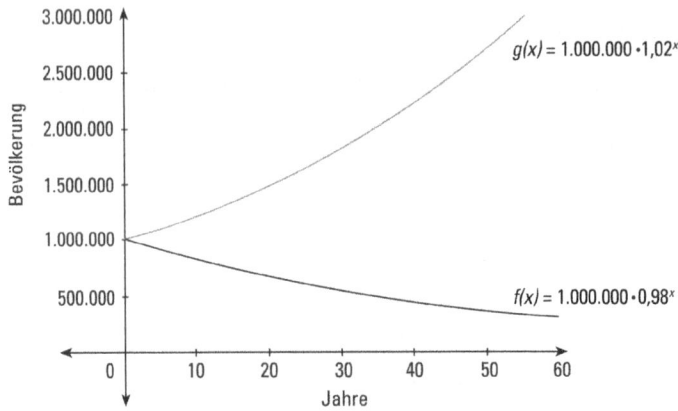

Abbildung 4.13: Bevölkerungswachstum und Bevölkerungsabnahme

Da die Eulersche Zahl e im Vergleich zu anderen Basen einige Rechenvorteile bietet, wird sie auch gerne zur Beschreibung von Wachstumsfunktionen verwendet. So wird a auch als e^r für $a > 1$ oder als e^{-r} für $a < 1$ geschrieben. Es ergibt sich somit $B(k) = B(0) \cdot e^{r \cdot k}$ für das exponentielle Wachstum beziehungsweise $B(t) = B(0) \cdot e^{-r \cdot t}$ für die exponentielle Abnahme.

Beschränktes Wachstum

In der Praxis konnte noch niemand beweisen, dass etwas unendlich wächst (dies liegt vielleicht daran, dass noch niemand unendlich lang gelebt hat). Es gab immer eine Grenze, die nicht überschritten werden konnte. Einer Bevölkerung würde irgendwann zum Beispiel die Nahrung, der Platz oder beides ausgehen.

Beschränktes Wachstum ist beschränkt, das heißt, ein Höchst- oder Tiefstbestand, oder auch *Schranke* genannt, kann nicht über- oder unterschritten werden. Sie hatten bereits die Kosten eines Parkhausbesuchs als Beispiel. Ein anderes Beispiel sind die Besucher eines Kinofilms. In der ersten Woche werden sich sehr viele Menschen diesen Kinofilm anschauen. In der zweiten Woche schon weniger und in der dritten noch weniger. Irgendwann wird der Film abgesetzt und die Gesamtbesucherzahl ist erreicht.

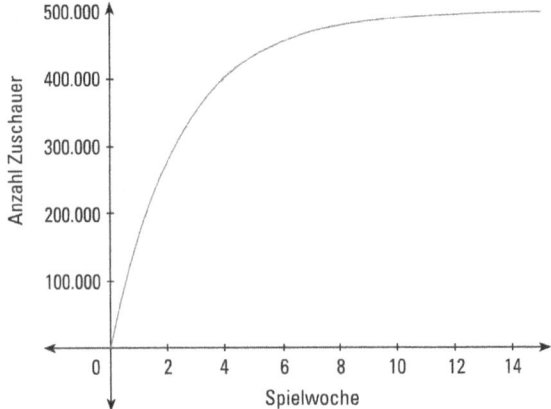

Abbildung 4.14: Gesamtbesucherzahl eines neu erschienenen Films in Abhängigkeit der Spielwoche

Abbildung 4.14 veranschaulicht die Gesamtbesucherzahl eines neu erschienenen Films in Abhängigkeit der Spielwoche. Die Kurve kann durch die allgemeine Funktion für das beschränkte Wachstum beschrieben werden:

$$B(t) = (B(0) - S) \cdot e^{-r \cdot t} + S$$

Dabei bezeichnet S die Schranke, $B(0)$ den Anfangsbestand und r den Wachstumsfaktor. Im Beispiel der Kinobesucher ist $B(0) = 0$, S = 500.000 und $r = 0{,}4$. In der Abbildung ist zu erkennen, dass in der ersten Woche schon über 150.000 Besucher den Film gesehen haben. In der zweiten Woche kamen nur noch ca. 100.000 hinzu. Die Anzahl der Besucher pro Woche nimmt stetig ab. Nach ungefähr zwölf Wochen kommt man der Grenze von 500.000 sehr nahe. Es ist jedoch wichtig zu beachten, dass diese Grenze nie erreicht wird. Die Funktion hat also eine horizontale Asymptote (siehe Kapitel 5).

Die Schranke muss jedoch nicht größer sein als der Anfangsbestand. Ist die Schranke kleiner als der Anfangsbestand, so nimmt der Bestand – ähnlich der exponentiellen Abnahme – kontinuierlich ab und nähert sich der Schranke an. Bei einer Schranke von $S = 0$ entspricht die Formel die der exponentiellen Abnahme:

$$\begin{aligned}
B(t) &= (B(0) - S) \cdot e^{-r \cdot t} + S \\
&= (B(0) - 0) \cdot e^{-r \cdot t} + 0 \\
&= B(0) \cdot e^{-r \cdot t}
\end{aligned}$$

Weitere Beispiele für beschränktes Wachstum sind die Produktivität einer Firma in Abhängigkeit der Anzahl der Angestellten oder der persönliche Nutzen in Abhängigkeit der getrunkenen Biere (wobei man sich hier fragen kann, ob der Nutzen bei übermäßigem Konsum nicht irgendwann wieder abnimmt).

Logistisches Wachstum

Das *logistische Wachstum* ist die Verknüpfung des exponentiellen und beschränkten Wachstums. Kommen wir noch mal zurück zu dem Bevölkerungswachstumsbeispiel aus dem Abschnitt *Exponentielles Wachstum* weiter vorn in diesem Kapitel. Wir haben gesehen, dass die Bevölkerung jedes Jahr in absoluten Werten mehr wächst als im Jahr zuvor. Da das Bevölkerungswachstum aufgrund von Platz- oder Essensmangel aber beschränkt ist, wird sich die Anzahl der Einwohner irgendwann einer oberen Schranke annähern.

Solange die Einwohnerzahl noch klein ist, ist das Wachstum näherungsweise exponentiell. Irgendwann überwiegt das beschränkte Wachstum und die Einwohnerzahl nähert sich ihrer oberen Schranke an.

Die Kurve kann durch die allgemeine Funktion für logistisches Wachstum beschrieben werden:

$$B(t) = \frac{S}{1 + \left(\dfrac{S}{B(0)} - 1 \right) \cdot e^{-r \cdot t}}$$

Dabei bezeichnet S die obere Schranke, $B(0)$ den Anfangsbestand und r den Wachstumsfaktor. Die Funktion geht für x gegen minus unendlich gegen 0 und für x gegen plus unendlich gegen die Schranke.

Bei dieser Formel macht eine Schranke kleiner als der Anfangsbestand keinen Sinn. Aus Spaß an der Freude können Sie sich das ja mal von einem Computerprogramm zeichnen lassen. Falls Sie solch ein Programm nicht auf Ihrem Rechner haben, geben Sie »Funktionen zeichnen« in einer Internetsuchmaschine ein.

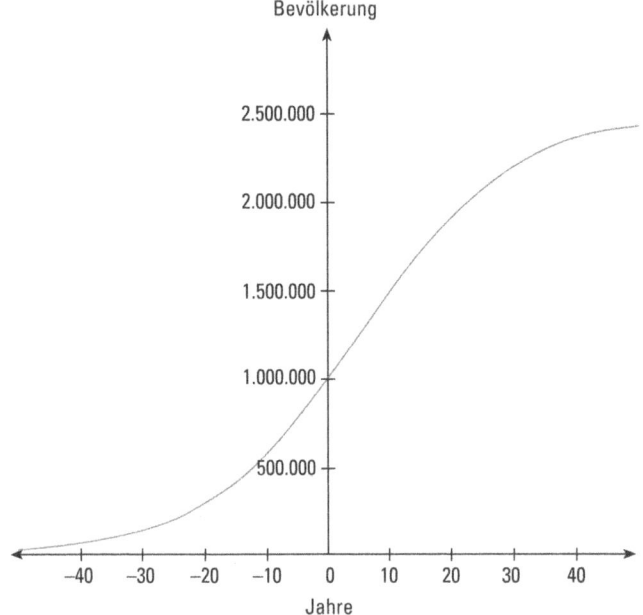

Abbildung 4.15: Logistisches Wachstum einer Bevölkerung

Abbildung 4.15 veranschaulicht das logistische Wachstum der Bevölkerung. Diese hat einen Anfangsbestand von 1.000.000 und eine Grenze von 2.500.000. Der Wachstumsfaktor ist $r = 0{,}08$. Sie sehen, dass das Wachstum bis zum Erreichen des Anfangsbestands näherungsweise exponentiell ist und danach näherungsweise beschränkt.

Logistische Wachstumsfunktionen könnten außerdem die Qualität eines Produkts in Abhängigkeit vom Forschungsaufwand, die Ausbreitung von börsenkursbeeinflussenden Informationen oder die Anzahl der ISDN-Anschlüsse in Deutschland in den vergangenen zwei Jahrzehnten beschreiben.

Auch Funktionen haben Eigenschaften

5

In diesem Kapitel

▷ Scharfe Angelegenheiten: die Schnittpunkte mit den Achsen

▷ Einen Blick auf die Grenzwerte werfen

▷ Funktionen mit Löchern auswerten – holt die Mottenkugeln!

▷ Stetigkeit und Unstetigkeit erkunden

▷ Horizontale und vertikale Asymptoten kennen lernen

---

*F*unktionen sehen nicht nur schön aus, sondern haben auch noch bezaubernde Eigenschaften. Los geht es in diesem Kapitel mit Schnittpunkten von Funktionen mit den Achsen. Anschließend wenden wir uns den Grenzwerten zu. Grenzwerte sind ein grundlegendes Konzept für die Differentiation und die Integration in der Analysis. Die formale Definition einer Ableitung enthält einen Grenzwert, ebenso wie die Definition eines bestimmten Integrals. In diesem Kapitel werden die Grundlagen für Differentiation und Integration gelegt, indem die Grenzwerte erklärt werden, ebenso wie die eng verwandten Themen Stetigkeit und Asymptoten.

Schnittpunkte mit den Achsen

Funktionen in der Algebra können Schnittpunkte haben. Sie können sich mit einer anderen Funktion oder aber, wie in diesem Abschnitt betrachtet, mit den Achsen schneiden. Eine Funktion kann einen x-Schnittpunkt und/oder einen y-Schnittpunkt haben, sie muss aber weder das eine noch das andere haben. Ob eine Funktion Schnittpunkte hat, können Sie feststellen, indem Sie die Gleichung betrachten.

Die y-Schnittpunkte finden

Die Koordinate $(0, b)$ stellt den y-Schnittpunkt einer Funktion dar. Um den Wert von b zu ermitteln, setzen Sie 0 für x ein und lösen nach y auf.

Wenn Sie beispielsweise den y-Schnittpunkt der rationalen Funktion $y = \dfrac{x+6}{x-3}$ finden wollen, ersetzen Sie jedes x durch 0, um $y = \dfrac{0+6}{0-3} = \dfrac{6}{-3} = -2$ zu erhalten. Der y-Schnittpunkt ist $(0, -2)$.

Wenn 0 im Definitionsbereich einer Funktion liegt, können Sie sicher sein, dass die Funktion einen y-Schnittpunkt hat.

Die x-Schnittpunkte

Die Koordinate $(a, 0)$ stellt einen x-Schnittpunkt einer Funktion dar. Um die Werte von a zu finden, setzen Sie y gleich 0 und lösen nach x auf. Betrachten Sie im Folgenden eine weitere rationale Funktion. Grundsätzlich setzen Sie bei rationalen Funktionen den Zähler des Bruchs auf 0 – nachdem Sie den Bruch vollständig gekürzt haben –, da, wenn der Zähler 0 ist, auch der ganze Bruch 0 ist. Sie könnten auch jede Seite der Gleichung mit dem Nenner multiplizieren, um dieselbe Gleichung zu erhalten – das ist davon abhängig, wie Sie es anpacken.

Um beispielsweise die x-Schnittpunkte der rationalen Funktion $y = \dfrac{x^2 - 3x}{x^2 + 2x - 48}$ zu erhalten, setzen Sie $x^2 - 3x$ gleich 0 und lösen nach x auf. Durch Faktorisieren des Zählers erhalten Sie $x(x - 3) = 0$. Die beiden Lösungen der Gleichung sind $x = 0$ und $x = 3$. Die beiden Schnittpunkte sind also $(0, 0)$ und $(3, 0)$.

Was ist der Grenzwert?

Der _Grenzwert_ ist, wie der Name schon sagt, der Wert einer Funktion, wenn diese gegen eine Grenze läuft. Betrachten Sie zum Beispiel die Funktion $f(x) = 3x + 1$ in Abbildung 5.1. Nun bestimmen Sie den Grenzwert an der Stelle $x = 2$. Dazu nähern Sie sich einmal von der linken Seite an die Stelle $x = 2$ und einmal von der rechten Seite. Je näher Sie sowohl von links als auch von rechts an die Stelle $x = 2$ kommen, desto mehr nähert sich der Funktionswert an $f(x) = 7$ an (siehe Abbildung 5.1).

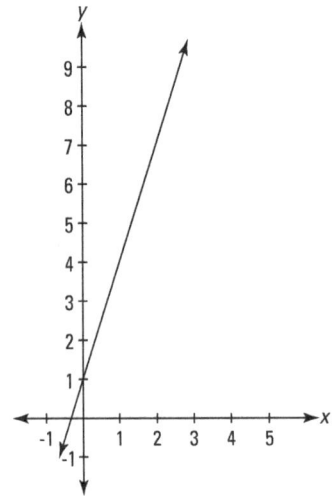

Abbildung 5.1: Der Graph von f(x) = 3x + 1

	x nähert sich 2 von links an					x nähert sich 2 von rechts an				
x	1	1,5	1,9	1,99	1,999	2,001	2,01	2,1	2,5	3
$f(x)$	4	5,5	6,7	6,97	6,997	7,003	7,03	7,3	8,5	10

y nähert sich 7 an y nähert sich 7 an

Tabelle 5.1: Ein- und Ausgabewerte von $f(x) = 3x + 1$*, wenn sich* x *dem Wert 2 annähert*

Sie fragen sich jetzt wahrscheinlich, warum man nicht direkt $x = 2$ in die Funktion einsetzt und so den Wert erhält. In diesem Beispiel wäre das auch sicherlich das Einfachste. Aber stellen Sie sich eine Funktion vor, die an der Stelle $x = 2$ nicht definiert ist. Wie dieser Fall funktioniert, wird in den folgenden Abschnitten erläutert.

Die formale Definition eines Grenzwerts

Gehen wir gleich in die Vollen. Hier ist die formale Definition des Grenzwertes:

f sei eine Funktion und a eine reelle Zahl. Der Grenzwert $\lim_{x \to a} f(x)$ existiert dann und nur dann, wenn

1. $\lim_{x \to a^-} f(x)$ existiert

2. $\lim_{x \to a^+} f(x)$ existiert

3. $\lim_{x \to a^-} f(x) = \lim_{x \to a^+} f(x)$

Und was bedeutet das? Schauen Sie sich die erste Bedingung genauer an. Das a entspricht der Stelle, an die sich genähert wird. Im Beispiel war das die Stelle $x = 2$. Der Ausdruck $x \to a^-$ bedeutet, dass man sich dem a immer weiter annähert und zwar von der linken Seite. Und $\lim_{x \to a^-} f(x)$ schließlich ist der Wert, den die Funktion $f(x)$ annimmt, wenn Sie x gegen die Stelle a laufen lassen. Der Unterschied zwischen der ersten und der zweiten Bedingung ist die Richtung, aus der sich genähert wird. Bei der zweiten Bedingung nähern Sie sich von rechts an. Dies ist durch das + gekennzeichnet. Die dritte Bedingung bedeutet, dass beide Grenzwerte gleich sein müssen.

In Analysisbüchern wird die Existenz eines Grenzwerts mit einem dreiteiligen Test bewiesen. Aber eigentlich müssen Sie sich nur um die dritte Bedingung kümmern, weil die beiden anderen darin enthalten sind. Merken Sie sich, dass Bedingung 3 nicht erfüllt werden kann, wenn die linke und die rechte Seite der Gleichung undefiniert oder nicht existent sind. Mit anderen Worten: Es ist *nicht* wahr, dass *undefiniert = undefiniert* oder *nichtexistent = nichtexistent* ist. Solange Sie dies berücksichtigen, brauchen Sie nur Bedingung 3 zu prüfen.

Wenn wir sagen, ein Grenzwert existiert, dann bedeutet das, dass der Grenzwert eine *endliche* Zahl ist. Einige Grenzwerte sind gleich ∞ oder –∞, aber nichtsdestotrotz sagt man, dass sie *nicht existieren*. Das hört sich jetzt vielleicht seltsam an, aber das ist die Logik der Mathematik. (Weitere Informationen über unendliche Grenzwerte finden Sie im nächsten Abschnitt.)

Unendliche Grenzwerte und vertikale Asymptoten

Eine *rationale* Funktion wie $f(x) = \dfrac{(x+2)(x-5)}{(x-3)(x+1)}$ hat vertikale Asymptoten an den Stellen $x = 3$ und $x = -1$.

Erinnern Sie sich an die Asymptoten? Es handelt sich dabei um imaginäre Linien, an die sich eine Funktion immer weiter annähert, wenn sie nach oben, unten, links oder rechts Richtung unendlich geht.

Betrachten Sie den Grenzwert der Funktion in Abbildung 5.2, wenn sich x dem Wert 3 annähert. Wenn sich x dem Wert 3 von links annähert, geht $f(x)$ nach oben gegen ∞, und wenn sich x dem Wert 3 von rechts annähert, geht $f(x)$ nach unten gegen –∞. Manchmal ist es sinnvoll, sich dies zu verdeutlichen, indem man Folgendes schreibt:

$$\lim_{x \to 3^-} f(x) = \infty \quad \text{und} \quad \lim_{x \to 3^+} f(x) = -\infty$$

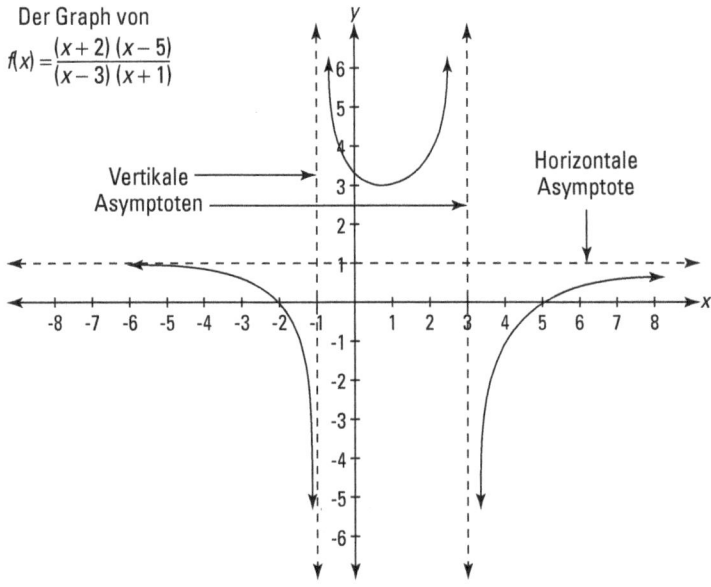

Abbildung 5.2: Eine typische rationale Funktion

Aber man kann auch sagen, dass die beiden gezeigten Grenzwerte *nicht existieren*, weil unendlich keine reelle Zahl ist. Wenn Sie aufgefordert werden, den regulären zweiseitigen

Grenzwert, $\lim_{x\to 3} f(x)$ zu bestimmen, haben Sie keine andere Wahl, als zu sagen, dass er nicht existiert, weil die Grenzwerte von links und von rechts ungleich sind.

Grenzwerte an der Unendlichkeit – haben Sie gute Schuhe an?

Bisher haben Sie Grenzwerte betrachtet, bei denen sich x einer regulären, endlichen Zahl annähert. Aber x kann sich auch ∞ oder $-\infty$ annähern. Grenzwerte bei unendlich existieren, wenn eine Funktion eine horizontale Asymptote hat. Beispielsweise hat die Funktion in Abbildung 5.2, $f(x) = \dfrac{(x+2)(x-5)}{(x-3)(x+1)}$, eine horizontale Asymptote in $y = 1$, an der sich die Funktion entlangtastet, wenn sie von rechts gegen ∞ und von links gegen $-\infty$ geht. (Nach links kreuzt die Funktion die horizontale Asymptote an der Stelle $x = -7$ und kommt dann schrittweise herunter zur Asymptote.) Die Grenzwerte sind gleich der Höhe der horizontalen Asymptote und werden geschrieben als

$$\lim_{x\to\infty} f(x) = 1 \text{ und } \lim_{x\to-\infty} f(x) = 1.$$

Weitere Informationen über Grenzwerte bei unendlich finden Sie im Abschnitt *Grenzwerte bei unendlich auswerten* später in diesem Kapitel.

Grenzwerte und Stetigkeit verknüpfen

Bevor wir weiter auf die wunderbare Welt der Grenzwerte eingehen, erwähnen wir zunächst ein verwandtes Konzept – die *Stetigkeit*. Eine *stetige* Funktion ist eine Funktion ohne Lücken – eine Funktion, die Sie zeichnen können, ohne Ihren Bleistift vom Papier abzuheben. Betrachten Sie dazu die vier Funktionen in Abbildung 5.3.

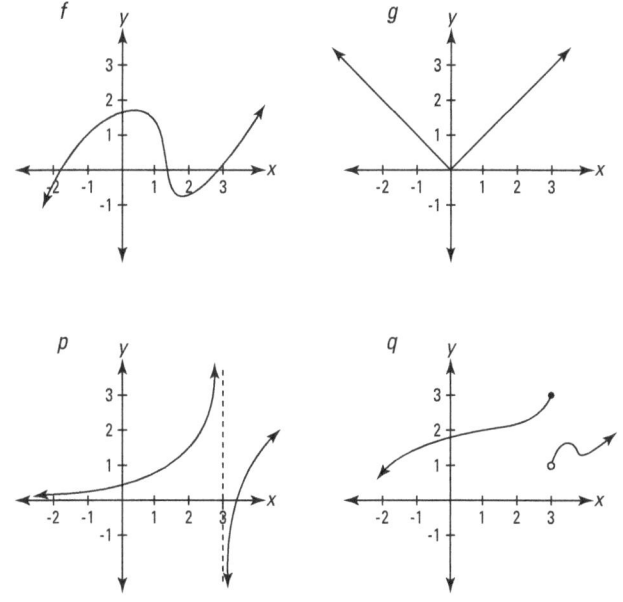

Abbildung 5.3: Die Graphen für f(x), g(x), p(x) und q(x)

Ob eine Funktion stetig ist oder nicht, ist fast immer offensichtlich. Die beiden ersten Funktionen in Abbildung 5.3 – *f*(*x*) und *g*(*x*) – haben keine Lücken, sie sind also stetig. Die beiden nächsten Funktionen *p*(*x*) und *q*(*x*) haben Lücken an der Stelle *x* = 3, sie sind also nicht stetig. Das ist alles. Na gut, nicht ganz. Die beiden Funktionen mit den Lücken sind nicht überall stetig, aber weil Sie Abschnitte von ihnen zeichnen können, ohne den Stift vom Papier zu heben, können Sie sagen, dass Teile dieser Funktionen stetig sind. Und manchmal ist eine Funktion überall dort stetig, wo sie definiert ist. Eine solche Funktion wird als *stetig im gesamten Definitionsbereich* bezeichnet, das heißt, ihre Lücke oder Lücken treten an *x*-Werten auf, wo die Funktion nicht definiert ist. Die Funktion *p*(*x*) ist stetig in ihrem gesamten Definitionsbereich; *q*(*x*) dagegen ist nicht stetig in ihrem gesamten Definitionsbereich, weil sie an der Stelle *x* = 3 nicht stetig ist, die im Definitionsbereich der Funktion enthalten ist. Häufig ist der wichtige Aspekt, ob eine Funktion an einem bestimmten *x*-Wert stetig ist. Sie ist es, es sei denn, es gibt dort eine Lücke.

Alle Polynomfunktionen sind an jeder Stelle stetig.

Alle rationalen Funktionen – eine rationale Funktion ist der Quotient von zwei Polynomfunktionen – sind über ihren gesamten Definitionsbereich stetig.

Stetigkeit und Grenzwerte gehen normalerweise Hand in Hand

Betrachten Sie die vier Funktionen in Abbildung 5.3 an der Stelle *x* = 3. Überlegen Sie, ob jede Funktion dort stetig ist und ob es an diesem *x*-Wert einen Grenzwert gibt. Die beiden ersten, *f* und *g*, haben keine Lücken an der Stelle *x* = 3, sie sind also dort stetig. Beide Funktionen haben auch Grenzwerte an der Stelle *x* = 3, und in beiden Fällen ist der Grenzwert gleich der Höhe der Funktion an der Stelle *x* = 3, denn wenn *x* sich von links und rechts immer weiter an 3 annähert, nähert sich *y* immer weiter an *f*(3) beziehungsweise *g*(3) an.

Die Funktionen *p* und *q* sind dagegen an der Stelle *x* = 3 nicht stetig. Sie können auch sagen, dass sie dort unstetig sind. Denn diese Funktionen haben keinen Grenzwert an der Stelle *x* = 3. Für beide Funktionen unterbrechen die Lücken an der Stelle *x* = 3 nicht nur die Stetigkeit, sondern sie bewirken auch, dass es dort keine Grenzwerte gibt. Denn wenn Sie von links und rechts gegen *x* = 3 gehen, pendeln Sie sich nicht auf einem bestimmten *y*-Wert ein.

Da haben Sie es also. Die Stetigkeit an einem *x*-Wert bedeutet, dass es einen Grenzwert für diesen *x*-Wert gibt. Unstetigkeit an einem *x*-Wert bedeutet, dass es dort keinen Grenzwert gibt. Na gut, fast. Lesen Sie weiter, um etwas über die Ausnahme zu erfahren.

Die Ausnahme für ein Loch bringt die Wahrheit ans Licht

Die Ausnahme mit der Lücke ist die einzige Ausnahme zu der Regel, dass Stetigkeit und Grenzwerte Hand in Hand gehen, aber dabei handelt es sich um eine *gewaltige* Ausnahme. Und wir müssen zugeben, dass es ein wenig blöd ist, zu behaupten, dass Stetigkeit und Grenzwerte *normalerweise* Hand in Hand gehen, und dann auf diese *Ausnahme* zu kommen, weil es eigentlich genau auf diese Ausnahme ankommt. Genauer gesagt, die Ausnahme ist wichtiger als die Regel. Betrachten Sie die beiden Funktionen in Abbildung 5.4.

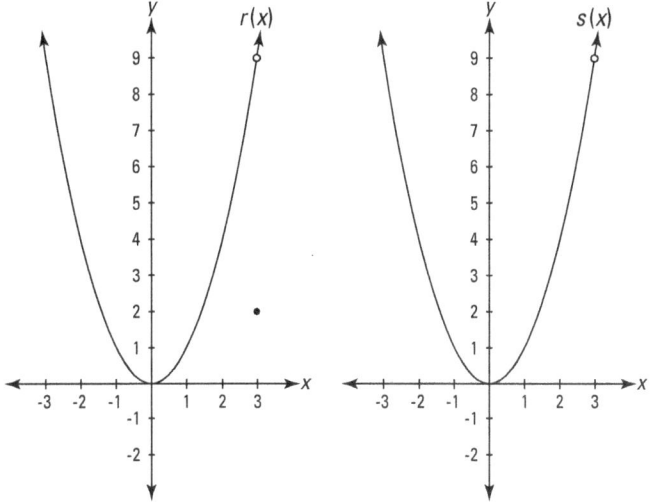

Abbildung 5.4: Die Graphen von r(x) und s(x)

Diese Funktionen haben Lücken an der Stelle $x = 3$ und offensichtlich sind sie dort nicht stetig, aber sie *haben* Grenzwerte, wenn sich x dem Wert 3 annähert. In jedem Fall ist der Grenzwert gleich der Höhe der Lücke.

 Eine infinitesimale Lücke in einer Funktion ist die einzige Stelle, wo eine Funktion einen Grenzwert haben kann, obwohl sie dort *nicht* stetig ist.

Beide Funktionen in Abbildung 5.4 haben also denselben Grenzwert, wenn sich x dem Wert 3 annähert. Der Grenzwert ist 9 und die Tatsachen, dass $r(3) = 2$ ist und dass $s(3)$ undefiniert ist, spielen keine Rolle. Für beide Funktionen pendelt sich die Funktion in der Höhe der Lücke ein, bei dem Grenzwert, wenn sich x von jeder Seite 3 annähert. Und das sollte eine Wiederholung wert sein – und sogar ein Symbol.

 Der Grenzwert an einer Lücke ist gleich der Höhe der Lücke.

Jetzt denken Sie wahrscheinlich »Na wunderbar. Und was geht es mich an?« Folgen Sie uns noch ein bisschen. Lücken in Funktionen kommen häufig von der Unmöglichkeit, 0 durch 0 zu dividieren. In diesen Funktionen ist der Grenzwertprozess kritisch, und solche Funktionen sind das Herz der Bedeutung einer Ableitung, und Ableitungen sind das Herz der Differentialanalysis.

Eine Ableitung enthält immer den nicht definierten Bruch $\frac{0}{0}$ und immer den Grenzwert einer Funktion mit einer Lücke.

Die überflüssige Mathematik der Stetigkeit aussortieren

Alles, was Sie brauchen, um das Konzept der Stetigkeit wirklich zu *verstehen*, ist, dass die Stetigkeit einer Funktion an einem bestimmten x-Wert bedeutet, dass es dort keine Lücke gibt. Weil es in Prüfungen jedoch häufig um die nachfolgende formale Definition geht, wollen Sie sie wahrscheinlich kennen lernen.

Eine Funktion $f(x)$ ist *stetig* an der Stelle $x = a$, wenn die drei folgenden Bedingungen erfüllt sind:

✔ $f(a)$ ist definiert.

✔ $\lim\limits_{x \to a} f(x)$ existiert.

✔ $f(a) = \lim\limits_{x \to a} f(x)$

So wie die formale Definition eines Grenzwerts ist die Definition der Stetigkeit immer als dreiteilige Überprüfung formuliert. Aber eigentlich brauchen Sie sich nur um die Bedingung 3 zu kümmern, weil 1 und 2 in 3 enthalten sind. Sie müssen jedoch daran denken, dass Bedingung 3 *nicht* erfüllt ist, wenn die linke und die rechte Seite der Gleichung beide undefiniert oder nicht existent sind.

Grenzwerte, die Sie sich merken sollten

Sie sollten sich unbedingt die folgenden Grenzwerte merken. Wenn Sie sich die letzten drei nicht merken, könnten Sie *sehr* viel Zeit damit vergeuden, sie herauszufinden. Glauben Sie uns.

4 $\lim\limits_{x \to a} c = c$

$y = c$ ist eine horizontale Gerade, der Grenzwert – also die Höhe der Funktion – muss also unabhängig von dem x-Wert gleich c sein.

4 $\lim\limits_{x \to 0^+} \dfrac{1}{x} = \infty$ 4 $\lim\limits_{x \to \infty} \dfrac{1}{x} = 0$

4 $\lim\limits_{x \to 0^-} \dfrac{1}{x} = -\infty$ 4 $\lim\limits_{x \to -\infty} \dfrac{1}{x} = 0$

4 $\lim\limits_{x \to 0} \dfrac{\sin x}{x} = 1$ 4 $\lim\limits_{x \to 0} \dfrac{\cos x - 1}{x} = 0$

4 $\lim\limits_{x \to \infty} \left(1 + \dfrac{1}{x}\right)^x = e$

Grenzwerte bei unendlich auswerten

In den vorigen Abschnitten haben Sie die Grenzwerte betrachtet, wenn sich x an eine endliche Zahl annähert, aber Sie können auch Grenzwerte haben, bei denen x sich plus unendlich oder minus unendlich annähert. Betrachten Sie die Funktion $f(x) = \dfrac{1}{x}$ und sehen Sie sich dazu ihren Graphen in Abbildung 5.5 an.

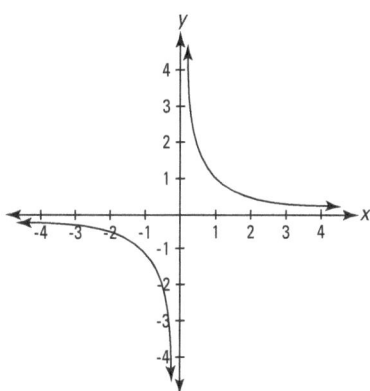

Abbildung 5.5: Der Graph von $f(x) = \dfrac{1}{x}$

Anhand des Graphen erkennen Sie, dass, wenn x immer größer wird beziehungsweise wenn x gegen unendlich geht, der Funktionswert immer kleiner wird, aber nie 0 erreicht. Dies wird bestätigt, wenn Sie immer größere Zahlen in $\dfrac{1}{x}$ einsetzen: Die Ergebnisse werden immer kleiner. Dieser Graph hat also eine horizontale Asymptote von $y = 0$ (die x-Achse), und man sagt $\lim\limits_{x \to \infty} \dfrac{1}{x} = 0$. Dass x nie unendlich erreicht und f nie 0 wird, hat keinerlei Bedeutung. Wenn man $\lim\limits_{x \to \infty} \dfrac{1}{x} = 0$ sagt, meint man, dass, wenn x endlos größer und größer wird, f immer näher an 0 heranrückt. Das heißt, f geht für immer gegen 0. Die Funktion f nähert sich auch dann 0 an, wenn x gegen minus unendlich geht, das als $\lim\limits_{x \to -\infty} \dfrac{1}{x} = 0$ geschrieben wird.

Grenzwerte bei unendlich und horizontale Asymptoten

Horizontale Asymptoten und Grenzwerte bei unendlich gehen immer Hand in Hand. Das eine ohne das andere geht nicht. Wenn Sie eine rationale Funktion wie $f(x) = \dfrac{3x - 7}{2x + 8}$ haben, ist die Bestimmung des Grenzwerts bei plus oder minus unendlich dasselbe, als wenn Sie die Position der horizontalen Asymptote suchen.

Und das geht so: Stellen Sie zuerst fest, welchen Grad der Zähler (das heißt die höchste Potenz des x im Zähler) und welchen Grad der Nenner haben. Es gibt drei Fälle:

1. **Wenn der Grad des Zählers größer als der Grad des Nenners ist,**

   beispielsweise $f(x) = \dfrac{6x^4 + x^3 - 7}{2x^2 + 8}$, gibt es keine horizontale Asymptote und der Grenzwert der Funktion für x gegen unendlich (oder minus unendlich) existiert nicht. Man notiert dennoch $\lim\limits_{x \to \infty} f(x) = \infty$, beziehungsweise $\lim\limits_{x \to -\infty} f(x) = \infty$.

2. **Wenn der Grad des Nenners größer als der Grad des Zählers ist,**

   beispielsweise $g(x) = \dfrac{4x^2 - 9}{x^3 + 12}$, ist die x-Achse (das heißt die Gerade $y = 0$) die horizontale Asymptote und $\lim\limits_{x \to \infty} g(x) = \lim\limits_{x \to -\infty} g(x) = 0$.

3. **Wenn die Grade von Zähler und Nenner gleich sind,**

   setzen Sie den Koeffizienten der höchsten Potenz von x in den Zähler und dividieren ihn durch den Koeffizienten der höchsten Potenz von x im Nenner. Dieser Quotient ist die Lösung für das Grenzwertproblem – und die Höhe der Asymptote. Wenn beispielsweise $h(x) = \dfrac{4x^3 - 10x + 1}{5x^3 + 2x^2 - x}$ ist, dann ist $\lim\limits_{x \to \infty} h(x) = \lim\limits_{x \to -\infty} h(x) = \dfrac{4}{5}$ und h hat eine horizontale Asymptote an der Stelle $y = \dfrac{4}{5}$.

Wenn Sie Ihre Freunde beeindrucken wollen, heben Sie Ihren Finger, ziehen eine Augenbraue hoch und sagen in oberlehrerhaftem Ton: »In einer rationalen Funktion, in der der Zähler und der Nenner denselben Grad haben, ist der Grenzwert der Funktion, wenn x gegen unendlich oder minus unendlich geht, gleich dem Quotienten der Koeffizienten der ersten Terme. An derselben Stelle tritt eine horizontale Asymptote auf.«

Die Substitution (das heißt das Einsetzen von a in die Funktion) funktioniert für die Aufgabenstellungen in diesem Abschnitt nicht. Wenn Sie versuchen, ∞ für das x einer der rationalen Funktionen in diesem Abschnitt einzusetzen, erhalten Sie $\dfrac{\infty}{\infty}$, und das ist *nicht* gleich 1. Ein Ergebnis von $\dfrac{\infty}{\infty}$ sagt Ihnen nichts über die Lösung für ein Grenzwertproblem.

Grenzwerte bei unendlich mit einem Taschenrechner lösen

Und hier eine Aufgabe, die nicht mit der im vorigen Abschnitt vorgestellten Methode zu lösen ist, weil es sich nicht um eine rationale Funktion handelt: $\lim\limits_{x \to \infty} \left(\sqrt{x^2 + x} - x \right)$. Mit einem Taschenrechner ist das ein Klacks. Sollte es mit Ihrem Taschenrechner nicht möglich sein, eine Wertetabelle zu einer Funktion (siehe Tabelle 5.2) zu erzeugen, können Sie dennoch ganz einfach die y-Werte von Hand berechnen.

x	100.000	200.000	300.000	400.000	500.000
y	0,4999988	0,4999994	0,4999996	0,4999997	0,4999998
x	600.000	700.000	800.000	900.000	
y	0,4999998	0,4999998	0,4999998	0,4999999	

Tabelle 5.2: Wertetabelle für $y = \sqrt{x^2 + x} - x$

Sie sehen, dass y extrem nah an 0,5 herangeht, wenn x größer und größer wird. 0,5 ist also der Grenzwert, wenn x gegen unendlich geht, und es gibt eine horizontale Asymptote an der Stelle $y = 0,5$. Das ist der Grenzwert.

Anders als bei den rationalen Funktionen in den beiden früheren Abschnitten ist der Grenzwert dieser Funktion, wenn sie gegen minus unendlich geht, nicht gleich dem Grenzwert von x gegen unendlich: $\lim_{x \to -\infty} \left(\sqrt{x^2 + x} - x \right) = \infty$. Denn wenn Sie $-\infty$ einsetzen, erhalten Sie $\infty + \infty$, was gleich ∞ ist. Und noch etwas: So wie bei den normalen Grenzwerten erhalten Sie bei Verwendung des Taschenrechners zur Bestimmung unendlicher Grenzwerte keine genaue Lösung, es sei denn, die Zahlen in der Tabelle nähern sich einer bestimmten Zahl an, die Sie erkennen, zum Beispiel 0,5.

Die Substitution funktioniert für die obige Aufgabenstellung, $\lim_{x \to \infty} \left(\sqrt{x^2 + x} - x \right)$, nicht. Wenn Sie ∞ für x einsetzen, erhalten Sie $\infty - \infty$, was *nicht* gleich 0 ist. Das Ergebnis $\infty - \infty$ sagt nichts über die Lösung eines Grenzwertproblems aus.

Algebra für Grenzwerte bei unendlich verwenden

Jetzt probieren Sie es mit der Algebra für die Aufgabenstellung $\lim_{x \to \infty} \left(\sqrt{x^2 + x} - x \right)$. Sie erhalten die Lösung mit einem Taschenrechner, aber dennoch ist es besser, die Aufgabe algebraisch zu lösen, weil Sie dann eine mathematisch wasserdichte Lösung haben. Die Lösung des Taschenrechners ist in diesem Fall *sehr* überzeugend, aber sie ist nicht streng mathematisch, deshalb sollten Sie sich hier besser davonmachen, bevor Sie erwischt werden.

1. **Probieren Sie es mit der Substitution – immer eine gute Idee.**

   Kein Erfolg. Sie erhalten $\infty - \infty$, was Ihnen gar nichts sagt – lesen Sie dazu den letzten Absatz des vorherigen Abschnitts zur Warnung. Weiter mit Plan B.

Weil $\left(\sqrt{x^2+x}-x\right)$ eine Quadratwurzel enthält, versuchen Sie es mal mit der dritten binomischen Formel.

2. **Multiplizieren Sie Zähler und Nenner mit $\left(\sqrt{x^2+x}+x\right)$ und kürzen Sie.**

$$\lim_{x\to\infty}\frac{\left(\sqrt{x^2+x}-x\right)}{1}$$

$$=\lim_{x\to\infty}\frac{\left(\sqrt{x^2+x}-x\right)}{1}\cdot\frac{\left(\sqrt{x^2+x}+x\right)}{\left(\sqrt{x^2+x}+x\right)}$$

$$=\lim_{x\to\infty}\frac{x^2+x-x^2}{\sqrt{x^2+x}+x}$$

$$=\lim_{x\to\infty}\frac{x}{x\left(\sqrt{1+\dfrac{1}{x}}+1\right)}\qquad (x\text{ aus dem Nenner ausklammern})$$

$$=\lim_{x\to\infty}\frac{1}{\sqrt{1+\dfrac{1}{x}}+1}$$

3. **Jetzt funktioniert die Substitution.**

$$=\frac{1}{\sqrt{1+\dfrac{1}{\infty}}+1}$$

$$=\frac{1}{\sqrt{1+0}+1}\qquad \text{(Aus dem Abschnitt \textit{Grenzwerte, die Sie sich merken sollten} weiter vorn in}$$

diesem Kapitel wissen Sie, dass $\lim\limits_{x\to\infty}\dfrac{1}{x}=0$.)

$$=\frac{1}{1+1}$$

$$=\frac{1}{2}$$

Sie erhalten also $\lim\limits_{x\to\infty}\left(\sqrt{x^2+x}-x\right)=\dfrac{1}{2}$, was die Lösung des Taschenrechners bestätigt.

Die Differentialrechnung

6

In diesem Kapitel

▷ Das Problem des Differenzquotienten untersuchen

▷ Ableitungsregeln für alle möglichen Funktionen

▷ Wie Sie Ihre Extrempunkte finden

▷ Krümmung und Wendepunkte bestimmen

▷ Wie Ihnen Tangente und Normale helfen können

▷ Differentialrechnung in der Wirtschaft

D ie Differentialanalysis ist die Mathematik der *Änderung* und die Mathematik des *Infinitesimals*. Sie sagen vielleicht, es ist die Mathematik infinitesimaler Änderungen – Änderungen, die in winzigen Sekundenbruchteilen stattfinden.

Ohne die Differentialanalysis, wenn Ihnen nur die Algebra, die Geometrie und die Trigonometrie zur Verfügung stehen, sind Sie auf die Mathematik der Dinge beschränkt, die sich entweder nicht ändern oder die sich mit einer *unveränderten* Geschwindigkeit ändern. Erinnern Sie sich an solche Aufgabenstellungen aus der Algebra? »Der Zug verlässt den Bahnhof und fährt mit 80 Kilometer pro Stunde nach Norden. Sie fahren mit 50 Kilometer pro Stunde nach Osten ...« Solche Aufgaben können mit Hilfe der Algebra gelöst werden, weil die Geschwindigkeiten unverändert bleiben.

In der Realität sowie im Wirtschaftsleben sind die meisten Dinge jedoch nicht konstant, sondern im ständigen Fluss. Stellen Sie sich vor, Sie arbeiten für einen Chemiekonzern. Zur Kunststoff-Produktion beziehen Sie täglich einige Tonnen Rohöl zu schwankenden Preisen. Um die jährlichen Rohölkosten zu berechnen, reicht es nicht aus, die täglichen Kosten mit der Anzahl der Tage pro Jahr zu multiplizieren. Sie müssen die Preisänderungen beachten. Wenn die Preisschwankungen durch eine Funktion beschrieben werden können, können Sie mit Hilfe der Differentialrechnung die jährlichen Kosten berechnen.

Die Differentialanalysis wird auch für alle anderen Dinge auf der Welt verwendet. Aber vor allem die moderne Wirtschaftstheorie wäre ohne die Differentiation nicht möglich. In der Wirtschaft befindet sich alles in stetigem Fluss. Preise gehen auf und ab, Angebot und Nachfrage ändern sich und die Inflation bewegt sich ständig. Diese Dinge ändern sich fortwährend und ebenso ändert sich, wie sie sich gegenseitig beeinflussen. Dafür brauchen Sie die Analysis.

Die Differentialanalysis ist eine der praktischsten und leistungsstärksten Erfindungen in der Geschichte der Mathematik. In diesem Kapitel werden wir uns mit dem Differenzquotienten und der Bedeutung von Ableitungen beschäftigen. Außerdem werden Extrempunkte und Wendepunkt von Funktionen bestimmt und Tangenten und Normalen betrachtet.

Ein ausgiebiges Beispiel aus der Wirtschaftswelt rundet das Kapitel schließlich ab. Fangen wir also an.

Die Ableitung einer Funktion

Die Ableitung einer Funktion ist eines der wichtigsten Konzepte der Analysis. Sie berechnet Ihnen die Steigung (alles über die Steigung einer Funktion finden Sie in Kapitel 4) dieser Funktion an jeder beliebigen Stelle. Abbildung 6.1 ist der Graph für die Parabel $f(x) = \frac{1}{4}x^2$.

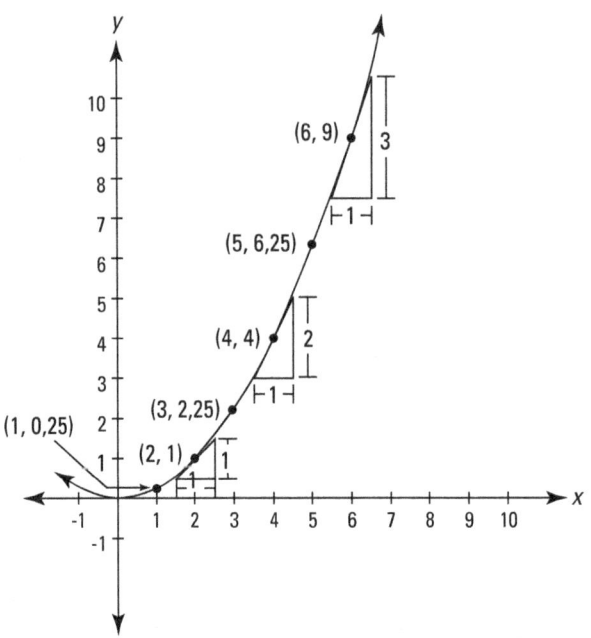

Abbildung 6.1: Der Graph von $f(x) = \frac{1}{4}x^2$

Die Parabel wird immer steiler, je weiter Sie nach rechts wandern. Aus dem Graphen erkennen Sie, dass am Punkt (2, 1) die Steigung gleich 1 ist; am Punkt (4, 4) ist die Steigung gleich 2; am Punkt (6, 9) ist die Steigung gleich 3 usw. Es stellt sich heraus, dass die Ableitung dieser Funktion gleich $\frac{1}{2}x$ ist, wie wir Ihnen gleich zeigen werden. Um die Steigung der Kurve an einem beliebigen Punkt zu finden, setzen Sie die x-Koordinate des Punkts in die Ableitung ein, $\frac{1}{2}x$, und Sie haben die Steigung. Wenn Sie beispielsweise die Steigung am Punkt (3, 2,25) ermitteln wollen, setzen Sie 3 für x ein und erhalten $\frac{1}{2}$ mal 3, oder 1,5. Tabelle 6.1 zeigt einige Punkte auf der Parabel und die Steilheit an diesen Punkten.

x (horizontale Position)	1	2	3	4	5	6	usw.
y (Höhe)	0,25	1	2,25	4	6,25	9	usw.
$\frac{1}{2}x$ (Steigung)	0,5	1	1,5	2	2,5	3	usw.

Tabelle 6.1: Punkte auf der Parabel $f(x) = \frac{1}{4}x^2$ und die Steigungen an diesen Punkten

Und hier folgt die Analysis. Sie schreiben:

$$\frac{df(x)}{dx} = \frac{1}{2}x \text{ oder } f'(x) = \frac{1}{2}x$$

Anstatt $f(x) = \frac{1}{4}x^2$ können Sie auch $y = \frac{1}{4}x^2$ für die Notation der Parabel schreiben. Die Ableitung der Funktion würden Sie dann ebenfalls durch einen kleinen Strich kennzeichnen:

$$y' = \frac{1}{2}x$$

Und Sie sagen:

Die Ableitung der Funktion $f(x) = \frac{1}{4}x^2$ ist $\frac{1}{2}x$.

Sie können auch sagen:

Die Ableitung von $\frac{1}{4}x^2$ ist $\frac{1}{2}x$.

Aber wir haben Ihnen versprochen, zu zeigen, wie man diese Ableitung von $f(x) = \frac{1}{4}x^2$ erhält:

1. **Nehmen Sie die Potenz und setzen Sie sie vor den Koeffizienten.**

   $2 \cdot \frac{1}{4}x^{②}$

2. **Multiplizieren Sie.**

   2 mal $\frac{1}{4}$ ist $\frac{1}{2}$, Sie erhalten also $\frac{1}{2}x^2$.

3. **Verringern Sie die Potenz um 1.**

   Dabei wird die 2 zu einer 1. Die Ableitung lautet also:

   $\frac{1}{2}x^1$ oder vereinfacht $\frac{1}{2}x$

Diese und viele andere Techniken der Differentiation sind später in diesem Kapitel beschrieben.

Der Differenzquotient

Tusch! Sie kommen jetzt zu dem, was sehr wahrscheinlich den Meilenstein der Differential-analysis darstellt: zum Differenzquotienten, der Brücke zwischen Grenzwerten und Ableitung. Wir wiederholen – haben Sie es bemerkt? –, dass eine Ableitung eine Steigung ist. In der Algebra haben Sie gelernt, wie man die Steigung einer Geraden bestimmt. In Abbildung 6.1 haben wir Ihnen die Steigung der Parabel an mehreren Punkten gezeigt und dann die Abkürzung vorgestellt, wie Sie die Ableitung finden. Warum man diese Abkürzung nehmen kann, haben wir Ihnen nicht erklärt. Diese Mathematik enthält die Grenzwerte und sie bringt uns an die Schwelle der Analysis. Halten Sie sich fest!

 Steigung ist definiert als

✔ $\dfrac{H\ddot{o}he}{Weite}$ und

✔ $Steigung = \dfrac{y_2 - y_1}{x_2 - x_1}$.

Um eine Steigung zu berechnen, brauchen Sie zwei Punkte, die Sie in diese Formel einsetzen können. Für eine Gerade ist das ganz einfach: Sie wählen zwei beliebige Punkte auf der Geraden aus und setzen sie in die Formel ein. Aber angenommen, Sie wollen die Stcigung der in Abbildung 6.2 gezeigten Parabel am Punkt (2, 4) bestimmen.

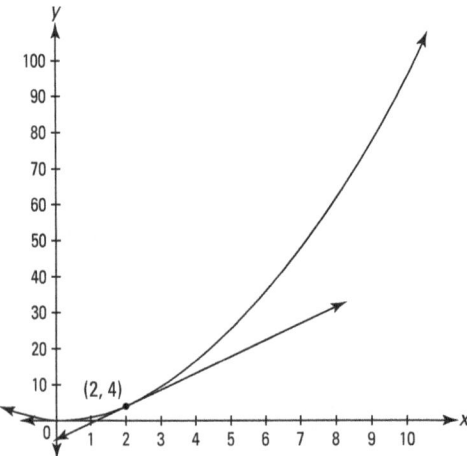

Abbildung 6.2: Der Graph von f(x) = x² *mit einer Tangente am Punkt (2, 4)*

Sie erkennen die Tangente der Kurve am Punkt (2, 4). Da die Steigung der Tangente gleich der Steigung der Parabel am Punkt (2, 4) ist, müssen Sie nur die Steigung der Tangente berechnen. Aber da Sie die Gleichung für die Tangente nicht kennen, können Sie den zweiten Punkt nicht bestimmen [zusätzlich zu (2, 4)], den Sie für die Steigungsformel benötigen.

Wie haben die Erfinder der Analysis dieses Hindernis überwunden? Abbildung 6.3 zeigt die Tangente erneut sowie eine Sekante, die die Parabel an den Punkten (2, 4) und (10, 100) schneidet.

Eine *Sekante* ist eine Gerade, die eine Kurve an zwei Punkten schneidet. Das ist etwas vereinfacht ausgedrückt, aber es reicht.

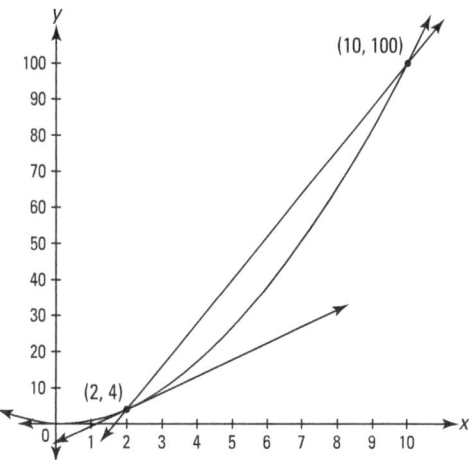

Abbildung 6.3: Der Graph von f(x) = x² *mit einer Tangente und einer Sekante*

Die Steigung dieser Sekante erhalten Sie durch die Steigungsformel:

$$Steigung = \frac{H\ddot{o}he}{Weite}$$

$$= \frac{y_2 - y_1}{x_2 - x_1}$$

$$= \frac{100 - 4}{10 - 2}$$

$$= \frac{96}{8}$$

$$= 12$$

Sie erkennen, dass diese Sekante etwas steiler als die Tangente ist und damit die Steigung der Sekante, 12, höher als die gesuchte Steigung ist.

Jetzt fügen Sie einen weiteren Punkt an der Stelle (6, 36) ein und zeichnen unter Verwendung dieses Punktes und des Punktes (2, 4) eine weitere Sekante. Betrachten Sie dazu Abbildung 6.4.

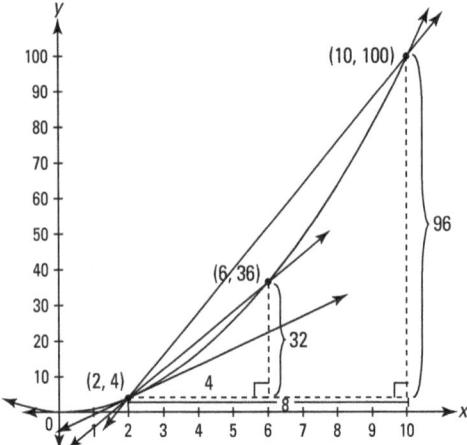

Abbildung 6.4: Der Graph von f(x) = x² mit einer Tangente und zwei Sekanten

Berechnen Sie die Steigung dieser zweiten Sekante:

$$Steigung = \frac{36-4}{6-2}$$
$$= \frac{32}{4}$$
$$= 8$$

Sie sehen, dass diese Sekante eine bessere Annäherung der Tangente als die erste Sekante darstellt.

Was würde passieren, wenn Sie den Punkt an der Stelle (6, 36) nehmen und ihn an der Parabel nach unten in Richtung von (2, 4) schieben würden, wobei Sie die Sekante mitnehmen würden? Erkennen Sie, dass, wenn der Punkt immer näher an (2, 4) rückt, die Sekante immer näher an die Tangente rückt und dass die Steigung dieser Sekante damit immer näher an die Steigung der Tangente rückt?

Sie erhalten also die Steigung der Tangente, wenn Sie den *Grenzwert* der Steigung dieser verschobenen Sekante verwenden. Jetzt geben Sie dem bewegten Punkt die Koordinaten (x_2, y_2). Wenn dieser Punkt (x_2, y_2) immer näher an (x_1, y_1) rückt, nämlich (2, 4), rückt die Weite – das heißt $(x_2 - x_1)$ – immer näher an 0. Und hier der Grenzwert, den Sie brauchen:

$$Steigung_{der\ Tangente} = \lim_{\substack{wenn\ der\ Punkt\ in \\ Richtung\ (2,4)\ rückt}} (Steigung_{der\ bewegten\ Sekante})$$

$$= \lim_{Weite \to 0} \frac{Höhe}{Weite}$$

$$= \lim_{Weite \to 0} \frac{y_2 - y_1}{x_2 - x_1}$$

$$= \lim_{Weite \to 0} \frac{y_2 - 4}{x_2 - 2}$$

Was passiert mit diesem Grenzwert, wenn Sie drei weitere Punkte in die Parabel einsetzen, die immer näher an (2, 4) liegen?

✔ Wenn der Punkt (x_2, y_2) an die Stelle (2,1, 4,41) rückt, ist die Steigung gleich 4,1.

✔ Wenn der Punkt an die Stelle (2,01, 4,0401) rückt, ist die Steigung gleich 4,01.

✔ Wenn der Punkt an die Stelle (2,001, 4,004001) rückt, ist die Steigung gleich 4,001.

Es sieht also aus, als ginge die Steigung gegen 4.

Wie bei den Grenzwertproblemen nähert sich die Variable in dieser Aufgabenstellung, nämlich die *Weite*, der 0 an, wird aber niemals gleich 0. Wenn sie 0 würde – was passierte, wenn Sie den ausgewählten Punkt an der Parabel entlangschöben, bis er wirklich auf (2, 4) läge –, hätten Sie eine Steigung von $\frac{0}{0}$, was nicht definiert ist. Aber natürlich ist das genau die gesuchte Steigung – die Steigung der Geraden, wenn der Punkt auf (2, 4) liegt. Und hier liegt die Eleganz des Grenzwertprozesses. Mit diesem Grenzwert erhalten Sie die *exakte* Steigung der *Tangente*, auch wenn die Grenzwertfunktion, $\frac{y_2 - 4}{x_2 - 2}$, Steigungen der Sekanten erzeugt.

Und hier noch einmal die Gleichung für die Steigung der Tangente:

$$Steigung = \lim_{Weite \to 0} \frac{y_2 - 4}{x_2 - 2}$$

Und die Steigung der Tangente ist – Sie haben es erraten – die Ableitung.

 Die Ableitung einer Funktion $f(x)$ an einer Zahl $x = c$, dargestellt als $f'(c)$, ist die Steigung der Tangente von f an der Stelle c.

Der Steigungsbruch $\frac{y_2 - 4}{x_2 - 2}$ wird mit Hilfe der Terminologie aus der Algebra dargestellt. Jetzt schreiben Sie ihn um, damit er auch nach Analysis aussieht. Aber zuerst eine Definition:

 Es gibt einen seltsamen Begriff in der Analysis für den allgemeinen Steigungsbruch, $\frac{Höhe}{Weite}$ oder $\frac{y_2 - y_1}{x_2 - x_1}$. Ein Bruch ist ein *Quotient*. Und $y_2 - y_1$ und $x_2 - x_1$ sind *Differenzen*. Das Ganze wird deshalb als *Differenzquotient* bezeichnet.

Und hier die üblichste Darstellung des Differenzquotienten (es gibt aber auch noch andere, äquivalente Darstellungsweisen). Erstens, die Weite, $x_2 - x_1$ (in diesem Beispiel $x_2 - 2$), wird als h bezeichnet – fragen Sie nicht, warum. Zweitens, weil $x_1 = 2$ und die Weite gleich h ist, ist x_2 gleich $2 + h$. Sie schreiben y_1 als $f(2)$ und y_2 als $f(2 + h)$. Nachdem Sie alle diese Ersetzungen vorgenommen haben, erhalten Sie die Definition der Ableitung von x^2 an der Stelle $x = 2$ als den Grenzwert des Differenzquotienten:

$$f'(2) = \lim_{h \to 0} \frac{f(2+h) - f(2)}{h}$$

$\lim\limits_{h \to 0} \dfrac{f(2+h)-f(2)}{h}$ ist die schrumpfende Treppenstufe $\dfrac{H\ddot{o}he}{Weite}$, die Sie in Abbildung 6.5 sehen, wenn der Punkt in der Parabel nach unten in Richtung (2, 4) verschoben wird. Betrachten Sie jetzt Abbildung 6.5.

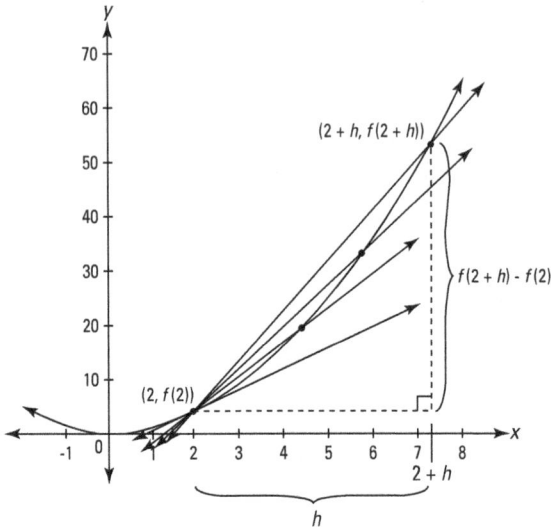

Abbildung 6.5: Der Graph von f(x) = x² _zeigt, wie ein Grenzwert die Steigung der Tangente an der Stelle (2, 4) erzeugt._

Mit der Mathematik erhalten Sie schließlich die Steigung der Tangente an der Stelle (2, 4):

$$f'(2) = \lim_{h \to 0} \frac{f(2+h)-f(2)}{h}$$

$$= \lim_{h \to 0} \frac{(2+h)^2 - (2)^2}{h}$$

$$= \lim_{h \to 0} \frac{(4+4h+h^2)-4}{h}$$

$$= \lim_{h \to 0} \frac{4h+h^2}{h}$$

$$= \lim_{h \to 0} (4+h)$$

$$= 4+0$$

$$= 4$$

Die Steigung ist also gleich 4. (Übrigens ist es ein unbedeutender Zufall, dass die Steigung an der Stelle (2, 4) gleich der y-Koordinate des Punkts ist.)

Wenn Sie den Punkt (2, *f*(2)) in der obigen Grenzwertgleichung durch den allgemeinen Punkt (*x*, *f*(*x*)) ersetzen, erhalten Sie die allgemeine Definition der Ableitung als Funktion von *x*:

$$f'(x) = \lim_{h \to 0} \frac{f(x+h) - f(x)}{h}$$

Abbildung 6.6 zeigt diese allgemeine Definition. Beachten Sie, dass Abbildung 6.6 fast identisch mit Abbildung 6.5 ist, außer dass hier die 2 durch *x* ersetzt ist und dass der Punkt in Abbildung 6.6 nach unten auf irgendeinen beliebigen Punkt (*x*, *f*(*x*)) statt an den Punkt (2, *f*(2)) verschoben wird.

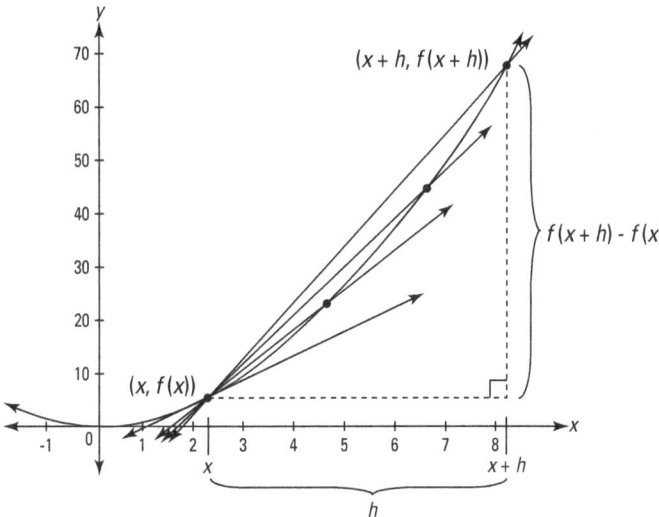

Abbildung 6.6: Der Graph von f(x) = x², *der zeigt, wie ein Grenzwert die Steigung der Tangente am allgemeinen Punkt* (x, f(x)) *erzeugt*

Jetzt berechnen Sie diesen Grenzwert und erhalten die Ableitung für die Parabel *f*(*x*) = *x*².

$$f'(x) = \lim_{h \to 0} \frac{f(x+h) - f(x)}{h}$$

$$= \lim_{h \to 0} \frac{(x+h)^2 - (x)^2}{h}$$

$$= \lim_{h \to 0} \frac{(x^2 + 2xh + h^2) - x^2}{h}$$

$$= \lim_{h \to 0} \frac{2xh + h^2}{h}$$

$$= \lim_{h \to 0} (2x + h)$$

$$= 2x + 0$$

$$= 2x$$

Für diese Parabel ist also die Ableitung, die gleich der Steigung der Tangente ist, gleich $2x$. Setzen Sie eine beliebige Zahl für x ein, dann erhalten Sie die Steigung der Parabel an diesem x-Wert. Probieren Sie es aus!

Durchschnittliche Änderungsrate und unmittelbare Änderungsrate

Noch einmal zurück zu der Verbindung zwischen Steigungen und Änderungsraten. Eine Steigung ist die grafische Darstellung einer Änderungsrate: Die Steigung, $\frac{Höhe}{Weite}$, teilt Ihnen mit, wie sich y im Vergleich zu x ändert. Wenn y beispielsweise die Anzahl der Kilometer ist und x ist die Anzahl der Stunden, gelangen Sie zur bekannten Änderungsrate *Kilometer pro Stunde*.

Jede Sekante in Abbildung 6.3 und Abbildung 6.4 hat eine Steigung, die durch die Formel $\frac{y_2 - y_1}{x_2 - x_1}$ angegeben ist. Diese Steigung ist die *durchschnittliche* Änderungsrate über dem Intervall von x_1 bis x_2. Wenn y die Kilometer und x die Stunden angibt, erhalten Sie die *durchschnittliche* Geschwindigkeit in *Kilometern pro Stunde* im Zeitintervall zwischen x_1 und x_2.

Wenn Sie den Grenzwert nehmen und die Steigung der Tangente bestimmen, erhalten Sie die unmittelbare Änderungsrate an der Stelle (x_1, y_1). Wenn auch hier y in Kilometern und x in Stunden angegeben ist, erhalten Sie die unmittelbare Geschwindigkeit am Zeitpunkt x_1. Weil die Steigung der Tangente die Ableitung ist, erhalten Sie damit eine weitere Definition der Ableitung.

 Die Ableitung einer Funktion $f(x)$ an einem x-Wert ist die *unmittelbare* Änderungsrate von f für x an diesem Wert.

Sein oder nicht sein? Drei Fälle, in denen die Ableitung nicht existiert

Wir stellen nun drei Situationen vor, in denen eine Ableitung nicht existiert. Bisher wissen Sie, dass die Ableitung einer Funktion an einem bestimmten Punkt die Steigung der Tangente an diesem Punkt ist. Wenn Sie also keine Tangente zeichnen können, gibt es auch keine Ableitung – das passiert in den beiden ersten Fällen. Im dritten Fall gibt es eine Tangente, aber ihre Steigung und die Ableitung sind nicht definiert.

✔ **Fall 1:** Es gibt keine Tangente und damit keine Ableitung an jeder Art *Unstetigkeit*: unendlich, egal ob entfernbar oder Sprung. (Diese Arten der Unstetigkeit sind in Kapitel 5 genauer beschrieben.) Die Stetigkeit ist also eine *notwendige* Bedingung für die Differenzierbarkeit. Sie ist jedoch keine *ausreichende* Bedingung, wie die beiden nächsten Fälle zeigen. Gewöhnen Sie sich an diese Logiksprache.

✔ **Fall 2:** Es gibt keine Tangente und damit keine Ableitung an einem *Kehrpunkt* einer Funktion, siehe die Funktion *f* in Abbildung 6.7.

✔ **Fall 3:** Wenn eine Funktion einen vertikalen Spiegelpunkt hat, ist die Steigung nicht definiert, und damit kann auch die Ableitung nicht existieren. Betrachten Sie dazu Funktion *g* in Abbildung 6.7.

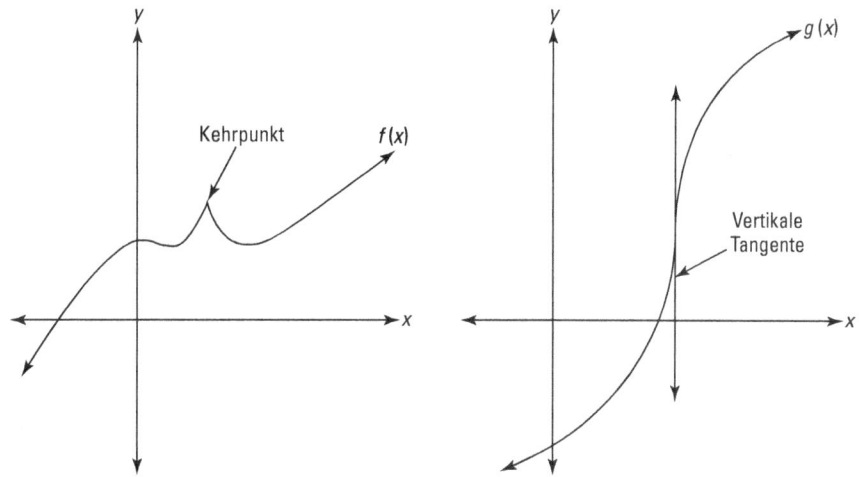

Abbildung 6.7: Die Fälle 2 und 3, in denen es keine Ableitung gibt

Grundlegende Regeln der Differentiation

Die Analysis kann schwierig sein, aber nach diesen ersten Abschnitten können Sie das noch gar nicht einschätzen. Es ist ganz einfach, diese ersten paar Regeln zu lernen. Allerdings sollten Sie sich auf ein paar Herausforderungen im nächsten Abschnitt gefasst machen.

Die Konstantenregel

Diese Regel ist ganz einfach. $f(x) = 5$ ist eine horizontale Gerade mit einer Steigung von 0, damit ist die Ableitung ebenfalls 0. Für jede Zahl c mit $f(x) = c$ gilt $f'(x) = 0$. Sie können auch schreiben $\frac{d}{dx} c = 0$. Fertig!

Die Potenzregel

Um die Ableitung der Funktion $f(x) = x^5$ zu bestimmen, nehmen Sie die Potenz, 5, stellen sie vor das x und verringern dann die Potenz um 1 (in diesem Beispiel wird die Potenz also zu 4). Damit erhalten Sie $f'(x) = 5x^4$. Noch einmal: Potenz nach vorne, Potenz um 1 reduzieren. Das ist alles.

Früher in diesem Kapitel haben wir $f(x) = x^2$ mit dem Differenzquotienten differenziert:

$$f(x) = x^2$$

$$\begin{aligned}
f'(x) &= \lim_{h \to 0} \frac{(x+h)^2 - x^2}{h} \\
&= \lim_{h \to 0} \frac{(x^2 + 2xh + h^2) - x^2}{h} \\
&= \lim_{h \to 0} \frac{2xh + h^2}{h} \\
&= \lim_{h \to 0} 2x + h \\
&= 2x
\end{aligned}$$

Dazu bedarf es einiger Arbeit. Stattdessen können Sie auch die Potenzregel anwenden: Die 2 nach vorne bringen, die Potenz um 1 verringern, so dass Sie schließlich eine Potenz von 1 haben, die Sie vergessen können (weil eine Potenz von 1 nichts bewirkt). Also haben Sie:

$$f(x) = x^2$$

$$f'(x) = 2x$$

Sie fragen sich vielleicht, warum wir Ihnen das nicht gleich gesagt haben. Zugegeben, das hätte uns einiges an Zeit erspart, insbesondere angesichts dessen, dass Sie, wenn Sie die Abkürzungen erst einmal kennen, den Differenzquotienten nie wieder verwenden werden – außer natürlich für Ihre Abschlussprüfung. Aber der Differenzquotient wird in jedem Analysisbuch beschrieben und er kommt in jedem Seminar vor, weil er Ihnen ein Verständnis für die Analysis und ihre Grundlagen verschafft. Oder vielleicht quälen Mathematikdozenten einfach gerne ihre Studenten. Suchen Sie sich die richtige Erklärung aus.

Die Potenzregel funktioniert für jede Potenz: eine positive, eine negative oder einen Bruch:

✔ Wenn $f(x) = x^{-2}$, dann ist $f'(x) = -2x^{-3}$

✔ Wenn $g(x) = x^{2/3}$, dann ist $g'(x) = \dfrac{2}{3}x^{-1/3}$

✔ Wenn $h(x) = x$, dann ist $h'(x) = 1$

 Merken Sie sich, wie die letzte Funktion zu behandeln ist. Es handelt sich dabei um die einfachste Funktion, die aber auch am leichtesten übersehen wird.

Am besten merken Sie sich diese letzte Ableitung. Stellen Sie sich dabei vor, dass $h(x) = x$ eine Gerade ist, die der Form $y = mx + b$ genügt, da $h(x) = x$ dasselbe ist wie $h(x) = 1x + 0$ (oder $y = 1x + 0$). Da die Steigung dieser Geraden gleich 1 ist, ist auch die Ableitung gleich 1. Sie können sich auch merken, dass die Ableitung von x gleich 1 ist. Und wenn Sie beide Konzepte vergessen, können Sie immer noch die Potenzregel anwenden. Dabei schreiben Sie $h(x) = x$ als $h(x) = x^1$, bringen die 1 nach vorne und verringern die Potenz um 1 auf 0. Dann erhalten Sie $h'(x) = 1x^0$. Und weil x^0 gleich 1 ist, erhalten Sie $h'(x) = 1$.

Sie differenzieren Bruchfunktionen, indem Sie diese in Potenzfunktionen umschreiben und dann die Potenzregel anwenden. Wenn beispielsweise $f(x) = \sqrt[3]{x^2}$ ist, schreiben Sie die Funktion in $f(x) = x^{2/3}$ um und wenden die Potenzregel an. Sie können mit der Potenzregel auch Funktionen wie $f(x) = \dfrac{1}{x^3}$ differenzieren. Formen Sie die Funktion um in $f(x) = x^{-3}$ und wenden Sie die Potenzregel an.

Die Regeln zu dem Vielfachen von Konstanten

Was machen Sie, wenn die zu differenzierende Funktion mit einem Koeffizienten beginnt? Das macht keinen Unterschied. Ein Koeffizient wirkt sich nicht auf den Prozess der Differentiation aus. Sie können ihn ignorieren und gemäß der geeigneten Regel differenzieren. Der Koeffizient bleibt, wo er ist, und zwar bis zum letzten Schritt, wenn Sie Ihre Lösung vereinfachen, indem Sie mit dem Koeffizienten multiplizieren.

✔ Differenzieren Sie $f(x) = 4x^3$.

Lösung: Sie wissen nach der Potenzregel, dass die Ableitung von x^3 gleich $3x^2$ ist, die Ableitung von $4(x^3)$ ist also $4(3x^2)$. Die 4 bleibt stehen und es passiert nichts damit. Im letzten Schritt vereinfachen Sie: $4(3x^2)$ ist $12x^2$. $f'(x) = 12x^2$.

✔ Differenzieren Sie $f(x) = 5x$.

Lösung: Dies ist eine Gerade der Form $y = mx + b$, mit $m = 5$, die Steigung ist also 5 und damit ist auch die Ableitung gleich 5: $f'(x)$ $f'(x) = 5$. (Manchmal kann es wichtig sein, bildlich zu denken.) Sie können die Aufgabe aber auch mit der Potenzregel lösen. $\dfrac{d}{dx}x^1 = 1x^0 = 1$; Sie haben also $\dfrac{d}{dx}5(x^1) = 5(1) = 5$.

Kurz, die Konstantenvielfachen-Regel nimmt eine Funktion wie $f(x) = 10$ (*irgendwas*), differenziert das *irgendwas*, während die 10 unverändert bleibt. Wenn Sie also $g(x) = 15$ (*irgendwas*) haben, dann ist $g'(x) = 15$ (*irgendwas'*).

✔ Differenzieren Sie $y = \dfrac{5x^{1/3}}{4}$.

Lösung: Der Koeffizient ist hier gleich $\dfrac{5}{4}$. Und da $\dfrac{d}{dx}x^{1/3} = \dfrac{1}{3}x^{-2/3}$ ist (nach der Potenzregel), ist $\dfrac{d}{dx}\dfrac{5}{4}(x^{1/3}) = \dfrac{5}{4}\left(\dfrac{1}{3}x^{-2/3}\right) = \dfrac{5}{12}x^{-2/3}$.

Vergessen Sie nicht, dass auch π ($\sim 3{,}14$) und e ($\sim 2{,}72$) Zahlen sind und keine Variablen, deshalb verhalten sie sich auch wie normale Zahlen. Konstanten in Aufgabenstellungen, wie etwa c und k, verhalten sich ebenfalls wie normale Zahlen. (Übrigens ist die Zahl e nach dem großen Mathematiker Leonhard Euler benannt. Das ist die vielleicht wichtigste Zahl in der Mathematik.)

Wenn also $f(x) = \pi x$, dann ist $f'(x) = \pi$. Das funktioniert wie die Differentiation von $f(x) = 5x$. Da π^3 nur eine Zahl ist und Sie die Funktion $f(x) = \pi^3$ haben, ist $f'(x) = 0$. Genau wie die Differentiation von $f(x) = 10$. Sie werden auch Aufgabenstellungen mit Konstanten wie c und k begegnen. Achten Sie darauf, sie wie normale Zahlen zu behandeln. Beispielsweise ist die Ableitung von $f(x) = 5x + 2k^3$ (wobei k eine Konstante ist) gleich 5, und *nicht* $5 + 6k^2$.

Die Summenregel – und die kennen Sie schon

Wenn Sie die Ableitung einer Summe von Termen suchen, bestimmen Sie die Ableitung jedes Terms einzeln.

✔ Wie lautet $f'(x)$ für $f(x) = x^6 + x^3 + x^2 + x + 10$?

Lösung: Sie wenden die Potenzregel für jeden der ersten vier Terme und die Konstanten-regel für den letzten Term an. Sie erhalten $f'(x) = 6x^5 + 3x^2 + 2x + 1$.

Die Differenzregel – macht kaum einen Unterschied

Wenn Sie eine Differenz haben (das heißt eine Subtraktion) statt einer Summe, macht das keinen Unterschied. Sie differenzieren weiterhin jeden Term einzeln. Wenn Sie also $f(x) = 3x^5 - x^4 - 2x^3 + 6x^2 + 5x$ haben, ist $f'(x) = 15x^4 - 4x^3 - 6x^2 + 12x + 5$. Additions- und Subtraktionszeichen bleiben bei der Differentiation unverändert.

Trigonometrische Funktionen differenzieren

Meine Damen und Herren: Wir haben die große Ehre und das Vergnügen, Ihnen die Ablei-tungen der sechs trigonometrischen Funktionen vorstellen zu dürfen.

$$\frac{d}{dx}\sin x = \cos x \qquad\qquad \frac{d}{dx}\csc x = -\csc x \cot x$$

$$\frac{d}{dx}\cos x = -\sin x \qquad\qquad \frac{d}{dx}\sec x = \sec x \tan x$$

$$\frac{d}{dx}\tan x = \sec^2 x \qquad\qquad \frac{d}{dx}\cot x = -\csc^2 x$$

Sie sollten sich mindestens die ersten beiden Ableitungen merken – und das ist ganz einfach. Wenn Sie gut im Auswendiglernen sind, dann lernen Sie auch die letzten vier Ableitungen. Wenn Sie dagegen sehr vergesslich sein sollten, können Sie sich die letzten vier Ableitungen auch mit der Quotientenregel herleiten (siehe den Abschnitt *Die Quotientenregel* später in diesem Kapitel).

Exponentialfunktionen differenzieren

Wenn Sie sich die nächste Regel nicht merken können, werfen Sie Ihren Taschenrechner weg.

$$\frac{d}{dx}e^x = e^x$$

Es stimmt – holen Sie das Riechfläschchen –, die Ableitung von e^x ist gleich e^x. Das ist eine besondere Funktion. e^x und ihre Vielfachen, beispielsweise $5e^x$, sind die einzigen Funktionen, die ihre eigenen Ableitungen darstellen. Was bedeutet das? Betrachten Sie dazu den Graphen von $f(x) = e^x$ in Abbildung 6.8.

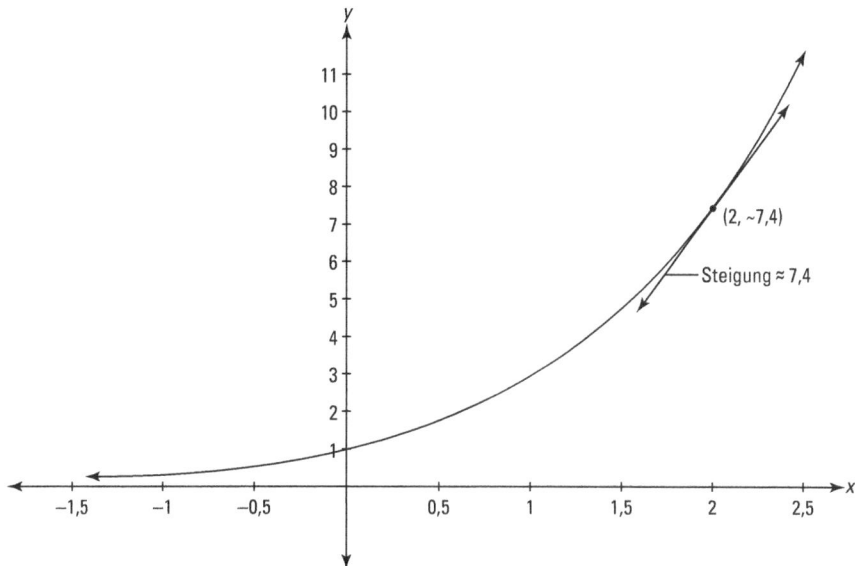

Abbildung 6.8: Der Graph von f(x) = e^x

Wählen Sie einen beliebigen Punkt auf dieser Funktion aus, beispielsweise (2, –7,4). Die Höhe der Funktion an diesem Punkt, –7,4, ist gleich der Steigung an diesem Punkt.

Wenn die Basis eine andere Zahl als e ist, müssen Sie die Ableitung etwas in Form bringen, indem Sie sie mit dem natürlichen Logarithmus der Basis multiplizieren:

✔ Wenn $f(x) = 2^x$ ist, dann ist $f'(x) = 2^x \ln 2$.

✔ Wenn $f(x) = 10^x$ ist, dann ist $f'(x) = 10^x \ln 10$.

Logarithmische Funktionen differenzieren

Und jetzt kommt, worauf Sie immer gewartet haben – die Ableitungen von logarithmischen Funktionen. (Wenn Sie noch einmal etwas über die logarithmischen Funktionen nachlesen wollen, blättern Sie zurück zu Kapitel 4.) Hier die Ableitung des *natürlichen* Logarithmus, der Logarithmus mit der Basis e:

$$\frac{d}{dx}\ln x = \frac{1}{x}$$

Wenn die Basis des Logarithmus eine andere Zahl ist als e, bringen Sie diese Ableitung in Form. Das funktioniert wie bei den Exponentialfunktionen, außer dass Sie hier durch den natürlichen Logarithmus der Basis *dividieren;* statt zu multiplizieren. Wir haben also:

$$\frac{d}{dx}\log_2 x = \frac{\frac{1}{x}}{\ln 2} = \frac{1}{x\ln 2} \quad \text{und}$$

$$\frac{d}{dx}\log x = \frac{1}{x\ln 10}$$

Sie wissen, dass $\log_{10} x$ ohne die 10 geschrieben wird.

Differentiationsregeln für Profis – Wir sind die Champs!

Nachdem Sie nun wirklich alle grundlegenden Regeln verstanden haben, lehnen Sie sich zurück und genießen Sie Ihren Erfolg. Fertig für die nächste Hürde? Die nachfolgenden Regeln, insbesondere die Kettenregel, haben es in sich. Aber Sie wissen ja: »Ohne Schweiß kein Preis!«

Die Produktregel

Diese Regel verwenden Sie für – wer hätte das gedacht! – das *Produkt* von zwei Funktionen, wie etwa

$$y = x^3 \cdot \sin x$$

Die Produktregel:

Wenn $f(x) = dies \cdot das$,

dann ist $f'(x) = dies' \cdot das + dies \cdot das'$

Für $f(x) = x^3 \cdot \sin x$ erhalten Sie also:

$$F'(x) = (x^3)' \cdot \sin x + x^3 \cdot (\sin x)'$$

$$= 3x^2 \sin x + x^3 \cos x$$

Die Quotientenregel

Wir haben das Gefühl, dass Sie bereits wissen, wofür diese Regel gedacht ist: für den *Quotienten* von zwei Funktionen, wie:

$$f(x) = \frac{\sin x}{x^4}$$

Die Quotientenregel:

Wenn $f(x) = \dfrac{oben}{unten}$,

dann ist $f'(x) = \dfrac{oben' \cdot unten - oben \cdot unten'}{unten^2}$

Fast jedes Analysisbuch gibt diese Regel in etwas anderer Form an, die nicht so leicht zu merken ist. Einige Bücher geben außerdem schwierige und leicht verwechselbare Eselsbrücken an. Verzichten Sie darauf. Merken Sie sich die Quotientenregel so, wie wir sie hier aufgeschrieben haben. Dann haben Sie auch kein Problem, sich zu merken, was in den Nenner gehört – man vergisst es nie. Der Trick dabei ist, sich die Reihenfolge der Terme im Zähler zu merken. Stellen Sie sich das Ganze wie folgt vor: Sie bestimmen eine Ableitung, deshalb erzeugen Sie zuerst eine Ableitung. Und was ist natürlicher für einen Bruch: oben oder unten anzufangen? Oben natürlich. Die Quotientenregel beginnt also mit der Ableitung von oben. Damit erhalten Sie den restlichen Zähler fast automatisch.

Und hier die Ableitung von $f(x) = \dfrac{\sin x}{x^4}$:

$$f'(x) = \frac{(\sin x)' \cdot x^4 - \sin x \cdot (x^4)'}{(x^4)^2}$$

$$= \frac{x^4 \cos x - 4x^3 \sin x}{x^8}$$

$$= \frac{x^3(x \cos x - 4\sin x)}{x^8}$$

$$= \frac{x \cos x - 4\sin x}{x^5}$$

Im Abschnitt *Trigonometrische Funktionen differenzieren* haben wir Ihnen versprochen, zu zeigen, wie Sie mit der Quotientenregel die Ableitungen für vier trigonometrische Funktionen *Tangens, Kotangens, Sekans* und *Kosekans* finden. Wir halten unser Wort. Lesen Sie weiter! Diese vier Funktionen können in Form von *Sinus* und *Kosinus* ausgedrückt werden (siehe Kapitel 4). Beispielsweise ist $\tan x = \dfrac{\sin x}{\cos x}$. Die Ableitung von $\tan x$ erhalten Sie über die Quotientenregel:

$$\tan x = \frac{\sin x}{\cos x}$$

$$(\tan x)' = \frac{(\sin x)' \cos x - \sin x (\cos x)'}{\cos^2 x}$$

$$= \frac{\cos x \cdot \cos x - \sin x \cdot (-\sin x)}{\cos^2 x}$$

$$= \frac{\cos^2 x + \sin^2 x}{\cos^2 x}$$

$$= \frac{1}{\cos^2 x}$$

$$= \sec^2 x$$

(Die Pytagoräische Identität besagt, dass $\cos^2 x + \sin^2 x = 1$ ist.)

Dies ist natürlich aufwendiger, als sich die Lösung zu merken oder die aufgezeigte Eselsbrücke zu benutzen. Aber es ist gut zu wissen, dass es immer noch einen Ausweg gibt, wenn man wirklich alles vergessen hat. Die anderen drei trigonometrischen Funktionen sind auch nicht schwieriger. Probieren Sie es aus!

Die Kettenregel

Die Kettenregel ist die kniffligste Ableitungsregel, aber nicht zu schwierig, wenn Sie sich auf ein paar wichtige Punkte konzentrieren. Beginnen Sie damit, $f(x) = \sqrt{4x^3 - 5}$ abzuleiten. Hier wenden Sie die Kettenregel an, weil Sie eine Funktion ($4x^3 - 5$) innerhalb einer anderen Funktion (der Quadratwurzelfunktion) haben. Mit anderen Worten: Es handelt sich um eine zusammengesetzte Funktion.

 Übrigens gibt es eine Möglichkeit, eine zusammengesetzte Funktion ganz schnell zu erkennen. $f(x) = \sqrt{x}$ ist *keine* zusammengesetzte Funktion, weil das *Argument* der Quadratwurzel – das ist das, woraus Sie die Quadratwurzel ziehen – x ist. Wenn das Argument einer Funktion irgendetwas anderes als ein x ist, haben Sie eine *zusammengesetzte Funktion*. Achten Sie darauf, eine zusammengesetzte Funktion von Funktionen wie $f(x) = \sqrt{x} \cdot \sin x$ zu unterscheiden, da dies das *Produkt* der beiden Funktionen $\sqrt{x}$ und $\sin x$ ist, die jeweils ein x als Argument haben.

Damit haben Sie die zusammengesetzte Funktion $f(x) = \sqrt{4x^3 - 5}$. Und so differenzieren Sie mit der Kettenregel:

1. **Beginnen Sie mit der *äußeren* Funktion, $\sqrt{\ }$, und differenzieren diese.**

   Ignorieren Sie, was innerhalb der Funktion steht. Damit Sie die Innenseite auch wirklich ignorieren, ersetzen Sie den Inhalt vorübergehend durch das Wort *irgendwas*.

   Sie haben also $f(x) = \sqrt{irgendwas}$. Also differenzieren Sie $f(x) = \sqrt{irgendwas}$ genau so, wie Sie $f(x) = \sqrt{x}$ differenzieren. Weil $f(x) = \sqrt{x}$ dasselbe wie $f(x) = x^{1/2}$ ist, erhalten Sie mit der Potenzregel $f'(x) = \dfrac{1}{2}x^{-1/2}$. Für diese Aufgabenstellung beginnen Sie also mit

$\dfrac{1}{2}\,irgendwas^{-1/2}$.

2. **Multiplizieren Sie das Ergebnis aus Schritt 1 mit der Ableitung der inneren Funktion,** *irgendwas*.

$f'(x) = \dfrac{1}{2}\,irgendwas^{-1/2} \cdot irgendwas'$

Sehen Sie sich das genau an. *Alle* grundlegenden Aufgabenstellungen für die Kettenregel beherzigen diese Formel. Sie wenden die Ableitungsregel für die äußere Funktion an, ignorieren das innere *irgendwas* und multiplizieren dann mit der Ableitung dieses *irgendwas*.

3. **Differenzieren Sie das innere** *irgendwas*.

Das innere *irgendwas* bei dieser Aufgabenstellung ist $4x^3 - 5$ und seine Ableitung ist nach der Potenzregel gleich $12x^2$.

4. **Jetzt bringen Sie das eigentliche** *irgendwas* **und seine Ableitung an die Stellen, wo sie hingehören.**

$f'(x) = \dfrac{1}{2}(4x^3 - 5)^{-1/2}(12x^2)$

5. **Vereinfachen Sie.**

$f'(x) = 6x^2(4x^3 - 5)^{-1/2}$

Wenn Sie etwas gegen negative Potenzen haben, können Sie auch $f'(x) = \dfrac{6x^2}{(4x^3 - 5)^{1/2}}$ schreiben.

Und wenn Sie etwas gegen Bruchpotenzen haben, schreiben Sie $f'(x) = \dfrac{6x^2}{\sqrt{4x^3 - 5}}$.

Jetzt differenzieren Sie eine weitere zusammengesetzte Funktion: $f(x) = \sin\left(x^2\right)$.

1. **Die äußere Funktion ist die Sinus-Funktion, deshalb beginnen Sie hier. Sie bestimmen die Ableitung des Sinus und ignorieren das innere** *irgendwas*, **nämlich** x^2. **Die Ableitung von** $\sin x$ **ist** $\cos x$, **für diese Aufgabenstellung beginnen Sie also wie folgt:**

$\cos\,(irgendwas)$

2. **Multiplizieren Sie die Ableitung der äußeren Funktion mit der Ableitung des** *irgendwas*.

$f'(x) = \cos\,(irgendwas) \cdot irgendwas'$

3. **Das** *irgendwas* **in dieser Aufgabe ist** x^2, *irgendwas'* **ist also** $2x$**. Wenn Sie diese Terme einsetzen, erhalten Sie schließlich:**

$$f'(x) = \cos\left(x^2\right) \cdot 2x$$
$$= 2x \cos\left(x^2\right)$$

Manchmal kann es kompliziert sein, zu bestimmen, welche Funktion die innere ist – insbesondere, wenn eine Funktion sich innerhalb einer anderen befindet und dann beide innerhalb einer *dritten* Funktion liegen (es gibt vier oder mehr verschachtelte Funktionen, aber am häufigsten findet man drei).

 Schreiben Sie die zusammengesetzte Funktion mit mehreren Klammern für jede innere Funktion um und schreiben Sie trigonometrische Funktionen wie $\sin^2 x$ mit der Potenz außerhalb der Klammern: $(\sin x)^2$.

Differenzieren Sie $f(x) = \sin^3 (5x^2 - 4x)$. Das ist nicht ganz einfach, machen Sie sich also auf etwas gefasst! Zuerst schreiben Sie die Kubik-Sinus-Funktion um:

$$f(x) = \left(\sin (5x^2 - 4x)\right)^3 .$$

Jetzt erkennen Sie die Reihenfolge, in der die Funktionen verschachtelt sind. Die innerste Funktion liegt innerhalb der inneren Klammern – also $5x^2 - 4x$. Anschließend kommt die Sinus-Funktion innerhalb des nächsten Klammernpaars, das heißt sin(*irgendwas*). Und als Letztes kommt die Kubikfunktion, die ganz außen steht, also *irgendwas*³. [*irgendwas* in *irgendwas*³ ist etwas anderes als das *irgendwas* in sin(*irgendwas*).] Es ist völlig unmathematisch, denselben Begriff zu verwenden, um auf unterschiedliche Dinge zu verweisen, aber nehmen Sie es uns nicht übel – wir verwenden den Begriff *irgendwas* nur, um etwas zu bezeichnen, was sich innerhalb einer beliebigen Funktion befindet. (Der Fachbegriff für dieses *irgendwas* ist das *Argument* der Funktion.) Nachdem Sie die Reihenfolge der Funktionen kennen, können Sie von *außen* nach *innen* differenzieren.

1. **Die äußere Funktion ist** *irgendwas*³ **und Sie erhalten ihre Ableitung über die Potenzregel.**

   3 *irgendwas*²

2. **Wie bei der Kettenregel multiplizieren Sie auch hier mit dem** *irgendwas*.

   3 *irgendwas*² · *irgendwas'*

3. **Jetzt setzen Sie das** *irgendwas*, **sin** $(5x^2 - 4x)$ **wieder dorthin, wo es hingehört.**

   $3(\sin (5x^2 - 4x))^2 \cdot (\sin (5x^2 - 4x))'$

4. **Wenden Sie erneut die Kettenregel an.**

   Sie können diese Aufgabe nicht dadurch lösen, indem Sie jetzt schnell die Ableitung bestimmen, weil Sie eine weitere zusammengesetzte Funktion differenzieren müssen: $\sin (5x^2 - 4x)$. Sie behandeln $\sin (5x^2 - 4x)$ so, als wäre dies die eigentliche Aufgabe, und bestimmen die Ableitung. Die Ableitung von sin*x* ist cos *x*, die Ableitung von sin(*irgendwas*) beginnt also mit cos (*irgendwas*). Multiplizieren Sie mit *irgendwas'*. Die Ableitung von sin (*irgendwas*) ist also

cos (*irgendwas*) · *irgendwas'*

5. **irgendwas ist $5x^2 - 4x$ und seine Ableitung ist $10x - 4$. Setzen Sie ein.**

   $\cos (5x^2 - 4x) \cdot (10x - 4)$

6. **Nachdem Sie die Ableitung von $\sin(5x^2 - 4x)$ kennen, setzen Sie das Ergebnis in das Ergebnis aus Schritt 3 ein, womit Sie dann das ganze Konstrukt erhalten.**

   $3(\sin(5x^2 - 4x))^2 \cdot \cos (5x^2 - 4x) \cdot (10x - 4)$

7. **Das kann noch etwas vereinfacht werden.**

   $(30x - 12) \sin^2 (5x^2 - 4x) \cos (5x^2 - 4x)$

Das war ein gutes Stück Arbeit!

    Achten Sie darauf, *irgendwas* auf keinen Fall zu berühren.

So lange Sie dies beherzigen, brauchen Sie das Wort *irgendwas* gar nicht, wenn Sie die Kettenregel auf eine Aufgabe anwenden. Sie dürfen nur eine innere Funktion nicht verändern, während Sie eine äußere Funktion differenzieren. Angenommen, Sie wollen $f(x) = \ln(x^3)$ differenzieren. Das Argument dieser natürlichen Logarithmusfunktion ist x^3. Im ersten Schritt zur Lösung dürfen Sie dieses Argument nicht berühren, wenn Sie die Regel für den natürlichen Logarithmus anwenden: $\frac{d}{dx} \ln x = \frac{1}{x}$. Diese Regel besagt, dass Sie das Argument der Funktion in den Nenner unter den Zähler 1 schreiben sollen. Nach dem ersten Schritt zur Differenzierung von $\ln (x^3)$ haben Sie also $\frac{1}{x^3}$. Anschließend multiplizieren Sie dies noch mit der Ableitung von x^3, das ist $3x^2$.

    Sie können die Kettenregel auch anwenden, wenn Sie sich merken, nie mehr als eine Ableitungsregel gleichzeitig anzuwenden.

Im vorigen Beispiel, $\ln (x^3)$, wenden Sie zuerst die Regel für den natürlichen Logarithmus an und dann als Einzelschritt zur Differenzierung von x^3 die Potenzregel. In einer Aufgabe für die Kettenregel wenden Sie niemals beide Regeln gleichzeitig an. Beispielsweise wenden Sie nie die Regel $\ln (x^3)$ für den natürlichen Logarithmus und die Potenzregel gleichzeitig an, womit Sie $\frac{1}{3x^2}$ erhalten würden.

Und jetzt die ganze Mathematik für die Kettenregel.

Die Kettenregel (für die Differenzierung zusammengesetzter Funktionen):

Wenn $y = f(g(x))$ ist,

dann gilt $y' = f'(g(x)) \cdot g'(x)$.

Oder äquivalent:

Wenn $y = f(u)$ und $u = g(x)$ ist,

dann ist $\dfrac{dy}{dx} = \dfrac{dy}{du} \cdot \dfrac{du}{dx}$ (beachten Sie, wie sich die *du* kürzen)

Im grauen Kasten *Warum die Kettenregel funktioniert* weiter hinten in diesem Kapitel finden Sie eine Erklärung für dieses mathematische Konstrukt.

Ein letztes Beispiel und ein letzter Tipp: Differenzieren Sie $4x^2 \sin(x^3)$. Diese Aufgabe enthält eine neue Hürde: die Kettenregel *und* die Produktregel. Wie fangen Sie an?

Wenn Sie nicht sicher sind, wo Sie mit der Differenzierung eines komplexen Ausdrucks beginnen, setzen Sie eine Zahl für *x* ein und werten Sie dann den Ausdruck schrittweise auf Ihrem Taschenrechner aus. Ihre *letzte* Berechnung ist das, was Sie als *Erstes* tun sollten.

Angenommen, Sie setzen die Zahl 5 für die *x* in $4x^2 \sin(x^3)$ ein. Sie berechnen $4 \cdot 5^2$ – das ist 100. Nachdem Sie $5^3 = 125$ berechnet haben, bestimmen Sie sin (125), das ergibt ungefähr –0,616. Schließlich multiplizieren Sie 100 mit –0,616. Da Ihre letzte Berechnung die *Multiplikation* ist, ist der *erste* Schritt bei der Differentiation die Anwendung der Produktregel. (Wäre Ihre letzte Berechnung stattdessen etwas wie sin(125) gewesen, würden Sie mit der Kettenregel anfangen.) Erinnern Sie sich noch an die Produktregel?

Wenn $f(x) = dies \cdot jenes$ ist, dann ist $f'(x) = dies' \cdot jenes + dies \cdot jenes'$.

Für $f(x) = 4x^2 \sin(x^3)$ erhalten Sie also:

$$f'(x) = (4x^2)'(\sin(x^3)) + (4x^2)(\sin(x^3))'$$

Beenden Sie die Aufgabe, indem Sie die Ableitung von $4x^2$ mit der Potenzregel und die Ableitung von sin (x^3) mit der Kettenregel bestimmen:

$$f'(x) = (8x)(\sin(x^3)) + (4x^2)(\cos(x^3) \cdot 3x^2)$$

Und jetzt vereinfachen Sie:

$$f'(x) = 8x \sin(x^3) + 12x^4 \cos(x^3)$$

Warum die Kettenregel funktioniert

Anhand der schwierigen Mathematik in diesem Abschnitt oder der abstrakten Kettenregel können Sie womöglich nicht sofort erkennen, dass die Kettenregel auf einem *sehr* einfachen Konzept basiert. Angenommen, eine Person macht Walking, eine andere joggt und eine dritte fährt Fahrrad. Wenn der Jogger zweimal so schnell läuft wie der Walker und der Fahrradfahrer viermal so schnell fährt wie der Jogger, dann geht der Radfahrer 2 · 4, also 8-mal schneller als der Walker. Das ist die Kettenregel in Kürze. Man multipliziert die verschiedenen Verhältnisse.

Ableitungen höherer Ordnung skalieren

Es ist unglaublich einfach, eine zweite, dritte, vierte oder höhere Ableitung zu finden. Die zweite Ableitung einer Funktion ist die Ableitung ihrer ersten Ableitung. Die dritte Ableitung ist die Ableitung der zweiten Ableitung, die vierte Ableitung ist die Ableitung der dritten usw. Nachfolgend sehen Sie eine Funktion und ihre erste, zwei, dritte und nachfolgende Ableitungen. In diesem Beispiel erhalten Sie alle Ableitungen mit Hilfe der Potenzregel.

$$f(x) = x^4 - 5x^2 + 12x - 3$$
$$f'(x) = 4x^3 - 10x + 12$$
$$f''(x) = 12x^2 - 10$$
$$f'''(x) = 24x$$
$$f^{(4)}(x) = 24$$
$$f^{(5)}(x) = 0$$
$$f^{(6)}(x) = 0$$
$$etc. = 0$$
$$etc. = 0$$

Alle Polynomfunktionen wie diese werden bei wiederholter Differentiation irgendwann zu 0. Rationale Funktionen wie $f(x) = \dfrac{x^2 - 5}{x + 8}$ dagegen werden immer komplizierter, je mehr Ableitungen Sie bestimmen. Und die höheren Ableitungen von Sinus und Kosinus sind zyklisch, zum Beispiel:

$$f(x) = \sin x$$
$$f'(x) = \cos x$$
$$f''(x) = -\sin x$$
$$f'''(x) = -\cos x$$
$$f^{(4)}(x) = \sin x$$

Der Zyklus wiederholt sich mit jedem Vielfachen von 4 endlos.

Später in diesem Kapitel werden wir Ihnen einige Anwendungen höherer Ableitungen zeigen – hauptsächlich der zweiten Ableitungen. Aber hier wollen wir Ihnen nur eines der wichtigsten Konzepte in Kürze vorstellen. Eine erste Ableitung gibt bekanntermaßen an, wie schnell sich eine Funktion ändert – wie schnell sie nach oben oder unten verläuft –, das ist ihre Steigung. Eine zweite Ableitung teilt Ihnen mit, wie schnell sich die erste Ableitung ändert – mit anderen Worten, wie schnell sich die Steigung ändert. Eine dritte Ableitung teilt Ihnen mit, wie schnell sich die zweite Ableitung ändert, woran Sie erkennen, wie schnell sich die Änderungsrate der Steigung ändert. Wenn Sie hier leicht den Überblick verlieren, machen Sie sich keine Gedanken – das passiert uns auch manchmal. Es wird unglaublich schwierig, sich zu verdeutlichen, was Sie anhand einer höheren Ableitung erkennen, wenn Sie über die zweite Ableitung hinausgehen, weil Sie dann die Änderungsrate einer Änderungsrate einer Änderungsrate usw. betrachten.

Ein Ausflug mit der Analysisgruppe

Betrachten Sie den Graphen in Abbildung 6.9.

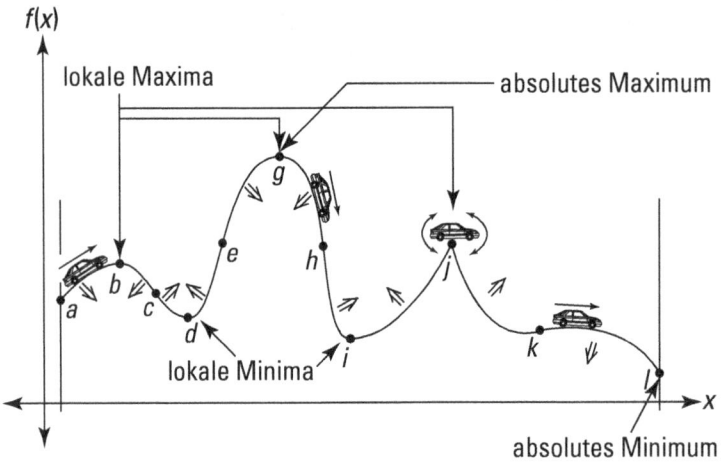

Abbildung 6.9: Der Graph von f(x) *mit mehreren interessanten Punkten*

Stellen Sie sich vor, Sie fahren diese Funktion entlang von links nach rechts. Während Ihrer Fahrt gibt es zwischen *a* und *l* mehrere interessante Punkte. Alle davon (außer Start- und Endpunkte) beziehen sich auf die Steilheit der Straße – mit anderen Worten, auf ihre Steigung oder Ableitung.

Machen Sie sich auf etwas gefasst – wir werden hier mit sehr vielen neuen Begriffen und Definitionen hantieren. Sie sollten jedoch keine größeren Probleme mit diesen Konzepten haben, weil sie alle Alltagssituationen darstellen, beispielsweise wenn Sie eine Gefällstrecke nach oben oder unten fahren oder wenn Sie eine Bergkuppe überqueren.

Über die Berge und durch die Täler: Positive und negative Steigungen

Bei Ihrem Ausflug von *a* aus beobachten Sie als Erstes, dass Sie nach oben fahren. Die Funktion *steigt* also und ihre Steigung und ihre Ableitung sind *positiv*. Sie fahren den Berg hoch, bis Sie die Spitze an der Stelle *b* erreicht haben, an der die Straße wieder gerade wird. Die Straße ist eben, also sind Steigung und Ableitung gleich *0*.

Weil die Ableitung an der Stelle *b* gleich 0 ist, bezeichnet man *b* auch als *stationären Punkt* der Funktion. Punkt *b* ist außerdem ein *lokales Maximum* oder ein *relatives Maximum* von *f*, weil es sich um eine Bergspitze handelt. Damit *b* ein lokales Maximum sein kann, muss es sich dabei um den höchsten Punkt in seiner unmittelbaren Umgebung handelt. Es spielt dabei keine Rolle, dass der nahe gelegene Berg an der Stelle *g* noch höher ist.

Nachdem Sie die Bergkuppe an der Stelle *b* erreicht haben, fahren Sie wieder nach unten. Hinter *b* werden die Steigung und die Ableitung also *negativ* und die Funktion *fällt*. Links von jedem lokalen Maximum ist die Steigung positiv, rechts von einem Maximum ist die Steigung negativ.

Uns fällt keine Reisemetapher für diesen Abschnitt ein: Krümmung und Wendepunkte

Der nächste interessante Punkt ist *c*. Erkennen Sie, dass bei der Fahrt nach unten von *b* nach *c* die Straße immer steiler wird, aber dass Sie nach *c* immer noch nach unten fahren, die Straße langsam beginnt, sich wieder nach oben zu krümmen und weniger steil zu werden? Der kleine Pfeil nach unten zwischen *b* und *c* in Abbildung 6.9 weist darauf hin, dass sich dieser Abschnitt der Straße nach unten krümmt – man sagt, die Funktion ist dort *konkav*. Wie Sie sehen, ist die Straße auch zwischen *a* und *b* konkav.

Wenn eine Funktion *konkav* ist, fällt ihre Ableitung; wenn eine Funktion *konvex* ist, steigt ihre Ableitung.

Konkav ist der Buckel vom Schaf.
Ein Glas ist konvex, man trinkt auf ex.

Die Straße ist also konkav bis zum Punkt *c*, an dem sie dann konvex wird. Da sich die Krümmung am Punkt *c* umkehrt, handelt es sich bei *c* um einen *Wendepunkt*. Der Punkt *c* ist gleichzeitig der steilste Punkt auf diesem Straßenabschnitt. Die steilsten Punkte auf einer Funktion – ebenso wie die am wenigsten steilen Punkte – treten immer an Wendepunkten auf.

Seien Sie vorsichtig mit Funktionsabschnitten, die eine negative Steigung haben. Punkt *c* ist der steilste Punkt in seiner Umgebung, weil er eine größere negative Steigung hat als alle anderen nahe gelegenen Punkte. Beachten Sie jedoch, dass eine große negative Zahl eigentlich eine sehr *kleine* Zahl ist, weshalb Steigung und Ableitung in *c* eigentlich die *kleinsten* aller Punkte in der Umgebung sind. Von *b* nach *c* *fällt* die Ableitung der Funktion (weil sie zu einer größeren negativen Zahl wird). Von *c* nach *d* *steigt* die Ableitung (weil sie zu einer kleineren negativen Zahl wird).

Das Tal der Tränen: Ein lokales Minimum

Zurück zum Ausflug. Nach Punkt c fahren Sie weiterhin nach unten, bis Sie d erreichen, die Talsohle. Punkt d ist ebenfalls ein stationärer Punkt, weil die Straße dort eben ist und die Ableitung gleich 0 ist. Punkt d ist außerdem ein *lokales* oder *relatives Minimum*, weil es sich dabei um den niedrigsten Punkt in seiner unmittelbaren Umgebung handelt.

Ein atemberaubender Ausblick: Das absolute Maximum

Nach d fahren Sie nach oben und durchqueren dabei e, wobei es sich um einen weiteren Wendepunkt handelt. Es ist der steilste Punkt zwischen d und g und der Punkt, an dem die Ableitung am größten ist. Sie halten am Ausblick an der Stelle g an, einem weiteren stationären Punkt und einem weiteren lokalen Maximum. Darüber hinaus ist der Punkt g das *absolute Maximum* im Intervall von a bis l, weil es sich dabei um den allerhöchsten Punkt auf der Straße zwischen a und l handelt.

Autopanne: Auf dem Scheitelpunkt hängen geblieben

Wenn Sie von g aus nach unten fahren, durchqueren Sie einen weiteren Wendepunkt, h, ebenso wie ein lokales Minimum, i, und fahren dann nach oben bis j, wo Sie in einem Anfall von Wahnsinn versuchen, über die Spitze zu fahren. Ihre Vorderräder schaffen das gerade noch, aber dann bleibt das Auto auf der Klippe hängen, so dass Sie ein bisschen schaukeln können, während sich Ihre Räder drehen. Ihr Auto schaukelt an der Stelle j, weil Sie dort keine Tangente ziehen können. Keine Tangente – keine Steigung. Keine Steigung – keine Ableitung. Sie können sagen: Die Ableitung an der Stelle j ist *nicht definiert*. Ein scharfer Wendepunkt wie j wird als *Umkehrpunkt* bezeichnet.

Von nun an ging's bergab!

Nachdem Sie Ihr Auto wieder aus seiner misslichen Lage befreit haben, wird die Straße immer weniger steil, bis sie für einen Moment lang am Punkt k völlig flach wird. (Beachten Sie auch hier, dass die Steigung und die Ableitung auf dem Weg nach k zu immer kleineren *negativen* Zahlen werden und sie damit eigentlich *steigen*.) Punkt k ist ebenfalls ein stationärer Punkt, weil seine Ableitung gleich 0 ist. Außerdem handelt es sich dabei um einen Wendepunkt, weil die Krümmung im Punkt k von oben nach unten wechselt. Nachdem Sie k durchquert haben, fahren Sie nach unten zu l, Ihrem Ziel. Weil l der Endpunkt des Intervalls ist, handelt es sich nicht um ein lokales Minimum – Endpunkte können keine lokalen Minima oder Maxima sein –, aber er ist das *absolute Minimum* im Intervall, weil es sich dabei um den allerniedrigsten Punkt zwischen a und l handelt.

Wir hoffen, der Ausflug hat Ihnen Spaß gemacht!

Ihr Reisetagebuch

Wir möchten hier noch einmal auf Ihren Ausflug und die dabei verwendeten Begriffe und Definitionen eingehen – und noch ein paar weitere Begriffe einführen:

✔ Die Funktion *f* in Abbildung 6.9 hat eine Ableitung von 0 an den stationären Punkten *b*, *d*, *g*, *i* und *k*. Wenn Sie dieser Liste *j* hinzufügen – an der Stelle *j* ist die Ableitung nicht definiert –, erhalten Sie die Liste aller *kritischen Punkte* der Funktion. Kritische Punkte sind Stellen, an der die Ableitung gleich 0 oder nicht definiert ist. Die *x*-Werte von kritischen Punkten werden als die *kritischen Werte* der Funktion bezeichnet.

✔ Alle lokalen Maxima und Minima – die Spitzen und Täler – müssen an kritischen Punkten liegen. Nicht alle kritischen Punkte sind jedoch notwendigerweise lokale Maxima oder Minima. Der Punkt *k* beispielsweise ist ein kritischer Punkt, aber weder ein Maximum noch ein Minimum. Lokale Maxima oder Minima werden in ihrer Gesamtheit als die lokalen *Extremwerte* der Funktion bezeichnet. Hören sich diese ganzen Begriffe nicht wirklich sehr intellektuell an? Ein einzelnes lokales Maximum oder Minimum ist ein lokaler *Extremwert*.

✔ Die Funktion steigt, wenn Sie nach oben fahren, an der Stelle, an der die Ableitung positiv ist. Sie fällt, wenn Sie nach unten fahren, und zwar an der Stelle, an der die Ableitung negativ ist. Die Funktion fällt auch am Punkt *k*, an einem horizontalen Wendepunkt, auch wenn die Steigung und die Ableitung dort gleich 0 sind. Wir wissen, dass sich das etwas seltsam anhört, aber genau so funktioniert es – glauben Sie es uns einfach. An allen horizontalen Wendepunkten steigt oder fällt eine Funktion. An den lokalen Extremwerten *b*, *d*, *g*, *i* und *j* steigt und fällt die Funktion nicht.

✔ Die Funktion ist konvex, wo sie wie eine Tasse oder wie ein Lächeln aussieht (einige sagen auch, wo sie »Wasser schöpft«), und konkav, wo sie wie ein Schmollmund aussieht (einige sagen auch, sie »verschüttet Wasser«). Die Wendepunkte *c*, *e*, *h* und *k* liegen an Stellen, wo die Krümmung von oben nach unten wechselt oder umgekehrt. Wendepunkte sind gleichzeitig die steilsten oder die am wenigsten steilen Punkte in ihrer unmittelbaren Umgebung.

Lokale Extremwerte finden

Nachdem Sie den vorigen Abschnitt verarbeitet haben und wissen, was lokale Extremwerte sind, sollten Sie die Mathematik kennen lernen, mit deren Hilfe Sie die lokalen Extremwerte suchen. Im letzten Abschnitt haben Sie erfahren, dass alle lokalen Extremwerte an kritischen Punkten einer Funktion auftreten – das heißt, wo die Ableitung gleich 0 ist oder wo sie undefiniert ist (denken Sie jedoch daran, dass nicht alle kritischen Punkte lokale Extremwerte sein müssen). Beim ersten Schritt auf der Suche nach den lokalen Extremwerten einer Funktion suchen Sie ihre kritischen Werte (die *x*-Werte der kritischen Punkte).

Die kritischen Werte herausleiern

Finden Sie die kritischen Werte von $f(x) = 3x^5 - 20x^3$. Betrachten Sie dazu Abbildung 6.10.

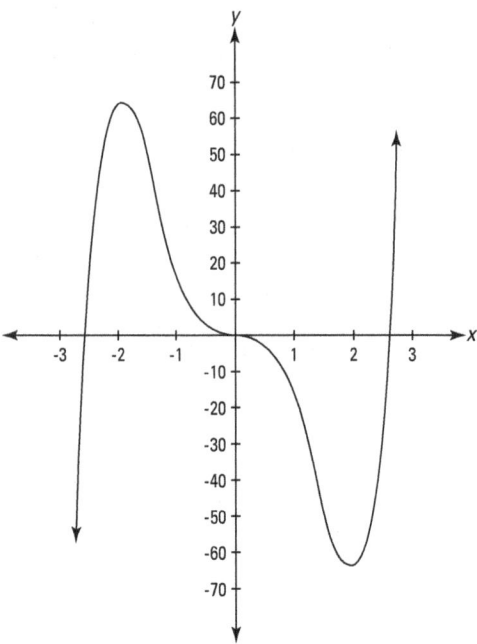

Abbildung 6.10: Der Graph von $f(x) = 3x^5 - 20x^3$

Dazu gehen Sie wie folgt vor.

1. Suchen Sie die erste Ableitung von *f* unter Anwendung der Potenzregel.

$f(x) = 3x^5 - 20x^3$

$f'(x) = 15x^4 - 60x^2$

2. Setzen Sie die Ableitung gleich 0 und lösen Sie nach *x* auf.

$$15x^4 - 60x^2 = 0$$
$$15x^2(x^2 - 4) = 0$$
$$15x^2(x + 2)(x - 2) = 0$$

$15x^2 = 0$ oder $x + 2 = 0$ oder $x - 2 = 0$

$x = 0, -2$ oder 2

Diese drei x-Werte sind kritische Werte von *f*. Es könnte weitere kritische Werte geben, wenn die erste Ableitung an einigen x-Werten nicht definiert wäre, aber weil die Ableitung von $15x^4 - 60x^2$ für alle Eingabewerte definiert ist, ist die oben gezeigte Lösungsmenge, 0, -2 und 2, die vollständige Liste aller kritischen Werte. Weil die Ableitung von *f* für diese drei kritischen Werte gleich 0 ist, hat die Kurve an diesen Werten horizontale Tangenten.

Nachdem Sie die Liste der kritischen Werte kennen, müssen Sie bestimmen, ob sich an diesen x-Werten Spitzen oder Täler befinden. Dazu können Sie einen Test mit der ersten Ableitung oder einen Test mit der zweiten Ableitung durchführen. Sie fragen sich vielleicht, warum Sie die kritischen Werte testen sollen, wenn Sie sowieso sehen, wo sich Spitzen und Täler befinden, indem Sie den Graphen in Abbildung 6.10 betrachten, den Sie natürlich auf Ihrem grafischen Taschenrechner anzeigen können. Gutes Argument. Aber die hier gezeigte Aufgabenstellung – nicht zu erwähnen die unzähligen anderen Aufgaben, die Sie im Mathematikunterricht zu lösen hatten – ist irgendwie arrangiert und entspricht nicht der Praxis. Das ist Ihnen ja bekannt.

Der Test der ersten Ableitung

Der Test der ersten Ableitung basiert auf nobelpreisverdächtigen Konzepten, nämlich dass Sie, wenn Sie über die Spitze eines Berges wollen, zuerst nach oben und dann nach unten gehen, und dass Sie, wenn Sie ein Tal durchqueren, erst nach unten und dann nach oben gehen. Die Analysis ist wirklich bisweilen erstaunlich.

Und so gehen Sie bei dem Test vor. Sie legen einen Zahlenstrahl an und tragen darunter die kritischen Werte ein, die wir im vorangegangenen Abschnitt bestimmt haben: 0, –2 und 2. Betrachten Sie dazu Abbildung 6.11.

Abbildung 6.11: Die kritischen Werte von $f(x) = 3x^5 - 20x^3$

Dieser Zahlenstrahl wird jetzt in vier Bereiche unterteilt: links von –2, von –2 bis 0, von 0 bis 2 und rechts von 2. Jetzt wählen Sie aus jedem dieser Bereiche einen Wert aus, setzen ihn in die erste Ableitung ein und sehen nach, ob Ihr Ergebnis positiv oder negativ ist. Wir verwenden für die Überprüfung der Bereiche die Werte –3, –1, 1 und 3.

$$f'(x) = 15x^4 - 60x^2$$

$$f'(-3) = 15(-3)^4 - 60(-3)^2$$
$$= 15 \cdot 81 - 60 \cdot 9$$
$$= 675$$

$$f'(-1) = 15(-1)^4 - 60(-1)^2$$
$$= 15 - 60$$
$$= -45$$

$$f'(1) = 15(1)^4 - 60(1)^2$$
$$= 15 - 60$$
$$= -45$$

$$f'(3) = 15(3)^4 - 60(3)^2$$
$$= 15 \cdot 81 - 60 \cdot 9$$
$$= 675$$

Hätten Sie übrigens bemerkt, dass diese erste Ableitung eine *gerade* Funktion ist, hätten Sie ohne weitere Berechnungen erkannt, dass $f(1) = f(-1)$ und dass $f(3) = f(-3)$ ist. (Eine Polynomfunktion mit lauter geraden Potenzen, wie etwa das oben gezeigte $f'(x)$, ist ein Typ gerader Funktion.)

Diese vier Ergebnisse sind jeweils positiv, negativ, negativ und positiv. Betrachten Sie jetzt den Zahlenstrahl und markieren Sie die Bereiche entsprechend mit einem Plus- oder mit einem Minussymbol und kennzeichnen Sie, wo die Funktion steigt (wo die Ableitung positiv ist) und wo sie fällt (wo die Ableitung negativ ist). Das Ergebnis ist ein so genannter *Vorzeichengraph*, wie in Abbildung 6.12 gezeigt.

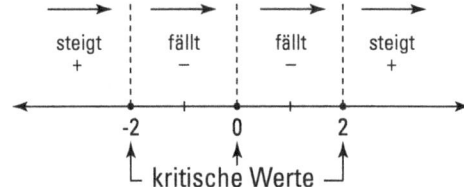

Abbildung 6.12: Der Vorzeichengraph für $f(x) = 3x^5 - 20x^3$

Abbildung 6.12 teilt Ihnen nur mit, was Sie bereits wissen, wenn Sie den Graphen von f gesehen haben – die Funktion geht bis –2 nach oben, von –2 bis 0 nach unten, von 0 bis 2 weiter nach unten und von 2 an wieder nach oben.

Dies ist wirklich Forschungsarbeit. Die Funktion wechselt am Punkt –2 von steigend nach fallend; mit anderen Worten, Sie gehen aufwärts bis –2 und dann wieder abwärts. An der Stelle –2 haben Sie also eine Spitze oder ein lokales Maximum. Weil die Funktion dagegen am Punkt 2 von fallend nach steigend wechselt, haben Sie hier ein Tal oder ein lokales Minimum. Und weil die Vorzeichen der ersten Ableitung am Punkt 0 nicht wechseln, gibt es an diesem x-Wert weder ein Minimum noch ein Maximum. Solch ein Punkt wird als *Sattelpunkt* bezeichnet. Die erste Ableitung ist zwar 0, jedoch findet kein Vorzeichenwechsel statt und somit erhöht beziehungsweise verringert sich der Funktionswert auch noch nach dieser Stelle.

Im letzten Schritt ermitteln Sie die Funktionswerte, das heißt die Höhen dieser beiden lokalen Extremwerte, indem Sie die x-Werte in die ursprüngliche Funktion einsetzen:

$$f(x) = 3x^5 - 20x^3$$

$$f(-2) = 3(-2)^5 - 20(-2)^3$$
$$= 64$$

$$f(2) = 3(2)^5 - 20(2)^3$$
$$= -64$$

Das lokale Maximum befindet sich also an der Stelle (–2, 64) und das lokale Minimum befindet sich an der Stelle (2, –64). Fertig!

 Um den Test mit der ersten Ableitung zu verwenden, wenn Sie nach einem lokalen Extremwert an einem bestimmten kritischen Wert suchen, muss die Funktion an diesem x-Wert *stetig* sein.

Der Test der zweiten Ableitung – Tests, Tests, Tests!

Wenn Ihnen der Test mit der ersten Ableitung nicht gefällt, können Sie auch den Test mit der zweiten Ableitung verwenden, um die lokalen Extremwerte einer Funktion zu bestimmen.

Der Test der zweiten Ableitung basiert auf zwei weiteren preisverdächtigen Konzepten: Erstens, am Gipfel eines Berges hat die Straße eine bucklige Form – mit anderen Worten, sie krümmt sich nach unten oder ist *konkav*. Zweitens, an einer Talsohle hat die Straße die Form einer Tasse, das heißt, sie krümmt sich nach oben oder ist *konvex*.

Die Krümmung einer Funktion an einem bestimmten Punkt wird durch ihre zweite Ableitung bestimmt: Eine positive zweite Ableitung bedeutet, dass die Funktion konvex ist, eine *negative* zweite Ableitung bedeutet, dass die Funktion konkav ist, und eine zweite Ableitung gleich 0 bedeutet, dass dies mit dieser Herangehensweise nicht nachgewiesen werden kann (die Funktion könnte konvex oder konkav sein und es könnte sich ein Wendepunkt dort befinden). Für unsere Funktion f brauchen Sie also nur die zweite Ableitung zu bestimmen und dann die ermittelten kritischen Werte einzusetzen – –2, 0 und 2 –, und dann festzustellen, ob Ihre Ergebnisse positiv, negativ oder 0 sind. Ein Kinderspiel.

$$f(x) = 3x^5 - 20x^3$$

$$f'(x) = 15x^4 - 60x^2 \text{ (Potenzregel)}$$

$$f''(x) = 60x^3 - 120x \text{ (Potenzregel)}$$

$$f''(-2) = 60(-2)^3 - 120(-2) = -240$$

$$f''(0) = 60(0)^3 - 120(0) = 0$$

$$f''(2) = 60(2)^3 - 120(2) = 240$$

An der Stelle –2 ist die zweite Ableitung negativ (–240). Daran erkennen Sie, dass f an der Stelle konkav ist, an der x gleich –2 ist, und dass sich an der Stelle –2 ein lokales Maximum befindet. An der Stelle 2 ist die zweite Ableitung positiv (240), deshalb ist f konvex und es liegt ein lokales Minimum an der Stelle $x = 2$ vor. Weil die zweite Ableitung für $x = 0$ gleich 0 ist, schlägt der Test der zweiten Ableitung fehl. Er sagt nichts über die Krümmung an der Stelle $x = 0$ aus und auch nicht darüber, ob sich dort ein lokales Minimum oder Maximum befindet. Wenn dies passiert, müssen Sie den Test der ersten Ableitung anwenden.

Jetzt durchlaufen Sie die Tests der ersten und zweiten Ableitung erneut für ein anderes Beispiel. Finden Sie die lokalen Extremwerte für $g(x) = 2x - 3x^{2/3} + 4$ (siehe Abbildung 6.13).

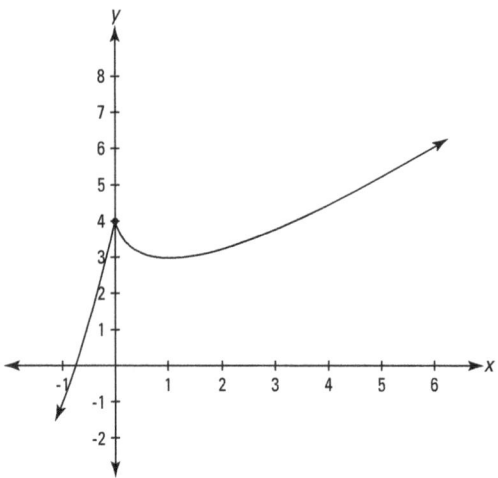

Abbildung 6.13: Der Graph von $g(x) = 2x - 3x^{2/3} + 4$

1. **Bestimmen Sie die erste Ableitung von *g*.**

   $g(x) = 2x - 3x^{2/3} + 4$

   $g'(x) = 2 - 2x^{-1/3}$ (Potenzregel)

2. **Setzen Sie die Ableitung gleich 0 und lösen Sie auf.**

   $2 - 2x^{-1/3} = 0$

   $-2x^{-1/3} = -2$

   $x^{-1/3} = 1$

   $\left(x^{-1/3}\right)^{-3} = 1^{-3}$

   $x = 1$

   1 ist also ein kritischer Wert.

3. **Stellen Sie fest, ob die erste Ableitung für irgendeinen *x*-Wert undefiniert ist.**

   $2x^{-1/3}$ ist $\dfrac{2}{\sqrt[3]{x}}$. Weil die Kubikwurzel von 0 gleich 0 ist und Sie 0 in $\dfrac{2}{\sqrt[3]{x}}$ einsetzen, erhalten Sie $\dfrac{2}{0}$, das undefiniert ist. Die Ableitung $2 - 2x^{-1/3}$ ist also an der Stelle $x = 0$ undefiniert, das heißt, 0 ist ein weiterer kritischer Wert. Jetzt haben Sie die vollständige Liste kritischer Werte von *g*: 0 und 1.

4. **Tragen Sie die kritischen Werte an einem Zahlenstrahl an und wenden Sie den Test der ersten Ableitung an, um die Vorzeichen jedes Bereichs zu bestimmen.**

Verwenden Sie –1, 0,5 und 2 als Testwerte.

$$g'(x) = 2 - 2x^{-1/3}$$

$$g'(-1) = 4$$
$$g'(0,5) \approx -0,52$$
$$g'(2) \approx 0,41$$

Abbildung 6.14 zeigt den Vorzeichengraphen.

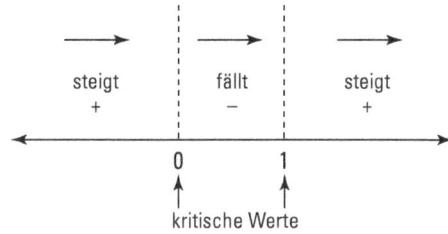

Abbildung 6.14: Der Vorzeichengraph für $g(x) = 2x - 3x^{2/3} + 4$

Da die erste Ableitung von g an der Stelle 0 von positiv zu negativ wechselt, befindet sich dort ein lokales Maximum. Und weil die erste Ableitung an der Stelle 1 von negativ zu positiv wechselt, befindet sich ein lokales Minimum an der Stelle $x = 1$.

5. **Setzen Sie die kritischen Werte in g ein, um die Funktionswerte (die Höhen) dieser beiden lokalen Extremwerte zu erhalten.**

$$g(x) = 2x - 3x^{2/3} + 4$$

$$g(0) = 4$$

$$g(1) = 3$$

Es gibt also ein lokales Maximum an der Stelle (0, 4) und ein lokales Minimum an der Stelle (1, 3). Fertig!

Sie hätten stattdessen in Schritt 4 auch den Test der ersten Ableitung verwenden können. Zuerst brauchen Sie die zweite Ableitung von g, was, wie Sie wissen, die Ableitung der ersten Ableitung ist:

$$g'(x) = 2 - 2x^{-1/3}$$

$$g''(x) = \frac{2}{3}x^{-4/3}$$

Jetzt werten Sie die zweite Ableitung für 1 aus (den kritischen Wert, für den $g' = 0$) ist.

$$g''(1) = \frac{2}{3}$$

Weil $g''(1)$ positiv ist, $\left(\dfrac{2}{3}\right)$, wissen Sie, dass g an der Stelle $x = 1$ konvex ist, und deshalb, dass es dort ein lokales Minimum gibt. Der Test der zweiten Ableitung ist keine Hilfe an Stellen, an denen die erste Ableitung nicht definiert ist (wo $x = 0$ ist), deshalb müssen Sie für diesen kritischen Wert den Test der ersten Ableitung verwenden.

Absolute Extremwerte für ein geschlossenes Intervall finden

Jede Funktion, die für ein geschlossenes Intervall stetig ist, hat einen Maximumwert und einen Minimumwert in diesem Intervall – mit anderen Worten, einen höchsten und einen niedrigsten Punkt –, aber wie Sie im folgenden Beispiel sehen werden, kann es ein Problem für den höchsten oder niedrigsten Wert geben.

 Ein *geschlossenes* Intervall beispielsweise [2, 5] enthält die Endpunkte 2 und 5. Ein *offenes* Intervall wie]2, 5[enthält die Endpunkte nicht.

Es ist ein Kinderspiel, das absolute Maximum und das absolute Minimum zu finden. Sie berechnen nur die kritischen Werte der Funktion im vorgegebenen Intervall, bestimmen die Höhe der Funktion an jedem dieser kritischen Werte und bestimmen dann die Höhe der Funktion an den beiden Endpunkten des Intervalls. Die größte dieser Höhen ist das absolute Maximum. Die niedrigste dieser Höhen ist das absolute Minimum.

Dazu ein Beispiel: Finden Sie absolutes Maximum und absolutes Minimum von $h(x) = \cos(2x) - 2\sin x$ im geschlossenen Intervall $\left[\dfrac{\pi}{2}, 2\pi\right]$.

1. **Bestimmen Sie die kritischen Werte von h im *offenen* Intervall $\left]\dfrac{\pi}{2}, 2\pi\right[$.**

   (Wenn Sie nicht mehr ganz fit bei trigonometrischen Funktionen sind, lesen Sie in Kapitel 4 nach.)

   $h(x) = \cos(2x) - 2\sin x$

   $h'(x) = -\sin(2x) \cdot 2 - 2\cos x$ (Kettenregel)

   $0 = -2\sin(2x) - 2\cos x$

   $0 = \sin(2x) + \cos x$ (beide Seiten durch -2 dividieren)

   $0 = 2\sin x \cos x + \cos x$ (trigonometrische Identität, siehe Schummelseite)

   $0 = \cos x (2\sin x + 1)$ (cos x ausklammern)

$$\cos x = 0 \qquad \text{oder} \qquad 2\sin x + 1 = 0$$

$$x = \frac{3\pi}{2} \qquad\qquad\qquad 2\sin x = -1$$

$$\sin x = -\frac{1}{2}$$

$$x = \frac{7\pi}{6}, \frac{11\pi}{6}$$

Die Nullstellen von h' sind also $\frac{7\pi}{6}, \frac{3\pi}{2}$ und $\frac{11\pi}{6}$. Da h' für alle Eingabewerte definiert ist, ist dies die vollständige Liste aller kritischen Werte.

2. **Berechnen Sie die Funktionswerte (die Höhen) für jeden kritischen Wert.**

$$h(x) = \cos(2x) - 2\sin x$$

$$h\left(\frac{7\pi}{6}\right) = \cos\left(2 \cdot \frac{7\pi}{6}\right) - 2\sin\left(\frac{7\pi}{6}\right)$$
$$= 0,5 - 2 \cdot (-0,5)$$
$$= 1,5$$

$$h\left(\frac{3\pi}{2}\right) = \cos\left(2 \cdot \frac{3\pi}{2}\right) - 2\sin\left(\frac{3\pi}{2}\right)$$
$$= -1 - 2 \cdot (-1)$$
$$= 1$$

$$h\left(\frac{11\pi}{6}\right) = \cos\left(2 \cdot \frac{11\pi}{6}\right) - 2\sin\left(\frac{11\pi}{6}\right)$$
$$= 0,5 - 2 \cdot (-0,5)$$
$$= 1,5$$

3. **Bestimmen Sie die Funktionswerte an den Endpunkten des Intervalls.**

$$h\left(\frac{\pi}{2}\right) = \cos\left(2 \cdot \frac{\pi}{2}\right) - 2\sin\left(\frac{\pi}{2}\right)$$
$$= -1 - 2 \cdot 1$$
$$= -3$$

$$h(2\pi) = \cos(2 \cdot 2\pi) - 2\sin(2\pi)$$
$$= 1 - 2 \cdot 0$$
$$= 1$$

Aus den Schritten 2 und 3 haben Sie fünf Höhen ermittelt: 1,5, 1, 1,5, –3 und 1. Die höchste Zahl in dieser Liste, 1,5, ist das absolute Maximum. Die kleinste Zahl, –3, ist das absolute Minimum.

Das absolute Maximum tritt an zwei Stellen auf: $\left(\dfrac{7\pi}{6}, 1,5\right)$ und $\left(\dfrac{11\pi}{6}, 1,5\right)$. Das absolute Minimum tritt an einem der Endpunkte auf, $\left(\dfrac{\pi}{2}, -3\right)$, und wird deshalb als _Endpunkt-Extremwert_ bezeichnet.

Tabelle 6.2 zeigt die Werte von $h(x) = \cos(2x) - 2\sin x$ an den drei kritischen Werten im Intervall zwischen $\dfrac{\pi}{2}$ und 2π sowie an den Endpunkten des Intervalls. Abbildung 6.15 zeigt den Graphen von h.

$h(x)$	–3	1,5	1	1,5	1
x	$\dfrac{\pi}{2}$	$\dfrac{7\pi}{6}$	$\dfrac{3\pi}{2}$	$\dfrac{11\pi}{6}$	2π

Tabelle 6.2: _Werte von_ h(x) = cos(2x) – 2sinx _an den kritischen Werten und an den Endpunkten für das Intervall_ $\left[\dfrac{\pi}{2}, 2\pi\right]$

Einige Beobachtungen:

✔ Wie Sie in Abbildung 6.15 sehen, sind die Punkte $\left(\dfrac{7\pi}{6}, 1,5\right)$ und $\left(\dfrac{11\pi}{6}, 1,5\right)$ beide _lokale_ Maxima von h und der Punkt $\left(\dfrac{3\pi}{2}, 1\right)$ ist ein lokales Minimum von h. Wenn Sie aber nur die _absoluten_ Extremwerte für ein geschlossenes Intervall suchen, brauchen Sie sich nicht darum zu kümmern, ob kritische Werte lokale Maxima, Minima oder keines von beiden sind. Sie müssen sich also nicht damit aufhalten, den Test der ersten oder zweiten Ableitung durchzuführen. Sie müssen nur die Höhen an den kritischen Werten und an ihren Endpunkten bestimmen und die größte und die kleinste Zahl aus der Liste auswählen.

✔ Das absolute Maximum und das absolute Minimum für das vorgegebene Intervall besagt nichts darüber, wie sich die Funktion außerhalb des Intervalls verhält. Die Funktion h beispielsweise könnte außerhalb des Intervalls zwischen $\dfrac{\pi}{2}$ und 2π sehr viel höher als auf 1 steigen (tut es aber nicht) und sehr viel niedriger werden als –3 (was sie ebenfalls nicht tut).

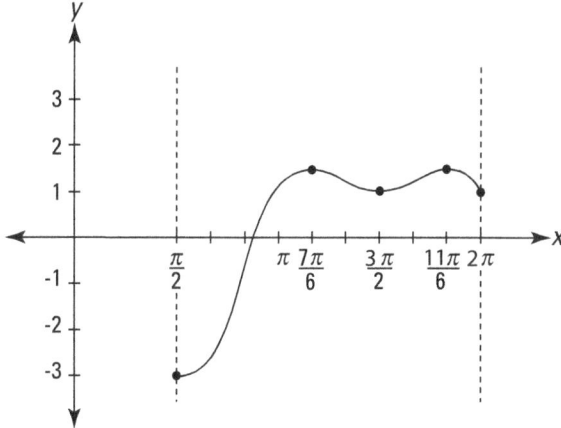

Abbildung 6.15: Der Graph von h(x) = cos(2x) – 2 sin x

Die absoluten Extremwerte über den gesamten Definitions- bereich einer Funktion finden

Das *absolute Maximum* und das *absolute Minimum* einer Funktion über den *gesamten Definitionsbereich* sind der einzige höchste und der einzige niedrigste Wert, die die Funktion überhaupt annimmt. Eine Funktion kann ein absolutes Maximum oder ein absolutes Minimum oder beides oder keines haben. Beispielsweise hat die Parabel $y = x^2$ ein absolutes Minimum an der Stelle (0, 0) – die Talsohle ihrer Kurvenform –, aber kein absolutes Maximum, da sie nach links und rechts endlos steigt. Sie könnten sagen, ihr absolutes Maximum ist unendlich. Doch dummerweise ist unendlich keine Zahl und kann deshalb auch kein Maximum sein. Das gilt auch für minus unendlich als Minimum.

 Dabei gilt: Entweder erzeugt die Funktion irgendwo ein Maximum oder sie steigt bis unendlich. Dasselbe gilt für das Minimum und minus unendlich. Wir werden im Folgenden die grundlegende Methode beschreiben und dann einige Ausnahmen anbringen.

Um das absolute Maximum und das absolute Minimum über den gesamten Definitionsbereich zu finden, suchen Sie die Höhe der Funktion für jeden ihrer kritischen Werte. Dies haben Sie im vorigen Abschnitt bereits gemacht, außer dass Sie jetzt *alle* kritischen Werte betrachten und nicht nur die kritischen Werte innerhalb eines bestimmten Intervalls.

✔ Der höchste dieser Werte ist das absolute Maximum, es sei denn, die Funktion steigt irgendwo gegen plus unendlich. In diesem Fall gibt es kein absolutes Maximum.

✔ Der niedrigste dieser Werte ist das absolute Minimum, es sei denn, die Funktion geht gegen minus unendlich, dann hat sie kein absolutes Minimum.

✔ Wenn eine Funktion gegen plus unendlich steigt oder gegen minus unendlich fällt, dann macht sie dies ganz rechts oder ganz links oder an einer vertikalen Asymptote. Ihr letzter Schritt (nach Auswertung aller kritischen Werte) ist also die Bestimmung von $\lim_{x \to \infty} f(x)$

und $\lim\limits_{x \to -\infty} f(x)$, das so genannte *Endverhalten* der Funktion, ebenso wie den Grenzwert der Funktion, wenn sich x einer vertikalen Asymptote von links und von rechts annähert.

✔ Wenn einer dieser Grenzwerte gleich plus unendlich ist, hat die Funktion kein absolutes Maximum. Gibt es keinen Grenzwert gleich plus unendlich, ist das absolute Maximum der Funktionswert an dem höchsten der kritischen Werte.

✔ Wenn einer dieser Grenzwerte minus unendlich ist, hat die Funktion kein absolutes Minimum; ist keiner davon minus unendlich, ist das absolute Minimum der Funktionswert für den kleinsten der kritischen Werte.

Abbildung 6.16 zeigt einige Funktionen, für die die oben beschriebene Methode nicht funktioniert. Die Funktion $f(x)$ hat kein absolutes Maximum, obwohl sie nicht gegen unendlich steigt. Ihr Maximum ist nicht 4, weil sie nie den Wert 4 annimmt, und ihr Maximum kann nichts sein, was kleiner ist als 4, wie 3,999, weil sie noch größer wird, beispielsweise 3,9999. Die Funktion $g(x)$ hat kein absolutes Minimum, obwohl sie nicht gegen minus unendlich fällt. Auf dem Weg nach links schmiegt sich $g(x)$ an die horizontale Asymptote $y = 0$, aber nimmt nie den Wert 0 an, deshalb kann weder 0 noch eine andere Zahl das absolute Minimum sein.

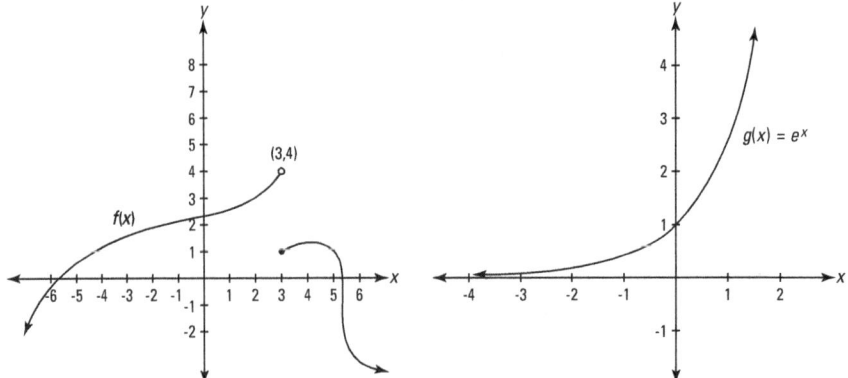

Abbildung 6.16: Zwei Funktionen ohne absolute Extremwerte

Krümmung und Wendepunkte bestimmen

Betrachten Sie noch einmal die Funktion $f(x) = 3x^5 - 20x^3$ in Abbildung 6.10. Sie haben mit Hilfe der drei kritischen Werte von f, -2, 0 und 2, die lokalen Extremwerte der Funktion gefunden, $(-2, 64)$ und $(2, -64)$. In diesem Abschnitt betrachten Sie, was an anderen Stellen der Funktion passiert – insbesondere an Stellen, an denen die Funktion konvex oder konkav ist und an denen die Krümmung wechselt (die Wendepunkte).

Das Finden von Krümmung und Wendepunkten erfolgt analog zur Verwendung des Tests der ersten Ableitung und des Vorzeichengraphen, um lokale Extremwerte zu finden. Es sei denn, Sie arbeiten mit der zweiten Ableitung. (Siehe den Abschnitt *Lokale Extremwerte finden* weiter vorne in diesem Kapitel.) Und so gehen Sie vor, um die Intervalle der Krümmung und die Wendepunkte von $f(x) = 3x^5 - 20x^3$ zu finden:

1. Bestimmen Sie die zweite Ableitung von *f*.

$f(x) = 3x^5 - 20x^3$

$f'(x) = 15x^4 - 60x^2$ (Potenzregel)

$f''(x) = 60x^3 - 120x$ (Potenzregel)

2. Setzen Sie die zweite Ableitung gleich 0 und lösen Sie auf.

$60x^3 - 120x = 0$

$60x(x^2 - 2) = 0$

$\quad\quad 60x = 0 \quad\quad\quad$ oder $\quad\quad x^2 - 2 = 0$

$\quad\quad\quad x = 0 \quad\quad\quad\quad\quad\quad\quad x^2 = 2$

$\quad\quad\quad\quad\quad\quad\quad\quad\quad\quad\quad\quad x = \pm\sqrt{2}$

3. Stellen Sie fest, ob die zweite Ableitung für irgendwelche *x*-Werte nicht definiert ist.

$f''(x) = 60x^3 - 120x$ ist für alle reellen Zahlen definiert, es gibt also keine weiteren *x*-Werte, die der Liste aus Schritt 2 hinzuzufügen wären. Diese sind $-\sqrt{2}$, 0 und $\sqrt{2}$.

In den Schritten 2 und 3 haben Sie die so genannten *kritischen Werte* der zweiten Ableitung von *f* bestimmt, da sie analog zu den kritischen Werten von *f* sind, die Sie aufgrund der ersten Ableitung finden. Aber soweit wir wissen, hat diese Zahlenmenge keinen besonderen Namen. Sie sollten jedoch wissen, dass diese Liste aus den Nullstellen von *f''* sowie allen x-Werten, an denen *f''* nicht definiert ist, besteht.

4. Tragen Sie diese Zahlen in einen Zahlenstrahl ein und überprüfen Sie die Bereiche mit der *zweiten* Ableitung.

Verwenden Sie als Testwerte –2, –1, 1 und 2.

$\quad f''(x) = 60x^3 - 120x$

$f''(-2) = -240$

$f''(-1) = 60$

$\quad f''(1) = -60$

$\quad f''(2) = 240$

Abbildung 6.17 zeigt den Vorzeichengraphen.

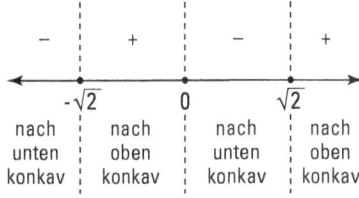

Abbildung 6.17: Ein Vorzeichengraph für die zweite Ableitung von f(x) = 3x^5 – 20x^3

Ein positives Vorzeichen auf diesem Vorzeichengraphen teilt Ihnen mit, dass die Funktion in diesem Intervall konvex ist; ein negatives Vorzeichen bedeutet konkav. Die Funktion hat (normalerweise) einen Wendepunkt an jedem x-Wert, wo das Vorzeichen von positiv nach negativ wechselt oder umgekehrt.

Da die Vorzeichen an den Stellen $-\sqrt{2}$, 0 und $\sqrt{2}$ wechseln und da diese drei Werte Nullstellen von f'' sind, befinden sich an diesen x-Werten Wendepunkte.

Es könnte sein, dass die Vorzeichen an einem Wert wechseln, wo f'' nicht definiert ist. Dann hätten Sie ein Problem. Sie müssten daher noch etwas Weiteres überprüfen, bevor Sie schließen können, dass sich dort ein Wendepunkt befindet: Ein Wendepunkt liegt nur dann an einem bestimmten x-Wert vor, wenn es an diesem Wert eine Tangente zur Funktion gibt. Das ist immer dann der Fall, wo die erste Ableitung existiert oder wo es eine vertikale Tangente gibt.

5. Setzen Sie diese drei x-Werte in f ein, um die Funktionswerte der drei Wendepunkte zu erhalten.

$$f(x) = 3x^5 - 20x^3$$

$$f(-\sqrt{2}) \approx 39{,}6$$

$$f(0) = 0$$

$$f(\sqrt{2}) \approx -39{,}6$$

Die Quadratwurzel von 2 ist ungefähr 1,4, es gibt also Wendepunkte an den Stellen ca. (–1,4, 39,6), (0, 0) und ca. (1,4, –39,6). Fertig!

Abbildung 6.18 zeigt die Wendepunkte von f sowie die lokalen Extremwerte und die Krümmungsintervalle.

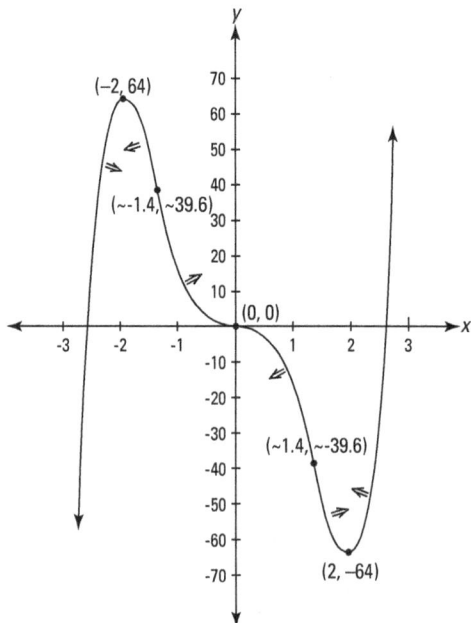

Abbildung 6.18: Ein Graph von f(x) = 3x⁵ – 20x³, der die lokalen Extremwerte, die Wendepunkte und die Krümmungsintervalle zeigt

Tangenten und Normale: Auf die Spitze getrieben

Bisher wissen Sie, wie eine Tangente für eine Kurve aussieht, andernfalls haben Sie etwas versäumt. Eine *Normallinie* ist eine Linie, die senkrecht auf einer Tangente am Tangentialpunkt steht. Aufgabenstellungen mit Tangenten und Normalen sind häufige Anwendungen der Differentiation.

Die Aufgabenstellung mit der Tangente

Bestimmen Sie die Tangentialpunkte (x_T, y_T) der Linien durch den Ausgangspunkt $(x_P, y_P) = (1, -1)$, die Tangenten zur Parabel $f(x) = x^2$ sind. Wenn Sie die Parabel zeichnen und den Punkt eintragen, erkennen Sie, dass es zwei Möglichkeiten gibt, die Tangente von $(1, -1)$ aus nach rechts oben und nach links oben zu zeichnen. Betrachten Sie dazu Abbildung 6.19.

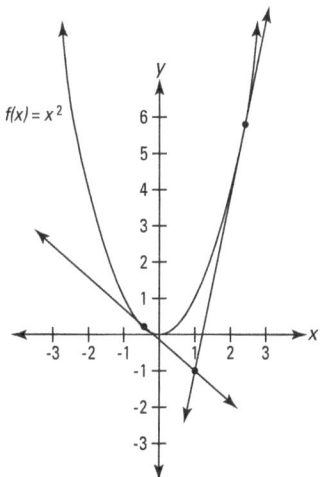

Abbildung 6.19: Die Parabel f(x) = x² *und zwei Tangenten durch den Punkt* (1, –1)

Der Schlüssel zu der Lösung dieser Aufgabe liegt in der Bedeutung der Ableitung: die Ableitung einer Funktion an einem bestimmten Punkt ist die Steigung der Tangente an diesem Punkt. Sie brauchen also nur die Ableitung der Parabel gleich der Steigung der Tangenten zu setzen und aufzulösen.

1. **Weil die Gleichung der Parabel gleich $f(x) = x^2$ ist, können Sie einen allgemeinen Punkt auf der Parabel wählen, (x, y), und x^2 für y einsetzen.**

   Beschriften Sie die beiden Tangentialpunkte (x, x^2).

2. **Bestimmen Sie die Ableitung der Parabel.**

   $f(x) = x^2$

   $f'(x) = 2x$

3. **Setzen Sie unter Verwendung der Steigungsformel** $\dfrac{y_2 - y_1}{x_2 - x_1}$ **die Steigung jeder Tangente von (1, −1) zu (x, x^2) gleich der Ableitung an der Stelle (x, x^2), die gleich $2x$ ist, und lösen Sie nach x auf.**

Die Mathematik, die Sie in diesem Schritt anwenden, ist übrigens besser nachvollziehbar, wenn Sie sich vorstellen, sie nur auf eine der Tangenten anzuwenden – beispielsweise auf die nach rechts oben –, aber eigentlich gilt die Mathematik für beide Tangenten gleichzeitig.

$$\frac{x^2 - (-1)}{x - 1} = 2x$$

$$x^2 - (-1) = 2x(x - 1)$$

$$x^2 + 1 = 2x^2 - 2x$$

$$0 = x^2 - 2x - 1$$

$$x = \frac{2 \pm \sqrt{(-2)^2 - 4(1)(-1)}}{2 \cdot 1} \quad \text{(Quadratformel)}$$

$$= \frac{2 \pm \sqrt{4 + 4}}{2}$$

$$= \frac{2 \pm \sqrt{8}}{2}$$

$$= \frac{2 \pm 2\sqrt{2}}{2}$$

$$= 1 \pm \sqrt{2}$$

Die x-Koordinaten der Tangentialpunkte sind also $1 + \sqrt{2}$ und $1 - \sqrt{2}$.

4. **Setzen Sie diese x-Koordinaten in $f(x) = x^2$ ein, um die y-Koordinaten zu erhalten.**

$$f(1 + \sqrt{2}) = \left(1 + \sqrt{2}\right)^2$$

$$= 1 + 2\sqrt{2} + 2$$

$$= 3 + 2\sqrt{2}$$

$$f(1 - \sqrt{2}) = \left(1 - \sqrt{2}\right)^2$$

$$= 1 - 2\sqrt{2} + 2$$

$$= 3 - 2\sqrt{2}$$

Die beiden Tangentialpunkte sind also $\left(x_{T_1}, y_{T_1}\right) = \left(1 + \sqrt{2}, 3 + 2\sqrt{2}\right)$ und $\left(x_{T_2}, y_{T_2}\right) = \left(1 - \sqrt{2}, 3 - 2\sqrt{2}\right)$ oder ca. (2,4, 5,8) und (−0,4, 0,2).

5. Bestimmen Sie die Geraden durch die Tangentialpunkte und den Ausgangspunkt (1, –1).

Eine Tangente ist eine Gerade und eine Gerade hat die Form $y = m \cdot x + c$. Dabei bezeichnet m die Steigung der Geraden und c den Y-Achsenabschnitt. Die Steigung der Tangenten kennen Sie bereits: Es ist die Steigung der Funktion in dem Tangentialpunkt.

Den Y-Achsenabschnitt der Tangente finden Sie, indem Sie das Konzept der Steigung (siehe Kapitel 4) verwenden. Es ist bekannt, dass der Ausgangspunkt (1, –1) auf der Tangente liegt. Wenn man auf der Tangente eine Einheit nach links geht, schneidet sie die Y-Achse. Der Funktionswert hat sich um den negativen Wert der Steigung geändert. Gewöhnlich ist der Y-Achsenabschnitt der Tangente, der Funktionswert des Ausgangspunktes (im Beispiel –1) minus die Steigung mal dem X-Wert des Ausgangspunktes (im Beispiel 1).

Fassen Sie nun die Ergebnisse in der Tangentengleichung zusammen. Um die Gleichung allgemein zu halten, bezeichnen Sie den Ausgangspunkt als (x_P, y_P) und den Tangentialpunkt als (x_T, y_T). Sie suchen eine Gerade der Form $y = m \cdot x + c$ und wissen, dass

$$m = f'(x_T)$$

und

$$c = y_P - f'(x_T) \cdot x_P$$

ist.

Somit ist

$$y = f'(x_T) \cdot x + y_P - f'(x_T) \cdot x_P$$

$$y = y_P + f'(x_T) \cdot (x - x_P)$$

Für die beiden Tangenten durch den Punkt (1, –1) gilt also:

$$\begin{aligned} y &= -1 + 2 \cdot (1 + \sqrt{2}) \cdot (x - 1) \\ &= -3 - 2\sqrt{2} + (2 + 2\sqrt{2}) \cdot x \\ &\approx -5{,}8 + 4{,}8x \end{aligned}$$

sowie

$$\begin{aligned} y &= -1 + 2 \cdot (1 - \sqrt{2}) \cdot (x - 1) \\ &= -3 + 2\sqrt{2} + (2 - 2\sqrt{2}) \cdot x \\ &\approx -0{,}2 - 0{,}8x \end{aligned}$$

Werfen Sie nun noch einmal einen Blick auf die Vorgehensweise. Was fällt Ihnen dabei auf? Richtig! Die y-Koordinaten der Tangentialpunkte wurden für die Tangentengleichung gar nicht benötigt. Wenn Sie also nur die Gleichung der Tangente interessiert, können Sie sich den vierten Schritt sparen.

Tangentengleichung

Die Tangentengleichung bestimmt die Funktionsgleichung einer Geraden durch einen beliebigen Ausgangspunkt (x_P, y_P) und den dazugehörigen Tangentialpunkt (x_T, y_T) auf der Funktion $f(x)$. Ihre Formel lautet:

$$y = y_P + f'(x_T) \cdot (x - x_P)$$

Beachten Sie dabei, dass das $f'(x_T)$ die Ableitung der Kurve im Tangentialpunkt bezeichnet.

Ein Sonderfall ist, wenn der Ausgangspunkt auf der Funktion liegt. Somit ist der Ausgangspunkt gleich dem Tangentialpunkt und es gilt:

$$y = y_T + f'(x_T) \cdot (x - x_T)$$

Das Normallinienproblem

Und jetzt das Gleiche noch mal mit Normallinien anstatt Tangenten: Finden Sie alle Punkte für rechtwinklige Normallinien zu der Parabel $f(x) = \dfrac{1}{16} x^2$, die den Punkt (3, 15) durchlaufen.

Eine *Normallinie* einer Kurve an einem vorgegebenen Punkt ist die Senkrechte zu der Linie, die für diesen Punkt die Tangente darstellt.

Zeichnen Sie die Parabel und tragen Sie den Punkt (3, 15) ein. Bevor Sie mit dem Rechnen loslegen, versuchen Sie, die Positionen aller Normallinien anzunähern. Wie viele erkennen Sie? Man sieht, dass beginnend bei (3, 15) eine Normallinie leicht nach rechts unten und die andere ein bisschen steiler nach links unten verläuft. Aber haben Sie auch die dritte gesehen, die zwischen den beiden ersten liegt? Keine Sorge. Wenn Sie sie nicht gesehen haben, dann hätten Sie spätestens bei der Anwendung der Formeln alle drei Lösungen gefunden.

In der Mathematik sollten Sie Ihren gesunden Menschenverstand einsetzen und die Lösung für eine Berechnung zunächst abschätzen, bevor Sie losrechnen (falls das möglich ist und die Zeit es erlaubt).

Abbildung 6.20 zeigt die Parabel und die drei Normallinien.

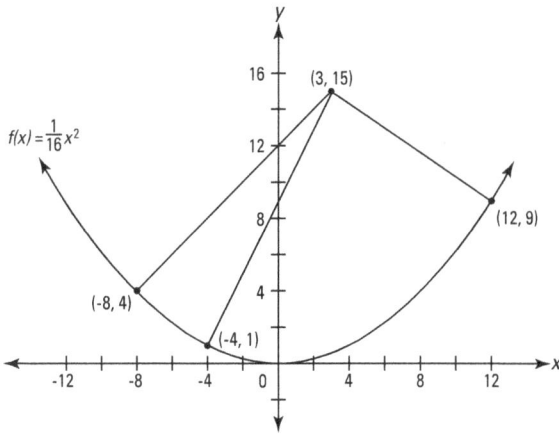

Abbildung 6.20: Die Parabel $\mathrm{f}(x) = \dfrac{1}{16}\mathrm{x}^2$ *und drei Normallinien durch (3, 15)*

In Abbildung 6.20 erkennen Sie, dass es sich hier durchaus um eine Aufgabenstellung aus der Praxis handelt. Das Ganze wird dann anwendbar, wenn Sie innerhalb einer parabelförmigen Wand stehen und die genaue Position der drei Punkte an der Wand ermitteln wollen, an die Sie einen Ball werfen könnten, der ganz gerade zu Ihnen zurückspringt.

Die Lösung ähnelt der Lösung des Tangentenproblems, außer dass Sie hier die Regel für senkrechte Linien verwenden:

 Die Steigung einer Senkrechten an eine Funktion in einem Punkt ist der negative Kehrwert der Steigung der Funktion in diesem Punkt.

Jede der Normallinien in Abbildung 6.20 ist senkrecht zu der Tangente, die an dem Punkt angelegt wird, an dem die Normale die Kurve schneidet. Die Steigung jeder Normallinie ist also der negative Kehrwert der Steigung der entsprechenden Tangente – die natürlich durch die Ableitung vorgegeben ist. Los geht's.

1. **Wählen Sie einen allgemeinen Punkt (x, y) auf der Parabel $f(x) = \dfrac{1}{16}x^2$ und setzen Sie $\dfrac{1}{16}x^2$ für y ein.**

   Beschriften Sie jeden Punkt der Senkrechten als $\left(x, \dfrac{1}{16}x^2 \right)$.

2. **Bestimmen Sie die Ableitung der Parabel.**

   $$f(x) = \frac{1}{16}x^2$$

   $$f'(x) = \frac{1}{8}x$$

3. **Setzen Sie unter Verwendung der Steigungsformel** $\dfrac{y_2 - y_1}{x_2 - x_1}$ **die Steigung jeder Normal-**

linie von (3, 15) nach $\left(x, \dfrac{1}{16} x^2 \right)$ **gleich dem negativen Kehrwert der Ableitung am**

Punkt $\left(x, \dfrac{1}{16} x^2 \right)$ **und lösen Sie nach x auf.**

$$\frac{\frac{1}{16} x^2 - 15}{x - 3} = -\frac{8}{x} \quad \text{(der negative Kehrwert von } \frac{1}{8} x \text{ oder } \frac{x}{8} \text{ ist } -\frac{8}{x} \text{)}$$

$$\frac{1}{16} x^3 - 15x = -8x + 24 \quad \text{(Kreuzmultiplikation und Verteilen)}$$

$x^3 - 112x - 384 = 0$ (alle Terme auf eine Seite bringen und beide Seiten mit 16 multiplizieren)

Es gibt keine Methode, mit der man genaue Lösungen für diese kubische Gleichung (Gleichung dritten Grades) finden kann, die vergleichbar damit wäre, wie die Quadratformel die Lösungen für eine Gleichung zweiten Grades bestimmt. Stattdessen können Sie $f(x) = x^3 - 112x - 384$ grafisch darstellen. Die x-Schnittpunkte stellen die Lösungen dar. Aber diese Methode garantiert nicht, dass Sie genaue Lösungen erhalten haben. (Häufig sind für kubische Gleichungen Schätzwerte das Beste, was man erzeugen kann.) Hier haben Sie jedoch Glück – und um ehrlich zu sein, wir haben daran gedreht – und Sie erhalten die genauen Lösungen –8, –4 und 12.

4. **Setzen Sie jede dieser x-Koordinaten in** $f(x) = \dfrac{1}{16} x^2$ **ein, um die y-Koordinaten zu**

erhalten.

$$f(-8) = \frac{1}{16} (-8)^2$$

$$= 4$$

$$f(-4) = \frac{1}{16} (-4)^2$$

$$= 1$$

$$f(12) = \frac{1}{16} (12)^2$$

$$= 9$$

Die drei Normalenpunkte sind also (–8, 4), (–4, 1) und (12, 9).

5. **Bestimmen Sie nun die Normalengleichungen.**

Dies funktioniert ähnlich wie die Tangentengleichungen im vorigen Abschnitt, allerdings ist die Steigung der Normale der negative Kehrwert der Tangentensteigung.

Allgemein gilt also für die Normalengleichungen

$$y = y_P - \frac{1}{f'(x_N)} \cdot (x - x_P)$$

und in unserem Fall

$$y = 15 - \frac{1}{\frac{1}{8} \cdot (-8)} \cdot (x - 3)$$

$$= 12 + x$$

sowie

$$y = 15 - \frac{1}{\frac{1}{8} \cdot (-4)} \cdot (x - 3)$$

$$= 9 + 2x$$

und

$$y = 15 - \frac{1}{\frac{1}{8} \cdot 12} \cdot (x - 3)$$

$$= 17 - \frac{2}{3}x$$

Beachten Sie, dass Sie Schritt 4 auslassen können.

Normalengleichung

Die Normalengleichung bestimmt die Funktionsgleichung einer Geraden durch einen beliebigen Ausgangspunkt (x_P, y_P) und den dazugehörigen Normalenpunkt (x_N, y_N) auf der Funktion $f(x)$. Ihre Formel lautet:

$$y = y_P - \frac{1}{f'(x_N)} \cdot (x - x_P)$$

Beachten Sie, dass das $f'(x_N)$ die Ableitung der Kurve im Normalenpunkt bezeichnet.

Ein Sonderfall liegt vor, wenn der Ausgangspunkt auf der Funktion liegt. Somit ist der Ausgangspunkt gleich dem Normalenpunkt und es gilt:

$$y = y_N - \frac{1}{f'(x_N)} \cdot (x - x_N)$$

Aufgabenstellungen aus der Geschäftswelt und aus der Wirtschaft

Die Analysis wird tatsächlich im Geschäftsleben und in der Wirtschaft eingesetzt. Steigern Sie Ihre Gewinne! Wenn Sie morgen im Villenviertel spazieren gehen und ein wirklich riesiges Haus sehen, dann denken Sie doch bestimmt auch als Erstes: »Oh Mann, der Junge muss sich mit Analysis auskennen!«

Verwaltung von Grenzkosten in der Wirtschaft

Sie wissen, dass die Ableitung und damit die Steigung von $f(x) = \sqrt{x}$ am Punkt (9, 3) gleich $\frac{1}{6}$ ist und dass die Tangente an diesem Punkt verwendet werden kann, um die Funktion in der Nähe des Tangentialpunkts anzunähern. Wenn Sie also entlang der eigentlichen Funktion von 9 um 1 weiter zur 10 gehen, dann gehen Sie *circa* $\frac{1}{6}$ nach oben. Damit ist $\sqrt{10}$ etwa $\frac{1}{6}$ größer als $\sqrt{9}$. Die Mathematik für Grenzkosten arbeitet auf genau dieselbe Weise.

 Grenzkosten, Grenzerträge und *Grenzgewinne* beschreiben, wie weit eine Funktion nach oben (oder unten) geht, wenn Sie eine Einheit nach rechts wandern – genau wie eine lineare Annäherung.

Angenommen, Sie haben eine Kostenfunktion, die Ihnen die Gesamtkosten $C(x)$ für die Produktion von x Artikeln mitteilt. Betrachten Sie dazu Abbildung 6.21.

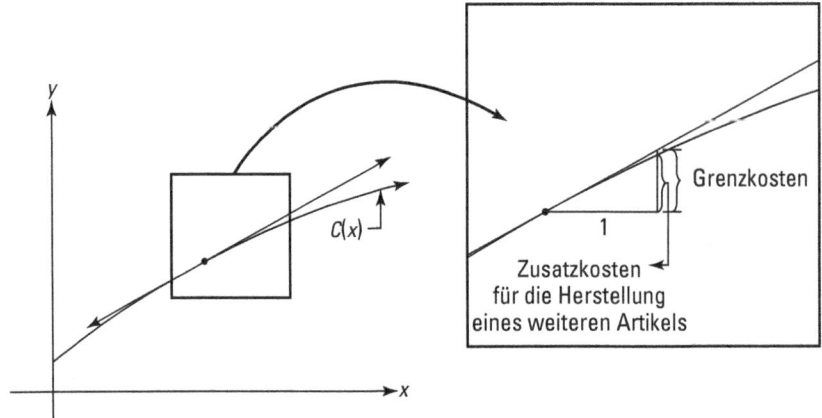

Abbildung 6.21: Der Graph einer Kostenfunktion C(x)

Die Ableitung von $C(x)$ am Tangentialpunkt ergibt die Steigung der Tangente und damit den Betrag, um den Sie nach oben wandern, wenn Sie entlang der Linie eine Einheit nach rechts gehen. Die Bewegung um eine Einheit nach rechts zeigt Ihnen die Zunahme der Kosten für die Herstellung eines weiteren Artikels. Weil die Tangente eine gute Annäherung der Kostenfunktion ist, ist die Ableitung von C – die so genannten *Grenzkosten* – die angenäherte Steigung der Kosten für die Herstellung eines weiteren Artikels. Grenzerträge und Grenzgewinne verhalten sich auf dieselbe Weise.

Bevor Sie ein Beispiel für Grenzkosten betrachten, wollen wir noch einen Aspekt aus der Wirtschaft erwähnen. Eine *Nachfragefunktion* teilt Ihnen mit, wie viele Artikel für den vorgegebenen Preis gekauft werden (wie hoch die Nachfrage ist). Je kleiner der Preis ist, desto höher ist natürlich die Nachfrage. Sie denken, dass die Anzahl der gekauften Artikel eine Funktion des Preises sein sollte – Sie geben einen Preis ein und stellen fest, wie viele Artikel zu diesem Preis gekauft werden –, aber normalerweise wird eine Nachfragefunktion in die andere Richtung angelegt. Der Preis wird als Funktion der nachgefragten Menge angegeben. Das hört sich seltsam an, aber die Funktion funktioniert. Stellen Sie sich das so vor: Ein Einzelhändler will eine bestimmte Anzahl von Artikeln verkaufen. Die Nachfragefunktion sagt ihm, welchen Verkaufspreis er wählen soll.

Und jetzt zu einem Beispiel: Die *Wissner GmbH* ist Produzent von didaktischen Lehr- und Lernmitteln, unter anderem stellt sie Zirkel zur Verwendung an Schultafeln her. Für den Artikel »Zirkel mit Sauger und Drehgriff« bestimmt der Hersteller die folgende Nachfragefunktion:

$$p = \frac{1000}{\sqrt{x}}$$

Dabei ist x die Nachfrage nach den Zirkeln zu einem bestimmten Preis p. Die Kosten für die Herstellung von x Artikeln sind durch die folgende Kostenfunktion gegeben:

$$C(x) = 10x + 100\sqrt{x} + 10000$$

Bestimmen Sie die Grenzkosten, den Grenzertrag und den Grenzgewinn für $x = 100$ Zirkel. Wie viele Zirkel sollen hergestellt werden und für welchen Preis müssen sie verkauft werden, um den maximalen Gewinn zu erzielen, und wie hoch ist dieser maximale Gewinn?

Grenzkosten

Grenzkosten sind die Ableitung der Kostenfunktion. Sie ermitteln also die Ableitung und werten sie für $x = 100$ aus.

$$C(x) = 10x + 100\sqrt{x} + 10000$$

$$C'(x) = 10 + \frac{50}{\sqrt{x}} \quad \text{(Potenzregel)}$$

$$C'(100) = 10 + \frac{50}{\sqrt{100}}$$

$$= 10 + \frac{50}{10}$$

$$= 15$$

Die Grenzkosten für $x = 100$ betragen also 15 Euro – das sind die angenäherten Kosten für die Herstellung des 101. Zirkels.

Grenzertrag

Der Ertrag, $R(x)$, ist gleich der Anzahl verkaufter Zirkel, x, multipliziert mit dem Preis, p:

$$R(x) = x \cdot p$$

$$= x \cdot \frac{1000}{\sqrt{x}} \text{ (unter Verwendung der obigen Nachfragefunktion)}$$

$$= \frac{1000x}{\sqrt{x}} \cdot \frac{\sqrt{x}}{\sqrt{x}} \text{ (Rationalisierung des Nenners)}$$

$$= \frac{1000x\sqrt{x}}{x}$$

$$= 1000\sqrt{x}$$

Der Grenzertrag ist die Ableitung der Ertragsfunktion. Bestimmen Sie also die Ableitung von $R(x)$ und werten Sie sie für $x = 100$ aus:

$$R(x) = 1000\sqrt{x}$$

$$R'(x) = \frac{500}{\sqrt{x}} \text{ (Potenzregel)}$$

$$R'(100) = \frac{500}{\sqrt{100}}$$

$$= 50$$

Der angenäherte Ertrag für den Verkauf des 101. Zirkels ist also gleich 50 Euro.

Grenzgewinn

Der Gewinn, $P(x)$, ist gleich dem Ertrag minus der Kosten. Sie haben also Folgendes:

$$P(x) = R(x) - C(x)$$

$$= 1000\sqrt{x} - (10x + 100\sqrt{x} + 10000)$$

$$= -10x + 900\sqrt{x} - 10000$$

Der Grenzgewinn ist die Ableitung der Gewinnfunktion. Bestimmen Sie also die Ableitung von $P(x)$ und werten Sie sie für $x = 100$ aus:

$$P(x) = -10x + 900\sqrt{x} - 10000$$

$$P'(x) = -10 + \frac{450}{\sqrt{x}} \text{ (Potenzregel)}$$

$$P'(100) = -10 + \frac{450}{\sqrt{100}}$$

$$= -10 + 45$$

$$= 35$$

Durch den Verkauf des 101. Zirkels erzielt die Wissner GmbH einen annähernden Gewinn von 35 Euro.

 Haben Sie bemerkt, dass Sie hier auch zwei Abkürzungen hätten verwenden können? Erstens können Sie ausnutzen, dass

$$P'(x) = R'(x) - C'(x) \text{ ist.}$$

Damit können Sie $P'(x)$ direkt bestimmen, ohne zuvor $P(x)$ bestimmen zu müssen. Nachdem Sie $P'(x)$ haben, setzen Sie 100 für x ein, um Ihre Lösung zu erhalten.

Wenn Sie nur $P'(100)$ in Erfahrung bringen wollen, können Sie auch die folgende, wirklich kurze Abkürzung verwenden:

$$P'(100) = R'(100) - C'(100)$$
$$= 50 - 15$$
$$= 35$$

Das ist der gesunde Menschenverstand. Wenn es Sie etwa 15 Euro kostet, den 101. Zirkel herzustellen, und Sie ihn für 50 Euro verkaufen, haben Sie einen Gewinn von 35 Euro.

Wir haben Ihnen hier den ausführlichen Weg gezeigt, da Sie sowohl die Gewinnfunktion, $P(x)$, als auch die Grenzgewinnfunktion, $P'(x)$, brauchen, um die nachfolgende Aufgabe zu lösen.

Maximaler Gewinn

Sie bestimmen den maximalen Gewinn so, wie Sie das Maximum beliebiger anderer Funktionen ermitteln: Sie setzen die Ableitung des Gewinns – das heißt den Grenzgewinn – gleich 0, lösen nach x auf und setzen das Ergebnis in die Gewinnfunktion ein.

$$P'(x) = -10 + \frac{450}{\sqrt{x}}$$

$$0 = -10 + \frac{450}{\sqrt{x}}$$

$$10 = \frac{450}{\sqrt{x}}$$

$$10\sqrt{x} = 450$$

$$\sqrt{x} = 45$$

$$x = 2025$$

Der Maximalgewinn tritt also bei Verkauf von 2.025 Zirkeln auf. Jetzt setzen Sie dies in $P(x)$ ein:

$$P(x) = -10x + 900\sqrt{x} - 10000$$
$$P(2025) = -10 \cdot 2025 + 900\sqrt{2025} - 10000$$
$$= -20250 + 900 \cdot 45 - 10000$$
$$= 10250$$

Das ist der maximale Gewinn – 10.250 Euro. Jetzt setzen Sie die Anzahl der verkauften Zirkel in die Nachfragefunktion ein, um den Preis zu ermitteln, mit dem ein maximaler Gewinn entsteht:

$$p = \frac{1000}{\sqrt{x}}$$

$$p = \frac{1000}{\sqrt{2025}}$$

$$= \frac{1000}{45}$$

$$= 22,22$$

Theoretisch entsteht also der maximale Gewinn von 10.250 Euro, wenn der Preis mit 22,22 Euro festgelegt wird. Zu diesem Preis werden 2.025 Zirkel verkauft. Abbildung 6.22 fasst diese Ergebnisse zusammen. Beachten Sie, dass der Gewinn gleich dem Ertrag minus der Kosten ist und deshalb der vertikale Abstand zwischen den Ertrags- und Kostenfunktionen für einen bestimmten x-Wert den Gewinn für diesen x-Wert darstellt. Der maximale Gewinn tritt an der Stelle auf, an der der Abstand am größten ist.

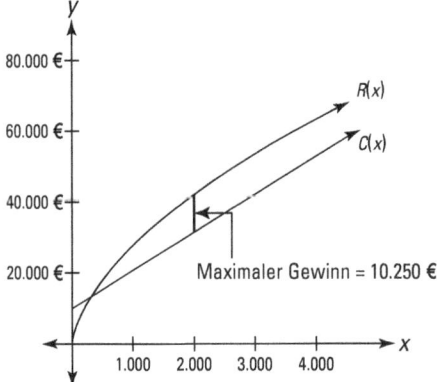

Abbildung 6.22: Die Ertrags- und Kostenfunktionen. Der vertikale Abstand zwischen den beiden Funktionen an einem bestimmten x-Wert stellt den Gewinn für diesen x-Wert dar.

 Beachten Sie, dass die Skala dieses Graphen bewirkt, dass $C(x)$ wie eine gerade Linie aussieht, der mittlere Term von $100\sqrt{x}$ aber bedeutet, dass es nicht vollkommen gerade ist.

Da der maximale Gewinn an der Stelle auftritt, an der $P'(x) = 0$ ist, und da $P'(x) = R'(x) - C'(x)$ ist, folgt daraus, dass $R'(x) = C'(x)$ ist. Das heißt, der Gewinn ist am größten. Und an der Stelle, an der $R'(x) = C'(x)$ ist, sind die Steigungen der Tangenten der Funktion gleich. Wenn Sie also die Tangenten für $R(x)$ und $C(x)$ an der Stelle zeichnen wollen, an der der Abstand zwischen den beiden Funktionen am größten ist, verlaufen diese Tangenten parallel. Jetzt denken Sie vielleicht: »Diese Symmetrie, diese einfache Eleganz, diese Schönheit! Die Muse der Mathematik erfreut doch immer wieder Herz und Verstand!« Sie haben natürlich recht. Aber lassen Sie sich nicht ablenken!

Mehrdimensionale Funktionen

7

In diesem Kapitel

▷ Der Unterschied zu eindimensionalen Funktionen

▷ Gebirge nutzen, um Funktionen darzustellen

▷ Wie Sie die höchsten Berge finden

▷ Ableiten nach allem, was geht!

▷ Bis zum totalen Differential

▷ Auch diesmal wieder: Konkavität und Konvexität

Willkommen im nächsten Level. Dieses Kapitel beschäftigt sich mit mehrdimensionalen Funktionen. Eindimensionale Funktionen haben wir in den letzten drei Kapiteln ausgiebig diskutiert. Nun gehen Sie einen Schritt weiter. Der Unterschied der mehrdimensionalen zu den eindimensionalen Funktionen ist die Anzahl ihrer Inputgrößen. Bei eindimensionalen Funktionen ist der Funktionswert nur von einem Inputfaktor abhängig. Wenn es möglich ist, die Produktionskosten nur in Abhängigkeit der produzierten Menge zu berechnen, so ist das eine *eindimensionale Funktion*. Bei *mehrdimensionalen Funktionen* ist der Funktionswert jedoch von zwei oder mehr Inputfaktoren abhängig. Wären die Produktionskosten nicht nur von der produzierten Menge, sondern auch von der Anzahl der angestellten Arbeiter, dem Verschleiß oder dem Wetter abhängig, so wäre das eine mehrdimensionale Funktion. In diesem Kapitel werden wir uns vor allem mit zweidimensionalen Funktionen auseinandersetzen, da diese Funktionen anschaulich grafisch darstellbar sind.

Funktionen mit mehreren Variablen

Der Unterschied der mehrdimensionalen Funktionen zu den eindimensionalen Funktionen ist die Anzahl ihrer Inputgrößen. Angenommen, Sie wären Chef-Controller der Fimala gGmbH. Fimala ist ein Dienstleistungsunternehmen und bietet Wattwanderungen sowie Seetierfangfahrten an der Nordseeküste an. Ihre Aufgabe ist es, die Gesamtkosten des Unternehmens zu berechnen. Die Kosten für x_1 Wattwanderungen belaufen sich auf:

$$C_1(x_1) = 400 + 12x_1 + \sqrt{x_1}$$

Die Kosten für x_2 Seetierfangfahrten sind:

$$C_2(x_2) = 3600 + 178x_2$$

Die Kostenfunktionen C_1 und C_2 sind eindimensionale Funktionen, da ihre Funktionswerte jeweils nur von einer Inputgröße abhängen. Als Chef-Controller interessieren Sie sich jedoch für die Gesamtkosten des Unternehmens. Außer den Kosten für Wattwanderungen und

Seetierfangfahrten fallen keine weiteren Kosten an, somit entsprechen die Gesamtkosten (C_G) der Summe der beiden.

$$C_G(x_1, x_2) = C_1(x_1) + C_2(x_2)$$
$$= 400 + 12x_1 + \sqrt{x_1} + 3600 + 178x_2$$
$$= 4000 + 12x_1 + \sqrt{x_1} + 178x_2$$

Die Gesamtkostenfunktion (C_G) ist ein Beispiel der mehrdimensionalen Funktionen. Die Gesamtkosten hängen nicht nur von einem Inputfaktor ab, sondern von zwei (x_1 und x_2).

Würde Fimala nicht nur Wattwanderungen und Seetierfangfahrten anbieten, sondern zusätzlich noch Ausstellungsführungen, wären die Gesamtkosten von drei Inputfaktoren abhängig und somit eine *dreidimensionale Funktion*. Sie können beliebig viele Geschäftsbereiche mit in die Gesamtkosten aufnehmen. Bei n verschiedenen Geschäftbereichen erhielten Sie eine n-dimensionale Gesamtkostenfunktion.

Zweidimensionale Funktion darstellen

Eindimensionale Funktionen werden in einem Koordinatensystem mit zwei Achsen dargestellt. Dieses Koordinatensystem ist eine Ebene mit einer x- und einer y-Achse. Zweidimensionale Funktionen haben nun nicht mehr nur einen, sondern zwei Inputgrößen. Um sie darzustellen, benötigen Sie eine weitere Achse, die der zusätzlichen Inputgröße zugeteilt ist. Diese drei Achsen spannen einen dreidimensionalen Raum auf. Um zweidimensionale Funktionen darzustellen, müssen Sie somit dreidimensionale Gebilde zeichnen.

3-D-Darstellung

Am einfachsten ist es, sich zweidimensionale Funktionen als Gebirge vorzustellen. Betrachten Sie dazu das imaginäre Thüsing-Gebirge. Das Gebirge hat eine Länge von 60 Kilometern und eine Breite von 40 Kilometern. Jeder Punkt in diesem Rechteck kann durch eine Längen- und eine Breitenkoordinate eindeutig bestimmt werden. Die Variable x_1 bezeichne die Längenkoordinate. Die Variable x_2 die Breitenkoordinate. Die Höhe des Gebirges kann durch folgende Formel beschrieben werden:

$$H(x_1, x_2) = 1907 + 83 \sin\left(\frac{x_1}{2}\right) - 2(x_2 - 20)^2$$

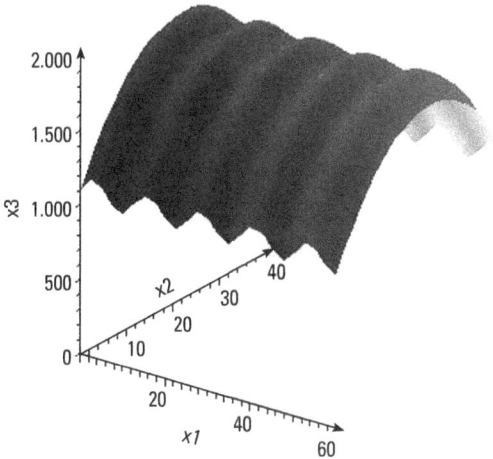

Abbildung 7.1: Der Graph der zweidimensionalen Funktion H(x₁, x₂)

Abbildung 7.1 veranschaulicht die 3-D-Ansicht des Gebirges. Die Funktion ist eine Überlagerung einer Sinusfunktion in x_1-Richtung und einer nach unten geöffneten Parabel in x_2-Richtung.

Höhenliniendarstellung

Eine andere Art der Darstellung kennen Sie vielleicht aus Wanderkarten. Auf einer zweidimensionalen Ebene werden alle Punkte als Linie gekennzeichnet, die die gleiche Höhe (Funktionswert) haben. Man spricht in diesem Fall von Isohöhenlinien. Isohöhenlinien sind ein wichtiges Konzept, das Sie in verschiedenen Bereichen der Wirtschaftswissenschaften wiederfinden werden.

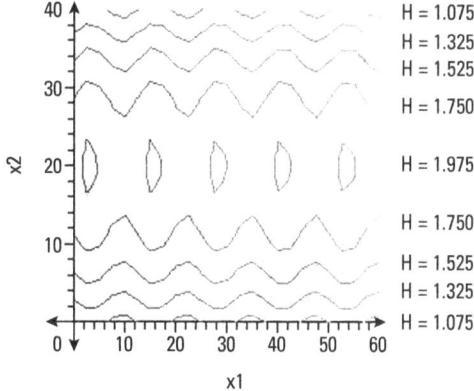

Abbildung 7.2: Die Höhenliniendarstellung der zweidimensionalen Funktion H(x₁, x₂)

Abbildung 7.2 ist die Höhenliniendarstellung des Thüsing-Gebirges aus dem vorherigen Abschnitt. Nun aber auf, ab ins Gebirge! Am besten natürlich umweltfreundlich zu Fuß!

Partielle Differentiale

In Kapitel 6 haben Sie gelernt, eindimensionale Funktionen zu differenzieren. Dieser Abschnitt beschäftigt sich mit der Differentiation von mehrdimensionalen Funktionen. Bei einer eindimensionalen Funktion ist es eindeutig, nach welcher Inputgröße abgeleitet wird, da es eben nur eine Inputgröße gibt. Betrachten Sie folgendes Beispiel:

$$f(x) = 5x + 8x^2$$

Die Ableitung von f(x) ist:

$$f'(x) = 5 + 16x$$

Bei mehrdimensionalen Funktionen ist es ein wenig anders, da Sie mehr als eine Inputgröße zur Auswahl haben. Sie können nicht einfach sagen, Sie leiten die Funktion ab, sondern Sie müssen genau festlegen, nach welcher Variablen (daher der Name *partielle Ableitung*). Ein Beispiel:

$$g(x_1, x_2) = 398 + \frac{1}{3}x_1 + 8x_2^3 - \sqrt{x_2}$$

Sie können diese Funktion sowohl nach x_1 als auch nach x_2 ableiten. Der Trick bei einer partiellen Ableitung nach einer Inputgröße ist, alle anderen Inputgrößen als Konstanten anzusehen. Wenn Sie die Funktion $g(x_1, x_2)$ nach x_1 ableiten, so denken Sie sich x_2 als eine Konstante.

$$\frac{\partial g}{\partial x_1} = 0 + \frac{1}{3} + 0 - 0 = \frac{1}{3}$$

Die Ableitung von $g(x_1, x_2)$ nach x_1 wird mit $\frac{\partial g}{\partial x_1}$ bezeichnet. Die Ableitung von $g(x_1, x_2)$ nach x_2 ist:

$$\frac{\partial g}{\partial x_2} = 0 + 0 + 24x_2^2 - \frac{1}{2} \cdot \frac{1}{\sqrt{x_2}} = 24x_2^2 - \frac{1}{2} \cdot \frac{1}{\sqrt{x_2}}$$

Betrachten Sie die folgende Funktion:

$$h(x_1, x_2, x_3, x_4) = \frac{2}{5}x_1 \cdot x_3 + 5x_2 - \frac{e^{x_4}}{\sqrt{x_2}}$$

Diese Funktion enthält nicht nur vier, statt zwei Variablen, sondern außerdem sind die Variablen noch teilweise miteinander multiplikativ verknüpft. Das Vorgehen bleibt jedoch immer das gleiche. Wenn nach einer Variablen abgeleitet wird, werden alle anderen Variablen als Konstanten angesehen.

$$\frac{\partial h}{\partial x_1} = \frac{2}{5}x_3 + 0 - 0 = \frac{2}{5}x_3$$

$$\frac{\partial h}{\partial x_2} = 0 + 5 - \left(-\frac{1}{2}\right)\frac{e^{x_4}}{x_2^{1,5}} = 5 + \frac{1}{2} \cdot \frac{e^{x_4}}{x_2^{1,5}}$$

$$\frac{\partial h}{\partial x_3} = \frac{2}{5} x_1 + 0 - 0 = \frac{2}{5} x_1$$

$$\frac{\partial h}{\partial x_4} = 0 + 0 - \frac{e^{x_4}}{\sqrt{x_2}} = \frac{e^{x_4}}{\sqrt{x_2}}$$

Ableitungen höherer Ordnung

In Kapitel 6 haben Sie die Bedeutung und Berechnung von Ableitungen höherer Ordnungen kennen gelernt (zweite Ableitung, dritte Ableitung usw.). Als kleine Erinnerung erklären wir Ihnen an dieser Stelle noch mal die Ableitungen der eindimensionalen Funktion $f(x) = 5x + 8x^2$ der Ordnungen 1 bis 3:

$$f'(x) = 5 + 16x \text{ alternative Schreibweise } \frac{df}{dx} = 5 + 16x$$

$$f''(x) = 16$$

$$f'''(x) = 0$$

Wie eindimensionale Funktionen haben auch mehrdimensionale Funktionen Ableitungen höherer Ordnung. Bei mehrdimensionalen Funktionen stellt sich die Frage, nach welcher Inputgröße in welchem Schritt abgeleitet werden soll. Betrachten Sie dazu folgende Funktion:

$$k(x_1, x_2) = \frac{5}{4} \cdot x_1^3 \cdot x_2^4$$

Um die Ableitungen höherer Ordnung berechnen zu können, benötigen Sie zuerst die partiellen Ableitungen erster Ordnung.

$$\frac{\partial k}{\partial x_1} = \frac{5}{4} \cdot 3 \cdot x_1^2 \cdot x_2^4 = \frac{15}{4} \cdot x_1^2 \cdot x_2^4$$

$$\frac{\partial k}{\partial x_2} = \frac{5}{4} \cdot 4 \cdot x_1^3 \cdot x_2^3 = 5 \cdot x_1^3 \cdot x_2^3$$

Sie haben sicher gemerkt, dass sich die Schreibweise einer Ableitung einer mehrdimensionalen Funktion von der Schreibweise einer Ableitung einer eindimensionalen Funktion unterscheidet. Anstatt $\frac{df}{dx}$ schreiben Sie $\frac{\partial f}{\partial x_i}$. Bei einer partiellen Ableitung (der Ableitung einer mehrdimensionalen Funktion) wird nicht nur durch den Index *i* festgelegt, nach welchem Inputfaktor abgeleitet wird, sondern es wird auch ein ∂ anstatt eines *d* verwendet.

So weit, so gut. Außer der Schreibweise gab es bisher nichts Neues. Kommen wir nun zu den partiellen Ableitungen zweiter Ordnung. Sie können sich bestimmt denken, dass es genauso wenig, wie es nicht nur eine partielle Ableitung erster Ordnung einer mehrdimensionalen Funktion gibt, auch nicht nur eine partielle Ableitung zweiter Ordnung einer mehrdimensionalen Funktion gibt. Im folgenden Beispiel gibt es sogar vier mögliche partielle Ableitungen zweiter Ordnung. Warum? Nun, Sie können die partielle Ableitung erster Ordnung entweder nach x_1 oder nach x_2 ableiten. Jede dieser Ableitungen hat ihren Namen und zum Glück auch ihren Sinn (wie Sie später in diesem Kapitel sehen werden). Bestimmen Sie nun die vier verschiedenen Ableitungen.

✔ Die Ableitung von $\dfrac{\partial k}{\partial x_1}$ nach x_1 wird mit $\dfrac{\partial^2 k}{\partial x_1^2}$ bezeichnet. Im Beispiel:

$$\frac{\partial^2 k}{\partial x_1^2} = \frac{15}{4} \cdot 2 \cdot x_1^1 \cdot x_2^4 = \frac{15}{2} \cdot x_1 \cdot x_2^4$$

✔ Die Ableitung von $\dfrac{\partial k}{\partial x_1}$ nach x_2 wird mit $\dfrac{\partial^2 k}{\partial x_1 \partial x_2}$ bezeichnet. Sie trägt den Namen *Kreuzableitung*. Im Beispiel:

$$\frac{\partial^2 k}{\partial x_1 \partial x_2} = \frac{15}{4} \cdot 4 \cdot x_1^2 \cdot x_2^3 = 15 \cdot x_1^2 \cdot x_2^3$$

✔ Analog die Ableitungen von $\dfrac{\partial k}{\partial x_2}$ nach x_1 und x_2:

$$\frac{\partial^2 k}{\partial x_2^2} = 5 \cdot 3 \cdot x_1^3 \cdot x_2^2 = 15 \cdot x_1^3 \cdot x_2^2$$

$$\frac{\partial^2 k}{\partial x_2 \partial x_1} = 5 \cdot 3 \cdot x_1^2 \cdot x_2^3 = 15 \cdot x_1^2 \cdot x_2^3$$

Die beiden Kreuzableitungen $\left(\dfrac{\partial^2 k}{\partial x_1 \partial x_2} \text{ und } \dfrac{\partial^2 k}{\partial x_2 \partial x_1} \right)$ sind in der Regel identisch. Sollten Sie zwei verschiedene Ergebnisse für die beiden Ableitungen erhalten, dann rechnen Sie lieber noch einmal nach.

Die Hessematrix bestimmen

Eine *Matrix* ist eine tabellenartige Darstellung von verschiedenen Komponenten. Sie werden sehr häufig in den Wirtschaftswissenschaften verwendet. Darum ist ihnen auch der gesamte dritte Teil dieses Buchs gewidmet. Im Abschnitt *Extrema bestimmen* weiter hinten in diesem Kapitel werden Sie jedoch eine ganz bestimmte Matrix und ihre Determinante benötigen: die *Hessematrix*. Sie ist definiert als:

$$D^2 f(x_1, x_2) = \begin{pmatrix} \dfrac{\partial^2 f}{\partial x_1^2} & \dfrac{\partial^2 f}{\partial x_2 \partial x_1} \\[3mm] \dfrac{\partial^2 f}{\partial x_1 \partial x_2} & \dfrac{\partial^2 f}{\partial x_2^2} \end{pmatrix}$$

Eine Kenngröße von Matrizen ist ihre Determinante. Im dritten Teil werden wir Ihnen ausführlich vom Sinn und Zweck der Determinanten berichten. Für dieses Kapitel benötigen Sie nur die Determinante der Hessematrix:

$$\det\left(D^2 f(x_1, x_2)\right) = \frac{\partial^2 f}{\partial x_1^2} \cdot \frac{\partial^2 f}{\partial x_2^2} - \frac{\partial^2 f}{\partial x_1 \partial x_2} \cdot \frac{\partial^2 f}{\partial x_2 \partial x_1}$$

Steigungen darstellen und berechnen

Nachdem Sie jetzt wissen, wie Sie partielle Ableitungen berechnen, werden wir sie Ihnen in diesem Abschnitt veranschaulichen. So wie die Ableitungen bei den eindimensionalen Funktionen Steigungen angegeben haben, so tun sie das auch bei mehrdimensionalen Funktionen. Aber auch hier spielen die mehreren Inputgrößen eine entscheidende Rolle. Es wird immer unterschieden, in Richtung welcher Inputgröße eine Steigung betrachtet wird.

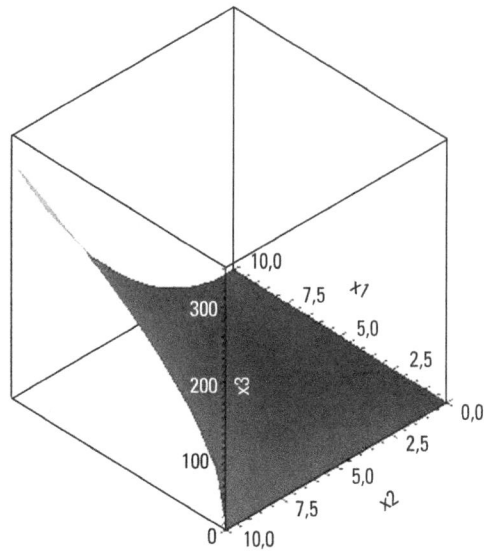

Abbildung 7.3: Der Graph der zweidimensionalen Funktion f(x₁, x₂)

Als Beispiel dient folgende Funktion (siehe Abbildung 7.3):

$$f(x_1, x_2) = \sqrt{x_1} \cdot x_2^2$$

Die drei relevanten Ableitungen für die Steigung in x_1-Richtung sind:

✔ $\dfrac{\partial f}{\partial x_1} = \dfrac{1}{2} \cdot \dfrac{1}{\sqrt{x_1}} \cdot x_2^2$

✔ $\dfrac{\partial^2 f}{\partial x_1^2} = -\dfrac{1}{4} \cdot \dfrac{1}{x_1^{\frac{3}{2}}} \cdot x_2^2$

✔ $\dfrac{\partial^2 f}{\partial x_1 \partial x_2} = \dfrac{x_2}{\sqrt{x_1}}$

Die zugehörigen Ableitungsregeln finden Sie in Kapitel 6 im Abschnitt _Die Potenzregel_. Um sich die Ableitungen nach x_1 vorzustellen, ist es am einfachsten, x_2 konstant zu halten. Dabei erhalten Sie einen Querschnitt der Funktion f. Setzen Sie zum Beispiel $x_2 = 10$, befinden Sie sich auf der linken Fläche des in Abbildung 7.3 gezeigten Quaders. Abbildung 7.4 veranschaulicht den Querschnitt der Funktion f an der Stelle $x_2 = 10$ in einem zweidimensionalen Koordinatensystem. Wenn Sie nun den Graphen der entstandenen Funktionen beschreiben wollen, setzen Sie $x_2 = 10$ in die Formel der Funktion f.

$$f(x_1, 10) = \sqrt{x_1} \cdot 10^2 = 100\sqrt{x_1}$$

Die daraus resultierende Funktion ist $100\sqrt{x_1}$, ihre erste Ableitung $100 \cdot \dfrac{1}{2}\dfrac{1}{\sqrt{x_1}} = \dfrac{50}{\sqrt{x_1}}$ und

ihre zweite Ableitung $-\dfrac{1}{2}\dfrac{50}{x_1^{\frac{3}{2}}} = -\dfrac{25}{x_1^{\frac{3}{2}}}$.

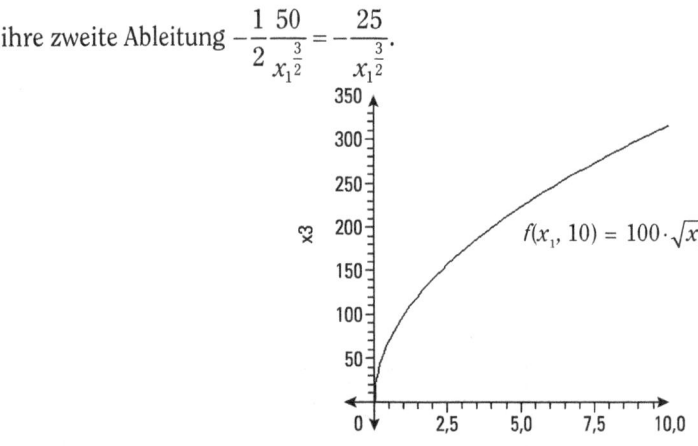

Abbildung 7.4: Der Querschnitt der zweidimensionalen Funktion f(x₁, x₂) an der Stelle x₂ = 10

Partielle Ableitung nach x_1 erster Ordnung

Sie fragen sich jetzt bestimmt, was das mit den partiellen Ableitungen der Funktion f zu tun hat. Die partielle Ableitung der Funktion f erster Ordnung gibt die Steigung der zu sehenden Funktion an. Setzen Sie $x_2 = 10$ in der ersten Ableitung der Funktion f erster Ordnung.

$$\frac{\partial f}{\partial x_1} = \frac{1}{2} \cdot \frac{1}{\sqrt{x_1}} \cdot x_2^2 = \frac{1}{2} \cdot \frac{1}{\sqrt{x_1}} \cdot 10^2 = \frac{50}{\sqrt{x_1}}$$

Wie Sie sehen ist die partielle Ableitung und die erste Ableitung der zusehenden Funktion gleich. Die partielle Ableitung erster Ordnung ist die Ableitung der Funktion des Querschnitts der Funktion f bei konstantem x_2.

 Sie können jedes beliebige x_2 in die partielle Ableitung *erster* Ordnung einsetzen und erhalten die *erste* Ableitung der Funktion, die bei einem Querschnitt an der Stelle x_2 entstehen würde.

Partielle Ableitung nach x_1 zweiter Ordnung

Sie haben es bestimmt schon erraten. Die zweite Ableitung der zu sehenden Funktion entspricht der partiellen Ableitung der Funktion f zweiter Ordnung bei konstantem $x_2 = 10$. Rechnen Sie es für die Funktion f an der Stelle $x_2 = 10$ nach:

$$\frac{\partial^2 f}{\partial x_1^2} = -\frac{1}{4} \cdot \frac{1}{x_1^{\frac{3}{2}}} \cdot x_2^2 = -\frac{1}{4} \cdot \frac{1}{x_1^{\frac{3}{2}}} \cdot 10^2 = -\frac{25}{x_1^{\frac{3}{2}}}$$

Und siehe da, es stimmt. Die zweite Ableitung gibt an, wie sich die Steigung der zu sehenden Funktion ändert, wenn Sie die x_1-Achse entlang gehen.

 Sie können jedes beliebige x_2 in die partielle Ableitung *zweiter* Ordnung der Funktion f einsetzen und erhalten die *zweite* Ableitung der Funktion, die bei einem Querschnitt an der Stelle x_2 entstehen würde.

Kreuzableitung nach x_1 und x_2

Die Kreuzableitung kann man sich bildlich leider nicht mehr so gut vorstellen. Sie gibt an, wie sich die Steigung in Richtung x_1 (die partielle Ableitung der Funktion f erster Ordnung) ändert, wenn man sich auf der x_2-Achse bewegt. Betrachten Sie die Steigungen zweier Funktionen, die bei einem Querschnitt bei $x_2 = 9$ (siehe Abbildung 7.5) und bei einem Querschnitt bei $x_2 = 10$ (siehe Abbildung 7.4) entstehen, an der Stelle $x_1 = 4$.

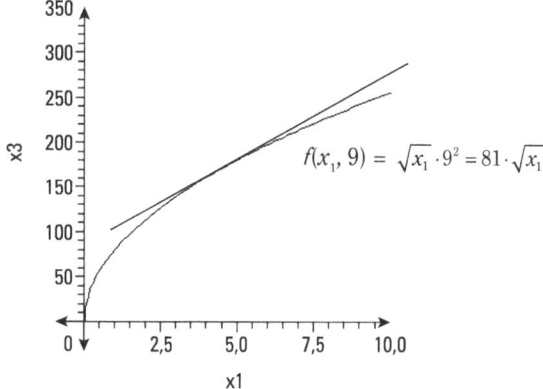

Abbildung 7.5: Der Querschnitt der zweidimensionalen Funktion f(x_1, x_2) an der Stelle $x_2 = 9$

Abbildung 7.5 veranschaulicht den Querschnitt bei $x_2 = 9$. Die Steigung der zu sehenden Funktion erhalten Sie, indem Sie $x_2 = 9$ in die Ableitung erster Ordnung von f nach x_1 setzen. Um die Steigung an der Stelle $x_1 = 4$ dieser Funktion zu bestimmen, setzen Sie einfach zusätzlich $x_1 = 4$:

$$\frac{\partial f}{\partial x_1} = \frac{1}{2} \cdot \frac{1}{\sqrt{x_1}} \cdot 9^2 = \frac{81}{2\sqrt{x_1}} = \frac{81}{2\sqrt{4}} = \frac{81}{4}$$

Abbildung 7.4 veranschaulicht den Querschnitt bei $x_2 = 10$. Nun bestimmen Sie die Ableitung erster Ordnung von f nach x_1 an der Stelle $x_1 = 4$ und $x_2 = 10$:

$$\frac{\partial f}{\partial x_1} = \frac{1}{2} \cdot \frac{1}{\sqrt{x_1}} \cdot 10^2 = \frac{50}{\sqrt{x_1}} = \frac{50}{\sqrt{4}} = \frac{50}{2}$$

Somit ändert sich die Ableitung erster Ordnung von f nach x_1 an den beiden Stellen um

$$\frac{50}{2} - \frac{81}{4} = \frac{100}{4} - \frac{81}{4} = \frac{19}{4} = \frac{9,5}{2}$$

Führen Sie sich noch mal vor Augen, was Sie eben berechnet haben: Die Querschnittsfunktion an der Stelle $x_2 = 9$ (siehe Abbildung 7.5) hat an der Stelle $x_1 = 4$ eine Steigung von $\frac{81}{4}$.

Die Querschnittsfunktion an der Stelle $x_2 = 10$ (siehe Abbildung 7.4) hat an der Stelle $x_1 = 4$ eine Steigung von $\frac{50}{2}$. Die Steigung ist somit um $\frac{9,5}{2}$ größer als die entsprechende Steigung an der Stelle $x_1 = 4$ der Querschnittsfunktion bei $x_2 = 9$.

Aber um was geht es in diesem Abschnitt eigentlich noch mal? Ja genau, um die Kreuzableitung. Sie haben bisher die tatsächliche Änderung der Steigung von f nach x_1 berechnet, wenn Sie eine Einheit auf der x_2-Achse entlang gehen. (In diesem Beispiel von $x_2 = 9$ bis $x_2 = 10$) Nun berechnen Sie die Kreuzableitung an der Stelle $x_1 = 4$ und $x_2 = 9$:

$$\frac{\partial^2 f}{\partial x_1 \partial x_2} = \frac{x_2}{\sqrt{x_1}} = \frac{9}{\sqrt{4}} = \frac{9}{2}$$

Die Kreuzableitung besagt, dass sich die Steigung von f nach x_1 um $\frac{9}{2}$ ändert, wenn Sie eine Einheit auf der x_2-Achse entlanggehen. Nun haben Sie aber doch eben gerade ausgerechnet, dass sich die Steigung tatsächlich um $\frac{9,5}{2}$ ändert. Was stimmt denn nun?

Bedenken Sie, dass eine Ableitung nur bei infinitesimalen kleinen Stücken die Änderung des Funktionswertes angibt. Wie auch bei den eindimensionalen Funktionen entspricht die tatsächliche Änderung nur selten dem Wert der Ableitung (siehe Kapitel 4).

In den letzten drei Abschnitten haben Sie die drei relevanten Ableitungen für die Steigung in x_1-Richtung betrachtet. Um die entsprechenden drei Ableitungen in x_2-Richtung zu veranschaulichen, gehen Sie analog vor. Anstatt x_2 halten Sie x_1 konstant. Setzen Sie zum Beispiel $x_1 = 10$ und betrachten Sie die Funktion auf dem entstandenen Querschnitt.

Totales Differential

Das totale Differential eignet sich, um bei kleinen Änderungen der Inputgrößen die Veränderung des Funktionswertes abzuschätzen. Dabei handelt es sich nicht um eine genaue Berechnung des neuen Funktionswerts, sondern nur um eine Approximation. Sie nehmen die Ableitung erster Ordnung nach einer bestimmten Inputgröße an einer bestimmten Stelle und multiplizieren diese mit der Veränderung der Inputgröße. Dieser Betrag ist die Approximation der Veränderung des Funktionswerts. Sollte sich mehr als eine Inputgröße verändern, so multiplizieren Sie jede Veränderung mit der dazugehörigen Ableitung und summieren die Werte auf. Mathematisch ausgedrückt heißt das für das totale Differential von zwei Inputgrößen:

$$df = \frac{\partial f}{\partial x_1}(x_1)\, dx_1 + \frac{\partial f}{\partial x_2}(x_2)\, dx_2$$

Als Beispiel dient uns die Funktion $f(x_1, x_2) = x_1 \cdot x_2$ an der Stelle $(x_1, x_2) = (1,1)$. Der Funktionswert an dieser Stelle ist $f(1,1) = 1 \cdot 1 = 1$. Nun schätzen Sie den Funktionswert mit Hilfe des totalen Differentials an der Stelle $(x_1, x_2) = (1,1,1,05)$ ab. Der x_1-Wert hat sich um 0,1 geändert. Der x_2-Wert um 0,05. Mit Hilfe der Formel des totalen Differentials erhalten Sie eine Änderung des Funktionswerts von:

$$\begin{aligned} df &= \frac{\partial f}{\partial x_1}(x_1, x_2)\, dx_1 + \frac{\partial f}{\partial x_2}(x_1, x_2)\, dx_2 \\ &= \frac{\partial f}{\partial x_1}(1,1)\, dx_1 + \frac{\partial f}{\partial x_2}(1,1)\, dx_2 \\ &= x_2 dx_1 + x_1 dx_2 \\ &= 1 \cdot 0,1 + 1 \cdot 0,05 \\ &= 0,15 \end{aligned}$$

Der genaue Funktionswert ist $f(1,1,1,05) = 1,1 \cdot 1,05 = 1,155$ und hat sich somit um $1,155 - 1 = 0,155$ geändert. Mit dem totalen Differential hätten wir eine Änderung von 0,15 vorhergesagt. Der Fehler liegt bei $0,155 - 0,15 = 0,005$.

Konvexität, Konkavität

Können Sie sich noch an die kleinen Merkhilfen aus Kapitel 6 erinnern? »Konkav ist der Buckel vom Schaf.« »Ein Glas ist konvex, man trinkt auf ex.« Was für eindimensionale Funktionen galt, gilt auch für mehrdimensionale Funktionen. Abbildung 7.6 zeigt eine konvexe und eine konkave Funktion im dreidimensionalen Raum; außerdem eine Funktion, die weder konkav noch konvex ist.

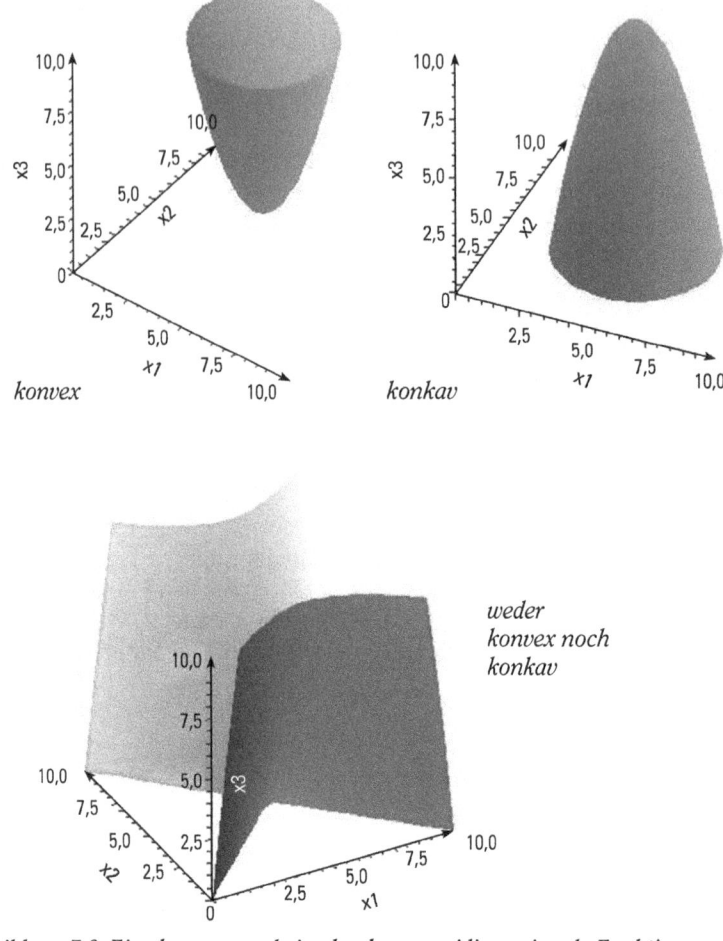

Abbildung 7.6: Eine konvexe und eine konkave zweidimensionale Funktion, sowie eine zweidimensionale Funktion, die weder konvex noch konkav ist

Eine Eigenschaft haben konvexe und konkave Funktionen gemein. Denken Sie sich eine Linie zwischen zwei beliebigen Punkten auf einer der drei Funktionen. Die Eigenschaft einer konvexen oder konkaven Funktion ist, dass alle Punkte auf der Linie in dem von der Funktion aufgespannten Körper liegen (das gilt übrigens auch für eindimensionale Funktionen). Bei der dritten Funktion ist das nicht der Fall. Die gezeigte Funktion ist somit weder konkav noch konvex.

Extrema bestimmen

In diesem Abschnitt werden Extremstellen einer zweidimensionalen Funktion gesucht. Dabei ist das Vorgehen dem Suchen von Extremstellen einer eindimensionalen Funktion sehr ähnlich. Betrachten Sie folgende Funktion und ihren Graphen in Abbildung 7.7:

$$f(x_1, x_2) = x_1^3 - 9x_1 - 2x_2^2 + 25$$

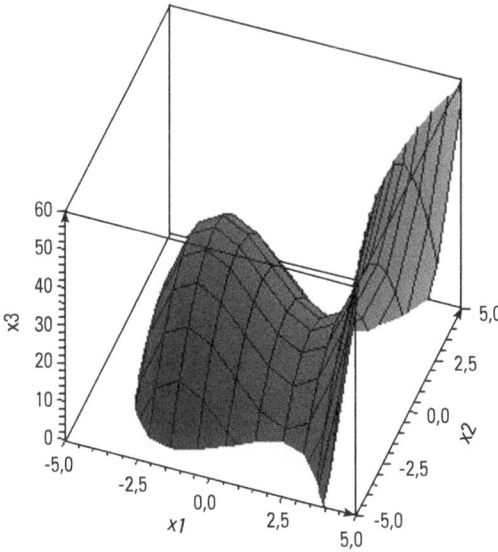

Abbildung 7.7: Der Graph der zweidimensionalen Funktion $f(x_1, x_2) = x_1^3 - 9x_1 - 2x_2^2 + 25$

Mit bloßem Auge lässt sich eine lokale Maximalstelle bei $(x_1, x_2) = (-2, 0)$ vermuten. Die Frage ist nur, wie Sie diese mathematisch bestimmen können. Aus Kapitel 6 wissen Sie, dass an Extremstellen die erste Ableitung der Funktion gleich 0 ist. Genauso verhält es sich für mehrdimensionale Funktionen. Jedoch müssen hier sowohl die Ableitung nach x_1 als auch die Ableitung nach x_2 gleich 0 sein.

Wenn Sie Abbildung 7.7 noch einmal betrachten, fällt Ihnen auf, dass es noch einen Punkt gibt, der die Bedingungen erfüllt. Dieser Punkt liegt ca. bei $(x_1, x_2) = (2, 0)$. Er ist jedoch keine Extremstelle, sondern ein *Sattelpunkt*.

Auch bei mehrdimensionalen Funktionen reicht es nicht aus, nur auf die ersten Ableitungen zu achten. Die vier verschiedenen Ableitungen zweiter Ordnung werden durch die Determinante der Hessematrix in Betracht gezogen. Haben Sie eine Stelle (x_1^*, x_2^*) gefunden, an der die erste Ableitung sowohl nach x_1, als auch nach x_2 gleich 0 ist, dann gilt:

✔ (x_1^*, x_2^*) ist lokale Minimalstelle, wenn $\det(D^2 f(x_1^*, x_2^*)) > 0$ und $\dfrac{\partial^2 f}{\partial x_1^2}(x_1^*, x_2^*) > 0$ ist.

✔ (x_1^*, x_2^*) ist lokale Maximalstelle, wenn $\det(D^2 f(x_1^*, x_2^*)) > 0$ und $\dfrac{\partial^2 f}{\partial x_1^2}(x_1^*, x_2^*) < 0$ ist.

✔ (x_1^*, x_2^*) ist Sattelpunkt, wenn $\det(D^2 f(x_1^*, x_2^*)) < 0$ ist.

Leider würde die Erklärung, warum das so ist, den Rahmen sprengen. Daher glauben Sie uns einfach, dass es so ist.

Bestimmen Sie nun die Extremstellen der Funktion $f(x_1, x_2) = x_1^3 - 9x_1 - 2x_2^2 + 25$:

1. **Finden Sie die Ableitung erster Ordnung der Funktion f nach x_1.**

$$\frac{\partial f}{\partial x_1} = 3x_1^2 - 9$$

2. **Setzen Sie die Ableitung gleich 0 und lösen Sie auf.**

$$3x_1^2 - 9 = 0$$
$$3x_1^2 = 9$$
$$x_1^2 = 3$$
$$x_{1_1} = \sqrt{3}$$
$$x_{1_2} = -\sqrt{3}$$

3. **Finden Sie die Ableitung erster Ordnung der Funktion f nach x_2.**

$$\frac{\partial f}{\partial x_2} = -4x_2$$

4. **Setzen Sie die Ableitung gleich 0 und lösen Sie auf.**

$$-4x_2 = 0$$
$$x_2 = 0$$

5. **Bestimmen Sie die möglichen Extremstellen.**

Es existieren zwei mögliche Kombinationen unserer Lösungen aus Schritt 2 und Schritt 4. Kombinieren Sie $x_{1_1} = \sqrt{3}$ mit $x_2 = 0$, so erhalten Sie $(x_1^*, x_2^*) = (\sqrt{3}, 0)$. Kombinieren Sie $x_{1_2} = -\sqrt{3}$ mit $x_2 = 0$, so erhalten Sie $(x_1^*, x_2^*) = (-\sqrt{3}, 0)$.

6. **Bestimmen Sie die Hessematrix.**

$$D^2 f(x_1, x_2) = \begin{pmatrix} \dfrac{\partial^2 f}{\partial x_1^2} & \dfrac{\partial^2 f}{\partial x_2 \partial x_1} \\[2mm] \dfrac{\partial^2 f}{\partial x_1 \partial x_2} & \dfrac{\partial^2 f}{\partial x_2^2} \end{pmatrix} = \begin{pmatrix} 6x_1 & 0 \\ 0 & -4 \end{pmatrix}$$

7. **Bestimmen Sie die Determinante der Hessematrix.**

$$\det(D^2 f(x_1, x_2)) = \det \begin{pmatrix} 6x_1 & 0 \\ 0 & -4 \end{pmatrix}$$
$$= 6x_1 \cdot (-4) - 0 \cdot 0$$
$$= -24x_1$$

8. Überprüfen Sie, welche der potenziellen Extremstellen auch wirklich eine ist.

Fangen Sie an mit $(x_1^*, x_2^*) = \left(\sqrt{3}, 0\right)$.

$$\det(D^2 f(x_1^*, x_2^*)) = \det\left(D^2 f\left(\sqrt{3}, 0\right)\right)$$
$$= -24 x_1$$
$$= -24 \cdot \sqrt{3}$$
$$< 0$$

Da die Determinante der Hessematrix kleiner 0 ist, ist der Punkt $(x_1^*, x_2^*) = \left(\sqrt{3}, 0\right)$ ein Sattelpunkt.

Die nächste potenzielle Extremstelle ist $(x_1^*, x_2^*) = \left(-\sqrt{3}, 0\right)$:

$$\det(D^2 f(x_1^*, x_2^*)) = \det\left(D^2 f\left(-\sqrt{3}, 0\right)\right)$$
$$= -24 x_1$$
$$= -24 \cdot \left(-\sqrt{3}\right)$$
$$> 0$$

Da die Determinante der Hessematrix größer 0 ist, ist die Stelle eine lokale Extremstelle. Um zu überprüfen, ob Maximal- oder Minimalstelle, betrachten Sie zusätzlich die Ableitung zweiter Ordnung nach x_1 an der Stelle $(x_1^*, x_2^*) = \left(-\sqrt{3}, 0\right)$:

$$\frac{\partial^2 f}{\partial x_1^2} = 6 x_1$$
$$= -6 \cdot \sqrt{3}$$
$$< 0$$

Die Ableitung zweiter Ordnung ist kleiner 0 und die Determinante größer 0, somit ist die Stelle $(x_1^*, x_2^*) = \left(-\sqrt{3}, 0\right)$ eine lokale Maximalstelle. Herzlichen Glückwunsch, Sie haben es geschafft!

Auch bei mehrdimensionalen Funktionen gibt es lokale und absolute Extremstellen. Betrachten Sie noch einmal Abbildung 7.7. Man kann mit bloßem Auge erkennen, dass die Stelle $(x_1^*, x_2^*) = \left(-\sqrt{3}, 0\right)$ zwar eine lokale Maximalstelle ist, jedoch keine absolute. Da die Funktion weder streng konkav noch streng konvex ist, existiert keine absolute Extremstelle. Sie könnten die Funktion jedoch auf einem bestimmten Intervall betrachten, um garantiert eine absolute Minimalstelle und eine absolute Maximalstelle zu finden.

Integration: Die Rückwärts- Differentiation

In diesem Kapitel

▷ Stammfunktionen suchen und finden

▷ Die Flächenfunktion anwenden

▷ Sich mit dem Hauptsatz der Analysis warm machen

▷ Flächen auf die einfache Art bestimmen

▷ Integrale in Teile zerlegen

In diesem Kapitel werden Sie eine Methode kennen lernen, mit der Sie die Fläche unter einer Funktion berechnen können. Dazu verwenden wir die wichtigsten und erstaunlichsten Entdeckungen in der Mathematik – nämlich, dass die Integration im Wesentlichen die umgekehrte Differentiation ist. So müssen Sie nicht die Ableitung einer Funktion bestimmen, sondern dessen »Aufleitung«, die so genannte *Stammfunktion*. Da die Umkehrung der Differentiation nicht immer ganz einfach ist, werden wir Ihnen einige Methoden vorstellen, die Ihnen das Leben erleichtern. Die Integration wird in den Wirtschaftswissenschaften zum Beispiel verwendet, um den Mittelwert eines schwankenden Preises zu berechnen oder um Erwartungswerte und Varianzen von stetigen Verteilungen zu bestimmen (mehr dazu in Kapitel 16).

Stammfunktionen suchen – die umgekehrte Differentiation

Unter der *Suche nach der Stammfunktion* versteht man die umgekehrte Differentiation. Die Ableitung von $\sin x$ lautet $\cos x$, die Stammfunktion von $\cos x$ ist also $\sin x$; die Ableitung von x^3 ist $3x^2$, die Stammfunktion von $3x^2$ ist also x^3 – man geht rückwärts vor. Es sieht zwar nicht ganz so einfach aus, aber das ist das Konzept. Später in diesem Kapitel werden wir Ihnen zeigen, wie Sie mit Hilfe von Stammfunktionen integrieren (das heißt Flächen bestimmen).

Betrachten Sie noch mal x^3 und seine Ableitung, $3x^2$. Die Ableitung von $x^3 + 10$ ist ebenfalls $3x^2$, ebenso wie die Ableitung von $x^3 - 5$. Jede Funktion der Form $x^3 + C$, wobei C eine beliebige Zahl ist, hat die Ableitung $3x^2$. Jede dieser Funktionen ist also die Stammfunktion von $3x^2$.

Das *unbestimmte Integral* einer Funktion $f(x)$, dargestellt als $\int f(x)\,dx$, ist die Familie *aller* Stammfunktionen der Funktion. Weil beispielsweise die Ableitung von x^3 gleich $3x^2$ ist, ist das unbestimmte Integral von $3x^2$ gleich $x^3 + C$, und Sie schreiben:

$$\int 3x^2 dx = x^3 + C$$

Das Symbol für das bestimmte Integral enthält zwei kleine Zahlen oben und unten, zum Beispiel $\int_{4}^{10}$, die Ihnen mitteilen, dass die Fläche einer Funktion zwischen diesen beiden Werten berechnet werden soll, den so genannten *Integrationsgrenzen*. Die unbeschriftete Version des Symbols $\int$ steht für ein *unbestimmtes Integral* oder eine *Stammfunktion*. Dieses Kapitel beschäftigt sich mit der engen Beziehung zwischen diesen beiden Symbolen.

Abbildung 8.1 zeigt die Familie der Stammfunktionen von $3x^2$, nämlich $x^3 + C$. Beachten Sie, dass diese Kurvenfamilie eine unendliche Anzahl von Kurven enthält. Sie gehen endlos auf und ab und liegen unendlich dicht beieinander. Die vertikale Lücke von zwei Einheiten zwischen den Kurven in Abbildung 8.1 ist nur eine vereinfachte Darstellung.

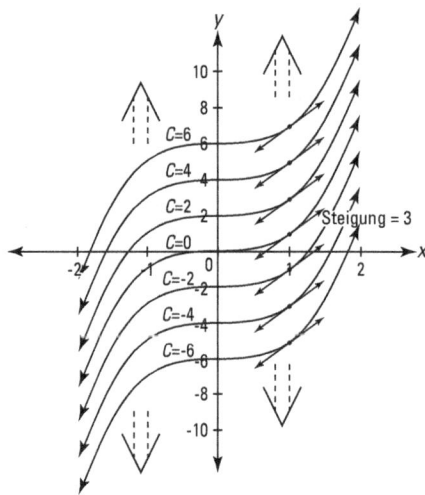

Abbildung 8.1: Die Familie der Kurven x^2 + C. Alle diese Funktionen haben dieselbe Ableitung, $3x^2$.

Die obere Kurve im Graphen ist $x^3 + 6$, die darunter ist $x^3 + 4$, die unterste ist $x^3 - 6$. Mit der Potenzregel ergibt sich, dass diese drei Funktionen sowie alle anderen Funktionen dieser Familie die Ableitung $3x^2$ haben. Betrachten Sie jetzt die Steigung aller Kurven an der Stelle x gleich 1 (sehen Sie sich dazu die Tangenten an den Kurven an). Die Ableitung jeder Kurve ist $3x^2$. Wenn also x gleich 1 ist, ist die Steigung jeder Kurve gleich $3 \cdot 1^2$ oder 3. Also sind alle kleinen Tangenten in der Abbildung parallel. Beachten Sie außerdem, dass die Formen aller Funktionen in Abbildung 8.1 identisch sind, das heißt, sie sind nach oben oder unten verschoben. Da sich die Kurven nur durch eine vertikale Verschiebung unterscheiden, ist die Steilheit an jedem x-Wert, beispielsweise $x = 1$, für alle Kurven gleich. Deshalb haben sie alle dieselbe Ableitung und deshalb sind alle von ihnen Stammfunktionen derselben Funktion.

Das Vokabular: Welchen Unterschied macht es?

Im Allgemeinen sind Definitionen und die Terminologie in der Mathematik sehr wichtig und Sie sollten darauf achten, sie richtig anzuwenden. Aber in diesem Kapitel sind wir bewusst ein wenig schlampig.

Wenn Sie ein Prinzipienreiter sind, sollten Sie sagen, dass das unbestimmte Integral von $3x^2$ gleich $x^3 + C$ ist, dass $x^3 + C$ die Familie oder Menge aller Stammfunktionen von $3x^2$ ist (Sie sagen nicht, $x^3 + C$ ist die Stammfunktion) und dass beispielsweise $x^3 + 10$ eine Stammfunktion von $3x^2$ ist. Bei einer Prüfung sollten Sie natürlich $\int 3x^2 dx = x^3 + C$ schreiben. Wenn Sie das C weglassen, verlieren Sie wertvolle Punkte.

Aber meistens wird niemand darauf achten oder etwas nicht verstehen, wenn Sie nicht nach jedem unbestimmten Integral das C erwähnen und nur sagen, dass das unbestimmte Integral von $3x^2$ gleich x^3 ist. Sie können außerdem das »unbestimmte« weglassen und sagen: Das Integral von $3x^2$ ist x^3. Es ist zwar nicht ganz richtig, aber wir verwenden (zumindest manchmal) diesen schnodderigen Ansatz.

Die müßige Flächenfunktion

Jetzt wird es ernst. Angenommen, Sie haben irgendeine Funktion $f(x)$. Stellen Sie sich vor, dass Sie an irgendeinem t-Wert, nennen wir ihn s, eine fest verankerte vertikale Linie zeichnen. Betrachten Sie dazu Abbildung 8.2.

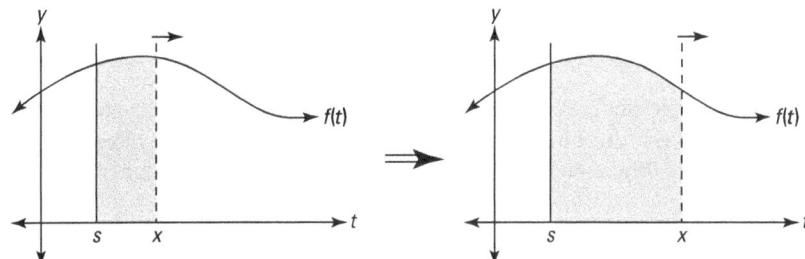

Abbildung 8.2: Die Fläche unter f zwischen s und x wird durch die Bewegung der Linie an x immer weiter abgedeckt.

Anschließend tragen Sie eine bewegliche vertikale Linie ein, die am selben Punkt beginnt, s (»s« steht für Startpunkt), und ziehen sie nach rechts. Wenn Sie die Linie verschieben, decken Sie eine immer größer werdende Fläche unter der Kurve ab. Diese Fläche ist eine Funktion von x, der Position der sich bewegenden Linie. In Symbolen schreiben Sie:

$$A_f(x) = \int_s^x f(t)\, dt$$

Beachten Sie, dass t die Eingabevariable in $f(t)$ ist, und nicht x, weil x bereits belegt ist – es ist die Eingabevariable in $A_f(x)$. Der Index f in A_f gibt an, dass $A_f(x)$ die Flächenfunktion für die jeweilige Kurve f oder $f(t)$ ist. Das dt ist ein kleiner Inkrementschritt entlang der t-Achse – letztlich ein unendlich kleiner Inkrementschritt.

Nachfolgend sehen Sie ein einfaches Beispiel, anhand dessen wir Ihnen die Flächenfunktion erklären. Machen Sie sich keine Sorgen, wenn Ihnen das alles unendlich schwierig erscheint – Sie sind in bester Gesellschaft. Angenommen, Sie haben die einfache Funktion $f(t) = 10$ – das ist eine horizontale Linie bei $y = 10$. Wenn Sie über die Fläche gleiten und dabei an der Stelle $s = 3$ beginnen, erhalten Sie die folgende Flächenfunktion:

$$A_f(x) = \int_3^x 10\,dt$$

Wenn Sie die Linie von 3 bis 4 ziehen, ist die Fläche, die von 3 bis 4 aufgespannt wird, gleich 10. Dabei wird ein Rechteck abgedeckt, das die Breite 1 und die Höhe 10 hat, also eine Fläche von 1 mal 10, das gleich 10 ist. Betrachten Sie dazu Abbildung 8.3.

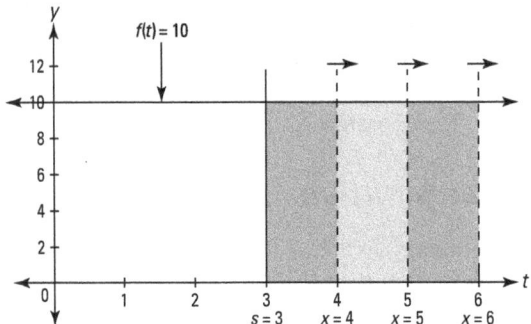

Abbildung 8.3: Die Fläche unter f(t) = 10 zwischen 3 und x wird durch die bewegte vertikale Linie an der Stelle x abgedeckt.

$A_f(4)$, die Fläche, die Sie abdecken, wenn Sie bei 4 ankommen, ist also gleich 10. $A_f(5)$ ist gleich 20, denn wenn Sie die Linie weiter auf 5 ziehen, haben Sie ein Rechteck mit einer Breite von 2 und einer Höhe von 10 abgedeckt und die Fläche ergibt sich als 2 mal 10, das ist 20. $A_f(6)$ ist 30 usw.

Sitzen Sie gut? Jetzt kommt eine weitere große Erkenntnis der Mathematikgeschichte: Sie wissen, dass eine Ableitung eine Änderungsrate ist. Da die Änderungsrate, mit der die oben gezeigte Flächenfunktion arbeitet, gleich 10 Quadrateinheiten pro Sekunde ist, können Sie sagen, dass ihre Ableitung gleich 10 ist. Sie können also schreiben:

$$\frac{d}{dx}A_f(x) = 10$$

Daran erkennen Sie, dass mit jeder Einheit, die um x anwächst, A_f (die Flächenfunktion) um zehn Einheiten wächst. Beachten Sie, dass diese Änderungsrate oder Ableitung von 10 dasselbe ist wie die Höhe der ursprünglichen Funktion, $f(t) = 10$, denn wenn Sie eine Einheit nach rechts gehen, decken Sie ein Rechteck ab, das 1 mal 10 ist, das wiederum eine Fläche von 10 ergibt und der Höhe der Funktion entspricht.

Das gilt für alle Funktionen, nicht nur für horizontale Linien. Betrachten Sie die Funktion $g(t)$ und ihre Flächenfunktion, $A_g(x)$, die in Abbildung 8.4 eine Fläche beginnend bei $s = 2$ abdeckt.

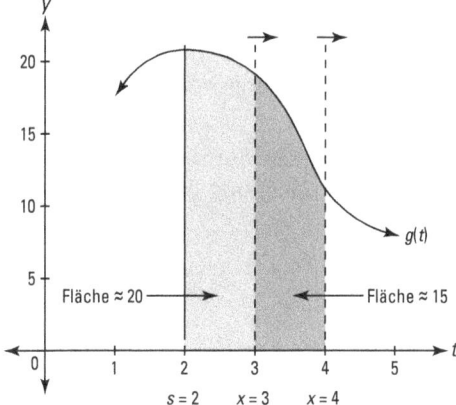

Abbildung 8.4: Die Fläche unter g(t) zwischen 2 und x wird durch die bewegte vertikale Linie an x abgedeckt.

Sie erkennen, dass $A_g(3)$ etwa 20 ist, weil die Fläche, die zwischen 2 und 3 abgedeckt wird, eine Breite von 1 hat und die gekrümmte Oberseite des Rechtecks eine durchschnittliche Höhe von etwa 20 hat. In diesem Intervall liegt die Wachstumsrate von $A_g(x)$ also bei etwa 20 Quadrateinheiten pro Sekunde. Zwischen 3 und 4 decken Sie etwa 15 Quadrateinheiten der Fläche ab, da das ungefähr die durchschnittliche Höhe von $g(t)$ zwischen 3 und 4 ist. In dem Intervall von $x = 3$ bis $x = 4$ ist die Wachstumsrate von $A_g(x)$ also etwa 15.

 Die *Änderungsrate* der Fläche, die unter einer Kurve von einer Flächenfunktion bis zu einem bestimmten x-Wert abgedeckt wird, ist gleich der *Höhe* der Kurve an diesem x-Wert.

Wir wissen, dass wir in der Beschreibung von Abbildung 8.4 etwas ungenau sind, da wir Begriffe wie »etwa«, »ungefähr« oder »Durchschnitt« benutzen. Aber glauben Sie uns einfach, denn wenn Sie es schließlich mathematisch nachvollziehen, wird alles funktionieren.

Die Fläche unter einer Kurve wird immer besser angenähert, wenn eine steigende Anzahl immer schmaler werdender Rechtecke addiert wird. So wird die genaue Fläche bestimmt, indem irgendwie die Flächen einer unendlichen Anzahl unendlich schmaler Rechtecke addiert werden. Derselbe Grenzwertprozess ist auch hier zu erkennen – die Fläche und die Änderungsraten, die »etwa« dies-und-das sind, werden im Grenzwert genau. Beachten Sie hier, dass die Änderungsrate der Fläche, die unter einer Kurve abgedeckt wird, gleich der Höhe der Kurve ist.

Ruhm und Ehre mit dem Hauptsatz der Analysis

Nachdem Sie die Verbindung zwischen der Änderungsrate des Wachstums einer Flächenfunktion und der Höhe der betreffenden Kurve kennen gelernt haben, werden Sie jetzt den

Hauptsatz der Analysis kennen lernen – von dem behauptet wird, er sei einer der wichtigsten Sätze in der Geschichte der Mathematik.

Der Hauptsatz der Analysis lautet: Für eine Flächenfunktion A_f, die eine Fläche unter $f(t)$ abdeckt, gilt:

$$A_f(x) = \int_s^x f(t)\, dt \text{ ist die Änderungsrate, mit der die abgedeckte Fläche gleich}$$

der Höhe der ursprünglichen Funktion wird. Weil die Änderungsrate gleich der Ableitung ist, ist die Ableitung der Flächenfunktion gleich der ursprünglichen Funktion:

$$\frac{d}{dx} A_f(x) = f(x)$$

Weil $A_f(x) = \int_s^x f(t)\, dt$ ist, können Sie die obige Gleichung auch wie folgt schreiben:

$$\frac{d}{dx} \int_s^x f(t)\, dt = f(x)$$

Weil die Ableitung von $A_f(x)$ gleich $f(x)$ ist, ist $A_f(x)$ definitionsgemäß eine Stammfunktion von $f(x)$. Überprüfen Sie dies, indem Sie die einfache Funktion aus dem vorigen Abschnitt betrachten, $f(t) = 10$ sowie ihre Flächenfunktion, $A_f(x) = \int_s^x 10\, dt$.

Gemäß dem Hauptsatz gilt $\frac{d}{dx} A_f(x) = 10$. A_f muss also eine Stammfunktion von 10 sein.

Mit anderen Worten: A_f ist eine Funktion, deren Ableitung gleich 10 ist. Weil jede Funktion der Form $10x + C$, wobei C eine beliebige Zahl ist, eine Ableitung von 10 hat, ist die Stammfunktion von 10 gleich $10x + C$. Die jeweilige Zahl C ist von Ihrer Auswahl von s abhängig, das heißt dem Punkt, an dem Sie beginnen, die Fläche abzudecken. Angenommen, für diese Funktion beginnen Sie mit der Abdeckung der Fläche bei s = 0, dann ist C = 0 und damit

$$A_f(x) = \int_0^x 10\, dt = 10x. \text{ (Beachten Sie, dass C nicht unbedingt gleich s sein muss. Normaler-}$$

weise ist es das nämlich nicht. Die Beziehung zwischen C und s ist im grauen Kasten *Null ist nicht immer gleich null* weiter hinten in diesem Kapitel erklärt.)

Abbildung 8.5 zeigt, warum $A_f(x) = 10$ die richtige Flächenfunktion ist, wenn Sie bei 0 anfangen, die Fläche abzudecken. Im oberen Graphen in der Abbildung sehen Sie die Fläche unter der Kurve von 0 bis 3, also 30, gegeben durch $A_f(3) = 10 \cdot 3 = 30$. Und Sie erkennen, dass die Fläche von 0 bis 5 gleich 50 ist, was mit der Tatsache übereinstimmt, dass $A_f(5) = 10 \cdot 5 = 50$ ist.

Wenn Sie stattdessen die Fläche ab s = −2 abdecken und eine neue Flächenfunktion definieren, $B_f(x) = \int_{-2}^x 10\, dt$, dann ist C gleich 20, und $B_f(x)$ ist damit $10x + 20$. Diese Flächenfunktion ist um 20 größer als $A_f(x)$, das bei s = 0 beginnt. Denn wenn Sie bei s = −2 beginnen, haben Sie bereits eine Fläche von 20 abgedeckt, wenn Sie zur 0 gelangen. Abbildung 8.5 zeigt, warum $B_f(3)$ um 20 größer ist als $A_f(3)$.

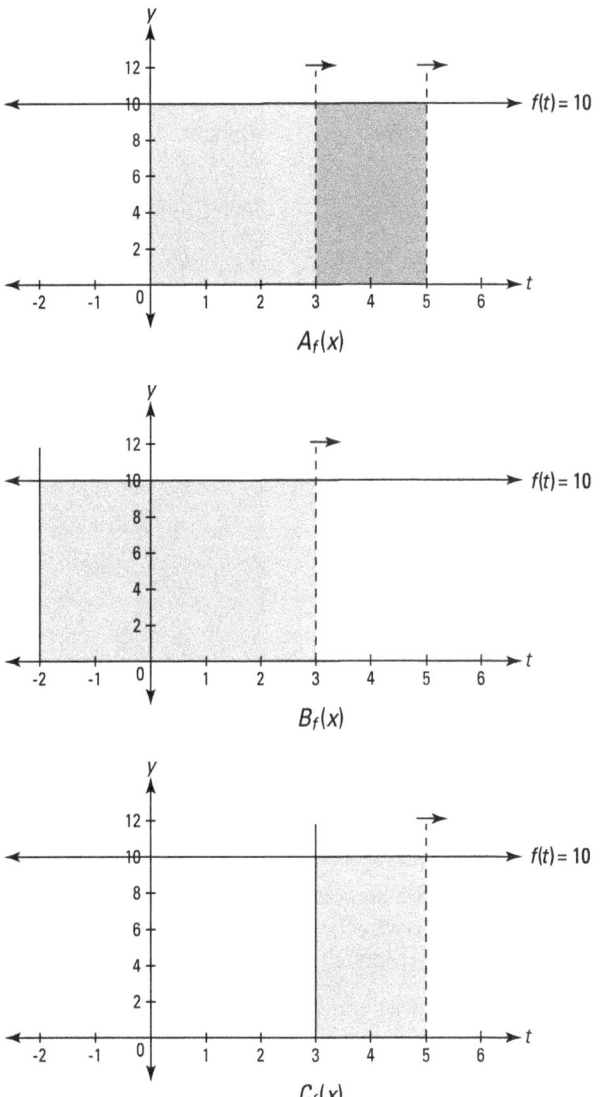

Abbildung 8.5: Drei Flächenfunktionen für f(t) = 10

Und wenn Sie mit dem Abdecken der Fläche bei $s = 3$ beginnen, ist die Flächenfunktion gleich $C_f(x) = \int_3^x 10\,dt = 10x - 30$. Diese Funktion ist um 30 kleiner als $A_f(x)$, denn bei $C_f(x)$ verlieren Sie das 3×10 große Rechteck zwischen 0 und 3, das in $A_f(x)$ enthalten ist (siehe unterer Graph in Abbildung 8.1).

Die Fläche, die unter der horizontalen Linie $f(t) = 10$ von irgendeiner Zahl s bis x abgedeckt wird, ist durch eine Stammfunktion von 10 gegeben, nämlich $10x + C$. Dabei ist der Wert von C von der Stelle abhängig, an der Sie mit dem Abdecken der Fläche beginnen.

Betrachten Sie dazu die Parabel $x^2 + 1$. Die Flächenfunktion für das Abdecken der Fläche unter $x^2 + 1$ ist $A_f(x) = \int_s^x (t^2 + 1)\, dt$. Nach dem Hauptsatz der Analysis gilt $\dfrac{d}{dx} A_f(x) = x^2 + 1$ und damit ist A_f eine Stammfunktion von $x^2 + 1$. Jede Funktion der Form $\dfrac{1}{3} x^3 + x + C$ hat eine Ableitung von $x^2 + 1$ (Probieren Sie es aus!), es handelt sich also hier um die Stammfunktion. Für diese Flächenfunktion sowie für das obige Beispiel ist $C = 0$, wenn $s = 0$ ist, und damit:

$$A_f(x) = \int_0^x (t^2 + 1)\, dt = \frac{1}{3} x^3 + x$$

Die Fläche, die von 0 bis 3 abgedeckt wird, ist $A_f(3)$:

$$A_f(x) = \frac{1}{3} x^3 + x$$
$$A_f(3) = \frac{1}{3} \cdot 3^3 + 3$$
$$= 9 + 3$$
$$= 12$$

Wunderbar. Und nachdem Sie die Flächenfunktion kennen, die bei 0 beginnt, $\int_0^x (t^2 + 1)\, dt = \frac{1}{3} x^3 + x$, ist es ein Kinderspiel, die Fläche anderer Bereiche unter der Parabel zu bestimmen, die nicht bei 0 beginnen. Angenommen, Sie wollen die Fläche unter der Parabel zwischen 2 und 3 ermitteln. Sie können diese Fläche berechnen, indem Sie die Fläche zwischen 0 und 2 von der Fläche zwischen 0 und 3 abziehen. Sie haben die Fläche zwischen 0 und 3 eben berechnet – sie ist gleich 12. Und die Fläche zwischen 0 und 2 ist $A_f(2) = \frac{1}{3} \cdot 2^3 + 2 = 4\frac{2}{3}$. Die Fläche zwischen 2 und 3 ist also $12 - 4\frac{2}{3}$ oder $7\frac{1}{3}$. Diese Subtraktionsmethode bringt uns zum nächsten Thema – der zweite Teil des Hauptsatzes.

Stammfunktionen vom Erbe ausgeschlossen, weil sie keinen x-Schnittpunkt hatten!

Alle Familien der Stammfunktionen sehen wie ein Stapel paralleler Kurven aus, die endlos auf und ab laufen. Aber nur eine Untermenge jeder dieser Familien kann als Flächenfunktionen verwendet werden – nämlich die Stammfunktionen, die mindestens einen x-Schnittpunkt haben (manchmal ist diese Untermenge die ganze Familie, so wie in Abbildung 8.1). Und hier die Erklärung: Wenn eine Flächenfunktion beispielsweise an der Stelle $x = 5$ anfängt, eine Fläche abzudecken, muss $A_i(5)$ gleich 0 sein, weil an der Stelle 5 noch keine Fläche abgedeckt wurde. Die Stammfunktion für die Flächenfunktion, die bei 5 beginnt, muss also einen x-Schnittpunkt, eine *Nullstelle*, bei $x = 5$ haben. Wenn die Abdeckung bei $x = -10$ beginnt, würden Sie die Stammfunktion mit dem x-Schnittpunkt bei -10 verwenden usw. Eine Stammfunktion ohne x-Schnittpunkte kann nicht als Flächenfunktion genutzt werden. Sie wird aus der Familie ausgeschlossen.

Null ist nicht immer gleich null

In den beiden Beispielen $f(t) = 10$ und $f(t) = t^2 + 1$ haben die Flächenfunktionen, die bei $s = 0$ beginnen, einen Wert von 0 für C in der Stammfunktion. Das ist für viele Funktionen der Fall – einschließlich aller Polynomfunktionen –, aber keineswegs für alle Funktionen. Für die Neugierigen unter Ihnen: Sie können den jeweiligen Wert von C für Ihre Auswahl von s bestimmen, indem Sie die Stammfunktion gleich 0 setzen, den Wert von s in x einsetzen und nach C auflösen.

Der Hauptsatz der Analysis: Teil 2

Jetzt sind Sie endlich bei der wunderbaren Abkürzung für den Integrationssatz angekommen, den Sie den Rest Ihres Lebens anwenden werden – wenigstens, solange Sie es mit der Analysis zu tun haben werden. Aber zuerst eine Warnung, die Sie im Hinterkopf behalten sollten, wenn Sie die Integration durchführen.

Wenn Sie eine Flächenfunktion anwenden, werden Flächen *unterhalb* der x-Achse als *negative* Flächen gewertet.

Der Hauptsatz der Analysis lautet (abgekürzte Version): Sei F eine beliebige Stammfunktion der Funktion f, dann gilt:

$$\int_a^b f(x)\, dx = F(b) - F(a)$$

Dieser Satz verschafft Ihnen die wunderbare Abkürzung für die Berechnung eines bestimmten Integrals, wie $\int_2^3 (x^2 + 1)\, dx$, der Fläche unter der Parabel $x^2 + 1$ zwischen 2 und 3. Wie wir im vorigen Abschnitt gezeigt haben, können Sie diese Fläche ermitteln, indem Sie die Fläche zwischen 0 und 2 von der Fläche zwischen 0 und 3 abziehen, aber dazu brauchen Sie die Flächenfunktion, die die Fläche beginnend bei 0 abdeckt, $\int_0^x (t^2 + 1)\, dt$, das ist $\frac{1}{3} x^3 + x$ (mit einem C-Wert von 0).

Die Eleganz dieser Abkürzung ist, dass Sie nicht einmal eine Flächenfunktion wie $A_f(x) = \int_0^x (t^2 + 1)\, dt$ verwenden müssen. Sie bestimmen eine Stammfunktion, $F(x)$, Ihrer Funktion, und subtrahieren, $F(b) - F(a)$. Die einfachste Stammfunktion, die Sie verwenden können, ist diejenige für $C = 0$. Sie benutzen also den Satz, um die Fläche unter der Parabel von 2 bis 3 zu bestimmen. $F(x) = \frac{1}{3}x^3 + x$ ist eine Stammfunktion von $x^2 + 1$. Nach dem Satz

$$\int_2^3 (x^2 + 1)\, dx = F(3) - F(2)$$

kann also $F(3) - F(2)$ geschrieben werden als $\left[\frac{1}{3}x^3 + x\right]_2^3$, und damit

$$\int_2^3 (x^2 + 1)\, dx = \left[\frac{1}{3}x^3 + x\right]_2^3$$
$$= \frac{1}{3} \cdot 3^3 + 3 - \left(\frac{1}{3} \cdot 2^3 + 2\right)$$
$$= 12 - 4\frac{2}{3}$$
$$= 7\frac{1}{3}$$

Das ist dieselbe Berechnung, wie wir sie im vorigen Abschnitt unter Verwendung der Flächenfunktion mit $s = 0$ durchgeführt haben. Für die Funktion $x^2 + 1$ ist C ebenfalls 0, wenn s gleich 0 ist. Aber unabhängig von der Funktion funktioniert die Abkürzung und Sie brauchen sich keine Sorgen mehr über Flächenfunktionen oder s oder C zu machen. Sie lösen nur $F(b) - F(a)$.

Noch ein Beispiel. Was ist die Fläche unter $f(x) = e^x$ zwischen $x = 3$ und $x = 5$? Die Ableitung von e^x ist e^x, e^x ist also eine Stammfunktion von e^x, und damit:

$$\int_3^5 e^x\, dx = \left[e^x\right]_3^5$$
$$= e^5 - e^3$$
$$\approx 148{,}4 - 20{,}1$$
$$\approx 128{,}3$$

Einfacher geht es nicht. Und wenn Ihnen eine riesige Abkürzung noch nicht reicht, sehen Sie sich Tabelle 8.1 an. Hier finden Sie einige Regeln zu bestimmten Integralen, die Ihnen das Leben sehr viel leichter machen können.

$\int\limits_{a}^{a} f(x)\,dx = 0$	(Zwischen a und a gibt es keine Fläche.)
$\int\limits_{b}^{a} f(x)\,dx = -\int\limits_{a}^{b} f(x)\,dx$	
$\int\limits_{a}^{b} f(x)\,dx = \int\limits_{a}^{c} f(x)\,dx + \int\limits_{c}^{b} f(x)\,dx$	
$\int\limits_{a}^{b} kf(x)\,dx = k\int\limits_{a}^{b} f(x)\,dx$	(k ist eine Konstante; Konstanten können aus dem Integral gezogen werden.)
$\int\limits_{a}^{b} [f(x) + g(x)]\,dx = \int\limits_{a}^{b} f(x)\,dx + \int\limits_{a}^{b} g(x)\,dx$	

Tabelle 8.1: Fünf einfache Regeln für bestimmte Integrale

Stammfunktionen finden: Vier grundlegende Techniken

Wir haben jetzt viel über Stammfunktionen geschrieben, aber wie findet man sie? In diesem Abschnitt zeigen wir Ihnen vier Techniken: Umkehrregeln für Stammfunktionen, Schätzen und Prüfen, die Substitutionsmethode und die teilweise Integration.

Umkehrregeln für Stammfunktionen

Die einfachsten Regeln für Stammfunktionen sind diejenigen, die das Umgekehrte der bereits bekannten Ableitungsregeln darstellen. (Falls Sie eine Auffrischung brauchen: Lesen Sie in Kapitel 6 nach.) Dabei handelt es sich um automatische, einstufige Stammfunktionen, mit Ausnahme der umgekehrten Potenzregeln, die aber auch nur unwesentlich schwieriger ist.

Umkehrregeln für Faule

Sie wissen, dass die Ableitung von $\sin x$ gleich $\cos x$ ist; wenn Sie das Ganze also umkehren, können Sie sagen, dass eine Stammfunktion von $\cos x$ gleich $\sin x$ ist. Kann es noch einfacher sein? Aber vergessen Sie nicht, dass alle Funktionen der Form $\sin x + C$ Stammfunktionen von $\cos x$ sind. In Symbolen dargestellt, schreiben Sie:

$$\frac{d}{dx} \sin x = \cos x \text{ und damit}$$

$$\int \cos x\,dx = \sin x + C$$

Tabelle 8.2 listet die Umkehrregeln für Stammfunktionen auf.

1.	$\int dx = x + C$	2.	$\int x^n dx = \dfrac{x^{n+1}}{n+1} + C, \quad (n \neq 1)$
3.	$\int e^x dx = e^x + C$	4.	$\int \dfrac{dx}{x} = \ln |x| + C$
5.	$\int a^x dx = \dfrac{1}{\ln a} a^x + C$		
6.	$\int \sin dx = -\cos x + C$	7.	$\int \cos x\, dx = \sin x + C$
8.	$\int \sec^2 x\, dx = \tan x + C$	9.	$\int \csc^2 x\, dx = -\cot x + C$
10.	$\int \sec x \tan x\, dx = \sec x + C$	11.	$\int \csc x \cot x\, dx = -\csc x + C$
12.	$\int \dfrac{dx}{\sqrt{a^2 - x^2}} = \arcsin \dfrac{x}{a} + C$	13.	$\int \dfrac{dx}{a^2 + x^2} = \dfrac{1}{a} \arctan \dfrac{x}{a} + C$
14.	$\int \dfrac{dx}{x\sqrt{x^2 - a^2}} = \dfrac{1}{a} \operatorname{arc\,sec} \dfrac{|x|}{a} + C$		

Tabelle 8.2: Grundlegende Formeln für die Stammfunktionen

Die etwas schwierigere umgekehrte Potenzregel

Nach der Potenzregel wissen Sie, dass gilt:

$\dfrac{d}{dx} x^3 = 3x^2$, und damit

$\int 3x^2 dx = x^3 + C$

Und hier die einfache Methode für die Umkehrung der Potenzregel. Betrachten Sie dazu die Funktion $5x^4$. Sie wissen, dass man nach der Potenzregel wie folgt vorgeht:

1. **Bringen Sie die Potenz nach vorne, wo sie mit der restlichen Ableitung *multipliziert* wird.**

    $5x^4 \rightarrow 4 \cdot 5x^4$

2. **Reduzieren Sie die Potenz um 1 und vereinfachen Sie.**

    $4 \cdot 5x^4 \rightarrow 4 \cdot 5x^3 = 20x^3$

Um diesen Prozess umzukehren, kehren Sie die Reihenfolge der beiden Schritte um und machen die Mathematik innerhalb dieser beiden Schritte rückgängig. Und so geht das für die vorangegangene Aufgabenstellung:

1. *Erhöhen* Sie die Potenz um 1.

Die 3 wird zu einer 4.

$$20x^3 \rightarrow 20x^4$$

2. *Dividieren* Sie durch die neue Potenz und vereinfachen Sie.

$$20x^4 \rightarrow \frac{20}{4}x^4 = 5x^4$$

Sie schreiben also $\int 20x^3 dx = 5x^4 + C$.

Insbesondere, wenn Sie noch nicht viel Erfahrung mit dem Rückgängigmachen der Differentiation gesammelt haben, sollten Sie Ihre Stammfunktionen testen, indem Sie sie differenzieren – Sie können dabei das C ignorieren. Wenn Sie wieder zu Ihrer ursprünglichen Funktion gelangen, wissen Sie, dass Ihre Stammfunktion korrekt ist.

Mit der eben gefundenen Stammfunktion und der zweiten Version des Hauptsatzes können Sie die Fläche unter $20x^3$ zwischen beispielsweise 1 und 2 ermitteln:

$\int 20x^3 dx = 5x^4 + C$, und damit

$$\int_1^2 20x^3 dx = \left[5x^4 \right]_1^2$$

$$= 5 \cdot 2^4 - 5 \cdot 1^4$$

$$= 80 - 5$$

$$= 75$$

Schätzen und Prüfen

Die Schätzen-und-Prüfen-Methode funktioniert, wenn der *Integrand* – das heißt das, wofür Sie die Differentiation rückgängig machen wollen (der Ausdruck hinter dem Integralsymbol ohne das dx) – in der Nähe einer Funktion liegt, für die Sie die Umkehrregel kennen. Angenommen, Sie suchen die Stammfunktion für $\cos(2x)$. Sie wissen, dass die Ableitung von Sinus gleich Kosinus ist. Wenn Sie dies umkehren, wissen Sie, dass die Stammfunktion von Kosinus gleich Sinus ist. Sie könnten jetzt denken, die Stammfunktion von $\cos(2x)$ sei $\sin(2x)$. Das *schätzen* Sie. Jetzt *prüfen* Sie, indem Sie differenzieren, um zu sehen, ob Sie die ursprüngliche Funktion wieder erhalten, $\cos(2x)$.

$$\frac{d}{dx}\sin(2x)$$

$$= \cos(2x) \cdot 2 \quad \text{(Sinusregel und Kettenregel)}$$

$$= 2\cos(2x)$$

Dieses Ergebnis liegt sehr nah an der ursprünglichen Funktion, außer dass Sie hier den zusätzlichen Koeffizienten 2 haben. Mit anderen Worten: Es beträgt das Doppelte von dem, was Sie erwartet haben. Da Sie ein Ergebnis haben wollen, das die Hälfte davon ausmacht, probieren Sie es mit einer Stammfunktion, die die Hälfte Ihrer ersten Schätzung darstellt: $\frac{1}{2}\sin(2x)$. Prüfen Sie die zweite Schätzung, indem Sie sie differenzieren. Damit erhalten Sie das gewünschte Ergebnis.

Noch ein Beispiel. Wie lautet die Stammfunktion von $(3x-2)^4$?

1. Schätzen Sie die Stammfunktion.

Das Ganze sieht sehr nach einer Potenzregel aus, deshalb probieren Sie es mit der umgekehrten Potenzregel. Die Stammfunktion von x^4 ist nach der umgekehrten Potenzregel gleich $\frac{1}{5}x^5$, Ihre Schätzung ist also $\frac{1}{5}(3x-2)^5$.

2. Prüfen Sie Ihre Schätzung, indem Sie sie differenzieren.

$$\frac{d}{dx}\left[\frac{1}{5}(3x-2)^5\right]$$

$$= 5 \cdot \frac{1}{5}(3x-2)^4 \cdot 3 \qquad \text{(Potenzregel und Kettenregel)}$$

$$= 3(3x-2)^4$$

3. Passen Sie Ihre erste Schätzung an.

Ihr Ergebnis, $3(3x-2)^4$ ist dreimal so hoch, deshalb verwenden Sie als zweite Schätzung ein *Drittel* Ihrer ersten Schätzung, das heißt $\frac{1}{3} \cdot \frac{1}{5}(3x-2)^5$ oder $\frac{1}{15}(3x-2)^5$.

4. Prüfen Sie Ihre zweite Schätzung, indem Sie sie differenzieren.

$$\frac{d}{dx}\left[\frac{1}{15}(3x-2)^5\right]$$

$$= 5 \cdot \frac{1}{15}(3x-2)^4 \cdot 3 \qquad \text{(Potenzregel und Kettenregel)}$$

$$= (3x-2)^4$$

Passt. Fertig! Die Stammfunktion von $(3x-2)^4$ ist $\frac{1}{15}(3x-2)^5 + C$.

Die beiden vorigen Beispiele zeigen, dass *Schätzen* und *Prüfen* gut funktioniert, wenn die Funktion, für die Sie die Differentiation rückgängig machen wollen, ein Argument wie etwa $3x$ oder $3x+2$ hat (wobei x in die *erste* Potenz erhoben ist) statt eines ganz normalen x. (Sie wissen, dass in einer Funktion wie etwa $\sqrt{5x}$ der Term $5x$ als Argument bezeichnet wird.) In diesem Fall brauchen Sie Ihre Schätzung nur noch ein bisschen anzupassen, nämlich mit dem Reziprok des Koeffizienten von x – der 3 in $3x+2$, beispielsweise (die 2 in $3x+2$ wirkt sich nicht auf Ihre Lösung aus). Für diese einfachen Aufgabenstellungen brauchen Sie aber letztlich kein Schätzen und Prüfen. Sie erkennen sofort, wie Sie Ihre Schätzung anpassen müssen. Das Ganze wird zu einem einstufigen Prozess. Wenn das Argument der Funktion komplizierter als $3x + 2$ ist, beispielsweise das x^2 in cos (x^2), müssen Sie es mit der nächsten Methode ausprobieren: die Substitution.

Die Substitutionsmethode

Wenn Sie noch einmal die Beispiele für die Methode *Schätzen und Prüfen* aus dem vorigen Abschnitt betrachten, erkennen Sie, warum die erste Schätzung in keinem der Fälle funktioniert hat. Wenn Sie die erste Schätzung differenzieren, erzeugt die Kettenregel eine zusätzliche Konstante: 2 im ersten Beispiel, 3 im zweiten. Anschließend passen Sie die Schätzungen mit $\frac{1}{2}$ beziehungsweise $\frac{1}{3}$ an, um die zusätzliche Konstante zu kompensieren.

Angenommen, Sie suchen die Stammfunktion von cos (x^2) und schätzen, dass sie gleich sin (x^2) ist. Was passiert, wenn Sie sin (x^2) differenzieren, um das Ganze zu prüfen:

$$\frac{d}{dx} \sin (x^2)$$

$$= \cos (x^2) \cdot 2x \text{ (Sinusregel und Kettenregel)}$$

$$= 2x \cos (x^2)$$

Hier erzeugt die Kettenregel ein zusätzliches $2x$, weil die Ableitung von x^2 gleich $2x$ ist, aber wenn Sie versuchen, dies zu kompensieren, indem Sie Ihrer Schätzung $\frac{1}{2x}$ hinzufügen, funktioniert das nicht. Probieren Sie es aus!

Schätzen und Prüfen funktioniert also nicht für das Rückgängigmachen der Differentiation von cos (x^2) – für diesen so einfach aussehenden Integranden funktioniert letztlich gar keine Methode (nicht alle Funktionen haben Ableitungen), aber Ihr bewundernswerter Versuch der Differentiation führt hier zu einer neuen Klasse an Funktionen, deren Stammfunktionen Sie suchen können. Weil die Ableitung von sin (x^2) gleich $2x$ cos (x^2) ist, muss die Stammfunktion von $2x$ cos (x^2) gleich sin (x^2) sein. Diese Funktion, $2x$ cos (x^2), ist die Art Funktion, deren Stammfunktion Sie mit Hilfe der Substitutionsmethode finden.

 Die Substitutionsmethode funktioniert, wenn der Integrand eine Funktion und *die Ableitung des Funktionsarguments* enthält – mit anderen Worten: Wenn er das zusätzliche Ding enthält, das die Kettenregel produziert –, oder etwas Ähnliches, außer einer Konstanten. Außerdem darf der Integrand nichts anderes enthalten.

Die Ableitung von e^{x^3} ist $e^{x^3} \cdot 3x^2$ (nach der e^x-Regel und der Kettenregel). Die Stammfunktion von $e^{x^3} \cdot 3x^2$ ist also e^{x^3}. Und wenn Sie aufgefordert werden, die Stammfunktion von $e^{x^3} \cdot 3x^2$ zu bestimmen, wissen Sie, dass die Substitutionsmethode funktioniert, weil dieser Ausdruck $3x^2$ enthält, der die Ableitung des Arguments von e^{x^3} ist, nämlich x^3.

Sie fragen sich vielleicht, warum dies als *Substitutionsmethode* bezeichnet wird. Wir werden es Ihnen in der nachfolgenden Schritt-für-Schritt-Anleitung zeigen. Die Substitutionsmethode ist eine wichtige Technik, denn sie wird in der Analysis häufig angewendet. Nachfolgend finden Sie eine Erklärung, wie Sie die Stammfunktion von $\int 2x \cos(x^2)\, dx$ mit der
Substitution bestimmen.

1. **Setzen Sie u gleich dem Argument der Hauptfunktion.**

   Das Argument von $\cos(x^2)$ ist x^2, deshalb setzen Sie u gleich x^2.

2. **Bestimmen Sie die Ableitung von u für x.**

   $u = x^2$, deshalb ist $\dfrac{du}{dx} = 2x$.

3. **Lösen Sie nach dx auf.**

   $$\frac{du}{dx} = \frac{2x}{1}$$

   $du = 2x\,dx$ \quad (Kreuzmultiplikation)

   $\dfrac{du}{2x} = dx$ \quad (beide Seiten durch $2x$ dividieren)

4. **Führen Sie die Substitutionen durch.**

   In $\int 2x \cos(x^2)\,dx$ nimmt u die Stelle von x^2 ein, und $\dfrac{du}{2x}$ nimmt die Stelle von dx ein.

   Damit haben Sie $\int 2x \cos u \dfrac{du}{2x}$. Die beiden $2x$ heben sich auf, wodurch Sie $\int \cos u\,du$ erhalten.

5. **Suchen Sie die Stammfunktion unter Verwendung der einfachen Umkehrregel.**

   $$\int \cos u\,du = \sin u + C$$

6. **Setzen Sie für u wieder x^2 ein – womit sich der Kreis schließt.**

   u ist gleich x^2, deshalb wird x^2 für das u eingesetzt:

   $$\int \cos u\,du = \sin(x^2) + C$$

   Das ist alles.

   $$\int 2x \cos(x^2)\,dx = \sin(x^2) + C.$$

Wäre statt $\int 2x \cos(x^2)\,dx$ die ursprüngliche Aufgabe $\int 5x \cos(x^2)\,dx$ gewesen, würden Sie denselben Schritten folgen, außer dass Sie in Schritt 4 nach der Substitution $\int 5x \cos u \dfrac{du}{2x}$

erhalten. Die x heben sich immer noch auf – das ist das Wichtige dabei –, aber nachdem Sie gekürzt haben, erhalten Sie $\int \frac{5}{2}\cos u\,du$, worin das zusätzliche $\frac{5}{2}$ enthalten ist. Keine Sorge. Sie ziehen die $\frac{5}{2}$ vor das Symbol $\int$, wodurch Sie $\frac{5}{2}\int\cos u\,du$ erhalten. Jetzt erledigen Sie den Rest der Aufgabe wie in den Schritten 5 und 6 gezeigt, außer dass Sie hier das zusätzliche $\frac{5}{2}$ haben.

$$\frac{5}{2}\int\cos u\,du = \frac{5}{2}(\sin u + C)$$
$$= \frac{5}{2}\sin u + \frac{5}{2}C$$
$$= \frac{5}{2}\sin(x^2) + \frac{5}{2}C$$

Weil C irgendeine beliebige Konstante ist, ist auch $\frac{5}{2}C$ irgendeine beliebige Konstante, deshalb können Sie sich die $\frac{5}{2}$ vor dem C vom Hals schaffen. Das scheint recht unmathematisch zu klingen, aber es ist korrekt. Ihre fertige Lösung ist also $\frac{5}{2}\sin(x^2) + C$. Überprüfen Sie es, indem Sie differenzieren.

Und hier noch ein paar Beispiele für Stammfunktionen, die Sie durch die Substitutionsmethode erhalten:

✔ $\int 4x^2\cos(x^3)\,dx$

Die Ableitung von x^3 ist $3x^2$, aber Sie brauchen die 3 in $3x^2$ und die 4 im Integranden nicht zu berücksichtigen. Weil der Integrand x^2 enthält und weil er keine anderen zusätzlichen Dinge enthält, funktioniert die Substitution.

✔ $\int 10\sec^2 x \cdot e^{\tan x}\,dx$

Der Integrand enthält eine Funktion, $e^{\tan x}$ und die Ableitung ihres Arguments, $\tan x$, nämlich $\sec^2 x$. Weil der Integrand keine anderen zusätzlichen Dinge enthält (außer 10, was keine Rolle spielt), funktioniert die Substitution.

✔ $\int \frac{2}{3}\cos x\sqrt{\sin x}\,dx$

Weil der Integrand die Ableitung von $\sin x$ enthält, nämlich $\cos x$, und keine anderen zusätzlichen Dinge, außer $\frac{2}{3}$, funktioniert die Substitution.

Sie können die drei aufgeführten Aufgabenstellungen mit einer Methode lösen, die Substitution und Schätzen-und-Prüfen kombiniert (solange Ihr Dozent nicht darauf besteht, dass Sie die Aufgabe mit der sechsstufigen Substitution lösen). Bestimmen Sie mit dieser Kombi-Methode die Stammfunktion für das erste Beispiel $\int 4x^2 \cos(x^3)\, dx$. Zuerst überprüfen Sie, ob das Integral dem Muster für die Substitution entspricht – das ist der Fall, wie im ersten Punkt der Checkliste dargelegt. Diese Überprüfung ist die einzige Rolle, die die Substitution in der Kombi-Methode übernimmt. Jetzt schließen Sie die Aufgabe unter Anwendung der Schätzen-und-Prüfen-Methode ab.

1. **Schätzen Sie.**

   Die Stammfunktion von Kosinus ist Sinus, eine gute Schätzung für die Stammfunktion von $4x^2 \cos(x^3)\, dx$ ist also $\sin(x^3)$.

2. **Überprüfen Sie Ihre Schätzung, indem Sie sie differenzieren.**

   $$\frac{d}{dx} \sin(x^3) = \cos(x^3) \cdot 3x^2 \qquad \text{(Sinusregel und Kettenregel)}$$

   $$= 3x^2 \cos(x^3)$$

3. **Passen Sie Ihre Schätzung an.**

   Ihr Ergebnis aus Schritt 2, $3x^2 \cos(x^3)$, ist $\dfrac{3}{4}$ von dem, was Sie suchen, $4x^2 \cos(x^3)$.

   Machen Sie Ihre Schätzung also um $\dfrac{4}{3}$ größer (weil $\dfrac{4}{3}$ das Reziproke von $\dfrac{3}{4}$ ist). Ihre zweite Schätzung ist also $\dfrac{4}{3} \sin(x^3)$.

4. **Überprüfen Sie diese zweite Schätzung, indem Sie sie differenzieren.**

   Lassen Sie es einfach. Ihre Lösung funktioniert!

Flächen mit Hilfe von Substitutionsaufgaben bestimmen

Mit dem Hauptsatz können Sie die Fläche unter einer Funktion berechnen, die Sie mit Hilfe der Substitutionsmethode integrieren. Dazu gibt es zwei Methoden. Im vorigen Abschnitt verwenden wir die Substitution, indem Sie u gleich x^2 setzen, um die Stammfunktion von $2x\cos(x^2)$ zu finden:

$$\int 2x \cos(x^2)\, dx = \sin(x^2) + C$$

Wenn Sie die Fläche unter dieser Kurve beispielsweise von $\dfrac{1}{2}$ bis 1 berechnen wollen, hilft Ihnen der Hauptsatz:

$$\int_{\frac{1}{2}}^{1} 2x \cos(x^2)\, dx = \Big[\sin(x^2) \Big]_{\frac{1}{2}}^{1}$$

$$= \sin(1^2) - \sin\left(\left(\frac{1}{2}\right)^2\right)$$

$$= \sin 1 - \sin\left(\frac{1}{4}\right)$$

$$\approx 0{,}841 - 0{,}247$$

$$\approx 0{,}594$$

Eine andere Methode, die zum gleichen Ergebnis führt, ist die Änderung der Integrationsgrenzen und Lösung der gesamten Aufgabe mit u. Betrachten Sie dazu die sechsstufige Lösung im Abschnitt *Die Substitutionsmethode* weiter vorn in diesem Kapitel. Das Ergebnis ähnelt der Substitutionsmethode, außer dass Sie jetzt eine bestimmte und keine unbestimmte Integration vornehmen. Auch hier berechnen Sie die Fläche, die durch $\int_{1/2}^{1} 2x \cos(x^2)\, dx$ abgedeckt wird.

1. **Setzen Sie u gleich x^2.**

2. **Bestimmen Sie die Ableitung von u für x.**

$$\frac{du}{dx} = 2x$$

3. **Lösen Sie nach dx auf.**

$$dx = \frac{du}{2x}$$

4. **Bestimmen Sie die neuen Integrationsgrenzen.**

$u = x^2$, wenn also $x = \frac{1}{2}$ ist, dann ist $u = \frac{1}{4}$ und wenn $x = 1$ ist, dann ist $u = 1$.

5. **Nehmen Sie die Substitutionen vor, berücksichtigen Sie dabei die neuen Integrationsgrenzen und kürzen Sie die beiden $2x$.**

Bei dieser Aufgabenstellung ist nur eine der Grenzen neu, denn wenn $x = 1$ ist, dann ist $u = 1$.

$$\int_{1/2}^{1} 2x \cos(x^2)\,dx$$

$$= \int_{1/4}^{1} 2x \cos u \,\frac{du}{2x}$$

$$= \int_{1/4}^{1} \cos u\, du$$

6. Wenden Sie die Stammfunktion und den Hauptsatz an, um die gewünschte Fläche zu erhalten, ohne zu x^2 zurückzuwechseln.

$$\int_{\frac{1}{4}}^{1} \cos u\, du = [\sin u]_{\frac{1}{4}}^{1}$$

$$= \sin 1 - \sin \frac{1}{4}$$

$$\approx 0,594$$

Diese beiden Methoden sind Jacke wie Hose. Der Arbeitsaufwand ist bei beiden derselbe. Entscheiden Sie sich für eine!

Teilweise Integration: Teilen und Herrschen!

Die teilweise Integration ist die Integrationsvariante der Produktregel für die Differentiation. Glauben Sie uns einfach. Das grundlegende Konzept der teilweisen Integration ist ein Integral, das Sie _nicht_ integrieren können, in ein einfaches Produkt minus einem Integral umzuwandeln, wofür das _möglich_ ist. Hier die Formel:

Die teilweise Integration lautet: $\int u\, dv = uv - \int v\, du$.

Versuchen Sie nicht, diese Formel sofort zu verstehen. Die folgenden Beispiele werden Ihnen helfen.

Beachten Sie, dass in $\int u\, dv$ und in uv das u und das v in alphabetischer Reihenfolge auftreten. Wenn Sie sich das merken, können Sie sich auch merken, dass das Integral auf der rechten Seite gleich dem auf der linken Seite ist, außer dass hier das u und das v vertauscht wurden.

Und hier die Beschreibung dieser Methode in Kurzfassung. Was ist $\int \sqrt{x} \ln(x)\, dx$? Zuerst teilen Sie den Integranden in u und in dv auf, wodurch er der Formel entspricht. Für diese Aufgabe soll $\ln(x)$ Ihr u sein. Alles andere ist dann dv, also $\sqrt{x}\, dx$. (Wir werden Ihnen im nächsten Abschnitt zeigen, wie das u zu wählen ist – es ist ganz einfach.) Anschließend differenzieren Sie u, um Ihr du zu erhalten, und dann integrieren Sie dv, um Ihr v zu erhalten. Schließlich setzen Sie alles in die Formel ein und haben gewonnen.

Um alles möglichst einfach zu halten, ordnen Sie Ihre Aufgabenstellungen mit der teilweisen Integration in einem Rahmen an, wie in Abbildung 8.6 gezeigt. Zeichnen Sie einen leeren 2 × 2-Rahmen, setzen Sie Ihr u, in diesem Fall $\ln(x)$, in die obere linke Ecke ein und Ihr dv, $\sqrt{x}\, dx$, in die untere rechte Ecke. Betrachten Sie dazu Abbildung 8.7.

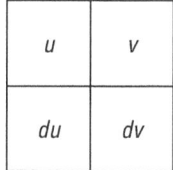

Abbildung 8.6: Der Rahmen für die teilweise Integration

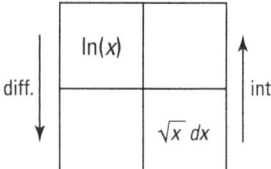

Abbildung 8.7: Der Rahmen wird gefüllt.

Abbildung 8.7 erinnern Sie daran, dass Sie links differenzieren und rechts integrieren. Stellen Sie sich die Differentiation – das ist das Einfachere – als von oben nach unten (wie beim Skifahren) vor, und die Integration – das ist das Schwierigere – als von unten nach oben (wie beim Bergsteigen).

Jetzt berechnen Sie die fehlenden Einträge für den Rahmen:

$$u = \ln(x) \qquad\qquad dv = \sqrt{x}\,dx$$

$$\frac{du}{dx} = \frac{1}{x} \qquad\qquad \int dv = \int \sqrt{x}\,dx$$

$$du = \frac{1}{x}\,dx \qquad\qquad v = \frac{2}{3}x^{3/2} \ \text{(umgekehrte Potenzregel)}$$

Abbildung 8.8 zeigt den fertig ausgefüllten Rahmen.

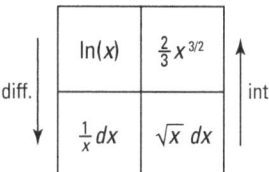

Abbildung 8.8: Der ausgefüllte Rahmen für $\int \sqrt{x}\ln(x)dx$

Sie können sich die Formel für die teilweise Integration gut merken, indem Sie im linken oberen Feld beginnen und dann eine imaginäre 7 zeichnen – erst nach rechts und dann nach unten links. Betrachten Sie dazu Abbildung 8.9.

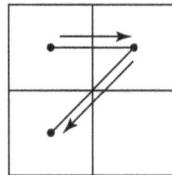

Abbildung 8.9: Ein Rahmen mit 7. Wer behauptet, Analysis sei kompliziert?

Merken Sie sich, wie Sie die 7 eingetragen haben, und betrachten Sie erneut Abbildung 8.1. Die Formel für die teilweise Integration besagt, dass Sie mit dem oberen Teil der 7 anfangen müssen, nämlich $\ln(x) \cdot \frac{2}{3} x^{3/2}$, minus dem Integral des diagonalen Teils der 7, $\int \frac{2}{3} x^{3/2} \cdot \frac{1}{x}\, dx$.

Das ist übrigens *sehr* viel einfacher zu tun als zu erklären. Probieren Sie es aus. Sie werden sehen, wie Ihnen dieses Schema hilft, die Formel zu lernen und diese Aufgabenstellungen auf die Reihe zu bekommen.

Und jetzt weiter. Setzen Sie alles in die Formel ein:

$$\int u\,dv = uv - \int v\,du$$

$$\int \sqrt{x}\,\ln(x)\,dx = \ln(x) \cdot \frac{2}{3} x^{3/2} - \int \frac{2}{3} x^{3/2} \cdot \frac{1}{x}\, dx$$

$$= \frac{2}{3} x^{3/2} \ln(x) - \frac{2}{3} \int x^{1/2} dx$$

$$= \frac{2}{3} x^{3/2} \ln(x) - \frac{2}{3} \left(\frac{2}{3} x^{3/2} + C \right) \text{ (umgekehrte Potenzregel)}$$

$$= \frac{2}{3} x^{3/2} \ln(x) - \frac{4}{9} x^{3/2} - \frac{2}{3} C$$

$$= \frac{2}{3} x^{3/2} \ln(x) - \frac{4}{9} x^{3/2} + C$$

Im letzten Schritt ersetzen Sie $-\frac{2}{3}C$ durch C, weil $-\frac{2}{3}$ multipliziert mit irgendeiner Zahl wieder irgendeine Zahl ergibt.

Das u auswählen

Und jetzt folgt eine wunderbare Eselsbrücke, wie Sie das u auswählen können (auch hier gilt: Wenn Sie das u ausgewählt haben, ist alles andere automatisch das dv).

Herbert E. Kasube hat sich das Akronym *LIATE* ausgedacht, das Ihnen bei der Auswahl des u helfen sollte (Analysisfreaks können den Artikel von Herrn Kasube im *American Mathematical Monthly 90*, Ausgabe 1983, nachlesen):

L	Logarithmisch	(wie log (x))
I	Invers trigonometrisch	(wie arctan (x))
A	Algebraisch	(wie $5x^2 + 3$)
T	Trigonometrisch	(wie cos (x))
E	Exponentiell	(wie 10^x)

Um Ihr u auszuwählen, durchlaufen Sie diese Liste der Reihe nach: Der erste Funktionstyp in der Liste, der im Integranden auftaucht, ist Ihr u.

Und jetzt ein paar extrem hilfreiche Hinweise, wie Sie sich das Akronym *LIATE* merken können. Wie wäre es mit *Liliputaner In Afrika Tragen Elefantenohren*? Oder *Lustig Ist Auch Tante Elli. Leider Ist Auch Thomas Enterbt*. Denken Sie sich einfach etwas aus, was Sie sich irgendwie merken können!

Und jetzt zu einem Beispiel. Integrieren Sie $\int$ arctan $(x)\,dx$. Beachten Sie, dass die teilweise Integration manchmal für Integranden wie diesen funktioniert, der nur eine einzige Funktion enthält.

1. **Durchlaufen Sie die LIATE-Liste und wählen Sie das u entsprechend aus.**

   Sie sehen, dass es in arctan $(x)\,dx$ keine logarithmischen Funktionen gibt, aber es gibt eine inverse trigonometrische Funktion, arctan (x). Das ist also Ihr u. Alles andere ist Ihr dv, in diesem Fall das gute alte dx.

2. **Und jetzt zum Rahmen. Betrachten Sie Abbildung 8.10.**

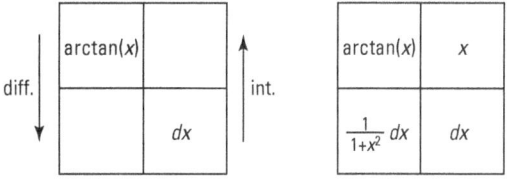

Abbildung 8.10: Der Rahmen

3. **Setzen Sie alles in die Formel für die teilweise Integration ein oder zeichnen Sie die imaginäre 7 in den Rahmen von Abbildung 8.10.**

$$\int u\,dv = uv - \int v\,du$$

$$\int \arctan (x)\,dx = x \arctan (x) - \int x \cdot \frac{1}{1+x^2}\,dx$$

Jetzt können Sie die Aufgabe lösen, indem Sie $\int x \cdot \frac{1}{1+x^2}\,dx$ mit Hilfe der Substitutionsmethode lösen. Dazu setzen Sie $u = 1 + x^2$. Probieren Sie es aus (im Abschnitt *Die Substitutionsmethode* weiter vorne in diesem Kapitel können Sie Details zur Substitutionsmethode nachlesen). Beachten Sie, dass das u in $u = 1 + x^2$ nichts mit dem u der teilweisen Integration zu tun hat. Ihre Antwort sollte lauten $\int \arctan(x)\,dx = x\arctan(x) - \frac{1}{2}\ln(1 + x^2) + C$.

Und noch ein Beispiel. Integrieren Sie $\int x \sin(3x)\,dx$.

1. **Durchlaufen Sie die LIATE-Liste und wählen Sie das u aus.**

   Wenn Sie die LIATE-Liste nach unten durchlaufen, ist der erste Funktionstyp, den Sie in $x \sin(3x)\,dx$ finden, eine sehr einfache algebraische Funktion, nämlich x. Das ist also Ihr u.

2. **Legen Sie den Rahmen an.**

   Betrachten Sie dazu Abbildung 8.11.

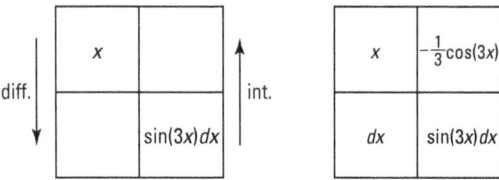

Abbildung 8.11: Noch mehr Rahmen

3. **Setzen Sie alles in die Formel für die teilweise Integration ein oder zeichnen Sie eine imaginäre 7 durch den Rahmen rechts in Abbildung 8.11.**

$$\int u\,dv = uv - \int v\,du$$

$$\int x \sin(3x)\,dx = -\frac{1}{3}x\cos(3x) - \int -\frac{1}{3}\cos(3x)\,dx$$

$$= -\frac{1}{3}x\cos(3x) + \frac{1}{3}\int \cos(3x)\,dx$$

$\int \cos(3x)\,dx$ können Sie ganz leicht durch Substitution oder die Schätzen-und-Prüfen-Methode integrieren. Probieren Sie es. Ihr Ergebnis sollte $-\frac{1}{3}x\cos(3x) + \frac{1}{9}\sin(3x) + C$ sein.

Teilweise Integration: Beim zweiten wie beim ersten Mal

Manchmal müssen Sie die Methode der teilweisen Integration mehrfach anwenden, da der erste Durchlauf nicht zur endgültigen Lösung führt. Hier ein Beispiel: Bestimmen Sie $\int x^2 e^x\,dx$.

1. **Durchlaufen Sie die LIATE-Liste nach unten und wählen Sie das u.**

   $x^2 e^x\,dx$ enthält eine algebraische Funktion, x^2, ebenso wie eine Exponentialfunktion, e^x (es ist eine *Exponential*funktion, weil ein x im Exponenten steht). Auf der LIATE-Liste finden Sie als Erstes x^2, deshalb ist dies Ihr u.

2. Jetzt die Sache mit den Rahmen.

Betrachten Sie dazu Abbildung 8.12.

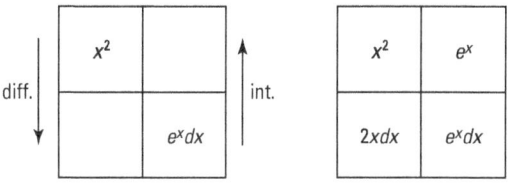

Abbildung 8.12: Die Rahmen für $\int x^2 e^x dx$

3. Verwenden Sie die Formel für die teilweise Integration – oder die Eselsbrücke mit der 7.

$$\int x^2 e^x dx = x^2 e^x - \int e^x \cdot 2x dx$$

$$= x^2 e^x - 2\int x e^x dx$$

Sie erhalten ein weiteres Integral, $\int x e^x dx$, das Sie nicht mit Hilfe einer der einfacheren Methoden aus der Welt schaffen können – Umkehrregeln, Schätzen und Prüfen oder Substitution. Beachten Sie jedoch, dass die Potenz von x um 1 reduziert wurde, Sie haben also schon Fortschritte gemacht. Wenn Sie für $\int x e^x dx$ erneut die teilweise Integration anwenden, verschwindet das x völlig und Sie sind fertig.

4. Führen Sie erneut die teilweise Integration durch.

Diesmal machen Sie es selbst.

$$\int x e^x dx = x e^x - \int e^x dx$$

$$= x e^x - e^x + C$$

5. Nehmen Sie das Ergebnis aus Schritt 4 und setzen Sie es für das $\int x e^x dx$ in der Lösung aus Schritt 3 ein, um jetzt den ganzen Schmodder zu erzeugen.

$$\int x^2 e^x dx = x^2 e^x - 2(x e^x - e^x + C)$$

$$= x^2 e^x - 2x e^x + 2e^x - 2C$$

$$= x^2 e^x - 2x e^x + 2e^x + C$$

Alles im Kreis!

Wenn Sie die teilweise Integration zweimal durchführen, gelangen Sie manchmal an die Ausgangsposition zurück – was, anders, als wenn Sie sich verirren, keine Zeitverschwendung ist. Integrieren Sie $\int e^x \cos(x)\, dx$ und haben Sie Ihren Spaß!

Ihr u ist $\cos(x)$ (das T in *LIATE*) und $e^x dx$ ist Ihr dv. Und jetzt schnell weiter zum Schritt mit der Formel:

$$\int e^x \cos(x)\, dx = e^x \cos(x) - \int e^x (-\sin(x))\, dx$$

$$= e^x \cos(x) + \int e^x \sin(x)\, dx$$

Wenn Sie erneut teilweise für $\int e^x \sin(x)\, dx$ integrieren, erhalten Sie

$$\int e^x \sin(x)\, dx = e^x \sin(x) - \int e^x \cos(x)\, dx$$

Damit sind Sie wieder an Ihrem Ausgangspunkt: $\int e^x \cos(x)\, dx$. Keine Sorge. Setzen Sie zuerst die rechte Seite der obigen Gleichung für das $\int e^x \sin(x)\, dx$ in der ursprünglichen Lösung ein:

$$\int e^x \cos(x)\, dx = e^x \cos(x) + \int e^x \sin(x)\, dx$$

$$\int e^x \cos(x)\, dx = e^x \cos(x) + e^x \sin(x) - \int e^x \cos(x)\, dx$$

Jetzt können Sie diese Gleichung nach dem Integral $\int e^x \cos(x)\, dx$ auflösen. Wenn Sie I anstelle dieses Integrals verwenden, gestalten Sie das Ganze etwas übersichtlicher:

$$I = e^x \cos(x) + e^x \sin(x) - I$$

Jetzt addieren Sie I auf beiden Seiten:

$$2I = e^x \cos(x) + e^x \sin(x)$$

Multiplizieren Sie beide Seiten mit ½:

$$I = \frac{1}{2}\left(e^x \cos(x) + e^x \sin(x)\right)$$

$$= \frac{1}{2} e^x \cos(x) + \frac{1}{2} e^x \sin(x)$$

Jetzt setzen Sie wieder $\int e^x \cos(x)\, dx$ für das I ein. Und vergessen Sie nicht das C:

$$\int e^x \cos(x)\, dx = \frac{1}{2} e^x \cos(x) + \frac{1}{2} e^x \sin(x) + C$$

Teil III
Ordnung schaffen in der Zahlenwelt –
Mit Matrizen und Gleichungssystemen

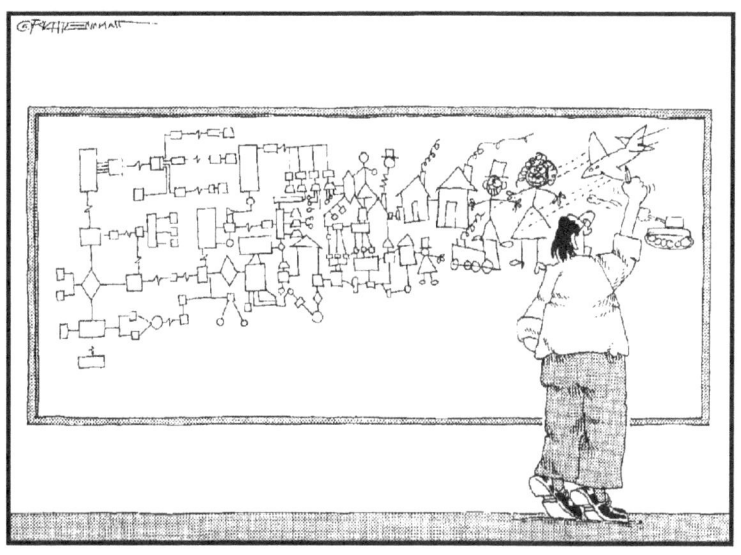

In diesem Teil ...

Stellen Sie sich vor, Sie haben einen Berg von Zahlen gesammelt und suchen nun eine Möglichkeit, diesen zu ordnen. Was können Sie tun? In diesem Teil finden Sie eine Möglichkeit: die Verwendung von Matrizen. Damit räumen Sie auf und Ihnen gelingt es, den Überblick zu behalten. Aber beim Aufräumen ist noch lange nicht Schluss. Entdecken Sie die nahezu grenzenlosen Möglichkeiten, die Ihnen Matrizen bieten, und machen Sie Gebrauch davon. Die innerbetriebliche Materialverflechtung und das Leontief-Modell sind zwei wichtige ökonomische Modelle, die Sie mit der Matrizenrechnung beherrschen werden!

Daneben erfahren Sie, wie Sie mehrere Gleichungen lösen können, die zusammengehören. Diese so genannten Gleichungssysteme werden Sie – um ihrem Namen auch gerecht zu werden – systematisch lösen!

Mit Matrizen durch die Mathe flitzen

9

In diesem Kapitel

▷ Verschiedene Matrizentypen kennen lernen

▷ Mit Matrizen rechnen

▷ Die innerbetriebliche Materialverflechtung mit Matrizen lösen

▷ Elementare Zeilenumformungen durchführen

*E*ine *Matrix* ist ein rechteckiges Zahlenfeld. Sie hat in jeder ihrer Zeilen dieselbe Anzahl an Elementen, und auch jede Spalte hat dieselbe Anzahl von Elementen. Wenn Sie die Filme aus der Matrix-Trilogie gesehen haben, dann erinnern Sie sich vielleicht an die Zeilen und Spalten des grünen Codes, der über die Computerbildschirme gerast ist. Diese Code-matrix symbolisierte die abstrakte »Matrix« des Films. Wenn Sie Zahlen oder Elemente in ein regelmäßiges Feld eintragen, können Sie Informationen anordnen, schnell darauf zugreifen, Berechnungen für bestimmte Einträge in der Matrix vornehmen und Ihre Ergebnisse effizient übermitteln.

Das Wort Matrix ist die Singularform. Man hat nur eine davon. Wenn Sie mehrere haben, dann haben Sie *Matrizen*, die Pluralform. Aber natürlich soll dies keine Grammatikstunde werden.

In diesem Kapitel erfahren Sie, wie Sie Matrizen addieren, subtrahieren und multiplizieren. Zudem lernen Sie die innerbetriebliche Materialverflechtung als eine Anwendung kennen. Die Verfahrensweisen aus diesem und den folgenden Kapiteln können einfach in der Technologie eingesetzt werden (wie bei den Maschinen in *Matrix* offensichtlich!) – Sie können die Information in eine Tabellenkalkulation oder in einen grafischen Taschenrechner übernehmen, um die Berechnungen für große Datenmengen vorzunehmen.

Die verschiedenen Matrizentypen

Eine Matrix hat eine *Größe*, die auch als *Dimension* bezeichnet wird. Sie müssen diese Größe kennen, damit Sie Operationen mit der Matrix ausführen können.

Die Dimension einer Matrix wird in einer bestimmten Reihenfolge angegeben. Zuerst geben Sie die Anzahl der Zeilen in der Matrix an und dann die Anzahl der Spalten. Merken Sie sich hierfür den Satz »Zeilen zuerst, Spalten später angeben«. Normalerweise steht zwischen den Angaben für Zeilen und Spalten das Zeichen ×: *Zeilen × Spalten*.

In der folgenden Abbildung sehen Sie vier Matrizen. Sie lesen ihre Dimension von links nach rechts wie folgt ab: 2×4, 3×3, 1×5 und 3×1. Die Klammern um die Zahlen dienen als Kennzeichner, dass Sie es mit Matrizen zu tun haben.

$$\begin{bmatrix} 4 & 5 & 2 & -2 \\ 0 & 8 & -3 & 4 \end{bmatrix} \quad \begin{bmatrix} 5 & 9 & 3 \\ -3 & 4 & 3 \\ 3 & 0 & 4 \end{bmatrix} \quad \begin{bmatrix} 9 & 2 & 4 & -3 & 4 \end{bmatrix} \quad \begin{bmatrix} 6 \\ 7 \\ 2 \end{bmatrix}$$

Wenn Sie es mit mehreren Matrizen zu tun haben, können Sie sie besser unterscheiden, wenn Sie ihnen Namen zuordnen. Natürlich heißen die Matrizen nicht Brigitte oder Helmut: Das entspräche nicht dem mathematischen Geist. Matrizen werden üblicherweise mit Großbuchstaben bezeichnet, wie *Matrix A* und *Matrix B*, um Verwechslungen zu vermeiden.

Die Zahlen, die in dem rechteckigen Feld einer Matrix enthalten sind, werden als *Elemente* bezeichnet. Die Elemente einer Matrix werden angesprochen, indem man den Namen der Matrix als Kleinbuchstabe, gefolgt von einer Tiefstellung aus Zeilennummer und Spaltennummer angibt. Die tiefgestellten Nummern bezeichnet man auch als *Indizes*, als Zeilen- und Spaltenindex. Das Element in der ersten Zeile und dritten Spalte von Matrix B beispielsweise ist b_{13}. Wenn die Anzahl der Zeilen oder Spalten größer als 9 wird, setzen Sie ein Komma zwischen die beiden Zahlen in der Tiefstellung.

Der diagonale Streifen einer Matrix, der beim linken oberen Element beginnt, heißt *Hauptdiagonale*. Die Elemente auf der Hauptdiagonalen zeichnen sich also dadurch aus, dass ihr Zeilenindex übereinstimmt mit ihrem Spaltenindex.

Zeilen- und Spaltenmatrizen

Matrizen gibt es in den unterschiedlichsten Größen (oder Dimensionen), so wie Rechtecke, aber statt Länge und Breite geben Sie die Zeilen und Spalten an. Matrizen, die nur eine Zeile oder eine Spalte haben, werden als *Zeilenmatrizen* beziehungsweise *Spaltenmatrizen* bezeichnet. Eine Zeilenmatrix hat die Dimension $1 \times n$, wobei n die Anzahl der Spalten darstellt. Die folgende Matrix, Matrix A, ist eine Zeilenmatrix mit der Dimension 1×5:

$$A = \begin{bmatrix} 4 & 6 & 2 & -1 & 4 \end{bmatrix}$$

Eine Spaltenmatrix hat die Dimension $m \times 1$. Matrix B ist eine Spaltenmatrix mit der Dimension 5×1:

$$B = \begin{bmatrix} 4 \\ 5 \\ 2 \\ -6 \\ 0 \end{bmatrix}$$

Quadratische Matrizen

Eine quadratische Matrix hat dieselbe Anzahl Spalten wie Zeilen. Quadratische Matrizen haben Dimensionen wie 2×2, 3×3, 8×8 usw. Eine quadratische Matrix kann beliebig viele Elemente haben. Es gibt jedoch spezielle quadratische Matrizen, so genannte *Einheitsmatrizen* (womit Sie später noch in Berührung kommen). Alle Matrizen sind rechteckige Felder, und ein Quadrat ist ein spezielles Rechteck.

Null-Matrizen

Null-Matrizen können eine beliebige Dimension haben – sie können beliebig viele Zeilen oder Spalten haben. Die Matrizen in der folgenden Abbildung sind Null-Matrizen, weil alle ihre Elemente 0 sind.

Null-Matrizen sehen vielleicht nicht besonders spektakulär aus – schließlich haben sie so gut wie keinen Inhalt –, aber man braucht sie für die Matrizenarithmetik. So wie Sie die 0 brauchen, um Zahlen zu addieren und zu subtrahieren, braucht man Null-Matrizen, um Matrizen zu addieren und zu subtrahieren.

$$C = \begin{bmatrix} 0 & 0 & 0 \\ 0 & 0 & 0 \\ 0 & 0 & 0 \end{bmatrix} \quad D = \begin{bmatrix} 0 & 0 & 0 & 0 \\ 0 & 0 & 0 & 0 \end{bmatrix}$$

Einheitsmatrizen

Einheitsmatrizen oder *Identitätsmatrizen* fügen dem Format der Null-Matrix (siehe voriger Abschnitt) noch ein paar Eigenschaften hinzu. Eine Einheitsmatrix muss:

✔ eine quadratische Matrix sein

✔ auf der Hauptdiagonalen nur aus Einsen bestehen

✔ außerhalb der Hauptdiagonalen nur aus Nullen bestehen

Nachfolgend sehen Sie drei Einheitsmatrizen, aber es gibt natürlich noch sehr viele andere:

$$E = \begin{bmatrix} 1 & 0 \\ 0 & 1 \end{bmatrix} \quad F = \begin{bmatrix} 1 & 0 & 0 \\ 0 & 1 & 0 \\ 0 & 0 & 1 \end{bmatrix} \quad G = \begin{bmatrix} 1 & 0 & 0 & 0 \\ 0 & 1 & 0 & 0 \\ 0 & 0 & 1 & 0 \\ 0 & 0 & 0 & 1 \end{bmatrix}$$

Einheitsmatrizen sind wichtig für die Multiplikation von Matrizen und die Inversen von Matrizen. Einheitsmatrizen sind vergleichbar mit der Zahl 1 in der gewöhnlichen Zahlenmultiplikation. Was passiert, wenn Sie eine Zahl mit 1 multiplizieren? Die Zahl ändert sich nicht. Dasselbe Verhalten finden Sie, wenn Sie eine Matrix mit einer Einheitsmatrix multiplizieren – die Matrix bleibt dieselbe.

Einfache Operationen mit Matrizen durchführen

Sie können Matrizen addieren, voneinander subtrahieren, mit reellen Zahlen multiplizieren und Matrizen miteinander multiplizieren. Jetzt fragen Sie sich sicher: Wo bleibt die Division? Nun, die gibt es bei Matrizen im Grunde nicht. Aber es gibt etwas Ähnliches. Dazu formen Sie die Division in eine Multiplikation um, und zwar in die Multiplikation mit der Inversen. Aber das lesen Sie in Kapitel 11. Zunächst geht es um die übrigen Operationen. Sie können nicht einfach beliebige Matrizen addieren, subtrahieren oder multiplizieren. Jede Operation unterliegt bestimmten Regeln. Sie lernen in diesem Abschnitt die Regeln für Addition, Subtraktion und Multiplikation kennen.

Matrizen addieren und subtrahieren

Um Matrizen zu addieren oder zu subtrahieren, müssen die Matrizen dieselbe Größe haben. Mit anderen Worten, sie müssen dieselben Dimensionen haben. Sie erhalten die resultierende Matrix, indem Sie die einander entsprechenden Elemente in den Matrizen addieren oder subtrahieren. Wenn zwei Matrizen nicht dieselbe Dimension haben, können Sie sie nicht addieren oder subtrahieren, und Sie können auch nichts an dieser Situation ändern. Das bedeutet: Sie dürfen beispielsweise nicht einfach eine Nullzeile oder -spalte an eine Matrix anfügen. Solche Manipulationen sind nicht erlaubt.

Abbildung 9.1 verdeutlicht die Regeln für die Addition und die Subtraktion von Matrizen.

$$A = \begin{bmatrix} a_{11} & a_{12} & a_{13} \\ a_{21} & a_{22} & a_{23} \end{bmatrix}, \quad B = \begin{bmatrix} b_{11} & b_{12} & b_{13} \\ b_{21} & b_{22} & b_{23} \end{bmatrix}$$

$$A+B = \begin{bmatrix} a_{11}+b_{11} & a_{12}+b_{12} & a_{13}+b_{13} \\ a_{21}+b_{21} & a_{22}+b_{22} & a_{23}+b_{23} \end{bmatrix}$$

$$A-B = \begin{bmatrix} a_{11}-b_{11} & a_{12}-b_{12} & a_{13}-b_{13} \\ a_{21}-b_{21} & a_{22}-b_{22} & a_{23}-b_{23} \end{bmatrix}$$

Abbildung 9.1: Die einander entsprechenden Elemente werden addiert oder subtrahiert.

Sie sehen, warum Matrizen dieselben Dimensionen haben müssen, damit Sie sie addieren oder subtrahieren können. In Matrizen mit unterschiedlichen Dimensionen gäbe es nicht für jedes Element ein zugehöriges Element in der zweiten Matrix.

Nachfolgend betrachten Sie ein Beispiel mit echten Zahlen an der Stelle der Elemente. Wenn Sie die folgenden Matrizen addieren oder subtrahieren wollen, dann addieren oder subtrahieren Sie einfach die Elemente:

$$C = \begin{bmatrix} 4 & 8 & 2 \\ -4 & 0 & 4 \end{bmatrix} \quad D = \begin{bmatrix} 9 & 8 & 3 \\ 0 & 3 & -3 \end{bmatrix}$$

$$C + D = \begin{bmatrix} 4+9 & 8+8 & 2+3 \\ -4+0 & 0+3 & 4+(-3) \end{bmatrix} = \begin{bmatrix} 13 & 16 & 5 \\ -4 & 3 & 1 \end{bmatrix}$$

$$C - D = \begin{bmatrix} 4-9 & 8-8 & 2-3 \\ -4-0 & 0-3 & 4-(-3) \end{bmatrix} = \begin{bmatrix} -5 & 0 & -1 \\ -4 & -3 & 7 \end{bmatrix}$$

Matrizen mit Skalaren multiplizieren

Skalar ist einfach ein anderes Wort für Zahl. Die Algebra verwendet das Wort Skalar bei der Matrizenmultiplikation, um die Zahl von einer Matrix zu unterscheiden, die die Dimension 1×1 hat. Ein Skalar hat keine Dimension, Sie können ihn also innerhalb der gesamten Matrix verwenden.

 Die *Skalarmultiplikation* einer Matrix bedeutet, dass Sie jedes Element der Matrix mit einer Zahl multiplizieren.

Um beispielsweise die Matrix A mit der Zahl k zu multiplizieren, multiplizieren Sie jedes Element in A mit k. Abbildung 9.2 zeigt, wie diese Skalarmultiplikation funktioniert.

$$A = \begin{bmatrix} a_{11} & a_{12} \\ a_{21} & a_{22} \\ a_{31} & a_{32} \\ a_{41} & a_{42} \end{bmatrix}, \quad kA = k\begin{bmatrix} a_{11} & a_{12} \\ a_{21} & a_{22} \\ a_{31} & a_{32} \\ a_{41} & a_{42} \end{bmatrix} = \begin{bmatrix} ka_{11} & ka_{12} \\ ka_{21} & ka_{22} \\ ka_{31} & ka_{32} \\ ka_{41} & ka_{42} \end{bmatrix}$$

Abbildung 9.2: Bei der Skalarmultiplikation ist jedes Element ein Vielfaches von k.

Und so sieht das Ganze mit echten Zahlen aus. Wenn Sie die Matrix F mit dem Skalar 3 multiplizieren, erhalten Sie eine Matrix, in der jedes Element ein Vielfaches von 3 ist:

$$F = \begin{bmatrix} 5 & 3 & 4 \\ 7 & 2 & -9 \end{bmatrix} \quad 3F = \begin{bmatrix} 15 & 9 & 12 \\ 21 & 6 & -27 \end{bmatrix}$$

Zwei Matrizen multiplizieren

Für die Matrizenmultiplikation muss die Anzahl der Spalten in der ersten Matrix gleich der Anzahl der Zeilen in der zweiten Matrix sein. Das bedeutet beispielsweise, dass eine Matrix A mit 3 Zeilen und 11 Spalten mit einer Matrix B mit 11 Zeilen und 5 Spalten multipliziert werden kann – aber die Multiplikation muss die Reihenfolge AB haben. Die Anzahl der Spalten in der ersten Matrix muss mit der Anzahl der Zeilen in der zweiten Matrix übereinstimmen.

Für die Matrizenmultiplikation gibt es einige strenge Regeln zu den Dimensionen und zu der Reihenfolge, in der die Matrizen multipliziert werden. Wenn die Matrizen beispielsweise quadratisch sind und dieselben Dimensionen besitzen, können sie zwar in beliebiger Reihenfolge multipliziert werden. Aber Sie erhalten in der Regel verschiedene Ergebnisse. Im Allgemeinen ist das Produkt AB also nicht gleich dem Produkt BA.

Dimensionen bestimmen

Wenn Sie Matrizen multiplizieren wollen, muss die Anzahl der Spalten in der ersten Matrix gleich der Anzahl der Zeilen in der zweiten Matrix sein. Nachdem Sie die Matrizen multipliziert haben, erhalten Sie eine völlig neue Matrix, die die Anzahl der Zeilen der ersten Matrix und die Anzahl der Spalten der zweiten Matrix hat. Dieses Verfahren ist vergleichbar mit der Kreuzung weißer und roter Petunien, um schließlich rosafarbene Blüten zu erhalten.

Algebraisch ausgedrückt: Wenn die Matrix A die Dimension $m \times n$ hat, und die Matrix B hat die Dimension $p \times q$, muss für die Multiplikation $A \cdot B$ gelten: $n = p$. Die Dimension der resultierenden Matrix ist $m \times q$, die Anzahl der Zeilen aus der ersten Matrix und die Anzahl der Spalten aus der zweiten Matrix.

Wenn Sie beispielsweise eine 2×3-Matrix mit einer 3×7-Matrix multiplizieren, erhalten Sie eine 2×7-Matrix. Sie können jedoch nicht eine 2×2-Matrix mit einer 7×2-Matrix multiplizieren. Beachten Sie, dass die Reihenfolge, in der Sie Matrizen multiplizieren, sehr wohl eine Rolle spielt: Sie können eine 7×2-Matrix mit einer 2×2-Matrix multiplizieren und erhalten eine 7×2-Matrix.

Um herauszufinden, ob Sie zwei Matrizen multiplizieren können, und um die Dimensionen der Ergebnismatrix zu bestimmen, gehen Sie wie folgt vor: Schreiben Sie sich die Ordnung der Ausgangsmatrizen unter die zu multiplizierenden Matrizen. Falls nun die nebeneinanderstehenden Dimensionsangaben übereinstimmen, können die Matrizen multipliziert werden. Die außen stehenden Dimensionsangaben bestimmen die Dimension der Ergebnismatrix. Dies gilt auch, wenn Sie mehr als zwei Matrizen miteinander multiplizieren möchten.

Das Verfahren definieren

Die Multiplikation von Matrizen ist nicht ganz einfach, aber sie ist auch nicht schwierig – wenn Sie korrekt multiplizieren und addieren. Wenn Sie zwei Matrizen multiplizieren, berechnen Sie die Elemente nach folgender Regel:

Das Element c_{ij} der Ergebnismatrix C ist nach der Multiplikation der Matrix A mit der Matrix B die Summe der Produkte der Elemente aus der i-ten Zeile von Matrix A und der j-ten Spalte von Matrix B.

Diese Regel hört sich sehr magisch an. Betrachten Sie ein konkretes Beispiel. In Abbildung 9.3 hat Matrix A die Dimension 3×2, und Matrix B hat die Dimension 2×4. Den Regeln für die Multiplikation von Matrizen entsprechend können Sie A mit B multiplizieren, weil die Anzahl der Spalten in Matrix A gleich 2 ist und die Anzahl der Zeilen in Matrix B ebenfalls 2 ist. Die Matrix, die Sie durch die Multiplikation von A mit B erhalten, hat die Dimension 3×4.

$$A = \begin{bmatrix} a_{11} & a_{12} \\ a_{21} & a_{22} \\ a_{31} & a_{32} \end{bmatrix}, \quad B = \begin{bmatrix} b_{11} & b_{12} & b_{13} & b_{14} \\ b_{21} & b_{22} & b_{23} & b_{24} \end{bmatrix}$$

$$A \cdot B = C = \begin{bmatrix} c_{11} & c_{12} & c_{13} & c_{14} \\ c_{21} & c_{22} & c_{23} & c_{24} \\ c_{31} & c_{32} & c_{33} & c_{34} \end{bmatrix}$$

Abbildung 9.3: Durch die Multiplikation von Matrizen mit den Dimensionen 3 × 2 und 2 × 4 erhalten Sie eine Matrix mit der Dimension 3 × 4.

Sie finden das Element c_{11}, indem Sie die Elemente in der ersten Zeile von A mit den Elementen der ersten Spalte von B multiplizieren und dann die Produkte addieren: $a_{11} = a_{11}b_{11} + a_{12}b_{21}$. Sie finden c_{23}, indem Sie die zweite Zeile von Matrix A mit der dritten Spalte von Matrix B multiplizieren und dann addieren: $c_{23} = a_{21}b_{13} + a_{22}b_{23}$.

Obwohl das letzte Beispiel schon konkreter war, haben Sie noch keine Zahlen gesehen. Bei den folgenden Matrizen können Sie Matrix J mit Matrix K multiplizieren, weil die Anzahl der Spalten in Matrix J gleich der Anzahl der Zeilen in Matrix K ist. Sie sehen hier auch die erforderlichen Berechnungen, aus denen sich die resultierende Matrix ergibt.

$$J = \begin{bmatrix} 1 & 2 & -3 \\ 0 & 4 & 2 \end{bmatrix}, \quad K = \begin{bmatrix} 4 & 5 \\ 1 & -1 \\ 2 & 3 \end{bmatrix}$$

$$J \cdot K = \begin{bmatrix} 1\cdot4+2\cdot1+(-3)\cdot2 & 1\cdot5+2\cdot(-1)+(-3)\cdot3 \\ 0\cdot4+4\cdot1+2\cdot2 & 0\cdot5+4\cdot(-1)+2\cdot3 \end{bmatrix}$$

$$= \begin{bmatrix} 4+2-6 & 5-2-9 \\ 0+4+4 & 0-4+6 \end{bmatrix} = \begin{bmatrix} 0 & -6 \\ 8 & 2 \end{bmatrix}$$

Sie erhalten durch die Multiplikation eine 2 × 2-Matrix, weil Sie eine 2 × 3-Matrix mit einer 3 × 2-Matrix multiplizieren, und damit 2 Zeilen und 2 Spalten erhalten. Die Multiplikation scheint kompliziert zu sein, aber wenn Sie es erst einmal verstanden haben, werden Sie die Multiplikation und die Addition im Kopf durchführen können.

Falls es Ihnen anfangs schwerfällt, die Übersicht zu behalten, welche Zeile und welche Spalte Sie gerade multiplizieren, gibt es aber eine kleine Hilfe: Mit dem *Falk-Schema* behalten Sie immer den Überblick. Dabei zeichnen Sie sich eine kleine Tabelle, tragen links unten die erste Matrix ein und rechts oben die zweite. Der Ergebnismatrix ist der Bereich rechts unten zugeordnet. Um ein Element der Ergebnismatrix zu bestimmen, multiplizieren Sie die Zahlen in der Zeile links neben dem zu berechnenden Ergebniselement mit den Zahlen in der Spalte oberhalb des Ergebniselements. In Abbildung 9.4 wird eine 2 × 3-Matrix mit einer 3 × 5-Matrix multipliziert. Leicht erkennbar ist, dass die Ergebnismatrix die Größe 2 × 5 besitzt. Hier wird das Element in der ersten Zeile und vierten Spalte berechnet.

$$
\begin{array}{c|ccccc}
 & 2 & 0 & 8 & -5 & 2 \\
 & -1 & 3 & -5 & 3 & 0 \\
 & 3 & 2 & 4 & 7 & 1 \\
\hline
3 \;\; 1 \;\; -5 & \square & \square & \square & 3\cdot(-5)+1\cdot3+(-5)\cdot7 & \square \\
2 \;\; 0 \;\; 2 & \square & \square & \square & \square & \square
\end{array}
$$

Abbildung 9.4: Multiplikation anhand des Falk'schen Schemas

Matrizen und Operationen anwenden

Eines der wunderbaren Merkmale von Matrizen ist ihre Fähigkeit, Informationen anzuordnen und sie praktischen Anwendungen zuzuführen. Wenn Sie ein kleines Unternehmen führen, können Sie Verkäufe und Gehälter auch ohne Matrizen überblicken. Aber große Unternehmen haben Hunderte, wenn nicht Tausende Positionen zu verwalten. Matrizen helfen bei der Organisation, und weil Sie sie in Computer eingeben können, sind sie noch genauer und einfacher zu handhaben.

Betrachten Sie die folgende Situation in einem Elektronikladen, in dem Anna, Berthold, Cilly und David arbeiten. Im Januar hat Anna zwölf TV-Geräte, neun CD-Player und vier Computer verkauft. Berthold hat 21 CD-Player und drei Computer verkauft. Cilly hat vier TV-Geräte, zehn CD-Player und einen Computer verkauft. Und David hat 13 TV-Geräte, zwölf CD-Player und fünf Computer verkauft. In Abbildung 9.5 sehen Sie die Verkaufsergebnisse für Anna, Berthold, Cilly und David für den Januar, zusammengefasst in der Matrix J. Zudem sind die Verkäufe für den Februar (Matrix F) und den März (Matrix M) angegeben. Erkennen Sie, wie praktisch Sie mit Hilfe von Matrizen Informationen anordnen können?

 Wenn Sie Informationen in Matrizen eintragen, erkennen Sie auf einen Blick, wer am meisten verkauft, wer einen schlechten Monat hatte, wer einen guten Monat hatte und welche Elektronikgeräte am besten laufen. Mit dieser Information können Sie verschiedene Fragen beantworten.

$$
J = \begin{array}{c}
A \\ B \\ C \\ D
\end{array}
\begin{array}{ccc}
TV & CD & C \\
\left[\begin{array}{ccc}
12 & 9 & 4 \\
0 & 21 & 3 \\
4 & 10 & 1 \\
13 & 12 & 5
\end{array}\right]
\end{array}
\quad
F = \begin{array}{c}
A \\ B \\ C \\ D
\end{array}
\begin{array}{ccc}
TV & CD & C \\
\left[\begin{array}{ccc}
10 & 3 & 3 \\
5 & 15 & 0 \\
0 & 1 & 6 \\
10 & 10 & 10
\end{array}\right]
\end{array}
\quad
M = \begin{array}{c}
A \\ B \\ C \\ D
\end{array}
\begin{array}{ccc}
TV & CD & C \\
\left[\begin{array}{ccc}
4 & 5 & 2 \\
2 & 15 & 4 \\
3 & 6 & 4 \\
9 & 9 & 8
\end{array}\right]
\end{array}
$$

Abbildung 9.5: Die Zeilen stellen die Verkäufer dar, die Spalten die verkauften Artikel.

Feststellen, wie oft jeder Artikel verkauft wurde

Die erste Frage lautet: Wie viele TV-Geräte, CD-Player und Computer hat das Geschäft in den drei Monaten verkauft? Weil alle Matrizen in Abbildung 9.5 dieselben Dimensionen haben, können Sie sie addieren (siehe Abschnitt _Matrizen addieren und subtrahieren_). Abbildung 9.6 zeigt, wie Sie die Verkäufe für die ersten drei Monate des Jahres ermitteln, indem Sie die Matrizen addieren (die Summen der einzelnen Verkäufer).

$$J + F + M = \text{Summe} = \begin{array}{c} A \\ B \\ C \\ D \end{array} \begin{bmatrix} \overset{\text{TV}}{12+10+4} & \overset{\text{CD}}{9+3+5} & \overset{\text{C}}{4+3+2} \\ 0+5+2 & 21+15+15 & 3+0+4 \\ 4+0+3 & 10+1+6 & 1+6+4 \\ 13+10+9 & 12+10+9 & 5+10+8 \end{bmatrix} = \begin{array}{c} A \\ B \\ C \\ D \end{array} \begin{bmatrix} \overset{\text{TV}}{26} & \overset{\text{CD}}{17} & \overset{\text{C}}{9} \\ 7 & 51 & 7 \\ 7 & 17 & 11 \\ 32 & 31 & 23 \end{bmatrix}$$

Abbildung 9.6: Sie ermitteln die Gesamtverkäufe der einzelnen Verkäufer, indem Sie die Matrizen addieren.

Um die Gesamtverkäufe für jeden Elektronikartikel zu ermitteln, multiplizieren Sie die Summenmatrix (die eben ermittelte Matrix) mit einer Zeilenmatrix, $T = \begin{bmatrix} 1 & 1 & 1 & 1 \end{bmatrix}$. Sie multiplizieren eine Matrix mit der Dimension 1×4 mit einer Matrix mit der Dimension 4×3, so dass Ihr Ergebnis eine Matrix mit der Dimension 1×3 ist. Die Summen für die einzelnen Elektronikartikel erscheinen von links nach rechts. Stellen Sie sich die Zeilenmatrix T so vor, als stünden darüber die Namen der Verkäufer. Wenn Sie diese Matrix mit der Summenmatrix multiplizieren, ordnen Sie jede der Spalten in T jeder der Zeilen in der Summe zu. Die Spalten in T und die Zeilen in der Summe sind die Verkäufer, sie werden also aufgelistet. Durch die Multiplikation aller Zahlen aus der zweiten Matrix mit 1 addieren Sie alles. Die resultierende Matrix ist eine Zeilenmatrix mit den Zahlen für die Elektronikartikel in den jeweiligen Spalten. Abbildung 9.7 zeigt die Berechnung und das Ergebnis.

$$T \cdot \text{Summe} = \overset{A \quad B \quad C \quad D}{\begin{bmatrix} 1 & 1 & 1 & 1 \end{bmatrix}},$$

$$T \cdot \text{Summe} = \overset{A \quad B \quad C \quad D}{\begin{bmatrix} 1 & 1 & 1 & 1 \end{bmatrix}} \cdot \begin{array}{c} A \\ B \\ C \\ D \end{array} \begin{bmatrix} \overset{\text{TV}}{26} & \overset{\text{CD}}{17} & \overset{\text{C}}{9} \\ 7 & 51 & 7 \\ 7 & 17 & 11 \\ 32 & 31 & 23 \end{bmatrix} = \overset{\text{TV} \quad \text{CD} \quad \text{C}}{\begin{bmatrix} 72 & 116 & 50 \end{bmatrix}}$$

Abbildung 9.7: Summenbildung für das erste Vierteljahr in der Elektronikabteilung

Sie fragen sich, warum Sie nicht einfach die Zahlen in jeder Spalte addieren können, oder? Nun, genau das tun Sie bei dieser kleinen Rechnung! Allerdings systematisch, mit Hilfe der Matrixrechnung. Sie sehen dieses Verfahren hier nur mit einer kleinen, überschaubaren Anzahl von Elementen. Aber dadurch verstehen Sie das System und erkennen, wie Sie einen Computer anweisen, Hunderte oder Tausende von Einträgen zu verarbeiten. Sie können dabei auch bestimmte Einträge gewichten – so dass sie mehr wert sind als andere. Die Zeilenmatrix kann unterschiedliche Einträge haben, die den verschiedenen Artikeln zuzuordnen sind.

Verkäufe nach Verkäufer bestimmen

Und es gibt noch eine Frage, die Sie mit Hilfe der Matrizen aus Abbildung 9.5 beantworten können. Wie viel Geld hat jeder Verkäufer eingenommen? Angenommen, die durchschnittlichen Preise für ein TV-Gerät, einen CD-Player und einen Computer liegen bei 1.500 Euro,

400 Euro und 2.000 Euro. Sie können eine Spaltenmatrix mit diesen Beträgen anlegen, die Euromatrix, und sie mit der Summenmatrix multiplizieren (im Abschnitt *Zwei Matrizen multiplizieren* können Sie nachlesen, wie Matrizen multipliziert werden, und Abbildung 9.6 zeigt die Summenmatrix).

Abbildung 9.6 zeigt die Multiplikation der Summenmatrix mit der Euromatrix und den resultierenden Geldbetrag, den die einzelnen Verkäufer erzielt haben. Nachfolgend die Ergebnisse der Multiplikation der Einträge in der Zeile der ersten Matrix mit den Spalten der zweiten Matrix:

A: $26 \cdot 1.500\,€ + 17 \cdot 400\,€ + 9 \cdot 2.000\,€ = 63.800\,€$

B: $7 \cdot 1.500\,€ + 51 \cdot 400\,€ + 7 \cdot 2.000\,€ = 44.900\,€$

C: $7 \cdot 1.500\,€ + 17 \cdot 400\,€ + 11 \cdot 2.000\,€ = 39.300\,€$

D: $32 \cdot 1.500\,€ + 31 \cdot 400\,€ + 23 \cdot 2.000\,€ = 406.400\,€$

$$\text{Summe} = \begin{array}{c} \\ A \\ B \\ C \\ D \end{array} \begin{array}{c} \begin{array}{ccc} TV & CD & C \end{array} \\ \begin{bmatrix} 26 & 17 & 9 \\ 7 & 51 & 7 \\ 7 & 17 & 11 \\ 32 & 31 & 23 \end{bmatrix} \end{array} \cdot \begin{array}{c} TV \\ CD \\ C \end{array} \begin{bmatrix} 1.500€ \\ 400€ \\ 2.000€ \end{bmatrix} = \begin{array}{c} A \\ B \\ C \\ D \end{array} \begin{bmatrix} 63.800€ \\ 44.900€ \\ 39.300€ \\ 106.400€ \end{bmatrix}$$

Abbildung 9.8: Bestimmung der Summe jedes Verkäufers

Feststellen, wie die Verkäufe erhöht werden können

Und hier kommt die letzte Frage. Sie beschäftigt sich mit einem Prozentwert. Wie viele Elektronikartikel jeder Kategorie muss ein Verkäufer verkaufen, wenn er seine Verkäufe im nächsten Vierteljahr auf 125 Prozent steigern will?

Sie betrachten diese Aufgabe als Skalarmultiplikation (siehe Abschnitt *Matrizen mit Skalaren multiplizieren*), weil Sie jeden Eintrag in der Summenmatrix (siehe Abbildung 9.6) mit 125 Prozent multiplizieren, um das Verkaufsziel zu ermitteln. Der Wert 1,25 stellt 125 Prozent dar – 25 Prozent mehr als das letzte Quartal. Abbildung 9.9 zeigt das Ergebnis der Skalarmultiplikation sowie eine zweite Matrix mit den aufgerundeten Zahlen. (Sie können nicht einen halben Computer verkaufen. Durch das Aufrunden erhalten Sie die Anzahl, die der Verkäufer verkaufen muss, um das Ziel zu erreichen oder zu übertreffen – und nicht knapp darunter zu liegen.)

$$125\% \cdot \text{Summe} = 1{,}25 \begin{array}{c} \begin{array}{ccc} TV & CD & C \end{array} \\ \begin{bmatrix} 26 & 17 & 9 \\ 7 & 51 & 7 \\ 7 & 17 & 11 \\ 32 & 31 & 23 \end{bmatrix} \end{array} = \begin{array}{c} \\ A \\ B \\ C \\ D \end{array} \begin{array}{c} \begin{array}{ccc} TV & CD & C \end{array} \\ \begin{bmatrix} 32{,}5 & 21{,}25 & 11{,}25 \\ 8{,}75 & 63{,}75 & 8{,}75 \\ 8{,}75 & 21{,}25 & 13{,}75 \\ 40 & 38{,}75 & 28{,}75 \end{bmatrix} \end{array} \approx \begin{array}{c} \\ A \\ B \\ C \\ D \end{array} \begin{array}{c} \begin{array}{ccc} TV & CD & C \end{array} \\ \begin{bmatrix} 33 & 22 & 12 \\ 9 & 64 & 9 \\ 9 & 22 & 14 \\ 40 & 39 & 29 \end{bmatrix} \end{array}$$

Abbildung 9.9: Mit Hilfe der Skalarmultiplikation wird ein Verkaufsziel gesetzt.

Die innerbetriebliche Materialverflechtung

Nun zu einer weiteren wichtigen Anwendung der Matrixrechnung: Mittels der innerbetrieblichen Materialverflechtung wird deutlich, welche Vorteile die Matrizenrechnung bringt.

 In der innerbetrieblichen Materialverflechtung wird ein Unternehmen abgebildet, das in mehreren Produktionsstufen aus Rohstoffen Endprodukte herstellt.

Stellen Sie sich ein Unternehmen vor, das drei Cola-Mischprodukte herstellt und vertreibt. Die Produkte sind »Saure Cola«, »Alkocola« sowie »Apfelcola«. Produziert werden diese Endprodukte aus den Rohstoffen Wasser, Colapulver, Wodka, Apfelkonzentrat sowie Kohlensäure.

Durch produktionstechnische Einschränkungen können die Endprodukte nicht direkt aus den Rohstoffen hergestellt werden, es müssen zunächst die Zwischenprodukte Sprudelwasser, Colalimonade sowie Apfelsaft erzeugt werden. Für 1 Liter Sprudelwasser benötigt man 1 Liter Wasser sowie 0,1 Liter »Bläschengas«, eine Neuentwicklung Ihres Unternehmens für ein besonders weiches Sprudeln. 1 Liter Colalimonade stellen Sie aus 1 Liter Wasser, 50 Gramm Colapulver und 0,3 Liter Bläschengas her. Für 1 Liter Apfelsaft schließlich verwenden Sie 0,7 Liter Wasser und 0,3 Liter Apfelsaftkonzentrat. Wodka wird im ersten Produktionsschritt im Grunde nicht benötigt, er kommt erst bei der finalen Mischung hinzu. Um die Einstufung in Rohstoffe, Zwischenprodukte und Endprodukte beibehalten und die Systematik aufrechterhalten zu können, führen Sie ihn auch als Zwischenprodukt ein. Wodka wird aber im Grunde nur durchgeschleift.

Die genauen Verflechtungen stellt Abbildung 9.10 dar. Die Zahlen an den Pfeilen geben an, wie viele Einheiten vom in der Produktionskette vorgelagerten Produkt geliefert werden müssen, um jeweils eine Einheit des nachgelagerten Produktes herzustellen.

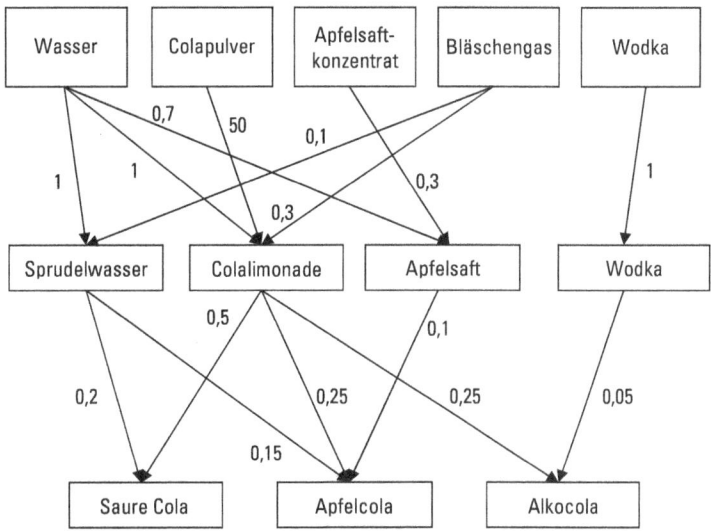

Abbildung 9.10: Die gegebenen Verflechtungen bei der Getränkeproduktion

Zunächst können Sie diesen Sachverhalt – ähnlich wie im Beispiel aus dem vorigen Abschnitt – systematisch in Matrizen erfassen. Sie stellen dabei für jede Produktionsstufe eine eigene Matrix auf. Also eine Matrix M_{RZ} für die Produktionsstufe von den Rohstoffen zu den Zwischenprodukten sowie eine Matrix M_{ZE} für die Produktionsstufe von den Zwischenprodukten zu den Endprodukten. Die Matrizen lauten dann:

$$
\begin{array}{l}
\begin{array}{ccccc}
 & \text{Sprudelwasser} & \text{Colalimonade} & \text{Apfelsaft} & \text{Wodka}
\end{array} \\
\begin{array}{l}
\text{Wasser} \\
\text{Colapulver} \\
\text{Apfelsaftkonzentrat} \\
\text{Bläschengas} \\
\text{Wodka}
\end{array}
\left[
\begin{array}{cccc}
1 & 1 & 0{,}7 & 0 \\
0 & 50 & 0 & 0 \\
0 & 0 & 0{,}3 & 0 \\
0{,}1 & 0{,}3 & 0 & 0 \\
0 & 0 & 0 & 1
\end{array}
\right] = M_{RZ}
\end{array}
$$

$$
\begin{array}{l}
\begin{array}{ccc}
\text{Saure Cola} & \text{Apfelcola} & \text{Alkocola}
\end{array} \\
\begin{array}{l}
\text{Sprudelwasser} \\
\text{Colalimonade} \\
\text{Apfelsaft} \\
\text{Wodka}
\end{array}
\left[
\begin{array}{ccc}
0{,}2 & 0{,}15 & 0 \\
0{,}5 & 0{,}25 & 0{,}25 \\
0 & 0{,}1 & 0 \\
0 & 0 & 0{,}05
\end{array}
\right] = M_{ZE}
\end{array}
$$

Erkennen Sie, wie die Matrizen aufgebaut sind?

In den Zeilen stehen jeweils die vorgelagerten und in den Spalten die nachgelagerten Produkte. Die Zahlen in den Matrizen sind die Zahlen aus dem Verflechtungsdiagramm und sagen aus, wie viele Einheiten vom links stehenden Produkt benötigt werden, um eine Einheit des oben stehenden Produktes zu erzeugen.

Diese Produktionsmatrizen für die einzelnen Produktionsstufen geben Ihnen einen ersten Überblick. Aber im Grunde interessiert Sie etwas anderes:

Welche Mengen der Rohstoffe benötigen Sie denn nun, um Endprodukte herzustellen? Betrachten Sie zunächst die Saure Cola.

Für eine Flasche Saure Cola benötigen Sie 0,2 Liter Sprudelwasser und 0,5 Liter Colalimonade. Apfelsaft und Wodka gehen in dieses Endprodukt nicht ein. Aber welche Rohstoffe benötigen Sie für Sprudelwasser beziehungsweise Colalimonade?

Aus der Matrix M_{RZ} erkennen Sie: 1 Liter Sprudelwasser benötigt 1 Liter Wasser und 0,1 Liter Bläschengas. Für 0,2 Liter Sprudelwasser benötigen Sie dementsprechend 0,2 Liter Wasser und 0,02 Liter Bläschengas. In 1 Liter Colalimonade gehen 1 Liter Wasser, 50 Gramm Colapulver und 0,3 Liter Bläschengas ein. Da Sie 0,5 Liter Colalimonade für eine Flasche Saure Cola verwenden, benötigen Sie also 0,5 Liter Wasser, 25 Gramm Colapulver und 0,15 Liter Bläschengas.

Insgesamt lautet der Rohstoffbedarf für eine Flasche Saure Cola also: 0,7 Liter Wasser, 25 Gramm Colapulver sowie 0,17 Liter Bläschengas. Damit kennen Sie aber erst den Rohstoffbedarf für Saure Cola.

 Für die übrigen Produkte müssen Sie genauso vorgehen. Sie können sich vorstellen, dass dieses Verfahren gerade bei vielen verschiedenen Produkten und insbesondere bei mehreren Produktionsstufen verbal sehr aufwendig darzustellen ist.

An dieser Stelle hilft Ihnen die Matrizenrechnung weiter: Die Produktionsmatrix M_{RE} enthält genau die gewünschten Verflechtungen. Sie ermitteln diese einfach durch die Multiplikation von M_{RZ} und M_{ZE}:

$$M_{RE} = M_{RZ} \cdot M_{ZE} = \begin{bmatrix} 1 & 1 & 0{,}7 & 0 \\ 0 & 50 & 0 & 0 \\ 0 & 0 & 0{,}3 & 0 \\ 0{,}1 & 0{,}3 & 0 & 0 \\ 0 & 0 & 0 & 1 \end{bmatrix} \begin{bmatrix} 0{,}2 & 0{,}15 & 0 \\ 0{,}5 & 0{,}25 & 0{,}25 \\ 0 & 0{,}1 & 0 \\ 0 & 0 & 0{,}05 \end{bmatrix}$$

$$= \begin{array}{r} \\ \text{Wasser} \\ \text{Colapulver} \\ \text{Apfelsaftkonzentrat} \\ \text{Bläschengas} \\ \text{Wodka} \end{array} \begin{array}{ccc} \text{Saure Cola} & \text{Apfelcola} & \text{Alkocola} \\ \begin{bmatrix} 0{,}7 & 0{,}47 & 0{,}25 \\ 25 & 12{,}5 & 12{,}5 \\ 0 & 0{,}03 & 0 \\ 0{,}17 & 0{,}09 & 0{,}075 \\ 0 & 0 & 0{,}05 \end{bmatrix} \end{array}$$

Nun haben Sie sich eine übersichtliche Darstellung Ihres Gesamtproduktionsprozesses geschaffen.

Stellen Sie sich weiter vor, Sie möchten 1.000 Flaschen Saure Cola, 600 Flaschen Apfelcola und 350 Flaschen Alkocola herstellen. Wie viele Rohstoffe benötigen Sie hierfür? Nachdem Ihnen das System bekannt ist, fällt die Berechnung sicher leicht: Sie gruppieren die herzustellenden Mengen in einen Spaltenvektor, den Produktionsvektor q_E. Anschließend multiplizieren Sie die Matrix M_{RE}, die angibt, wie viele Einheiten der Rohstoffe zur Produktion jeweils einer Einheit des Endproduktes benötigt werden, mit Ihrem Produktionsvektor. So erhalten Sie die benötigten Rohstoffe q_R:

$$q_R = M_{RE} \cdot q_E = \begin{bmatrix} 0{,}7 & 0{,}47 & 0{,}25 \\ 25 & 12{,}5 & 12{,}5 \\ 0 & 0{,}03 & 0 \\ 0{,}17 & 0{,}09 & 0{,}075 \\ 0 & 0 & 0{,}05 \end{bmatrix} \begin{bmatrix} 1000 \\ 600 \\ 350 \end{bmatrix} = \begin{array}{r} \text{Wasser} \\ \text{Colapulver} \\ \text{Apfelsaftkonzentrat} \\ \text{Bläschengas} \\ \text{Wodka} \end{array} \begin{bmatrix} 1069{,}5 \\ 36875 \\ 18 \\ 250{,}25 \\ 17{,}5 \end{bmatrix}$$

Wenn Ihnen nun noch die Verkaufspreise der Endprodukte sowie die Preise der Rohstoffe bekannt sind, können Sie auch Ihren Gewinn berechnen. Nehmen Sie an, Wasser kostet Sie im Einkauf 5 Cent pro Liter, Colapulver 0,1 Cent pro Gramm, Apfelsaftkonzentrat 20 Cent pro Liter, Bläschengas 2 Cent pro Liter und Wodka 6 Euro pro Liter. In einem Zeilenvektor angeordnet und auf Euro skaliert führt dies zur Darstellung des Preisvektors p_R:

$$p_R = \begin{pmatrix} 0{,}05 & 0{,}001 & 0{,}2 & 0{,}02 & 6 \end{pmatrix}$$

Eine Multiplikation dieses Preisvektors mit der benötigten Rohstoffmenge für Ihre geplante Produktion führt zu den Gesamtkosten K:

$$K = p_R \cdot q_R = \begin{pmatrix} 0,05 & 0,001 & 0,2 & 0,02 & 6 \end{pmatrix} \begin{bmatrix} 1069,5 \\ 36875 \\ 18 \\ 250,25 \\ 17,5 \end{bmatrix}$$

$$= 0,05 \cdot 1069,5 + 0,001 \cdot 36875 + 0,2 \cdot 18 + 0,02 \cdot 250,25 + 6 \cdot 17,5$$

$$= 203,955$$

Von der Bestimmung des Gewinns sind Sie jetzt nicht mehr weit entfernt, es fehlt nur noch die Erlösseite. Dazu benötigen Sie die Verkaufspreise der Endprodukte. Für jeweils eine Flasche Saure Cola erzielen Sie 60 Cent, für Apfelcola 80 Cent und für Alkocola 1,50 Euro, Sie erhalten also für die Endprodukte den Preisvektor p_E (in Euro):

$$p_E = \begin{pmatrix} 0,60 & 0,80 & 1,50 \end{pmatrix}$$

Und den Erlös E bestimmen Sie genau so wie zuvor schon die Kosten, also Preis mal Menge:

$$E = p_E \cdot q_E = \begin{pmatrix} 0,60 & 0,80 & 1,50 \end{pmatrix} \begin{bmatrix} 1000 \\ 600 \\ 350 \end{bmatrix}$$

$$= 0,60 \cdot 1000 + 0,80 \cdot 600 + 1,50 \cdot 350 = 1605$$

Wenn Sie Ihre gesamte Produktionsmenge auch verkaufen können, beträgt Ihr Gewinn G damit:

$$G = E - K = 1605 - 203,955 = 1401,045$$

Durch die Herstellung von 1.000 Flaschen Saurer Cola, 600 Flaschen Apfelcola und 350 Flaschen Alkocola verdienen Sie also insgesamt 1.401,045 Euro.

 Sie können Ihren Gewinn aber auch anders berechnen. Und zwar, indem Sie zunächst den Gewinn pro Endprodukt bestimmen. Dies ist besonders hilfreich, wenn Ihnen die Mengen der Endprodukte, die Sie verkaufen, zunächst nicht bekannt sind.

Dazu bestimmen Sie zunächst die Kosten für jeweils eine Einheit der Endprodukte. Haben Sie eine Idee, wie das gelingt? Nun, Ihnen sind die Kosten für jeweils eine Einheit der Rohstoffe bekannt (der Vektor p_R) und Sie wissen, wie viele Rohstoffe Sie für die Herstellung von jeweils einer Endprodukteinheit benötigen. Letzteres bildet die Matrix M_{RE} ab. Insgesamt kommen Sie so zu den Kosten für jeweils eine Einheit der Endprodukte k_E:

$$k_E = p_R \cdot M_{RE} = \begin{pmatrix} 0,05 & 0,001 & 0,2 & 0,02 & 6 \end{pmatrix} \begin{bmatrix} 0,7 & 0,47 & 0,25 \\ 25 & 12,5 & 12,5 \\ 0 & 0,03 & 0 \\ 0,17 & 0,09 & 0,075 \\ 0 & 0 & 0,05 \end{bmatrix}$$

$$= \begin{pmatrix} 0,0634 & 0,0438 & 0,3265 \end{pmatrix}$$

Und der Gewinn für jeweils eine Endprodukteinheit g_E ergibt sich dann durch:

$$g_E = p_E - k_E = \begin{pmatrix} 0,60 & 0,80 & 1,50 \end{pmatrix} - \begin{pmatrix} 0,0634 & 0,0438 & 0,3265 \end{pmatrix}$$

$$= \begin{pmatrix} 0,5366 & 0,7562 & 1,1735 \end{pmatrix}$$

Sie verdienen also an einer Flasche Saure Cola 53,66 Cent, an einer Flasche Apfelcola 75,62 Cent und eine Flasche Alkocola erbringt Ihnen 1,1735 Euro.

Zur Probe können Sie diesen Vektor mit den Gewinnen pro Stück nun noch mit unserer obigen Produktionsmenge q_E multiplizieren. Dann erhalten Sie:

$$G = g_E \cdot q_E = \begin{pmatrix} 0,5366 & 0,7562 & 1,1735 \end{pmatrix} \begin{bmatrix} 1000 \\ 600 \\ 350 \end{bmatrix} = 1401,045$$

Damit haben Sie nun zwei Wege, um auf den Gesamtgewinn zu kommen. Welcher davon der »bessere« ist, lässt sich nicht pauschal sagen. Vieles hängt davon ab, wie Sie die auftauchenden Zahlen miteinander verrechnen können.

Zum Abschluss können Sie sich nun auch noch eine Gesamtformel für den Gewinn generieren. Schauen Sie sich dazu an, welche Berechnungen Sie oben für die einzelnen Teile des Gewinns vorgenommen haben, und setzen Sie dies ein.

$$G = g_E \cdot q_E$$

$$= (p_E - k_E) \cdot q_E$$

$$= (p_E - p_R \cdot M_{RE}) \cdot q_E$$

$$= (p_E - p_R \cdot M_{RZ} \cdot M_{ZE}) \cdot q_E$$

Nun haben Sie das Rüstzeug für viele ökonomische Probleme, bei denen aus Rohstoffen über Zwischenprodukte schließlich Endprodukte hergestellt werden! Eine solche Aufgabe ist auch mit mehr als drei Produktgattungen denkbar. Wichtig ist dabei nur, dass es immer eine Verflechtungsmatrix von der einen auf die nächste Produktionsstufe gibt. Wenn Sie diese Verflechtungsmatrizen alle miteinander multiplizieren, erhalten Sie schließlich Ihre Gesamtverflechtungsmatrix M_{RE}.

Elementare Zeilenumformungen definieren

Neben den Matrix-Operationen, die Sie in den vorigen Abschnitten dieses Kapitels kennen gelernt haben, können Sie auch Zeilenoperationen für einzelne Zeilen einer Matrix durchführen, so genannte *Elementare Zeilenumformungen* (EZUs). Dabei verändern Sie zwar die Matrix grundlegend, dennoch sind die elementaren Zeilenumformungen ein wichtiges und hilfreiches Instrument. Sie wenden die EZUs dabei auf eine einzelne Matrix an, Sie kombinieren also nicht eine Matrix mit einer anderen Matrix wie zu Beginn des Kapitels eingeführt. Eine Zeilenoperation ändert das Aussehen einer Matrix, weil einige der Elemente verändert werden, aber die Matrix behält die Eigenschaften bei, die Ihnen ermöglichen, sie in anderen Anwendungen einzusetzen, wie beispielsweise zum Lösen von Gleichungssystemen. (Weitere Informationen finden Sie im Abschnitt *LGS mit mehreren Gleichungen lösen* in Kapitel 10.)

Die Aufgabe, Matrizen in äquivalente Matrizen umzuwandeln, ist vergleichbar mit dem Umformen von Brüchen in äquivalente Brüche, damit sie einen gemeinsamen Nenner haben – durch die Umformung werden die Brüche handhabbarer. Dasselbe gilt für Matrizen.

Ihnen stehen verschiedene Zeilenoperationen zur Verfügung:

✔ Sie können zwei Zeilen austauschen.

✔ Sie können die Elemente einer Zeile mit einer Konstanten (ungleich null) multiplizieren.

✔ Sie können die Elemente aus einer Zeile zu den Elementen einer anderen Zeile addieren.

✔ Sie können eine Zeile, die Sie mit einer Zahl multiplizieren, zu einer anderen Zeile addieren.

Abbildung 9.11 zeigt eine Matrix, auf die nacheinander die folgenden Zeilenoperationen angewendet werden:

✔ Die erste und die dritte Zeile werden ausgetauscht (a).

✔ Die zweite Zeile wird mit –1 multipliziert (b).

✔ Die erste und die dritte Zeile werden addiert, die Ergebnisse werden in die dritte Zeile eingetragen (c).

✔ Die erste Zeile wird zweimal zur zweiten Zeile addiert, das Ergebnis wird in die zweite Zeile eingetragen (d).

Wenn Sie Zeilenoperationen durchführen, erhalten Sie eine Matrix, die äquivalent zur ursprünglichen Matrix ist. Die eigentlichen Zeilen sind nicht äquivalent zueinander; die ganze Matrix und die Beziehungen zwischen den Zeilen werden jedoch durch die Operationen beibehalten.

Elementare Zeilenumformungen scheinen auf den ersten Blick nutzlos und ziellos zu sein. Die Darstellung der Zeilenoperationen in Abbildung 9.11 hat auch noch kein spezielles Ziel im Auge, außer Ihnen die Möglichkeiten zu zeigen. Sie können für Ihre Zeilenoperationen sorgfältigere Ziele wählen, wie beispielsweise das systematische Lösen eines linearen Gleichungssystems (siehe Kapitel 10) oder die Ermittlung einer inversen Matrix (siehe Kapitel 11).

$$\begin{bmatrix} -5 & 2 & 4 & 1 \\ -4 & 1 & -2 & 0 \\ 1 & 0 & 3 & 2 \end{bmatrix} \xrightarrow{\;Z_1 \leftrightarrow Z_3\;} \begin{bmatrix} 1 & 0 & 3 & 2 \\ -4 & 1 & -2 & 0 \\ -5 & 2 & 4 & 1 \end{bmatrix} a$$

$$\xrightarrow{\;(-1)Z_2\;} \begin{bmatrix} 1 & 0 & 3 & 2 \\ 4 & -1 & 2 & 0 \\ -5 & 2 & 4 & 1 \end{bmatrix} b$$

$$\xrightarrow{\;Z_1 + Z_3 = Z_3\;} \begin{bmatrix} 1 & 0 & 3 & 2 \\ 4 & -1 & 2 & 0 \\ -4 & 2 & 7 & 3 \end{bmatrix} c$$

$$\xrightarrow{\;(2)Z_1 + Z_2 = Z_2\;} \begin{bmatrix} 1 & 0 & 3 & 2 \\ 6 & -1 & 8 & 4 \\ -4 & 2 & 7 & 3 \end{bmatrix} d$$

Abbildung 9.11: Elementare Zeilenumformungen, die für eine Matrix ausgeführt werden

Lineare Gleichungssysteme lösen

10

In diesem Kapitel

▷ Die möglichen Lösungen eines linearen Gleichungssystems verarbeiten

▷ Lineare Gleichungssysteme grafisch lösen

▷ Systeme von zwei Gleichungen aufteilen und einsetzen

▷ Systeme mit drei oder mehr linearen Gleichungen bearbeiten

▷ Lineare Systeme in der realen Welt erkennen

▷ Systeme zum Zerlegen von Brüchen anwenden

▷ Matrizen zur Lösung von Gleichungssystemen einsetzen

Ein *Gleichungssystem* besteht aus mehreren Gleichungen mit der gleichen (oder manchmal auch mit einer unterschiedlichen) Anzahl an Variablen – Variablen, die auf bestimmte Weise verknüpft sind. Die Lösung eines Gleichungssystems deckt diese Verknüpfungen auf eine von zwei Arten auf: mittels einer Zahlenliste, mit der jede Gleichung im System zu einer wahren Aussage wird, oder mit Hilfe einer Liste der Beziehungen zwischen den Zahlen, die jede Gleichung im System zu einer wahren Aussage machen.

In diesem Kapitel geht es um Systeme linearer Gleichungen. Wie in Kapitel 2 bereits erklärt, verwenden *lineare Gleichungen* Variablen, die nur den ersten Grad annehmen, das heißt, die höchste Potenz jeder der Variablen, nach denen aufgelöst wird, ist 1. Es stehen Ihnen mehrere Techniken zur Verfügung, um Systeme linearer Gleichungen zu lösen, wie unter anderem das Zeichnen von Linien, das Addieren von Vielfachen einer Gleichung zu einer anderen Gleichung, das Einsetzen einer Gleichung in eine andere Gleichung und außerdem die praktische Regel, die Gabriel Cramer (ein Schweizer Mathematiker des 18. Jahrhunderts) entwickelt hat. Sie lernen die verschiedenen Methoden zur Lösung linearer Gleichungssysteme in diesem Kapitel kennen.

Die Standardform linearer Systeme und ihre möglichen Lösungen

Die Standardform für ein System linearer Gleichungen lautet:

$$\begin{cases} a_1 x_1 + a_2 x_2 + a_3 x_3 + \ldots = k_1 \\ b_1 x_1 + b_2 x_2 + b_3 x_3 + \ldots = k_2 \\ c_1 x_1 + c_2 x_2 + c_3 x_3 + \ldots = k_3 \\ \qquad \ldots \end{cases}$$

Wenn ein System nur zwei Gleichungen hat, erscheinen die Gleichungen in der Form $Ax + By = c$, wie in Kapitel 2 gezeigt. Eine geschweifte Klammer fasst sie zusammen. Lassen Sie sich jedoch nicht täuschen – ein Gleichungssystem kann beliebig viele Gleichungen enthalten (am Ende des Kapitels sehen Sie, wie Sie mit beliebig großen Systemen zurechtkommen).

Lineare Gleichungen mit zwei Variablen, wie $Ax + By = c$, haben Geraden als Graphen. Um ein lineares Gleichungssystem zu lösen, müssen Sie feststellen, für welche Werte von x und y die Gleichungen alle eine gültige Aussage ergeben. Es gibt drei mögliche Lösungsarten (wenn Sie »keine Lösung« auch als Lösung betrachten):

✔ **Eine Lösung:** Die Lösung tritt an der Stelle auf, wo sich die Geraden kreuzen – dasselbe x und dasselbe y funktionieren gleichzeitig in allen Gleichungen.

✔ **Eine unendliche Anzahl von Lösungen:** Die Gleichungen beschreiben dieselbe Gerade.

✔ **Keine Lösung:** Tritt auf, wenn die Geraden parallel sind – kein Wert für (x, y) funktioniert in allen Gleichungen.

Grafische Lösung von linearen Systemen

Um ein System aus zwei linearen Gleichungen zu lösen, können Sie die beiden Gleichungen in dasselbe Koordinatensystem (x- und y-Achse) eintragen. (Weitere Informationen zum Zeichnen von Geraden finden Sie in Kapitel 3.) Wenn Sie die Graphen auf Papier haben, erkennen Sie eine von drei Möglichkeiten – sich schneidende Geraden (eine Lösung), identische Geraden (unendlich viele Lösungen) oder parallele Geraden (keine Lösung).

Die Lösung linearer Systeme durch Zeichnen der Geraden, die die Gleichungen darstellen, ist für Ihre visuelle Vorstellung sehr zufriedenstellend, aber seien Sie vorsichtig: Wenn Sie diese Methode anwenden, um eine Lösung zu finden, müssen Sie die Geraden sehr sorgfältig zeichnen. Es funktioniert am besten für Geraden, die ganzzahlige Lösungen enthalten. Wenn sich die Geraden nicht an einer Stelle schneiden, wo sich auch die Karolinien des Papiers schneiden, haben Sie ein Problem. Die Aufgabe, rationale (Brüche) oder irrationale (Wurzeln) Lösungen aus Graphen auf Papier abzulesen, ist extrem schwierig – wenn nicht unmöglich. (Bei nicht ganzzahligen Lösungen müssen Sie Substitution, Eliminierung oder die Cramer'sche Regel anwenden, wie im Laufe des Kapitels noch beschrieben wird.) Sie können Bruchwerte oder irrationale Werte schätzen oder annähern, aber eine exakte Lösung ist damit nicht möglich.

Den Schnittpunkt bestimmen

Geraden bestehen aus vielen, aus sehr vielen Punkten. Wenn sich zwei Geraden kreuzen, dann haben sie einen dieser Punkte gemeinsam. Durch Skizzieren des Graphen zweier sich schneidender Geraden können Sie diesen einen bestimmten Punkt bestimmen, indem Sie nachsehen, wo in der Zeichnung sich die beiden Geraden kreuzen. Sie müssen sehr sorgfältig zeichnen und brauchen einen spitzen Bleistift und ein Lineal ohne Scharten oder Löcher. Der resultierende Graph ist sehr erfreulich.

Betrachten Sie das folgende einfache lineare System:

$$\begin{cases} 2x + 3y = 12 \\ x - y = 11 \end{cases}$$

Eine schnelle Möglichkeit, diese Geraden zu zeichnen, ist es, ihre *Schnittpunkte* zu finden – wo sie die Achsen kreuzen. Für die erste Gleichung setzen Sie $x = 0$ und lösen nach y auf. Sie erhalten $y = 4$, der y-Schnittpunkt liegt also an der Stelle $(0, 4)$. Wenn Sie in derselben Gleichung $y = 0$ setzen, erhalten Sie $x = 6$, das heißt, der x-Schnittpunkt liegt an der Stelle $(6, 0)$. Tragen Sie diese beiden Punkte in einem Graphen ein und zeichnen Sie eine Gerade durch sie. Dasselbe machen Sie für die andere Gleichung, $x - y = 11$. Sie finden die Schnittpunkte $(0, -11)$ und $(11, 0)$.

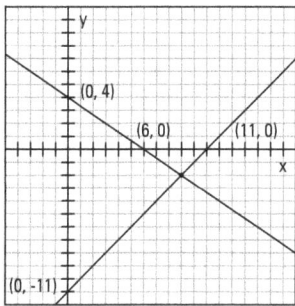

Abbildung 10.1: Zwei Geraden bilden ein lineares System, das sich an einem einzigen Punkt kreuzt.

Die beiden Geraden kreuzen sich am Punkt $(9, -2)$. Sie bestimmen diesen Punkt, indem Sie die Rasterlinien der Abbildung abzählen. Diese Methode zeigt, wie wichtig es ist, die Linien sehr sorgfältig zu zeichnen!

Was genau bedeutet der Punkt $(9, -2)$ für eine *Lösung* des Systems? Er bedeutet, dass Sie für $x = 9$ und $y = -2$ für beide Gleichungen des Systems wahre Aussagen erhalten. Probieren Sie die beiden Werte einfach aus! Setzen Sie sie in die erste Gleichung ein: $2(9) + 3(-2) = 12$; $18 - 6 = 12$; $12 = 12$. In der zweiten Gleichung erhalten Sie $9 - (-2) = 11$; $9 + 2 = 11$; $11 = 11$. Die Lösung $x = 9$ und $y = -2$ ist die einzige Lösung, die für beide Gleichungen funktioniert.

Zweimal dieselbe Gerade

Eine einzigartige Situation, die bei linearen Gleichungssystemen auftritt, entsteht dann, wenn alles zu funktionieren scheint. Jeder Punkt, den Sie für die eine Gleichung finden, funktioniert auch für die andere. Dieses himmlische Szenario liegt vor, wenn die beiden Gleichungen dieselbe Gerade beschreiben. Das ist so, als hätten Sie eine Verabredung mit Zwillingen.

Wenn zwei Gleichungen in einem System linearer Gleichungen dieselbe Gerade darstellen, sind die Gleichungen Vielfache voneinander. Betrachten Sie beispielsweise das folgende Gleichungssystem:

$$\begin{cases} x + 3y = 7 \\ 2x + 6y = 14 \end{cases}$$

Sie erkennen, dass die zweite Gleichung das Doppelte der ersten Gleichung ist. Manchmal ist das Ganze jedoch nicht so offensichtlich, wenn die Gleichungen unterschiedliche Formen haben. Nachfolgend sehen Sie dasselbe System wie oben, allerdings ist hier die zweite Gleichung in Steigung/Schnittpunkt-Form dargestellt:

$$\begin{cases} x + 3y = 7 \\ y = -\dfrac{1}{3}x + \dfrac{7}{3} \end{cases}$$

Die Gleichartigkeit ist hier nicht so deutlich zu erkennen, aber wenn Sie die beiden Gleichungen zeichnen, können Sie einen Graphen nicht vom anderen unterscheiden, weil sie dieselbe Gerade darstellen (weitere Informationen über das Zeichnen von Geraden finden Sie in Kapitel 3).

Parallele Geraden

Parallele Geraden schneiden sich nicht und haben nichts gemeinsam, außer der Richtung, in die sie sich bewegen (ihre Steigung). Wenn Sie Gleichungssysteme lösen, die überhaupt keine Lösungen haben, erkennen Sie daran sofort, dass die Geraden, die durch die Gleichungen dargestellt werden, parallel sind.

Das System $\begin{cases} x + 2y = 8 \\ 3x + 6y = 7 \end{cases}$ beispielsweise hat keine Lösung. Wenn Sie die beiden Geraden

zeichnen [mit den x-Schnittpunkten $(\frac{7}{3}, 0)$ und $(8, 0)$, und den y-Schnittpunkten $(0, \frac{7}{6})$ und

$(0, 4)$], erkennen Sie, dass sie sich nie berühren – auch wenn Sie die Geraden endlos verlängern. Die Geraden sind parallel. Abbildung 10.2 zeigt, wie diese Geraden aussehen.

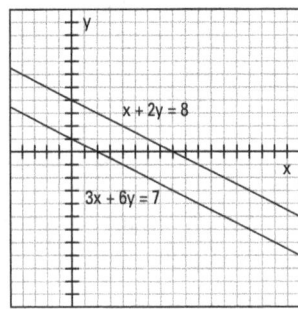

Abbildung 10.2: Parallele Geraden in einem linearen Gleichungssystem schneiden sich nie.

Eine Möglichkeit, mit der Sie vorhersagen können, dass zwei Geraden parallel sind und dass es für das Gleichungssystem keine Lösung gibt, ist die Überprüfung der Steigungen der Geraden. Sie können jede Gleichung in *Steigung/Schnittpunkt-Form* schreiben (weitere Informationen darüber finden Sie in Kapitel 5). Die Steigung/Schnittpunkt-Form für die Gerade $x + 2y = 8$ beispielsweise ist $y = -\frac{1}{2}x + 4$, und die Steigung/Schnittpunkt-Form für die Gerade $3x + 6y = 7$ ist $y = -\frac{1}{2}x + \frac{7}{6}$. Die Geraden haben beide die Steigung $-\frac{1}{2}$, und ihre y-Schnittpunkte sind unterschiedlich – daran erkennen Sie, dass die Geraden parallel sind.

Systeme zweier linearer Gleichungen durch Addition eliminieren

Auch wenn das Zeichnen von Geraden zur Lösung von Gleichungssystemen sehr viel Spaß macht (wie Sie im vorigen Abschnitt erfahren haben), hat die grafische Methode einen Nachteil: Es ist so gut wie unmöglich, Lösungen abzulesen, die nicht ganzzahlig sind. Das Zeichnen ist außerdem zeitaufwendig, und Sie müssen die Punkte sehr sorgfältig eintragen. Mathematiker bevorzugen Methoden zur Lösung von linearen Gleichungssystemen, die die Algebra einsetzen. Die beiden gebräuchlichsten Methoden für die Lösung von Systemen zweier linearer Gleichungen sind das *Eliminationsverfahren*, um das es in diesem Abschnitt geht, und das *Einsetzungsverfahren*, das Sie im Abschnitt *Systeme mit zwei linearen Gleichungen durch Einsetzen lösen* weiter hinten in diesem Kapitel kennen lernen. Welche Methode Sie verwenden, ist davon abhängig, in welcher Form die Gleichungen vorliegen – und häufig auch von persönlichen Vorlieben.

Das Eliminationsverfahren kann auch als *lineare Kombination* oder einfach als *Additions-/Subtraktionsverfahren* bezeichnet werden. Das Wort »Elimination« beschreibt zwar sehr exakt, *was* Sie mit dieser Methode bewerkstelligen, aber *Addieren/Subtrahieren* gibt an, *wie* Sie die Elimination durchführen.

Einen Eliminationspunkt finden

Um das Eliminationsverfahren durchzuführen, addieren Sie die beiden Gleichungen oder subtrahieren sie voneinander und eliminieren damit eine der Variablen. Manchmal muss man eine oder beide Gleichungen mit einer sorgfältig ausgewählten Zahl multiplizieren, bevor man sie addieren (oder subtrahieren) kann.

Wenn Sie beispielsweise das Gleichungssystem $\begin{cases} 3x - 5y = 2 \\ 2x + 5y = 18 \end{cases}$ lösen, erkennen Sie, dass Sie

durch Addition der beiden Gleichungen die Variable y eliminieren können. Die beiden y-Terme sind in den beiden Gleichungen entgegengesetzt. Der resultierende Ausdruck lautet $5x = 20$. Wenn Sie jede Seite durch 5 dividieren, erhalten Sie $x = 4$. Wenn Sie $x = 4$ in die erste Gleichung einsetzen, erhalten Sie 3(4) – 5y = 2. Wenn Sie diese Gleichung nach y auflösen, erhalten Sie $y = 2$. Die Lösung ist also $x = 4$, $y = 2$. Wenn Sie die beiden Geraden zeichnen, die dieser Gleichung entsprechen, erkennen Sie, dass sie sich am Punkt (4, 2) schneiden.

Sie sollten immer überprüfen, ob Sie die richtige Antwort gefunden haben. Eine Möglichkeit, die Lösung des obigen Beispiels zu überprüfen, ist es, das x und das y in der zweiten Gleichung (das ist diejenige, die Sie nicht verwendet haben, um nach der zweiten Variablen aufzulösen) durch 4 und 2 zu ersetzen, um zu prüfen, ob die Aussage wahr bleibt. Durch Einsetzen erhalten Sie $2(4) + 5(2) = 18$; $8 + 10 = 18$; $18 = 18$. Es funktioniert!

Das Gleichungssystem $\begin{cases} 3x - 2y = 17 \\ 2x - 5y = 26 \end{cases}$ muss etwas angepasst werden, bevor Sie die beiden

Gleichungen addieren oder subtrahieren können. Wenn Sie die beiden Gleichungen in ihren hier gezeigten Formen addieren, erhalten Sie einfach noch eine weitere Gleichung: $5x - 7y = 43$. Sie erzeugen eine wirklich hübsche Gleichung, die dieselbe Lösung wie die beiden anderen hat – aber das hilft Ihnen nicht, die Lösung für das System zu finden. Bevor Sie addieren oder subtrahieren, müssen Sie sicherstellen, dass eine der Variablen in den beiden Gleichungen denselben oder den entgegengesetzten Koeffizienten hat wie ihr Gegenstück; so können Sie die Variable durch Addieren oder Subtrahieren eliminieren.

Es gibt verschiedene Möglichkeiten, die im obigen Beispiel gezeigte Gleichung für die Elimination umzuformen:

✔ Sie können die erste Gleichung mit 2 und die zweite Gleichung mit 3 multiplizieren und sie dann subtrahieren, um die x zu eliminieren.

✔ Sie können die erste Gleichung mit 2 und die zweite Gleichung mit –3 multiplizieren und sie dann addieren, um die x zu eliminieren.

✔ Sie können die erste Gleichung mit 5 und die zweite Gleichung mit 2 multiplizieren und sie dann subtrahieren, um die y zu eliminieren.

✔ Sie können die erste Gleichung mit 5 und die zweite Gleichung mit –2 multiplizieren und sie dann addieren, um die y zu eliminieren.

Wenn Sie eine Gleichung mit einer negativen Zahl durchmultiplizieren, achten Sie darauf, dass jeder Term der Gleichung mit dem negativen Vorzeichen multipliziert wird; das Vorzeichen jedes Terms ändert sich.

Wenn Sie das oben gezeigte Gleichungssystem lösen, indem Sie die erste Gleichung mit 2 und die zweite Gleichung mit –3 multiplizieren, erhalten Sie eine neue Version des Systems:

$$\begin{cases} 6x - 4y = 34 \\ -6x + 15y = -78 \end{cases}$$

Wenn Sie die beiden Gleichungen addieren, erhalten Sie $11y = -44$. Dabei haben Sie die x eliminiert. Wenn Sie jetzt jede Seite der neuen Gleichung durch 11 dividieren, erhalten Sie $y = -4$. Setzen Sie diesen Wert in die erste *ursprüngliche* Gleichung ein.

Gehen Sie immer zurück zu den ursprünglichen Gleichungen, wenn Sie nach der anderen Variablen auflösen oder Ihre Arbeit überprüfen wollen. So ist es wahrscheinlicher, dass Sie etwaige Fehler erkennen.

Wenn Sie jetzt -4 für den y-Wert einsetzen, erhalten Sie $3x - 2(-4) = 17$. Lösen Sie nach x auf, dann erhalten Sie $x = 3$. Jetzt überprüfen Sie Ihr Ergebnis, indem Sie die 3 und die -4 in die zweite ursprüngliche Gleichung einsetzen. Sie erhalten $2(3) - 5(-4) = 26$; $6 + 20 = 26$; $26 = 26$. Klasse! Die Lösung lautet $(3, -4)$.

Lösungen für parallele und koexistente Geraden

Wenn Sie Systeme linearer Gleichungen zeichnen, wird sehr schnell deutlich, ob die Systeme parallele Geraden erzeugen oder ob sie Gleichungen haben, die dieselben Geraden darstellen. Sie müssen die Geraden jedoch nicht zeichnen, um diese Situationen algebraisch zu erkennen; Sie müssen nur wissen, worauf zu achten ist.

Wenn Sie beispielsweise das folgende System lösen, multiplizieren Sie die zweite Gleichung mit -1 durch und addieren die Gleichungen. Das Ergebnis ist $0 = 5$. Das kann nicht stimmen. Die falsche Aussage ist ein Signal für Sie, dass das System keine Lösung hat und dass die Geraden parallel sind.

$$\begin{cases} 3x + 5y = 1 \\ 3x + 5y = 7 \end{cases}$$

$$3x + 5y = 12$$
$$-3x - 5y = -7$$
$$\overline{}$$
$$0 + 0 = 5$$

Wenn Sie dagegen zwei Gleichungen für dieselbe Gerade haben und die Gleichungen mit Hilfe der Eliminierungsmethode addieren, erhalten Sie eine Gleichung, die *immer* wahr ist, wie etwa $0 = 0$ oder $5 = 5$.

Systeme mit zwei linearen Gleichungen durch Einsetzen lösen

Eine weitere Methode zur Lösung linearer Gleichungssysteme ist das so genannte *Einsetzungsverfahren*. Einige bevorzugen diese Methode, weil sie sie auch für Gleichungen mit höheren Exponenten brauchen; so müssen Sie sich nur an eine Methode gewöhnen. Das Einsetzen in der Algebra funktioniert ein bisschen wie das Auswechseln beim Fußball. Sie tauschen einen Spieler durch einen anderen aus, der auf dieser Position spielen kann und der hoffentlich bessere Ergebnisse erzielt. Ein Nachteil beim Einsetzen ist, dass Sie möglicherweise Brüche erhalten, die Sie bei der Eliminierung vermeiden können (siehe voriger Abschnitt). Welche Methode Sie verwenden, ist oft eine Frage der persönlichen Vorlieben.

Variablen einsetzen – leicht gemacht

Wenn Sie das Einsetzungsverfahren in Systemen mit zwei linearen Gleichungen anwenden, ist dies ein zweistufiger Prozess:

1. **Lösen Sie eine der Gleichungen nach einer der Variablen auf, x oder y.**

2. **Setzen Sie den Wert der Variablen in die andere Gleichung ein.**

Um beispielsweise das System $\begin{cases} 2x - y = 1 \\ 3x - 2y = 8 \end{cases}$ durch Einsetzen zu lösen, betrachten Sie zuerst, welche Variable für den ersten Schritt in Frage kommt. Mit anderen Worten, Sie wollen nach dieser Variablen auflösen.

 Bevor Sie einsetzen, suchen Sie nach einer Variablen mit einem Koeffizienten von 1 oder –1, die Sie für die Lösung einer der Gleichungen verwenden können. Wenn Sie bei Termen mit Koeffizienten von 1 oder –1 bleiben, können Sie vermeiden, Brüche in die andere Gleichung einsetzen zu müssen. Manchmal sind Brüche jedoch unvermeidlich; in diesen Fällen sollten Sie einen Term mit einem kleinen Koeffizienten wählen, damit die Brüche nicht zu unhandlich werden.

In der vorigen Beispielgleichung hat der y-Term der ersten Gleichung den Koeffizienten –1, Sie sollten also diese Gleichung nach y auflösen (formen Sie sie so um, dass y isoliert auf einer Seite der Gleichung steht). Sie erhalten $y = 2x - 1$. Jetzt können Sie $2x - 1$ für das y in der anderen Gleichung einsetzen:

$$3x - 2y = 8$$
$$3x - 2(2x - 1) = 8$$
$$3x - 4x + 2 = 8$$
$$-x = 6$$
$$x = -6$$

Sie haben die Gleichung $y = 2x - 1$ bereits angelegt, deshalb können Sie jetzt den Wert $x = -6$ in die Gleichung einsetzen, um y zu erhalten: $y = 2(-6) - 1 = -12 - 1 = -13$. Um Ihre Lösung zu überprüfen, setzen Sie beide Werte, $x = -6$ und $y = -13$ in die Gleichung ein, die Sie nicht verändert haben (in diesem Fall die zweite Gleichung): $3(-6) - 2(-13) = 8$; $-18 + 26 = 8$; $8 = 8$. Es hat geklappt!

Parallele und koexistente Geraden erkennen

Wie bereits im Abschnitt *Lösungen für parallele und koexistente Geraden* früher in diesem Kapitel erwähnt, haben Sie Ihre Aufgabe gut gemacht, wenn Sie einen einfachen Schnittpunkt als Lösung erhalten. Aber Sie müssen auch den unmöglichen Fall (parallele Geraden) und den immer möglichen Fall (koexistente Geraden) erkennen, wenn Sie die Einsetzungsmethode für die Lösungssuche anwenden.

Nachfolgend finden Sie einige Ansätze, wie Sie diese beiden Sonderfälle erkennen:

✔ Wenn Geraden parallel sind, ist das algebraische Ergebnis eine unmögliche Aussage. Sie erhalten eine Gleichung, die gar nicht wahr sein kann, wie etwa 2 = 6.

✔ Wenn Geraden koexistent sind (das heißt, sie sind gleich), ist das algebraische Ergebnis eine Aussage, die immer wahr ist (die Gleichung ist immer richtig). Ein Beispiel dafür ist die Gleichung 7 = 7.

Das Unmögliche erkennen: Parallele Geraden

Das Gleichungssystem $\begin{cases} 3x - 2y = 4 \\ y = \dfrac{3}{2}x + 2 \end{cases}$ hat keine Lösung. Wenn Sie die Geraden zeichnen,

erkennen Sie, dass die Graphen der Gleichungen parallel verlaufen. Sie erhalten eine unmögliche Aussage, wenn Sie versuchen, das Problem mit Hilfe der Algebra zu lösen. Unter Verwendung des Einsetzungsverfahrens zur Lösung des Systems setzen Sie die Äquivalenz von y aus der zweiten Gleichung in die erste Gleichung ein:

$$3x - 2y = 4$$

$$3x - 2\left(\frac{3}{2}x + 2\right) = 4$$

$$3x - 3x - 4 = 4$$

$$-4 = 4$$

Das Einsetzen führt zu einer falschen Aussage. Diese Gleichung ist immer falsch, es gibt also keine Lösung.

Das stets Mögliche erkennen: Koexistente Geraden

Das Gleichungssystem $\begin{cases} 3x - 2y = 4 \\ y = \dfrac{3}{2}x - 2 \end{cases}$ stellt zwei Möglichkeiten dar, dieselbe Gleichung aus-

zudrücken – zwei Gleichungen stehen für dieselbe Gerade. Wenn Sie die Gleichungen grafisch darstellen, erhalten Sie eine identische Gerade. Wenn Sie das System durch Einsetzen auflösen, setzen Sie das Äquivalent von y in die erste Gleichung ein:

$$3x - 2y = 4$$

$$3x - 2\left(\frac{3}{2}x - 2\right) = 4$$

$$3x - 3x + 4 = 4$$

$$4 = 4$$

Das Einsetzen führt zu einer Gleichung, die immer wahr ist. Ein beliebiges Wertepaar, das für eine Gleichung funktioniert, funktioniert also auch für die andere.

Sie können die Lösung in (x, y)-Form schreiben und damit die Koordinaten eines Punkts unter Verwendung einer Variablen angeben – in diesem Fall x – und die andere Variable in Bezug auf x darstellen. Die Lösungen für das obige Beispiel sind $\left(x, \frac{3}{2}x - 2\right)$. Der y-Wert ist immer um 2 kleiner als drei Halbe des x-Werts. Wenn Sie eine beliebige Zahl für den x-Wert wählen, können Sie ihn in die zweite Koordinate einsetzen, um das y zu erhalten. Wenn Sie beispielsweise $x = 6$ wählen, setzen Sie es in die Lösung ein, um y zu erhalten:

$$\left(6, \frac{3}{2}(6) - 2\right)$$

$$= (6, 9 - 2)$$

$$= (6, 7)$$

Der Punkt $(6, 7)$ funktioniert für beide Gleichungen, so wie unzählige andere Wertepaare auch.

Mit der Cramer'schen Regel unhandliche Brüche bekämpfen

Die Lösung von Systemen linearer Gleichungen durch grafische Darstellung, Eliminieren oder Einsetzen ist im Allgemeinen machbar und einfach. Es gibt noch eine Alternative, die Sie nicht vergessen sollten, die so genannte *Cramer'sche Regel*. In den folgenden Abschnitten sehen Sie eine einfache Form der Cramer'schen Regel. Die ausführliche Darstellung davon und was Sie damit alles machen können, sehen Sie in Kapitel 11.

Die Cramer'sche Regel ist auch dann sehr praktisch und unkompliziert, wenn die Lösung unübersichtliche Brüche enthält, mit Nennern wie 47, 319 oder ähnlich furchtbaren Werten. Sie bringt Ihnen den exakten Bruchwert der gefundenen Lösungen – nicht irgendeinen gerundeten Dezimalwert, den Sie mit dem Taschenrechner oder mit dem Computer finden würden. Und Sie können die Regel für nahezu beliebige lineare Gleichungssysteme einsetzen. Sie ist jedoch nicht die Methode der Wahl, weil sie komplizierter ist und länger dauert als die anderen Methoden. Der zusätzliche Aufwand ist jedoch die Mühe wert, wenn die Lösungen aus riesigen Brüchen bestehen.

Das lineare Gleichungssystem für Cramer vorbereiten

Um die *Cramer'sche Regel* anwenden zu können, müssen Sie die beiden linearen Gleichungen zunächst in der folgenden Form darstellen:

$$a_1 x + b_1 y = c_1$$
$$a_2 x + b_2 y = c_2$$

Die beiden Gleichungen haben die Variablen auf einer Seite – in der Reihenfolge x, y – und die Konstante, c, auf der anderen Seite. Die Koeffizienten tragen die Tiefstellungen 1 oder 2, womit kenntlich gemacht wird, aus welcher Gleichung sie stammen.

Im nächsten Schritt ermitteln Sie d, das die Differenz der beiden Produkte der Koeffizienten von x und y darstellt: $d = a_1 b_2 - b_1 a_2$. Die Reihenfolge bei der Subtraktion ist hier sehr wichtig.

Eine einfache Methode, sich die Reihenfolge der Produkte und der Differenz zu merken, ist es, sich die Koeffizienten in einem Quadrat vorzustellen, wo man diagonal multipliziert und subtrahiert.

Sie multiplizieren oben links mit unten rechts und subtrahieren oben rechts multipliziert mit unten links:

$$\begin{vmatrix} a_1 & b_1 \\ a_2 & b_2 \end{vmatrix}$$

Sie finden die Lösung des Systems, also die Werte von x und y, indem Sie zwei andere intelligent ausgewählte Differenzen durch den Wert von d dividieren. Sie können sich diese Differenzen merken oder sich die Quadrate, die sie bilden, aufzeichnen, indem Sie die a und b durch die c ersetzen und dann kreuzweise multiplizieren und subtrahieren:

$$\begin{vmatrix} c_1 & b_1 \\ c_2 & b_2 \end{vmatrix} \qquad \begin{vmatrix} a_1 & c_1 \\ a_2 & c_2 \end{vmatrix}$$

Um mit der Cramer'schen Regel nach x und y aufzulösen, wenn Sie zwei lineare Gleichungen in der richtigen Form vorliegen haben, wenden Sie die folgenden Gleichungen an:

$$x = \frac{c_1 b_2 - b_1 c_2}{d} = \frac{c_1 b_2 - b_1 c_2}{a_1 b_2 - b_1 a_2}$$

$$y = \frac{a_1 c_2 - c_1 a_2}{d} = \frac{a_1 c_2 - c_1 a_2}{a_1 b_2 - b_1 a_2}$$

Anwendung der Cramer'schen Regel auf ein lineares System

Sie können die meisten Gleichungssysteme durch Eliminierung oder Einsetzen lösen, aber einige Systeme können aufgrund der darin erscheinenden Brüche recht ungnädig werden. Mit der Cramer'schen Regel machen Sie sich die Arbeit sehr viel leichter (was dafür notwendig ist, ist im vorigen Abschnitt beschrieben).

Um beispielsweise das System $\begin{cases} 13x + 7y = 25 \\ 10x - 9y = 13 \end{cases}$ mit Hilfe der Cramer'schen Regel zu lösen,

suchen Sie zuerst nach dem Wert des Nenners, den Sie erzeugen, d. Unter Anwendung der Formel $d = a_1 b_2 - b_1 a_2$ (die Tiefstellungen geben an, aus welchen Gleichungen die a- und b-Werte kommen), erhalten Sie $d = 13(-9) - 7(10) = -117 - 70 = -187$.

Jetzt versuchen Sie, mit Ihrem d-Wert zuerst nach dem x aufzulösen:

$$x = \frac{c_1 b_2 - b_1 c_2}{d} = \frac{25(-9) - 7(13)}{-187} = \frac{-225 - 91}{-187} = \frac{-316}{-187} = \frac{316}{187}$$

Sie wollen eine solche unhandliche Zahl nicht in eine der Gleichungen einsetzen, um nach y aufzulösen, deshalb gehen Sie weiter zur Formel für y:

$$y = \frac{a_1 c_2 - c_1 a_2}{d} = \frac{13(13) - 25(10)}{-187} = \frac{169 - 250}{-187} = \frac{-81}{-187} = \frac{81}{187}$$

Wenn Sie Ihre Lösung jetzt prüfen, macht das keinen besonderen Spaß, weil die Brüche unhandlich sind, aber wenn Sie die Werte von x und y in beide Gleichungen einsetzen, erkennen Sie, dass Sie tatsächlich eine Lösung gefunden haben.

Wenn Sie d = 0 erhalten, müssen Sie aufhören. Sie können nicht durch 0 dividieren. Der Nullwert für d deutet darauf hin, dass Sie entweder keine Lösung oder eine unendliche Menge von Lösungen haben – die Geraden sind parallel, oder Sie haben zwei Gleichungen für dieselbe Gerade. In jedem Fall ist die Cramer'sche Regel fehlgeschlagen und Sie müssen zurückgehen und eine andere Methode anwenden.

Lineare Systeme auf drei lineare Gleichungen steigern

Auch Systeme mit drei linearen Gleichungen haben Lösungen: Zahlenmengen (für jede Gleichung dieselbe), die jede der Gleichungen zu einer wahren Aussage machen. Wenn ein System drei Variablen statt zwei hat, können Sie die Gleichungen nicht mehr als Geraden darstellen. Um diese Gleichungen zeichnen zu können, müssen Sie eine dreidimensionale Zeichnung der Ebenen anlegen, die die Gleichungen mit den drei Variablen darstellen. Mit anderen Worten, Sie können die Lösung nicht durch eine grafische Darstellung finden. Die beste Methode, um Systeme mit drei linearen Gleichungen zu lösen, ist die Anwendung Ihrer Algebrakenntnisse.

Systeme mit drei Gleichungen mit Hilfe der Algebra lösen

Wenn Sie ein System aus drei linearen Gleichungen mit drei unbekannten Variablen haben, lösen Sie das System, indem Sie die drei Gleichungen mit drei Variablen auf ein System mit zwei Gleichungen mit zwei Variablen reduzieren. An dieser Stelle sind Sie dann wieder auf vertrautem Terrain, und es stehen Ihnen alle möglichen Methoden zur Verfügung, das System zu lösen (siehe voriger Abschnitt). Nachdem Sie die Werte der beiden Variablen im neuen System bestimmt haben, können Sie sie wieder in die ursprünglichen Gleichungen einsetzen, um nach dem Wert der dritten Variablen aufzulösen.

Um beispielsweise das folgende System aufzulösen, wählen Sie eine zu eliminierende Variable:

$$\begin{cases} 3x - 2y + z = 17 \\ 2x + y + 2z = 12 \\ 4x - 3y - 3z = 6 \end{cases}$$

Die beiden besten Kandidaten für das Eliminieren sind y und z, weil sie die Koeffizienten 1 oder −1 in den Gleichungen haben. Sie machen sich das Leben einfacher, wenn Sie große Koeffizienten für Variablen vermeiden, wenn Sie eine Gleichung mit einer Zahl durchmultiplizieren müssen, um Nullsummen zu erhalten. Nehmen Sie also an, Sie eliminieren die Variable z.

Um die z aus den Gleichungen zu eliminieren, addieren Sie zwei der Gleichungen – nachdem Sie sie mit einer geeigneten Zahl multipliziert haben –, um eine neue Gleichung zu erhalten. Anschließend wiederholen Sie diesen Prozess mit einer anderen Kombination von zwei Gleichungen. Sie erhalten zwei Gleichungen, die nur noch die Variablen x und y enthalten.

Nun multiplizieren Sie zunächst die Terme in der oberen Gleichung mit −2 und addieren sie zu den Termen in der mittleren Gleichung:

$$(-2)\,(3x - 2y + z = 17) \rightarrow \quad \begin{aligned} -6x + 4y - 2z &= -34 \\ 2x + y + 2z &= 12 \\ \hline -4x + 5y &= -22 \end{aligned}$$

Jetzt multiplizieren Sie die Terme der oberen Gleichung (die ursprüngliche obere Gleichung, nicht die, die Sie zuvor multipliziert haben) mit 3 und addieren sie zu den Termen in der unteren Gleichung (auch hier ist die ursprüngliche Gleichung gemeint):

$$3(3x - 2y + z = 17) \quad \rightarrow \quad \begin{aligned} 9x - 6y + 3z &= 51 \\ 4x - 3y - 3z &= 6 \\ \hline 13x - 9y &= 57 \end{aligned}$$

Die beiden Gleichungen, die Sie durch die Addition erzeugen, bilden ein neues Gleichungssystem mit nur zwei Variablen:

$$\begin{cases} -4x + 5y = -22 \\ 13x - 9y = 57 \end{cases}$$

Um dieses neue System zu lösen, können Sie die Terme in der ersten Gleichung mit 9 multiplizieren und die Terme der zweiten Gleichung mit 5, um Koeffizienten von 45 und –45 für die y-Terme zu erstellen. Sie addieren die beiden Gleichungen, schaffen sich die y-Terme vom Hals und lösen nach x auf:

$$-36x + 45y = -198$$
$$65x - 45y = 285$$
$$\overline{}$$
$$29x = 87$$
$$x = 3$$

Jetzt setzen Sie $x = 3$ in die Gleichung $-4x + 5y = -22$ ein. Die Auswahl dieser Gleichung war eher zufällig – Sie können jede der Gleichungen verwenden. Wenn Sie $x = 3$ einsetzen, erhalten Sie $-4(3) + 5y = -22$. Wenn Sie jetzt 12 zu jeder Seite addieren, erhalten Sie $5y = -10$, oder $y = -2$.

Sie können Ihre Lösung überprüfen, indem Sie $x = 3$ und $y = -2$ in eine der ursprünglichen Gleichungen einsetzen. Sie sollten sich angewöhnen, die Werte in die erste Gleichung einzusetzen und dann zu prüfen, indem Sie alle drei Lösungen in die beiden anderen einsetzen.

Wenn Sie $x = 3$ und $y = -2$ in die erste Gleichung einsetzen, erhalten Sie $3(3) - 2(-2) + z = 17$. Sie subtrahieren 13 von jeder Seite und erhalten das Ergebnis $z = 4$. Jetzt überprüfen Sie diese drei Werte in den beiden anderen Gleichungen:

$$2(3) + (-2) + 2(4) = 6 - 2 + 8 = 12$$
$$4(3) - 3(-2) - 3(4) = 12 + 6 - 12 = 6$$

Beides stimmt – natürlich!

Sie können die Lösung des Systems als $x = 3$, $y = -2$, $z = 4$ schreiben, Sie können aber auch ein sortiertes Tripel angeben. Ein _sortiertes Tripel_ besteht aus drei Zahlen in runden Klammern, durch Kommas voneinander getrennt. Die Reihenfolge der Zahlen spielt hier eine Rolle. Der erste Wert stellt das x, der zweite Wert das y und der dritte Wert das z dar. Sie schreiben die Lösung für das obige Beispiel also wie (3, –2, 4). Das sortierte Tripel ist eine einfachere und praktischere Methode – solange jeder weiß, wofür die Zahlen stehen.

Eine verallgemeinerte Lösung für Linearkombinationen einrichten

Wenn Sie es mit drei linearen Gleichungen und drei Variablen zu tun haben, geraten Sie möglicherweise in eine Situation, in der eine der Gleichungen eine Linearkombination der beiden anderen ist. Das bedeutet, Sie finden keine einzelne Lösung für das System, wie etwa (3, –2, 4). Eine verallgemeinerte Lösung könnte (–z, 2z, z) lauten, wobei Sie eine Zahl für z wählen, abhängig von der die x- und y-Werte ausgedrückt werden. In diesem Fall, wo die Lösung gleich (–z, 2z, z) ist, ist für z = 7 das sortierte Tripel gleich (–7, 14, 7). Sie finden für dieses Gleichungssystem unendlich viele Lösungen, aber die Lösungen haben alle eine sehr spezielle Form: Die Variablen stehen alle in einer bestimmten Beziehung zueinander.

 Ein erster Hinweis darauf, dass ein System eine verallgemeinerte Lösung hat, ist die Feststellung, dass eine der reduzierten Gleichungen ein Vielfaches einer der anderen Gleichungen ist. Betrachten Sie beispielsweise das folgende System:

$$\begin{cases} 2x + 3y - z = 12 \\ x - 3y + 4z = -12 \\ 5x - 6y + 11z = -24 \end{cases}$$

Um dieses System zu lösen, eliminieren Sie die z, indem Sie die Terme in der ersten Gleichung mit 4 multiplizieren und sie zur zweiten Gleichung addieren. Anschließend multiplizieren Sie die Terme in der ersten Gleichung mit 11 und addieren sie zur dritten Gleichung:

$$4(2x + 3y - z = 12) \rightarrow \begin{array}{r} 8x + 12y - 4z = 48 \\ x - 3y + 4z = -12 \\ \hline 9x + 9y = 36 \end{array}$$

$$11(2x + 3y - z = 12) \rightarrow \begin{array}{r} 22x + 33y - 11z = 132 \\ 5x - 6y + 11z = -24 \\ \hline 27x + 27y = 108 \end{array}$$

Die zweite Gleichung, 27x + 27y = 108, ist das Dreifache der ersten Gleichung. Weil diese Gleichungen Vielfache voneinander sind, wissen Sie, dass das System nicht eine einzige Lösung hat; es hat unendlich viele Lösungen.

Um diese Lösungen zu finden, nehmen Sie eine der Gleichungen und lösen nach einer Variablen auf. Sie können beispielsweise in 9x + 9y = 36 nach y auflösen. Wenn Sie durch 9 dividieren, erhalten Sie x + y = 4. Sie setzen diese Gleichung in eine der ursprünglichen Gleichungen im System ein, um nach z aufzulösen und x-Terme zu erhalten. Nachdem Sie so nach z aufgelöst haben, haben Sie die drei Variablen in Abhängigkeit von x dargestellt.

Wenn Sie jetzt $y = 4 - x$ beispielsweise in 2x + 3y – z = 12 einsetzen, erhalten Sie

$$2x + 3(4 - x) - z = 12$$
$$2x + 12 - 3x - z = 12$$
$$-x - z = 0$$
$$-x = z$$

Das sortierte Lösungstripel für das System lautet $(x, 4 - x, -x)$. Sie können eine unendliche Anzahl an Lösungen finden, die durch dieses Muster abgedeckt werden. Wählen Sie ein beliebiges x, zum Beispiel $x = 3$. Die Lösung lautet $(3, 1, -3)$. Die Werte von x, y und z funktionieren in allen Gleichungen des ursprünglichen Systems.

Wir steigern die Gleichungen noch weiter

Systeme linearer Gleichungen können beliebige Größen annehmen. Sie können zwei, drei, vier oder sogar 100 lineare Gleichungen haben. Einige dieser Systeme haben Lösungen, andere haben keine. Sie müssen sie genau ansehen, um festzustellen, ob es eine Lösung gibt. Sie können versuchen, Systeme mit einer beliebigen Anzahl linearer Gleichungen zu lösen, aber Sie finden nur dann eine einzige, eindeutige Lösung (eine Zahlenmenge für die Antwort), wenn mindestens genau so viele Gleichungen wie Variablen im System vorhanden sind. Wenn ein System drei verschiedene Variablen hat, brauchen Sie mindestens drei verschiedene Gleichungen. Auch die Tatsache, dass Sie genügend Gleichungen für die Variablen haben, garantiert keine eindeutige Lösung – aber Sie haben zumindest einen Ausgangspunkt.

Die allgemeine Vorgehensweise für die Lösung von n Gleichungen mit n Variablen ist es, nacheinander immer mehr Variablen zu eliminieren. Dabei ist es sinnvoll, systematisch vorzugehen und mit der ersten Variablen zu beginnen, sie zu eliminieren, zur zweiten Variablen weiterzugehen, sie zu eliminieren, bis Sie schließlich ein reduziertes System mit zwei Gleichungen und zwei Variablen haben. Sie lösen nach den Lösungen dieses Systems auf und beginnen dann, Werte in die ursprünglichen Gleichungen einzusetzen. Diese Verfahrensweise kann lang und mühselig sein und überdies sehr fehleranfällig, aber wenn Sie die Lösung manuell finden müssen, ist sie sehr effektiv. Wenn die Systeme jedoch unübersichtlich werden, ist Ihnen die im Abschnitt *Lineare Systeme über die Matrizenschreibweise lösen*, am Ende dieses Kapitels, beschriebene Technik eine große Hilfe.

Das folgende System hat fünf Gleichungen und fünf Variablen:

$$\begin{cases} x + y + z + w + t = 3 \\ 2x - y + z - w + 3t = 28 \\ 3x + y - 2z + w + t = -8 \\ x - 4y + z - w + 2t = 28 \\ 2x + 3y + z - w + t = 6 \end{cases}$$

Sie beginnen damit, die x zu eliminieren:

1. **Multiplizieren Sie die Terme in der ersten Gleichung mit –2 und addieren Sie sie zur zweiten Gleichung.**

2. **Multiplizieren Sie die erste Gleichung mit –3 und addieren Sie die Terme zur dritten Gleichung.**

3. **Multiplizieren Sie die erste Gleichung mit –1 und addieren Sie die Terme zur vierten Gleichung.**

4. **Multiplizieren Sie die erste Gleichung mit –2 und addieren Sie die Terme zur letzten Gleichung.**

Nach diesen Schritten haben Sie ein System, in dem alle x eliminiert sind:

$$\begin{cases} -3y - z - 3w + t = 22 \\ -2y - 5z - 2w - 2t = -17 \\ -5y - 2w + t = 25 \\ y - z - 3w - t = 0 \end{cases}$$

Jetzt eliminieren Sie in diesem neuen System die y, indem Sie die letzte Gleichung mit 3, 2 und 5 multiplizieren und die Ergebnisse zur ersten, zweiten und dritten Gleichung addieren.

$$\begin{cases} -4z - 12w - 2t = 22 \\ -7z - 8w - 4t = -17 \\ -5z - 17w - 4t = 25 \end{cases}$$

Sie eliminieren die z im letzten System, indem Sie die Terme in der ersten Gleichung mit 7 und in der zweiten mit –4 multiplizieren und sie addieren. Anschließend multiplizieren Sie die Terme in der zweiten Gleichung mit 5 und in der dritten mit –7 und addieren sie. Das neue System, das Sie erhalten, hat nur noch zwei Variablen und zwei Gleichungen:

$$\begin{cases} -52w + 2t = 222 \\ 79w + 8t = -260 \end{cases}$$

Um das System mit den beiden Variablen am bequemsten zu lösen, multiplizieren Sie die erste Gleichung mit –4 und addieren die Terme zur zweiten Gleichung:

$$208w - 8t = -888$$

$$79w + 8t = -260$$

$$\overline{}$$

$$287w \quad = -1148$$

$$w = -4$$

Sie erhalten $w = -4$. Jetzt setzen Sie w in die Gleichung $-52w + 2t = 222$ ein und erhalten $-52(-4) + 2t = 222$, und damit $280 + 2t = 222 \rightarrow 2t = 14 \rightarrow t = 7$.

Diese beiden Werte setzen Sie in $-4z - 12w - 2t = 22$ ein. Sie erhalten $-4z - 12(-4) - 2(7) = 22$, und damit $-4z + 34 = 22 \rightarrow -4z = -12 \rightarrow z = 3$.

Jetzt setzen Sie die drei Werte in $y - z - 3w - t = 0$ ein: $y - (3) - 3(-4) - 7 = 0$ oder $y + 2 = 0 \rightarrow y = -2$. Nur noch einer!

Gehen Sie zurück zur Gleichung $x + y + z + w + t = 3$ und setzen Sie die Werte ein: $x + (-2) + 3 + (-4) + 7 = 3$. Sie erhalten $x + 4 = 3 \rightarrow x = -1$.

Die Lösung lautet: $x = -1$, $y = -2$, $z = 3$, $w = -4$ und $t = 7$.

Sie können dafür ein sortiertes Quintupel (fünf Zahlen in Klammern) anlegen, wenn jeder die richtige Reihenfolge kennt: (x, y, z, w, t). Die Reihenfolge ist in diesem Fall nicht alphabetisch, aber das ist typisch: Man listet zuerst x, y und z und dann die anderen Variablen auf. Sie wissen, welche Reihenfolge einzuhalten ist, weil Sie die Aufgabenstellung kennen. Das sortierte Quintupel ist $(-1, -2, 3, -4, 7)$.

Lineare Systeme in der Praxis

Es ist ja wunderbar, Systeme mit zwei, drei oder noch mehr linearen Gleichungen lösen zu können, aber welchen Sinn hat es? Der Sinn ist, dass es zahlreiche Anwendungen in der Realität gibt. Außerhalb des Klassenzimmers wird die Technik zu Hilfe genommen, wenn die Anzahl der Gleichungen groß und unübersichtlich wird. Betrachten Sie die beiden Situationen in den folgenden Abschnitten.

Mathe an der Frittenbude

Stellen Sie sich vor, Sie gehen mit Ihren Freunden essen und versuchen, die Kosten für einen Hamburger, einmal Pommes und ein Getränk zu ermitteln. Sie wissen, was ein Freund für vier Hamburger, zweimal Pommes und drei Getränke bezahlt hat, nämlich 14 Euro. Ein anderer Freund hat sechs Hamburger und sechs Getränke für 18 Euro gekauft. Und ein dritter Freund hat fünf Hamburger, sechsmal Pommes und acht Getränke für 27 Euro gekauft.

Sie können die Kosten für einen Hamburger mit Pommes und ein Getränk berechnen, indem Sie die drei Gleichungen aufstellen. h steht für den Preis des Hamburgers, f steht für den Preis für die Pommes und d für die Kosten für ein Getränk. Schreiben Sie die Einkäufe Ihrer Freunde unter Verwendung dieser Variablen auf, erhalten Sie Folgendes:

$$\begin{cases} 4h + 2f + 3d = 14 \\ 6h + 6d = 18 \\ 5h + 6f + 8d = 27 \end{cases}$$

Weil in einer Gleichung kein f vorhanden ist, wählen Sie diese Variable für die Eliminierung aus (siehe Abschnitt *Systeme zweier linearer Gleichungen durch Addition eliminieren*). Multiplizieren Sie die Terme in der ersten Gleichung mit -3 und addieren Sie sie zu den Termen in der letzten Gleichung:

$$-3(4h + 2f + 3d = 14) \quad \rightarrow \quad \begin{array}{r} -12h - 6f - 9d = -42 \\ 5h + 6f + 8d = 27 \\ \hline -7h - d = -15 \end{array}$$

Multiplizieren Sie die neue Gleichung mit 6 und addieren Sie die Terme zur ursprünglichen mittleren Gleichung. Dividieren Sie und lösen Sie nach h auf:

$$6(-7h - d = -15) \quad \rightarrow \quad \begin{array}{r} -42h - 6d = -90 \\ 6h + 6d = 18 \\ \hline -36h \quad\quad = -72 \\ h = 2 \end{array}$$

Sie finden heraus, dass ein Hamburger zwei Euro kostet. Setzen Sie diesen Wert in die ursprüngliche mittlere Gleichung ein, wodurch Sie $6(2) + 6d = 18$ erhalten. Wenn Sie jetzt von jeder Seite 12 subtrahieren, erhalten Sie $6d = 6$ oder $d = 1$. Getränke kosten also einen Euro. Setzen Sie diese beiden Werte in die erste (ursprüngliche) Gleichung ein. Sie erhalten $4(2) + 2f + 3(1) = 14$, vereinfacht $2f + 11 = 14$. Wenn Sie von jeder Seite 11 subtrahieren, erhalten Sie $2f = 3$ oder $f = 1,5$. Pommes kosten 1,50 Euro. Wenn Sie also einen Hamburger mit Pommes und ein Getränk wollen, müssen Sie 2 Euro + 1,50 Euro + 1 Euro = 4,50 Euro zahlen. Möchten Sie jetzt auch noch die Kalorien ausrechnen?

Innerbetriebliche Leistungen verrechnen

Nach diesem Beispiel für den Hausgebrauch betrachten wir ein ganzes Unternehmen, das die Kosten für die Herstellung einzelner Produkte bestimmen will. Stellen Sie sich vor, Sie besitzen eine Papierfabrik. Diese produziert normales Briefpapier sowie Kartons zum Verpacken. Für die Herstellung benötigt sie Wasser, Holz und Strom. Sowohl das Wasser als auch das Holz und den Strom stellt die Fabrik selbst her – soweit man dabei von »Herstellen« sprechen kann. Sie pumpt das Wasser aus einem nahe gelegenen Fluss, pflanzt selbst Bäume an und betreibt ein eigenes Kraftwerk, in dem sie Holz verfeuert.

Das Wasser-Pumpenhaus verursacht monatlich 2.000 Euro Instandhaltungskosten. Die Holzherstellung kostet Ihr Unternehmen 16.500 Euro (vor allem Löhne). Bei der Stromherstellung fallen 58.500 Euro an für den Einsatz externer Experten, die Ihre Maschinen warten. Sie produzieren 3,5 Millionen Blatt Papier und 100.000 Kartons.

Sie entnehmen dem Fluss pro Woche 1.000 Kubikmeter Wasser für die Bewässerung Ihrer Holzplantagen. Dazu kommen 7.000 Kubikmeter zur Stromerzeugung, hier vor allem zur Kühlung und um Turbinen anzutreiben. Die Herstellung von Papier benötigt 12.000 Kubikmeter, die Kartonherstellung 14.000 Kubikmeter. Zum Verfeuern sind 1.000 Festmeter Holz erforderlich, für die Papierherstellung 500 Festmeter und für die Kartonverpackungen 1.100 Festmeter. Das Pumpen des Wassers erfordert 50 Megawattstunden, der Abbau von Holz mit Ihren neuartigen elektrischen Erntegeräten 30 Megawattstunden, die Papier- und die Kartonherstellung jeweils 80 Megawattstunden.

Zunächst sollten Sie diese Flut an Informationen übersichtlich darstellen. In unten stehender Tabelle sind die Angaben aufbereitet.

von \ an	Wasser	Holz	Strom	Papier	Karton
Wasser	–	1.000	7.000	12.000	14.000
Holz	0	–	1.000	500	1.100
Strom	50	30	–	80	80

Die Wasser-, Holz-, Strom-, Papier- und Kartonherstellung sind Kostenstellen in Ihrem Unternehmen, die sich in zwei Gruppen einteilen lassen. Zum einen gibt es die Hilfskostenstellen, die keine Leistungen nach außen abgeben, sondern nur für das eigene Unternehmen arbeiten (Wasser, Holz, Strom). Die beiden anderen Kostenstellen heißen Hauptkostenstellen. Dort wird die eigentliche Leistung Ihres Unternehmens erbracht, nämlich die Produktion von Papier und Kartons.

Ihr Ziel ist nun die Herstellkosten von einem Blatt Papier beziehungsweise einem Karton zu bestimmen, damit Sie Ihre Verkaufspreise kalkulieren können. Dazu benötigen Sie einen Weg, die bei den Hilfskostenstellen anfallenden Kosten verursachungsgerecht auf die Hauptkostenstellen weiterzuverrechnen. *Verursachungsgerecht* bedeutet, dass Sie die wechselseitigen Beziehungen der Hilfskostenstellen berücksichtigen.

 Zunächst bestimmen Sie die internen Verrechnungspreise für einen Kubikmeter Wasser, einen Festmeter Holz und eine Megawattstunde Strom. Und das gelingt Ihnen mit einem linearen Gleichungssystem!

Stellen Sie für jede Hilfskostenstelle eine Gleichung auf, bei der die abgegebenen Leistungen gleichgesetzt werden mit den empfangenen Leistungen. Achten Sie darauf, die Leistungen auch zu bewerten. Für die Hilfskostenstelle Holz zum Beispiel wissen Sie, dass sie 1.000 Kubikmeter Wasser und 30 Megawattstunden Strom empfängt. Diese empfangenen Leistungen bewerten Sie mit dem Preis eines Kubikmeters Wasser beziehungsweise einer Megawattstunde Strom. An dieser Stelle wissen Sie noch nicht, wie hoch dieser Preis ist, daher führen Sie einfach die Variablen w und s ein. Zudem kostet die Holzherstellung wie anfangs erwähnt 16.500 Euro an Löhnen. Die Löhne erhalten Ihre Arbeiter, weil sie Ihnen ihre Leistungskraft zur Verfügung stellen. Also sind die empfangenen Leistungen insgesamt $1.000w + 30s + 16.500$. Und die abgegebenen Leistungen bestimmen Sie als $0h + 1.000h + 500h + 1.100h = 2600h$. h ist dabei der Preis für einen Festmeter Holz.

Insgesamt erhalten Sie die drei folgenden Gleichungen:

✔ Wasser: $50s + 2.000 = 34.000w$

✔ Holz: $1.000w + 30s + 16.500 = 2.600h$

✔ Strom: $7.000w + 1.000h + 58.500 = 240s$

Lösen Sie dieses Gleichungssystem nun, erhalten Sie

$w = 0{,}5$

$h = 10$

$s = 300$

Damit kostet ein Kubikmeter Wasser 50 Cent, ein Festmeter Holz 10 Euro und eine Megawattstunde Strom 300 Euro.

Nun aber weiter! Über diese innerbetrieblichen Verrechnungspreise bestimmen Sie den Wert der Leistungen, die Ihre Papierherstellung und Ihre Kartonproduktion erhalten, dies sind

✔ Papier: $12.000w + 500h + 80s = 35.000$

✔ Karton: $14.000w + 1.100h + 80s = 42.000$

Zur Probe empfiehlt sich eine Überprüfung, ob die bei den Hilfskostenstellen Wasser, Holz und Strom anfallenden Kosten auch wirklich in voller Höhe auf die Papier- und Kartonherstellung weiterverrechnet wurden. Dazu bilden Sie die Summe der bei den Hilfskostenstellen anfallenden Kosten, dies sind 2.000 € + 16.500 € + 58.500 € = 77.000 €. Die weiterverrechneten Kosten betragen 35.000 € + 42.000 € = 77.000 € und sind damit genau so hoch. Prima! Die Rechnung stimmt!

Bei Ihrer Produktion von 3,5 Millionen Blatt Papier kostet Sie eine Seite also

35.000 € / 3,5 Millionen Blatt = 1 Cent pro Blatt

Und die Kosten für einen von 100.000 Kartons belaufen sich auf

42.000 € / 100.000 Stück = 42 Cent pro Stück

Auf dieser Basis können Sie nun leicht Ihre Verkaufspreise ökonomisch sinnvoll festlegen!

Mit Hilfe von Systemen Brüche zerlegen

Wenn Sie einen algebraischen Bruch wie $\dfrac{7x-1}{x^2-x-6}$ haben, also eine rationale Funktion mit Polynomen im Zähler und im Nenner, können Sie feststellen, aus welchen beiden Brüchen sich die Gleichung zusammensetzt. Dieser Prozess wird auch als die *Zerlegung von Brüchen* bezeichnet. Man zerlegt Brüche, weil es vorteilhaft ist, wenn Nenner lineare Ausdrücke sind (das heißt, die Variablen haben höchstens Potenzen ersten Grades). Sie können diese Technik für zwei, drei, vier oder mehr Brüche einsetzen. Die Gleichungssysteme werden natürlich größer, wenn die Anzahl der Brüche steigt.

Auch in der Analysis kann es sehr praktisch sein, Brüche zu zerlegen, wenn Sie beispielsweise Stammfunktionen finden wollen.

Der Bruch $\dfrac{7x-1}{x^2-x-6}$ hat den Nenner x^2-x-6, der in $(x+2)(x-3)$ faktorisiert werden kann. Das bedeutet, Sie haben zwei Brüche, einen mit dem Nenner $x+2$ und den anderen mit dem Nenner $x-3$. Diese Brüche können Sie addieren und erhalten den Bruch mit dem Zähler $7x-1$. (Weitere Informationen über die Faktorisierung finden Sie in Kapitel 2.)

Wenn Sie Brüche addieren, brauchen Sie einen gemeinsamen Nenner. Wenn die Nenner der Brüche, die Sie addieren, nichts gemeinsam haben, ist der gemeinsame Nenner das Produkt der Nenner beider Brüche. Um beispielsweise $\dfrac{3}{4}+\dfrac{1}{3}$ zu addieren, verwenden Sie den gemeinsamen Nenner 12, das Produkt aus 4 und 3.

Zurück zum ursprünglichen Bruch. Um die Zähler der beiden Brüche zu finden, die zu dem resultierenden Bruch geführt haben, schreiben Sie die Gleichung wie folgt:

$$\frac{7x-1}{(x+2)(x-3)}=\frac{A}{x+2}+\frac{B}{x-3}$$

Die Zähler sind A und B. Jetzt kombinieren Sie die beiden Brüche, indem Sie den gemeinsamen Nenner suchen und mit den entsprechenden Termen multiplizieren:

$$\frac{7x-1}{(x+2)(x-3)}=\left(\frac{A}{x+2}\cdot\frac{x-3}{x-3}\right)+\left(\frac{B}{x-3}\cdot\frac{x+2}{x+2}\right)$$

$$-\frac{A(x-3)+B(x+2)}{(x+2)(x-3)}$$

Der Beispielbruch und Ihr neu erzeugter Bruch sind gleich, wenn ihre Zähler gleich sind. Sie können also die Gleichung, die diese Beziehung darstellt, als $7x-1=A(x-3)+B(x+2)$ schreiben. Sie lösen die Gleichung, indem Sie zuerst die Buchstaben A und B in die Terme auf der rechten Seite einmultiplizieren und die Terme dann so umordnen, dass die beiden x-Terme nebeneinander stehen, ebenso wie die beiden Terme ohne x. Jetzt klammern Sie das x aus den beiden ersten Termen aus und fassen die beiden letzten Terme zusammen:

$$7x-1=A(x-3)+B(x+2)$$

$$=Ax-3A+Bx+2B$$

$$=(A+B)x+(-3A+2B)$$

Im ursprünglichen Zähler sehen Sie, dass der Koeffizient von x gleich 7 ist. Im Zähler, den Sie zuletzt erstellt haben, ist der Koeffizient von x gleich $A+B$. Sie setzen dies gleich und erhalten $7=A+B$. Der konstante Term im ursprünglichen Zähler ist -1. Im neuesten Zähler ist der konstante Term $-3A+2B$. Sie setzen diese gleich und erhalten $-1=-3A+2B$. Jetzt haben Sie Ihr lineares Gleichungssystem:

$$\begin{cases} 7=A+B \\ -1=-3A+2B \end{cases}$$

Sie multiplizieren die Terme in der oberen Gleichung mit 3 und addieren sie zur zweiten Gleichung:

$$3A + 3B = 21$$

$$-3A + 2B = -1$$

$$5B = 20$$

$$B = 4$$

Sie erhalten $B = 4$. Wenn Sie dieses $B = 4$ jetzt in $A + B = 7$ einsetzen, erhalten Sie $A = 3$. Sie haben die Zähler der Brüche:

$$\frac{7x - 1}{(x + 2)(x - 3)} = \frac{3}{x + 2} + \frac{4}{x - 3}$$

Lineare Systeme über die Matrizenschreibweise lösen

Bisher haben Sie gesehen, wie Sie Systeme mit zwei Gleichungen lösen können, und Sie haben eine Möglichkeit zur Lösungsbestimmung bei drei Gleichungen kennen gelernt. Aber schon dies gestaltet sich nicht immer einfach. Bei vier Gleichungen würde man das System entsprechend zunächst auf eines mit dreien vereinfachen, dann auf eines mit zweien und schließlich lösen. Sie können sich bestimmt vorstellen, dass man hier leicht den Überblick verliert, wie die Rechenschritte sinnvoll weiter zu verfolgen sind.

Eine Abhilfe schafft die Anwendung der Matrizenschreibweise zur Lösung von linearen Systemen. Durch die gezielte Anwendung von elementaren Zeilenumformungen, die Sie in Kapitel 9 finden, gelingt eine systematische Lösung ohne die Gefahr, irgendwo auf dem Weg stecken zu bleiben.

Um den großen Vorteil der Matrizenschreibweise gleich richtig zu verdeutlichen, lösen Sie das folgende System mit vier Gleichungen und vier Variablen. Keine Angst, das geht ruck-zuck!

$$\begin{cases} 2a + b - 4c + 2d = 12 \\ 3a - 7c - d = -4 \\ a - 2b + c - 3d = -10 \\ 4a + 2b - 2c + d = 12 \end{cases}$$

 Überführen Sie dieses System in eine Matrix, die so viele Zeilen hat wie das System Gleichungen und eine Spalte mehr als das System Unbekannte.

Sie benötigen also eine 4 × 5-Matrix. In die erste Spalte schreiben Sie die Koeffizienten, die in jeder Gleichung bei der Unbekannten a stehen, in die zweite, dritte beziehungsweise vierte Spalte die Koeffizienten von b, c beziehungsweise d. Die letzte Spalte schließlich trennen Sie mit einem Strich ab und schreiben die rechte Seite der Gleichungen hinein:

$$\begin{pmatrix} 2 & 1 & -4 & 2 & | & 12 \\ 3 & 0 & -7 & -1 & | & -4 \\ 1 & -2 & 1 & -3 & | & -10 \\ 4 & 2 & -2 & 1 & | & 12 \end{pmatrix}$$

 Suchen Sie sich eine vom Absolutbetrag her möglichst kleine Zahl im ersten Teil der Matrix (links der Teilung). Günstig ist es, wenn in der Spalte, in der sich diese Zahl befindet, auch noch Nullen stehen.

Das betragsmäßig kleinste Element ist die 1. Eine 1 gibt es in allen Spalten, in der vierten Spalte sogar zweimal. Sie entscheiden sich aber für die 1 in der zweiten Spalte, da dort noch eine 0 vorhanden ist. Markieren Sie diese 1, sie ist das so genannte *Pivotelement*. Die Zeile, in der sie steht, ist die *Pivotzeile* und ihre Spalte heißt *Pivotspalte*.

 Führen Sie elementare Zeilenumformungen durch mit dem Ziel, alle anderen Elemente in der gewählten Spalte auf 0 zu bringen. Verwenden Sie zum Umformen immer die Pivotzeile!

Sie addieren also zur dritten Zeile das Doppelte der ersten Zeile und subtrahieren von der vierten Zeile das Zweifache der ersten. Dadurch erhalten Sie die folgende Matrix.

$$\begin{pmatrix} 2 & \boxed{1} & -4 & 2 & | & 12 \\ 3 & 0 & -7 & -1 & | & -4 \\ 5 & 0 & -7 & 1 & | & 14 \\ 0 & 0 & 6 & -3 & | & -12 \end{pmatrix}$$

Nun geht es genauso weiter. Sie wählen wieder ein neues Pivotelement, möglichst ein günstiges, also ein betragsmäßig kleines.

 Beachten Sie aber, dass Sie in einer Zeile, die schon einmal Pivotzeile war, kein Pivotelement mehr wählen. Das würde zwar nicht zu einem falschen Ergebnis führen, aber es würde Sie nicht weiterbringen auf dem Weg zur Lösung.

In der Matrix gibt es noch Einsen, beide in der vierten Spalte, nehmen wir die erste davon, also die –1 in der zweiten Zeile.

 Das »Zu-null-Machen« der anderen Elemente nennt sich übrigens *Pivotisieren*.

Dazu müssen Sie diesmal das Doppelte von Zeile zwei zur ersten Zeile hinzuaddieren, zudem noch die zweite zur dritten Zeile addieren. Schließlich müssten Sie noch das Dreifache der Pivotzeile von der letzten Zeile subtrahieren. Aber die letzte Zeile enthält nur Vielfache von 3.

Daher ist es sinnvoll, stattdessen diese letzte Zeile mit $\frac{1}{3}$ durchzumultiplizieren und davon die zweite abzuziehen. Dann kommen Sie auf:

$$\left(\begin{array}{cccc|c} 8 & \boxed{1} & -18 & 0 & 4 \\ 3 & 0 & -7 & \boxed{-1} & -4 \\ 8 & 0 & -14 & 0 & 10 \\ -3 & 0 & 9 & 0 & 0 \end{array}\right)$$

Jetzt bleiben Ihnen noch vier Elemente in der Matrix, die nicht in einer Zeile stehen, die schon einmal Pivotzeile war. Außerdem können Sie die dritte Zeile mit 0,5 multiplizieren und die vierte mit $\frac{1}{3}$, um kleinere Zahlen zu erhalten.

So erhalten Sie:

$$\left(\begin{array}{cccc|c} 8 & \boxed{1} & -18 & 0 & 4 \\ 3 & 0 & -7 & \boxed{-1} & -4 \\ 4 & 0 & -7 & 0 & 5 \\ -1 & 0 & 3 & 0 & 0 \end{array}\right)$$

Die nun betragsmäßig kleinste Zahl ist wieder –1, diesmal in der vierten Zeile. Addieren Sie das Achtfache der vierten zur ersten, das Dreifache zur zweiten und das Vierfache zur dritten Zeile. Dann erhalten Sie eine pivotisierte erste Spalte. Also eine Spalte, in der alle Elemente bis auf eines 0 sind.

$$\left(\begin{array}{cccc|c} 0 & \boxed{1} & 6 & 0 & 4 \\ 0 & 0 & 2 & \boxed{-1} & -4 \\ 0 & 0 & 5 & 0 & 5 \\ \boxed{-1} & 0 & 3 & 0 & 0 \end{array}\right)$$

Nur noch eine Pivotisierung, dann ist es geschafft!

Es bleibt nur noch die 5 in der dritten Zeile und dritten Spalte. Die dritte Zeile lässt sich zunächst durch 5 teilen, dann subtrahieren Sie das Sechsfache von der ersten, das Doppelte von der zweiten und das Dreifache von der vierten Zeile.

Und schon haben Sie eine vollständig pivotisierte Matrix, eine Matrix, in der alle Spalten (vor dem teilenden Strich) nur noch genau ein Element enthalten, das nicht 0 ist.

$$\left(\begin{array}{cccc|c} 0 & \boxed{1} & 0 & 0 & -2 \\ 0 & 0 & 0 & \boxed{-1} & -6 \\ 0 & 0 & \boxed{1} & 0 & 1 \\ \boxed{-1} & 0 & 0 & 0 & -3 \end{array}\right)$$

Und schon sind Sie fast am Ende, nur noch ein Schritt.

Vertauschen Sie einfach noch die Zeilen, so dass Sie eine Diagonalmatrix erhalten, und multiplizieren Sie danach die erste und vierte Zeile mit –1.

$$\left(\begin{array}{cccc|c} 1 & 0 & 0 & 0 & 3 \\ 0 & 1 & 0 & 0 & -2 \\ 0 & 0 & 1 & 0 & 1 \\ 0 & 0 & 0 & 1 & 6 \end{array}\right)$$

So. Das war's! Die Lösung steht vor Ihnen!

Die Unbekannten a, b, c und d sind die Werte auf der rechten Seite, von oben nach unten gelesen, das heißt

$$a = 3, \quad b = -2, \quad c = 1, \quad d = 6$$

Prüfen Sie zur Sicherheit nach, indem Sie die Werte in das anfängliche Gleichungssystem einsetzen.

Das hier vorgestellte Verfahren entspricht dem Gauß/Jordan-Algorithmus, einem systematischen Eliminationsverfahren, mit dem auch große Systeme handlich und gut durchdringbar werden.

Zur Zusammenfassung hier noch einmal die einzelnen Schritte:

1. **Überführen Sie das Gleichungssystem in eine Matrix.**

   Dabei gibt es für jede Unbekannte eine Spalte, die die Koeffizienten der Unbekannten enthält. Eine weitere Spalte wird mit einem Strich abgetrennt und enthält die Ergebnisse der Ausgangsgleichungen.

2. **Wählen Sie ein geeignetes Pivotelement.**

   Es empfiehlt sich, ein betragsmäßig kleines Element zu wählen. Hilfreich ist zudem, wenn in der Pivotspalte noch Nullen vorhanden sind.

3. **Pivotisieren Sie.**

   Wenden Sie geeignete elementare Zeilenumformungen an, um alle anderen Elemente (außer dem Pivotelement) auf null zu bringen.

4. **Wiederholen Sie die Schritte 2 und 3, bis die Matrix vollständig pivotisiert ist.**

5. **Ordnen Sie die Matrix neu so an, dass vor der Teilung eine Diagonalmatrix entsteht, und formen Sie die Zeilen so um, dass schließlich eine Einheitsmatrix (nur Einsen auf der Diagonalen) resultiert.**

   Das Ergebnis für die Unbekannten kann von oben nach unten auf der rechten Seite abgelesen werden.

Matrizen – noch mehr Möglichkeiten

11

In diesem Kapitel

- Die Determinante einer Matrix bestimmen
- Mit der Cramer'schen Regel lineare Gleichungssysteme lösen
- Inversen verwenden, um lineare Gleichungssysteme zu lösen
- Richtig wirtschaftlich denken – mit dem Leontief-Modell

*I*n den folgenden Abschnitten vertiefen Sie Ihre Kenntnisse der Matrizenrechnung. Sie lernen kleine hilfreiche Instrumente wie die Determinante kennen und wagen sich an größere Aufgaben wie die Inverse einer Matrix. Damit schaffen Sie sich das Handwerkszeug, um einem großen Spektrum von Aufgaben gewachsen zu sein. Eine Anwendung bietet Ihnen das Leontief-Modell am Ende dieses Kapitels.

Die Determinante bestimmen

Die Determinante ist eine hilfreiche Kennzahl von Matrizen. Mit ihr lassen sich eine Vielzahl von Auswertungen vornehmen. Im Abschnitt *Die erweiterten Matrizenfunktionen auf lineare Gleichungssysteme anwenden* wird sie verwendet, um lineare Gleichungssysteme zu lösen.

Für jede quadratische Matrix, also für jede Matrix, die genau so viele Zeilen wie Spalten hat, lässt sich eine Determinante bestimmen. Die Determinante ist einfach nur eine reelle Zahl. Als Rechenzeichen verwendet man den Ausdruck det [ ].

Vorweg gleich eine Kleinigkeit: Die Determinante einer 1×1-Matrix ist einfach nur diese eine Zahl, die in der 1×1-Matrix steht. Also zum Beispiel det [42] = 42.

Klein geht's los – mit nur vier Zahlen

Schauen Sie sich zunächst an, wie die Determinante von kleinen Matrizen bestimmt wird. »Klein« bezieht sich hier auf die Dimension. Bei einer Matrix der Dimension 2×2 bestimmen Sie die Determinante, indem Sie zunächst das Element links oben mit dem Element rechts unten multiplizieren. Davon subtrahieren Sie das Produkt der anderen beiden Elemente. Das bedeutet beispielsweise

$$\det \begin{bmatrix} 4 & -3 \\ 5 & 2 \end{bmatrix} = 4 \cdot 2 - 5 \cdot (-3) = 8 - (-15) = 23$$

Sie erhalten die Determinante also aus der Differenz der Diagonalen von links oben nach rechts unten und der Diagonalen von links unten nach rechts oben.

Die Steigerung folgt sogleich

Bei einer Matrix der Dimension 3×3 gestaltet sich die Rechnung ein wenig aufwendiger. Aber keine Sorge, auch das lässt sich dank der Sarrus-Regel gut meistern! Diese besagt, dass man zum Berechnen der Determinante einer 3×3-Matrix zunächst die ersten beiden Spalten der Matrix noch einmal rechts neben die Matrix schreiben soll. Also folgendermaßen:

$$\begin{bmatrix} 3 & 9 & -7 \\ 0 & 2 & 4 \\ 1 & -5 & 6 \end{bmatrix} \begin{matrix} 3 & 9 \\ 0 & 2 \\ 1 & -5 \end{matrix}$$

Nun läuft die Rechnung so ähnlich wie schon bei dem kleinen Bruder dieser Matrix. Es geht wieder darum, zunächst die Elemente auf den Diagonalen zu multiplizieren. Danach werden die entstehenden Produkte addiert beziehungsweise subtrahiert. Sie sehen hier drei Diagonalen von links oben nach rechts unten. Diese beginnen mit einer 3, einer 9 beziehungsweise einer –7. Die drei Diagonalen von links unten nach rechts oben beginnen mit 1, –5 beziehungsweise 6. Multiplizieren Sie die nach unten laufenden Diagonalen und addieren Sie deren Ergebnisse. Dann multiplizieren Sie die übrigen Diagonalen und subtrahieren die Resultate. So erhalten Sie:

$$\det \begin{bmatrix} 3 & 9 & -7 \\ 0 & 2 & 4 \\ 1 & -5 & 6 \end{bmatrix} = 3 \cdot 2 \cdot 6 + 9 \cdot 4 \cdot 1 + (-7) \cdot 0 \cdot (-5) - 1 \cdot 2 \cdot (-7) - (-5) \cdot 4 \cdot 3 - 6 \cdot 0 \cdot 9$$
$$= 36 + 36 + 0 - (-14) - (-60) - 0$$
$$= 146$$

Aber Sie können noch viel mehr – grenzenlose Größen

Bei größeren Matrizen als 3×3 müssen Sie sich anderer Möglichkeiten bedienen. Am leichtesten zu verstehen ist dabei die Berechnung der Determinante nach Umformung der Matrix auf eine obere Dreiecksmatrix.

 Beachten Sie unbedingt: Die Regeln im vorangegangenen Abschnitt gelten nur für kleine Matrizen. Jetzt helfen Ihnen diese leider nicht mehr weiter! Versuchen Sie nicht, durch eine Diagonalmultiplikation die Determinante von Matrizen der Dimension 4×4 oder größer zu bestimmen. Damit erhalten Sie ein falsches Ergebnis.

Das in diesem Abschnitt vorgestellte Verfahren funktioniert immer – also auch bei den kleinen Matrizen. Sie können es gerne einmal mit richtig großen Matrizen ausprobieren. Um die Funktionsweise darzustellen, genügt aber erst einmal eine 4×4-Matrix. Mit den elementaren Zeilenumformungen aus Kapitel 9 formen Sie die Matrix so lange um, bis Sie eine obere Dreiecksmatrix erreicht haben.

Sie wollen die Determinante der folgenden Matrix bestimmen:

$$A = \begin{bmatrix} 4 & 5 & -15 & 1 \\ 2 & -2 & -0,5 & 3 \\ -8 & 8 & 2 & 1 \\ 0 & 2 & 1 & 0 \end{bmatrix}$$

1. Bringen Sie die Elemente unterhalb der 4 links oben auf 0.

Sie multiplizieren dafür die zweite Zeile mit 2 und subtrahieren die erste. Zur dritten Zeile addieren Sie das Doppelte der ersten. Dadurch erhalten Sie

$$\begin{bmatrix} 4 & 5 & -15 & 1 \\ 0 & -9 & 14 & 5 \\ 0 & 18 & -28 & 3 \\ 0 & 2 & 1 & 0 \end{bmatrix}.$$

2. Machen Sie die Elemente unterhalb von –9 in der zweiten Zeile zu 0.

Dafür addieren Sie zur dritten zweimal die zweite Zeile. Die vierte Zeile multiplizieren Sie mit 9 und addieren das Doppelte der zweiten Zeile. Dies ergibt

$$\begin{bmatrix} 4 & 5 & -15 & 1 \\ 0 & -9 & 14 & 5 \\ 0 & 0 & 0 & 13 \\ 0 & 0 & 37 & 10 \end{bmatrix}$$

3. Vertauschen Sie die letzten beiden Zeilen.

Und schon haben Sie eine Dreiecksmatrix:

$$\begin{bmatrix} 4 & 5 & -15 & 1 \\ 0 & -9 & 14 & 5 \\ 0 & 0 & 37 & 10 \\ 0 & 0 & 0 & 13 \end{bmatrix}$$

Damit ist der erste und anstrengendste Teil der Arbeit getan. Es fehlen nur noch zwei Schritte.

4. Multiplizieren Sie die Elemente auf der Diagonalen miteinander.

$4 \cdot (-9) \cdot 37 \cdot 13 = -17316$

Diese Zahl, –17316, ist fast schon Ihre Determinante. Genau genommen ist es die Determinante Ihrer letzten Matrix, also der Dreiecksmatrix. Aber Sie wollen die Determinante der Ausgangsmatrix wissen. Und durch die elementaren Zeilenumformungen hat sich die Determinante etwas verändert.

5. **Machen Sie die Veränderungen an Ihrer Determinante rückgängig, die durch die elementaren Zeilenumformungen geschehen sind.**

Das Vertauschen einer Zeile mit einer anderen ändert das Vorzeichen der Determinante.

Die Multiplikation der Zeile, die Sie verändern, mit einer reellen Zahl vervielfacht die Determinante um diesen Faktor.

 Multiplizieren Sie jedoch nur die Hilfszeile, die Sie zum Rechnen verwenden, so hat dies keinen Einfluss auf die Determinante.

6. **Schreiben Sie sich noch mal die oben durchgeführten Umformungen geordnet auf.**

Das waren:

- Zweite Zeile mal zwei *minus* erste Zeile
- Dritte Zeile *plus* erste Zeile mal zwei
- Dritte Zeile *plus* zweite Zeile mal zwei
- Vierte Zeile mal neun *plus* zweite Zeile mal zwei
- Vertauschen von dritter mit vierter Zeile

Die Zeile, die Sie verändern, ist die erstgenannte Zeile. Sie haben also die zu verändernde Zeile mit 2 und mit 9 multipliziert. Durch Ihre Umformungen wurde die Determinante also zunächst verdoppelt, dann verneunfacht. Zudem hat sich das Vorzeichen der Determinante wegen des Zeilentauschs gedreht.

Den Zeilentausch machen Sie rückgängig, indem Sie jeweils mit dem Kehrwert der Zahlen multiplizieren beziehungsweise mit –1 zur Vorzeichenänderung. So erhalten Sie als Determinante von A:

$$\det(A) = -17316 \cdot \frac{1}{2} \cdot \frac{1}{9} \cdot (-1) = 962$$

 Es gibt viele Matrizen, die dieselbe Determinante haben, obwohl sie anders aussehen. Noch nicht einmal die Dimension der Matrix muss gleich sein, damit sie dieselbe Determinante haben. Das bedeutet zwangsläufig, dass es nicht möglich ist, aus der Determinante auf die zugrundeliegende Matrix zu schließen.

Inverse Matrizen finden

Inverse Matrizen verhalten sich etwas anders als Inverse von Zahlen. Die *additive Inverse* einer Zahl ist das, was Sie zu einer Zahl addieren müssen, um 0 zu erhalten. Die additive Inverse von 2 beispielsweise ist –2, und die additive Inverse von –3,14159 ist 3,14159. Ganz einfach.

Die Algebra bietet zudem die *multiplikative Inverse*. Multiplikative Inverse führen zur Zahl 1. Die multiplikative Inverse von 2 beispielsweise ist ½.

Durch das Addieren oder Multiplizieren von Inversen erhalten Sie immer das *neutrale Element* für eine bestimmte Operation. Bevor Sie Inverse von Matrizen suchen, müssen Sie wissen, was neutrale Elemente sind, deshalb zunächst zu diesem Thema.

Additive Inverse bestimmen

Sie können die Zahl 0 als das *neutrale Element der Addition* bezeichnen, denn wenn Sie 0 zu einer Zahl addieren, ändert sich die Zahl nicht. Das neutrale Element der Addition für Matrizen ist eine *Null-Matrix*. Wenn Sie eine Null-Matrix zu einer beliebigen Matrix derselben Dimension addieren, ändert sich an der ursprünglichen Matrix nichts.

 Inverse Matrizen, die der Addition zuzuordnen sind, sind einfach zu erkennen und einfach zu erstellen. Die additive Inverse einer Matrix ist eine andere Matrix derselben Dimension, wobei jedes Element das umgekehrte Vorzeichen hat. Wenn Sie die Matrix und ihre additive Inverse addieren, sind die Summen der einander entsprechenden Elemente alle gleich 0, und Sie haben eine Null-Matrix – das neutrale Element der Addition für Matrizen (siehe Kapitel 9). Abbildung 11.1 zeigt, wie Sie zwei Matrizen addieren, um 0 zu erhalten.

$$A = \begin{bmatrix} 4 & 1 \\ -3 & 7 \\ -2 & 0 \end{bmatrix}, \; B = \begin{bmatrix} -4 & -1 \\ 3 & -7 \\ 2 & 0 \end{bmatrix},$$

$$A + B = \begin{bmatrix} 4 + (-4) & 1 + (-1) \\ -3 + 3 & 7 + (-7) \\ -2 + 2 & 0 + 0 \end{bmatrix} = \begin{bmatrix} 0 & 0 \\ 0 & 0 \\ 0 & 0 \end{bmatrix}$$

Abbildung 11.1: Elemente mit umgekehrten Vorzeichen zu addieren, führt zu einer Null-Matrix.

Alle Matrizen haben eine additive Inverse – egal, welche Dimension sie haben. Für die multiplikative Inverse von Matrizen gilt dies nicht. Einige Matrizen haben eine multiplikative Inverse, andere nicht. Lesen Sie einfach weiter. Vielleicht brauchen Sie die Information ja für Ihre nächste Prüfung.

Multiplikative Inverse bestimmen

Die Zahl 1 wird als neutrales Element der Multiplikation bezeichnet, weil die Multiplikation einer Zahl mit 1 die Zahl nicht verändert.

 Das neutrale Element der Addition einer Matrix besteht aus nichts anderem als Nullen, aber das neutrale Element der Multiplikation ist für Matrizen etwas komplizierter. Es muss eine quadratische Matrix sein, und diese quadratische Matrix muss eine Diagonale aus lauter Einsen haben. Die restlichen Elemente sind alle 0. Diese Anordnung stellt sicher, dass Sie bei einer Multiplikation einer Matrix mit dem neutralen Element der Multiplikation die ursprüngliche

Matrix nicht verändern. Abbildung 11.2 zeigt das Verfahren, zwei Matrizen mit neutralen Elementen zu multiplizieren. Die Multiplikationsregel für Matrizen gilt auch hier. Die Anzahl der Spalten in der ersten Matrix muss gleich der Anzahl der Zeilen in der zweiten Matrix sein.

$$\begin{bmatrix} 3 & 0 & -2 \\ 1 & 5 & 9 \end{bmatrix} \cdot \begin{bmatrix} 1 & 0 & 0 \\ 0 & 1 & 0 \\ 0 & 0 & 1 \end{bmatrix} = \begin{bmatrix} 3 \cdot 1 + 0 \cdot 0 + (-2) \cdot 0 & 3 \cdot 0 + 0 \cdot 1 + (-2) \cdot 0 & 3 \cdot 0 + 0 \cdot 0 + (-2) \cdot 1 \\ 1 \cdot 1 + 5 \cdot 0 + 9 \cdot 0 & 1 \cdot 0 + 5 \cdot 1 + 9 \cdot 0 & 1 \cdot 0 + 5 \cdot 0 + 9 \cdot 1 \end{bmatrix}$$

$$= \begin{bmatrix} 3 + 0 + 0 & 0 + 0 + 0 & 0 + 0 + (-2) \\ 1 + 0 + 0 & 0 + 5 + 0 & 0 + 0 + 9 \end{bmatrix} = \begin{bmatrix} 3 & 0 & -2 \\ 1 & 5 & 9 \end{bmatrix}$$

$$\begin{bmatrix} 1 & 0 \\ 0 & 1 \end{bmatrix} \cdot \begin{bmatrix} -3 \\ 6 \end{bmatrix} = \begin{bmatrix} 1 \cdot (-3) + 0 \cdot 6 \\ 0 \cdot (-3) + 1 \cdot 6 \end{bmatrix} = \begin{bmatrix} -3 + 0 \\ 0 + 6 \end{bmatrix} = \begin{bmatrix} -3 \\ 6 \end{bmatrix}$$

Abbildung 11.2: Die Multiplikation einer Matrix mit dem neutralen Element behält die ursprüngliche Matrix bei.

Wie das neutrale Element der Multiplikation einer Matrix ist auch die multiplikative Inverse einer Matrix nicht ganz so bequem wie ihre additive Verwandte. Wenn Sie zwei Matrizen multiplizieren, führen Sie zahlreiche Multiplikationen und Additionen durch, und es ändert sich eine Menge an der Dimension. Deshalb sind Matrizen und ihre Inversen immer quadratische Matrizen. Nicht quadratische Matrizen haben keine multiplikativen Inversen.

 Wenn Matrix A und Matrix A^{-1} multiplikative Inverse sind, dann gilt $A \cdot A^{-1} = E$ und $A^{-1} \cdot A = E$. Die Hochstellung von -1 für Matrix A kennzeichnet die Matrix als die inverse Matrix von A – es handelt sich dabei nicht um einen Reziprokausdruck, wie ihn der Exponent -1 normalerweise darstellt. Der Großbuchstabe E steht für die diesen Matrizen zugeordnete Einheitsmatrix – mit den Dimensionen 2×2, 3×3, 4×4 usw.

In Abbildung 11.3 multiplizieren Sie Matrix B und ihre Inverse B^{-1} zuerst in der einen und dann in der anderen Reihenfolge. Das Verfahren erzeugt beide Male die Einheitsmatrix.

$$B = \begin{bmatrix} 6 & 2 \\ 8 & 3 \end{bmatrix}, \qquad B^{-1} = \begin{bmatrix} 1.5 & -1 \\ -4 & 3 \end{bmatrix}$$

$$B * B^{-1} = \begin{bmatrix} 6 \cdot 1.5 + 2(-4) & 6(-1) + 2 \cdot 3 \\ 8 \cdot 1.5 + 3(-4) & 8(-1) + 3 \cdot 3 \end{bmatrix} = \begin{bmatrix} 9 - 8 & -6 + 6 \\ 12 - 12 & -8 + 9 \end{bmatrix} = \begin{bmatrix} 1 & 0 \\ 0 & 1 \end{bmatrix}$$

$$B^{-1} * B = \begin{bmatrix} 1.5 \cdot 6 + (-1) \cdot 8 & 1.5 \cdot 2 + (-1) \cdot 3 \\ -4 \cdot 6 + 3 \cdot 8 & -4 \cdot 2 + 3 \cdot 3 \end{bmatrix} = \begin{bmatrix} 9 - 8 & 3 - 3 \\ -24 + 24 & -8 + 9 \end{bmatrix} = \begin{bmatrix} 1 & 0 \\ 0 & 1 \end{bmatrix}$$

Abbildung 11.3: Bei der Multiplikation inverser Matrizen spielt die Reihenfolge keine Rolle.

Nicht alle quadratischen Matrizen haben Inverse.

Nur quadratische Matrizen, deren Determinante nicht 0 ist, haben eine Inverse. Es gilt aber auch, dass alle quadratischen Matrizen, deren Determinante nicht 0 ist, eine Inverse haben.

Für diejenigen, die Inverse haben, gibt es jedoch immer eine Möglichkeit, diese inversen Matrizen zu finden. Sie wissen nicht immer im Voraus, bei welchen Matrizen es nicht geht, aber es wird offensichtlich, wenn Sie ein bestimmtes Verfahren durchführen. Das erste Verfahren, ein so genannter *Algorithmus* (ein Verfahren oder eine Routine, die ein Ergebnis erzeugen), das Sie anwenden können, funktioniert für quadratische Matrizen beliebiger Größe. Für 2 × 2-Matrizen können Sie auch eine elegantere, schnelle Methode anwenden, die jedoch nur für Matrizen dieser Dimension funktioniert.

Eine Inverse für eine quadratische Matrix beliebiger Dimension finden

Die allgemeine Methode, mit der Sie die Inverse einer Matrix finden, ist es, die Matrix aufzuschreiben, eine Einheitsmatrix einzusetzen und dann die ursprüngliche Matrix in die Einheitsmatrix umzuformen.

Um nach der Inversen einer Matrix aufzulösen, gehen Sie wie folgt vor:

1. **Erstellen Sie eine große Matrix – die aus der Zielmatrix und der Einheitsmatrix derselben Größe besteht –, wobei die Einheitsmatrix rechts von der ursprünglichen Matrix steht.**

2. **Führen Sie Zeilenoperationen durch, bis die Elemente auf der linken Seite zu einer Einheitsmatrix geworden sind.**

   Die Elemente müssen eine Diagonale aus Einsen bilden, und unter und über dieser Diagonale dürfen nur Nullen stehen. Nach Durchführung dieses Schritts sind die Elemente auf der rechten Seite zu den Elementen der inversen Matrix geworden.

   Angenommen, Sie wollen nach der Inversen der Matrix M der folgenden Abbildung auflösen. Zuerst schreiben Sie die 3 × 3-Einheitsmatrix rechts von den Elementen der Matrix M. Das Ziel dabei ist, die Elemente auf der linken Seite zu einer Einheitsmatrix zu machen, indem Zeilenoperationen angewendet werden.

$$M = \begin{bmatrix} 1 & 2 & 4 \\ -3 & -5 & -6 \\ 2 & -3 & -36 \end{bmatrix}$$

$$\begin{bmatrix} 1 & 2 & 4 & 1 & 0 & 0 \\ -3 & -5 & -6 & 0 & 1 & 0 \\ 2 & -3 & -36 & 0 & 0 & 1 \end{bmatrix}$$

Die Einheitsmatrix hat einen diagonalen Streifen aus Einsen, und unterhalb und oberhalb dieser Diagonale stehen nur Nullen. Um Ihre Einheitsmatrix zu erhalten, bringen Sie als Erstes die Nullen unter die 1 in der oberen linken Ecke Ihrer Ausgangsmatrix M. Hier die Zeilenoperationen für dieses Beispiel:

3. Multiplizieren Sie Zeile 1 mit 3 und addieren Sie das Ergebnis zu Zeile 2. Das Ergebnis wird zur neuen Zeile 2.

4. Multiplizieren Sie Zeile 1 mit –2 und addieren Sie das Ergebnis zu Zeile 3. Schreiben Sie die resultierende Lösung in Zeile 3.

Nachfolgend sehen Sie, wie die Matrix aussieht, nachdem Sie die Zeilenoperationen ausgeführt haben. Die Notation auf dem Pfeil zwischen den beiden Matrizen beschreibt, welche Zeilenoperationen Sie verwendet haben:

$$
\begin{bmatrix} 1 & 2 & 4 & 1 & 0 & 0 \\ -3 & -5 & -6 & 0 & 1 & 0 \\ 2 & -3 & -36 & 0 & 0 & 1 \end{bmatrix}
\xrightarrow[(-2)Z_1 + Z_3 = Z_3]{(3)Z_1 + Z_2 = Z_2}
\begin{bmatrix} 1 & 2 & 4 & 1 & 0 & 0 \\ 0 & 1 & 6 & 3 & 1 & 0 \\ 0 & -7 & -44 & -2 & 0 & 1 \end{bmatrix}
$$

Sie sehen eine 1 in der zweiten Spalte und zweiten Zeile der resultierenden Matrix – genau auf der Diagonale der Einsen, die Sie brauchen. Die 1 an dieser Position ist ein netter Zufall; es funktioniert jedoch nicht immer so reibungslos. Wenn die 1 nicht auf dieser Position gelegen hätte, hätten Sie die ganze Zeile durch irgendeine Zahl dividieren müssen, damit das Element zu 1 geworden wäre.

Jetzt brauchen Sie Nullen oberhalb und unterhalb der Mitte, deshalb gehen Sie wie folgt vor:

5. Multiplizieren Sie Zeile 2 mit –2 und addieren Sie das Ergebnis zu Zeile 1.

6. Multiplizieren Sie Zeile 2 mit 7 und addieren Sie das Ergebnis zu Zeile 3.

$$
\begin{bmatrix} 1 & 2 & 4 & 1 & 0 & 0 \\ 0 & 1 & 6 & 3 & 1 & 0 \\ 0 & -7 & -44 & -2 & 0 & 1 \end{bmatrix}
\xrightarrow[(7)Z_2 + Z_3 = Z_3]{(-2)Z_2 + Z_1 = Z_1}
\begin{bmatrix} 1 & 0 & -8 & -5 & -2 & 0 \\ 0 & 1 & 6 & 3 & 1 & 0 \\ 0 & 0 & -2 & 19 & 7 & 1 \end{bmatrix}
$$

Jetzt müssen Sie das Element in der dritten Zeile und dritten Spalte der Matrix zu einer 1 machen. Sie multiplizieren also die gesamte Zeile mit –0,5. Diese Multiplikation entspricht einer Division durch –2.

$$
\begin{bmatrix} 1 & 0 & -8 & -5 & -2 & 0 \\ 0 & 1 & 6 & 3 & 1 & 0 \\ 0 & 0 & -2 & 19 & 7 & 1 \end{bmatrix}
\xrightarrow{(-0,5)Z_3 = Z_3}
\begin{bmatrix} 1 & 0 & -8 & -5 & -2 & 0 \\ 0 & 1 & 6 & 3 & 1 & 0 \\ 0 & 0 & 1 & -9,5 & -3,5 & -0,5 \end{bmatrix}
$$

Jetzt brauchen Sie noch einen letzten Satz an Zeilenoperationen, um Nullen über die letzte 1 auf der Diagonale zu bringen:

7. Multiplizieren Sie Zeile 3 mit 8 und addieren Sie die Elemente in der Zeile zu Zeile 1.

8. Multiplizieren Sie Zeile 3 mit −6 und addieren Sie das Ergebnis zu Zeile 2.

Jetzt haben Sie die 3×3-Einheitsmatrix auf der linken Seite und eine neue 3×3-Matrix auf der rechten Seite. Die Elemente in der Matrix auf der rechten Seite bilden die inverse Matrix, M^{-1}. Das Produkt aus M und seiner Inversen, M^{-1}, ist die Einheitsmatrix. Die folgende Matrix zeigt die beiden letzten Schritte und das Ergebnis.

$$
\begin{bmatrix} 1 & 0 & -8 & -5 & -2 & 0 \\ 0 & 1 & 6 & 3 & 1 & 0 \\ 0 & 0 & 1 & -9{,}5 & -3{,}5 & -0{,}5 \end{bmatrix}
\xrightarrow[(-6)Z_3 + Z_2 = Z_2]{(8)Z_3 + Z_1 = Z_1}
\begin{bmatrix} 1 & 0 & 0 & -81 & -30 & -4 \\ 0 & 1 & 0 & 60 & 22 & 3 \\ 0 & 0 & 1 & -9{,}5 & -3{,}5 & -0{,}5 \end{bmatrix}
$$

$$
M^{-1} = \begin{bmatrix} -81 & -30 & -4 \\ 60 & 22 & 3 \\ -9{,}5 & -3{,}5 & -0{,}5 \end{bmatrix}
$$

Die folgende Matrix überprüft Ihre Schritte – sie zeigt, dass $M \cdot M^{-1}$ gleich die Einheitsmatrix ist:

$$
M \cdot M^{-1} = \begin{bmatrix} 1 & 2 & 4 \\ -3 & -5 & -6 \\ 2 & -3 & -36 \end{bmatrix} \cdot \begin{bmatrix} -81 & -30 & -4 \\ 60 & 22 & 3 \\ -9{,}5 & -3{,}5 & -0{,}5 \end{bmatrix} = \begin{bmatrix} 1 & 0 & 0 \\ 0 & 1 & 0 \\ 0 & 0 & 1 \end{bmatrix}
$$

Und das passiert, wenn eine Matrix keine Inverse hat: Sie schaffen es nicht, mit Hilfe der Zeilenoperationen eine Diagonale mit Einsen zu erstellen. Normalerweise erhalten Sie eine ganze Zeile mit Nullen als Ergebnis Ihrer Zeilenoperationen. Eine Zeile mit Nullen ist ein Hinweis darauf, dass es keine Inverse geben kann.

Ein Schnellverfahren für 2 × 2-Matrizen

Für die Bestimmung der Inversen von 2×2-Matrizen gibt es eine besondere Regel. Um die Regel für eine 2×2-Matrix anzuwenden, müssen Sie zwei Elemente vertauschen, bei zwei Elementen das Vorzeichen ändern und alle Elemente durch die Differenz des Kreuzprodukts der Elemente dividieren. Das hört sich kompliziert an, aber die Mathematik ist ganz handlich, und das Verfahren ist viel schneller als die allgemeine Methode (siehe voriger Abschnitt).

Abbildung 11.4 zeigt die allgemeine Formel für die 2×2-Matrixregel.

$$
K = \begin{bmatrix} a & b \\ c & d \end{bmatrix}, \quad K^{-1} = \begin{bmatrix} \dfrac{d}{ad - bc} & \dfrac{-b}{ad - bc} \\[2mm] \dfrac{-c}{ad - bc} & \dfrac{a}{ad - bc} \end{bmatrix}
$$

Abbildung 11.4: Die schnelle Methode, 2×2-Inverse zu berechnen

Wie Sie in Abbildung 11.4 erkennen, werden die Elemente oben links und unten rechts vertauscht. Die Elemente oben rechts und unten links werden negiert (sie erhalten die umgekehrten Vorzeichen). Alle Elemente werden durch das Ergebnis dividiert, das durch die Berechnung der beiden Kreuzprodukte und die Subtraktion entsteht.

Um die Inverse der Matrix Z aus Abbildung 11.5 zu ermitteln, indem Sie die 2 × 2-Methode anwenden, vertauschen Sie die 5 und die 11, ändern 6 in –6 und 9 in –9 und dividieren durch die Differenz des Kreuzprodukts – $(5 \cdot 11) - (6 \cdot 9) = 55 - 54 = 1$.

$$Z = \begin{bmatrix} 5 & 6 \\ 9 & 11 \end{bmatrix}, \; Z^{-1} = \begin{bmatrix} 11 & -6 \\ -9 & 5 \end{bmatrix}$$

Abbildung 11.5: Bestimmung des Inversen der Matrix Z

Achten Sie auf die Reihenfolge, in der Sie die Subtraktion vornehmen, denn sie spielt hier eine Rolle. Die Division durch 1 verändert die Elemente nicht, wie Sie in Abbildung 11.5 sehen können.

Matrizen mit Hilfe von Inversen dividieren

Bis zu diesem Moment haben Sie in diesem Kapitel das Thema der Division von Matrizen noch nicht kennen gelernt. Dies liegt daran, weil Sie Matrizen *eigentlich* nicht dividieren – Sie multiplizieren eine Matrix mit dem Inversen einer anderen Matrix (weitere Informationen über Inverse finden Sie im vorigen Abschnitt). Das Divisionsverfahren erinnert daran, was Sie von den reellen Zahlen her kennen. Statt beispielsweise 27 durch 2 zu dividieren, können Sie 27 mit dem Inversen von 2 multiplizieren, $\frac{1}{2}$.

Um die in Abbildung 11.6 gezeigten Matrizen zu dividieren, suchen Sie zuerst die Inverse der Matrix im Nenner. Anschließend multiplizieren Sie die Matrix im Zähler mit der Inversen der Matrix im Nenner.

$$\dfrac{\begin{bmatrix} 3 & -2 \\ 4 & -3 \end{bmatrix}}{\begin{bmatrix} 6 & -10 \\ 1 & -2 \end{bmatrix}} = \begin{bmatrix} 3 & -2 \\ 4 & -3 \end{bmatrix} \cdot \begin{bmatrix} 1 & -5 \\ 0{,}5 & -3 \end{bmatrix} = \begin{bmatrix} 3-1 & -15+6 \\ 4-1{,}5 & -20+9 \end{bmatrix} = \begin{bmatrix} 2 & -9 \\ 2{,}5 & -11 \end{bmatrix}$$

$$\begin{bmatrix} 6 & -10 \\ 1 & -2 \end{bmatrix}^{-1} = \begin{bmatrix} \dfrac{-2}{-12-(-10)} & \dfrac{10}{-12-(-10)} \\ \dfrac{-1}{-12-(-10)} & \dfrac{6}{-12-(-10)} \end{bmatrix} = \begin{bmatrix} 1 & -5 \\ 0{,}5 & -3 \end{bmatrix}$$

Abbildung 11.6: Mit Inversen vermeiden Sie die mühselige Division.

Die erweiterten Matrizenfunktionen auf lineare Gleichungssysteme anwenden

Eine der praktischsten Anwendungen von Matrizen ist die Lösung von linearen Gleichungssystemen. In Kapitel 10 haben Sie erfahren, wie man Systeme mit zwei, drei, vier und mehr linearen Gleichungen löst. Die Methoden, die Sie dort angewendet haben, waren hauptsächlich die Eliminierung von Variablen und das Einsetzungsverfahren. Wenn Sie Matrizen verwenden, haben Sie es nur mit den Koeffizienten der Variablen aus der Aufgabenstellung zu tun. Das ist übersichtlicher, und Sie können Matrizen in grafische Taschenrechner oder in Computerprogramme eingeben, um das Ganze noch weiter zu vereinfachen.

Mit der Determinante die Lösbarkeit eines Gleichungssystems bestimmen

Bevor Sie sich daranmachen, ein Gleichungssystem zu lösen, interessiert Sie vielleicht, ob es überhaupt lösbar ist. Für Gleichungssysteme, die ebenso viele Variablen wie Gleichungen haben, lässt sich diese Frage mit der Determinante, die Sie zu Beginn dieses Kapitels kennen gelernt haben, beantworten.

 Ist die Determinante der Koeffizientenmatrix eines linearen Gleichungssystems 0, so ist das Gleichungssystem nicht eindeutig lösbar. Ist die Determinante nicht 0, gibt es eine eindeutige Lösung.

Schauen Sie sich das gleich mal an. Nachfolgend sehen Sie ein unsortiertes Gleichungssystem:

$$\begin{cases} 2y + 3x - 7 + 8z = 5y - 50 \\ 4z + 2y + 13 = 3x + 106 \\ 47 + 8y + x = z \end{cases}$$

Zunächst sortieren Sie die Ausdrücke in den einzelnen Gleichungen und fassen das Ganze etwas zusammen. Damit schaffen Sie eine leichter greifbare Darstellung.

$$\begin{cases} 3x - 3y + 8z = -43 \\ -3x + 2y + 4z = 93 \\ x + 8y - z = -47 \end{cases}$$

Jetzt müssen Sie nur noch die Determinante der Matrix berechnen, die die Koeffizienten von x, y und z enthält. Dadurch erhalten Sie

$$\det\begin{bmatrix} 3 & -3 & 8 \\ -3 & 2 & 4 \\ 1 & 8 & -1 \end{bmatrix} = 3 \cdot 2 \cdot (-1) + (-3) \cdot 4 \cdot 1 + 8 \cdot (-3) \cdot 8 - 1 \cdot 2 \cdot 8 - 8 \cdot 4 \cdot 3 - (-1) \cdot (-3) \cdot (-3)$$
$$= -313$$

Die Determinante ist nicht 0 und damit ist das Gleichungssystem lösbar. Sie können nun gerne versuchen, die Lösung zu finden. Kleiner Tipp: Mit $x = -27$, $y = -2$ und $z = 4$ liegen Sie wohl nicht ganz falsch.

Sicher sagen Sie sich jetzt: »Schön und gut, mit der Determinante kann ich also rausfinden, ob ein Gleichungssystem eine Lösung hat. Aber so richtig toll ist das ja noch nicht.« Na ja, damit haben Sie nicht ganz unrecht. Aber es geht noch mehr! Sie können auch gleich die Lösung selbst bestimmen. Schauen Sie in den nächsten Abschnitt!

Mit der Cramer'schen Regel ein Gleichungssystem lösen

Die Cramer'sche Regel verwendet Determinanten, um ein Gleichungssystem zu lösen. Sie kann bei allen Gleichungssystemen angewendet werden, die genauso viele Gleichungen wie Variablen haben. Um das Vorgehen anhand eines Beispiels zu verstehen, schauen Sie sich zunächst das folgende Gleichungssystem an.

$$\begin{cases} x + 2y = 6 \\ 4x + 5y - 2z = 5 \\ 7x + 3y + 6z = -1 \end{cases}$$

Als Erstes berechnen Sie die Determinante der Koeffizientenmatrix, also:

$$\det \begin{bmatrix} 1 & 2 & 0 \\ 4 & 5 & -2 \\ 7 & 3 & 6 \end{bmatrix} = -40$$

Danach bestimmen Sie einfach noch drei weitere Determinanten, und zwar die Determinanten der Matrizen, die Sie erhalten, wenn Sie die erste, zweite beziehungsweise dritte Spalte der Koeffizientenmatrix mit den Zahlen auf der rechten Seite des Gleichungssystems ersetzen. Das bedeutet:

$$\det \begin{bmatrix} 6 & 2 & 0 \\ 5 & 5 & -2 \\ -1 & 3 & 6 \end{bmatrix} = 160, \quad \det \begin{bmatrix} 1 & 6 & 0 \\ 4 & 5 & -2 \\ 7 & -1 & 6 \end{bmatrix} = -200, \quad \det \begin{bmatrix} 1 & 2 & 6 \\ 4 & 5 & 5 \\ 7 & 3 & -1 \end{bmatrix} = -80$$

 Und jetzt kommt der Clou: Die erste Variable, also x, bekommen Sie, indem Sie die Determinante, bei der die erste Spalte ersetzt wurde, durch die Determinante der Koeffizientenmatrix teilen. Dasselbe gilt für die zweite Variable y und die dritte Variable z.

Das heißt also ganz einfach:

$$x = \frac{160}{-40} = -4$$

$$y = \frac{-200}{-40} = 5$$

$$z = \frac{-80}{-40} = 2$$

Das geht aber nicht nur für 3 × 3-Koeffizientenmatrizen. Dasselbe Verfahren klappt immer, mit beliebig großen Gleichungssystemen. Wichtig ist nur, dass die Anzahl von Variablen und Gleichungen übereinstimmt.

Die Cramer'sche Regel ist eine elegante Möglichkeit zur Lösung von Gleichungssystemen. Sie müssen dafür nur ein paar Determinanten bilden, allgemein lautet das Verfahren wie folgt:

1. **Sortieren Sie das Gleichungssystem, bringen Sie die Variablen in dieselbe Reihenfolge, die Terme ohne Variable auf die rechte Seite.**

2. **Berechnen Sie die Determinante der Koeffizientenmatrix.**

3. **Bilden Sie weitere Matrizen dadurch, dass Sie nacheinander die erste, die zweite, die dritte usw. Spalte der Koeffizientenmatrix durch den Vektor der rechten Seite des Gleichungssystems ersetzen.**

4. **Berechnen Sie die Determinanten Ihrer gebildeten Matrizen.**

5. **Die Lösung für die erste, zweite, dritte usw. Variable erhalten Sie, indem Sie die Determinante der ersten, zweiten, dritten usw. zuletzt geschaffenen Matrix durch die Determinante der Koeffizientenmatrix teilen.**

Mit der Inversen ein Gleichungssystem lösen

Die zu Beginn dieses Kapitels vorgestellte Inverse hilft Ihnen auch beim Lösen von linearen Gleichungssystemen.

Diese Methode ist vor allem dann sinnvoll, wenn Ihnen Technik zur Seite steht. Die Bestimmung inverser Matrizen kann eine unangenehme Aufgabe sein, wenn dabei Brüche und Dezimalzahlen beteiligt sind. Ein einfacher grafischer Taschenrechner vereinfacht das Ganze ungemein.

Sie können Matrizen verwenden, um lineare Gleichungssysteme zu lösen, wenn die Anzahl der Gleichungen und der Variablen gleich ist. Um ein System zu lösen, gehen Sie wie folgt vor:

1. **Sorgen Sie dafür, dass die Variablen in den Gleichungen in derselben Reihenfolge erscheinen.**

   Ersetzen Sie alle fehlenden Variablen durch Nullen und schreiben Sie alle Konstanten auf die andere Seite des Gleichheitszeichens.

2. Erstellen Sie eine quadratische *Koeffizientenmatrix*, A, wozu Sie die Koeffizienten der Variablen verwenden.

3. Erstellen Sie eine *Spalten-Konstantenmatrix*, B, wozu Sie die Konstanten in den Gleichungen verwenden.

4. Bestimmen Sie die Inverse der Koeffizientenmatrix, A^{-1}.

   Diesen Schritt können Sie nach dem im Abschnitt *Inverse Matrizen finden* beschriebenen Verfahren durchführen oder mit einem grafischen Taschenrechner.

5. Multiplizieren Sie die Inverse der Koeffizientenmatrix mit der Konstantenmatrix: $A^{-1} \cdot B$.

   Die resultierende Spaltenmatrix enthält die Lösungen oder die Werte der Variablen von unten nach oben.

Und wie sieht das in der Praxis aus? Angenommen, Sie wollen das folgende Gleichungssystem lösen:

$$\begin{cases} x - 2y + 8z = 5 \\ 2x + 15z = 3y + 6 \\ 8y + 22 = 4x + 30z \end{cases}$$

Zuerst schreiben Sie die Gleichungen um, damit die Variablen in derselben Reihenfolge erscheinen und die Konstanten auf der anderen Seite des Gleichheitszeichens stehen:

$$\begin{cases} x - 2y + 8z = 5 \\ 2x - 3y + 15z = 6 \\ -4x + 8y - 30z = -22 \end{cases}$$

Jetzt gehen Sie nach den Schritten 2 und 3 vor, indem Sie die Koeffizientenmatrix A und die Konstantenmatrix B schreiben (siehe nachfolgende Abbildung):

$$A = \begin{bmatrix} 1 & -2 & 8 \\ 2 & -3 & 15 \\ -4 & 8 & -30 \end{bmatrix}, \quad B = \begin{bmatrix} 5 \\ 6 \\ -22 \end{bmatrix}$$

In Schritt 4 bestimmen Sie die Inverse von Matrix A. Gehen Sie dabei wie folgt vor:

1. Schreiben Sie die Einheitsmatrix neben die ursprüngliche Matrix.

2. Addieren Sie Zeile 2 zu (−2 · Zeile 1) und schreiben Sie das Ergebnis in Zeile 2.

3. Addieren Sie Zeile 3 zu (4 · Zeile 1) und schreiben Sie das Ergebnis in Zeile 3.

4. Addieren Sie Zeile 1 zu (2 · Zeile 2) und schreiben Sie das Ergebnis in Zeile 1.

5. Multiplizieren Sie Zeile 3 mit 0,5.

6. Addieren Sie Zeile 1 zu (−6 · Zeile 3) und schreiben Sie das Ergebnis in Zeile 1.

7. Addieren Sie Zeile 2 zu Zeile 3 und schreiben Sie das Ergebnis in Zeile 2.

Fertig! Die inverse Matrix! Die folgende Abbildung zeigt das fertige Ergebnis:

$$A^{-1} = \begin{bmatrix} -15 & 2 & -3 \\ 0 & 1 & 0,5 \\ 2 & 0 & 0,5 \end{bmatrix}$$

Jetzt multiplizieren Sie die Inverse von Matrix A mit der Konstantenmatrix B. Sie erhalten eine Spaltenmatrix mit allen Lösungen von x, y und z von unten nach oben:

$$A^{-1} \cdot B = \begin{bmatrix} -15 & 2 & -3 \\ 0 & 1 & 0,5 \\ 2 & 0 & 0,5 \end{bmatrix} \cdot \begin{bmatrix} 5 \\ 6 \\ -22 \end{bmatrix} = \begin{bmatrix} 3 \\ -5 \\ -1 \end{bmatrix}$$

Aus der Spaltenmatrix erkennen Sie, dass $x = 3$, $y = -5$ und $z = -1$ ist.

Das Leontief-Modell kennen lernen

Mit dem Leontief-Modell lassen sich die Verflechtungen einer kompletten Volkswirtschaft erfassen. Das ist nun ein großer Satz und hört sich bedeutungsvoll an, daher brechen wir es etwas herunter und sagen einfach mal: Sie haben ein Unternehmen mit verschiedenen Abteilungen. Diese Abteilungen stellen verschiedene Produkte her. Und zwar stellt jede Abteilung genau ein Produkt her. Die hergestellten Produkte werden einerseits nach außen abgegeben, sind andererseits aber auch Eingangsstoffe für die Herstellung innerhalb Ihres Unternehmens.

Die »Produkte« müssen dabei keine Produkte im herkömmlichen Sinne sein. Denkbar wäre auch, dass Sie ein Factory Outlet betreiben, in dem exklusive Handtaschen zum Supersonderpreis hergestellt und verkauft werden. So ganz nebenbei stellen Sie dabei auch Bratwürste her und verkaufen sie. Schließlich wissen Sie ja, was Ihre Kundschaft wirklich will. Zusätzlich zur Handtaschen- und Bratwurstproduktion haben Sie für den Kundenkontakt eine eigene Abteilung. Diese Serviceleute sind aber rundum einsetzbar und können alles verkaufen.

Nun gibt es verschiedene Fragen, die Sie sich stellen und bald auch beantworten können:

✔ Wie viele Handtaschen, Würstchen und Servicestunden kann ich meinen Kunden verkaufen, wenn ich eine bestimmte Menge davon herstelle?

✔ Wie viele Handtaschen, Würstchen und Servicestunden muss ich einsetzen, um eine bestimmte externe Nachfrage der Kunden zu befriedigen?

✔ Kann ich überhaupt jede beliebige Nachfragekombination nach Handtaschen, Würstchen und Servicestunden meiner Kunden befriedigen?

Insgesamt gibt es also drei Abteilungen. Handtaschenproduktion, Wurstproduktion, Service. Nun wissen Sie Folgendes:

✔ Die Arbeiter in der Handtaschenproduktion enthalten keine monetäre Entlohnung, vielmehr dürfen sie jede fünfte produzierte Handtasche behalten.

✔ Das Zusammenbasteln der Handtaschen ist so anstrengend, dass im Schnitt für jede produzierte Handtasche 0,1 Würste von den Handtaschenherstellern konsumiert werden.

✔ Die Handtaschenproduktion benötigt 12 Minuten Leistung der Serviceabteilung zum Herstellen einer Handtasche.

✔ Die Würstchenproduzenten brauchen weder Handtaschen noch lästige Servicemitarbeiter. Sie essen einfach nur jede hundertste produzierte Wurst selbst.

✔ Wegen ihrer überaus hohen Selbsteinschätzung erwarten die Servicemitarbeiter für eine Arbeitsstunde eine Entlohnung von 0,4 Handtaschen.

✔ Außerdem vertilgen die Servicemenschen 0,8 Würstchen in einer Arbeitsstunde.

✔ Und da es ja stets etwas zu erzählen gibt, unterhalten sich die Servicemitarbeiter 30 Prozent ihrer Zeit einfach nur untereinander, statt wirklich etwas zu tun.

Diese Punkte können Sie nun systematisch zusammenstellen in einer Produktionsmatrix.

 Die Produktionsmatrix gibt wieder, wie viele Einheiten von anderen Abteilungen in einer Abteilung benötigt werden, um jeweils eine Einheit herzustellen.

Klingt erst mal kompliziert, ist es aber gar nicht! Zunächst müssen Sie sich über die Einheiten klar werden.

✔ Bei der Handtaschenproduktion ist die Einheit eine »Handtasche«.

✔ Bei der Würstchenproduktion ist die Einheit ein »Würstchen«.

✔ Bei der Serviceabteilung ist die Einheit eine »Arbeitsstunde«.

Und schon kommen Sie zur Produktionsmatrix Q, wenn Sie die obigen Punkte noch mal Schritt für Schritt durchgehen.

$$Q = \begin{bmatrix} 0,2 & 0 & 0,4 \\ 0,1 & 0,01 & 0,8 \\ 0,2 & 0 & 0,3 \end{bmatrix}$$

Alles klar! Das wäre schon mal geschafft. Nun machen Sie sich an die Beantwortung der ersten Frage: »Wie viele Handtaschen, Würstchen und Servicestunden kann ich meinen Kunden verkaufen, wenn ich eine bestimmte Menge davon herstelle?«

Die Menge, die Sie an Ihre Kunden abgeben, nennen Sie y. Und die Menge, die Sie insgesamt herstellen, ist q. Nehmen Sie an, Sie stellen 800 Handtaschen her, dazu noch 400 Bratwürste und Ihre Servicemitarbeiter arbeiten 300 Stunden. Dann ist also

$$q = \begin{bmatrix} 800 \\ 400 \\ 300 \end{bmatrix}$$

Die Menge, die Sie nach außen abgeben können, erhalten Sie dann einfach, indem Sie von der Gesamtproduktionsmenge diejenige Menge subtrahieren, die Sie innerbetrieblich verbrauchen. Die innerbetrieblich verbrauchte Menge berechnen Sie mit $Q \cdot q$. Insgesamt bedeutet das also $y = q - Q \cdot q$. Hier können Sie nun noch q ausklammern.

 Bei Vorgabe einer Gesamtproduktionsmenge q berechnet sich die Menge y, die nach außen abgegeben werden kann, durch $y = (E - Q) \cdot q$.

Im Beispiel bedeutet das:
$$y = \left(\begin{bmatrix} 1 & 0 & 0 \\ 0 & 1 & 0 \\ 0 & 0 & 1 \end{bmatrix} - \begin{bmatrix} 0{,}2 & 0 & 0{,}4 \\ 0{,}1 & 0{,}01 & 0{,}8 \\ 0{,}2 & 0 & 0{,}3 \end{bmatrix} \right) \cdot \begin{bmatrix} 800 \\ 400 \\ 300 \end{bmatrix} = \begin{bmatrix} 520 \\ 76 \\ 50 \end{bmatrix}$$

Sie können also 520 der 800 hergestellten Handtaschen, 76 der 400 Bratwürste und 50 der insgesamt 300 Servicestunden für Ihre Kunden zur Verfügung stellen.

Interessanter aber ist die umgekehrte Fragestellung: »Wie viele Handtaschen, Würstchen und Servicestunden muss ich einsetzen, um eine bestimmte externe Nachfrage der Kunden zu befriedigen?« Sie haben eine bestimmte Erwartung über Ihre Kundenwünsche. Im Laufe der Zeit hat sich gezeigt, dass in Ihrem Factory Outlet die Würste der eigentliche Renner sind. Sie rechnen mit einer Nachfrage von 200 Handtaschen, 1.000 Bratwürsten und 100 Servicestunden. Das bedeutet

$$y = \begin{bmatrix} 200 \\ 1000 \\ 100 \end{bmatrix}$$

Und wie kommen Sie auf die notwendige Gesamtproduktion q? Nun ja, Sie wissen, dass $y = (E - Q) \cdot q$ ist. Sie möchten den Klammerausdruck $(E - Q)$ aber gerne auf der anderen Seite haben. Das schaffen Sie mit der Inversen dieses Ausdrucks, siehe dazu weiter vorn in diesem Kapitel. Und so folgt schließlich:

 Bei Vorgabe einer externen Nachfrage y bestimmt sich die notwendige Gesamtproduktionsmenge q durch $q = (E - Q)^{-1} \cdot y$.

Das heißt für Sie:
$$q = \left(\begin{bmatrix} 1 & 0 & 0 \\ 0 & 1 & 0 \\ 0 & 0 & 1 \end{bmatrix} - \begin{bmatrix} 0{,}2 & 0 & 0{,}4 \\ 0{,}1 & 0{,}01 & 0{,}8 \\ 0{,}2 & 0 & 0{,}3 \end{bmatrix} \right)^{-1} \cdot \begin{bmatrix} 200 \\ 1000 \\ 100 \end{bmatrix} = \begin{bmatrix} 375 \\ 1250 \\ 250 \end{bmatrix}$$

Oder auch in Worten: Um 200 Handtaschen, 1.000 Bratwürste und 100 Servicestunden an Ihre Kunden abzugeben, müssen Sie 375 Handtaschen und 1.250 Bratwürste herstellen und Ihre Serviceabteilung muss 250 Stunden arbeiten.

Schließlich noch auf zur dritten Frage: »Kann ich überhaupt jede beliebige Nachfragekombination nach Handtaschen, Würstchen und Servicestunden meiner Kunden befriedigen?«

Dafür müssen Sie Ihre Produktionsmatrix näher betrachten. Genau genommen, die Differenz von Einheitsmatrix und Produktionsmatrix. Es gilt dabei:

Jede nicht-negative externe Nachfrage kann nur dann mit einer nicht-negativen Produktion befriedigt werden, wenn die sukzessiven Hauptminoren von $(E-Q)$ größer 0 sind.

»Sukzessive Hauptminoren? Was ist das schon wieder?«, denken Sie sich jetzt vielleicht. Aber das sind nichts anderes als Determinanten. Die *sukzessiven Hauptminoren* bilden Sie, indem Sie verschiedene Determinanten bilden. Zunächst von der Matrix $(E-Q)$, das ist zugleich Ihr erster Hauptminor.

$$\det\left(\begin{bmatrix} 1 & 0 & 0 \\ 0 & 1 & 0 \\ 0 & 0 & 1 \end{bmatrix} - \begin{bmatrix} 0,2 & 0 & 0,4 \\ 0,1 & 0,01 & 0,8 \\ 0,2 & 0 & 0,3 \end{bmatrix}\right) = \det\begin{bmatrix} 0,8 & 0 & -0,4 \\ -0,1 & 0,99 & -0,8 \\ -0,2 & 0 & 0,7 \end{bmatrix} = 0,4752$$

Als Nächstes streichen Sie die letzte Zeile und die letzte Spalte von $(E-Q)$ weg und bilden wieder die Determinante. Damit haben Sie den zweiten Hauptminor.

$$\det\begin{bmatrix} 0,8 & 0 \\ -0,1 & 0,99 \end{bmatrix} = 0,792$$

Das Ganze machen Sie noch einmal für den dritten Hauptminor:

$$\det[0,8] = 0,8$$

Ihre Hauptminoren sind also alle positiv, nämlich 0,4752, 0,792 und 0,8. Somit können die Kunden wünschen, was sie wollen, Sie können auf jeden Fall liefern!

Teil IV
Wahrscheinlichkeitsrechnung

»Ich schlafe mich vor einer Matheklausur immer gut aus, damit ich am nächsten Morgen entspannt und aufmerksam bin. Dann nehme ich meinen Stift, esse eine Banane und bin fit für den Test.«

In diesem Teil ...

In diesem Teil setzen Sie sich mit Wahrscheinlichkeitsverteilungen auseinander. Sie erfahren, mit welchen Werkzeugen Sie Erwartungswerte und Varianzen sowie Wahrscheinlichkeiten für einige Zufallsereignisse berechnen können. Sie lernen auch, wie Wahrscheinlichkeit in der Statistik verwendet wird, um Entscheidungen zu treffen und um die Wahrscheinlichkeit von Fehlentscheidungen abzuschätzen. Zunächst vermittelt Ihnen dieser Teil noch die notwendigen Grundlagen. Wenn Sie uns fragen, ist die Wahrscheinlichkeit recht hoch, dass Sie Ihren Spaß haben werden!

Grundbegriffe der Wahrscheinlichkeit

12

In diesem Kapitel

▶ Die grundlegenden Definitionen und Begriffe der Wahrscheinlichkeit

▶ Untersuchen, wie wahrscheinlich verschiedene Ereignisse sind

▶ Aufgaben in der Wahrscheinlichkeitsrechnung mit einschlägigen Regeln und Formeln lösen

▶ Unabhängige und einander ausschließende Ereignisse erkennen

▶ Den Unterschied zwischen Unabhängigkeit und Ausschließlichkeit untersuchen

D er erste Schritt zur erfolgreichen Bewältigung von Aufgaben in der Wahrscheinlichkeitsrechnung besteht darin, sich die einschlägigen Begriffe, die Notation und die verschiedenen Arten von Wahrscheinlichkeiten anzueignen und einzuprägen. Wenn Sie die Begriffe, die Notation und Typen auf die Lösung einfacher Aufgaben anwenden können, sind Sie gut auf komplexere Aufgaben vorbereitet. Dieses Kapitel weist Ihnen den richtigen Weg.

Zunächst stellen wir Ihnen die Mengennotation vor. Anschließend werden die unterschiedlichen Arten der Wahrscheinlichkeit, zum Beispiel die marginale Wahrscheinlichkeit oder die Wahrscheinlichkeit der Vereinigung betrachtet und im Anschluss die Wahrscheinlichkeitsregeln. Unabhängige und einander ausschließende Ereignisse schließen das Kapitel ab.

Ein Überblick über die Mengennotation

Die Lehre von der Wahrscheinlichkeit verfügt über eine eigene Notation, eigene Symbole und eigene Definitionen, mit denen Sie in Kurzform ausdrücken können, was Sie tun wollen. *Notation* ist der Sammelbegriff für die Symbole, mit denen Sie in Kurzform Aussagen über die Wahrscheinlichkeit formulieren können. Ein Beispiel: $P(A)$ bedeutet die Wahrscheinlichkeit, dass A eintreten wird. *Definition* ist der Sammelbegriff für die Festlegung der Bedeutungen der Begriffe, die in der Lehre von der Wahrscheinlichkeit verwendet werden. Jede Aufgabe in der Wahrscheinlichkeitsrechnung beginnt mit der Definition der verfügbaren Informationen und der Größe, die Sie berechnen wollen. Dafür brauchen Sie Begriffe und eine geeignete Notation.

Ergebnisse festhalten: Stichprobenräume

Eine *Wahrscheinlichkeit* ist die Chance, dass unter allen möglichen Ergebnissen eines zu untersuchenden Prozesses ein bestimmtes *Ergebnis* eintreten wird. Der Prozess wird als *Zufallsprozess* bezeichnet, weil Sie ein Experiment oder eine andere Form der Datensammlung durchführen und die Ergebnisse nicht kennen. Bevor Sie die Wahrscheinlichkeit des für Sie interessanten Ergebnisses ermitteln können, listen Sie alle möglichen Ergebnisse auf; die Gesamtheit aller möglichen Ergebnisse wird als *Stichprobenraum* bezeichnet und wird normalerweise mit dem Symbol S gekennzeichnet.

Jede Sammlung von Einheiten wird in der Wahrscheinlichkeitslehre als *Menge* bezeichnet. Demnach ist S eine Menge, weshalb Sie die Mengennotation verwenden, um Ergebnisse und deren Wahrscheinlichkeiten auszudrücken (zum Beispiel geschweifte Klammern, die die Liste einschließen, wobei die einzelnen Ergebnisse durch Kommas getrennt werden).

Ein Beispiel: Wenn Ihr Zufallsprozess darin besteht, einen einzelnen Würfel zu werfen, wird der Stichprobenraum durch folgenden Ausdruck beschrieben: $S = \{1, 2, 3, 4, 5, 6\}$. Die Menge S gehört zu einem von drei möglichen Mengentypen: *endlich*, *abzählbar unendlich* oder *nicht abzählbar unendlich* (auch: *überabzählbar unendlich*).

Endliche Stichprobenräume

Wenn Sie alle Elemente einer Menge aufschreiben und abzählen können, ist die Menge *endlich*. Das Werfen eines einzelnen Würfels ist ein Beispiel für einen endlichen Zufallsprozess, weil Sie nur sechs mögliche Ergebnisse erzielen und alle abzählen können. Zu den Wahrscheinlichkeitsmodellen für endliche Stichprobenräume zählen unter anderem die binomischen und die diskret gleichverteilten Wahrscheinlichkeitsmodelle (siehe Kapitel 16).

Abzählbar unendliche Stichprobenräume

Abzählbar unendlich bedeutet, dass Sie über eine Methode verfügen, um eine Folge von Werten darzustellen, die ins Unendliche gehen können. Ein Beispiel: Wenn Ihr Zufallsprozess die Anzahl der Telefonanrufe umfasst, die während einer Woche bei einer Schaltstelle eingehen, sind die möglichen Ergebnisse von S nicht endlich, sondern abzählbar unendlich, hier also: $S = \{0, 1, 2, 3, 4 ...\}$. S geht ins Unendliche, weil Sie die maximale Anzahl der eingehenden Anrufe nicht kennen. Wenn Sie alle Anrufe zählen, erhalten Sie eine fixe Zahl in einem abzählbar unendlichen Stichprobenraum S; dieser muss unendlich sein, damit Sie mit Sicherheit jedes mögliche Maximum erfassen können.

 Eine Möglichkeit, die merkwürdige Situation eines abzählbar unendlichen Stichprobenraums zu vermeiden, besteht darin, den größeren Werten von S abnehmend kleinere Wahrscheinlichkeiten zuzuordnen, wodurch sie letztlich irrelevant werden. (Mehr über dieses Wahrscheinlichkeitsmodell finden Sie in Kapitel 16.)

Nicht abzählbar unendliche Stichprobenräume

Nicht abzählbar unendlich bedeutet, dass die möglichen Ergebnisse zu zahlreich sind, um in einer Liste erfasst werden zu können. Deshalb werden sie durch ein Intervall beschrieben. Ein *Intervall* ist eine Teilmenge des Zahlenstrahls, deren Elemente komplett zwischen zwei Werten liegen: Ein Beispiel: [1, 2] ist die Menge aller reellen Zahlen zwischen 1 und 2. So seltsam es scheinen mag: Die Menge der Zahlen zwischen 1 und 2 ist zu groß, um abgezählt werden zu können, das heißt, sie ist nicht abzählbar unendlich!

Ein Beispiel aus der Praxis: Stellen Sie sich vor, Sie wollten die Zeit messen, die ein Computer benötigt, um eine Aufgabe zu erledigen; die Zeitspanne darf fünf Sekunden nicht überschreiten. Ihre Messungen der tatsächlich benötigten Zeit können irgendwo zwischen null und fünf Sekunden liegen und jeweils eine unendliche Zahl von Dezimalstellen haben. In diesem Fall geben Sie S wie folgt an: S = {alle reellen Zahlen x, so dass $0 \leq x \leq 5$ ist}. In diesem Beispiel ist S nicht abzählbar unendlich. (Mehr über dieses Wahrscheinlichkeitsmodell finden Sie in Kapitel 16.)

Teilmengen von Stichprobenräumen festhalten: Ereignisse

Aufgaben in der Wahrscheinlichkeitsrechnung drehen sich normalerweise darum, die Wahrscheinlichkeit einer oder mehrerer Teilmengen eines Stichprobenraums S zu ermitteln. Eine Teilmenge eines Stichprobenraums S wird als *Ereignis* bezeichnet. Ereignisse werden durch Großbuchstaben vom Anfang des Alphabets gekennzeichnet: A, B, C, D, ... Ein Beispiel: Wenn Sie einen einzelnen Würfel werfen, ist S = {1, 2, 3, 4, 5, 6}. Ereignis A könnte die ungeraden Ergebnisse umfassen: A = {1, 3, 5}. Ereignis B könnte die Ergebnisse umfassen, die größer als zwei sind: B = {3, 4, 5, 6}.

Wenn Sie die wöchentlich bei einer Schaltstelle eingehenden Anrufe überwachen wollen, interessieren Sie sich möglicherweise für das Ereignis, dass wenigstens zehn Anrufe eingehen. Das Ereignis sei E: E = {10, 11, 12 ...}. Wenn Sie die Aufgaben überwachen wollen, für die ein Computer maximal vier Sekunden benötigt, müssen Sie die Wahrscheinlichkeit ermitteln, dass eine Aufgabe nicht mehr als vier Sekunden dauert. Das Ereignis sei D: D = {alle reellen Zahlen x, so dass $0 < x \leq 4$ ist}.

Sie können die Notation mit der *Intervallnotation* (siehe Kapitel 4) oder den *Vergleichsoperatoren* ($<, \leq, \geq, >$) vereinfachen. Mit der Intervallnotation würde man das gesuchte Intervall als S = (0, 4] beschreiben. Mit Hilfe der Vergleichsoperatoren hieße es S = {$x \mid 0 < x \leq 4$}; gesprochen: Das Intervall sind alle x, für die gilt, 0 ist kleiner als x ist kleiner oder gleich 4. Welche Notation für Intervalle verwendet wird, hängt letztlich vom Autor ab. Sie sollten mit beiden Notationen vertraut sein.

Die leere Menge

Die letzte grundlegende Wahrscheinlichkeitsdefinition ist eine leere Menge oder Nullmenge. Wenn ein Ereignis E, ebenfalls eine Teilmenge des Stichprobenraums S, keine Elemente (Ergebnisse) enthält, haben Sie die *leere Menge* oder *Nullmenge*. Die gebräuchlichste Notation für die leere Menge ist Ø; manchmal wird auch { } verwendet. Wenn Sie beispielsweise Elemente suchen, die in zwei Mengen gleichzeitig sind, und keine finden, erhalten Sie die leere Menge. Ein Beispiel: Es sei A = {1, 2, 3} und B = {4, 5, 6}. Welche Ergebnisse kommen in beiden Mengen vor? Keine. In der Mengennotation ist die Menge aller Ergebnisse, die den Mengen A und B gemeinsam sind, die leere Menge: { }.

Ungleichheiten übersetzen

Viele Wahrscheinlichkeiten umfassen Ergebnisse, die mit Ausdrücken wie »wenigstens«, »höchstens«, »nicht mehr als«, »nicht kleiner als«, »mehr als« oder »kleiner als« beschrieben werden. Sie müssen genau verstehen, was diese Ausdrücke bedeuten und sie in mathematische Symbole übersetzen können.

✔ *Wenigstens* bedeutet: *größer als oder gleich*; das Symbol ist $\geq$. Ein Beispiel: Wenigstens eine 3 mit einem fairen Würfel zu werfen, bedeutet: $x \geq 3$, wobei x die Ergebnisse von S repräsentiert, an denen Sie interessiert sind: 3, 4, 5 oder 6. Ein anderes Beispiel: Sie suchen auf einer 4,00-Skala nach einem Notendurchschnitt, wobei *wenigstens 3,00* alle möglichen Zahlen von 3,00 (einschließlich) bis 4,00 bedeutet. Ob sich die Aussage auf Ganzzahlen oder alle reellen Zahlen bezieht, hängt von der Art des gewählten Stichprobenraums ab.

✔ *Höchstens* bedeutet: alle Zahlen bis zu einem Grenzwert einschließlich, aber nicht mehr; das Symbol ist $\leq$. Ein Beispiel: Einen Würfel zu werfen und eine Zahl zu bekommen, die höchstens 3 ist, bedeutet $x \leq 3$: 1, 2 oder 3. Ein anderes Beispiel: Ein Notendurchschnitt von höchstens 3,00 bedeutet alle Werte von 0,00 bis 3,00 (einschließlich).

✔ *Nicht mehr als* bedeutet: dasselbe wie *höchstens* und *kleiner als oder gleich*.

✔ *Nicht kleiner als* bedeutet: dasselbe wie *größer als oder gleich* und *wenigstens*.

✔ *Streng kleiner als* bedeutet: alle Zahlen bis zu einem bestimmten Wert, diesen ausgeschlossen; das Symbol ist $<$. Ein Beispiel: *Streng kleiner als 3* bedeutet {1, 2}. Ein anderes Beispiel: Ein Notendurchschnitt von streng kleiner als 3,00 bedeutet alle Werte von 0,00 bis 3,00 (ausschließlich).

✔ *Streng größer als* bedeutet: alle Zahlen ab einem bestimmten Wert, diesen ausgeschlossen; das Symbol ist $>$. Zwei Beispiele: Einen Würfel zu werfen und eine Zahl zu bekommen, die streng größer als 3 ist, bedeutet {4, 5, 6}. Oder: Ein Notendurchschnitt, der streng größer als 3,00 ist, entspricht allen Durchschnitten von 3,00 (ausschließlich) bis 4,00.

Sie können sich diese Ausdrücke und ihre Notationen am besten anhand von Beispielen merken. Ein Beispiel: Was bedeutet *wenigstens*? Sie müssen beispielsweise wenigstens 18 sein, um wählen zu dürfen, auch {$x \geq 18$}, wobei x Ihr Alter ist.

Mengenoperationen: Vereinigung, Schnittmenge und Komplement

Nachdem Sie den Stichprobenraum S und die verschiedenen Ereignisse oder Teilmengen von S in diesem Raum identifiziert haben (siehe den vorherigen Abschnitt), können Sie verschiedene Operationen auf diese Mengen anwenden: Vereinigung, Schnittmenge und Komplement. Diese Operationen ähneln der Addition oder Subtraktion; doch da Sie mit Mengen arbeiten, verwenden Sie eine andere Notation.

Vereinigung

Die *Vereinigung* (oder die *Vereinigungsmenge*) zweier Mengen enthält alle Elemente, die wenigstens einer der beiden Mengen angehören. Das Symbol für eine Vereinigung ist $\cup$. $A \cup B$ repräsentiert die Vereinigung zweier Mengen A und B. **Anmerkung:** Die Vereinigung zweier Mengen ist selbst eine Menge.

Ein Beispiel: Sie werfen einen einzelnen Würfel. Ereignis A sei eine ungerade Zahl, und Ereignis B sei eine Zahl größer als 2 (anders ausgedrückt: wenigstens eine 3). Wie sähe die Menge $A \cup B$ aus? Sie wissen: $A = \{1, 3, 5\}$ und $B = \{3, 4, 5, 6\}$. Das bedeutet: $A \cup B = \{1, 3, 4, 5, 6\}$. **Anmerkung:** Da die Vereinigung selbst eine Menge ist, müssen Sie die Mengennotation verwenden, das heißt, die neue Menge in Klammern einschließen. Beachten Sie, dass jedes Ergebnis in den beiden Mengen nur einmal in der Vereinigungsmenge vorkommt (so kommt die Zahl 3 in beiden Mengen vor, in der Vereinigung jedoch nur einmal). Nehmen Sie jetzt an, dass ein drittes Ereignis C die geraden Zahlen auf dem Würfel repräsentiert: $C = \{2, 4, 6\}$. Die Vereinigungsmenge $A \cup C$ ergibt $\{1, 2, 3, 4, 5, 6\}$, also den Stichprobenraum S selbst.

Schnittmenge

Die *Schnittmenge* zweier Mengen enthält alle Elemente, die beiden Mengen angehören. Das Symbol für eine Schnittmenge ist $\cap$. $A \cap B$ repräsentiert die Schnittmenge zweier Mengen A und B. **Anmerkung:** Die Schnittmenge zweier Mengen ist selbst eine Menge.

Ein Beispiel: Aus dem vorhergehenden Beispiel haben Sie $A = \{1, 3, 5\}$ und $B = \{3, 4, 5, 6\}$. Welche Ergebnisse haben diese beiden Mengen gemeinsam? Die einzigen gemeinsamen Ergebnisse sind die Zahlen 3 und 5. Also: $A \cap B = \{3, 5\}$. Wenn Sie die Schnittmenge der Mengen A und C ($\{2, 4, 6\}$) bilden, stellen Sie fest, dass die Mengen A und C keine gemeinsamen Elemente haben. Also: $A \cap B = \emptyset$ (die leere Menge).

Komplement

Das *Komplement* (oder die *Komplementmenge*) eines Ereignisses A ist die Menge aller Ergebnisse aus dem Stichprobenraum S, die nicht in A enthalten sind. Die Notation für das Komplement von A ist A^c (auch: $\overline{A}$). Ein Beispiel: Wenn $S = \{1, 2, 3, 4, 5, 6\}$ und $A = \{1, 3, 5\}$ ist, ist das Komplement von A die Menge $A^c = \{2, 4, 6\}$. Anders ausgedrückt: Wenn Sie einen Würfel werfen, repräsentiert die Menge A die ungeraden und die Menge A^c die geraden Ergebnisse.

Bei der Vereinigung zweier Mengen entsteht eine Menge, die wenigstens so groß wie die größte der beiden Mengen ist; sie ist maximal so groß wie der Stichprobenraum selbst. Die Schnittmenge zweier Mengen ist eine Menge, die höchstens so groß wie die kleinere der beiden Mengen ist; im Grenzfall entsteht die leere Menge. Im Allgemeinen bleiben Mengen bei einer Vereinigung gleich groß oder werden größer, und bei der Schnittmenge bleiben sie gleich oder werden kleiner.

Arten der Wahrscheinlichkeit

Es gibt fünf große Arten der Wahrscheinlichkeit, die von der jeweiligen Fragestellung abhängen: die *marginale Wahrscheinlichkeit*, die *Wahrscheinlichkeit der Vereinigung*, die *Wahrscheinlichkeit der Schnittmenge*, die *bedingte Wahrscheinlichkeit* und die *komplementäre Wahrscheinlichkeit*.

Ein Beispiel: Sie werfen einen fairen Würfel.

✔ Wie hoch ist die Wahrscheinlichkeit, dass die geworfene Zahl gerade ist (marginale Wahrscheinlichkeit)?

✔ Wie hoch ist die Wahrscheinlichkeit, dass die Zahl gerade oder kleiner als 4 ist (Wahrscheinlichkeit der Vereinigung)?

✔ Wie hoch ist die Wahrscheinlichkeit, dass die Zahl gerade ist *und* kleiner als 4 (Wahrscheinlichkeit der Schnittmenge)?

✔ Wie hoch ist die Wahrscheinlichkeit, dass die Zahl 5 ist, wenn Sie wissen, dass Sie eine ungerade Zahl geworfen haben (bedingte Wahrscheinlichkeit)?

Diese Arten der Wahrscheinlichkeit und ihre Notation werden auf den folgenden Seiten behandelt.

Auch wenn es leichter scheinen mag, Wahrscheinlichkeiten intuitiv ohne Formeln zu ermitteln, sollten Sie dieser Versuchung widerstehen und bei den Definitionen und Formeln bleiben. Wenn es komplizierter wird, werden Sie über geeignete Werkzeuge und Methoden für die Berechnung froh sein.

Wahrscheinlichkeitsnotation

Um die Wahrscheinlichkeit eines Ergebnisses (oder einer Menge von Ergebnissen) zu beschreiben, benötigen Sie eine abkürzende Notation. Doch um die Notation zu verstehen, müssen Sie wissen, welche Bedeutung eine Wahrscheinlichkeit hat. Sie beginnen mit einem Ereignis, zum Beispiel $A = \{1, 2, 3\}$, das bestimmte Ergebnisse beim Würfeln beschreibt (siehe den Abschnitt *Ein Überblick über die Mengennotation* weiter vorn in diesem Kapitel). Um die Wahrscheinlichkeit zu ermitteln, dass A eintritt (das heißt, dass 1, 2 oder 3 geworfen wird), weisen Sie der Menge *A* eine Zahl zwischen 0 und 1 zu. (In diesem Fall beträgt die Zahl $\frac{3}{6}$ oder $\frac{1}{2}$, weil ein Würfel über sechs mögliche Zahlen verfügt, von denen drei in der Menge *A* enthalten sind.) Der Wert $\frac{1}{2}$ ist eine Wahrscheinlichkeit.

Eine Wahrscheinlichkeit ist eine Abbildung (oder eine Zuordnung) eines Stichprobenraums *S* auf die Zahlen zwischen 0 und 1 auf dem Zahlenstrahl. Tabelle 12.1 zeigt diese Abbildung für einen einzelnen Wurf eines Würfels. Beachten Sie, dass jede Wahrscheinlichkeit $\frac{1}{6}$ beträgt, weil es sechs mögliche Ergebnisse gibt, die alle gleich wahrscheinlich sind (vorausgesetzt, Sie haben einen fairen Würfel).

Ergebnis aus S	Wahrscheinlichkeit
{1}	$\frac{1}{6}$
{2}	$\frac{1}{6}$
{3}	$\frac{1}{6}$
{4}	$\frac{1}{6}$
{5}	$\frac{1}{6}$
{6}	$\frac{1}{6}$

Tabelle 12.1: Wahrscheinlichkeitsabbildung für einen einzelnen Wurf (S = {1, 2, 3, 4, 5, 6})

Da die Wahrscheinlichkeit der Menge {1} den Wert $\frac{1}{6}$ hat, schreiben Sie $P(1) = \frac{1}{6}$ oder 0,167. Sie sagen: »Die Wahrscheinlichkeit von 1 beträgt $\frac{1}{6}$, oder 0,167«. Analog schreiben Sie $P(2) = \frac{1}{6}$ usw. Bei der Menge $A = \{1, 3, 5\}$ schreiben Sie die Wahrscheinlichkeit wie folgt: $P(A) = \frac{3}{6}$ oder 0,50, da sie drei Elemente enthält, die jeweils die Wahrscheinlichkeit $\frac{1}{6}$ haben. Sie sagen: »Die Wahrscheinlichkeit von A beträgt $\frac{1}{2}$ oder 0,50«. Dabei ermitteln Sie die Wahrscheinlichkeit *einer Menge* von Ergebnissen. Jede ermittelte Wahrscheinlichkeit ist eine Zahl zwischen 0 und 1 (jeweils inklusive 0 und 1). Bei einer leeren Menge ist die Wahrscheinlichkeit 0.

Sie müssen sich klar machen, was die verschiedenen Teile einer Wahrscheinlichkeitsgleichung oder eines Ausdrucks bedeuten. Betrachten Sie das Beispiel $P(A) = 0,50$ aus dem vorhergehenden Absatz. Der Buchstabe A repräsentiert die Menge {1, 3, 5}; er ist nicht *gleich* 0,50. Es ist die Wahrscheinlichkeit von A, die gleich 0,50 ist. Achten Sie deshalb auf Ihre Wahrscheinlichkeitsnotation. $P(1) = \frac{1}{6}$ ist korrekt, doch $P(1) = P(\frac{1}{6})$ ist falsch.

Marginale Wahrscheinlichkeit

Wenn Sie die Wahrscheinlichkeit einer Menge A allein ermitteln, geht es um die so genannte *marginale Wahrscheinlichkeit* von A. Ein Beispiel: Sie werfen einen fairen Würfel. Wie hoch ist die Wahrscheinlichkeit, dass die geworfene Zahl gerade ist? Das fragliche Ereignis ist $A = \{2, 4, 6\}$. Weil diese Menge drei gleich wahrscheinliche Ergebnisse enthält, beträgt die Wahrscheinlichkeit für eine gerade Zahl $P(A) = \frac{3}{6}$ oder $\frac{1}{2}$.

Bei der marginalen Wahrscheinlichkeit interessieren Sie sich nur für ein einziges Merkmal eines Ergebnisses. In dem Beispiel ging es nur darum, ob die gewürfelte Zahl gerade oder ungerade war.

Wahrscheinlichkeit der Vereinigung

Die *Wahrscheinlichkeit der Vereinigung* zweier Ereignisse A und B hat die Notation $P(A \cup B)$. Gesprochen wird die Vereinigung oft mit dem Wort *oder* verbunden. Anders ausgedrückt: $P(A \cup B)$ bedeutet die Wahrscheinlichkeit von »A oder B«.

Ein Beispiel: Sie werfen einen fairen Würfel. A sei das Ereignis, dass die geworfene Zahl gerade ist: $A = \{2, 4, 6\}$; und B sei das Ereignis, dass sie kleiner als 4 ist: $B = \{1, 2, 3\}$. Die Vereinigung der Mengen A und B ist die Menge aller Zahlen, die in A oder in B oder in beiden Mengen enthalten sind: $\{1, 2, 3, 4, 6\}$. Diese Vereinigung enthält fünf gleich wahrscheinliche Elemente, wodurch $P(A \cup B) = \frac{5}{6}$ ist. (In dem Abschnitt *Wahrscheinlichkeitsregeln verstehen und anwenden* weiter hinten in diesem Kapitel erfahren Sie, wie Wahrscheinlichkeiten von Vereinigungen berechnet werden.)

Bei Wahrscheinlichkeiten von Vereinigungen beobachten Sie zwei Eigenschaften eines Ergebnisses sowie die Chance, dass die eine oder die andere (oder beide) Eigenschaften vorhanden sind. Achtung: Das Wort *oder* wird nicht im Sinn von »entweder oder«, sondern im Sinn von »das eine oder das andere oder beides« verwendet.

Wahrscheinlichkeit der Schnittmenge

Die Wahrscheinlichkeit der Schnittmenge zweier Ereignisse A und B wird auch als *gemeinsame Wahrscheinlichkeit* bezeichnet; die Notation ist $P(A \cap B)$. Gesprochen wird diese Verknüpfung mit dem Wort *und* verbunden. Anders ausgedrückt: $P(A \cap B)$ bedeutet die Wahrscheinlichkeit von »A und B gleichzeitig«.

Ein Beispiel: Sie werfen einen fairen Würfel. A sei das Ereignis, dass die geworfene Zahl gerade ist: $A = \{2, 4, 6\}$; und B sei das Ereignis, dass sie kleiner als 4 ist: $B = \{1, 2, 3\}$. Die Schnittmenge der Mengen A und B ist die Menge aller Zahlen, die sowohl in A als auch in B enthalten sind, in diesem Fall: $\{2\}$. Die Schnittmenge enthält nur ein Element, das eine Wahrscheinlichkeit von $\frac{1}{6}$ hat: $P(A \cap B) = \frac{1}{6}$. (In dem Abschnitt *Wahrscheinlichkeitsregeln verstehen und anwenden* weiter hinten in diesem Kapitel erfahren Sie, wie Wahrscheinlichkeiten von Schnittmengen unter bestimmten Umständen schnell berechnet werden können.)

Komplementäre Wahrscheinlichkeit

Das Komplement A^c eines Ereignisses A enthält alle Elemente des Stichprobenraums S, die nicht in A enthalten sind. Ein Beispiel: Sie werfen einen einzelnen Würfel. Das Ereignis sei $A = \{2, 4\}$. Das Komplement von A ist das Ereignis $A^c = \{1, 3, 5, 6\}$. Weil diese Menge die vier Ergebnisse enthält, die in A nicht enthalten sind, hat A^c die Wahrscheinlichkeit $\frac{4}{6}$ oder $\frac{2}{3}$, weil alle Ergebnisse gleich wahrscheinlich sind. (In dem Abschnitt *Wahrscheinlichkeitsregeln verstehen und anwenden* weiter hinten in diesem Kapitel erfahren Sie, wie die Wahrscheinlichkeit des Komplements allgemein berechnet wird und wie hilfreich Komplemente sein können, um Wahrscheinlichkeiten zu ermitteln.)

Bedingte Wahrscheinlichkeit

Manchmal kann die vorherige Kenntnis von Informationen über ein Ergebnis die Wahrscheinlichkeit des Ergebnisses ändern. Auch wenn Sie die Ergebnisse in Untergruppen zerlegen (ein Beispiel: ungerade oder gerade Ergebnisse), ändern sich die Wahrscheinlichkeiten. Bedingte Wahrscheinlichkeiten befassen sich mit den Änderungen, die durch die

Berücksichtigung vorheriger Informationen verursacht werden. Die Wahrscheinlichkeit eines Ereignisses, wenn ein anderes Ereignis bereits eingetreten ist, wird als *bedingte Wahrscheinlichkeit* bezeichnet.

Bedingte Wahrscheinlichkeiten ohne Formeln lösen

Bedingte Wahrscheinlichkeiten bieten die Möglichkeit, Gruppen zu vergleichen oder Informationen, die Sie bereits haben, zu Ihrem Vorteil zu verwenden. Die Wahrscheinlichkeit eines Ereignisses *A* unter der Bedingung, dass *B* bereits eingetreten ist, wird durch die folgende Notation ausgedrückt: *P(A|B)* – übersetzt als »Wahrscheinlichkeit von *A* unter der Bedingung *B*«.

Sie dürfen die Notation für die bedingte Wahrscheinlichkeit *nicht* mit einer Division verwechseln. *P(A|B)* ist nicht *P(A)* geteilt durch *P(B)*. Die Notation trennt das bereits eingetretene und bekannte Ereignis (*B*) von dem Ereignis, dessen Wahrscheinlichkeit Sie ermitteln wollen (*A*). Das Ereignis nach dem »|« ist das bekannte oder gegebene Ereignis; die bedingte Wahrscheinlichkeit von *B* unter der Bedingung *A* ist etwas ganz anderes als die bedingte Wahrscheinlichkeit von *A* unter der Bedingung *B*.

Ein Beispiel: Sie werfen einen einzelnen Würfel. Ein Wurf ergibt eine ungerade Zahl. Wie hoch ist die Wahrscheinlichkeit, dass eine 5 geworfen wurde? In Wahrscheinlichkeitsnotation ausgedrückt, suchen Sie *P*(der Wurf ist eine 5|der Wurf ist ungerade) oder *P(C|A)*, wobei *A* das Ereignis ist, dass der Wurf ungerade ist, und *C* das Ereignis, dass der Wurf eine 5 ist. Nachdem Sie wissen, dass der Wurf ungerade ist, gibt es nur drei Möglichkeiten: 1, 3 oder 5; und alle sind gleich wahrscheinlich. Deshalb können Sie sagen: *P*(Wurf ist 5|Wurf ist ungerade) = ⅓ oder 0,33.

Bedingte Wahrscheinlichkeiten mit Formel lösen

Die bedingte Wahrscheinlichkeit von *A* unter der Bedingung *B* wird durch folgende Formel definiert:

$$P(A \mid B) = \frac{P(A \cap B)}{P(B)}$$

Sie berechnen zunächst die Wahrscheinlichkeit der Schnittmenge von *A* und *B* und dividieren sie durch die Wahrscheinlichkeit von *B*. Der Zähler ist die Wahrscheinlichkeit der Schnittmenge, weil die Ergebnisse von *B* auch in *A* enthalten sein sollen. Der Nenner ist die Wahrscheinlichkeit von *B*, weil *B* Ihr neuer Stichprobenraum ist; Sie wissen, dass das fragliche Element bereits in der Menge *B* enthalten ist.

Sie können die bedingte Wahrscheinlichkeit von *A* unter der Bedingung *B* nicht berechnen, wenn die Wahrscheinlichkeit von *B* 0 ist oder – anders ausgedrückt – wenn *B* die leere Menge ist. Aber das ist kein Problem; falls B die leere Menge ist, sollten Sie nicht an der Wahrscheinlichkeit von *A* unter der Bedingung *B* interessiert sein, weil *B* nicht eintreten kann.

Mit der Formel für bedingte Wahrscheinlichkeit können Sie die Antwort für die Beispielaufgabe aus dem vorhergehenden Abschnitt mit $A = \{1, 3, 5\}$ und $C = \{5\}$ berechnen. Aufgrund der Definition der bedingten Wahrscheinlichkeit,

$$P(C \mid A) = \frac{P(C \cap A)}{P(A)}$$

wissen Sie, dass $P(C \cap A) = \frac{1}{6}$ ist, weil die Schnittmenge dieser beiden Mengen $\{5\}$ und dessen Wahrscheinlichkeit $\frac{1}{6}$ ist. Jetzt können Sie sagen: $P(A) = P\{1, 3, 5\} = \frac{3}{6}$. Wenn Sie diese beiden Wahrscheinlichkeiten dividieren, erhalten Sie: $\frac{1}{6}/\frac{3}{6} = \frac{1}{6} \cdot \frac{6}{3} = \frac{1}{3}$ oder 0,33. Mithin erhalten Sie dieselbe Antwort wie ohne Formel.

Handyverträge und bedingte Wahrscheinlichkeiten

Götz, Karsten und Sascha betreiben den Handyvertrieb Quant Communication in Düsseldorf. In ihrem Sortiment befinden sich drei verschiedene Handytarife: Basic, Ergo und Deluxe. Die Verträge unterscheiden sich durch die Anzahl an Freiminuten und Frei-SMS. Ergänzend kann ein optionales Datenübertragungspaket in Höhe von 30 Megabyte pro Monat erworben werden.

Die drei Unternehmer wissen, dass sich 30 Prozent aller Kunden für den Ergo-Vertrag entscheiden und dass fünf Prozent aller Kunden die Kombination aus Ergo-Vertrag und Datenübertragungspaket wählen. Wie groß ist die Wahrscheinlichkeit, dass sich ein Kunde für das Datenübertragungspaket entscheidet, wenn er bereits einen Ergo-Vertrag abgeschlossen hat? Diese Frage können Sie mit der bedingten Wahrscheinlichkeit lösen.

Die Menge A repräsentiert das Ereignis, dass sich ein Kunde für den Ergo-Vertrag entscheidet. Die Menge B repräsentiert entsprechend die Kunden, die ein Datenübertragungspaket kaufen. Die Notation für das Ereignis, dass ein Kunde, der sich für einen Ergo-Vertrag entschieden hat, auch für das Datenübertragungspaket entscheidet, ist $B|A$. Dies bedeutet, Sie verwenden die Menge »B unter der Bedingung A«, wobei $A = \{$Ergo-Vertrag$\}$ und $B = \{$Datenübertragungspaket$\}$ bedeuten. Das Ereignis B ist bedingt, weil Sie bereits wissen, ob der Kunde zur Menge A gehört. (Die Bedingung steht nach dem »|«-Zeichen.)

Wie groß ist nun die Wahrscheinlichkeit, dass sich ein Kunde für das Datenübertragungspaket entscheidet, wenn er bereits einen Ergo-Vertrag abgeschlossen hat? Diese Wahrscheinlichkeit wird durch $P(B|A)$ bezeichnet und kann mit der Formel für die bedingte Wahrscheinlichkeit berechnet werden:

$$P(B \mid A) = \frac{P(B \cap A)}{P(A)}$$

Die Wahrscheinlichkeit für A entspricht der Wahrscheinlichkeit, dass ein Kunde einen Ergo-Vertrag abschließt (30 Prozent). Die Wahrscheinlichkeit der Schnittmenge von A und B entspricht der Wahrscheinlichkeit, dass ein Kunde sich sowohl für einen Ergo-Vertrag als auch für das Datenübertragungspaket entscheidet (fünf Prozent). Somit ergibt sich:

$$P(B \mid A) = \frac{P(B \cap A)}{P(A)}$$

$$= \frac{5\,\%}{30\,\%} = \frac{1}{6} = 16,67\,\%$$

Die Wahrscheinlichkeit, dass sich ein Kunde für das Datenübertragungspaket entscheidet, wenn er bereits einen Ergo-Vertrag abgeschlossen hat, ist 16,67 Prozent. Oder: Jeder sechste Kunde, der einen Ergo-Vertrag abschließt, kauft sich zusätzlich das Datenübertragungspaket.

Wahrscheinlichkeitsregeln verstehen und anwenden

Die Wahrscheinlichkeit von Ergebnissen, Ereignissen oder Kombinationen von Ergebnissen und/oder Ereignissen können durch Addition, Subtraktion, Multiplikation oder Division der Wahrscheinlichkeiten der ursprünglichen Ergebnisse und Ereignisse berechnet werden. Einige Kombinationen kommen so häufig vor, dass es dafür eigene Regeln und Formeln gibt. Je besser Sie die Überlegungen hinter den Formeln verstehen, desto besser können Sie sie behalten und erfolgreich anwenden.

 Jede Wahrscheinlichkeit hat drei grundlegende Eigenschaften:

✔ Jede Wahrscheinlichkeit muss eine Zahl zwischen 0 und 1 sein. Wenn Sie berechnen, dass die Wahrscheinlichkeit eines Ereignisses größer als 1 oder negativ ist, haben Sie einen Fehler gemacht!

✔ Die Wahrscheinlichkeit einer Menge von Einzelergebnissen eines Stichprobenraums S ist gleich der Summe ihrer Wahrscheinlichkeiten. (Dies gilt nicht unbedingt für die Kombination von Ereignissen, aber es gilt für Einzelergebnisse.)

✔ Die Summe der Wahrscheinlichkeiten aller Ergebnisse in S muss 1 sein.

Auf den folgenden Seiten werden die grundlegenden Regeln und Formeln der Wahrscheinlichkeit dargestellt. Sie basieren auf diesen drei grundlegenden Eigenschaften.

Die Komplementärregel

Das *Komplement* (auch: *Gegenereignis*) A^c eines Ereignisses A aus einem Stichprobenraum S ist die Menge aller Elemente des Stichprobenraums, die nicht in A enthalten sind. Die Wahrscheinlichkeit des Komplements von Ereignis A ist die Wahrscheinlichkeit, dass A nicht eingetreten ist. Per Definition ergibt die Vereinigung von A und A Komplement den Stichprobenraum S; die entsprechende Wahrscheinlichkeit ist $\frac{1}{1}$; deshalb $P(A^c) + P(A) = 1$. Wenn Sie diese Gleichung nach $P(A^c)$ auflösen, erhalten Sie die so genannte *Komplementärregel*: $P(A^c) = 1 - P(A)$.

Ein Beispiel: Sie werfen einen einzelnen Würfel. Der Stichprobenraum ist $S = \{1, 2, 3, 4, 5, 6\}$. Wenn $A = \{1, 3, 5\}$ das Ereignis ist, ist das Komplement von A die Menge $A^c = \{2, 4, 6\}$.

Wie hoch ist jetzt beispielsweise die Wahrscheinlichkeit, dass eine Zahl größer als 1 (oder: wenigstens 2) geworfen wird, das heißt, das Ereignis $D = \{2, 3, 4, 5, 6\}$? Durch Addition der einzelnen Wahrscheinlichkeiten der Ergebnisse in D erhalten Sie die Wahrscheinlichkeit von D: $P(D) = \frac{5}{6}$. Sie können diese Wahrscheinlichkeit jedoch auch mit der Komplementärregel berechnen: Sie wissen, dass $D^c = \{1\}$ und $P(D^c) = \frac{1}{6}$ ist; deshalb liefert die Komplementärregel: $P(D) = 1 - P(D^c) = 1 - \frac{1}{6} = \frac{5}{6}$.

Häufig können Ereignisse nur schwierig abgegrenzt werden. Dann hilft oft das Komplement weiter; es kann leichter sein, die Ergebnisse zu definieren, die Sie nicht haben wollen.

Dieser Gedanke soll am Werfen zweier Würfel dargestellt werden. Es gibt $6 \cdot 6 = 36$ mögliche Ergebnisse: von (1, 1) bis (6, 6). Die folgende Tabelle zeigt die Menge aller Ergebnisse.

(1, 1)	(2, 1)	(3, 1)	(4, 1)	(5, 1)	(6, 1)
(1, 2)	(2, 2)	(3, 2)	(4, 2)	(5, 2)	(6, 2)
(1, 3)	(2, 3)	(3, 3)	(4, 3)	(5, 3)	(6, 3)
(1, 4)	(2, 4)	(3, 4)	(4, 4)	(5, 4)	(6, 4)
(1, 5)	(2, 5)	(3, 5)	(4, 5)	(5, 5)	(6, 5)
(1, 6)	(2, 6)	(3, 6)	(4, 6)	(5, 6)	(6, 6)

Angenommen, A sei das Ereignis, dass wenigstens ein Würfel bei einem Wurf eine Zahl größer als 1 zeigt. Um diese Wahrscheinlichkeit zu ermitteln, müssen Sie die Wahrscheinlichkeiten aller Ergebnisse addieren, die zu diesem Ereignis gehören. Das sind recht viele: alle Ergebnisse in der ersten Spalte der obigen Tabelle außer der ersten Zelle (1, 1) sowie alle Ergebnisse in den restlichen fünf Spalten. Tatsächlich passen alle Ergebnisse außer (1, 1) auf diese Beschreibung. Sie können also $P(A)$ berechnen, indem Sie alle Ergebnisse ermitteln, die zu der Beschreibung passen, und deren Wahrscheinlichkeiten addieren; so erhalten Sie $\frac{35}{36}$. Doch mit dem Komplement geht es einfacher. Das Komplement von A ist die Menge aller Ergebnisse in S, in denen nicht wenigstens ein Würfel eine Zahl größer als 1 zeigt. Es gibt nur ein Ergebnis, das dieses Kriterium erfüllt: (1, 1). Deshalb ist $A^c = \{(1, 1)\}$. Da $P(A^c) = \frac{1}{36}$ ist, erhalten Sie mit der Komplementärregel $P(A) = 1 - P(A^c) = 1 - \frac{1}{36} = \frac{35}{36}$. In diesem Fall lässt sich $P(A)$ viel einfacher mit der Komplementärregel berechnen.

Die Multiplikationsregel

Die Wahrscheinlichkeit der Schnittmenge zweier Ereignisse A und B wird mit der so genannten *Multiplikationsregel* berechnet. Sie ist aus der Definition der bedingten Wahrscheinlichkeit abgeleitet (siehe den Abschnitt *Bedingte Wahrscheinlichkeit* weiter vorn in diesem Kapitel), die folgendermaßen definiert ist:

$$P(A \mid B) = \frac{P(A \cap B)}{P(B)}$$

Wenn Sie mit dem Nenner der rechten Seite multiplizieren, erhalten Sie

$$P(A \cap B) = P(B) \cdot P(A \mid B)$$

Was bedeutet das? Die Wahrscheinlichkeit, dass A und B zusammen eintreten, ist gleich der Wahrscheinlichkeit, dass B eingetreten ist, multipliziert mit der Wahrscheinlichkeit, dass A unter der Bedingung eingetreten ist, dass B eingetreten ist. Die Multiplikationsregel zerlegt die Wahrscheinlichkeit der Schnittmenge in zwei Schritte: Erst tritt B ein, und dann tritt A ein, vorausgesetzt, dass B eingetreten ist.

Aus einer marginalen Wahrscheinlichkeit und einer bedingten Wahrscheinlichkeit können Sie mit der Multiplikationsregel die Wahrscheinlichkeit der Schnittmenge berechnen.

Angenommen, eine Gruppe bestünde aus 60 Prozent Frauen, von denen 40 Prozent verheiratet sind. Wie hoch ist die Wahrscheinlichkeit, dass eine zufällig ausgewählte Person aus dieser Gruppe eine Frau und verheiratet ist? Zunächst definieren Sie die Ereignisse $F = \{\text{Frau}\}$ und $V = \{\text{verheiratet}\}$. Sie suchen $P(F \text{ und } V)$, das heißt die Wahrscheinlichkeit der Schnittmenge $P(F \cap V)$. Sie wissen, dass 60 Prozent der Gruppe aus Frauen besteht, also $P(F) = 0{,}60$. Sie wissen auch, dass 40 Prozent (0,40) der Frauen in der Gruppe verheiratet sind. Sie müssen eine bedingte Wahrscheinlichkeit benutzen, um die Aufgabe zu lösen, weil Sie die Frauen ausgesondert haben und die Wahrscheinlichkeit suchen, dass sie verheiratet sind: $P(V|F)$. Laut Multiplikationsregel ergibt sich $P(F \cap V)$ wie folgt: $P(F) \cdot P(V|F) = 0{,}60 \cdot 0{,}40 = 0{,}24$. Das heißt, dass 24 Prozent der Personen in der Gruppe verheiratete Frauen sind; das bedeutet auch, dass die Wahrscheinlichkeit, eine verheiratete Frau aus der Gruppe auszuwählen, 24 Prozent beträgt.

Eine Wahrscheinlichkeit ist definitionsgemäß eine Zahl zwischen 0 und 1, aber sie wird als Prozentsatz ausgedrückt, weil sie so leichter zu interpretieren ist. Sie erhalten den Prozentsatz, indem Sie die Wahrscheinlichkeit mit 100 multiplizieren.

Achten Sie immer auf den Unterschied zwischen einer Wahrscheinlichkeit der Schnittmenge und einer bedingten Wahrscheinlichkeit. Die *Wahrscheinlichkeit der Schnittmenge* wird gesucht, wenn Sie ein Element einer Gruppe auswählen, das zwei Eigenschaften hat. Die *bedingte Wahrscheinlichkeit* wird gesucht, wenn Sie zunächst eine Untergruppe auswählen, deren Elemente eine der Eigenschaften haben, und dann die Wahrscheinlichkeit berechnen, dass ein Element aus dieser Untergruppe die zweite Eigenschaft aufweist.

Die Additionsregel

Die *Vereinigung* zweier Ereignisse A und B ist die Menge aller Ergebnisse in dem Stichprobenraum S, die in A oder in B oder in beiden Mengen enthalten sind. Um die Wahrscheinlichkeit der Vereinigung zweier Ereignisse A und B zu berechnen, legt die Intuition eine Addition der beiden Einzelwahrscheinlichkeiten nahe. Doch das reicht nicht. Wenn Sie $P(A)$ und $P(B)$ addieren, zählen Sie die Ergebnisse doppelt, die sowohl in A als auch in B enthalten sind. Anders ausgedrückt: Sie zählen die Ergebnisse in $P(A \cap B)$ doppelt. Weil dadurch die Wahrscheinlichkeit der Vereinigung zu groß wird, müssen Sie die Wahrscheinlichkeit $P(A \cap B)$ einmal abziehen. Damit wird die Wahrscheinlichkeit der Vereinigung von A und B folgendermaßen berechnet:

$$P(A \cup B) = P(A) + P(B) - P(A \cap B)$$

Diese Formel wird als _Additionsregel_ bezeichnet.

Angenommen, eine Gruppe bestünde aus 60 Prozent Frauen. Sie wissen, dass 50 Prozent aller Personen in der Gruppe verheiratet sind. Wie hoch ist der Prozentsatz der Personen in der Gruppe, die Frauen _oder_ verheiratet (oder beides) sind, das heißt, welchen Wert hat $P(F \cup V)$? Laut Additionsregel ist $P(F \cup V) = P(V) + P(F) - P(F \cap V)$. Sie wissen, dass 60 Prozent der Gruppe aus Frauen besteht, so dass $P(F) = 0,60$ ist. Sie wissen, dass 50 Prozent der Gruppenmitglieder verheiratet sind, so dass $P(V) = 0,50$ ist. Die Multiplikationsregel aus dem vorhergehenden Abschnitt ergibt $P(F \cap V) = 0,24$. Damit ist $P(F \cup V) = 0,60 + 0,50 - 0,24 = 0,86$, das heißt, 86 Prozent der Gruppenmitglieder sind verheiratet oder weiblich (oder beides).

Wenn Sie die Wahrscheinlichkeit der Schnittmenge in dem vorhergehenden Beispiel nicht subtrahieren, erhalten Sie $0,60 + 0,50 = 1,1$, also einen Wert größer als 1. Eine Wahrscheinlichkeit kann nie größer als 1 oder kleiner als 0 sein.

Unabhängigkeit mehrerer Ereignisse

Eine der wichtigsten Annahmen der grundlegenden Wahrscheinlichkeitsmodelle ist die _Unabhängigkeit_. Mehrere Ereignisse sind _unabhängig_, wenn die Erkenntnis, dass ein Ereignis eingetreten ist, nicht die Wahrscheinlichkeit beeinflusst, dass ein anderes Ereignis eintritt. Anders ausgedrückt: Wenn Sie wissen, dass A eingetreten ist, ändert sich nicht die Wahrscheinlichkeit, dass B unter der Bedingung von A eintritt. Bei zwei unabhängigen Ereignissen A und B spielen bedingte Wahrscheinlichkeiten keine Rolle. (Mehr über dieses Thema finden Sie in dem Abschnitt _Bedingte Wahrscheinlichkeit_ weiter vorn in diesem Kapitel.)

Es gibt zwei Methoden, um die Unabhängigkeit zweier Ereignisse zu prüfen:

✔ **Anhand der Definition der Unabhängigkeit:** Prüfen Sie, ob $P(A|B) = P(A)$ oder $P(B|A) = P(B)$ ist.

✔ **Anhand der Multiplikationsregel:** Wenn $P(A \cap B) = P(A) \cdot P(B)$ ist, sind A und B unabhängig.

Die Unabhängigkeit zweier Ereignisse anhand der Definition prüfen

Sie werfen einen Würfel. Der Stichprobenraum ist $S = \{1, 2, 3, 4, 5, 6\}$. Sind die beiden Ereignisse $A = \{\text{ungerade Zahl}\}$ und $B = \{\text{Zahl ist eine 1}\}$ unabhängig? Um diese Frage zu beantworten, müssen Sie zunächst fragen: »Wenn ich weiß, dass das Ergebnis ungerade ist, wie hoch ist die Wahrscheinlichkeit, dass es eine 1 ist?« Die Antwort ist $\frac{1}{3}$. Fragen Sie dann:

»Wie hoch ist die Wahrscheinlichkeit, dass die Zahl eine 1 ist, ohne zu wissen, ob sie ungerade ist?« Die Antwort ist $\frac{1}{6}$. Die Wahrscheinlichkeiten sind verschieden, also sind die Ereignisse A und B nicht unabhängig. Die Kenntnis eines Ereignisses beeinflusst die Wahrscheinlichkeit des anderen Ereignisses.

Ziehen Sie jetzt ein weiteres Ereignis C = {die Zahl ist eine 1 oder 2} in Betracht. Sind die Ereignisse A und C unabhängig? Um dies zu beantworten, prüfen Sie, ob $P(C) = P(C|A)$ oder ob $P(A) = P(A|C)$ ist. Die Wahrscheinlichkeit von C ist $\frac{2}{6}$, oder 0,33. Die Wahrscheinlichkeit von C unter der Bedingung A ist die Wahrscheinlichkeit, dass eine 1 oder 2 geworfen wurde, wenn bereits bekannt ist, dass das Ergebnis ungerade ist. Anhand der Definition der bedingten Wahrscheinlichkeit (siehe den Abschnitt *Bedingte Wahrscheinlichkeit* weiter vorn in diesem Kapitel) erhalten Sie

$$P(C \mid A) = \frac{P(C \cap A)}{P(A)}$$

Die Menge $C \cap A$ ist die Menge {1}, deren Wahrscheinlichkeit $\frac{1}{6}$ beträgt. Die Wahrscheinlichkeit von A ist $\frac{3}{6}$. Die Division dieser Wahrscheinlichkeiten ergibt $\frac{1}{6}/\frac{3}{6} = \frac{1}{3}$ oder 0,33. Die Ereignisse A und C sind unabhängig, weil das Wissen, dass der Wurf ungerade ist, nichts an der Wahrscheinlichkeit ändert, dass der Wurf eine 1 oder eine 2 ist. Einige Informationen sind tatsächlich überflüssig, weil sie die Wahrscheinlichkeit nicht beeinflussen.

Wenn zwei Ereignisse unabhängig sind, bedeutet dies nicht, dass sie nicht gleichzeitig eintreten können. Viele machen den Fehler zu glauben, unabhängige Ereignisse seien vollkommen voneinander getrennt. Zwei unabhängige Ereignisse können durchaus gleichzeitig eintreten und nebeneinander existieren; sie beeinflussen sich nur nicht gegenseitig, wenn es um Wahrscheinlichkeiten geht.

Die Multiplikationsregel für unabhängige Ereignisse nutzen

Wir können gar nicht genug betonen, wie wundervoll das Leben ist, wenn Ereignisse unabhängig sind. Ein Beispiel: Sie möchten wissen, wie hoch die Wahrscheinlichkeit ist, dass fünf Ereignisse gleichzeitig eintreten. Wenn diese Ereignisse nicht unabhängig sind, müssen Sie bei jedem Schritt die bedingten Wahrscheinlichkeiten berechnen: Das zweite Ereignis würde von dem ersten Ereignis abhängen; das dritte Ereignis würde von dem ersten und dem zweiten Ereignis abhängen; das vierte Ereignis würde von den ersten drei Ereignissen abhängen; und das fünfte Ereignis würde von den ersten vier Ereignissen abhängen. Was für ein Kuddelmuddel! Wenn dagegen alle Ereignisse unabhängig sind, besteht die Wahrscheinlichkeit der Schnittmenge aus dem Produkt der fünf Wahrscheinlichkeiten der Elementarereignisse. Sehr viel einfacher! Sie können die Multiplikationsregel für unabhängige Ereignisse auf eine beliebige Zahl von Ereignissen ausweiten. Um beispielsweise die Wahrscheinlichkeit der Schnittmenge zweier Ereignisse zu berechnen, multiplizieren Sie ihre einzelnen Wahrscheinlichkeiten.

Wenn Sie wissen oder zeigen können, dass zwei Ereignisse unabhängig sind, können Sie Wahrscheinlichkeiten, die mit diesen Ereignissen verbunden sind, viel leichter berechnen, weil dann nämlich gilt: $P(A|B) = P(A)$ und $P(B|A) = P(B)$. Und was soll daran so toll sein?

Wenn Sie die Wahrscheinlichkeit der Schnittmenge von A und B berechnen wollen, lautet die Formel: $P(A \cap B) = P(A) \cdot P(B|A)$. Doch da A und B unabhängig sind, vereinfacht sich die Formel zu $P(A \cap B) = P(A) \cdot P(B)$, weil $P(B|A) = P(B)$ ist. Deshalb ist die Wahrscheinlichkeit der Schnittmenge unabhängiger Ereignisse A und B einfach gleich dem Produkt ihrer marginalen (oder individuellen) Wahrscheinlichkeiten.

Es mag verlockend sein, immer $P(A) \cdot P(B)$ anzuwenden, wenn Sie $P(A \cap B)$ suchen; dies ist aber nur möglich, wenn A und B unabhängig sind. Andernfalls müssen Sie die Formel $P(A) \cdot P(B|A)$ anwenden und mit bedingten Wahrscheinlichkeiten rechnen.

Ein Beispiel: Sie würfeln. Sie können davon ausgehen, dass sich die Ergebnisse der Würfel nicht gegenseitig beeinflussen. Wenn Sie zwei Würfel werfen, wie hoch ist die Wahrscheinlichkeit, eine 1 und eine 1 zu werfen? Laut Multiplikationsregel ist das Ergebnis die Wahrscheinlichkeit für eine 1 ($\frac{1}{6}$) multipliziert mit der Wahrscheinlichkeit für eine 1 ($\frac{1}{6}$), also $\frac{1}{36}$. Bei fünf Würfeln beträgt die Wahrscheinlichkeit, lauter Einsen zu werfen: $\frac{1}{6} \cdot \frac{1}{6} \cdot \frac{1}{6} \cdot \frac{1}{6} \cdot \frac{1}{6} = (\frac{1}{6})^5$. Verallgemeinert: Bei n Würfeln beträgt die Wahrscheinlichkeit, n-mal die 1 zu werfen: $(\frac{1}{6})^n$. Wenn Sie nun die Wahrscheinlichkeit suchen, bei fünf Würfen eine einzelne 1 zu werfen, wird es schwieriger, weil es verschiedene Möglichkeiten gibt, eine einzelne 1 zu erhalten, die Sie alle berücksichtigen müssen.

Einander ausschließende Ereignisse berücksichtigen

Oft treten unabhängige Ereignisse gleichzeitig ein, ohne sich gegenseitig zu beeinflussen; aber auch die entgegengesetzte Situation kommt vor, dass zwei Ereignisse gleichzeitig eintreten und sich stark beeinflussen. Zwei Ereignisse A und B *schließen einander aus*, wenn sie nicht gleichzeitig eintreten können, das heißt, wenn das eine eintritt, kann das andere nicht eintreten, und umgekehrt: $A \cap B = \emptyset$ oder $P(A \cap B) = 0$. Wenn Sie wissen, dass A eingetreten ist, wissen Sie, dass B nicht eintreten kann; und wenn Sie wissen, dass B eingetreten ist, wissen Sie, dass A nicht eintreten kann.

Wie bei unabhängigen Ereignissen (siehe den vorherigen Abschnitt) können einander ausschließende Ereignisse Ihre Berechnungen erheblich vereinfachen, weshalb Sie in Wahrscheinlichkeitsmodellen immer nach ihnen Ausschau halten sollten.

Einander ausschließende Ereignisse erkennen

Wenn zwei Ereignisse einander ausschließen, bedeutet dies nicht, dass das eine oder das andere Ereignis eintreten muss; es bedeutet nur, dass, falls ein Ereignis eintritt, das andere Ereignis nicht eintreten kann.

Ein Beispiel: Eine Verkehrsampel hatte einen Stichprobenraum S = {rot, gelb, grün}. Betrachten Sie zwei Ereignisse: A = {gelb} und B = {grün}. Wenn die Ampel grün ist, kann sie nicht gelb sein und umgekehrt. Diese beiden Ereignisse schließen einander aus. Egal wie groß $P(A)$ ist: Sie wissen, dass $P(A|B)$ 0 sein muss, und umgekehrt.

Wenn A und B einander ausschließen, ist $P(A \cap B) = 0$, so dass

$$P(A \mid B) = \frac{P(A \cap B)}{P(B)} = \frac{0}{P(B)} = 0$$

Sie können auch die Definition von einander ausschließenden Ereignissen in umgekehrter Reihenfolge verwenden, um zu prüfen, ob A und B einander ausschließen, weil Definitionen immer in beide Richtungen gelten. Sie wissen, dass $P(A \cap B) = 0$ ist, falls A und B einander ausschließen. Wenn Sie feststellen wollen, ob zwei Ereignisse einander ausschließen, können Sie deshalb prüfen, ob $P(A \cap B) = 0$ ist. Ist dies der Fall, schließen die Ereignisse einander aus, andernfalls nicht.

Komplementäre Ereignisse bilden einen Sonderfall einander ausschließender Ereignisse. Im Hinblick auf ihre Ergebnisse sind sie genau gegenteilig.

Ein Beispiel: Sie werfen eine Münze zweimal. Der Stichprobenraum ist {KK, KZ, ZK, ZZ} (K für Kopf und Z für Zahl). A sei das Ereignis, dass das Ergebnis zweimal Kopf ist: $A = \{KK\}$. Dann ist das Komplement A^c das Ereignis, dass das Ergebnis nicht zweimal Kopf enthält: $A^c = \{KZ, ZK, ZZ\}$. Per Definition enthält A^c die Ergebnisse in S, die nicht in A enthalten sind. Die Schnittmenge der Ereignisse A und A^c ist leer: $A \cap A^c = \emptyset$. Dies bedeutet, dass die Ereignisse einander ausschließen.

Die Additionsregel mit einander ausschließenden Ereignissen vereinfachen

Wenn zwei Ereignisse einander ausschließen, ist ihre Schnittmenge leer; dadurch lässt sich die Additionsregel der Wahrscheinlichkeit erheblich vereinfachen. Die Additionsregel ermittelt die Wahrscheinlichkeit für die Vereinigung zweier Ereignisse A und B (siehe den Abschnitt *Die Additionsregel* weiter vorn in diesem Kapitel); sie gibt die Wahrscheinlichkeit an, dass ein Ergebnis in A oder in B oder in beiden Mengen enthalten ist. Bei einander ausschließenden Ereignissen gibt es keine Ergebnisse, die beiden Mengen angehören, wodurch sich die Additionsregel auf die Summe der Wahrscheinlichkeiten der beiden Ereignisse reduziert. Statt $P(A \cup B) = P(A) + P(B) - P(A \cap B)$ vereinfacht sich die Additionsregel für zwei einander ausschließende Ereignisse A und B auf $P(A \cup B) = P(A) + P(B)$, weil $P(A \cap B) = 0$ ist. Sie brauchen sich nicht mit der Wahrscheinlichkeit von Ergebnissen in der Schnittmenge zu befassen, was die Berechnungen erheblich vereinfacht.

Ein Beispiel: Sie ziehen eine Karte aus einem Standardkartenspiel mit 52 Karten. Wie hoch ist die Wahrscheinlichkeit, dass die Karte eine 2 oder eine 3 ist? Es sei $A = \{$Karte ist eine 2$\}$ und $B = \{$Karte ist eine 3$\}$. Da das Spiel 52 Karten mit jeweils vier Zweien und Dreien enthält, sind $P(A) = \frac{4}{52}$ und $P(B) = \frac{4}{52}$. Da Sie die Wahrscheinlichkeit suchen, dass die Karte eine 2 *oder* eine 3 ist, müssen Sie eine Wahrscheinlichkeit der Vereinigung berechnen: $P(A \cup B)$. Die Ereignisse A und B schließen einander aus, weil eine Karte nicht gleichzeitig eine 2 und eine 3 sein kann, so dass $P(A \cap B) = 0$ ist. Deshalb beträgt die Wahrscheinlichkeit $P(A \cup B) = P(A) + P(B) = \frac{4}{52} + \frac{4}{52} = \frac{8}{52} = 0,154$ oder 15,4 Prozent.

Es mag verlockend sein, immer $P(A) + P(B)$ anzuwenden, wenn Sie $P(A \cup B)$ suchen; dies ist aber nur möglich, wenn A und B einander ausschließen. Andernfalls müssen Sie die Formel $P(A) + P(B) - P(A \cap B)$ verwenden und mit Wahrscheinlichkeiten von Schnittmengen rechnen.

Unabhängige und einander ausschließende Ereignisse unterscheiden

Viele Studenten, die Vorlesungen zur Wahrscheinlichkeitsrechnung besuchen, haben häufig Schwierigkeiten, zwischen unabhängigen und einander ausschließenden Ereignissen zu unterscheiden. Beide Arten von Ereignissen sind einzeln oft leicht zu verstehen. Aber wenn sie miteinander verglichen werden, scheinen die Begriffe zu verschwimmen. Doch wenn Sie sich die Definitionen genauer anschauen, werden Sie einen Unterschied erkennen. Letztlich geht es um die Rolle der Wahrscheinlichkeiten von Schnittmengen.

Ein Vergleich von Unabhängigkeit und Ausschließlichkeit

Wenn zwei Ereignisse A und B unabhängig sind, können sie gleichzeitig eintreten, was bedeutet, dass sie eine Schnittmenge haben können. Die Wahrscheinlichkeit der Schnittmenge ist $P(A \cap B) = P(A) \cdot P(B)$. Um diese Wahrscheinlichkeit der beiden Ereignisse zu berechnen, multiplizieren Sie ihre marginalen Wahrscheinlichkeiten. Doch wenn die Ereignisse A und B einander ausschließen, können sie nicht gleichzeitig eintreten, was bedeutet, dass sie keine Schnittmenge haben können. Ihre Wahrscheinlichkeit der Schnittmenge ist $P(A \cap B) = 0$.

Jetzt kommt die große Frage. Angenommen, A und B seien nichtleere Ereignisse (was bedeutet, dass ihre Wahrscheinlichkeiten nicht 0 sind) und unabhängig. Können sie einander ausschließen? Nein; denn wenn sie einander ausschlössen, müsste ihre Schnittmenge leer sein, das heißt, $P(A \cap B)$ müsste 0 sein. Weil $P(A \cap B) = P(A) \cdot P(B)$ ist und A und B unabhängig sind, könnte dieses Produkt nur 0 sein, wenn $P(A) = 0$ oder $P(B) = 0$ wäre, was aber nicht der Fall ist. Wenn also zwei Ereignisse nichtleer und unabhängig sind, können sie einander nicht ausschließen.

Nun die Umkehrung dieses Beispiels: Wenn A und B einander ausschließende Ereignisse und nichtleer sind, können sie unabhängig sein? Nein. Dies ist eindeutig zu erkennen, wenn Sie sich die Definition der Unabhängigkeit anschauen. Angenommen, die Ereignisse A und B schlössen einander aus. Diese beiden Ereignisse sind unabhängig, wenn $P(A|B) = P(A)$ ist, aber Sie wissen, dass

$$P(A \mid B) = \frac{P(A \cap B)}{P(B)}$$

ist und dass der Zähler $P(A \cap B) = 0$ ist, weil A und B einander ausschließen. Diese Tatsache führt dazu, dass die gesamte bedingte Wahrscheinlichkeit $P(A|B) = 0$ ist. Aber damit A und B unabhängig sein können, muss die Wahrscheinlichkeit $P(A|B) = P(A)$ sein, und sie kann nicht 0 sein, falls A nicht die leere Menge ist. Wenn also die Ereignisse A und B nichtleer sind und einander ausschließen, können sie nicht unabhängig sein.

 Einander ausschließende Ereignisse können nicht unabhängig sein, und unabhängige Ereignisse können einander nicht ausschließen, außer mindestens eines der beiden Ereignisse ist die leere Menge.

Die Unabhängigkeit oder Ausschließlichkeit in einem Kartenspiel mit 52 Karten prüfen

Ein Beispiel: Sie ziehen eine Karte aus einem Standardkartenspiel mit 52 Karten. Es sei A = {die Karte ist eine 2}, B = {die Karte ist schwarz}, C = {die Karte ist eine Bildkarte) und D = {die Karte ist keine Bildkarte}. Dann ist $P(A)$ = $\frac{4}{52}$ oder $\frac{1}{13}$, $P(B)$ = $\frac{26}{52}$ oder ½, $P(C)$ = $\frac{12}{52}$ oder $\frac{3}{13}$ und $P(D) = 1 - \frac{3}{13} = \frac{10}{13}$ (aufgrund der Komplementärregel, dass C und D komplementäre Ereignisse sind; siehe den Abschnitt *Die Komplementärregel* weiter vorn in diesem Kapitel). Schließen die Ereignisse A und B einander aus? Nein, denn sie haben eine nichtleere Schnittmenge: Zwei Karten in dem Spiel sind Zweien und schwarz (♠2 und ♣2).

✔ Sind die Ereignisse A und B unabhängig? Es ist $P(A \cap B)$ = $\frac{2}{52}$ oder $\frac{1}{26}$; außerdem ist $P(A) \cdot P(B) = \frac{1}{13} \cdot \frac{1}{2} = \frac{1}{26}$. Weil diese Wahrscheinlichkeiten gleich sind, sind die Ereignisse unabhängig. Dies ist einsehbar: Wenn Sie wissen, dass eine Karte schwarz ist, beträgt die Wahrscheinlichkeit, dass sie eine 2 ist, $\frac{2}{26}$. Dies ist dieselbe Wahrscheinlichkeit, dass eine Karte eine 2 ist, wenn Sie nicht wissen, dass sie schwarz ist (nämlich $\frac{4}{52} = \frac{2}{26}$). Ihr Wissen, dass die Karte schwarz ist, hat also keinen Einfluss auf die Wahrscheinlichkeit, dass sie eine 2 ist.

✔ Was ist mit den Ereignissen A und C? Sind sie unabhängig? Weil eine Karte nicht sowohl eine 2 als auch eine Bildkarte sein kann, ist ihre Schnittmenge die leere Menge, wodurch A und C einander ausschließen – ihre Wahrscheinlichkeiten haben einen direkten Einfluss aufeinander. $P(A)$ = $\frac{4}{52}$ und $P(A|C)$ = 0; weil diese Zahlen nicht gleich sind, sind die Ereignisse nicht unabhängig.

✔ Was ist mit den Ereignissen A und D? Ihre Schnittmenge ist die Menge aller Karten, die Zweien und nicht Bildkarten sind, das sind alle vier Zweien, dadurch ist $P(A \cap D)$ = $\frac{4}{52}$. Deswegen schließen A und D einander nicht aus. Sind die Ereignisse unabhängig? Weil $P(A)$ = $\frac{4}{52}$ oder $\frac{1}{13}$ und $P(D)$ = $\frac{40}{52}$ oder $\frac{10}{13}$ sind, ist $P(A) \cdot P(D) = \frac{1}{13} \cdot \frac{10}{13} = \frac{10}{169} = 0{,}059$. Sie dürfen jedoch die Schnittmenge von A und D nicht vergessen, die vier Karten (alle Zweien) enthält, wodurch die Wahrscheinlichkeit $\frac{4}{52} = 0{,}077$ beträgt. Weil diese beiden Wahrscheinlichkeiten nicht gleich sind, sind die Ereignisse A und D auch nicht unabhängig.

 Damit zwei Ereignisse unabhängig sind, muss $P(A)$ gleich $P(A|B)$ sein – nicht ähnlich, sondern gleich. In dem vorhergehenden Beispiel scheint der Unterschied zwischen den Wahrscheinlichkeiten 0,059 und 0,077 nicht groß zu sein, aber »dicht beieinander« zählt nicht, wenn es um Unabhängigkeit geht. Die Zahlen müssen genau sein.

Wahrscheinlichkeitsmodelle anhand der Wortwahl erkennen

Das Wort *oder* ist ein Hinweis dafür, dass Sie die Wahrscheinlichkeit einer Vereinigung suchen müssen – beispielsweise wenn Sie die Wahrscheinlichkeit berechnen wollen, dass jemand mehr als ein Handy *oder* mehr als einen Festnetzanschluss besitzt. Das Wort *und* ist ein Hinweis darauf, dass Sie die Wahrscheinlichkeit einer Schnittmenge suchen müssen – beispielsweise wenn Sie die Wahrscheinlichkeit berechnen wollen, dass jemand wenigstens ein Handy *und* wenigstens einen Festnetzanschluss besitzt. Die Wörter *von/der/die/des* (im Englischen das Wort *of*, im Deutschen eher ein Relativsatz) ist ein guter Indikator dafür, dass Sie eine bedingte Wahrscheinlichkeit berechnen müssen – beispielsweise wenn Sie die Wahrscheinlichkeit berechnen wollen, dass Menschen, *die* einen Festnetzanschluss haben, auch Handys besitzen.

Wahrscheinlichkeit visualisieren: Venn-Diagramme, Baumdiagramme und das Bayes-Theorem

13

In diesem Kapitel

▷ Wahrscheinlichkeiten mit Venn-Diagrammen und Baumdiagrammen visualisieren

▷ Komplexe Aufgaben in der Wahrscheinlichkeitsrechnung mit Diagrammen lösen

▷ Marginale Wahrscheinlichkeiten mit dem Gesetz der totalen Wahrscheinlichkeit ermitteln

▷ Mehrstufige Wahrscheinlichkeiten mit dem Bayes-Theorem berechnen

---

Aufgaben in der Wahrscheinlichkeitsrechnung können schnell kompliziert werden – insbesondere wenn Sie mehrere Ereignisse gleichzeitig berücksichtigen müssen oder wenn die Informationen stufenweise auftreten. Die kompliziertesten Aufgaben in der Wahrscheinlichkeitsrechnung sind nur aufgrund der gegebenen Informationen kompliziert, verglichen mit den Informationen, die Sie benötigen. Wir denken da an zwei sehr häufig auftretende Gegebenheiten:

✔ Sie erhalten die bedingte Wahrscheinlichkeit von A unter der Bedingung B und des zugehörigen Komplements (siehe Kapitel 12) sowie die marginalen Wahrscheinlichkeiten für B und B^c. Dabei müssen Sie die marginale Wahrscheinlichkeit von A ermitteln.

✔ Sie erhalten die bedingte Wahrscheinlichkeit für B unter der Bedingung A und des zugehörigen Komplements, und Sie müssen die bedingte Wahrscheinlichkeit von A unter der Bedingung B ermitteln (anders ausgedrückt: die bedingte Wahrscheinlichkeit in der umgekehrten Reihenfolge).

Natürlich können Sie beide Aufgaben lösen, aber Sie benötigen dafür zwei wichtige Werkzeuge: eine gute grafische Darstellung und eine gute Formel.

In diesem Kapitel lernen Sie verschiedene Methoden kennen, mit denen Sie Wahrscheinlichkeiten bildlich darstellen können und wie Sie anhand dieser Darstellungen Techniken zur Lösung komplexerer Aufgaben in der Wahrscheinlichkeitsrechnung entwickeln. Sie lernen außerdem Formeln kennen, die Sie zur Lösung dieser komplexen Aufgaben benötigen. Je nach Situation sind einige Methoden geeigneter als andere (wann welche besser ist, erfahren Sie natürlich auch). Doch der Kerngedanke ist, komplizierte Aufgaben mit grafischen Darstellungen und geeigneten Methoden zu lösen.

Wahrscheinlichkeiten mit Venn-Diagrammen visualisieren

Eine Methode, mit der Sie die gegebenen Daten einer Aufgabe in der Wahrscheinlichkeitsrechnung ordnen können, ist die grafische Darstellung der beteiligten Komponenten: den Stichprobenraum (die Menge aller möglichen Ergebnisse; siehe Kapitel 12), alle beteiligten Ereignisse (*Mengen* oder Teilmengen des Stichprobenraums; siehe Kapitel 12) und alle Teilmengen, die sich ergeben, wenn sich die Ereignisse überschneiden können. Anders ausgedrückt: Sie zerlegen einen komplexen Sachverhalt grafisch in kleinere Teile, die Sie auf dem Weg zur Lösung leichter identifizieren und bearbeiten können. Eine der gebräuchlichsten Diagrammformen zur Darstellung von Wahrscheinlichkeiten ist das Venn-Diagramm.

Ein *Venn-Diagramm* ist eine Grafik, in der der Stichprobenraum S durch ein Rechteck dargestellt wird. Kreise (oder Ellipsen) in diesem Rechteck stellen die verschiedenen Ereignisse der Aufgabe dar. Falls sich Ereignisse überschneiden können, überlappen sich die Kreise. Wenn die Ereignisse einander ausschließen (das heißt, dass die Schnittmenge leer ist; siehe Kapitel 12), werden die Kreise nicht überlappend dargestellt. Abbildung 13.1 zeigt zwei Beispiele für Venn-Diagramme mit zwei Ereignissen A und B. Das erste Diagramm zeigt die Möglichkeit sich überschneidender Ereignisse, und das zweite Diagramm zeigt einander ausschließende Ereignisse.

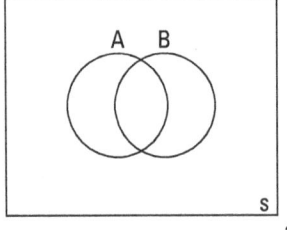 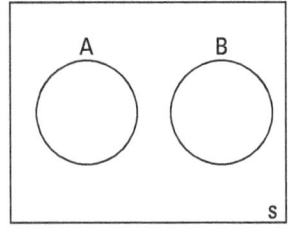

a.   b.

Abbildung 13.1: Zwei Beispiele für Venn-Diagramme

Das S in der unteren rechten Ecke des jeweiligen Rechtecks zeigt an, dass die gesamte Menge der Stichprobenraum S ist. Sie können diese Notation weglassen, es sei denn, Sie verringern den Stichprobenraum; wenn Sie beispielsweise nur die Teilgruppe der Frauen aus einer Gruppe herausgreifen, können Sie an dieser Stelle ein F setzen, um Ihren neuen Stichprobenraum anzuzeigen.

Mit Venn-Diagrammen nicht gegebene Wahrscheinlichkeiten ermitteln

Die wichtigste Anwendung eines Venn-Diagramms besteht darin, Wahrscheinlichkeiten zu finden, die in der Aufgabenstellung nicht gegeben sind. Sie kennen den Ablauf: Sie erhalten Informationen und müssen anhand dieser Informationen zahlreiche Fragen beantworten. Manchmal scheinen Sie Stroh in Gold verwandeln müssen, nicht wahr? Mit einem Venn-Diagramm können Sie die verfügbaren Informationen darstellen. Mit den Regeln für Mengen und Wahrscheinlichkeiten können Sie anhand des Diagramms die gegebenen Wahrscheinlichkeiten ordnen und andere gesuchte Wahrscheinlichkeiten identifizieren.

 Bevor Sie anfangen, eine Aufgabe zu lösen, sollten Sie zuerst Ihr Venn-Diagramm erstellen und ausfüllen. Dies ist der Schlüssel zum Erfolg.

Beziehungen mit Venn-Diagrammen ordnen und visualisieren

Mit Venn-Diagrammen können Sie alle denkbaren Mengen und Teilmengen eines Wahrscheinlichkeitsszenarios ordnen. Jede Komponente des Diagramms hat eine Bedeutung und eine Wahrscheinlichkeit. Wenn Sie die Wahrscheinlichkeiten aller Komponenten identifiziert haben, können Sie verschiedene Aufgaben lösen. Abbildung 13.2 zeigt ein Venn-Diagramm, das eine Menge A und ihr Komplement A^c darstellt. (Die gestrichelte Fläche stellt A^c dar. Zur Erinnerung: Das Komplement einer Menge A enthält alle Elemente in dem Stichprobenraum, die nicht in der Menge A enthalten sind; siehe Kapitel 12.)

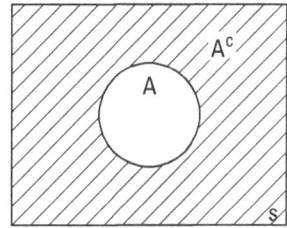

Abbildung 13.2: Die Mengen A und A^c, dargestellt durch ein Venn-Diagramm

Mit Venn-Diagrammen können Sie auch wichtige Beziehungen zwischen zwei Ereignissen visualisieren. Abbildung 13.3 zeigt zwei Mengen A und B, die beide Ereignisse A und B darstellen, die sich überschneiden können. Alle Komponenten des Diagramms werden durch die entsprechende Mengennotation gekennzeichnet.

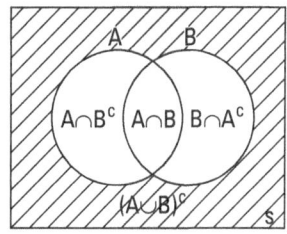

Abbildung 13.3: Mengen mit einem Venn-Diagramm zerlegen

✔ Die Menge $A \cap B$ stellt die Menge aller Ergebnisse in S dar, die sowohl in A als auch in B enthalten sind.

✔ Die Menge $A \cap B^c$ stellt alle Ergebnisse in S dar, die in A, aber nicht in B enthalten sind.

✔ Die Menge $B \cap A^c$ stellt alle Ergebnisse in S dar, die in B, aber nicht in A enthalten sind. $(A \cup B)^c$ gehört zu dem Teil des Rechtecks, der außerhalb der beiden Kreise liegt.

Die drei Mengen stellen zusammen die Vereinigungsmenge von A und B oder $A \cup B$ dar. Alles, was außerhalb dieser drei Mengen liegt, muss zu dem Komplement der Vereinigung von A und B gehören und wird durch die Menge $(A \cup B)^c$ dargestellt. Wenn sich alle vier Teilmengen vereinigen, erhalten Sie den gesamten Stichprobenraum S. Mit einem Venn-Diagramm können Sie diese verzwickten Mengen und ihre Beziehungen hervorragend visualisieren.

 Wenn Sie die Vereinigung aller Mengen bilden, die Sie in dem Venn-Diagramm bestimmt haben, muss die Summe aller ihrer Wahrscheinlichkeiten 1 ergeben.

Ein Beispiel: Sie sind leitender Angestellter des Architekturbüros Wagner und kämpfen um den Zuschlag eines großen sowie eines kleinen Auftrags. A sei das Ereignis, den Zuschlag für den großen Auftrag zu erhalten, und B sei das Ereignis, den Zuschlag für den kleinen Auftrag zu erhalten. Es gibt vier mögliche Situationen. Sie bekommen

✔ beide Aufträge

✔ nur den großen Auftrag

✔ nur den kleinen Auftrag

✔ keinen Auftrag

Da damit alle denkbaren Fälle erfasst sind, muss die Summe ihrer Wahrscheinlichkeiten 1 sein. Anhand von Abbildung 13.3 können Sie sehen, wie Sie all diese Situationen mit einem Venn-Diagramm visualisieren und repräsentieren können:

✔ Die Menge $A \cap B$ stellt den Fall dar, dass Sie beide Aufträge bekommen.

✔ Die Menge $(A \cup B)^c = A^c \cap B^c$ stellt den Fall dar, dass Sie für keinen der beiden Aufträge den Zuschlag erhalten.

✔ Die Menge $A \cap B^c$ bedeutet, dass Sie nur den großen Auftrag bekommen.

✔ Die Menge $A^c \cap B$ bedeutet, dass Sie nur den Zuschlag für den kleinen Auftrag erhalten.

 Erinnern Sie sich an das Kommutativgesetz der Algebra? Es lautet: $a + b = b + a$. Anders ausgedrückt: Wenn Sie zwei Zahlen addieren, spielt deren Reihenfolge keine Rolle. Analog gilt das auch für die Vereinigung beziehungsweise den Schnitt zweier Mengen A und B: $A \cup B = B \cup A$ beziehungsweise $A \cap B = B \cap A$.

Umwandlungsregeln für Mengen in Venn-Diagrammen

Wenn Sie komplexe Mengen (und ihre Wahrscheinlichkeiten) mit Venn-Diagrammen visualisieren, sind bestimmte Regeln für Mengen hilfreich, um bestimmte Gleichheiten zu beweisen. Hier sind zwei dieser Regeln:

✔ $(A \cup B)^c = A^c \cap B^c$

✔ $(A \cap B)^c = A^c \cup B^c$

Diese beiden Regeln beschreiben, wie Vereinigungen und Schnitte zweier Mengen ineinander umgewandelt werden können. Sie werden auch als *De Morgansche Gesetze* bezeichnet.

Diese Regeln der Wahrscheinlichkeit können (wie viele Ergebnisse über Mengen und Wahrscheinlichkeiten) mit Venn-Diagrammen bewiesen werden. Abbildung 13.4 zeigt den Beweis für die erste Regel.

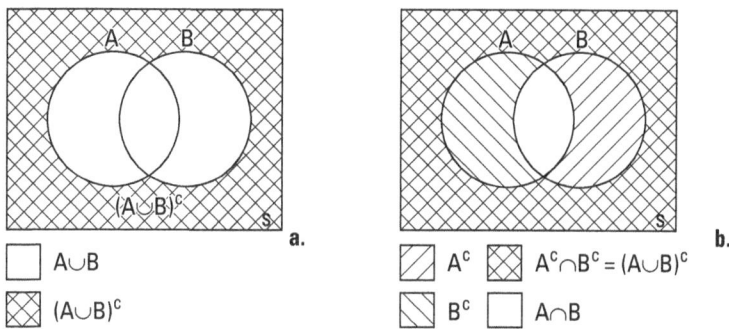

Abbildung 13.4: Beweis für (A $\cup$ B)^c = A^c $\cap$ B^c mit Venn-Diagrammen

Das linke Venn-Diagramm repräsentiert die linke Seite der Gleichung, und das rechte Venn-Diagramm repräsentiert ihre rechte Seite. Die Flächen mit den sich kreuzenden Linien repräsentieren die Mengen auf den beiden Seiten der Gleichung. Sie sind in beiden Diagrammen gleich, was beweist, dass diese Mengen gleich sind: $(A \cup B)^c = A^c \cap B^c$.

Abbildung 13.5 zeigt den Beweis für die zweite Wahrscheinlichkeitsregel.

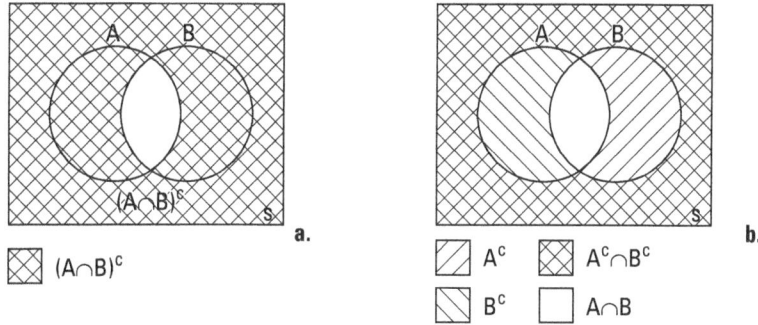

A^c $\cup$ B^c - diagonal und kreuzschraffierte Flächen

Abbildung 13.5: Beweis für (A $\cap$ B)^c = A^c $\cup$ B^c mit Venn-Diagrammen

Das linke Venn-Diagramm repräsentiert die linke Seite der Gleichung, und das rechte Venn-Diagramm repräsentiert ihre rechte Seite. Weil das Diagramm auf der rechten Seite eine Vereinigung repräsentiert, gehört jede irgendwie (rechts, links oder in beide Richtungen) gestrichelte Fläche zu der gesuchten Menge. Diese Fläche ist genauso groß wie die gestrichelte Fläche im linken Diagramm, was beweist, dass diese Mengen gleich sind: $(A \cap B)^c = A^c \cup B^c$.

Die Grenzen von Venn-Diagrammen

Venn-Diagramme sind am hilfreichsten, wenn Sie Wahrscheinlichkeiten von Ereignissen selbst (das heißt ihre _marginalen Wahrscheinlichkeiten_; siehe Kapitel 12) und Wahrscheinlichkeiten von Schnittmengen (siehe Kapitel 12) suchen. Dann können Sie die Wahrscheinlichkeiten aller anderen Komponenten des Venn-Diagramms ermitteln, beispielsweise die Wahrscheinlichkeit, dass weder A noch B eintritt, oder die Wahrscheinlichkeit, dass genau A und/oder genau B eintritt. Doch mit Venn-Diagrammen können Sie nicht jede Aufgabenart aus der Wahrscheinlichkeitsrechnung lösen.

Venn-Diagramme sind weniger brauchbar, wenn Ihnen eine Aufgabe partielle Informationen liefert, beispielsweise die bedingte Wahrscheinlichkeit von A unter der Bedingung B (geschrieben als P(A|B); siehe Kapitel 12) oder wenn die Aufgabe den Stichprobenraum über eine Reihe von Schritten oder eine Folge von Ereignissen erstellt, die in einer bestimmten Reihenfolge eintreten. In solchen Situationen benötigen Sie andere Methoden, um den Stichprobenraum darzustellen (so genannte _Baumdiagramme_; siehe den Abschnitt _Wahrscheinlichkeiten mit Baumdiagrammen darstellen_ weiter hinten in diesem Kapitel).

 Wenn Sie eine Aufgabe aus der Wahrscheinlichkeitsrechnung in Angriff nehmen, sollten Sie zunächst die vorliegenden Informationen überdenken und die beste Methode herausfinden, sie grafisch darzustellen. Im Allgemeinen verwenden Sie Venn-Diagramme, wenn marginale und Wahrscheinlichkeiten von Schnittmengen für A und B gegeben sind und Sie Wahrscheinlichkeiten von Kombinationen und/oder Komplementen dieser Ereignisse berechnen sollen.

Wahrscheinlichkeiten für komplexe Aufgaben mit Venn-Diagrammen ermitteln

Die Darstellung von gesuchten Wahrscheinlichkeiten kann Ihnen helfen, komplexe Aufgaben in leichter lösbare Teile zu zerlegen. Das folgende Beispiel zeigt, wie Sie eine Aufgabe mit einem Venn-Diagramm lösen können.

Nehmen Sie an, eine Straße hat zwei Verkehrsampeln. Die Wahrscheinlichkeit, dass die erste Ampel Rot zeigt, beträgt 0,40, und die Wahrscheinlichkeit, dass die zweite Ampel Rot zeigt, beträgt 0,30. Die Ampeln sind so eingestellt, dass die Wahrscheinlichkeit, dass beide gleichzeitig auf Rot stehen, nur 0,10 beträgt. Ihre Aufgaben:

✔ **Frage 1:** Wie hoch ist die Wahrscheinlichkeit, dass keine Ampel Rot zeigt?

✔ **Frage 2:** Wie hoch ist die Wahrscheinlichkeit, dass genau eine Ampel Rot zeigt?

Im Folgenden zeigen wir Ihnen, wie Sie diese Aufgaben schrittweise lösen können.

Das Diagramm zeichnen

Zunächst definieren Sie den Stichprobenraum S und die Ereignisse der Aufgabe. Hier enthält S alle möglichen Einstellungen der beiden Verkehrsampeln: Beide zeigen Rot, beide zeigen nicht Rot oder eine steht auf Rot und die andere nicht. Die anderen Farben der Ampeln (Gelb und Grün) spielen in diesem Fall keine Rolle, weil es nur darum geht, ob die Ampeln Rot zeigen oder nicht. Der Stichprobenraum lautet also:

S = {beide Ampeln zeigen Rot, erste Ampel zeigt Rot und zweite Ampel zeigt nicht Rot, erste Ampel zeigt nicht Rot und zweite Ampel zeigt Rot, beide Ampeln zeigen nicht Rot}.

Abbildung 13.6 zeigt das entsprechende Venn-Diagramm. Die Ereignisse sind: A = {erste Ampel zeigt Rot} und B = {zweite Ampel zeigt Rot}.

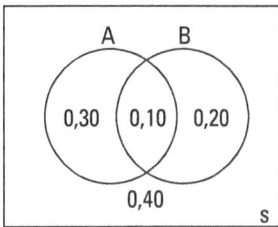

Abbildung 13.6: Venn-Diagramm für die Aufgabe der roten Ampeln

Alle Komponenten des Venn-Diagramms enthalten ihre Wahrscheinlichkeit. Sie können diese Wahrscheinlichkeiten berechnen, indem Sie die Regeln der Wahrscheinlichkeit aus Kapitel 12 auf die jeweiligen Komponenten des Venn-Diagramms anwenden.

Es sei Ereignis A = {erste Ampel zeigt Rot} und B = {zweite Ampel zeigt Rot}. Sie wissen, dass $P(A) = 0{,}40$ und $P(B) = 0{,}30$ ist. Tragen Sie diese Wahrscheinlichkeiten vorerst nicht in das Venn-Diagramm ein, weil Sie A in zwei Teilmengen zerlegen müssen: $A \cap B$ und $A \cap B^c$ (siehe den Abschnitt *Beziehungen mit Venn-Diagrammen ordnen und visualisieren* weiter vorn in diesem Kapitel). Da die Vereinigung von $A \cap B$ und $A \cap B^c$ gleich A ist (laut Additionsregel; siehe Kapitel 12), gilt

$$P(A \cap B) + P(A \cap B^c) = P(A) = 0{,}40.$$

Die Wahrscheinlichkeit von A und B ist 0,10, so dass $P(A \cap B) = 0{,}10$ ist. Für $P(A \cap B^c)$ erhalten Sie $0{,}40 - 0{,}10 = 0{,}30$. Jetzt können Sie diese Wahrscheinlichkeit in das Venn-Diagramm eintragen; sie stellen den Teil der Menge A dar, der nicht in B enthalten ist.

Anhand derselben Überlegungen berechnen Sie $P(B \cap A^c)$ – die Wahrscheinlichkeit des Teils der Menge B, der nicht in der Menge A enthalten ist. Sie wissen, dass Menge B gleich der Vereinigung zweier Teilmengen ist: $B \cap A$ und $B \cap A^c$. Weil diese Mengen einander ausschließen (ihre Schnittmenge ist leer; siehe Kapitel 12), werden ihre Wahrscheinlichkeiten addiert. Aus $P(B \cap A) = 0{,}10$ und $P(B \cap A^c) = 0{,}30 - 0{,}10 = 0{,}20$ ergibt sich $P(B) = 0{,}30$.

Vielleicht scheint es so, dass Sie an diesem Punkt fertig sind, aber Sie haben noch nicht das gesamte Venn-Diagramm ausgefüllt. Dass Sie noch nicht fertig sind, können Sie daran erkennen, dass die bis jetzt eingetragenen Wahrscheinlichkeiten nicht die Summe 1 ergeben. Ein vorzeitiger Abbruch ist eine Fehlerquelle bei der Berechnung von Wahrscheinlichkeiten.

Eine Wahrscheinlichkeit bleibt: die Wahrscheinlichkeit außerhalb der Kreise (siehe den Abschnitt _Beziehungen mit Venn-Diagrammen ordnen und visualisieren_ weiter vorn in diesem Kapitel), weil ein Ergebnis zwar zu S, aber weder zu A noch zu B gehören kann.

Alle anderen Komponenten des Venn-Diagramms verfügen über eine Wahrscheinlichkeit. Da die Wahrscheinlichkeit des gesamten Stichprobenraums S den Wert 1 hat, muss die verbleibende Wahrscheinlichkeit gleich 1 minus der Summe alle anderen Wahrscheinlichkeiten sein: $1 - (0,30 + 0,10 + 0,20) = 0,40$. In der Mengennotation wird diese Menge wie folgt repräsentiert: $(A \cup B)^c$, alle Elemente, die in S, aber weder in A noch in B enthalten sind.

Antwort auf die erste Frage: Keine Ampel zeigt Rot

In der ersten Frage wird die Wahrscheinlichkeit gesucht, dass keine Ampel Rot zeigt; das heißt, Sie suchen die Wahrscheinlichkeit, dass die erste Ampel nicht Rot zeigt und die zweite Ampel nicht Rot zeigt, in der Wahrscheinlichkeitsnotation: $P(A^c \cap B^c)$. In Abbildung 13.6 wird sie durch die Fläche außerhalb der beiden Kreise für A und B repräsentiert, so dass Sie die Antwort auch ohne Notation am Venn-Diagramm ablesen können. Doch wenn Sie die Aufgabe mit der Wahrscheinlichkeitsnotation lösen wollen, wenden Sie zunächst die erste Umwandlungsregel der Wahrscheinlichkeit in umgekehrter Reihenfolge an: $P(A^c \cap B^c) = P(A \cup B)^c$. Für diese gilt laut Komplementärregel (siehe Kapitel 12): $P(A \cup B)^c = 1 - P(A \cup B)$. Mit den Werten aus dem vorhergehenden Abschnitt erhalten Sie die Wahrscheinlichkeit $1 - (0,30 + 0,10 + 0,20) = 0,40$ oder 40 Prozent.

Antwort auf die zweite Frage: Genau eine Ampel

Für die zweite Frage müssen Sie die Wahrscheinlichkeit berechnen, dass genau eine Ampel Rot zeigt. Bevor Sie sich das Venn-Diagramm anschauen oder die Wahrscheinlichkeitsregeln und -formeln anwenden, sollten Sie überlegen, was gesucht wird. Was bedeutet es, dass genau eine Ampel Rot zeigt? Es bedeutet, dass eine Ampel Rot zeigt und die andere nicht Rot zeigt. Dabei gibt es zwei Möglichkeiten, wie dieses Ereignis eintreten kann. Sie müssen die Wahrscheinlichkeiten beider Ereignisse finden, um die richtige Antwort zu berechnen. Entweder zeigt die erste Ampel Rot und die zweite nicht oder die zweite Ampel zeigt Rot und die erste nicht.

In dem Venn-Diagramm wird das Ereignis, dass die erste Ampel auf Rot steht und die zweite nicht, durch die halbmondförmige Fläche repräsentiert, die die Menge A, aber nicht die Menge B umfasst. (Diese Fläche wird in Abbildung 13.7 durch eine »1« markiert.) In der Wahrscheinlichkeitsnotation ist diese Fläche $P(A \cap B^c)$. Sie hat in dem Venn-Diagramm die Wahrscheinlichkeit 0,30. Die halbmondförmige Fläche, die die Menge B, aber nicht die Menge A umfasst, repräsentiert das Ereignis, dass die zweite Ampel Rot und die erste nicht Rot zeigt. (Diese Fläche wird in Abbildung 13.7 durch eine »2« markiert.) Die Wahrscheinlichkeitsnotation für diese Menge ist $P(A^c \cap B)$. Sie hat in dem Venn-Diagramm die Wahrscheinlichkeit 0,20. Um die Wahrscheinlichkeit zu ermitteln, dass genau eine Ampel Rot zeigt, müssen Sie sich zunächst klar machen, dass diese beiden Mengen einander ausschließen (ihre Schnittmenge ist leer), wodurch Sie ihre Wahrscheinlichkeiten laut Additionsregel (siehe Kapitel 12) addieren können: $0,30 + 0,20 = 0,50$ oder 50 Prozent.

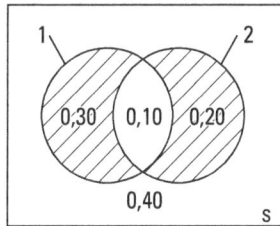

Abbildung 13.7: Venn-Diagramm für den Fall, dass genau eine Ampel Rot zeigt

Wahrscheinlichkeiten mit Baumdiagrammen darstellen

Einige Aufgaben in der Wahrscheinlichkeitsrechnung haben mit mehrstufigen Prozessen oder einer Folge von Ereignissen zu tun. In solchen Fällen brauchen Sie eine Methode, mit der Sie den Stichprobenraum so visualisieren, dass die Schritte des Prozesses, das heißt alle Ergebnisse aller Stufen und alle Kombinationen, gezeigt werden, die zu dem Ergebnis führen. Dies wird von der Baumdiagramm-Methode geleistet.

In einem *Baumdiagramm* werden die einzelnen Stufen durch Zweige (Verzweigungen) dargestellt. Jedes mögliche Ergebnis innerhalb einer Stufe wird durch einen weiteren Zweig des Baums repräsentiert. Anhand des fertigen Baums können Sie allen Verzweigungen folgen, um alle Elemente des Stichprobenraums S zu finden. Jedes Element in dem Baumdiagramm verfügt dabei über seinen eigenen Verzweigungspfad.

Ein Beispiel: Werfen Sie eine Münze zwei Mal. Es handelt sich also um einen zweistufigen Prozess. Beim ersten Wurf erhalten Sie entweder Kopf oder Zahl, beim zweiten Wurf erhalten Sie wieder Kopf oder Zahl. Der Stichprobenraum zeigt die Kombinationen aller möglichen Ergebnisse der beiden Schritte: S = {KK, KZ, ZK, ZZ}, wobei K = Kopf und Z = Zahl bedeutet. Abbildung 13.8 zeigt das Baumdiagramm für diesen Stichprobenraum.

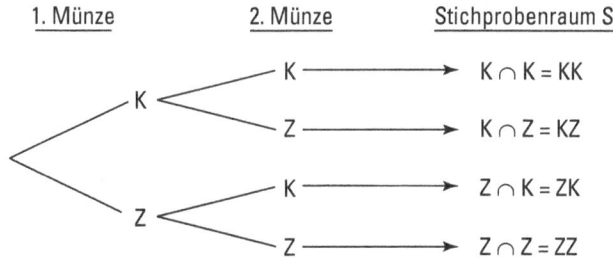

Abbildung 13.8: Baumdiagramm für das zweimalige Werfen einer Münze

Zwei Zweige, K und Z, repräsentieren den ersten Wurf. Von jedem dieser Zweige gehen die möglichen Ergebnisse des zweiten Wurfs, K und Z, aus, wodurch Sie insgesamt 2 · 2 = 4 Verzweigungspfade in dem Baum erhalten, die die vier möglichen Ergebnisse des Stichprobenraums repräsentieren. Ein Beispiel: Wenn Sie dem oberen Verzweigungspfad des Baumdiagramms folgen, erhalten Sie das Ergebnis KK; es hat die Wahrscheinlichkeitsnotation K ∩ K. Wenn Sie dem unteren Verzweigungspfad folgen, erhalten Sie das Ergebnis ZZ, geschrieben als Z ∩ Z. Der zweite Verzweigungspfad von oben, KZ (oder K ∩ Z), repräsentiert die Folge erst Kopf, dann Zahl; der dritte repräsentiert die Folge erst Zahl, dann Kopf, ZK (oder Z $\cap$ K).

 Es gibt zahlreiche Anwendungsbereiche für Baumdiagramme. Mit ihnen können Sie viele verschiedene Arten von Aufgaben in der Wahrscheinlichkeitsrechnung lösen – insbesondere Aufgaben mit marginalen und bedingten Wahrscheinlichkeiten (siehe Kapitel 12). In den folgenden Abschnitten wird ausführlicher beschrieben, wann Baumdiagramme geeignet sind.

Mehrstufige Ergebnisse mit einem Baumdiagramm visualisieren

Eine der gebräuchlichsten Anwendungen für Baumdiagramme ist die Visualisierung eines Stichprobenraums. Bei Aufgaben in der Wahrscheinlichkeitsrechnung, die aus vielen Schritten bestehen oder eine lange Folge von Ereignissen haben, müssen Sie jede Stufe des Prozesses darstellen können, um alle möglichen Ergebnisse im Stichprobenraum zu identifizieren und zu zählen.

Angenommen, Sie sind Betreiber der Pizzeria Casolas. Ihre Kunden haben verschiedene Auswahlmöglichkeiten.

1. **Der Kunde kann eine von drei Größen bestellen: klein (K), mittel (M) oder groß (G).**

2. **Der Kunde kann entweder eine normale Kruste (Kn) oder eine kräftige Kruste (Kk) bestellen.**

3. **Der Kunde kann bis zu zwei Pizzabeläge bestellen: Peperoni (BP) und/oder Artischocken (BA).**

Der Stichprobenraum ist das Ergebnis aus vier Schritten:

✔ Pizzagröße (K, M, G)

✔ Art der Kruste (Kn, Kk)

✔ Peperoni (ja oder nein)

✔ Artischocken (ja oder nein)

Abbildung 13.9 zeigt das Baumdiagramm für alle möglichen Pizzabestellungen. Es enthält insgesamt $3 \cdot 2 \cdot 2 \cdot 2 = 24$ mögliche Verzweigungspfade, die den 24 möglichen Ergebnissen in dem Stichprobenraum S entsprechen. Anders ausgedrückt: Mit diesen Möglichkeiten können Sie bis zu 24 verschiedene Pizzas backen. Ein Beispiel: Der erste Verzweigungspfad ganz oben repräsentiert eine kleine Pizza mit normaler Kruste, Peperoni und Artischocken; der letzte Verzweigungspfad ganz unten repräsentiert eine große Pizza mit kräftiger Kruste, ohne Peperoni und ohne Artischocken.

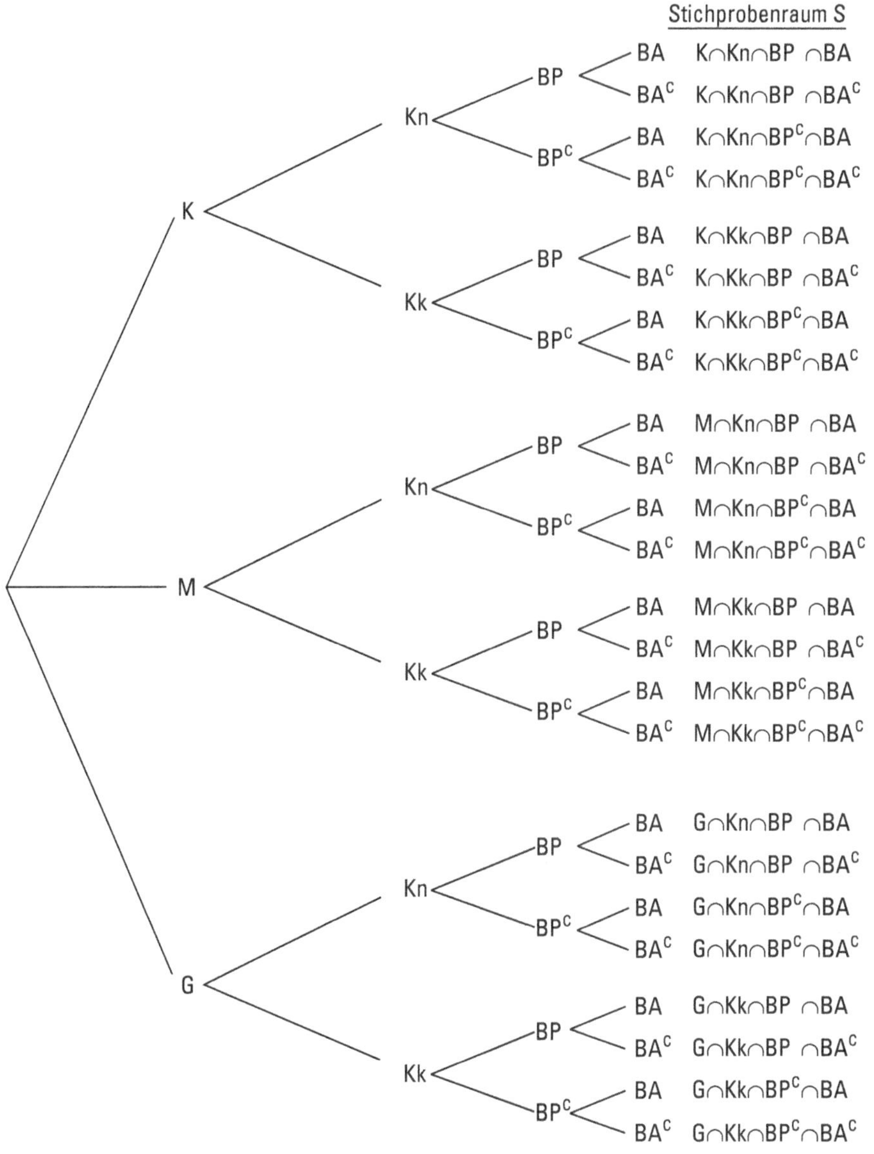

Stichprobenraum S

Pfad	Ereignis
K — Kn — BP — BA	$K \cap Kn \cap BP \cap BA$
K — Kn — BP — BA^c	$K \cap Kn \cap BP \cap BA^c$
K — Kn — BP^c — BA	$K \cap Kn \cap BP^c \cap BA$
K — Kn — BP^c — BA^c	$K \cap Kn \cap BP^c \cap BA^c$
K — Kk — BP — BA	$K \cap Kk \cap BP \cap BA$
K — Kk — BP — BA^c	$K \cap Kk \cap BP \cap BA^c$
K — Kk — BP^c — BA	$K \cap Kk \cap BP^c \cap BA$
K — Kk — BP^c — BA^c	$K \cap Kk \cap BP^c \cap BA^c$
M — Kn — BP — BA	$M \cap Kn \cap BP \cap BA$
M — Kn — BP — BA^c	$M \cap Kn \cap BP \cap BA^c$
M — Kn — BP^c — BA	$M \cap Kn \cap BP^c \cap BA$
M — Kn — BP^c — BA^c	$M \cap Kn \cap BP^c \cap BA^c$
M — Kk — BP — BA	$M \cap Kk \cap BP \cap BA$
M — Kk — BP — BA^c	$M \cap Kk \cap BP \cap BA^c$
M — Kk — BP^c — BA	$M \cap Kk \cap BP^c \cap BA$
M — Kk — BP^c — BA^c	$M \cap Kk \cap BP^c \cap BA^c$
G — Kn — BP — BA	$G \cap Kn \cap BP \cap BA$
G — Kn — BP — BA^c	$G \cap Kn \cap BP \cap BA^c$
G — Kn — BP^c — BA	$G \cap Kn \cap BP^c \cap BA$
G — Kn — BP^c — BA^c	$G \cap Kn \cap BP^c \cap BA^c$
G — Kk — BP — BA	$G \cap Kk \cap BP \cap BA$
G — Kk — BP — BA^c	$G \cap Kk \cap BP \cap BA^c$
G — Kk — BP^c — BA	$G \cap Kk \cap BP^c \cap BA$
G — Kk — BP^c — BA^c	$G \cap Kk \cap BP^c \cap BA^c$

Abbildung 13.9: Baumdiagramm für Pizzabestellungen

Vielleicht haben Sie gedacht, dass dieses Baumdiagramm aus drei Schritten bestehen sollte: Pizzagröße (K, M, G), Krustenart (Kn, Kk) und Beläge (Peperoni auf einem Zweig, Artischocken auf einem Zweig). Doch ein dreistufiger Baum wäre falsch. Sie könnten dann beispielsweise keine Pizza mit Peperoni und Artischocken bestellen, da der Baum keinen entsprechenden Verzweigungspfad enthielte. Sie müssen daher genau überlegen, wie Sie die Aufgabe mit dem Baumdiagramm darstellen können. Alle möglichen Ergebnisse in dem Stichprobenraum müssen im Baum über einen eigenen Verzweigungspfad verfügen, den Sie von Anfang bis Ende verfolgen können.

Bedingte Wahrscheinlichkeiten mit einem Baumdiagramm visualisieren

Nachdem Sie alle möglichen Ergebnisse in einem Baumdiagramm dargestellt haben (siehe den vorherigen Abschnitt), tragen Sie dort die Wahrscheinlichkeiten für alle einzelnen Zweige ein. Die Werte entnehmen Sie der Aufgabenbeschreibung oder Sie berechnen sie mit der Komplementärregel (siehe Kapitel 12). Die marginalen Wahrscheinlichkeiten (Wahrscheinlichkeit des Ereignisses, das zuerst passierte, und ihr Komplement) werden der ersten Menge der Zweige zugeordnet, und die bedingten Wahrscheinlichkeiten (die Wahrscheinlichkeit, dass das zweite Ereignis unter der Bedingung des ersten eingetreten ist) werden den Zweigen der zweiten Stufe zugeordnet. Diese zweite Menge von Zweigen des Baumdiagramms ist besonders nützlich, wenn die beiden Ereignisse abhängig sind. Die Wahrscheinlichkeit für den zweiten Zweig hängt davon ab, was mit dem ersten Zweig passiert. Das Baumdiagramm hilft Ihnen so, mit diesen bedingten Wahrscheinlichkeiten zu arbeiten. In diesem Abschnitt lernen und üben Sie die Berechnung von Wahrscheinlichkeiten sowohl in Situationen mit unabhängigen als auch in Situationen mit abhängigen Ereignissen.

Wahrscheinlichkeiten für unabhängige Ereignisse organisieren

Wenn sich zwei Ereignisse nicht beeinflussen, werden ihre Ergebnisse als *unabhängig* bezeichnet. Abbildung 13.10 zeigt die Wahrscheinlichkeiten für ein Beispiel mit zwei Münzen. Bei jedem Wurf erhalten Sie entweder Kopf oder Zahl jeweils mit der Wahrscheinlichkeit 0,50. Weil sich die Münzen nicht beeinflussen, sind ihre Ergebnisse unabhängig. Um die Wahrscheinlichkeiten der Schnittmenge zu berechnen (die Wahrscheinlichkeit, dass zwei Ergebnisse der Münzen gleichzeitig auftreten), multiplizieren Sie die marginalen Wahrscheinlichkeiten (die Wahrscheinlichkeit eines Einzelergebnisses jeder Münze). (In Kapitel 12 finden Sie Näheres über multiplikative und marginale Wahrscheinlichkeiten.)

Ein Beispiel: Die Wahrscheinlichkeit des oberen Verzweigungspfads in dem Baum, $K \cap K$, wird folgendermaßen berechnet: $P(K) \cdot P(KI) = 0,5 \cdot 0,5 = 0,25$. Abbildung 13.10 zeigt die Wahrscheinlichkeiten aller Zweige sowie die Wahrscheinlichkeiten der Schnittmenge für jedes Ergebnis in dem Stichprobenraum. Beachten Sie, dass die Summe der Wahrscheinlichkeiten 1 beträgt, weil der gesamte Stichprobenraum durch das Baumdiagramm repräsentiert wird.

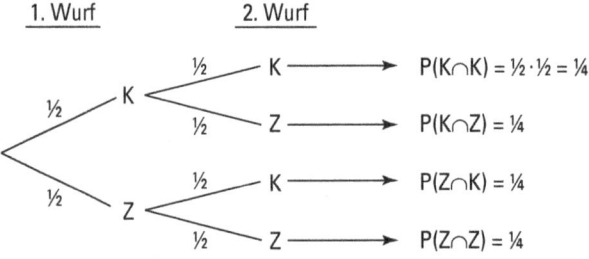

Abbildung 13.10: Baumdiagramm der Wahrscheinlichkeiten für das Werfen zweier Münzen

Wahrscheinlichkeiten für abhängige Ereignisse organisieren

Baumdiagramme sind auch bei zwei abhängigen Ereignissen nützlich. Sie wissen, dass Ereignisse abhängig sind, weil die bedingte Wahrscheinlichkeit von A unter der Bedingung B nicht gleich der marginalen Wahrscheinlichkeit von A ist (siehe Kapitel 12). Ein Beispiel: Eine Abteilung besteht aus vier Frauen und zwei Männern. Sie wollen zwei Personen für einen Ausschuss auswählen. Da die Mitglieder der Abteilung gleich qualifiziert sind, wählen Sie die Teilnehmer zufällig aus; doch Sie wissen, dass Sie eine Person nicht zweimal auswählen können. Abbildung 13.11 zeigt das Baumdiagramm für die Wahl dieses Ausschusses. Da Sie sich für die Zusammensetzung nach Geschlechtern des Ausschusses interessieren, verzeichnen Sie für jeden Zweig die Ergebnisse als M (für Mann) oder F (für Frau); es gibt zwei Zweige, weil Sie zwei Personen auswählen.

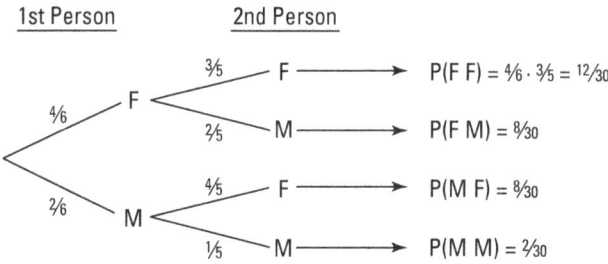

Abbildung 13.11: Ein Baumdiagramm für die Auswahl zweier Personen eines Ausschusses aus einer Gruppe von sechs Personen

Das Baumdiagramm aus Abbildung 13.11 hat auf der ersten Stufe zwei Zweige, weil Sie einen Mann oder eine Frau wählen können. Für jeden dieser Zweige wählen Sie ein zweites Mal wiederum einen Mann oder eine Frau. Insgesamt gibt es also $2 \cdot 2 = 4$ mögliche Verzweigungspfade in dem Baumdiagramm und damit auch vier mögliche Ergebnisse in dem Stichprobenraum: $S = \{FF, FM, MF, MM\}$.

Der Unterschied zwischen diesem Beispiel und dem Werfen zweier Münzen aus dem vorherigen Abschnitt ist nicht das Aussehen des Baumdiagramms, sondern die Wahrscheinlichkeiten. Auf der ersten Stufe des Beispiels wählen Sie eine Frau (aus insgesamt vier) oder einen Mann (aus insgesamt zwei). Das bedeutet, dass die Wahrscheinlichkeit für die Wahl einer Frau 4 aus 6 oder $\frac{4}{6}$ und die Wahrscheinlichkeit für die Wahl eines Mannes 2 aus 6 oder $\frac{2}{6}$ beträgt. Abbildung 13.11 zeigt diese Wahrscheinlichkeiten für die erste Stufe unter »1. Person«.

 Die Wahrscheinlichkeiten aller Zweige auf Stufe 1 summieren sich zu 1, weil sie komplementär sind. Auf jeder Stufe eines Baumdiagramms beträgt die Summe aller Zweige dieser Stufe 1, weil diese Zweige alle möglichen Ergebnisse dieser Stufe repräsentieren.

Jetzt müssen Sie die zweite Person aus der Gruppe wählen. Dabei ändern sich die Wahrscheinlichkeiten. Sie können dieselbe Person nicht zweimal wählen. Wenn Sie bei der ersten Wahl eine Frau gewählt haben, bleiben insgesamt fünf Personen zur Wahl übrig – drei Frauen und zwei Männer. Wenn Sie also aus diesem ersten Zweig der Stufe 1 kommen, beträgt deshalb für die Stufe 2 die Wahrscheinlichkeit für die Wahl einer Frau 3 aus 5 oder $\frac{3}{5}$

und für die eines Mannes 2 aus 5 oder $\frac{2}{5}$. Sie sehen, dass sich diese zwei Wahrscheinlichkeiten zu 1 summieren; denn nachdem Sie auf Stufe 1 eine Frau gewählt haben, wählen Sie auf Stufe 2 entweder eine Frau oder einen Mann. Deshalb müssen sich die bedingten Wahrscheinlichkeiten für alle zweiten Zweige eines ersten Zweigs zu 1 summieren. Denn nachdem das erste Ereignis eingetreten ist, tritt das zweite Ereignis entweder ein oder nicht. Damit kennen Sie die möglichen Ergebnisse der beiden oberen Verzweigungspfade des Baumes: F ∩ F und F ∩ M.

Nun zu den beiden unteren Verzweigungspfaden des Baumdiagramms aus Abbildung 13.11. Wenn Sie auf Stufe 1 einen Mann wählen, stehen für Stufe 2 ebenfalls nur fünf Personen zur Wahl – ein Mann und vier Frauen. Das bedeutet, von diesem ersten Zweig ausgehend hat die Wahl einer Frau die Wahrscheinlichkeit $\frac{4}{5}$ und die eines Mannes die Wahrscheinlichkeit $\frac{1}{5}$ (auch hier summieren sich die Werte zu 1). Die beiden möglichen Ergebnisse dieser beiden Verzweigungspfade sind M ∩ F und M ∩ M.

Die Gesamtzahl der Ergebnisse in diesem Stichprobenraum ist deshalb vier, aber weil die beiden Schritte nicht unabhängig voneinander sind, ändern sich die Wahrscheinlichkeiten von Stufe 1 zu Stufe 2. Und auch wenn dieses Beispiel wie das Beispiel mit der Münze (siehe den vorherigen Abschnitt) vier Ergebnisse hat, sind die Wahrscheinlichkeiten der Endergebnisse unterschiedlich!

 Wenn Sie die Wahrscheinlichkeiten entlang aller Zweige des Baumes multiplizieren und die Ergebnisse addieren, erhalten Sie die Summe 1, weil die Zweige zusammen alle möglichen Kombinationen der beiden Ereignisse in dem gesamten Stichprobenraum repräsentieren. (Anders ausgedrückt: Die Summe der Wahrscheinlichkeiten von Schnittmengen für alle möglichen Ereignisse muss 1 sein. Siehe Kapitel 12.)

Die Zweige des Baums mit den Regeln der Wahrscheinlichkeit verbinden

Alle Elemente eines Baumdiagramms haben Beziehungen zu den Definitionen und Regeln der Wahrscheinlichkeit (siehe Kapitel 12). Die Stufe-1-Wahrscheinlichkeiten aus dem vorhergehenden Abschnitt werden als _marginale Wahrscheinlichkeiten_ bezeichnet, weil sie nur die Wahrscheinlichkeit für die Wahl eines Mannes oder einer Frau auf Stufe 1 betrachten. In Wahrscheinlichkeitsnotation gibt es auf Stufe 1 $P(\text{F}) = \frac{4}{6}$ und $P(\text{M}) = \frac{2}{6}$.

Die Stufe-2-Wahrscheinlichkeiten werden als _bedingte Wahrscheinlichkeiten_ bezeichnet, weil sie davon abhängen, was auf Stufe 1 passiert ist. Die Stufe 2 des oberen Zweigs hat die Wahrscheinlichkeit $P(\text{F}|\text{F}) = \frac{3}{5}$, weil Sie bereits eine Frau gewählt haben und jetzt eine weitere Frau wählen. Die anderen Stufe-2-Wahrscheinlichkeiten sind: $P(\text{M}|\text{F}) = \frac{2}{5}$, $P(\text{F}|\text{M}) = \frac{4}{5}$ und $P(\text{M}|\text{M}) = \frac{1}{5}$. Um die Wahrscheinlichkeiten der Ergebnisse in dem Stichprobenraum zu berechnen, multiplizieren Sie laut Multiplikationsregel (siehe Kapitel 12) die Stufe-1-Wahrscheinlichkeiten mit den Stufe-2-Wahrscheinlichkeiten. Ein Beispiel: Die Wahrscheinlichkeit für die Wahl zweier Frauen ist laut Multiplikationsregel $P(\text{F} \cap \text{F}) = P(\text{F}) \cdot P(\text{F}|\text{F}) = \frac{4}{6} \cdot \frac{3}{5}$. Das Baumdiagramm erleichtert die Berechnungen, weil Sie den Zweigen eines Verzweigungspfads folgen müssen, um zu dem Ergebnis F ∩ F zu kommen; dabei multiplizieren Sie die Wahrscheinlichkeiten der einzelnen Zweige.

In dem Beispiel mit den Münzen aus dem Abschnitt *Wahrscheinlichkeiten für unabhängige Ereignisse organisieren* weiter vorn in diesem Kapitel verwenden Sie dieselben Regeln und Konzepte. Da aber die Schritte unabhängig voneinander sind, müssen Sie keine bedingten Wahrscheinlichkeiten berücksichtigen. Die Stufe-2-Wahrscheinlichkeiten sind dieselben wie die Stufe-1-Wahrscheinlichkeiten, weshalb jeder Verzweigungspfad die Wahrscheinlichkeit $\frac{1}{2} \cdot \frac{1}{2} = \frac{1}{4}$ hat. Dies gilt nur, wenn die Anfangsereignisse gleiche Wahrscheinlichkeiten haben und die Schritte unabhängig sind.

Die Grenzen der Baumdiagramme

Baumdiagramme eignen sich am besten für Aufgaben, in denen Ergebnisse des Stichprobenraums durch eine Reihe von Schritten oder eine Folge von Ereignissen zustande kommen. In solchen Fällen enthalten Aufgaben normalerweise die Wahrscheinlichkeiten der Stufe-1-Ereignisse (anders ausgedrückt: die marginalen Wahrscheinlichkeiten – siehe Kapitel 12) und die bedingten Wahrscheinlichkeiten der Stufe-2-Ereignisse unter der Bedingung der Stufe-1-Ergebnisse (siehe Kapitel 12). Dann können Sie alle Ergebnisse und den Stichprobenraum mit einem mehrstufigen Baumdiagramm ordnen und darstellen. Dies hilft Ihnen, die Wahrscheinlichkeiten jedes Verzweigungspfads oder einer Kombination von Verzweigungspfaden zu berechnen. Doch mit Baumdiagrammen können Sie nicht alle Aufgaben in der Wahrscheinlichkeitsrechnung lösen.

Baumdiagramme sind nicht sehr nützlich, wenn die Aufgaben nicht bedingte, sondern *Wahrscheinlichkeiten von Schnittmengen* betreffen (die Wahrscheinlichkeit, dass zwei Ereignisse gleichzeitig eintreten – siehe Kapitel 12). Sie helfen auch nicht, wenn Sie Ihren Stichprobenraum nicht in eine Reihe von Schritten oder eine Folge von Ereignissen zerlegen können. In solchen Fällen sind Venn-Diagramme viel nützlicher (siehe den Abschnitt *Wahrscheinlichkeiten mit Venn-Diagrammen visualisieren* ganz vorn in diesem Kapitel).

 Wenn Sie eine Aufgabe aus der Wahrscheinlichkeitsrechnung in Angriff nehmen, sollten Sie zunächst die vorliegenden Informationen überdenken und die beste Methode herausfinden, wie sie sie grafisch darstellen können. Im Allgemeinen verwenden Sie Venn-Diagramme, wenn die Aufgaben marginale und Wahrscheinlichkeiten von Schnittmengen, zum Beispiel $P(A \cap B)$, enthalten und Sie bedingte Wahrscheinlichkeiten, Wahrscheinlichkeiten von Kombinationen und/oder von Komplementen dieser Ereignisse berechnen sollen. Im Allgemeinen verwenden Sie Baumdiagramme, wenn die Aufgaben marginale Wahrscheinlichkeiten, zum Beispiel $P(A)$, und bedingte Wahrscheinlichkeiten, zum Beispiel $P(A|B)$, enthalten und Sie Wahrscheinlichkeiten von Schnittmengen und Vereinigungen berechnen sollen.

Mit einem Baumdiagramm Wahrscheinlichkeiten für komplexe Ereignisse ermitteln

Mit einem Baumdiagramm können Sie die Wahrscheinlichkeiten für komplizierte Ereignisse ermitteln, die als Folge von Ereignissen oder Schritten eines Prozesses eintreten. Angenommen (wie in dem Abschnitt *Wahrscheinlichkeiten für abhängige Ereignisse organisie-*

ren weiter vorn in diesem Kapitel), Sie sollen aus einer Abteilung von sechs Personen – vier Frauen und zwei Männer – zwei Personen für einen Ausschuss wählen. Sie suchen folgende Wahrscheinlichkeiten:

✔ genau eine Frau zu wählen

✔ wenigstens eine Frau zu wählen

✔ zwei Personen desselben Geschlechts zu wählen

Sie können diese Wahrscheinlichkeiten mit dem Baumdiagramm aus Abbildung 13.11 und seinen Wahrscheinlichkeiten berechnen.

Beispiel 1: Wahrscheinlichkeit der Wahl genau einer Frau

Um die Wahrscheinlichkeit für die Wahl genau einer Frau zu ermitteln, müssen Sie zunächst überlegen, mit welchen Ergebnissen diese Wahrscheinlichkeit verbunden ist. Es gibt zwei Möglichkeiten, genau eine Frau zu wählen: erst eine Frau und dann einen Mann zu wählen (F $\cap$ M, der zweite Verzweigungspfad von oben) oder erst einen Mann und dann eine Frau zu wählen (M $\cap$ F, der dritte Verzweigungspfad von oben). Der zweite und der dritte Verzweigungspfad bilden das Ereignis, dass Sie genau eine Frau wählen, weil es zwei Möglichkeiten gibt, genau eine Frau zu wählen: F $\cap$ M oder M $\cap$ F. Die Wahrscheinlichkeit für die Wahl genau einer Frau ist die Wahrscheinlichkeit von (F $\cap$ M) $\cup$ (M $\cap$ F).

Diese Wahrscheinlichkeit berechnen Sie mit der Additionsregel (siehe Kapitel 12). Weil diese beiden Ereignisse einander ausschließen (sie haben keine Elemente gemeinsam), addieren Sie laut Additionsregel die Wahrscheinlichkeiten: $(\frac{4}{6} \cdot \frac{2}{5}) + (\frac{2}{6} \cdot \frac{4}{5}) = \frac{16}{30}$ oder 0,53.

 In Begriffen eines Baumdiagramms ausgedrückt, definieren Sie Wahrscheinlichkeiten von Vereinigungen als Summen der Wahrscheinlichkeiten der Verzweigungspfade, die an der Vereinigung beteiligt sind. Nachdem Sie die Wahrscheinlichkeiten für alle Ergebnisse in dem Stichprobenraum berechnet haben, addieren Sie die Wahrscheinlichkeiten der Ergebnisse, die zu dem gewünschten Ereignis gehören.

Beispiel 2: Wahrscheinlichkeit der Wahl wenigstens einer Frau

Um die Wahrscheinlichkeit der Wahl wenigstens einer Frau anhand des Baumdiagramms aus Abbildung 13.11 zu ermitteln, müssen Sie herausfinden, was »wenigstens eine« bedeutet. Sie müssen zwei Personen für den Ausschuss wählen. Darunter können null, eine oder zwei Frauen sein. Dass Sie wenigstens eine Frau wählen möchten, bedeutet eine oder mehr Frauen. Anders ausgedrückt: Sie suchen die Wahrscheinlichkeit für die Wahl genau einer Frau oder zweier Frauen.

Die Wahrscheinlichkeit von genau einer Frau ist die Summe der Verzweigungspfade zwei und drei – $\frac{16}{30}$, was Sie aus dem Beispiel 1 wissen. Die Wahrscheinlichkeit der Wahl zweier Frauen ist die Wahrscheinlichkeit des ersten (oberen) Verzweigungspfades: F $\cap$ F; sie beträgt $\frac{4}{6} \cdot \frac{3}{5} = \frac{12}{30}$. Laut Additionsregel (siehe Kapitel 12) addieren Sie diese Wahrscheinlichkeiten und erhalten $\frac{16}{30} + \frac{12}{30} = \frac{28}{30}$ oder 0,93 für die Wahrscheinlichkeit, wenigstens eine

Frau der Abteilung zu wählen. Diese Wahrscheinlichkeit ist hoch, weil es in der ursprünglichen Abteilung doppelt so viele Frauen wie Männer gibt.

 Die Komplementregel (siehe Kapitel 12) bietet eine andere Möglichkeit, Beispiel 2 zu lösen; »wenigstens eine Frau« ist das Komplement von »null Frauen«. Das Ereignis von null Frauen entspricht dem vierten Verzweigungspfad des Baums aus Abbildung 13.11, M $\cap$ M, weshalb P(wenigstens eine Frau) = $1 - P$(null Frauen) = $1 - \frac{2}{30} = \frac{28}{30}$ oder 0,93 ist.

Beispiel 3: Wahrscheinlichkeit, dass beide gewählten Personen dasselbe Geschlecht haben

Um die Wahrscheinlichkeit zu ermitteln, dass beide gewählte Personen dasselbe Geschlecht haben, ermitteln Sie zunächst die Einzelergebnisse, aus denen dieses Ereignis besteht. Sie können zwei Frauen (F $\cap$ F, oberer Verzweigungspfad) oder zwei Männer (M $\cap$ M) unterer Verzweigungspfad) wählen. Die Wahrscheinlichkeit des oberen Pfades ist $\frac{4}{6} \cdot \frac{3}{5} = \frac{12}{30}$, die des unteren Pfades $\frac{2}{6} \cdot \frac{1}{5} = \frac{2}{30}$. Laut Additionsregel (siehe Kapitel 12) addieren Sie diese Wahrscheinlichkeiten und erhalten $\frac{12}{30} + \frac{2}{30} = \frac{14}{30}$ oder 0,47.

Das Gesetz der totalen Wahrscheinlichkeit und das Bayes-Theorem

In der Wahrscheinlichkeitsrechnung kommen zwei Aufgaben recht häufig vor, beide haben mit mehrstufigen Stichprobenräumen zu tun. Die erste Aufgabe ist die Ermittlung einer marginalen Wahrscheinlichkeit $P(A)$ (siehe Kapitel 12) für ein Ereignis A, wenn mehrere bedingte Wahrscheinlichkeiten und marginale Wahrscheinlichkeiten für Ereignisse, die mit A zu tun haben, gegeben sind, nicht aber die direkte Wahrscheinlichkeit von A. Angenommen, die Kundenzufriedenheit von drei Supermärkten in einer Stadt werden zusammen mit ihren Umsatzanteilen (in Prozent) in der Zeitung veröffentlicht. Wie können Sie die gesamte Kundenzufriedenheit, unabhängig von dem frequentierten Supermarkt, berechnen? Sie können solche Aufgabenstellungen mit dem Gesetz der totalen Wahrscheinlichkeit lösen.

Die zweite Aufgabe beschäftigt sich mit der Ermittlung einer bedingten Wahrscheinlichkeit $P(A|B)$ (siehe Kapitel 12) eines Ereignisses A unter der Bedingung eines Ereignisses B, wenn Sie $P(B|A)$ und ihr Komplement sowie die marginale Wahrscheinlichkeit für B und sein Komplement kennen. Angenommen, Sie wüssten, dass eine Person in einem der drei Supermärkte gekauft hat und zufrieden war. Jetzt möchten Sie im Nachhinein wissen, welchen Supermarkt der Kunde am wahrscheinlichsten besucht hat. Sie können solche Aufgabenstellungen mit dem Bayes-Theorem lösen.

Auf den folgenden Seiten lernen Sie, wie Sie die Formeln für das Gesetz der totalen Wahrscheinlichkeit und das Bayes-Theorem anwenden können. Die Formeln können auf den ersten Blick recht einschüchternd aussehen. Wenn Sie verstehen, was dahintersteht und wie Sie die gegebenen Informationen anwenden müssen, um die gewünschte Wahrscheinlichkeit zu berechnen, sehen die Formeln längst nicht mehr so kompliziert aus.

Eine marginale Wahrscheinlichkeit mit dem Gesetz der totalen Wahrscheinlichkeit berechnen

Manchmal enthält eine Aufgabe mehrere verschiedene bedingte Wahrscheinlichkeiten und/oder Wahrscheinlichkeiten von Schnittmengen (siehe Kapitel 12), die alle ein Ereignis A betreffen, ohne die Wahrscheinlichkeit $P(A)$ von A zu nennen. Ihre Aufgabe ist es, $P(A)$ zu berechnen.

Ein Beispiel: Sie kennen die Wahrscheinlichkeit, dass sich eine Person verspäten wird, wenn sie mit der Fluglinie A oder der Fluglinie B oder der Fluglinie C fliegt. Sie sollen aber die gesamte Wahrscheinlichkeit berechnen, dass sich die Person verspätet, unabhängig von der benutzten Fluglinie. Hier kommt das Gesetz der totalen Wahrscheinlichkeit ins Spiel.

Das *Gesetz der totalen Wahrscheinlichkeit* sagt, dass die marginale Stufe-2-Wahrscheinlichkeit eines Ereignisses gleich der Summe der Produkte der marginalen Stufe-1-Wahrscheinlichkeiten mit der bedingten Stufe-2-Wahrscheinlichkeit unter der Bedingung der Stufe-1-Wahrscheinlichkeiten aller möglichen Wege ist. Im Beispiel addieren Sie alle Wahrscheinlichkeiten der verschiedenen bedingten Szenarios, gewichtet mit dem Verhältnis der Häufigkeit ihres Eintritts. Wenn sich jemand beispielsweise bei 60 Prozent der Flüge mit Fluglinie A verspätet, die Fluglinie A aber nur fünf Prozent aller Flüge durchführt, trägt dies nur wenig zur allgemeinen Wahrscheinlichkeit einer Verspätung bei. Wenn die Fluglinie A dagegen 90 Prozent der Flüge anbieten würde, wäre ihr Einfluss auf diese Wahrscheinlichkeit beträchtlich.

Angenommen, ein Kunde kann unter drei Restaurants wählen: Restaurant 1, Restaurant 2 beziehungsweise Restaurant 3. Frühere Datenerhebungen haben gezeigt, dass diese Restaurants 50 Prozent, 30 Prozent beziehungsweise 20 Prozent des Umsatzes auf sich ziehen. Sie wissen auch, dass 70 Prozent der Kunden von Restaurant 1 zufrieden (und 30 Prozent nicht zufrieden) sind; bei Restaurant 2 sind 60 Prozent der Kunden zufrieden und 40 Prozent unzufrieden; und bei Restaurant 3 sind 50 Prozent zufrieden und 50 unzufrieden. Wie hoch ist die Wahrscheinlichkeit, dass jemand, der in einem dieser Restaurants essen geht, zufrieden sein wird? Anders ausgedrückt: Wie hoch ist die Wahrscheinlichkeit eines bestimmten Stufe-2-Ergebnisses? Zur Ermittlung dieser Wahrscheinlichkeit wenden Sie das Gesetz der totalen Wahrscheinlichkeit an, erstellen ein Baumdiagramm und berechnen aus den einzelnen Wahrscheinlichkeiten Ihre Antwort.

Die Formel des Gesetzes der totalen Wahrscheinlichkeit

In der Mengennotation lautet das Gesetz der totalen Wahrscheinlichkeit wie folgt:

$$P(B) = \sum_i P(A_i) \cdot P(B \mid A_i)$$

Addieren Sie zunächst die Wahrscheinlichkeiten aller Verzweigungspfade, die zu dem Ereignis B auf Stufe 2 führen. In dem Beispiel aus dem vorhergehenden Abschnitt repräsentiert A_i ein Stufe-1-Ereignis, das eintreten muss, um das Stufe-2-Ereignis B zu erreichen. Für jedes Ereignis A_i berechnen Sie mit dem Produkt $P(A_i) \cdot P(B \mid A_i)$ die Wahrscheinlichkeit des jeweiligen Verzweigungspfades. Die Gesamtwahrscheinlichkeit von Ereignis B ist dabei gleich der Summe der Wahrscheinlichkeiten aller Verzweigungspfade.

 Manche haben Schwierigkeiten, die Formel für das Gesetz der totalen Wahrscheinlichkeit zu verstehen. Ein schrittweises Vorgehen kann dabei helfen: Zunächst stellen Sie die Zweige und ihre Wahrscheinlichkeiten in dem Baumdiagramm dar. Dann ermitteln Sie die Wahrscheinlichkeiten für jeden einzelnen Zweig, dessen Ergebnis zu dem gesuchten Ereignis gehört. Schließlich addieren Sie die einzelnen Wahrscheinlichkeiten dieser Zweige. Damit ist die Aufgabe gelöst. Die Baumdarstellung vereinfacht die Lösung komplizierter Aufgaben erheblich. Der Trick besteht darin, daran zu denken, das Gesetz der totalen Wahrscheinlichkeit anzuwenden: Wenn der Stichprobenraum in Schritte oder Stufen zerlegbar ist und die totale marginale Wahrscheinlichkeit eines Stufe-2-Ereignisses gesucht wird, können Sie das Gesetz anwenden.

In dem Restaurantbeispiel suchen Sie die Gesamtwahrscheinlichkeit, dass ein Kunde unabhängig von dem besuchten Restaurant zufrieden ist. Sie kennen die Umsatzanteile der Restaurants und damit deren Einfluss auf die Gesamtzufriedenheit der Kunden. Mit dem Gesetz der totalen Wahrscheinlichkeit berechnen Sie den Wert dieser Gesamtzufriedenheit. Doch vor den Berechnungen sollten Sie die Sachlage grafisch darstellen.

Das Baumdiagramm erstellen

Der erste Schritt bei der Anwendung des Gesetzes der totalen Wahrscheinlichkeit besteht darin, die Ereignisse und die Wahrscheinlichkeiten mit einem Baumdiagramm grafisch darzustellen. Im Restaurantbeispiel kann ein Kunde eins von drei Restaurants wählen (Stufe 1); nach dem Besuch ist der Kunde entweder zufrieden oder unzufrieden (Stufe 2). Das Baumdiagramm aus Abbildung 13.12 stellt diese Situation dar: R1, R2 und R3 repräsentieren die drei Restaurants, S repräsentiert, dass der Kunde zufrieden ist, und S^c repräsentiert, dass der Kunde unzufrieden ist.

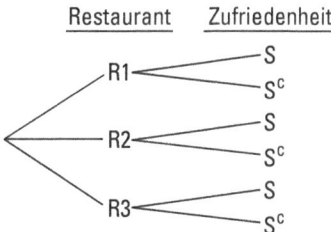

Abbildung 13.12: Ein Baumdiagramm zur Darstellung der Kundenzufriedenheit

Die Wahrscheinlichkeiten eintragen

Nachdem Sie das Baumdiagramm erstellt haben, tragen Sie die Wahrscheinlichkeiten ein. Die erste Stufe repräsentiert die Wahrscheinlichkeiten für den Besuch der Restaurants: 0,50 = 50 Prozent für R1 (Restaurant 1), 0,30 für R2 und 0,20 für R3. Von R1 zweigen die Wahrscheinlichkeiten ab, dass der Kunde zufrieden (0,70 = 70 Prozent) oder unzufrieden (0,30 = 30 Prozent) ist. *Anmerkung:* Es handelt sich dabei um bedingte Wahrscheinlichkeiten, weil Sie wissen, dass der Kunde Restaurant 1 besucht (der gegebene Teil), und Sie die Wahrscheinlichkeit suchen, dass er zufrieden beziehungsweise unzufrieden ist. Die Wahrscheinlichkeiten für die Zufriedenheit und Unzufriedenheit sind dabei komplementär: $P(S^c|R1) = 1 - P(S|R1) = 1 - P(S|R1) = 0{,}30$.

Für Restaurant 2 gilt entsprechend: $P(S|R2) = 0{,}60$, weil 60 Prozent der Kunden von Restaurant 2 zufrieden sind, und $P(S^c|R2) = 1 - 0{,}60 = 0{,}40$.

Und für Restaurant 3: Zufriedenheit $P(S|R3) = 0{,}50$ und Unzufriedenheit $P(S^c|R3) = 1 - 0{,}50 = 0{,}50$.

Abbildung 13.13 zeigt Wahrscheinlichkeiten für dieses Baumdiagramm.

Restaurant	Zufriedenheit	Wahrscheinlichkeiten

```
                    0,70   S  ───────►  P(R1∩S) = (0,50) * (0,70) = 0,35
            ┌─ R1 ─┤
  0,50 ─────┤       0,30   Sᶜ ───────►  P(R1∩Sᶜ) = 0,15
            │
            │ 0,30         0,60   S  ───────►  P(R2∩S) = 0,18
            ├─ R2 ─┤
            │       0,40   Sᶜ ───────►  P(R2∩Sᶜ) = 0,12
            │
            │ 0,20         0,50   S  ───────►  P(R3∩S) = 0,10
            └─ R3 ─┤
                    0,50   Sᶜ ───────►  P(R3∩Sᶜ) = 0,10
```

Abbildung 13.13: Wahrscheinlichkeiten für Zufriedenheit und Unzufriedenheit in dem Baumdiagramm des Restaurantbeispiels

 Es ist hilfreich, alle Wahrscheinlichkeiten von Schnittmengen aller Zweige zu ermitteln, bevor Sie versuchen, die Frage zu beantworten. Laut Multiplikationsregel (siehe Kapitel 12) multiplizieren Sie für alle Zweige die Stufe-1-Wahrscheinlichkeit mit der Stufe-2-Wahrscheinlichkeit unter der Bedingung der Stufe-1-Wahrscheinlichkeit. Abbildung 13.13 zeigt alle multiplikativen Wahrscheinlichkeiten.

Die Gesamtwahrscheinlichkeit aus den Einzelwahrscheinlichkeiten berechnen

In der Aufgabe vom Anfang dieses Abschnitts wird die Wahrscheinlichkeit gesucht, dass ein Kunde, der in einem der drei Restaurants essen geht, zufrieden sein wird. Seine Zufriedenheit stellt sich auf drei Wegen ein:

✔ Der Kunde besucht Restaurant 1 und ist zufrieden (R1 ∩ S).

✔ Der Kunde besucht Restaurant 2 und ist zufrieden (R2 ∩ S).

✔ Der Kunde besucht Restaurant 3 und ist zufrieden (R3 ∩ S).

Diese Ereignisse haben keine gemeinsamen Elemente, so dass Sie die Wahrscheinlichkeit ihrer Vereinigung mit der Additionsregel (siehe Kapitel 12) durch Addition der einzelnen Wahrscheinlichkeiten berechnen können. Sie erhalten $P(S)$, die Wahrscheinlichkeit, dass ein Kunde, der in einem Restaurant essen geht, zufrieden sein wird.

Alle erforderlichen Wahrscheinlichkeiten werden durch einen Verzweigungspfad des Baumes repräsentiert:

✔ Der obere Verzweigungspfad repräsentiert Kunden, die Restaurant 1 besuchen und zufrieden sind. Die Wahrscheinlichkeit ist: $0,50 \cdot 0,70 = 0,35$.

✔ Pfad 3 (von oben) repräsentiert Kunden, die Restaurant 2 besuchen und zufrieden sind. Die Wahrscheinlichkeit ist: $0,30 \cdot 0,60 = 0,18$.

✔ Pfad 5 (von oben) repräsentiert Kunden, die Restaurant 3 besuchen und zufrieden sind. Die Wahrscheinlichkeit ist: $0,20 \cdot 0,50 = 0,10$.

Die Gesamtwahrscheinlichkeit ist: $P(S) = 0,35 + 0,18 + 0,10 = 0,63$, das heißt, die Wahrscheinlichkeit, dass ein Kunde, der eines der drei Restaurants besucht, zufrieden sein wird, beträgt 63 Prozent.

Die A-posteriori-Wahrscheinlichkeit mit dem Bayes-Theorem berechnen

Die *A-posteriori-Wahrscheinlichkeit* ist eine bedingte Wahrscheinlichkeit von A unter der Bedingung B, wobei A tatsächlich zuerst eintritt.

Angenommen, eine Krankheit ist ohne Bluttest nur schwer zu diagnostizieren. Das heißt, ein Patient hat entweder die Krankheit oder er hat sie nicht. Unter der Annahme, dass der Patient die Krankheit hat, hoffen die Ärzte, dass die Wahrscheinlichkeit für einen positiven Test hoch und die Wahrscheinlichkeit für einen negativen Test gering ist. Die Wissenschaftler, die den Bluttest entwickeln, möchten die Wahrscheinlichkeit für einen positiven Test unter der Bedingung wissen, dass der Patient die Krankheit hat. Aber der Arzt möchte etwas anderes wissen, nämlich die Wahrscheinlichkeit, dass der Patient die Krankheit unter der Bedingung eines positiven Tests hat. Der Arzt möchte die A-posteriori-Wahrscheinlichkeit wissen – eine Wahrscheinlichkeit, die nach Eintritt des Ereignisses gefunden wird, also in der umgekehrten Richtung, wie die Daten tatsächlich eintreten.

Bei einigen Aufgaben in der Wahrscheinlichkeitsrechnung ist die Wahrscheinlichkeit von B unter der Bedingung A gegeben. Gesucht wird die bedingte Wahrscheinlichkeit von A unter der Bedingung B, geschrieben $P(A|B)$ – die Wahrscheinlichkeit, dass sich A auf Stufe 1 ereignet hat, wenn man weiß, dass B auf Stufe 2 eingetreten ist. Diese Wahrscheinlichkeit kann ebenfalls mit dem *Bayes-Theorem* ermittelt werden. Gehen Sie folgendermaßen vor, wenn Sie $P(A|B)$ suchen – also einen Verzweigungspfad eines Baumdiagramms in umgekehrter Reihenfolge durchlaufen:

1. **Ermitteln Sie die Wahrscheinlichkeit des Verzweigungspfades durch A und B.**

2. **Dividieren Sie den Wert durch die Gesamtwahrscheinlichkeit aller Verzweigungspfade, die zu B führen.**

Angenommen, ein Kunde kann unter drei Restaurants wählen: Restaurant 1, Restaurant 2 und Restaurant 3. Frühere Datenerhebungen haben gezeigt, dass diese Restaurants 50 Prozent, 30 Prozent beziehungsweise 20 Prozent des Umsatzes auf sich ziehen. Sie wissen auch, dass 70 Prozent der Kunden von Restaurant 1 zufrieden (und 30 Prozent nicht zufrieden) sind; bei Restaurant 2 sind 60 Prozent der Kunden zufrieden und 40 Prozent unzufrieden; und bei Restaurant 3 sind 50 Prozent zufrieden und 50 unzufrieden. Sie wissen auch, dass ein Kunde nach seinem Restaurantbesuch zufrieden ist. Sie könnten sich nun zwei Fragen stellen:

✔ Wie hoch ist die Wahrscheinlichkeit, dass er Restaurant 2 besucht hat (die A-posteriori-Wahrscheinlichkeit)?

✔ Welches der drei Restaurants hat er höchstwahrscheinlich besucht?

Zunächst erstellen Sie ein Baumdiagramm; dann tragen Sie die Wahrscheinlichkeiten in das Diagramm ein; schließlich berechnen Sie die gesuchten Wahrscheinlichkeiten mit dem Bayes-Theorem, dessen Formel im nächsten Abschnitt erklärt wird.

Die Formel des Bayes-Theorems

Die Formel des Bayes-Theorem lautet:

$$P(A_i \mid B) = \frac{P(A_i) \cdot P(B \mid A_i)}{\sum_i P(A_i) \cdot P(B \mid A_i)}$$

A_i ist das Stufe-1-Ereignis, dessen Wahrscheinlichkeit gesucht wird, wenn Sie wissen, dass auf Stufe 2 das Ereignis B eingetreten ist.

Wie bei dem Gesetz der totalen Wahrscheinlichkeit (siehe den Abschnitt *Die Formel des Gesetzes der totalen Wahrscheinlichkeit* weiter vorne in diesem Kapitel) müssen Sie die Zweige und Wahrscheinlichkeiten des Baumdiagramms richtig darstellen beziehungsweise eintragen, um die Lösung mit dem Bayes-Theorem zu vereinfachen. Der Trick besteht darin zu erkennen, wann Sie das Bayes-Theorem anwenden können: Wenn der Stichprobenraum in Schritte oder Stufen zerlegbar ist und Sie die Wahrscheinlichkeit eines Ereignisses in der umgekehrten Reihenfolge ihres Eintretens suchen, können Sie dieses Theorem anwenden.

Die Fragen für das Restaurantbeispiel vom Anfang dieses Abschnitts könnten in das folgende Szenario eingebettet sein. Angenommen, Sie sind der Bürgermeister der Stadt, in der sich die Restaurants befinden. Sie kennen die Gesamtzufriedenheit der Restaurantbesucher sowie die einzelnen Kundenzufriedenheiten für jedes Restaurant. Sie kennen auch den Umsatz der einzelnen Restaurants. Anhand des Umsatzes lässt sich ablesen, wie viel das jeweilige Restaurant zur gesamten Kundenzufriedenheit beiträgt. Nun sagt Ihnen ein auswärtiger Besucher, er habe in einem der drei Restaurants gegessen und sei zufrieden gewesen. Insgeheim fragen Sie sich, welches Restaurant er wohl besucht hat. Wie können Sie das herausfinden? Mit dem Bayes-Theorem. Mit diesem Theorem können Sie solche Fragen sozusagen von hinten aufrollen und rückwärts von bekannten Gesamtwerten zu den konstituierenden Einzelwerten gehen. Vor den Berechnungen sollten Sie wieder die vorhandenen Informationen grafisch darstellen.

Das Baumdiagramm erstellen und die Wahrscheinlichkeiten eintragen

Stellen Sie die Aufgabe zunächst als Baumdiagramm dar und tragen Sie Wahrscheinlichkeiten für die Zweige des Baums ein. Das Baumdiagramm für diese Aufgabe ist dasselbe wie aus Abbildung 13.12, weil die Ausgangsdaten dieselben sind.

Antwort auf Frage 1: Die A-posteriori-Wahrscheinlichkeit

Angenommen, ein Kunde hat eines der drei Restaurants besucht und war zufrieden. Dies bedeutet, dass Ereignis S auf Stufe 2 des Prozesses eingetreten ist, dass Sie aber nicht wissen, was auf Stufe 1 passiert (anders ausgedrückt: welches Restaurant der Kunde besucht hat). Sie suchen also die Wahrscheinlichkeit, dass der Kunde Restaurant 2 besucht hat, unter der Bedingung, dass er zufrieden ist, das heißt die bedingte Wahrscheinlichkeit $P(R2|S)$. Aufgrund der Definition der bedingten Wahrscheinlichkeit (die Wahrscheinlichkeit von A unter der Bedingung B ist gleich der Wahrscheinlichkeit von A und B geteilt durch die Wahrscheinlichkeit von B; siehe Kapitel 12) erhalten Sie folgende Gleichung:

$$P(R2\,|\,S) = \frac{P(R2 \cap S)}{P(S)}$$

Der Nenner der Gleichung ist $P(S)$; wie er berechnet wird, finden Sie in dem Abschnitt *Die Gesamtwahrscheinlichkeit aus den Einzelwahrscheinlichkeiten berechnen* weiter vorn in diesem Kapitel. Sie wissen, dass es sich um $P(S)$ handelt, weil Sie wissen, dass der Kunde zufrieden ist. Der Zähler ist $P(R2 \cap S)$, also die Wahrscheinlichkeit, dass der Kunde Restaurant 2 besucht hat und zufrieden war. Der Zähler ist gleich der multiplikativen Wahrscheinlichkeit von R2 und S, also $P(R2 \cap S) = P(R2) \cdot P(S|R2)$, der beiden Zweige des dritten Verzweigungspfads.

Sie wissen, dass der Kunde auf Stufe 2 zufrieden war, so dass er einen der Verzweigungspfade 1, 3 oder 5 (jeweils von oben) des Baumdiagramms durchlaufen haben muss. Die Gesamtwahrscheinlichkeit der Zufriedenheit auf Stufe 2 ist gleich der Summe der Wahrscheinlichkeiten dieser Zweige (siehe den Abschnitt *Die Gesamtwahrscheinlichkeit aus den Einzelwahrscheinlichkeiten berechnen* weiter vorn in diesem Kapitel). Jetzt suchen Sie die Wahrscheinlichkeit, dass der Kunde Restaurant 2 unter der Bedingung besucht hat, dass er zufrieden war. Deshalb dividieren Sie die Wahrscheinlichkeit von Verzweigungspfad 3 (er zeigt an, dass der Kunde Restaurant 2 besucht hat und zufrieden war) durch die Gesamtwahrscheinlichkeit von S, $P(S)$: $(0{,}30 \cdot 0{,}60) / (0{,}50 \cdot 0{,}70 + 0{,}30 \cdot 0{,}60 + 0{,}20 \cdot 0{,}50)$. Sie erhalten $0{,}18/0{,}63 = 0{,}286$ oder 28,6 Prozent. Die Wahrscheinlichkeit, dass der Kunde Restaurant 2 unter der Bedingung besucht hat, dass er zufrieden war, beträgt 28,6 Prozent.

Antwort auf Frage 2: Das wahrscheinlichste Restaurant

Welches Restaurant hat der Kunde am wahrscheinlichsten besucht, wenn Sie wissen, dass er zufrieden war? Hier müssen Sie drei Wahrscheinlichkeiten vergleichen: $P(R1|S)$, $P(R2|S)$ beziehungsweise $P(R3|S)$ – die Wahrscheinlichkeiten, dass der Kunde Restaurant 1, 2 beziehungsweise 3 unter der Bedingung besucht hat, dass er zufrieden war. Da es um A-posteriori-Wahrscheinlichkeiten geht, können Sie sie mit dem Bayes-Theorem berechnen.

Aus dem vorhergehenden Abschnitt wissen Sie, dass $P(R2|S) = 0{,}286$ ist.

$P(R1|S)$ ist laut Bayes-Theorem:

$$P(R1\,|\,S) = \frac{P(R1 \cap S)}{P(S)} = \frac{P(R1) \cdot P(S\,|\,R1)}{P(S)} = \frac{0,50 \cdot 0,70}{0,63} = \frac{0,35}{0,63} = 0,556$$

$P(R1|S)$ ist die Wahrscheinlichkeit, dass das Ergebnis auf Verzweigungspfad 1 liegt, geteilt durch die Summe der Wahrscheinlichkeiten für die Verzweigungspfade 1, 3 und 5 (die zusammen die Gesamtwahrscheinlichkeit für die Zufriedenheit ausmachen).

Schließlich ergibt sich analog für $P(R3|S)$:

$$P(R3\,|\,S) = \frac{P(R3 \cap S)}{P(S)} = \frac{P(R3) \cdot P(S\,|\,R3)}{P(S)} = \frac{0,20 \cdot 0,50}{0,63} = \frac{0,10}{0,63} = 0,159$$

Die drei A-posteriori-Wahrscheinlichkeiten ergeben (von Rundungsfehlern abgesehen) die Summe 1. Nachdem Sie $P(R1|S)$ und $P(R2|S)$ ermittelt haben, wissen Sie also, dass $P(R3|S)$ 1 minus der Summe dieser beiden Wahrscheinlichkeiten ist, weil sie komplementär sind. Sie hätten die Berechnung der letzten Wahrscheinlichkeit, $P(R3|S)$, also auch abkürzen können.

Weil $P(R1|S) = 0,556$ die höchste der drei Wahrscheinlichkeiten ist, ziehen Sie den Schluss, dass der Kunde, weil er zufrieden war, am wahrscheinlichsten Restaurant 1 besucht hat. Dies ist plausibel, da Restaurant 1 den höchsten Umsatz und die höchste Kundenzufriedenheit hat.

Das Bayes-Theorem bei der Diagnose von Krankheiten

Wissenschaftler verwenden das Bayes-Theorem häufig, um die Wirksamkeit ihrer Tests zur Diagnose von Krankheiten zu testen. Sie prüfen ihre Tests an Personen, die die Krankheit bekanntermaßen haben, und an anderen, die die Krankheit bekanntermaßen nicht haben. Deshalb bildet Stufe 1 des Baumdiagramms ab: »die Krankheit haben« und »die Krankheit nicht haben«. In jeder Gruppe sind die Testergebnisse entweder positiv oder negativ; sie bilden die zweite Stufe des Baumdiagramms. Die folgende Abbildung zeigt das Baumdiagramm für diese Situation.

Wenn Sie die Wahrscheinlichkeit suchen, dass ein Test die richtige Diagnose liefert, können Sie das Gesetz der totalen Wahrscheinlichkeit anwenden und die Wahrscheinlichkeiten für den ersten Verzweigungspfad des Baumes (Person hat die Krankheit und testet positiv) und den vierten Verzweigungspfad (Person hat die Krankheit nicht und testet negativ) addieren. Doch bei medizinischen Tests liefern positive Tests nicht immer die richtige Diagnose. Die Summe der Wahrscheinlichkeiten der Verzweigungspfade 1 und 3 ergibt die Gesamtwahrscheinlichkeit, positiv zu testen, unabhängig davon, ob die Krankheit vorliegt oder nicht. Auch diese Wahrscheinlichkeit kann hilfreich sein.

Die Frage lautet jedoch, wie wirksam kann die Krankheit mit dem Test diagnostiziert werden. Angenommen, jemand wird positiv auf die Krankheit getestet. Wie hoch ist die Wahrscheinlichkeit, dass er die Krankheit tatsächlich hat? In der Wahrscheinlichkeits-

notation sagen Sie: P(hat die Krankheit positiv testen). Beachten Sie, dass dies die umgekehrte Reihenfolge ist, in der die Daten in dem Baumdiagramm angeordnet sind. Dies
bedeutet, dass Sie mit dem Bayes-Theorem eine A-posteriori-Wahrscheinlichkeit berechnen müssen. Sie dividieren also die Wahrscheinlichkeit von Verzweigungspfad 1
durch die Summe der Wahrscheinlichkeiten für Verzweigungspfad 1 und 3, weil Sie wissen, dass die Person positiv getestet wurde, weshalb nur diese beiden Zweige in Frage
kommen. Die Wahrscheinlichkeit, die Krankheit zu haben, ist die Wahrscheinlichkeit
von Verzweigungspfad 1 (die Krankheit haben und positiv testen). Deshalb dividieren Sie
die Wahrscheinlichkeit von Verzweigungspfad 1 durch die Wahrscheinlichkeit von positiv zu testen (Verzweigungspfad 1 + Verzweigungspfad 3).

Gerade bei sehr seltenen Krankheiten bedeutet ein positives Testergebnis noch nicht,
dass der Patient die Krankheit auch wirklich hat. Nehmen wir an, die Wahrscheinlichkeit, die Krankheit zu haben, liegt bei 0,02 Prozent (also zwei von 10.000 Menschen sind
erkrankt) und Ihr Test führt in sagenhaften 99,9 Prozent der Untersuchungen zum richtigen Ergebnis, dann ergibt sich folgendes Diagramm:

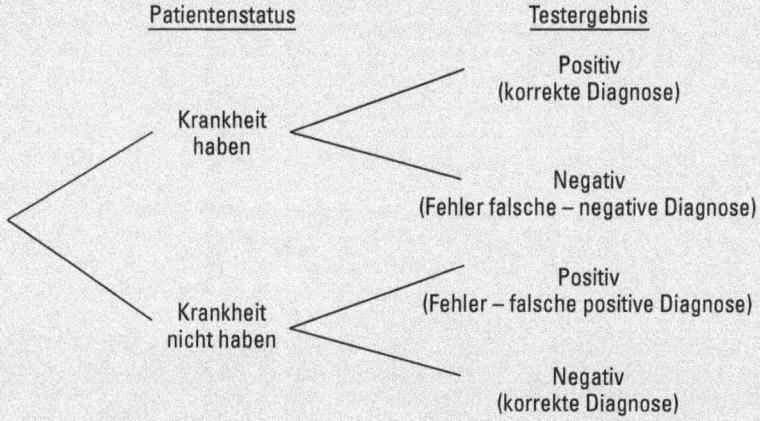

Die Wahrscheinlichkeit, dass der Patient positiv getestet wurde, liegt bei
$\frac{1.998}{10.000.000} + \frac{9.998}{10.000.000} = \frac{1.1996}{10.000.000} = 0,11996\,\%$. Die Wahrscheinlichkeit, dass der
Patient die Krankheit auch wirklich hat und zusätzlich positiv getestet wurde, liegt je-
doch nur bei $\frac{1.998}{10.000.000} = 0,01998\,\%$. Was der Arzt eigentlich wissen will, ist, wie hoch
die Wahrscheinlichkeit ist, dass ein Patient erkrankt ist, wenn er positiv getestet
wurde. Laut Formel des Bayes-Theorems beträgt diese Wahrscheinlichkeit
$\frac{0,01998\,\%}{0,11996\,\%} = 16,66\,\%$. Führen Sie sich noch einmal vor Augen: Obwohl Ihr Test zu
99,9 Prozent das richtige Ergebnis liefert, ist doch nur ca. einer von sechs positiv getes-
teten Patienten erkrankt.

Diskrete Wahrscheinlichkeitsverteilungen

In diesem Kapitel

▶ Entdecken, was eine Wahrscheinlichkeitsverteilung ist

▶ Diskrete Wahrscheinlichkeiten mit Wahrscheinlichkeitsverteilungen berechnen

▶ Erwartungswerte, Varianzen und Standardabweichungen bestimmen und interpretieren

M anchmal ist es notwendig, individuelle Wahrscheinlichkeitsszenarios und die damit verbundenen Ereignisse und Berechnungen zu verlassen und Gegebenheiten zu analysieren, in denen Wahrscheinlichkeiten einem bestimmten vorhersagbaren Muster folgen, mit dem Sie ein Wahrscheinlichkeitsmodell erstellen können. Ein Beispiel: Ein Wahrscheinlichkeitsmodell hilft Ihnen, die Wahrscheinlichkeit herauszufinden, dass ein Telefonanruf länger als zehn Minuten dauern wird; ein anderes Modell hilft Ihnen, zu bestimmen, wie oft Sie im Durchschnitt Lotto spielen müssen, bevor Sie gewinnen.

Ein *Wahrscheinlichkeitsmodell* liefert Ihnen Formeln, um Wahrscheinlichkeiten zu berechnen, um langfristige Durchschnittsergebnisse zu ermitteln und um den Umfang der Variabilität festzustellen, die Sie in den Ergebnissen von einem Zufallsexperiment zum nächsten erwarten können. Für unterschiedliche Gegebenheiten gibt es viele verschiedene Wahrscheinlichkeitsmodelle, die gebräuchlichsten werden wir behandeln.

In diesem Kapitel lernen Sie die grundlegenden Begriffe von Wahrscheinlichkeitsmodellen anhand von diskreten Wahrscheinlichkeitsverteilungen. Stetige Wahrscheinlichkeitsverteilungen werden in den nächsten beiden Kapiteln betrachtet.

Die Wahrscheinlichkeitsverteilung einer diskreten Zufallsvariablen

Ein *Wahrscheinlichkeitsmodell* ist ein mathematisches Modell für eine Gegebenheit. Jede Gegebenheit muss je nach Modell verschiedene Annahmen erfüllen, damit die Ergebniswahrscheinlichkeiten, die mit dem Modell ermittelt werden, richtig sind und das Modell anhand tatsächlicher Daten getestet werden kann, ob es den Daten angemessen ist. Die grundlegenden Aspekte eines Wahrscheinlichkeitsmodells sind die Zufallsvariable und ihre Wahrscheinlichkeitsverteilung.

Was ist eine Zufallsvariable?

Eine *Zufallsvariable* ist eine Funktion, die den Ergebnissen eines Stichprobenraums S Wahrscheinlichkeiten (aus dem Intervall $[0, 1]$) zuordnet. Zufallsvariablen werden mit Großbuchstaben wie X, Y usw. bezeichnet. Obwohl sich der Stichprobenraum für ein Experiment nicht ändert, nachdem er einmal ermittelt worden ist, können viele verschiedene

Zufallsvariablen mit ihm verbunden sein. Ein Beispiel: Sie werfen zwei Würfel. Der Stichprobenraum S besteht aus 36 möglichen Ergebnissen: {(1, 1), (1, 2), (1, 3), ..., (6, 4), (6, 5), (6, 6)}. Eine Zufallsvariable repräsentiert die Summen der möglichen Ergebnisse der Würfe; sie heißt X. Tabelle 14.1 zeigt alle möglichen Ergebnisse von S und die zugehörigen Werte der Zufallsvariablen X.

Ergebnis	X-Wert	Ergebnis	X-Wert
(1, 1)	2	(4, 1)	5
(1, 2)	3	(4, 2)	6
(1, 3)	4	(4, 3)	7
(1, 4)	5	(4, 4)	8
(1, 5)	6	(4, 5)	9
(1, 6)	7	(4, 6)	10
(2, 1)	3	(5, 1)	6
(2, 2)	4	(5, 2)	7
(2, 3)	5	(5, 3)	8
(2, 4)	6	(5, 4)	9
(2, 5)	7	(5, 5)	10
(2, 6)	8	(5, 6)	11
(3, 1)	4	(6, 1)	7
(3, 2)	5	(6, 2)	8
(3, 3)	6	(6, 3)	9
(3, 4)	7	(6, 4)	10
(3, 5)	8	(6, 5)	11
(3, 6)	9	(6, 6)	12

Tabelle 14.1: Zufallsvariable X = Summe der Ergebnisse zweier Würfel

Es gibt zwei Hauptarten von Zufallsvariablen:

✔ diskrete Zufallsvariablen

✔ stetige Zufallsvariablen

Diskrete Zufallsvariablen haben entweder eine endliche oder eine abzählbar unendliche Zahl möglicher Werte. Ein Beispiel: X sei die Gesamtzahl der Ergebnisse, dass eine Münze Kopf zeigt, wenn sie tausendmal geworfen wird; oder Y sei die Gesamtzahl der Unfälle an einer bestimmten Kreuzung in einem bestimmten Jahr. Im ersten Fall ist X eine diskrete Zufallsvariable, weil sie eine endliche Zahl möglicher Werte annehmen kann: 0, 1, 2, ..., 1.000. Im zweiten Fall hat Y eine abzählbar unendliche Zahl möglicher Werte: 0, 1, 2, ..., 100, usw. Warum ist Y abzählbar unendlich? Obwohl es an der Kreuzung in einem Jahr keine unendliche Zahl von Unfällen geben kann, ist es unmöglich, eine Obergrenze für den Wert von Y zu definieren, wodurch Y als abzählbar unendlich definiert wird und extrem großen Werten von Y immer kleiner werdende Wahrscheinlichkeiten zugeordnet werden.

Eine *stetige* (manchmal auch *kontinuierliche*) *Zufallsvariable* hat eine nicht abzählbar unendliche Anzahl möglicher Werte. Ein Beispiel: X sei das Gewicht eines Wurststücks. Die ganze Wurst wiegt 100 Gramm. Wie viele verschieden schwere Stücke können Sie von dieser

Wurst abschneiden? Sie können von der Wurst nicht nur ein Gramm oder zwei Gramm abschneiden, sondern auch 1,1 Gramm, 1,01 Gramm oder 1,001 Gramm. Es gibt unendlich viele Werte, die das Gewicht des abgeschnittenen Wurststücks annehmen kann. Ein anderes Beispiel: Y sei die Durchschnittsnote der Studenten, die an einer Prüfung teilnehmen. Für alle Absichten und Zwecke kann Y eine nicht abzählbare unendliche Zahl möglicher Werte annehmen und wird deshalb den stetigen Zufallsvariablen zugeordnet.

Die Grundlagen der Wahrscheinlichkeit werden in diesem Kapitel anhand von diskreten Zufallsvariablen beschrieben. Wenn Sie in Kapitel 15 und Kapitel 16 dieses Buches zu stetigen Wahrscheinlichkeitsmodellen kommen, werden stetige Zufallsvariablen und ihre Wahrscheinlichkeiten ausführlicher erklärt.

Die Wahrscheinlichkeitsverteilung finden und anwenden

Die Wahrscheinlichkeitsmassenfunktion *(WMF)* einer diskreten Zufallsvariablen X ist eine Funktion, die jedem Wert von X eine Wahrscheinlichkeit zuordnet. Die allgemeine Notation für eine Wahrscheinlichkeitsmassenfunktion von X ist $P(x)$. (Anmerkung: Wenn X stetig ist, wird das Gegenstück dieser Funktion als *Wahrscheinlichkeitsdichtefunktion* (WDF) von X bezeichnet; die Notation ist $f(x)$; mehr darüber in Kapitel 15.)

Tabelle 14.1 zeigt die möglichen Werte von X für die Aufgabe mit den Würfeln: 2, 3, 4, ..., 12. Die Wahrscheinlichkeit, dass X = 2 ist, finden Sie, wenn Sie zurück zu dem Stichprobenraum gehen und die Wahrscheinlichkeiten aller Ergebnisse berechnen, die mit dem Wert X = 2 verbunden sind. In diesem Falle gibt es nur ein einziges Ergebnis mit dem Wert X = 2, nämlich (1, 1), das eine Wahrscheinlichkeit von $\frac{1}{36}$ (sprich: »ein Sechsunddreißigstel«) hat. Tabelle 14.2 zeigt die Wahrscheinlichkeiten für alle möglichen Werte von X. Von allen möglichen 36 Ergebnissen hat nur 1 (1, 1) den Wert 2.

 In der Wahrscheinlichkeitsnotation ist $P(X = 2) = \frac{1}{36}$ (sprich: »P von X gleich 2 ist ein Sechsunddreißigstel«). Eine andere Möglichkeit, diese Wahrscheinlichkeit zu schreiben, ist $P(2) = \frac{1}{36}$ (sprich: »P von 2 ist ein Sechsunddreißigstel«). In diesem Buch werden beide Notationen verwendet.

Ähnlich sind die Wahrscheinlichkeiten für X = 3: $P\{(2, 1)$ oder $(1, 2)\} = P(2, 1) + P(1, 2) = \frac{1}{36}$ $+ \frac{1}{36} = \frac{2}{36}$. Also ist $P(3) = \frac{2}{36}$. Die Wahrscheinlichkeit, dass die Summe gleich 3 ist, ist höher als die Wahrscheinlichkeit, dass die Summe gleich 2 ist, weil die Summe 3 aus mehr Würfelkombinationen zusammengesetzt werden kann als die Summe 2. Tabelle 14.2 zeigt die *Wahrscheinlichkeitsmassenfunktion* (WMF) von X. Die Tabelle enthält alle möglichen Werte von X und die zugehörigen Wahrscheinlichkeiten.

X	P(x)	X	P(x)
2	$\frac{1}{36}$	8	$\frac{5}{36}$
3	$\frac{2}{36}$	9	$\frac{4}{36}$
4	$\frac{3}{36}$	10	$\frac{3}{36}$
5	$\frac{4}{36}$	11	$\frac{2}{36}$
6	$\frac{5}{36}$	12	$\frac{1}{36}$
7	$\frac{6}{36}$		

Tabelle 14.2: Wahrscheinlichkeitsmassenfunktion von X = *Summe zweier Würfel*

Eine _Wahrscheinlichkeitsverteilung_ von X ist eine Aufzählung aller möglichen Werte von X und der zugehörigen Wahrscheinlichkeiten dieser Werte. Die Wahrscheinlichkeitsverteilung einer diskreten Zufallsvariablen X hat die folgenden Eigenschaften:

✔ $P(x)$ liegt für jeden Wert der Zufallsvariablen X zwischen 0 und 1.

✔ Um die Wahrscheinlichkeit für die Werte a oder b zu berechnen, werden $P(a) + P(b)$ addiert, weil die einzelnen Werte von X einander ausschließen.

✔ Weil jedes Element aus dem Stichprobenraum einem Wert von X zugewiesen ist, müssen alle Wahrscheinlichkeiten in der Wahrscheinlichkeitsverteilung von X die Summe 1 ergeben.

Nachdem Sie die Wahrscheinlichkeitsverteilung einer Zufallsvariablen erstellt haben, können Sie prüfen, ob die Wahrscheinlichkeiten die Summe 1 ergeben. Falls dies erfüllt ist, können Sie einigermaßen sicher sein, dass die Wahrscheinlichkeitsverteilung richtig ist. Andernfalls ist etwas falsch. Übrigens: Die Wahrscheinlichkeiten in Tabelle 14.2 haben die Summe 1.

Die Funktion, die einer diskreten Zufallsvariablen Wahrscheinlichkeiten zuordnet, wird als _Wahrscheinlichkeitsmassenfunktion_ bezeichnet, weil sie zeigt, welche Wahrscheinlichkeit oder »Masse« jedem Wert der Zufallsvariablen zugemessen wird. »Masse« bedeutet hier so viel wie »Gewicht«; die Gesamtmasse (oder das Gewicht) einer Wahrscheinlichkeitsverteilung ist gleich 1. Die Wahrscheinlichkeitsdichtefunktion für eine stetige Zufallsvariable weist keine Wahrscheinlichkeiten oder Massen, sondern Dichten zu. Dies bedeutet, dass sie Ihnen sagt, wie dicht die Wahrscheinlichkeit für jeden Wert x um x verteilt ist. Wenn X stetig ist, werden Wahrscheinlichkeiten für Intervalle von X, nicht für bestimmte Werte von X ermittelt. (Stetige Zufallsvariablen haben an einem einzigen Punkt keine Wahrscheinlichkeit, weil über einem einzelnen Punkt keine Fläche existiert; es ist hier dasselbe wie in der Differential- und Integralrechnung; mehr darüber in Kapitel 15.)

Wahrscheinlichkeitsverteilungen darstellen: Ein Histogramm zeichnen

Wahrscheinlichkeitsverteilungen einer diskreten Zufallsvariablen X können mit einem Diagramm dargestellt werden, das als _Histogramm der relativen Häufigkeiten_ bezeichnet wird. Ein solches Histogramm ist im Wesentlichen ein Balkendiagramm, das die numerischen Werte auf der X-Achse und den Prozentsatz des Eintretens jedes Wertes auf der Y-Achse anzeigt. (Mehr über Histogramme finden Sie in _Statistik für Dummies_, erschienen bei Wiley-VCH.) Abbildung 14.1 zeigt die Wahrscheinlichkeitsverteilung des Beispiels mit den Würfeln aus Tabelle 14.1 und Tabelle 14.2.

Beachten Sie, dass Abbildung 14.1 die Wahrscheinlichkeiten für alle einzelnen Werte von X als Höhe des Balkens anzeigt und dass die Balken verbunden sind, obwohl es zwischen zwei benachbarten Werten von X keine Zwischenwerte (wie 2,5 oder 3,2) gibt. Dennoch hat sich diese Art der Darstellung von

Histogrammen mit Häufigkeiten und relativen Häufigkeiten eingebürgert, unabhängig davon, ob die möglichen Werte von X Zahlen wie 1, 2, 3 oder alle reellen Zahlen auf einem Zahlenstrahl sind. Doch aus dem Kontext der jeweiligen Aufgabe sollte eigentlich hervorgehen, um welche Art von Werten es sich handelt.

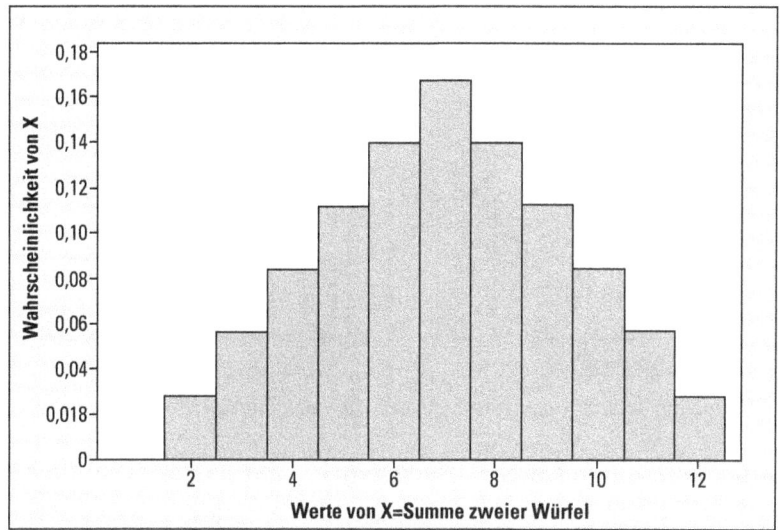

Abbildung 14.1: Dieses Histogramm der relativen Häufigkeiten zeigt die Wahrscheinlichkeitsverteilung von X = *Summe zweier Würfel*

Ein kennzeichnender Faktor einer Wahrscheinlichkeitsverteilung ist die Form, die sie als Histogramm annehmen kann. Abbildung 14.2 zeigt einige der vielen verschiedenen Formen, die Wahrscheinlichkeitsverteilungen annehmen können. Abbildung 14.2a zeigt eine Hügelform, bei der die Werte von X in der Mitte höhere Wahrscheinlichkeiten als die Werte an den Rändern haben. Abbildung 14.2b zeigt die Form einer diskreten Gleichverteilung, die flach ist. Die flache Form zeigt an, dass alle Werte von X die gleiche Wahrscheinlichkeit haben. Abbildung 14.2c zeigt eine steigende Treppe, die anzeigt, dass die Wahrscheinlichkeiten für höhere Werte von X zunehmen. Abbildung 14.2d zeigt eine fallende Treppe, die anzeigt, dass die Wahrscheinlichkeiten für höhere Werte von X immer niedriger werden.

Die Wahrscheinlichkeitsverteilung von X für das Würfelbeispiel (siehe Abbildung 14.1) hat Hügelform und ist symmetrisch. Die Summe 7 hat die höchste Wahrscheinlichkeit. Rechts und links der 7 nehmen die Wahrscheinlichkeiten ab, bis sie bei zwei Werten von X die niedrigsten Werte erreichen: $X = 2$ und $X = 12$. Diese Summen sind am schwersten zu erzielen, weil die wenigsten Zahlenkombinationen diese Ergebnisse haben.

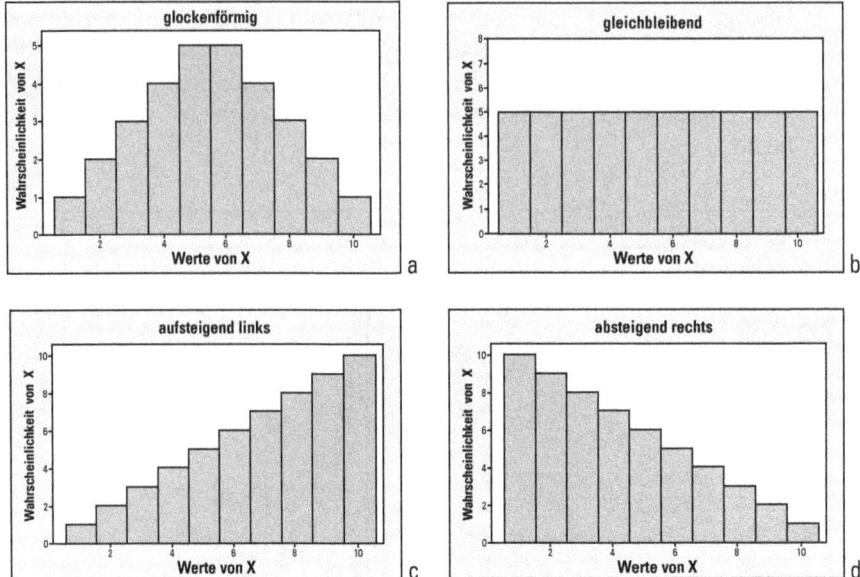

Abbildung 14.2: Formen verschiedener Wahrscheinlichkeitsverteilungen

Wahrscheinlichkeiten berechnen: »Höchstens«, »mindestens« und mehr

Mit einer Wahrscheinlichkeitsverteilung können Sie verschiedene Wahrscheinlichkeiten berechnen. Beispielsweise können Sie anhand der Tabelle 14.1 und der Tabelle 14.2 des Würfelbeispiels die Wahrscheinlichkeit berechnen, dass die Summe der beiden Würfel

✔ mindestens 7

✔ kleiner als 7

✔ höchstens 10

✔ mehr als 10

beträgt. Diese Situationen repräsentieren Ereignisse. Ein *Ereignis* ist eine Teilmenge eines oder mehrerer möglicher Ergebnisse eines Stichprobenraums *S*.

Das Ereignis »mindestens 7« bedeutet, dass 7 der kleinstmögliche Wert ist; von dort gehen die Werte bis zum höchstmöglichen Wert. In diesem Beispiel geht *X* von 7 bis 12 (einschließlich beider Grenzwerte). Sie addieren die Wahrscheinlichkeiten dieser Werte:

$$P(7 \leq X \leq 12) = P(X = 7) + P(X = 8) + P(X = 9) + P(X = 10) + P(X = 11) + P(X = 12)$$
$$= \frac{6}{36} + \frac{5}{36} + \frac{4}{36} + \frac{3}{36} + \frac{2}{36} + \frac{1}{36} = \frac{21}{36} = 0,58 \text{ oder } 58 \text{ Prozent}$$

Das Ereignis »kleiner als 7« bedeutet alle Werte unter 7 (ohne den Grenzwert). In diesem Beispiel geht *X* von 2 bis unter 7. Sinnvoller wäre es zu sagen, dass *X* von 2 bis 6 geht (einschließlich 2 und 6). Sie addieren die Wahrscheinlichkeiten dieser Werte:

$$P(X < 7) = P(X \leq 6) = P(X = 2) + P(X = 3) + P(X = 4) + P(X = 5) + P(X = 6)$$
$$= \frac{1}{36} + \frac{2}{36} + \frac{3}{36} + \frac{4}{36} + \frac{5}{36} = \frac{15}{36} = 0,42 \text{ oder } 42 \text{ Prozent}$$

Die Ereignisse {X ist mindestens 7} und {X ist kleiner als 7} sind komplementär. Das heißt, dass sie den Stichprobenraum in zwei einzelne Mengen zerlegen, die keine Elemente gemeinsam haben. Weil sie komplementär sind, addieren sich die Wahrscheinlichkeiten der beiden Ereignisse zu 1. (In Kapitel 12 finden Sie mehr über Komplemente.) Falls Sie $P(7 \leq X \leq 12)$ bereits berechnet haben, erhalten Sie einfach: $P(X < 7) = 1 - P(7 \leq X \leq 12)$.

Das Ereignis »höchstens 10« bedeutet, dass der höchstmögliche Wert 10 beträgt und dass alle kleineren Werte in dem Ereignis enthalten sind. In diesem Beispiel geht X von 2 bis 10 (einschließlich 2 und 10). Sie addieren wieder die Wahrscheinlichkeiten:

$$P(2 \leq X \leq 10) = P(X = 2) + P(X = 3) + P(X = 4) + P(X = 5) + \ldots + P(X = 9) + P(X = 10)$$

Diese Summe enthält sehr viele Summanden. In Wirklichkeit enthält diese Aufgabe weit weniger Elemente, die Sie *nicht* ermitteln müssen. Deshalb sollten Sie an die Komplementärregel (siehe Kapitel 12) denken, die sagt, dass die Wahrscheinlichkeit des Komplements eines Ereignisses gleich 1 minus die Wahrscheinlichkeit des Ereignisses ist. Mit der Komplementärregel erhalten Sie:

$$P(2 \leq X \leq 10) = 1 - \{11 \leq X \leq 12\} = 1 - (\tfrac{2}{36} + \tfrac{1}{36}) = 1 - \tfrac{3}{36} = 0{,}92 \text{ oder } 92 \text{ Prozent}$$

Das Ereignis »mehr als 10« bedeutet alle Werte über 10 (10 selbst ausgeschlossen), das heißt die beiden Werte 11 und 12. Sie addieren wieder die Wahrscheinlichkeiten der Werte:

$$P(X > 10) = P(X \geq 11) = P(X = 11) + P(X = 12) = \tfrac{1}{36} + \tfrac{1}{36} = \tfrac{3}{36} = 0{,}08 \text{ oder } 8 \text{ Prozent}$$

Auch hier sind die Ereignisse {X ist höchstens 10} und {X ist mehr als 10} komplementär, wodurch sich ihre Wahrscheinlichkeiten zu 1 addieren.

Die Begriffe »mindestens« und »kleiner als« werden gerne verwechselt, obwohl sie etwas ganz anderes bedeuten. Anhand eines einfachen Zahlenstrahls können Sie leicht darstellen, was mit diesen beiden Ausdrücken gemeint ist. Eine andere Möglichkeit sind Eselsbrücken: »Sie müssen mindestens 18 Jahre alt sein, um hier Alkohol trinken zu dürfen.« Das bedeutet, 18 Jahre oder älter. Ähnliches gilt für die Begriffe »höchstens« und »mehr als«. Hier hilft ein Vergleich mit Geld: Wenn Sie höchstens zehn Euro für ein Essen ausgeben können, können Sie für zehn Euro oder weniger essen – anders ausgedrückt: Sie haben nur zehn Euro in der Tasche. Oder wenn Sie mehr als 40.000 Euro pro Jahr verdienen wollen, müssen Sie 40.001 Euro oder mehr bekommen.

Die kumulative Verteilungsfunktion ermitteln und anwenden

Im vorhergehenden Abschnitt haben Sie viele Wahrscheinlichkeiten addiert, um die Wahrscheinlichkeiten zu ermitteln, dass X »mindestens«, »kleiner als«, »höchstens« oder »größer als« ein bestimmter Vergleichswert ist. Diese Additionen können mit einer besonderen Funktion, der so genannten *kumulativen Verteilungsfunktion* (KVF) von X, vereinfacht werden. Sie repräsentiert die Wahrscheinlichkeit, dass X kleiner als oder gleich einem Vergleichswert ist. Diese Wahrscheinlichkeit ist die Summe aller Wahrscheinlichkeiten der Werte, die kleiner als oder gleich X sind. Die Wahrscheinlichkeitsnotation für die kumulative Verteilungsfunktion (KVF) lautet:

$$F(a) = \sum_{x \leq a} P(X = x)$$

In dem Beispiel mit den Würfeln aus Tabelle 14.1und Tabelle 14.2 ist die Wahrscheinlichkeit, dass X kleiner als oder gleich 6 ist:

$$P(X \leq 6) = P(X = 2) + P(X = 3) + P(X = 4) + P(X = 5) + P(X = 6) = \tfrac{15}{36} = 0,42$$

oder 42 Prozent. Mit der kumulativen Verteilungsfunktion von X entspricht dies dem Wert $F(6) = 0,42$. Tabelle 14.3 zeigt die vollständige KVF von X für das Würfelbeispiel.

X	$F(x)$
$X < 2$	$0 = 0,00$ oder 0 %
$2 \leq X < 3$	$\tfrac{1}{36} = 0,028$ oder 2,78 %
$3 \leq X < 4$	$\tfrac{3}{36} = 0,083$ oder 8,3 %
$4 \leq X < 5$	$\tfrac{6}{36} = 0,167$ oder 16,7 %
$5 \leq X < 6$	$\tfrac{10}{36} = 0,277$ oder 27,7 %
$6 \leq X < 7$	$\tfrac{15}{36} = 0,417$ oder 41,7 %
$7 \leq X < 8$	$\tfrac{21}{36} = 0,583$ oder 58,3 %
$8 \leq X < 9$	$\tfrac{26}{36} = 0,722$ oder 72,2 %
$9 \leq X < 10$	$\tfrac{30}{36} = 0,833$ oder 83,3 %
$10 \leq X < 11$	$\tfrac{33}{36} = 0,917$ oder 91,7 %
$11 \leq X < 12$	$\tfrac{35}{36} = 0,972$ oder 97,2 %
$X \leq 12$	$\tfrac{36}{36} = 1,00$ oder 100 %

Tabelle 14.3: Kumulative Verteilungsfunktion für X = *Summe zweier Würfel*

Jedem möglichen X-Wert von der negativen Unendlichkeit bis zur positiven Unendlichkeit ist ein Wert von $F(x)$ zugeordnet, weil $F(x)$ für jeden Wert von x als die Wahrscheinlichkeit definiert ist, dass X kleiner als oder gleich x ist.

Die kumulative Verteilungsfunktion interpretieren

Weil die kumulative Verteilungsfunktion für alle Werte von der negativen Unendlichkeit bis zur positiven Unendlichkeit definiert ist, müssen Sie den Gang umschalten, wenn Sie eine KVF im Vergleich zu einer Wahrscheinlichkeitsmassenfunktion (WMF; siehe Tabelle 14.2 für ein Beispiel) interpretieren wollen.

In dem Beispiel mit den Würfeln aus Tabelle 14.1 und Tabelle 14.2 existieren für Werte kleiner als 2 keine Wahrscheinlichkeiten, sodass $F(x) = 0$ ist. An dem Punkt, an dem $X = 2$ ist, springt die Funktion auf den Wert $\tfrac{1}{36}$, weil diese die Wahrscheinlichkeit für $X = 2$ ist. Jetzt behält die Funktion für alle Werte von 2 an aufwärts bis 3 ausschließlich den Wert $\tfrac{1}{36}$, weil keine neuen Wahrscheinlichkeiten hinzukommen. Beispielsweise gehört die Zahl 2,50 nicht zu den Werten der Zufallsvariablen X. Trotzdem können Sie $P(X \leq 2,50) = F(2,50)$ ermitteln.

Die Wahrscheinlichkeit, dass X kleiner als oder gleich 2,5 ist, ist in diesem Fall gleich der Wahrscheinlichkeit, dass X gleich 2 ist, also $\frac{1}{36}$ oder 2,8 Prozent.

Tatsächlich beträgt die Wahrscheinlichkeit, dass X kleiner als oder gleich 2,60 ist, ebenfalls 1/36, und die kumulative Wahrscheinlichkeit bleibt bis zu der Zahl 3 bei $\frac{1}{36}$. Bei 3 macht sie einen Sprung: $F(3) = P(X \leq 3) = P(X = 2) + P(X = 3) = \frac{1}{36} + \frac{2}{36} = \frac{3}{36} = 8{,}3$ Prozent. Für jeden Wert von 3 an aufwärts bis 4 ausschließlich behält die kumulierte Wahrscheinlichkeit den Wert $\frac{1}{36} + \frac{2}{36} = \frac{3}{36}$. Weitere Sprünge erfolgen bei $X = 4, 5, 6, \ldots$ bis 11 und 12, weil bei diesen ganzzahligen Werten weitere Wahrscheinlichkeiten kumuliert werden, aber bei den Zwischenwerten passiert nichts, weshalb die KVF dort ihren Wert behält.

Die kumulative Verteilungsfunktion grafisch darstellen

Für jede Zahl können Sie die Wahrscheinlichkeit, dass X kleiner als oder gleich dieser Zahl ist, an dem Graphen der kumulativen Verteilungsfunktion ablesen. Abbildung 14.3 zeigt den Graphen der kumulativen Verteilungsfunktion für X. In diesem Fall sind die möglichen Werte von X ganzzahlig (ganze Zahlen können positiv, negativ oder 0 sein). Die ganzen Zahlen 2, 3, 4, ..., 12 scheinen zwei mögliche Werte für $F(x)$ zu haben, einen mit einem ausgefüllten Kreis und einen mit einem leeren Kreis. Der ausgefüllte Kreis ist der maßgebende Wert von $F(x)$ an diesem Punkt.

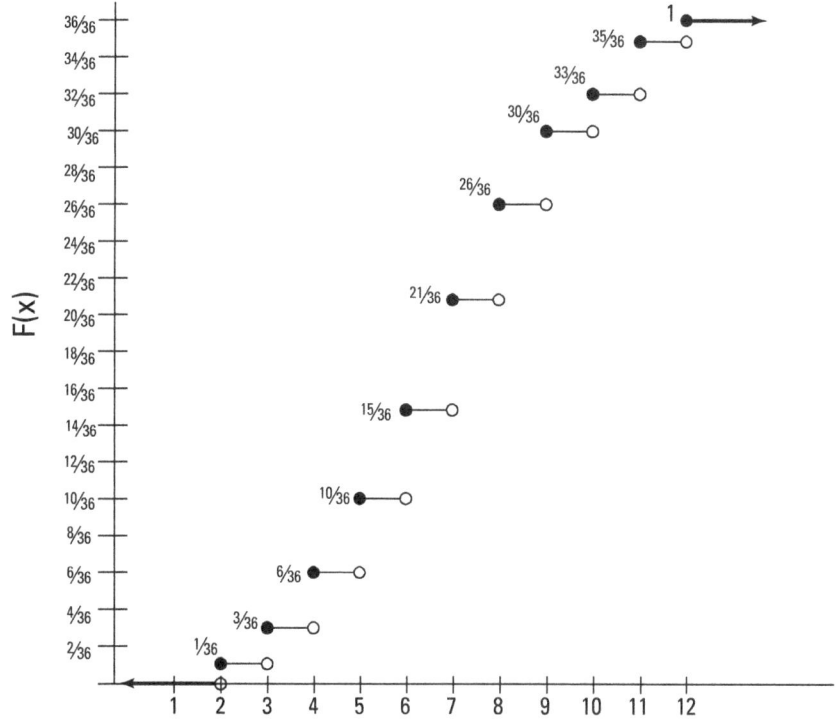

Abbildung 14.3: Graph der kumulativen Verteilungsfunktion für F(Summe zweier Würfel)

Wenn X größer wird, nehmen die entsprechenden Werte von $F(x)$ sprungweise bis 1 zu; nach $X = 12$ bleiben sie konstant. Bei $X = 12$ haben Sie alle Wahrscheinlichkeiten kumuliert, und für alle Werte größer als 12 hat die KVF den Wert 1. Die allgemeine Form ist bei allen kumulativen Verteilungsfunktionen gleich. Die Werte von $F(x)$ beginnen im negativ Unendlichen immer bei 0 bis zu dem ersten Wert von X, der eine positive Wahrscheinlichkeit hat. Danach nimmt ihr Wert zu, bis $F(x) = 1$ an dem Punkt erreicht, an dem die letzte Wahrscheinlichkeit für X gegeben ist. Danach bleibt $F(x)$ konstant 1 für alle Werte von X bis ins positive Unendliche.

Diskrete Zufallsvariablen haben KVFs, die als *Stufenfunktionen* bezeichnet werden. Sie sind nicht überall stetig, sondern haben für ein bestimmtes Intervall einen festen Wert und springen von einem Punkt, dem eine Wahrscheinlichkeit zugeordnet ist, auf den nächsten Wert. Dort bleiben sie bis zum nächsten Punkt mit einer Wahrscheinlichkeit. Der Name der Funktion ergibt sich aus ihrem grafischen Aussehen. Stetige Zufallsvariablen haben eine stetige KVF.

Wahrscheinlichkeiten mit der kumulativen Verteilungsfunktion ermitteln

Mit der kumulativen Verteilungsfunktion (KVF) können Sie Wahrscheinlichkeiten für X ermitteln. Tatsächlich ist die KVF besonders hilfreich, wenn Wahrscheinlichkeiten für Intervalle gefragt sind: x kleiner als X, x größer als X oder x zwischen zwei Werten von X. Angenommen, Sie müssen die folgenden sieben Wahrscheinlichkeiten für das Würfelbeispiel aus Tabelle 14.1 bis Tabelle 14.3 anhand der KVF ermitteln:

1. $P(X \leq 8)$

2. $P(X < 8)$

3. $P(X \geq 5)$

4. $P(X > 5)$

5. $P(5 < X < 8)$

6. $P(5 \leq X \leq 8)$

7. $P(5 \leq X < 8)$

Die Wahrscheinlichkeiten der verschiedenen Intervalle ermitteln

Aufgabe 1 repräsentiert $F(8) = {}^{26}\!/_{36}$ oder 0,72 (72 Prozent; siehe Tabelle 14.3). Aufgabe 2 muss jedoch umgeschrieben werden, weil $F(x)$ die Wahrscheinlichkeit für »kleiner als oder gleich« und nicht »kleiner als« angibt. Sie müssen zur nächstkleineren ganzen Zahl gehen, weil die Wahrscheinlichkeiten hier nur für ganze Zahlen kumuliert werden. Sie erhalten: $P(X < 8) = P(X \leq 7)$. Die Antwort ist $F(7) = {}^{21}\!/_{36} = 0,58$ (siehe Tabelle 14.3).

In Aufgabe 3 wird die Wahrscheinlichkeit gesucht, dass der Wert größer als oder gleich 5 ist. Sie müssen die Aufgabe so umschreiben, dass Werte für X mit »kleiner als«-Wahrscheinlichkeiten (anders ausgedrückt: Komplemente) gesucht werden, damit Sie die KVF verwenden können. Beachten Sie, dass $P(X \geq 5) = 1 - P(X \leq 4)$ ist, weil Sie 5 einschließen wollen. Die auszuschließenden Werte sind also alle kleiner als 5 oder 4 und kleiner. Sie erhalten $1 - F(4) = 1 - \frac{6}{36} = \frac{30}{36} = 0,83$. In Aufgabe 4 werden Werte gesucht, die nur größer als 5 sind (also 5 ausschließlich), weshalb hier ein anderes Komplement greift: $P(X > 5) = 1 - P(X \leq 5)$ $= 1 - F(5) = 1 - \frac{10}{36} = 0,72$.

 Das Komplement von »größer als x« ist »kleiner als oder gleich x«. Das Komplement von »größer als oder gleich x« ist »kleiner als x«. Das Problem liegt darin, dass bei Ungleichheiten die Grenzen genau beachtet werden müssen. Sie müssen genau darauf achten, ob die Grenzwerte eingeschlossen oder ausgeschlossen werden sollen. Dabei spielen die Komplemente eine wichtige Rolle. Hier ist eine Übersicht über die Komplemente aus den ersten vier Aufgaben dieses Abschnitts:

1. **Das Komplement von »kleiner als oder gleich x« ist »größer als x«.**

2. **Das Komplement von »kleiner als x« ist »größer als oder gleich x«.**

3. **Das Komplement von »größer als oder gleich x« ist »kleiner als x«.**

4. **Das Komplement von »größer als x« ist »kleiner als oder gleich x«.**

Die Wahrscheinlichkeiten von Werten in einem Intervall

In den Aufgaben 5, 6 und 7 werden Wahrscheinlichkeiten gesucht, dass Werte zwischen zwei anderen Werten liegen. Um diese Wahrscheinlichkeiten mit der KVF zu ermitteln, subtrahieren Sie die Wahrscheinlichkeit für den unteren Grenzwert von der Wahrscheinlichkeit für den oberen Grenzwert. Die Schwierigkeit ist: Soll der jeweilige Grenzwert eingeschlossen oder ausgeschlossen werden? Dies hängt davon ab, ob Sie es mit »kleiner als«- oder »kleiner als oder gleich«-Wahrscheinlichkeiten zu tun haben.

In Aufgabe 5 wird die Wahrscheinlichkeit gesucht, dass ein Wert zwischen 5 und 8 (jeweils *ausschließlich*) liegt. Die Grenzwerte 5 und 8 sollen also nicht zu dem Intervall gehören. Mit $P(X \leq 7) - P(X \leq 5)$ wählen Sie alle Wahrscheinlichkeit von X für 2 bis 7 minus die Wahrscheinlichkeit von X für 2 bis 5 aus und erhalten die Wahrscheinlichkeit, dass X gleich 6 oder 7 ist. Die ist genau, was Sie suchen: $F(7) - F(5) = \frac{21}{36} - \frac{10}{36} = \frac{11}{36} = 0,31$ (siehe Tabelle 14.3).

In Aufgabe 6 wird die Wahrscheinlichkeit gesucht, dass ein Wert zwischen 5 und 8 (jeweils *einschließlich*) liegt. Die Grenzwerte 5 und 8 sollen also diesmal zu dem Intervall gehören. Deshalb müssen Sie deren Wahrscheinlichkeiten einschließen. Sie nehmen die Wahrscheinlichkeit $F(8)$ für X von 2 bis 8 und subtrahieren alle Wahrscheinlichkeiten bis zur unteren Grenze des Intervalls einschließlich 4 oder $F(4)$. Die Antwort ist $F(8) - F(4) = \frac{26}{36} - \frac{6}{36} = \frac{20}{36}$ oder 0,56.

Aufgabe 7 ist eine Kombination der Aufgaben 5 und 6. Die Untergrenze des Intervalls, 5, soll eingeschlossen, die Obergrenze, 8, soll ausgeschlossen werden: $F(7) - F(4) = \frac{21}{36} - \frac{6}{36} = \frac{15}{36}$ oder 0,42.

Hier sind die Komplemente der Aufgaben 5 bis 7:

5. **Das Komplement von »zwischen x (ausschließlich) und y (ausschließlich)« ist »kleiner als oder gleich x oder größer als oder gleich y«.**

6. **Das Komplement von »zwischen x (einschließlich) und y (einschließlich)« ist »kleiner als oder gleich $x - 1$ oder größer als oder gleich $y + 1$«.**

7. **Das Komplement von »zwischen x (einschließlich) und y (ausschließlich)« ist »kleiner als oder gleich $x - 1$ oder größer als oder gleich y«.**

Die Wahrscheinlichkeitsmassenfunktion aus der kumulativen Verteilungsfunktion ableiten

Bei manchen Aufgaben ist eine kumulative Verteilungsfunktion $F(x)$ gegeben. Sie sollen die Wahrscheinlichkeitsmassenfunktion (WMF) für X ermitteln. Anders ausgedrückt: Sie sollen die Einzelwerte von X mit einer Wahrscheinlichkeit und deren Höhe ermitteln. Diese Frage lässt sich durch einen Blick auf die Sprünge in dem Graphen von $F(x)$ beantworten. In Abbildung 14.3 springt die KVF beispielsweise von $\frac{26}{36}$ bei $X = 8$ auf $\frac{30}{36}$ bei $X = 9$. Sie können daran ablesen, dass $P(X = 9) = \frac{30}{36} - \frac{26}{36} = \frac{4}{36}$ ist. So können Sie von der WMF zur KVF und umgekehrt gehen.

Angenommen, eine Zufallsvariable X repräsentiert die Zahl der Kühlschränke, die ein Verkäufer eines Einrichtungshauses pro Tag verkauft. Tabelle 14.4 zeigt die KVF von X, Abbildung 14.4 den zugehörigen Graphen.

X	F(x)
< 0	0
$0 \leq X < 1$	0,30
$1 \leq X < 2$	0,65
$2 \leq X < 3$	0,80
$3 \leq X < 4$	0,90
$4 \leq X < 5$	0,95
$5 \leq X < 6$	0,98
$X \geq 6$	1,00

Tabelle 14.4: Die KVF von X = Anzahl der pro Tag verkauften Kühlschränke

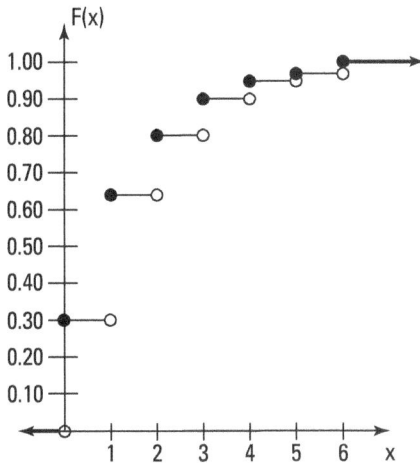

Abbildung 14.4: Graph der KVF von X = *Anzahl der pro Tag verkauften Kühlschränke*

Wenn die KVF und ihr Graph gegeben sind, können Sie die WMF für X ableiten. Beachten Sie zunächst, dass alle Werte kleiner als 0 keine kumulierte Wahrscheinlichkeit haben und dass der erste Sprung der KVF bei $X = 0$ erfolgt. Dort springt sie von 0 auf 0,30. Dies bedeutet, die Wahrscheinlichkeit, dass $X = 0$ eintritt, ist $P(X = 0) = 0,30$. Der nächste Sprung erfolgt bei $X = 1$, wo die KVF von 0,30 auf 0,65 springt. Das bedeutet, dass die Wahrscheinlichkeit, dass $X = 1$ ist, um den Nettowert der neuen Wahrscheinlichkeit, also 0,65 – 0,30 = 0,35, höher ist. Der nächste Sprung erfolgt bei $X = 2$, wo die KVF von 0,65 auf 0,80 springt, sodass $P(X = 2) = 0,80 - 0,65 = 0,15$ ist. Die restlichen Sprünge erfolgen bei $X = 3, 4, 5$ und 6; die zugehörigen Wahrscheinlichkeiten sind:

✔ 0,90 – 0,80 = 0,10

✔ 0,95 – 0,90 = 0,05

✔ 0,98 – 0,95 = 0,03

✔ 1,0 – 0,98 = 0,02

Nachdem Sie die WMF abgeleitet haben, müssen Sie zunächst prüfen, ob die Summe aller Wahrscheinlichkeiten 1 ergibt. Hier können Sie sehen, dass die Wahrscheinlichkeiten von 0 bis 6 sich zu 1 addieren. Jede Wahrscheinlichkeit ist gleich dem Sprung des KVF-Wertes von einem bestimmten Punkt zum nächsten.

Erwartungswert, Varianz und Standardabweichung einer diskreten Zufallsvariablen

Mit der *Wahrscheinlichkeitsmassenfunktion* (WMF) können Sie das langfristige Durchschnittsergebnis, den so genannten *Erwartungswert*, einer Zufallsvariablen sowie die Variabilität in einer Menge von Ergebnissen, die so genannte *Varianz*, berechnen. Sie können auch die Standardabweichung berechnen, um die Varianz der Ergebnisse zu interpretieren. Die Formeln für diese Größen sind Gegenstand dieses Abschnitts.

Den Erwartungswert von X berechnen

Der *Erwartungswert* einer Zufallsvariablen ist der langfristige Durchschnittswert eines Experiments, wenn dieses unendlich oft wiederholt wird. Anders ausgedrückt: Er ist das mathematische Gegenstück eines gewichteten Durchschnitts aller möglichen Werte von X, gewichtet mit der Häufigkeit des langfristig erwarteten Eintretens eines Wertes. Diese Häufigkeit des Eintretens eines Wertes X, seine Erfolgswahrscheinlichkeit, wird mit $P(x)$ bezeichnet. Die Notation für den Erwartungswert von X ist $E(X)$, und die Formel für den Erwartungswert ist

$$\sum_{\substack{alle \\ x}} xp(x)$$

$E(X)$ wird oft mit dem griechischen Buchstaben μ bezeichnet. Eine andere Möglichkeit, den Erwartungswert von X zu beschreiben, ist der Mittelwert von X.

Der Erwartungswert einer Zufallsvariablen X wird mit den folgenden Schritten ermittelt:

1. **Multiplizieren Sie den ersten Wert von X mit seiner Wahrscheinlichkeit.**

2. **Wiederholen Sie Schritt 1 für alle möglichen Werte von X.**

3. **Addieren Sie die Ergebnisse.**

Die Wahrscheinlichkeitsverteilung von X des Beispiels aus Tabelle 14.1 bis Tabelle 14.3 wird in Tabelle 14. gezeigt. Bevor Sie $E(X)$ berechnen, können Sie raten, welcher Wert sich ergeben sollte. Wenn Sie zwei Würfel immer wieder werfen und den Durchschnitt der Summen der beiden Würfel bilden, welchen Durchschnitt werden Sie erhalten? Weil der Durchschnitt eines Wurfes 3,5 beträgt (die Hälfte zwischen 1 und 6), beträgt der Durchschnitt zweier Würfel 7. Mit der Formel für $E(X)$ erhalten Sie:

$$2 \cdot \tfrac{1}{36} + 3 \cdot \tfrac{2}{36} + 4 \cdot \tfrac{3}{36} + 5 \cdot \tfrac{4}{36} + 6 \cdot \tfrac{5}{36} + 7 \cdot \tfrac{6}{36} + 8 \cdot \tfrac{5}{36} + 9 \cdot \tfrac{4}{36} + 10 \cdot \tfrac{3}{36} + 11 \cdot \tfrac{2}{36} +$$
$$12 \cdot \tfrac{1}{36} = \tfrac{2}{36} + \tfrac{6}{36} + \tfrac{12}{36} + \tfrac{20}{36} + \tfrac{30}{36} + \tfrac{42}{36} + \tfrac{40}{36} + \tfrac{36}{36} + \tfrac{30}{36} + \tfrac{22}{36} + \tfrac{12}{36} = \tfrac{252}{36} = 7.$$

Wenn Sie also zwei Würfel theoretisch unendlich oft werfen und die Summen aufzeichnen, beträgt die Durchschnittssumme aller Würfe 7. Wenn Sie Würfel spielen wollen, sollten Sie wissen, dass Sie immer näher an die Wahrheit kommen, je öfter Sie die Würfel werfen, selbst wenn dafür Hunderte von Würfen erforderlich sein sollten (siehe Kapitel 17). Deshalb sind die Formeln für die Wahrscheinlichkeit so hilfreich!

Beachten Sie, dass die Durchschnittssumme der beiden Würfel in der Mitte zwischen 2 und 12 liegt. Doch dies ist nicht immer der Fall. Wenn die WMF von X symmetrisch ist, ist $E(X)$ der mittlere Wert, aber wenn die WMF von X nicht symmetrisch ist (zum Beispiel wenn sie fällt oder steigt – siehe Abbildung 14.2), beeinflusst dies E(X). Deshalb verwenden Sie die gewichteten Wahrscheinlichkeiten von X und nicht den Durchschnitt der tatsächlichen möglichen Werte von X, um den Erwartungswert zu berechnen.

Abbildung 14.5 zeigt den Graphen der WMF des Beispiels vom Kühlschrankverkäufer (siehe den Abschnitt *Die Wahrscheinlichkeitsmassenfunktion aus der kumulativen Verteilungsfunktion ableiten* weiter vorn in diesem Kapitel).

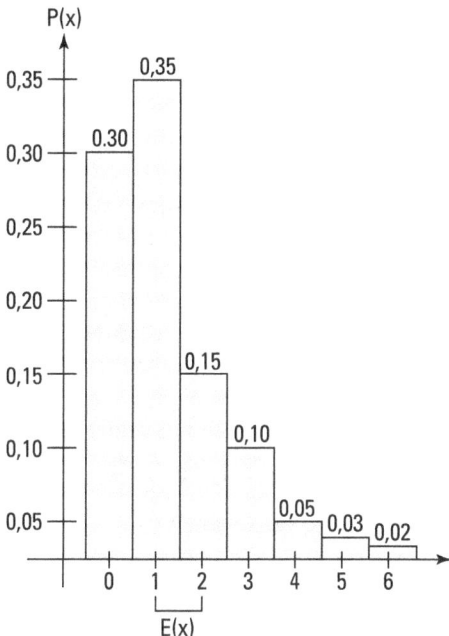

Abbildung 14.5: Graph der WMF von X = *Zahl der pro Tag verkauften Kühlschränke*

Hier fällt die WMF nach rechts. Die Werte 0, 1, 2 haben ein höheres Gewicht, danach geht es abwärts. Sie können den Erwartungswert als Gleichgewichtspunkt des WMF-Graphen auffassen. Bei dem Graphen aus Abbildung 14.5 sollte dieser Punkt nach links verschoben etwa bei 1 oder 2 liegen, weil diese Seite mehr Gewicht hat. Dagegen haben Zahlen wie 5 oder 6 weniger Gewicht. Um $E(X)$ zu berechnen, erhalten Sie:

$$E(X) = 0 \cdot 0{,}30 + 1 \cdot 0{,}35 + 2 \cdot 0{,}15 + 3 \cdot 0{,}10 + 4 \cdot 0{,}05 + 5 \cdot 0{,}03 + 6 \cdot 0{,}02 = 1{,}42$$

Langfristig darf dieser Verkäufer anhand der gesammelten Daten also erwarten, durchschnittlich 1,42 Kühlschränke pro Tag zu verkaufen.

Der Erwartungswert von X muss nicht gleich einem der möglichen Werte von X sein, weil dieser einen langfristigen Durchschnittswert repräsentiert. Doch der Wert muss zwischen dem kleinstmöglichen und dem größtmöglichen Wert von X sein, weshalb diese Grenzwerte eine gewisse Kontrolle der Berechnung von $E(X)$ ermöglichen. Beachten Sie auch, dass $E(X)$ keine Wahrscheinlichkeit ist; er fällt also nur zwischen 0 und 1, wenn alle möglichen Werte von X ebenfalls zwischen 0 und 1 liegen.

Die Varianz von X berechnen

Die *Varianz* einer Zufallsvariablen ist die erwartete Variabilität in den Ergebnissen, nachdem ein Experiment theoretisch unendlich oft wiederholt worden ist. Die Notation für die

Varianz von X ist $V(X)$, und die Formel ist

$$V(X) = \sigma^2 = E\left[(X - \mu)^2\right] = \sum_{alle\ x} p(x)\,(x - \mu)^2$$

Die tatsächliche Varianz hängt davon ab, welche Häufigkeit Sie für jeden Wert von X erwarten und wie weit die X-Werte von dem Erwartungswert von X entfernt sind. Sie können die Varianz von X als den gewichteten quadrierten Durchschnittsabstand von $E(X)$ auffassen, wobei die Wahrscheinlichkeiten der Werte von X als Gewichte dienen.

Die Varianz von X wird folgendermaßen berechnet:

1. **Subtrahieren Sie $E(X)$ – auch μ – von dem ersten Wert von X.**

2. **Quadrieren Sie die Differenz.**

3. **Multiplizieren Sie mit der Wahrscheinlichkeit von X für diesen Wert von X.**

4. **Wiederholen Sie die Schritte 1 bis 3 für jeden Wert von X.**

5. **Addieren Sie die Ergebnisse für alle Werte von X.**

 Die Differenzen in der Varianzformel werden quadriert, um ein positives Ergebnis zu erzeugen. Beachten Sie jedoch, dass dadurch auch die Einheiten von X quadriert werden. Es gibt auch eine Kurzform dieser Formel für die Varianz:

$$V(X) = \sigma^2 = E(X^2) - \mu^2$$

Anders ausgedrückt: Diese Gleichung ist der Erwartungswert von X^2 minus dem Quadrat des Erwartungswertes von X. $E(X^2)$ wird mit der folgenden Formel berechnet:

$$E(X^2) = \sum_{alle\ x} x^2 \cdot P(x)$$

Der Erwartungswert von X^2 wird folgendermaßen berechnet:

1. **Quadrieren Sie den ersten Wert von X.**

2. **Multiplizieren Sie das Ergebnis mit seiner Wahrscheinlichkeit $P(x)$.**

3. **Wiederholen Sie die Schritte 1 und 2 für jeden Wert von X.**

4. **Addieren Sie die Ergebnisse.**

Die Varianz von X wird mit der Kurzformel folgendermaßen berechnet:

1. **Berechnen Sie $E(X^2)$.**

2. **Berechnen Sie $E(X)$ (auch μ genannt).**

3. **Quadrieren Sie $E(X)$, um μ^2 zu berechnen.**

4. **Berechnen Sie $E(X^2) - \mu^2$.**

Die Wahrscheinlichkeitsverteilung von X im Beispiel mit dem Kühlschrankverkäufer aus dem vorhergehenden Abschnitt wird in dem Abschnitt *Die Wahrscheinlichkeitsmassenfunktion aus der kumulativen Verteilungsfunktion ableiten* weiter vorn in diesem Kapitel gezeigt. In dem vorhergehenden Abschnitt wurde 1,42 als Erwartungswert von X berechnet. Das bedeutet, dass $\mu^2 = 1,42^2 = 2,02$ ist. Jetzt müssen Sie nur den folgenden Wert berechnen:

$$E(X^2) = 0^2 \cdot 0,30 + 1^2 \cdot 0,35 + 2^2 \cdot 0,15 + 3^2 \cdot 0,10 + 4^2 \cdot 0,05 + 5^2 \cdot 0,03 + 6^2 \cdot 0,02 = 0$$
$$+ 0,35 + 0,60 + 0,90 + 0,80 + 0,75 + 0,72 = 4,12.$$

Deshalb ist $V(X) = 4,12 - 2,02 = 2,10$.

Die Standardabweichung von X berechnen

Es ist schwer, die Varianz von X zu interpretieren, weil es sich um quadrierte Einheiten von X handelt; deshalb wird die erwartete Variation einer Menge von Ergebnissen zur nächsten normalerweise mit der Quadratwurzel von $V(X)$ beschrieben. Die Quadratwurzel der Varianz wird als *Standardabweichung* von X, $SD(X)$, bezeichnet. Ihre Formel lautet:

$$\sigma = \sqrt{V(X)}$$

Die Standardabweichung hat dieselbe Einheit wie X, weil durch die Wurzel die Quadrierung bei der Berechnung der Varianz umgekehrt wird.

In dem Kühlschrankbeispiel beträgt die Standardabweichung von X

$$\sigma = \sqrt{2,10} = 1,45.$$

Sie können den Wert der Standardabweichung als den Betrag interpretieren, um den der Kühlschrankverkauf langfristig Tag für Tag von dem Erwartungswert abweicht.

Die Varianz von X muss per Definition größer als oder gleich 0 sein. Die einzige Möglichkeit, dass $V(X)$ gleich 0 ist, ist gegeben, wenn X nur einen möglichen Wert mit der Wahrscheinlichkeit 1 annimmt (keine besonders interessante Situation). Nach oben hin gibt es keine Grenze für $V(X)$. Wenn die Werte für X eng beieinanderliegen, wird $V(X)$ relativ klein sein, aber wenn sie weit auseinanderliegen, wird $V(X)$ groß sein. Dasselbe gilt für die Standardabweichung.

Die Normalverteilung

In diesem Kapitel

▷ Stetiges und Diskretes trennen

▷ Das Wahrscheinlichkeitsmodell der Normalverteilung
   verstehen

▷ Normale Wahrscheinlichkeiten von A bis Z

▷ Aufgaben der Normalverteilung durch Rückwärtsrechnung lösen

D ie Normalverteilung ist ein sehr häufiges Wahrscheinlichkeitsmodell, mit dem viele Zufallsphänomene beschrieben werden können. Im Gegensatz zu den diskreten Verteilungen ist sie stetig und zeigt ein typisches Bild: eine glockenförmige Kurve, deren Ergebnisse sich in der Mitte häufen. Je weiter man sich links und rechts von der Mitte entfernt, desto seltener treten Ergebnisse ein.

In diesem Kapitel bearbeiten Sie Aufgaben in der Wahrscheinlichkeitsrechnung, die mit dem Modell der Normalverteilung gelöst werden können. Dazu zählen Aufgaben, bei denen die Wahrscheinlichkeit gegeben ist, dass X über oder unter einem bestimmten Wert liegt, und Sie durch eine so genannte *Rückwärtsrechnung* den Wert von X finden müssen, der zu dieser Wahrscheinlichkeit gehört. Weil die Wahrscheinlichkeiten für die Normalverteilungen sehr schwierig zu berechnen sind, arbeiten Sie mit einer Tabelle, die bereits berechnete Wahrscheinlichkeiten enthält. Sie müssen Ihre Aufgaben algebraisch ein wenig umformen, damit Sie sie mit der Tabelle lösen können.

Die Grundlagen der Normalverteilung

Die Normalverteilung ist keine diskrete, sondern eine *stetige Verteilung* (auch: *kontinuierliche Verteilung*). Der Graph der Wahrscheinlichkeitsfunktion einer kontinuierlichen Verteilung ist eine stetige Kurve; ihre Zufallsvariable hat eine nicht abzählbar unendliche Zahl möglicher Werte. Dies bedeutet, dass die Menge der möglichen Werte als Intervall geschrieben wird, zum Beispiel »negativ unendlich bis positiv unendlich«, »0 bis unendlich« oder ein Intervall wie [0,10], das alle reellen Zahlen von 0 bis 10 einschließlich 0 und 10 repräsentiert. Eine diskrete Verteilung hat dagegen entweder eine endliche oder eine abzählbar unendliche Zahl möglicher Werte. Das bedeutet, dass Sie ihre Werte aufzählen oder auflisten können, etwa 1, 2, 3, 4, 5, 6 oder 1, 2, 3, … In Kapitel 16 werden stetige Verteilungen allgemein und weitere stetige Verteilungen betrachtet.

In Kapitel 14 über die Grundlagen von Wahrscheinlichkeitsverteilungen gingen wir davon aus, dass Zufallsvariablen (und damit ihre Verteilung) diskret waren. Bei stetigen Zufallsvariablen ändern sich nur einige wenige Elemente:

✔ Eine stetige Zufallsvariable X hat keine Wahrscheinlichkeitsmassenfunktion (WMF), sondern eine so genannte *Wahrscheinlichkeitsdichtefunktion* (WDF, auch als *Dichtefunktion* bezeichnet), die angibt, wie dicht oder gewichtig die Konzentration der Wahrscheinlichkeit für X an einem Punkt ist (siehe den Abschnitt *Form, Mittelpunkt und Spreizung*). Die Dichtefunktion für X wird als *f(x)* bezeichnet und ist normalerweise eine stetige Funktion.

✔ Für jedes Intervall von X-Werten (zum Beispiel X zwischen 1 und 3 oder X kleiner als 0) gibt es eine Wahrscheinlichkeit. Die Wahrscheinlichkeit über einem Intervall repräsentiert die »Fläche unter der Kurve« des Graphen von *f(x)*. Die Gesamtfläche unter der gesamten Kurve ist 1.

✔ Die Wahrscheinlichkeit, dass X einen bestimmten Wert hat, ist 0, weil es nicht abzählbar unendlich viele mögliche Werte von X gibt.

Quantile und Perzentile

Bevor wir näher auf die Normalverteilung eingehen, stellen wir Ihnen zunächst ein wichtiges Konzept für Wahrscheinlichkeitsverteilungen vor: *Die Quantile*. Das *p*-Quantil beschreibt den Wert einer Verteilung, bei dem die Fläche unter der Dichtefunktion von minus unendlich bis zum *p*-Quantil den Wert *p* annimmt.

Ein Beispiel: Die Zufallsvariable X beschreibt den jährlichen Schaden durch Hagelschlag, der von einer Versicherung gedeckt werden muss. Wenn mit einer Wahrscheinlichkeit von 30 Prozent der Schaden eine Million Euro nicht übersteigt, dann ist das 0,3-Quantil = 1.000.000 Euro. Wenn der Schaden mit einer Wahrscheinlichkeit von 20 Prozent fünf Millionen Euro übersteigt, dann ist das 0,8-Quantil = 5.000.000 Euro. Abbildung 15.1 veranschaulicht diesen Sachverhalt.

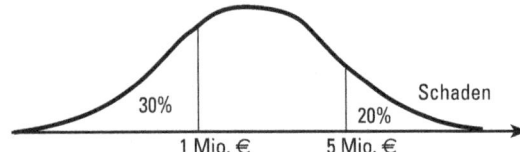

Abbildung 15.1: Jährlicher Schaden durch Hagelschlag

Eine besondere Art von Quantilen sind die Perzentile. Perzentile zerlegen die Fläche unter einer Dichtefunktion in hundert gleich große Teile. So entspricht das p-Quantil dem $p \cdot 100$ sten Perzentil. In unserem Beispiel wäre das 0,3-Quantil das dreißigste Perzentil.

Form, Mittelpunkt und Spreizung der Normalverteilung

Alle Normalverteilungen haben eine ähnliche Form. Sie unterscheiden sich durch die Lage ihres Mittelpunktes und ihre Spreizung. In diesem Abschnitt lernen Sie die Grundlagen der Normalverteilung kennen: ihre Form, ihren Mittelpunkt und ihre Spreizung.

X hat eine Normalverteilung, wenn ihre Werte in ein glockenförmiges und symmetrisches Muster fallen. Jede Normalverteilung hat einen Mittelpunkt. Er repräsentiert den Mittelwert und wird mit dem Symbol μ bezeichnet. Jede Normalverteilung hat auch eine Spreizung. Sie wird durch die Varianz σ^2 gemessen. Die Standardabweichung, die Quadratwurzel der Varianz wird mit σ bezeichnet. Der Mittelwert und die Varianz (und/oder die Standardabweichung) sind gegebene Größen; es sind keine Berechnungen erforderlich, um sie zu ermitteln. Abbildung 15.2 zeigt drei verschiedene Normalverteilungen mit verschiedenen Mittelwerten und Standardabweichungen.

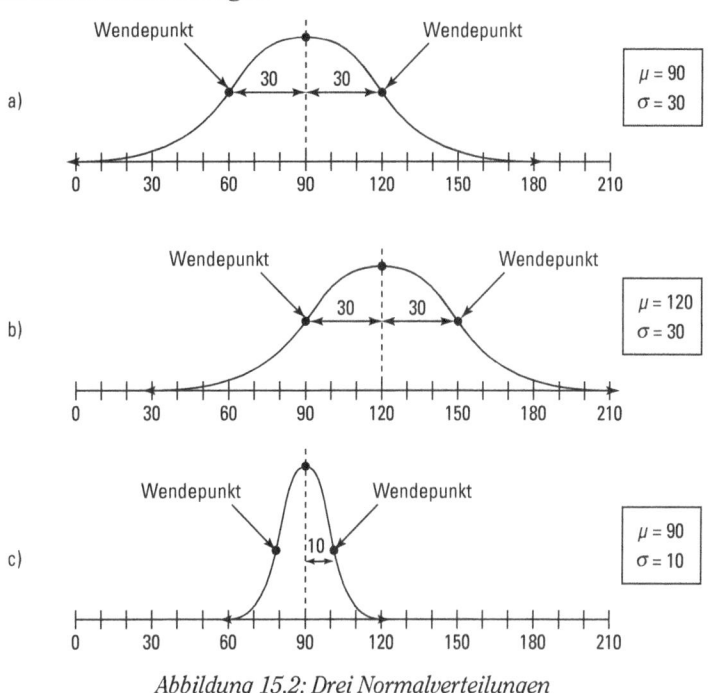

Abbildung 15.2: Drei Normalverteilungen

Beachten Sie, dass die Wendepunkte (die Punkte, die in Abbildung 15.2 auf beiden Seiten des Mittelwerts liegen und durch Pfeile markiert sind) eines Graphen Punkte sind, an denen der Graph seine Krümmung ändert, und zwar entweder von konvex in konkav oder umgekehrt. Der Abstand vom Mittelwert zu einem der Wendepunkte ist bei der Normalverteilung gleich der Standardabweichung. Wichtig ist auch: Fast alle Werte (über 99,7 Prozent) einer Normalverteilung sind höchstens drei Standardabweichungen vom Mittelwert entfernt.

Die Verteilungen aus Abbildung 15.2a und Abbildung 15.2b haben dieselbe Standardabweichung, wodurch ihre durchschnittliche Spreizung um den Mittelwert gleich ist, aber sie haben verschiedene Mittelwerte; in Abbildung 15.2b ist der Mittelwert höher (120 verglichen mit 90 in Abbildung 15.2a), sodass die gesamte Verteilung um 30 Einheiten nach rechts verschoben ist. Die Verteilungen aus Abbildung 15.2a und Abbildung 15.2c haben denselben Mittelwert (90), aber verschiedene Standardabweichungen; Abbildung 15.2c hat eine Standardabweichung von nur 10 verglichen mit 30 in Abbildung 15.2a. Das bedeutet, dass die Werte in Abbildung 15.2c dichter um den Mittelwert konzentriert sind als in Abbildung 15.2a.

Die Dichtefunktion _f(x)_ für die Normalverteilung ist eine stetige Funktion, deren Formel die Art von Graph erzeugt, die Sie in Abbildung 15.2 und Abbildung 15.3 sehen. Obwohl die Graphen hübsch und ordentlich aussehen, kann man dies von den Formeln nicht sagen. Doch sehen Sie selbst, ob wir übertreiben. Hier ist die Dichtefunktion für eine Normalverteilung mit dem Mittelwert _μ_ und der Standardabweichung _σ_:

$$f(x) = \frac{1}{\sigma\sqrt{2\pi}} \cdot e^{-\frac{1}{2}\left(\frac{x-\mu}{\sigma}\right)^2}, \quad \text{für} \quad -\infty < x < +\infty$$

Die Dichtefunktion ist noch komplizierter als ihr Aussehen. Um die Wahrscheinlichkeiten für eine stetige Zufallsvariable zu berechnen, ermittelt man normalerweise die Fläche unter der Kurve zwischen den beiden Punkten, die das Intervall begrenzen, dessen Wahrscheinlichkeit Sie suchen. Diese Funktion ist so komplex, dass man zur Berechnung dieser Fläche einen Computer benötigt. Doch Schluss mit der Einschüchterung, es gibt auch gute Nachrichten: Alle grundlegenden Ergebnisse, die Sie zur Berechnung von Wahrscheinlichkeiten mit beliebigen Normalverteilungen benötigen, sind in einer Tabelle, der so genannten _Z-Tabelle_ (siehe Tabelle A.2 unter `www.wiley-vch.de/publish/dt/books/ISBN978-3-527-70375-3`) enthalten, die auf einer Normalverteilung, der so genannten _Standardnormalverteilung_ oder _Z-Verteilung_ basieren. Sie brauchen nur eine Formel, um Ihre Normalverteilung (_X_) in die Standardnormalverteilung oder _Z_-Verteilung umzuwandeln und anhand der Tabelle die gesuchte Wahrscheinlichkeit zu ermitteln.

Die Standardnormalverteilung (Z-Verteilung)

Die Familie der Normalverteilungen enthält ein sehr besonderes Mitglied, die so genannte _Standardnormalverteilung_ oder _Z-Verteilung_. Die Standardnormalverteilung hat den Mittelwert 0 und die Standardabweichung 1; ihr Graph wird in Abbildung 15.3 gezeigt. Die Dichtefunktion (WDF) für die Standardnormalverteilung ist dieselbe wie für andere Normalverteilungen, außer dass _μ_ = 0 und _σ_ = 1 sind. Ihre Formel lautet:

$$\frac{1}{1\sqrt{2\pi}} \cdot e^{-\frac{1}{2}\left(\frac{z-0}{1}\right)^2} = \frac{1}{\sqrt{2\pi}} \cdot e^{-\frac{1}{2}z^2}$$

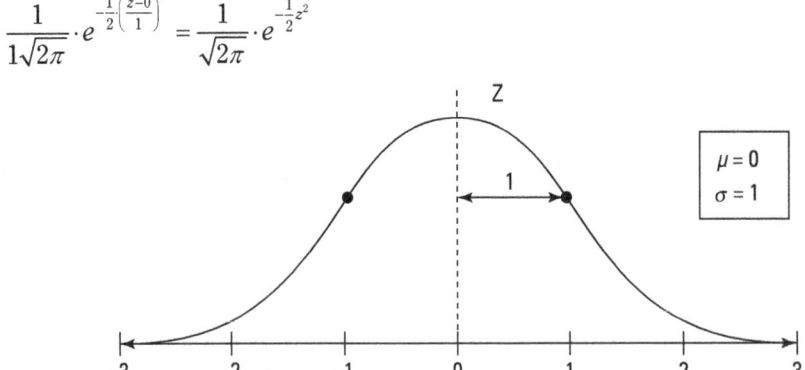

Abbildung 15.3: Die Standardnormalverteilung oder Z-Verteilung ist eine besondere Normalverteilung mit dem Mittelwert 0 und der Standardabweichung 1

Wahrscheinlichkeitstheoretiker bezeichnen die Z-Verteilung als *Standardnormalverteilung*, weil sie der Standard ist, an dem alle anderen Normalverteilungen gemessen werden. Die Z-Verteilung ist der Schlüssel zur Ermittlung der Wahrscheinlichkeiten für jede Normalverteilung (siehe den Abschnitt X-*Einheiten in Z-Einheiten umrechnen* weiter hinten in diesem Kapitel).

Standardwerte

Ein Wert der Z-Verteilung repräsentiert die Zahl der Standardabweichungen, um die der Wert unter oder über dem Mittelwert liegt; dieser Abstand wird auch als *Z-Wert* bezeichnet. So repräsentiert $z = 1$ der Z-Verteilung einen Wert, der eine Standardabweichung über dem Mittelwert liegt. Ähnlich repräsentiert $z = -1$ der Z-Verteilung einen Wert, der eine Standardabweichung unter dem Mittelwert liegt, was durch das Minuszeichen angezeigt wird.

Ein Z-Wert dient zur Interpretation von Daten und gibt an, welche Position eine Zahl in einer Datenmenge einnimmt. Außerdem müssen Sie die ursprünglichen Werte des Mittelwerts und der Standardabweichung nicht kennen; solange Sie den Z-Wert kennen, können Sie die Daten interpretieren. Wenn beispielsweise ein Arzt Ihnen sagt, dass der Z-Wert Ihres Babys für die Körpergröße +2 beträgt, bedeutet dies, dass seine Körpergröße zwei Standardabweichungen über dem Mittelwert für gleichaltrige Babys liegt.

X-Einheiten in Z-Einheiten umrechnen

Um eine Normalverteilung (X) mit dem Mittelwert μ und der Standardabweichung σ in eine Standardnormalverteilung oder Z-Verteilung mit Mittelwert 0 und Standardabweichung 1 umzuwandeln, benötigen Sie zwei Schritte: Erst subtrahieren Sie den Mittelwert μ, um die Mitte der Normalverteilung von μ nach 0 zu verschieben. Dann dividieren Sie durch die Standardabweichung σ, um die Einheit der Standardabweichung von σ in 1 umzurechnen. Ein Beispiel: Wenn X eine Normalverteilung mit dem Mittelwert 16 und der Standardabweichung 4 ist, wird der Wert 20 der X-Verteilung in $(20 - 16) / -4 = \frac{4}{4} = 1$ umgerechnet. Das heißt, der Wert 20 der X-Verteilung entspricht dem Wert 1 der Z-Verteilung. Ähnlich wird der Wert 12 der X-Verteilung in $Z = 12 - 16 = -\frac{4}{4} = -1$ umgerechnet, so dass der Wert 12 der X-Verteilung dem Wert -1 der Z-Verteilung entspricht.

 Die allgemeine Formel für die Umrechnung eines Wertes von X in einen Wert von Z lautet:

$$Z = \frac{X - \mu}{\sigma}$$

Der wesentliche Aspekt bei der Lösung einer Aufgabe in der Wahrscheinlichkeitsrechnung mit einer Normalverteilung mithilfe der Z-Tabelle ist die Tatsache, dass der Wechsel von der ursprünglichen X-Verteilung zu der Z-Verteilung keinen Einfluss auf die Wahrscheinlichkeiten und damit die Lösung der Aufgabe hat. Anders ausgedrückt: Die Wahrscheinlichkeit, dass X kleiner als x ist, ist dieselbe wie die Wahrscheinlichkeit, dass Z kleiner als z ist, wenn Sie X mit der Z-Formel in Z umwandeln.

Wie kann das sein? Betrachten Sie den Vorgang einfach als eine Änderung der Einheiten, ähnlich wie Temperaturgrade von Fahrenheit in Celsius umgerechnet werden können. Die Formel für diese Umrechnung lautet:

$$C = \frac{F - 32}{\dfrac{9}{5}} = \frac{F - 32}{1,8}$$

Berechnungen mit dieser Formel umfassen zwei Schritte: die Subtraktion und die Division. Anders ausgedrückt: Wenn Sie Fahrenheit in Celsius umrechnen wollen, subtrahieren Sie 32 Grad von der Temperatur in Fahrenheit (F) und dividieren durch 1,8.

Ein Beispiel: 32 Grad Fahrenheit sind (32 − 32) / 1,8 = 0 Grad Celsius. Die Änderung der Einheiten verschiebt alle Temperaturen um 32 Grad nach unten und vermindert ihre Skala (oder Spreizung) um 1,8 Grad pro Einheit. Selbstverständlich hat die Umrechnung der Temperatureinheiten keinen Einfluss auf die Temperatur selbst.

 Wahrscheinlichkeiten für eine Normalverteilung mit der WDF zu berechnen, ist zu aufwendig. Deshalb müssen Sie sich auf Wahrscheinlichkeitstabellen verlassen, die bereits per Computer berechnet wurden. Doch es ist unmöglich, für jede mögliche Normalverteilung mit eigenem Mittelwert und eigener Standardabweichung eine Tabelle zu erstellen. Es gibt nur eine Normalverteilung, für die eine Tabelle der Wahrscheinlichkeiten berechnet worden ist: die Standardnormalverteilung oder _Z_-Verteilung. Im nächsten Abschnitt lernen Sie, wie Sie mit der _Z_-Verteilung Aufgaben in der Wahrscheinlichkeitsrechnung für jede Normalverteilung _X_ lösen können.

Wahrscheinlichkeiten für eine Normalverteilung berechnen und anwenden

Bei Normalverteilungen gibt es zwei Hauptarten von Aufgaben:

✔ **Aufgaben zur Normalverteilung:** Bei diesem Aufgabentyp werden ein oder zwei Grenzpunkt(e) für _X_ gegeben. Gesucht wird die Wahrscheinlichkeit, dass ein Wert kleiner als oder größer als ein Grenzpunkt ist oder dass er zwischen zwei Grenzpunkten liegt. Die folgenden Aufgaben in diesem Abschnitt sind gewöhnliche Aufgaben der Normalverteilung.

✔ **Aufgaben zum Normalperzentil (oder Aufgaben zur Rückwärtsrechnung):** Bei diesem Aufgabentyp ist das Perzentil (die Wahrscheinlichkeit, dass ein Wert kleiner als oder größer als ein Punkt _x_ ist) gegeben; der zugehörige Punkt _x_ wird gesucht.

Aufgaben zur Normalverteilung erkennen Sie daran, dass ein Wert von _x_ gegeben ist und die Wahrscheinlichkeit darunter, darüber oder zwischen ihm und einem anderen Wert von _x_ gesucht wird. (Im Abschnitt _Aufgaben zur Normalverteilung mit Rückwärtsrechnung_ weiter hinten in diesem Kapitel wird beschrieben, wie Sie diese Aufgaben erkennen können. Außerdem werden Beispiele behandelt.)

Um die Wahrscheinlichkeiten in einer gewöhnlichen Normalverteilung zu ermitteln, müssen Sie die folgenden Schritte ausführen:

1. **Zeichnen Sie den Graphen der Verteilung.**

2. **Übersetzen Sie die Aufgabe mit der Wahrscheinlichkeitsnotation in einen der folgenden Ausdrücke:** $P(X < a)$, $P(X > b)$ **oder** $P(a < X < b)$. **Markieren Sie die entsprechende Fläche in Ihrem Graphen.**

3. **Wandeln Sie** a **(oder** b**) mit der** Z**-Formel** $Z = (X - \mu) / \sigma$ **in einen** Z**-Wert um.**

4. **Schlagen Sie den Wert in der** Z**-Tabelle nach (siehe Tabelle A.2 unter `www.wiley-vch.de/publish/dt/books/ISBN978-3-527-70375-3`).**

5. **Bei einer »kleiner als«-Aufgabe sind Sie fertig. Bei einer »größer als«-Aufgabe subtrahieren Sie das Ergebnis aus Schritt 3 von 1. Bei einer »zwischen«-Aufgabe führen Sie die Schritte 1 bis 3 für** b **(den größeren der beiden Werte) und dann für** a **(den kleineren der beiden Werte) aus und subtrahieren die Ergebnisse.**

6. **Beantworten Sie die ursprüngliche Frage im Kontext der Aufgabe (in der Sprache von** X**, nicht von** Z**). Die Antwort bleibt gleich.**

Angenommen, Sie sind Inhaber der *Benevento Frisch Fisch Werke (BFFW)*. Als Lieferant für ausgewählte Feinkostrestaurants der Region haben Sie sich auf die Zucht und den Vertrieb von exklusiven Süßwasserfischen spezialisiert. Ihre Produkte züchten Sie unter möglichst natürlichen Umständen in einem einzigen See. Ihr Marketingberater hat Ihnen geraten, die Fische auf klassische Art mit der Angel zu fangen. So können Sie dem Vorwurf der Massentierhaltung entgehen und zudem die Romantik des Angelns für Ihren Vertrieb ausnutzen. Die Größe der Fische in diesem See kann durch eine Normalverteilung mit dem Mittelwert $\mu = 16$ Zentimeter und einer Standardabweichung $\sigma = 4$ Zentimeter beschrieben werden. Da die Restaurants verschieden große Fische nachfragen, stellen Sie sich die folgenden Fragen:

✔ **Aufgabe 1:** Wie hoch ist die Wahrscheinlichkeit, einen kleinen Fisch zu fangen – *klein* bedeutet: kürzer als acht Zentimeter?

✔ **Aufgabe 2:** Für jeden Fisch über 24 Zentimeter Länge kann ein besonders hoher Preis verlangt werden. Wie hoch ist die Wahrscheinlichkeit, einen Fisch dieser Größe zu fangen?

✔ **Aufgabe 3:** Wie hoch ist die Wahrscheinlichkeit, einen Fisch zu fangen, der zwischen 16 und 24 Zentimetern lang ist?

In den nächsten Abschnitten werden diese Aufgaben Schritt für Schritt gelöst, so dass Sie alle Wahrscheinlichkeiten für X auf Ihrer Normalverteilung mit Mittelwert μ und der Standardabweichung σ finden können.

Den Graphen zeichnen

Bevor Sie versuchen, Aufgaben zur Normalverteilung zu lösen, sollten Sie den Graphen der Verteilung skizzieren. Abbildung 15.4 zeigt den Graphen der Verteilung von X für die drei Aufgaben. Sie können unmittelbar erkennen, wo Fische entsprechend ihrer Größe einzuordnen sind, die in diesen Aufgaben erwähnt werden.

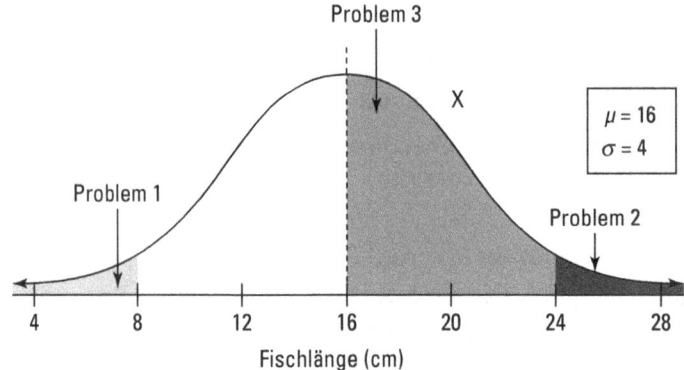

Abbildung 15.4: Die Verteilung der Größe der Fische in einem See (Normalverteilung mit Mittelwert = 16 Zentimeter und Standardabweichung = vier Zentimeter)

Eine Aufgabe in die Wahrscheinlichkeitsnotation übersetzen

Wenn Sie eine Aufgabe in der Wahrscheinlichkeitsrechnung mit einer Normalverteilung lösen wollen, müssen Sie die Aufgabe zunächst in die Wahrscheinlichkeitsnotation übersetzen. In allen drei Aufgaben aus dem vorhergehenden Abschnitt sind Werte von X (einer oder zwei) gegeben und wird eine Wahrscheinlichkeit auf der Normalverteilung gesucht:

✔ **Aufgabe 1:** Sie sollen die Wahrscheinlichkeit ermitteln, dass der Fisch kleiner als acht Zentimeter lang ist. Da X die Länge des Fisches repräsentiert, suchen Sie $P(X < 8)$.

✔ **Aufgabe 2:** Sie sollen die Wahrscheinlichkeit suchen, dass der Fisch über 24 Zentimeter lang ist; Sie suchen also $P(X > 24)$.

✔ **Aufgabe 3:** Sie sollen die Wahrscheinlichkeit suchen, dass die Länge des Fisches zwischen zwei Werten (16 und 24) liegt. Sie suchen also $P(16 < X < 24)$.

Beachten Sie, dass es keine Rolle spielt, ob Sie 16 und/oder 24 in der obigen Wahrscheinlichkeit tatsächlich einbeziehen, weil X eine stetige Zufallsvariable ist. Denn $P(X = 16)$ und $P(X = 24)$ sind sowieso beide 0. Sie müssen sich keine Gedanken darüber machen, ob bei einer Wahrscheinlichkeit ein Gleichheitszeichen gesetzt werden muss oder nicht. Insofern ist das Arbeiten mit stetigen Zufallsvariablen sehr viel leichter als mit diskreten Zufallsvariablen.

Die Z-Formel anwenden

Nachdem Sie eine Aufgabe in die Wahrscheinlichkeitsnotation übersetzt und den Typ der Aufgabe identifiziert haben, müssen Sie die Aufgabe in eine äquivalente Aufgabe der Z-Verteilung umwandeln, damit Sie die Z-Tabelle (siehe Tabelle A.2 unter www.wiley-vch.de/publish/dt/books/ISBN978-3-527-70375-3) zur Lösung anwenden können.

Die Einheiten der ursprünglichen Verteilung (X-Einheiten) werden mit der so genannten *Z-Formel* $Z = (X - \mu) / \sigma$ in Einheiten der Standardnormalverteilung (Z-Einheiten) umgerechnet (siehe den Abschnitt *X-Einheiten in Z-Einheiten umrechnen* weiter vorn in diesem Kapitel).

In Aufgabe 1 des Beispiels mit den Fischen wandeln Sie $X = 8$ in den entsprechenden Z-Wert um, indem Sie den Mittelwert subtrahieren ($8 - 16 = -8$) und dann durch die Standardabweichung dividieren ($-\frac{8}{4}$); Sie erhalten $z = -2$.

 Sie können eine Zahl der Z-Verteilung als die Zahl der Standardabweichungen über (falls positiv) oder unter (falls negativ) dem Mittelwert interpretieren. Ein acht Zentimeter langer Fisch entspricht $z = -2$ der Z-Verteilung, was bedeutet, dass Fische dieser Größe längenmäßig zwei Standardabweichungen unter dem Mittelwert liegen. Am Graphen der Z-Verteilung (siehe Abbildung 15.6) können Sie ablesen, dass nicht viele Fische so klein sind.

In Aufgabe 2 des Beispiels wandeln Sie $X = 24$ in den entsprechenden Z-Wert um. Sie subtrahieren den Mittelwert und dividieren dann durch die Standardabweichung: $Z = (X - \mu) / \sigma$ $= (24 - 16) / 4 = \frac{8}{4} = 2$. Ein 24 Zentimeter langer Fisch liegt längenmäßig zwei Standardabweichungen über dem Mittelwert (nicht viele Fische sind so groß!).

In Aufgabe 3 des Beispiels wandeln Sie zwei X-Werte in die entsprechenden Z-Werte um, um die Wahrscheinlichkeit zwischen diesen Werten zu finden. Aus $X = 24$ erhalten Sie $Z = +2$ (siehe Aufgabe 2). Jetzt brauchen Sie noch den Wert für $X = 16$: $Z = (X - \mu) / \sigma = (16 - 16) / 4$ $= \frac{0}{4} = 0$. Das Intervall zwischen 16 und 24 Zentimeter der X-Verteilung wird in das Intervall zwischen 0 und 2 Standardabweichungen über dem Mittelwert der Z-Verteilung übertragen.

Abbildung 15.5 zeigt einen Vergleich der X-Verteilung und der Z-Verteilung für die Werte $X = 8$, 16 und 24, die in $Z = -2$, 0 beziehungsweise +2 umgeformt werden.

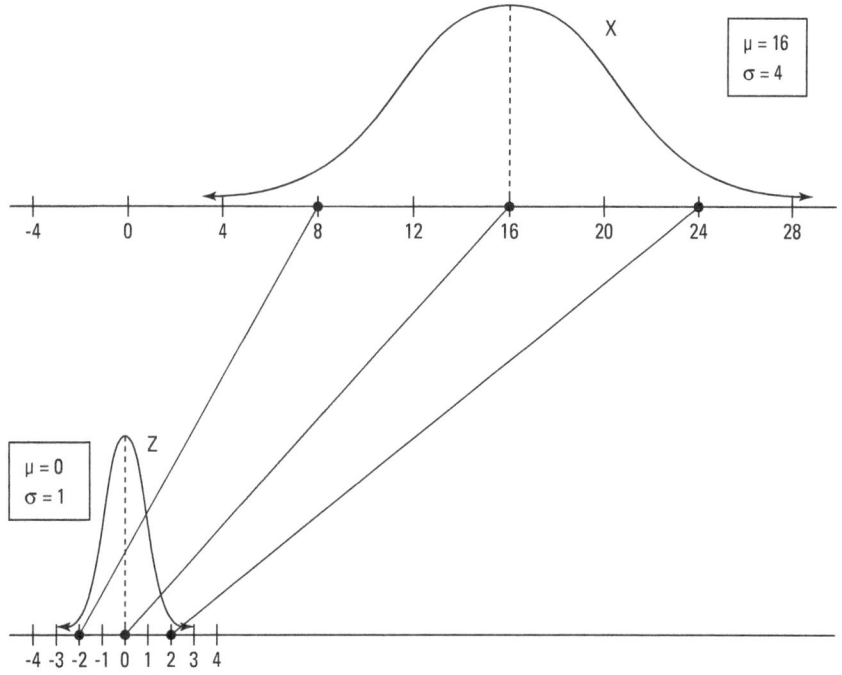

Abbildung 15.5: Zahlen einer Normalverteilung in entsprechende Zahlen der Z-Verteilung transformieren

Mit der Z-Tabelle die Wahrscheinlichkeit ermitteln

Nachdem Sie eine Aufgabe in die Wahrscheinlichkeitsnotation übersetzt und die X-Werte in entsprechende Z-Werte übertragen haben, können Sie (endlich!) die Wahrscheinlichkeit für die Aufgabe ermitteln. Sie finden die Wahrscheinlichkeit für einen Z-Wert in der Tabelle A.2 unter www.wiley-vch.de/publish/dt/books/ISBN978-3-527-70375-3.

Tabelle A.2, auch als *Z-Tabelle* bezeichnet, enthält die Werte der KVF einer Standardnormalverteilung oder Z-Verteilung für alle Werte von Z. Die KVF ist die kumulative Wahrscheinlichkeitsfunktion; sie liefert die Fläche unter der Kurve vom negativ Unendlichen bis z, für alle Werte (z) der Z-Verteilung. (In Kapitel 14 finden Sie mehr über kumulative Wahrscheinlichkeitsfunktionen.)

Anders ausgedrückt: Wenn Sie einen Wert z in Tabelle A.2 nachschlagen, finden Sie die Fläche unter diesem Wert der Z-Verteilung. (Zur Erinnerung: Die Gesamtfläche unter einer Dichtefunktion ist 1.) Das gefundene Ergebnis ist gleich der Fläche unter dem entsprechenden Wert der X-Verteilung (laut Z-Formel; siehe den Abschnitt *Die Z-Formel anwenden* weiter vorn in diesem Kapitel).

Schnittstellen der Zeilen und Spalten der Z-Tabelle

Die Z-Tabelle enthält Zeilen und Spalten, die den gesuchten Wert von Z aufzeigen. Jeder Z-Wert in der Tabelle hat zwei Ziffern nach dem Komma. Die Zeilen der Z-Tabelle repräsentieren die führende Ziffer und die erste Ziffer nach dem Komma. Die Spalten repräsentieren die zweite Ziffer nach dem Komma.

Um aus der Z-Tabelle (Tabelle A.2) die Wahrscheinlichkeit abzulesen, dass Z kleiner als ein Wert z ist, gehen Sie folgendermaßen vor:

1. **Gehen Sie in die Zeile, die die erste Ziffer Ihres Z-Wertes und die erste Ziffer nach dem Komma repräsentiert.**
2. **Gehen Sie in die Spalte, die die zweite Ziffer nach dem Komma Ihres Z-Wertes repräsentiert.**
3. **Gehen Sie zum Schnittpunkt dieser Zeile und Spalte.**

   Diese Zahl repräsentiert $P(Z < z)$.

Ein Beispiel: Sie suchen $P(Z < 2{,}13)$. Gehen Sie zu der Zeile für 2,1 und der Spalte für 0,03 – weil die zweite Ziffer nach dem Komma 3 ist. Die Nullen zeigen an, dass es sich um die Hundertstel-Stelle handelt. Denn: Wenn Sie 2,1 und 0,03 addieren, erhalten Sie eine Zahl mit drei Ziffern, nämlich ihre ursprüngliche Zahl 2,13. Im Schnittpunkt der Zeile und Spalte finden Sie: 0,9834. Also ist $P(Z < 2{,}13) = 0{,}9834$.

In Aufgabe 1 des Beispiels aus dem vorhergehenden Abschnitt suchen Sie $P(X < 8)$. Weil $X = 8$ äquivalent zu $Z = -2$ ist, ist die Wahrscheinlichkeit für $X < 8$ gleich der Wahrscheinlichkeit für $Z < -2$. Abbildung 15.6 zeigt die beiden entsprechenden Flächen für die X- und die Z-Verteilung.

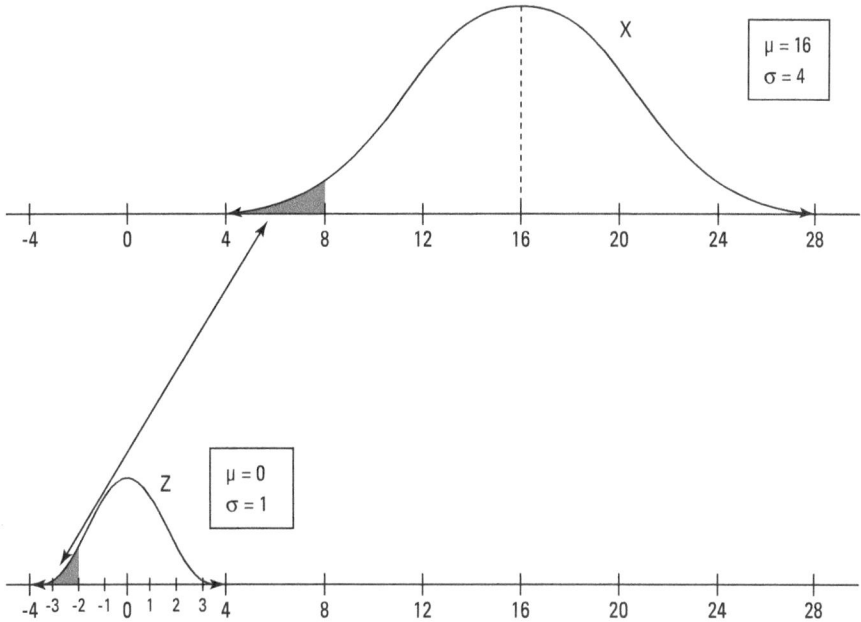

Abbildung 15.6: Die Umwandlung der X-Werte in Z-Werte hat keinen Einfluss auf die Wahrscheinlichkeiten

Übersetzt in die Wahrscheinlichkeitsnotation und übertragen in Z-Werte, lassen sich die Aufgaben des Beispiels folgendermaßen formulieren:

✔ **Aufgabe 1:** Wie hoch ist die Wahrscheinlichkeit, einen kleinen Fisch (unter acht Zentimeter) zu fangen?

   Übersetzung: Suche $P(X < 8) = P(Z < -2)$.

✔ **Aufgabe 2:** Jeder Fisch über 24 Zentimeter gewinnt einen Sonderpreis. Wie hoch ist die Wahrscheinlichkeit, einen Fisch dieser Größe zu fangen?

   Übersetzung: Suche $P(X > 24) = P(Z > +2)$.

✔ **Aufgabe 3:** Wie hoch ist die Wahrscheinlichkeit, einen Fisch zu fangen, der zwischen 16 und 24 Zentimeter lang ist?

   Übersetzung: Suche $P(16 < X < 24) = P(0 < Z < +2)$.

»Kleiner als«-Wahrscheinlichkeiten für Z

Die Z-Tabelle enthält kumulative »kleiner als«-Wahrscheinlichkeiten für alle Werte von −3,69 bis +3,69. Die meisten Werte der Z-Verteilung liegen zwischen −3 und +3, so dass die Tabelle fast alle Werte von Z abdeckt, die Sie möglicherweise suchen. Um $P(Z < z)$ zu ermitteln, schlagen Sie den Wert von z in der Z-Tabelle (Tabelle A.2) nach. Zur Erinnerung: Weil Z eine stetige Zufallsvariable ist, müssen Sie sich nicht darum kümmern, ob Sie nun »kleiner als« oder »kleiner als oder gleich« verwenden müssen, weil die Wahrscheinlichkeit für die Gleichheit mit einer Zahl 0 ist.

In Aufgabe 1 des Beispiels suchen Sie $P(X < 8) = P(Z < -2)$. Mit zwei Stellen nach dem Komma suchen Sie die Wahrscheinlichkeit für $Z = -2,00$. In der Zeile für 2,0 und der Spalte für 0,00 (die erste Spalte) finden Sie 0,0228. Die Wahrscheinlichkeit, dass ein Fisch kleiner als acht Zentimeter ist, beträgt 0,0228 also 2,28 Prozent.

Am Schluss beantworten Sie die Frage immer in der Sprache der X-Verteilung, also den ursprünglichen Einheiten. Der Z-Wert ist nur ein Mittel zum Zweck. Natürlich ist es wichtig zu zeigen, wie Sie den Z-Wert ermittelt haben, aber letztlich müssen Sie die ursprüngliche Frage beantworten. Schließlich geht es um Fische, nicht um Z!

In den seltenen Situationen, in denen der Z-Wert größer als 3,69 ist, können Sie sagen, dass die Wahrscheinlichkeit, dass eine Zahl kleiner als z ist, mehr als 0,9999 beträgt, weil dies die letzte Wahrscheinlichkeit in der Tabelle ist. Wenn der Z-Wert kleiner als −3,69 ist, sagen Sie, dass die Wahrscheinlichkeit, dass eine Zahl kleiner als z ist, kleiner als 0,0001 ist, weil dies die erste Wahrscheinlichkeit in der Tabelle ist. (Die Wahrscheinlichkeit könnte beispielsweise 0,000001 betragen.)

»Größer als«-Wahrscheinlichkeiten für Z

Um die Wahrscheinlichkeit zu ermitteln, dass Z größer als eine Zahl z ist, müssen Sie die Komplementärregel (siehe Kapitel 12) verwenden, weil die Z-Tabelle nur »kleiner als«-Wahrscheinlichkeiten enthält.

Um mit der Z-Tabelle (Tabelle A.2 unter `www.wiley-vch.de/publish/dt/books/ISBN978-3-527-70375-3`) die Wahrscheinlichkeit zu finden, dass Z größer als ein Wert z ist, berechnen Sie $P(Z > z) = 1 - P(Z < z)$, nachdem Sie den Schnittpunkt der Zeile und Spalte ermittelt haben.

In Aufgabe 2 des Beispiels müssen Sie $P(X > 24) = P(Z > +2)$ suchen. Mit zwei Stellen nach dem Komma suchen Sie die Wahrscheinlichkeit für $Z = +2,00$. Suchen Sie den Schnittpunkt der Zeile für +2,00 und der Spalte für 0,00 (die erste Spalte liefert Ihnen 0,9772). Vergessen Sie nicht, das Komplement zu berechnen! Die endgültige Antwort lautet $1 - 0,9772 = 0,0228$. Die Wahrscheinlichkeit, dass ein Fisch länger als 24 Zentimeter ist, beträgt 0,0228.

Weil die Z-Verteilung symmetrisch ist, gilt $P(Z < -2) = P(Z > +2)$. Die beiden Werte +2 und −2 sind bei der Z-Verteilung spiegelbildlich, wodurch die Wahrscheinlichkeit, dass eine Zahl kleiner als −2 ist, dieselbe ist wie die Wahrscheinlichkeit, dass eine Zahl größer als +2 ist. Abbildung 15.7 veranschaulicht diesen Punkt. Dieses Wissen kann Ihnen bei Prüfungen Zeit sparen, wenn Sie einen Wert wiederverwenden, den Sie bereits bei einer anderen Aufgabe berechnet haben.

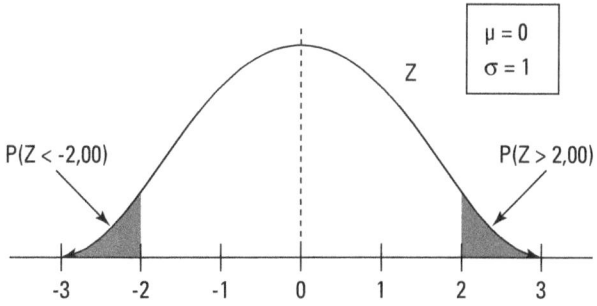

Abbildung 15.7: Die Symmetrie der Z-Verteilung

»Zwischen«-Wahrscheinlichkeiten für Z

Um die Wahrscheinlichkeit zu ermitteln, dass Z zwischen zwei Zahlen a und b liegt ($a < Z < b$), können Sie nur mit den Wahrscheinlichkeiten arbeiten, dass Z kleiner als b und kleiner als a ist, weil die Z-Tabelle »kleiner als«-Wahrscheinlichkeiten enthält. Doch es gibt keinen Grund zum Klagen. Sie müssen nur diese beiden Wahrscheinlichkeiten subtrahieren (die größere minus die kleinere); denn die Fläche bis b minus die Fläche bis a ergibt die Fläche des Intervalls: $P(Z < b) - P(Z < a) = P(a < Z < b)$. Abbildung 15.8 zeigt, wie Sie eine »zwischen«-Wahrscheinlichkeit durch Subtraktion ermitteln.

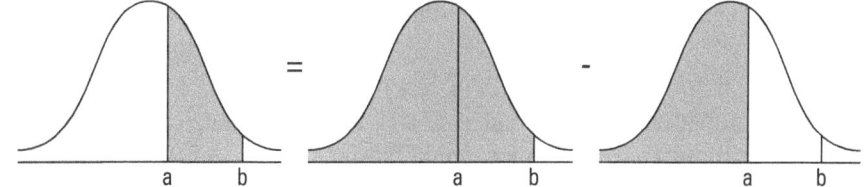

Abbildung 15.8: Eine »zwischen«-Wahrscheinlichkeit durch Subtraktion berechnen

In Aufgabe 3 des Beispiels suchen Sie $P(16 < X < 24) = P(0 < Z < +2)$. Bei zwei Ziffern nach dem Komma finden Sie, dass Ihr größter Z-Wert +3,00 ist. Sie lesen zunächst die Wahrscheinlichkeit für den größeren Z-Wert 2,00 aus der Z-Tabelle ab und erhalten: $P(Z < 2,00) = 0,9772$. Dann lesen Sie die Wahrscheinlichkeit für den kleinen Z-Wert 0,00 aus der Z-Tabelle ab und erhalten $P(Z < 0,00) = 0,5000$. Jetzt subtrahieren Sie die Wahrscheinlichkeiten $P(Z < +2,00) - P(Z < 0,00) = 0,9772 - 0,5000 = 0,4772$ – die Wahrscheinlichkeit, dass Z zwischen 0 und +2 liegt, und die Wahrscheinlichkeit, dass ein Fisch zwischen 16 und 24 Zentimeter lang ist. (Diese Wahrscheinlichkeit ist nicht sehr hoch, weil dieses Intervall bei einer Standardabweichung von nur vier Zentimetern ziemlich klein ist.)

Mit dieser Methode können Sie auch die Wahrscheinlichkeit ermitteln, dass eine Zahl zwischen a und b liegt, wenn a negativ und b positiv ist. Die Werte für a und b spielen keine Rolle. Um die Wahrscheinlichkeit zu berechnen, dass X zwischen a und b liegt, ermitteln Sie immer $P(X < b)$ und $P(X < a)$ und subtrahieren.

Sie müssen darauf achten, die »zwischen«-Wahrscheinlichkeiten in der richtigen Reihenfolge zu subtrahieren. Wenn Sie $P(Z < b)$ von $P(Z < a)$ subtrahieren, erhalten Sie eine negative Zahl. Ein solcher Wert ist für eine Wahrscheinlichkeit unmöglich.

Aufgaben zur Normalverteilung mit Rückwärtsrechnung

Bei Aufgaben zur Normalverteilung mit Rückwärtsrechnung werden die Schritte einer gewöhnlichen Aufgabe zur Normalverteilung in umgekehrter Reihenfolge ausgeführt. Daher wohl der Name.

Sie können eine solche Aufgabe leicht erkennen: Bei einer Aufgabe zur Normalverteilung ist die Wahrscheinlichkeit gegeben, dass X kleiner als (oder größer als) ein gesuchter Wert a ist, und der Wert dieses Punktes wird gesucht. Anders ausgedrückt: $P(X < a)$ oder $P(X > a)$ ist gegeben, und Sie müssen a suchen. Bei gewöhnlichen Aufgaben zur Normalverteilung ist es umgekehrt: Ein Wert a ist gegeben, und Sie müssen die Wahrscheinlichkeit suchen, dass X größer als (oder kleiner als) a ist.

Eine Aufgabe mit Rückwärtsrechnung wird wie folgt gelöst:

1. **Übersetzen Sie die Aufgabe mit der Wahrscheinlichkeitsnotation in eine der beiden Formen: $P(X < a)$ oder $P(X > b)$.**

   Wir haben noch nie eine Aufgabe zur Normalverteilung mit Rückwärtsrechnung gesehen, bei der es um ein Intervall (»zwischen zwei Zahlen«) ging, deshalb müssen Sie sich darum nicht kümmern.

2. **Suchen Sie den Z-Wert, der einer »kleiner als«-Wahrscheinlichkeit entspricht, indem Sie die Wahrscheinlichkeit im Körper der Z-Tabelle (Tabelle A.2 unter `www.wiley-vch.de/publish/dt/books/ISBN978-3-527-70375-3`) suchen und die zugehörige Zeile und Spalte notieren.**

3. **Berechnen Sie den Z-Wert dieser Wahrscheinlichkeit, indem Sie den Wert im Zeilenkopf und den Wert im Spaltenkopf addieren. Sie sollten eine Zahl mit zwei Dezimalstellen erhalten.**

   Der Zeilenkopf repräsentiert die führende Ziffer und die erste Ziffer nach dem Komma, und der Spaltenkopf repräsentiert die zweite Ziffer nach dem Komma.

4. **Ermitteln Sie den Z-Wert einer »größer als«-Wahrscheinlichkeit, indem Sie zunächst deren Komplement berechnen (1 minus diese Wahrscheinlichkeit) und dann mit dem Wert des Komplements die Schritte 2 bis 3 ausführen.**

5. **Übersetzen Sie den Z-Wert zurück in einen X-Wert (ursprüngliche Einheiten), indem Sie die Z-Formel nach X auflösen: $X = Z\sigma + \mu$.**

Angenommen, die Längen (X) der Fische in einem See hätten eine Normalverteilung mit dem Mittelwert 16 Zentimeter und der Standardabweichung vier Zentimeter. Dies ist dieselbe Ausgangssituation wie für die drei Aufgaben aus den vorhergehenden Abschnitten. Jetzt sollen Sie zwei weitere Aufgaben lösen, die eine Rückwärtsrechnung erfordern:

✔ **Aufgabe 4:** Welche Länge markiert die unteren zehn Prozent aller Fischlängen in dem See?

✔ **Aufgabe 5:** Welche Länge markiert die oberen zehn Prozent aller Fischlängen in dem See?

Im nächsten Abschnitt werden diese Aufgaben schrittweise gelöst.

Analyse einer Aufgabe zur Normalverteilung mit Rückwärtsrechnung

Der Schlüssel zur Lösung von Aufgaben der Normalverteilung mit Rückwärtsrechnung besteht auch hier darin, die Aufgabe grafisch darzustellen und in die Wahrscheinlichkeitsnotation zu übersetzen.

 Normalerweise werden Wahrscheinlichkeiten wie folgt geschrieben:

$$P(X < x) = b$$

wobei x einen Wert von X und b eine Wahrscheinlichkeit repräsentiert. Bei den Aufgaben zur Normalverteilung mit Rückwärtsrechnung ist die Wahrscheinlichkeit b (oder ihr Komplement) gegeben und x gesucht. Anders ausgedrückt: Die Wahrscheinlichkeit, dass X kleiner (oder größer) als ein Punkt ist, ist gegeben, und dieser Punkt von X wird gesucht.

Ein Beispiel: Sie wissen, dass die Wahrscheinlichkeit, dass eine Zahl kleiner als eine bestimmte Ausprägung ist, 0,75 beträgt. Sie suchen diese Ausprägung. In der Wahrscheinlichkeitsnotation: Gegeben sei $P(X < x) = 0{,}75$; wie groß ist x? Abbildung 15.9 zeigt den Graphen für diese Aufgabe.

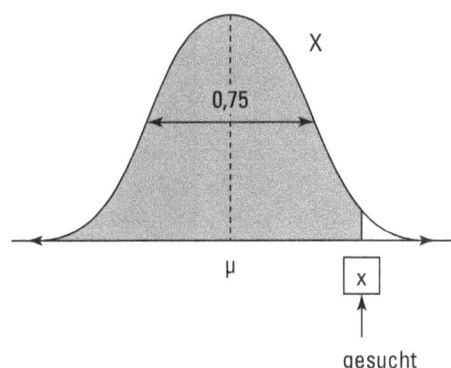

Abbildung 15.9: Graph für eine Aufgabe der Normalverteilung mit Rückwärtsrechnung: Gegeben sei P(X < x) = 0,75, gesucht ist x

Manchmal wird der Teil der Aufgabe, in dem die Wahrscheinlichkeit erwähnt wird, etwas subtiler formuliert: »Die Wahrscheinlichkeit, dass X kleiner als x ist, beträgt soundso viel Prozent.« So wird etwa in Aufgabe 4 des Beispiels die Länge gesucht, die die unteren zehn Prozent aller Fische in dem See umfasst. Das hört sich ziemlich unbestimmt an, aber die

Aufgabe nennt eine Wahrscheinlichkeit (0,10) und fordert Sie auf, den zugehörigen Punkt (*x*) zu ermitteln.

Doch was wird durch die Wahrscheinlichkeit von 0,10 tatsächlich repräsentiert? Abbildung 15.10 zeigt die Verteilung der Längen aller Fische (die Normalverteilung von *X*) und die Stelle auf der Verteilung, die die unteren zehn Prozent der Fische markiert. Die Position des hier gezeigten Punktes auf der Verteilung ist nur eine Vermutung; da die Wahrscheinlichkeit nur zehn Prozent beträgt, muss der Punkt irgendwo auf der linken Seite etwas weiter außen liegen.

In Aufgabe 4 des Beispiels suchen Sie also den Wert *x* auf der *X*-Verteilung, bei dem die Wahrscheinlichkeit kleiner als 0,10 ist: $P(X < x) = 0,10$. Damit haben Sie die Aufgabe in die Wahrscheinlichkeitsnotation übersetzt. Sie wissen genau, was es bedeutet und was gesucht wird. Abbildung 15.10 zeigt den Graphen für diese Aufgabe.

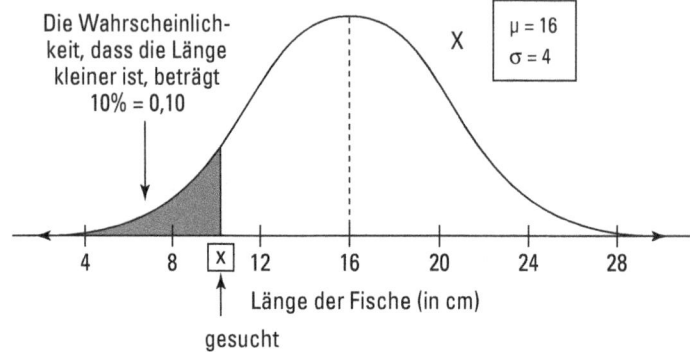

Abbildung 15.10: Die längenmäßig unteren zehn Prozent der Fische in dem See
(Mittelwert = 16 Zentimeter, Standardabweichung = vier Zentimeter)

In Aufgabe 5 suchen Sie die Länge, die die oberen zehn Prozent der Fische markiert. Damit arbeiten Sie auf der rechten Seite (oberen Fläche) der Verteilung. Abbildung 15.11 zeigt den Graphen für Aufgabe 5. Nur zehn Prozent der Gesamtwahrscheinlichkeit liegen rechts von diesem Punkt, 90 Prozent liegen links davon. Die Aufgabe kann in zwei Wahrscheinlichkeitsausdrücke übersetzt werden: Die rechte Wahrscheinlichkeit ist 0,10, also $P(X > x) = 0,10$. Die linke Wahrscheinlichkeit ist $1 - 0,10 = 0,90$, also $P(X < x) = 0,90$. Da die *Z*-Tabelle nur »kleiner als«-Wahrscheinlichkeiten enthält, werden Sie die zweite Formel zur Lösung verwenden.

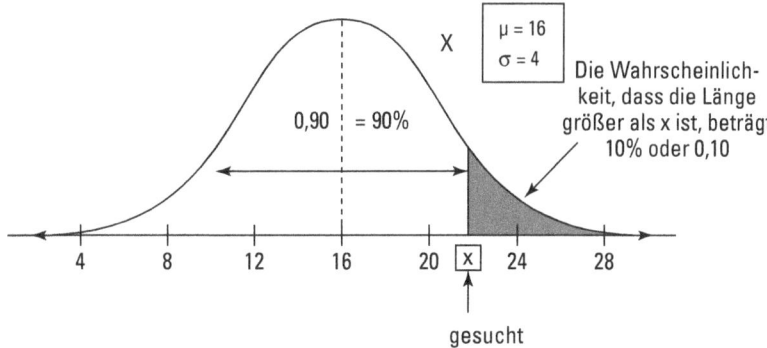

Abbildung 15.11: Die längenmäßig oberen zehn Prozent der Fische (Mittelwert = 16 Zentimeter, Standardabweichung = vier Zentimeter)

Die Z-Tabelle rückwärts lesen

Die Z-Tabelle (Tabelle A.2 unter `www.wiley-vch.de/publish/dt/books/ISBN978-3-527-70375-3`) enthält Zeilen und Spalten, die die Z-Werte bestimmen; die Werte im Körper der Tabelle repräsentieren die zugehörigen Wahrscheinlichkeiten $P(Z < z)$. Bei gewöhnlichen Aufgaben zur Normalverteilung gehen Sie von einem gegebenen Z-Wert aus und suchen die zugehörige Wahrscheinlichkeit. Bei einer Rückwärtsrechnung gehen Sie umgekehrt vor: Sie gehen von der gegebenen Wahrscheinlichkeit im Körper der Tabelle aus und dann suchen Sie den entsprechenden Z-Wert, indem Sie dessen Zeile und Spalte aus der Tabelle ablesen.

Z bei einer gegebenen »kleiner als«-Wahrscheinlichkeit ermitteln

Wenn die Wahrscheinlichkeit gegeben ist, dass Z kleiner als ein Wert z ist, und z gesucht ist, lesen Sie z wie folgt aus der Z-Tabelle ab:

1. **Suchen Sie die gegebene Wahrscheinlichkeit im Körper der Z-Tabelle.**

2. **Lesen Sie am linken Rand den Wert des Zeilenkopfes ab.**

   Der Zeilenkopf enthält die erste Ziffer vor und die erste Ziffer nach dem Komma des Z-Wertes.

3. **Lesen Sie am oberen Rand den Wert des Spaltenkopfes ab.**

   Der Spaltenkopf enthält die zweite Ziffer nach dem Komma des Z-Wertes.

4. **Hängen Sie zweite Dezimalstelle aus Schritt 3 an die Zahl aus Schritt 2 an; Sie erhalten eine Zahl mit zwei Dezimalstellen.**

   Diese Zahl ist der gesuchte Z-Wert für die gegebene »kleiner als«-Wahrscheinlichkeit.

Ein Beispiel: Die Wahrscheinlichkeit, dass eine Zahl kleiner als z ist, sei 0,9834. Gesucht ist z. Sie gehen in den Körper der Z-Tabelle und suchen die Wahrscheinlichkeit 0,9834 (oder den Wert, der ihr am nächsten kommt). Wenn Sie diesen Wert gefunden haben, lesen Sie am linken Rand den Wert des Zeilenkopfes ab: 2,1. Dann lesen Sie den Wert des Spaltenkopfes ab: 0,03. Sie hängen die zweite Dezimalstelle des Spaltenkopfes an den Zeilenkopf an und erhalten eine Zahl mit zwei Dezimalstellen: $z = 2,13$. Der Wert $z = 2,13$ ist der Punkt; 98,34 Prozent aller Werte liegen darunter. Anders ausgedrückt: $P(Z < z) = 0,9834$ entspricht $z = 2,13$.

In Aufgabe 4 des Beispiels mit den Fischen suchen Sie x für $P(X < x) = 0,10$. In der Z-Tabelle (Tabelle A.2 unter www.wiley-vch.de/publish/dt/books/ISBN978-3-527-70375-3) ist die Wahrscheinlichkeit, die 0,10 am nächsten kommt, 0,1003. Sie liegt in der Zeile für $z = -1,2$ und der Spalte für 0,08. Also ist der Z-Wert der Wahrscheinlichkeit 0,10: $z = -1,28$. Ein Fisch, der zu den unteren zehn Prozent gehört, liegt längenmäßig im zehnten Perzentil und 1,28 Standardabweichungen unter dem Mittelwert.

 Sie dürfen die Zeilen- und Spaltenwerte nicht einfach addieren. Das würde zwar bei positiven Werten nichts machen, aber bei negativen Z-Werten zu falschen Ergebnissen führen. Hängen Sie die zweite Dezimalstelle des Spaltenkopfes an den Zeilenkopf an. Ein Beispiel: Wenn die Wahrscheinlichkeit in Zeile $-1,2$ und Spalte 0,08 liegt, ist ihr Z-Wert $-1,28$ und nicht $-1.2 + 0,08 = -1,12$.

Z bei einer gegebenen »größer als«-Wahrscheinlichkeit ermitteln

Wenn die Wahrscheinlichkeit gegeben ist, dass Z größer als ein Wert z ist, und z gesucht ist, lesen Sie z wie folgt aus der Z-Tabelle ab:

1. **Subtrahieren Sie die gegebene Wahrscheinlichkeit von 1 und suchen Sie die Differenz im Körper der Z-Tabelle.**

2. **Lesen Sie am linken Rand den Wert des Zeilenkopfes ab.**

   Der Zeilenkopf enthält die erste Ziffer vor und die erste Ziffer nach dem Komma des Z-Wertes.

3. **Lesen Sie am oberen Rand den Wert des Spaltenkopfes ab.**

   Der Spaltenkopf enthält die zweite Ziffer nach dem Komma des Z-Wertes.

4. **Hängen Sie zweite Dezimalstelle aus Schritt 3 an die Zahl aus Schritt 2 an; Sie erhalten eine Zahl mit zwei Dezimalstellen.**

   Diese Zahl ist der gesuchte Z-Wert für die gegebene »größer als«-Wahrscheinlichkeit.

Ein Beispiel: Die Wahrscheinlichkeit, dass eine Zahl größer ist, sei 0,9834. Gesucht ist z. Abbildung 15.12 zeigt den Graphen für diese Aufgabe.

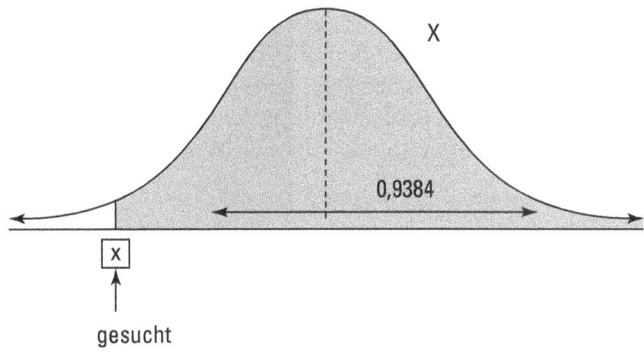

Abbildung 15.12: Gesucht ist z für P(Z > z) = 0,9834.

Sie können nicht die Wahrscheinlichkeit 0,9834 im Körper der *Z*-Tabelle suchen und den zugehörigen *Z*-Wert ablesen, denn dieser gilt für eine »kleiner als«-Wahrscheinlichkeit, nicht eine »größer als«-Wahrscheinlichkeit. Wie rechnen Sie eine »größer als«-Wahrscheinlichkeit in eine »kleiner als«-Wahrscheinlichkeit um? Mit dem Komplement.

Da Sie wissen, dass $P(Z > z) = 0,9834$ ist, wissen Sie auch, dass $P(Z < z) = 1 - 0,9834 = 0,0166$ ist. Der *Z*-Wert ist für beide Wahrscheinlichkeiten gleich, weshalb Sie die verwenden können, für die die *Z*-Tabelle konzipiert ist. Deshalb suchen Sie 0,0166 in der *Z*-Tabelle und folgen dann den Anweisungen in der vorhergehenden Liste. Der Wert steht in der Zeile –2,1 und der Spalte 0,03. Fügen Sie beide Werte zusammen, erhalten Sie eine Zahl mit zwei Dezimalstellen: $z = -2,13$. Also ist $z = -2,13$ der Wert des Punktes, an dem die »kleiner als«-Wahrscheinlichkeit 0,0166 (oder 1,66 Prozent) und die »größer als«-Wahrscheinlichkeit 0,9834 (oder 98,34 Prozent) beträgt. Anders ausgedrückt: $P(Z > z) = 0,9834$ entspricht $z = -2,13$.

In Aufgabe 5 des Beispiels mit den Fischen wird der Wert von *x* gesucht, an dem die Wahrscheinlichkeit, rechts von *x* zu liegen, 0,10 beträgt. Für Schritt 1 entspricht dies der Frage: Welchen Wert hat *x*, wenn die Wahrscheinlichkeit, links von *x* zu liegen, 1 – 0,10 = 0,90 beträgt? Anders ausgedrückt: Gesucht ist *x* für $P(X < x) = 0,90$. In Schritt 2 wird die Wahrscheinlichkeit in der Tabelle gesucht, die 0,9000 am nächsten kommt (0,8997). Die zugehörige Zeile ist $z = 1,2$, die Spalte 0,08. In Schritt 4 werden diese Zahlen zu dem *Z*-Wert 1,28 zusammengefügt. Also liegt der Punkt für Fische, deren Länge nur von zehn Prozent der anderen Fische übertroffen wird, 1,28 Standardabweichungen über dem Mittelwert. (Es handelt sich auch um das 90ste Perzentil; denn dass zehn Prozent der Fische länger sind, bedeutet auch, dass 90 Prozent der Fische kürzer sind.)

Die Z-Formel nach X auflösen, um X-Einheiten zu berechnen

Nachdem Sie den *Z*-Wert für die gegebene Wahrscheinlichkeit (oder ihr Komplement) durch Rückwärtsrechnung ermittelt haben, müssen Sie in einem letzten Schritt den *Z*-Wert zurück in die ursprünglichen *X*-Einheiten umwandeln, damit Sie die ursprüngliche Frage im Kontext der Aufgabe beantworten können.

Z zurück in X umzuwandeln ist dasselbe, wie eine Temperatur wieder von Celsius in Fahrenheit umzurechnen; Sie führen die Schritte in umgekehrter Reihenfolge aus. Um von X nach Z zu kommen, subtrahieren Sie den Mittelwert und dividieren durch die Standardabweichung. Um von Z zu X zu kommen, multiplizieren Sie mit der Standardabweichung und addieren den Mittelwert.

✔ Die Gleichung (Formel) für die Berechnung von Z aus X ist: $Z = (X - \mu) / \sigma$.

✔ Die Gleichung für die Berechnung von X aus Z ist: $X = Z\sigma + \mu$.

Mit einigen algebraischen Operationen können Sie die erste Gleichung für Z so umschreiben, dass sie die Form »$X = ...$« statt »$Z = ...$« hat. Man sagt auch, dass die Gleichung für Z *nach X aufgelöst wird*. Die Schritte im Einzelnen:

1. $Z = (X - \mu) / \sigma$

2. $Z\sigma = (X - \mu)$

3. $Z\sigma + \mu = X$

4. $X = Z\sigma + \mu$

In Aufgabe 4 des Beispiels sollen Sie die Länge eines Fisches suchen, der längenmäßig zu den unteren zehn Prozent gehört. Im vorhergehenden Abschnitt haben Sie den Z-Wert für diesen Fisch berechnet: $-1,28$; die Länge liegt also 1,28 Standardabweichungen unter dem Mittelwert. Mit der nach X aufgelösten Z-Formel rechnen Sie diesen Wert in die ursprünglichen X-Einheiten (Zentimeter) um. Der Mittelwert betrug 16 Zentimeter, und die Standardabweichung war vier Zentimeter. Wie lang ist dieser Fisch? Mit der nach X aufgelösten Z-Formel erhalten Sie $x = -1,28 \cdot 4 + 16 = 10,88$ Zentimeter. Also ist die Länge von 10,88 Zentimetern der Punkt für die längenmäßig unteren zehn Prozent der Fische.

In Aufgabe 5 des Beispiels sollen Sie die Länge eines Fisches suchen, der längenmäßig zu den oberen zehn Prozent gehört. Im vorhergehenden Abschnitt haben Sie den Z-Wert für diesen Fisch berechnet: $+1,28$; die Länge liegt also 1,28 Standardabweichungen über dem Mittelwert. Mit der nach X aufgelösten Z-Formel rechnen Sie diesen Wert in die ursprünglichen X-Einheiten (Zentimeter) um: $x = +1,28 \cdot 4 + 16 = 21,12$ Zentimeter. Also ist die Länge von 21,12 Zentimetern der Punkt für die längenmäßig oberen zehn Prozent der Fische.

Bestimmte Verteilungen

16

In diesem Kapitel

▷ Stetiges und Diskretes trennen

▷ Verschiedene diskrete Verteilungen kennen lernen

▷ Verschiedene stetige Verteilungen verstehen

▷ Wahrscheinlichkeitsmassenfunktion und kumulative Verteilungsfunktion finden und darstellen

▷ Erwartungswerte und Varianzen bestimmen

*B*isher haben Sie die diskreten Wahrscheinlichkeitsverteilungen (Kapitel 14) und eine Sonderform der stetigen Wahrscheinlichkeitsverteilungen – die Normalverteilung – kennen gelernt (Kapitel 15). Es gibt jedoch noch weitere diskrete und stetige Wahrscheinlichkeitsverteilungen. In diesem Kapitel werden wir Ihnen die wichtigsten vorstellen und dazu Anwendungsbeispiele präsentieren. Jede Verteilung hat einen Namen, eigene Formeln für die Wahrscheinlichkeitsmassenfunktion (WMF) und die kumulative Verteilungsfunktion (KVF) und eigene Formeln für den Erwartungswert, die Varianz und die Standardabweichung. Freuen Sie sich darauf!

Diskrete Verteilungen

Wie Sie in Kapitel 14 erfahren haben, gibt es zwei Arten von diskreten Zufallsvariablen. Diskrete Zufallsvariablen haben entweder eine endliche oder eine abzählbar unendliche Anzahl möglicher Werte. Das Paradebeispiel für eine endliche Zahl möglicher Werte ist der Wurf eines Würfels. Dabei können sechs mögliche Werte auftreten. Ein Beispiel für eine abzählbar unendliche Zahl möglicher Werte ist die Anzahl an Kundenbestellungen pro Tag. Denn es können beliebig viele Kundenbestellungen pro Tag eingehen. Wie groß die Zahl aber auch sein mag, sie wird abzählbar sein.

Die drei wichtigsten Eigenschaften von Wahrscheinlichkeitsverteilungen sind der Erwartungswert, die Varianz und die Standardabweichung. Für diskrete Wahrscheinlichkeiten können diese drei Eigenschaften mit folgenden drei Formeln berechnet werden:

✔ $E(X) = \sum_{alle\ x} xP(x)$

✔ $V(X) = \sigma^2 = E\left[(X - \mu)^2\right] = \sum_{alle\ x} p(x)(x - \mu)^2$

✔ $\sigma = \sqrt{V(X)}$

In den folgenden Abschnitten werden bestimmte diskrete Wahrscheinlichkeitsverteilungen vorgestellt. Wie Sie feststellen werden, müssen Sie nicht immer die angegebenen Formeln verwenden, sondern können des Öfteren einiges vereinfachen.

Die diskrete Gleichverteilung

Das grundlegendste Wahrscheinlichkeitsmodell ist die _diskrete Gleichverteilung_. Eine diskrete Gleichverteilung liegt vor, wenn eine Zufallsvariable X die folgenden zwei Bedingungen erfüllt:

✔ Die möglichen Werte von X sind aufeinanderfolgende ganze Zahlen von a bis b (inklusive).

✔ Alle möglichen Werte von X haben die gleiche Wahrscheinlichkeit.

Die Wahrscheinlichkeitsmassenfunktion der diskreten Gleichverteilung

Weil alle möglichen Werte von X die gleiche Wahrscheinlichkeit haben, ist die _Wahrscheinlichkeitsmassenfunktion_ (WMF) von X:

$$P(X = x) = \frac{1}{b-a+1}, \text{für } a \leq x \leq b$$

Ein Beispiel: Jan und Celia verkaufen Eintrittskarten für die Mannheimer Studentenpartys im Schneckenhof (die angesagteste Partylocation der Stadt). Aufgrund der sehr großen Nachfrage darf ein einzelner Student maximal sechs Karten kaufen. Natürlich wissen Jan und Celia nicht im Voraus, wie viele Karten sie an den nächsten Kunden verkaufen. Jedoch ist die Wahrscheinlichkeit, ob ein Kunde eine, zwei, drei, vier, fünf oder sechs Karten kauft, gleich groß. Die Zufallsvariable X gibt an, wie viele Karten ein Kunde kauft. Es ergibt sich das Wahrscheinlichkeitsmodell einer diskreten Gleichverteilung, weil die möglichen Werte von X {1, 2, 3, 4, 5, 6} fortlaufende ganze Zahlen sind, die alle dieselbe Wahrscheinlichkeit haben. Mit der Formel für die WMF von X für eine diskrete Gleichverteilung erhalten Sie $1/(6 - 1 + 1) = \frac{1}{6} = 0,1667$. Abbildung 16.1 veranschaulicht die WMF.

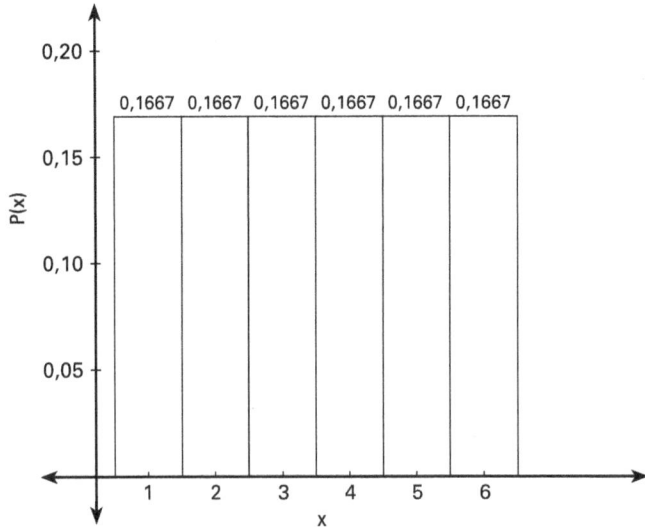

Abbildung 16.1: WMF einer diskreten Gleichverteilung mit a = 1 _und_ b = 6

Die kumulative Verteilungsfunktion der diskreten Gleichverteilung

Die *kumulative Verteilungsfunktion* (KVF) einer gleichverteilten diskreten Zufallsvariablen wird durch folgende Formel bestimmt:

$$F(x) = \begin{cases} 0, \text{ für } x < a \\ \dfrac{x - a + 1}{b - a + 1}, \text{ für } a \leq x < b \\ 1, \text{ für Ganzzahlen } x \geq b \end{cases}$$

Sie nehmen an, dass die Werte ganze Zahlen sind, weil Sie mit einer diskreten Zufallsvariablen arbeiten. Wenn die Werte keine ganzen Zahlen sind, aber in dem möglichen Bereich von X liegen, runden Sie auf die nächstkleinere ganze Zahl ab und verwenden diesen Wert für X. Bei dem Beispiel aus dem vorhergehenden Abschnitt ist $P(X \leq 3) = F(3)$. Mit $a = 1$, $b = 6$ und $x = 3$ erhalten Sie

$$(x - a + 1)/(b - a + 1) = (3 - 1 + 1)/(6 - 1 + 1) = {}^3\!/_6 = 0{,}50.$$

Somit werden mit einer Wahrscheinlichkeit von 50 Prozent höchstens drei Karten gekauft. Sie können diesen Wert durch Addition der Wahrscheinlichkeiten für X verifizieren:

Für $X = 1, 2, 3$ ist $\frac{1}{6} + \frac{1}{6} + \frac{1}{6} = \frac{3}{6} = 0{,}50$.

Die KVF wird in Abbildung 16.2 dargestellt.

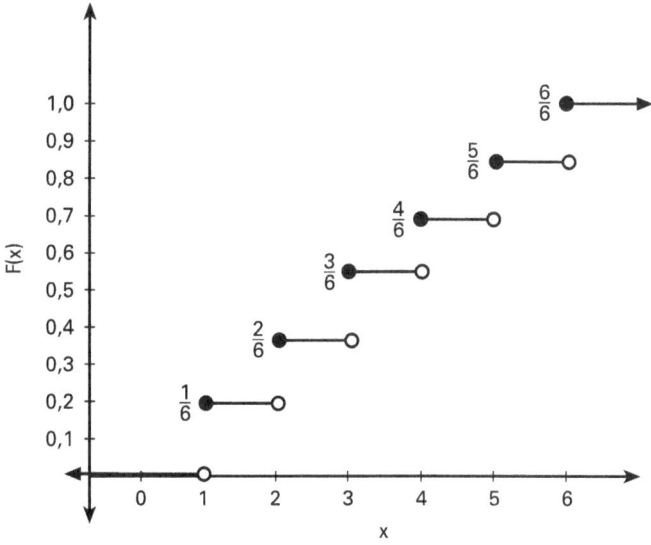

Abbildung 16.2: KVF einer diskreten Gleichverteilung a = 1 *und* b = 6

Der Erwartungswert der diskreten Gleichverteilung

Wenn X eine diskrete Gleichverteilung hat, ist der Erwartungswert von X gleich $(b + a) / 2$. Er repräsentiert den Mittelpunkt zwischen *a* und *b*.

Im Beispiel ist $a = 1$ und $b = 6$, wodurch $E(X) = (b + a) / 2 = (6 + 1) / 2 = 3,50$ ist. Jan und Celia sollten davon ausgehen, dass der nächste Kunde 3,50 Karten kauft.

Die Varianz und die Standardabweichung der diskreten Gleichverteilung

Wenn X eine diskrete Gleichverteilung hat, ist die Varianz von X

$$V(X) = \frac{(b - a + 2)(b - a)}{12}$$

und die Standardabweichung ist somit

$$\sigma = \sqrt{\frac{(b - a + 2)(b - a)}{12}}$$

Bei unserem Beispiel ist $a = 1$ und $b = 6$, sodass

$$V(X) = \frac{(6 - 1 + 2)(6 - 1)}{12} = \frac{7 \cdot 5}{12} = 2,92$$

und

$$\sigma = \sqrt{\frac{(6 - 1 + 2)(6 - 1)}{12}} = \sqrt{\frac{7 \cdot 5}{12}} = \sqrt{2,92} = 1,71$$

ist. Sie können erwarten, dass die Anzahl an verkauften Karten an einen Kunden durchschnittlich um 1,71 von dem Erwartungswert (3,50) abweicht.

Binomialverteilung

Es gibt in der Praxis zahlreiche Anwendungen des binomischen Wahrscheinlichkeitsmodells. *Binomisch* bedeutet wörtlich *zwei Namen*. Das Modell beschreibt Situationen, in denen zwei Ergebnisse möglich sind, die als *Erfolg* (Eintreten eines Ereignisses) oder *Misserfolg* (Nichteintreten eines Ereignisses) bezeichnet werden. Beispiele sind: Sie bekommen einen Auftrag oder nicht; der Kunde kauft bei Ihnen oder nicht; die Lieferung trifft rechtzeitig ein oder nicht. Viele Wissenschaftler interessieren sich für die Wahrscheinlichkeit, dass ein Erfolg oder Misserfolg eintritt, für den Prozentsatz der Erfolge in der Population oder für die Wahrscheinlichkeit, dass bestimmte Ergebnisse in einer Erfolgs-/Misserfolgssituation eintreten.

Die Bedingungen für eine Binomialverteilung sind:

✔ Es gibt eine bestimmte Anzahl von Versuchen, die einem Zufallsprozess unterliegen; n sei die Zahl der Versuche.

✔ Das Ergebnis jedes Versuchs kann einer von zwei Gruppen zugeordnet werden: Erfolg oder Misserfolg.

✔ Die Erfolgswahrscheinlichkeit ist für jeden Versuch dieselbe; p sei die Erfolgswahrscheinlichkeit, das Komplement $1 - p$ sei die Misserfolgswahrscheinlichkeit (mehr dazu in den Kapiteln 12 und 14, dort werden Komplemente behandelt).

✔ Die Versuche sind unabhängig, was bedeutet, dass das Ergebnis eines Versuchs das Ergebnis eines anderen Versuchs nicht beeinflusst.

Falls eine Situation alle diese Bedingungen erfüllt, sei X die Gesamtzahl der Erfolge, die bei n Versuchen eintreten; die Zahl der Misserfolge beträgt $n - X$. Die Situation kann dann mit einer Binomialverteilung mit n Versuchen und der Erfolgswahrscheinlichkeit p beschrieben werden.

Wahrscheinlichkeiten für das Binomial ermitteln

Nachdem Sie festgestellt haben, dass X dem binomischen Wahrscheinlichkeitsmodell folgt (das heißt, dass es die Bedingungen dieses Modells erfüllt), müssen Sie die Wahrscheinlichkeiten ermitteln. Dabei können Sie auf bekannte Formeln für binomische Wahrscheinlichkeiten zurückgreifen, weil alle binomischen Modelle ihre Wahrscheinlichkeiten nach derselben Methode berechnen; nur die Werte für n und p sind aufgabenspezifisch.

Binomische Wahrscheinlichkeiten mit der Wahrscheinlichkeitsmassenfunktion berechnen

Die Wahrscheinlichkeitsverteilung einer binomischen Zufallsvariablen wird mit der WMF-Formel berechnet, die die Zählregeln, die Additions- und Multiplikationsregeln (siehe Kapitel 12) und Baumdiagramme (siehe Kapitel 13) umfasst. Die Formel für die Wahrscheinlichkeitsmassenfunktion (WMF) für eine binomische Zufallsvariable X ist

$$P(X = x) = \binom{n}{x} p^x (1 - p)^{n-x}$$

wobei gilt

✔ n ist die fixe Zahl der Versuche.

✔ x ist die angegebene Zahl der Erfolge.

✔ $n - x$ ist die Zahl der Misserfolge.

✔ p ist die Erfolgswahrscheinlichkeit jedes einzelnen Versuchs.

✔ $1 - p$ ist die Misserfolgswahrscheinlichkeit jedes einzelnen Versuchs. (**Anmerkung:** Einige Lehrbücher verwenden statt $1 - p$ den Buchstaben q für die Misserfolgswahrscheinlichkeit.)

Die Notation $\binom{n}{x}$ (sprich: »n über x«) bedeutet die Zahl der Möglichkeiten, bei n Versuchen x Erfolge zu erzielen. Ein Beispiel: $\binom{3}{2}$ bedeutet 3 *über* 2 und repräsentiert die Zahl der Möglichkeiten, bei drei Versuchen zwei Erfolge zu erzielen. Wenn der Wurf von Kopf einen Erfolg und der Wurf von Zahl einen Misserfolg bedeutet, gibt es drei Möglichkeiten, zwei Kopfwürfe auszuwählen: KKZ, KZK oder ZKK.

Je größer die Zahl der Versuche wird, desto umständlicher wird es, alle Möglichkeiten aufzuschreiben. Deswegen benötigen Sie eine Formel für n über x. Die Formel lautet:

$$\binom{n}{x} = \frac{n!}{x!(n-x)!}$$

Die Notation $n!$ bedeutet *n-Fakultät,* die Zahl der Möglichkeiten, n Elemente zusammenzustellen. Um $n!$ zu berechnen, bilden Sie das Produkt $n \cdot (n-1) \cdot (n-2) \cdot \ldots \cdot 2 \cdot 1$. Einige Beispiele: $3! = 3 \cdot 2 \cdot 1 = 6$, $2! = 2 \cdot 1$, und $1! = 1$. Per Definition ist $0! = 1$. Damit ergibt »3 über 2«:

$$\binom{3}{2} = \frac{3!}{2!(3-2)!} = \frac{3 \cdot 2 \cdot 1}{(2 \cdot 1)(1!)} = \frac{6}{2 \cdot 1} = 3$$

Die WMF gilt für alle Werte von X zwischen 0 und n.

Ein Beispiel: Sie werfen eine faire Münze dreimal. Wie hoch ist die Wahrscheinlichkeit, dass Sie genau zweimal Kopf bekommen? In der Formel für die WMF setzen Sie $n = 3$, $x = 2$ und $p = 0{,}5$ und erhalten:

$$P(X = 2) = \binom{3}{2} 0{,}5^2 (1-0{,}5)^{3-2} = 3 \cdot 0{,}5^2 \cdot 0{,}5^1 = 37{,}5\,\%$$

Abbildung 16.3 veranschaulicht die WMF der Binomialverteilung anhand des Beispiels.

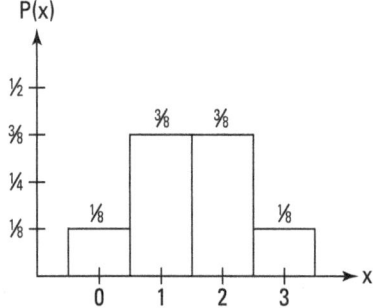

Abbildung 16.3: WMF einer Binomialverteilung: Häufigkeit von Kopf bei drei Würfen einer fairen Münze (p = 0,50)

Binomische Wahrscheinlichkeiten mit der kumulativen Verteilungsfunktion ermitteln

Die kumulative Verteilungsfunktion (KVF) einer binomischen Zufallsvariable X ergibt zu:

$$F(x) = \sum_{X \le x} p(x) = \sum_{X \le x} \binom{n}{p} p^x (1-p)^{n-x}$$

Abbildung 16.4 veranschaulicht die KVF der Binomialverteilung.

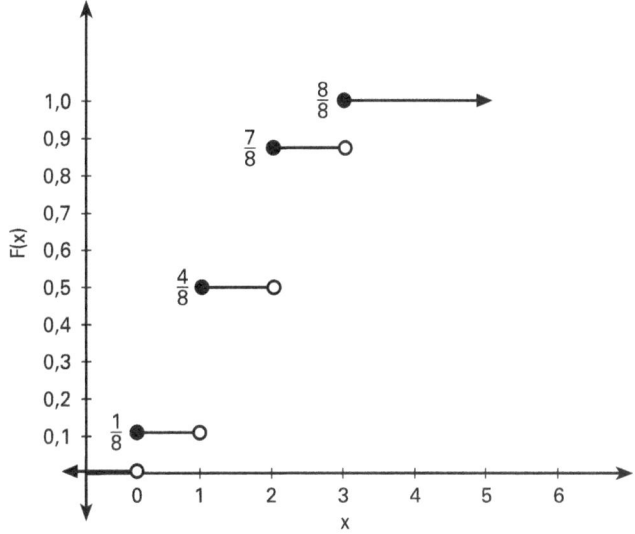

Abbildung 16.4: KVF einer Binomialverteilung: Häufigkeit von Kopf bei drei Würfen einer fairen Münze (p = 0,50)

 Experten haben die KVF für die Binomialverteilung berechnet und stellen sie in Tabellen zur Verfügung, in denen die Wahrscheinlichkeiten bereits summiert sind, damit Sie den benötigten Wert der KVF für eine Zahl ablesen können. Sie finden die Binomialtabelle der KVF in Tabelle A.1 unter www.wiley-vch.de/publish/dt/books/ISBN978-3-527-70375-3 dieses Buches.

Der Erwartungswert der Binomialverteilung

Für den Erwartungswert einer Binomialverteilung erhalten Sie:

$$E(X) = \sum_{\text{alle x}} x \binom{n}{x} p^x (1-p)^{n-x} = \ldots = n \cdot p$$

Zwischen dem ersten und dem letzten Teil der Formel finden einige kompliziertere algebraische Berechnungen statt, auf die wir aber nicht weiter eingehen werden. Es reicht, wenn Sie das Ergebnis kennen, das eine einfache Formel ohne Summationszeichen enthält; sie besteht aus zwei einfachen Faktoren: n und p. Sie multiplizieren diese Elemente und erhalten E(X) für eine Binomialverteilung.

Der Erwartungswert einer Binomialverteilung hat eine hübsche intuitive Bedeutung. Ein Beispiel: Sie werfen eine faire Münze 100-mal: $n = 100$ und $p = 0,50$. Wie viele Kopfwürfe dürfen Sie langfristig im Durchschnitt erwarten? Intuitiv würden Sie wahrscheinlich »50« sagen. Und wenn Sie $n \cdot p$ berechnen, erhalten Sie genau diesen Wert.

Die Varianz und die Standardabweichung der Binomialverteilung

Die Formel für die Varianz einer Binomialverteilung ist

$$V(X) = n \cdot p \cdot (1-p)$$

Wie bei dem Erwartungswert (siehe den vorherigen Abschnitt) erhalten Sie eine simple Formel ohne Summationszeichen. Sie besteht aus drei einfachen Faktoren: n, p und $1 - p$. Sie multiplizieren die Elemente und erhalten $V(X)$ für eine Binomialverteilung. Die *Standardabweichung* ist die Quadratwurzel der Varianz, in diesem Fall

$$\sigma = \sqrt{n \cdot p \cdot (1 - p)} \, .$$

Poissonverteilung

Mit der *Poissonverteilung* können Sie die Zahl der Ereignisse modellieren, die innerhalb einer festgelegten Zeitspanne oder einer angegebenen Fläche eintreten, und die zugehörigen Wahrscheinlichkeiten berechnen, beispielsweise die Wahrscheinlichkeit, dass innerhalb von 15 Minuten mehr als zwei Telefonanrufe bei einer Hotline eingehen, dass Sie einen Schokoladenkeks ohne Schokoladenstückchen bekommen oder dass eine Sekretärin mehr als zwei Tippfehler auf einer Seite macht und mehr.

 Eine Zufallsvariable X hat eine Poissonverteilung, wenn die folgenden Bedingungen erfüllt sind:

✔ X zählt die Ereignisse oder Vorkommnisse innerhalb einer festgelegten Zeit oder eines festgelegten Raumes.

✔ Die Ereignisse treten unabhängig voneinander ein.

✔ Zwei Ereignisse können nicht genau gleichzeitig eintreten.

Weil Sie die Ereignisse oder Vorkommnisse innerhalb einer festgelegten Zeit oder eines festgelegten Raumes zählen, kann die Zufallsvariable der Poissonverteilung jede positive Ganzzahl von 0 bis unendlich (0, 1, 2, 3 usw.) annehmen; deshalb ist eine Poisson-Zufallsvariable eine diskrete Zufallsvariable mit einer abzählbar unendlichen Zahl möglicher Werte (siehe Kapitel 14).

Die Wahrscheinlichkeiten für die Poissonverteilung berechnen

Wenn Sie wissen, dass X einer Poissonverteilung folgt, können Sie mit den einschlägigen Formeln Wahrscheinlichkeiten für X berechnen. Für alle Poissonverteilungen gelten dieselben Formeln; der einzige Unterschied besteht in der Rate der Vorkommnisse, die Sie in einer Situation erwarten.

Die Wahrscheinlichkeitsmassenfunktion der Poissonverteilung

 Die Formel der WMF der Poissonverteilung lautet:

$$P(X = x) = \frac{e^{-\lambda} \lambda^x}{x!}, \text{ für } x = 0, 1, 2, 3, \ldots, \infty$$

λ ist die so genannte *Ereignisrate*, die durchschnittliche (oder mittlere) Rate des Eintretens des Ereignisses innerhalb einer festgelegten Zeitspanne oder eines festgelegten Raumes. (Die

Aufgabenstellung muss Ihnen diesen Mittelwert geben.) Wenn Fachleute auf Daten stoßen, die zu diesem Modell passen, sagen sie, X habe eine Poissonverteilung mit der Ereignisrate λ.

 Der Buchstabe e steht in der Mathematik für die inverse Funktion des natürlichen Logarithmus (Inverse von ln). e^1 ist ungefähr 2,72. Die meisten wissenschaftlichen Taschenrechner verfügen über eine Taste für e^x; Sie können damit jede beliebige Potenz von e berechnen.

Ein Beispiel: Sie sind Hotline-Mitarbeiter. Aus Erfahrung wissen Sie, dass Sie normalerweise durchschnittlich zehn Anfragen pro Stunde erhalten. Unter der Annahme, dass nicht zwei Anfragen zu genau demselben Zeitpunkt eingehen, hätte das Wahrscheinlichkeitsmodell für X – die tatsächliche Zahl der Anfragen pro Stunde – eine Poissonverteilung mit einer Ereignisrate $\lambda = 10$ pro Stunde. Die zugehörige WMF von X ist

$$P(X = x) = \frac{e^{-10}10^x}{x!}, \text{ für } x = 0, 1, 2, 3, ..., \infty$$

Abbildung 16.5 zeigt den Graphen der WMF der Poissonverteilung mit der Ereignisrate λ.

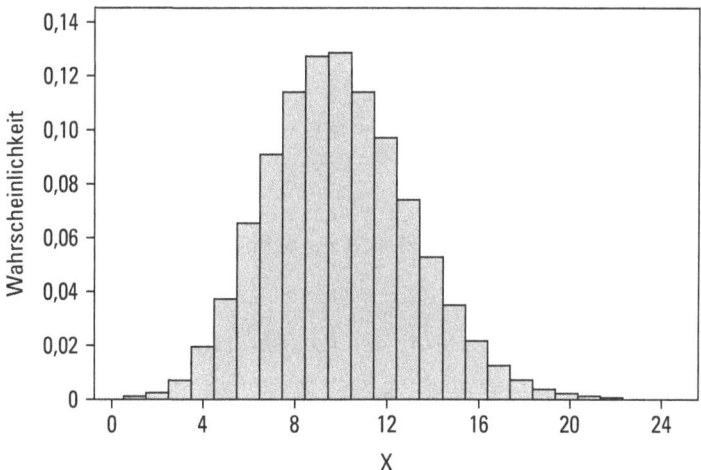

Abbildung 16.5: Die WMF einer Poissonverteilung mit der Ereignisrate $\lambda = 10$

 Bei Poisson-Wahrscheinlichkeitsmodellen müssen Sie auf die Einheiten achten. In dem vorhergehenden Beispiel gilt die Ereignisrate $\lambda = 10$ für die erwartete Zahl der Anfragen pro Stunde und Sie müssen dieses »pro Stunde« in Ihrer Beschreibung von X berücksichtigen.

Die kumulative Verteilungsfunktion der Poissonverteilung

Die Formel der KVF der Poissonverteilung lautet:

$$F(x) = \sum_{X \le x} \frac{e^{-\lambda} \lambda^x}{x!}, \text{ für } x = 0, 1, 2, 3, ..., \infty$$

Die Formel summiert die Werte der WMF (siehe den vorherigen Abschnitt) von 0 bis zu einem gewünschten Wert x. Beispielsweise zeigt Abbildung 16.6 die KVF einer Poissonverteilung mit der Ereignisrate $\lambda = 10$. Sie beginnt für $X = 0$ bei 0 und nähert sich dem Wert 1, wenn x gegen unendlich geht.

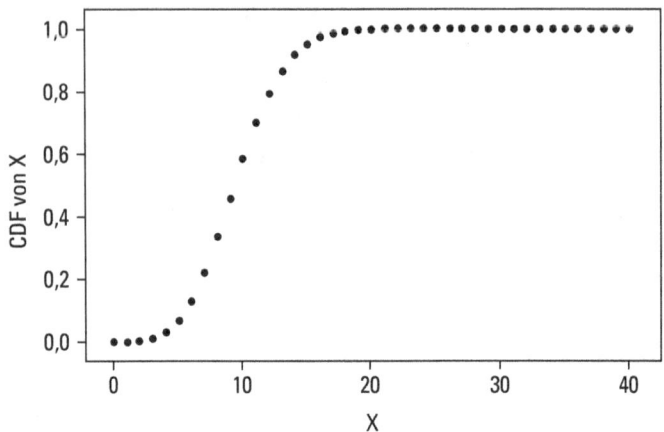

Abbildung 16.6: Die KVF einer Poissonverteilung mit der Ereignisrate $\lambda = 10$

 Sie müssen Werte von $F(x)$ nicht mit der Formel für die KVF berechnen, sondern können die Werte in einer Tabelle nachschlagen (siehe Tabelle A.3 unter www.wiley-vch.de/publish/dt/books/ISBN978-3-527-70375-3).

Die gesuchte Wahrscheinlichkeit befindet sich im Schnittpunkt der Zeile mit dem X-Wert und der Spalte mit dem λ-Wert.

Der Erwartungswert und die Varianz der Poissonverteilung

Der Erwartungswert der Poissonverteilung sagt Ihnen, wie viele Ereignisse Sie innerhalb einer festgelegten Zeitspanne oder einem festgelegten Raum erwarten können. Ihre Varianz sagt Ihnen, mit welcher Variabilität dieser Ergebnisse Sie von einem Experiment zum nächsten rechnen müssen. Das Interessante an der Poissonverteilung ist die sehr enge Beziehung zwischen dem Erwartungswert und der Varianz.

Der *Erwartungswert* einer Verteilung ist der Gesamtdurchschnittswert der Verteilung. Die Notation für den Erwartungswert ist μ_x oder $E(X)$ oder bei der Poissonverteilung $\mu_x = E(X) = \lambda$.

Bei der Poissonverteilung ist die Varianz $\sigma_x^2 = \lambda$. Weil dadurch die Einheiten in Quadrat-Einheiten umgewandelt werden, ist die Bedeutung nicht immer einsichtig (beispielsweise wenn es um die Zahl der Telefonanrufe pro Minute geht), deshalb wird die Variabilität der Ergebnisse normalerweise mit der Standardabweichung gemessen. Die Standardabweichung einer Poissonverteilung ist

$$\sigma_x = \sqrt{\lambda} \,.$$

Ein Beispiel: Die Kunden einer Bank treffen mit einer Ereignisrate $\lambda = 20$ pro Stunde ein; ihr Eintreffen folgt einer Poissonverteilung. In diesem Falle ist der Erwartungswert $\mu_x = \lambda = 20$ Kunden pro Stunde, und die Standardabweichung ist

$$\sigma_x = \sqrt{\lambda} = \sqrt{20} = 4,47 \text{ Kunden pro Stunde.}$$

Denken Sie immer an die Einheiten des Mittelwertes einer Poissonverteilung. Genau genommen ist der Mittelwert eine Rate pro Einheit, und diese Einheit ist wichtig und sollte immer angegeben werden – insbesondere wenn sich die Einheiten ändern.

Stetige Verteilungen

Eine *stetige Zufallsvariable* X ist eine Zufallsvariable, die eine nicht abzählbar unendliche Zahl möglicher Werte annehmen kann. Beispielsweise könnte X die Zeitspanne repräsentieren, die zur Erledigung einer Aufgabe benötigt wird. (Diese Zeit kann mit einer beliebigen Anzahl von Dezimalstellen genau gemessen werden.) In diesem Fall ist jeder Wert größer als 0 ein möglicher Wert von X. Die Variable könnte auch Höhen, Gewichte, Notendurchschnitte oder andere Werte repräsentieren, die gemessen statt gezählt werden.

Bei einer stetigen Funktion von X ist es nicht möglich, eine Wahrscheinlichkeit für einen einzelnen Wert von X zu berechnen. Die Wahrscheinlichkeit für einen einzelnen Wert von X ist definitionsgemäß immer 0. Somit können Sie keine Wahrscheinlichkeitsmassenfunktion (WMF; siehe Kapitel 14) verwenden, um Wahrscheinlichkeiten für Werte von X zu ermitteln. Stattdessen fassen Sie die Wahrscheinlichkeit als Fläche unter einer Kurve auf, die als die *Dichtefunktion* von X, geschrieben $f(x)$, bezeichnet wird. Die Funktion gibt an, wie stark sich die Wahrscheinlichkeit um X häuft. Um beispielsweise die Wahrscheinlichkeit zu ermitteln, dass X zwischen 2 und 3 liegt, berechnen Sie die Fläche unter der Kurve $f(x)$ zwischen den Werten 2 und 3.

Wie bei den diskreten Verteilungen gibt es auch bei den stetigen Formeln für den Erwartungswert, die Varianz und die Standardabweichung. Diesmal sehen sie jedoch ein bisschen komplizierter aus:

$$E(X) = \int_{-\infty}^{\infty} x \cdot f(x)\, dx$$

$$V(X) = \sigma^2 = E\left[(X - \mu)^2\right]$$

$$\sigma = \sqrt{V(X)}$$

In den folgenden Abschnitten werden nun bestimmte stetige Wahrscheinlichkeitsverteilungen vorgestellt. Auch diesmal können Sie meistens auf die allgemeinen Formeln verzichten, da jede stetige Verteilung ihre eigenen Formeln für den Erwartungswert, die Varianz und die Standardabweichung besitzt.

Stetige Gleichverteilung

Die einfachste stetige Zufallsvariable ist die *stetige Gleichverteilung* (andere Autoren sprechen auch von der *kontinuierlichen Gleichverteilung*). Bei der stetigen Gleichverteilung hat $f(x)$ eine besondere Form: ein Rechteck. Alle Werte der Dichtefunktion sind gleich. Sie verwenden eine stetige Gleichverteilung, wenn Sie wissen, dass die Dichtefunktion die Form eines Rechtecks hat. Sie können sie auch in Situationen verwenden, in denen Sie die Dichtefunktion nicht kennen, aber vermuten, dass alle Werte die gleiche Dichte haben.

Die Eigenschaften der stetigen Gleichverteilung

Die stetige Gleichverteilung weist für alle möglichen Werte einer Zufallsvariablen X die gleiche Dichte auf, wobei X zwischen zwei Werten a und b liegen kann. Mit einer stetigen Gleichverteilung können Sie beispielsweise Aufgaben lösen, bei denen verschiedene Endpunkte existieren oder eine stetige Zufallsvariable für alle möglichen Werte von X dieselbe Dichte haben soll. Weil eine Gleichverteilung stetig ist, sind die Werte von X nicht abzählbar. Deshalb können Sie einem einzelnen Wert von X keine Wahrscheinlichkeit zuweisen. (Es ist nicht möglich, eine nicht abzählbar unendliche Zahl von Werten zu addieren, um eine Gesamtwahrscheinlichkeit von 1 zu erhalten.) Statt also eine Wahrscheinlichkeit für einen einzelnen X-Wert zu ermitteln, wenn X stetig ist, ermitteln Sie die Wahrscheinlichkeit für ein Intervall von X-Werten. Beispielsweise könnten Sie folgende Wahrscheinlichkeiten berechnen: X liegt zwischen 2 und 3 – das heißt, es kann alle reellen Zahlen zwischen 2 und 3 annehmen –, geschrieben $P(2 \leq X \leq 3)$; X ist größer als 3, geschrieben als $P(X > 3)$; oder X ist kleiner als 2, geschrieben $P(X < 2)$.

 Das Intervall, das die möglichen Werte von X repräsentiert, wird als *Definitionsbereich* (oder *Domäne*) von X bezeichnet. Bei der Gleichverteilung ist der Definitionsbereich von X das Intervall a bis b, geschrieben $[a, b]$ oder $a \leq X \leq b$.

Ein Beispiel: Die Zeit X, die ein Kfz-Mechaniker zur Feststellung eines Schadens benötigt, hat eine stetige Gleichverteilung und liegt zwischen null und fünf Minuten. (***Anmerkung:*** Null repräsentiert den Fall, dass der Kfz-Mechaniker den Schaden auf den ersten Blick erkennt, und fünf repräsentiert den maximalen Zeitaufwand.) Hier hat X den Definitionsbereich $[0, 5]$, also alle reellen Zahlen von 0 bis 5, jeweils einschließlich.

Die Dichtefunktion der stetigen Gleichverteilung

Um Wahrscheinlichkeiten für die stetige Gleichverteilung zu ermitteln, können Sie ihre besondere Form, ein Rechteck, nutzen. Weil Wahrscheinlichkeiten die Fläche unter der Dichtefunktion repräsentieren und die Fläche eines Rechtecks gleich Breite mal Höhe beträgt, müssen Sie einfach nur die Breite und die Höhe ermitteln. Die Breite repräsentiert das Intervall der X-Werte, deren Wahrscheinlichkeiten gesucht sind, und die Höhe repräsentiert den Wert der Dichtefunktion $f(x)$. Deshalb müssen Sie $f(x)$ für die stetige Gleichverteilung ermitteln, bevor Sie Wahrscheinlichkeiten berechnen können.

 Allgemein gilt: Wenn X eine stetige Zufallsvariable über dem Definitionsbereich $[a, b]$ ist, ist $f(x) = 1 / (b - a)$ für $a \leq x \leq b$ und 0 sonst. Wenn Sie die Werte a und b kennen, können Sie $f(x)$ für die stetige Gleichverteilung berechnen.

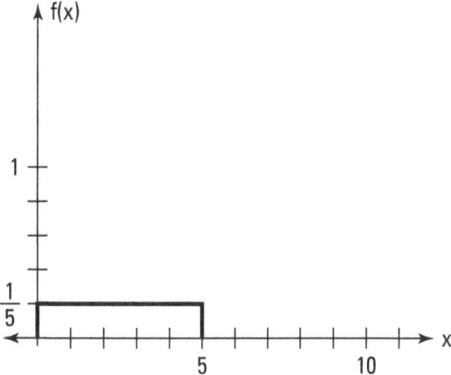

Abbildung 16.7: Graph von f(x) *einer stetigen Gleichverteilung mit dem Definitionsbereich [0, 5]*

Abbildung 16.7 zeigt den Graphen von $f(x)$ für das Beispiel aus dem vorhergehenden Abschnitt. Der Wert von $f(x)$ beträgt in dem Benotungsbeispiel $1 / (5 - 0) = 1/5$. Die Dichtefunktion für X wird demnach folgendermaßen geschrieben:

$$f(x) = \begin{cases} 1/5, \text{ für } 0 \leq x \leq 5 \\ 0, \text{ sonst} \end{cases}$$

Kumulative Wahrscheinlichkeiten mit F(x) berechnen

Bei einer stetigen Gleichverteilung ist $F(x) = P(X < x) = (x - a) / (b - a)$ für alle Werte von x zwischen a und b (siehe den vorherigen Abschnitt). Abbildung 16.8 zeigt den Graphen von $F(x)$ für die stetige Gleichverteilung.

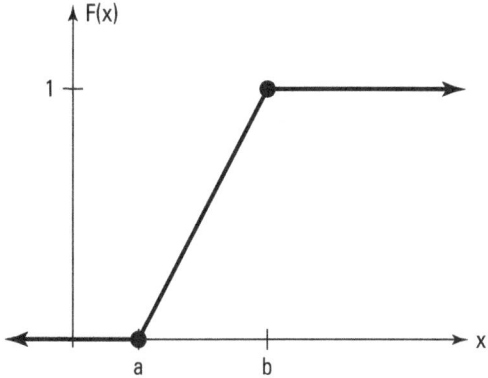

Abbildung 16.8: Der Graph von F(x) *für die stetige Gleichverteilung über dem Definitionsbereich [a, b]*

Der Erwartungswert der stetigen Gleichverteilung

Der Erwartungswert $E(X)$ einer Zufallsvariablen ist der erwartete langfristige Durchschnittswert von X. Bei einer stetigen Gleichverteilung ist die Dichtefunktion $f(x)$ eine horizontale Linie (siehe den Abschnitt *Die Dichtefunktion der stetigen Gleichverteilung* weiter vorn in diesem Kapitel); deshalb ist der erwartete Gesamtdurchschnittswert von X der Punkt, der genau in der Mitte zwischen a und b liegt: $E(X) = (a + b) / 2$.

Ein Beispiel: Die Zeit für die Benotung von Hausaufgaben habe eine stetige Gleichverteilung über dem Definitionsbereich null bis fünf Minuten. Wie hoch ist der Erwartungswert für die Benotung einer Hausaufgabe? Da $a = 0$ und $b = 5$ ist, erhalten Sie $E(X) = (a + b) / 2 = (0 + 5) / 2 = \frac{5}{2} = 2,5$. Durchschnittlich braucht ein Lehrer 2,5 Minuten, um eine Hausaufgabe zu benoten.

Die Varianz und die Standardabweichung der stetigen Gleichverteilung

Die Varianz $V(X)$ der stetigen Gleichverteilung ist

$$\frac{(b-a)^2}{12}$$

Für das Beispiel ($a = 0$ und $b = 5$) aus dem vorangegangenen Abschnitt erhalten Sie:

$$V(X) = \frac{(5-0)^2}{12} = \frac{25}{12} = 2,08$$

Die Standardabweichung σ_x der stetigen Gleichverteilung ist die Quadratwurzel aus der Varianz:

$$\sqrt{\frac{(b-a)^2}{12}}$$

Für das Beispiel ($a = 0$ und $b = 5$) aus dem vorangegangenen Abschnitt erhalten Sie:

$$\sqrt{2,08} = 1,44$$

Die durchschnittliche Abweichung der Benotungszeit für Hausaufgaben beträgt also 1,44 Minuten.

Exponentialverteilung

Die *Exponentialverteilung* ist ein Modell für stetige Verteilungen, deren Dichtefunktion (WDF) $f(x)$ die Form einer Exponentialfunktion hat. Die Verteilung schneidet die Y-Achse bei einem positiven Wert (genannt λ) und fällt dann in einer Kurve abwärts, die sich umso mehr 0 annähert, je größer die Werte der Zufallsvariablen X werden. Sie basiert auf einer Exponentialfunktion $f(x)$, die mit Potenzen der Zahl e arbeitet, und wird wie in verschiedenen Kapiteln dieses Buchs beschrieben für Geburts- und Sterbemodelle, Zerfallsraten und Zinsraten verwendet. Andere Praxisbeispiele für die Anwendung eines Exponentialmodells umfassen beispielsweise die Lebensdauer von Produkten, die Abstände zwischen Telefonanrufen und die Wartezeiten in einer Warteschlange.

Die Dichtefunktion der Exponentialverteilung

Für die Exponentialverteilung gibt es keine besonderen Bedingungen, mit denen Sie prüfen können, ob Sie die korrekte Verteilung anwenden. Diese Verteilung ist ein Modell, das Wahrscheinlichkeitstheoretiker auf bestimmte Arten von Daten anwenden, und innerhalb dieses Modells suchen sie nach Wahrscheinlichkeiten, Erwartungswerten und Varianzen. Sie wissen jedoch, dass mit Exponentialverteilungen häufig die Zeit gemessen wird, die vergeht, bis ein Ereignis eintritt. Wenn Sie vor einer Aufgabe in der Wahrscheinlichkeitsrechnung mit einer Exponentialverteilung gestellt werden, werden Sie höchstwahrscheinlich in der Aufgabenstellung darüber informiert. Das heißt, Ihnen wird ihre Dichtefunktion vorgegeben und Sie werden aufgefordert, damit zu arbeiten. Deshalb ist es besonders wichtig, die Dichtefunktion einer Exponentialverteilung zu identifizieren.

 Die *Dichtefunktion* einer Exponentialverteilung hat die allgemeine Form $f(x) = \lambda e^{-\lambda x}$, für $x > 0$ und 0 sonst; λ ist konstant und wird als der *Parameter der Exponentialverteilung* bezeichnet. Alle Funktionen dieser Form bilden gewissermaßen eine Familie. Mit dem Parameter λ wird sowohl der Schnittpunkt einer Kurve mit der Y-Achse als auch ihre Steilheit bestimmt, mit der sie abfällt.

Die Konstante λ ist auch der inverse Wert des Mittelwertes der Exponentialverteilung: ($\lambda = 1 / E(X)$; siehe den Abschnitt *Der Erwartungswert der Exponentialverteilung* weiter hinten im Kapitel). Wenn die Dichtefunktion die Y-Achse bei einem hohen Wert von λ schneidet, hat sie einen kleinen Mittelwert und fällt sehr schnell gegen 0 und umgekehrt. Abbildung 16.9 zeigt verschiedene Graphen von Dichtefunktionen einer Exponentialverteilung für verschiedene Werte von λ.

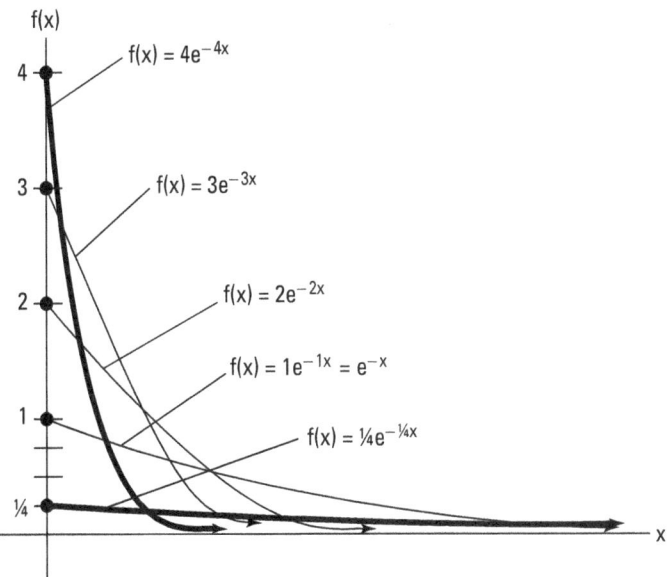

Abbildung 16.9: Dichtefunktionen von Exponentialverteilungen für verschiedene Werte von λ

Diese umgekehrte Beziehung zwischen dem Schnittpunkt auf der Y-Achse und der Steilheit der Kurve ist darauf zurückzuführen, dass die Gesamtfläche unter der Kurve der Dichtefunktion für jede Exponentialverteilung den Wert 1 haben muss.

Die kumulative Verteilungsfunktion der Exponentialverteilung

Bei einer Exponentialverteilung ist $F(x) = 1 - e^{-\lambda x}$. Abbildung 16.10 zeigt den Graphen von $F(x)$ für verschiedene Exponentialverteilungen. Sie beginnen für $X = 0$ bei 0 und nähern sich dem Wert 1, wenn x gegen unendlich geht.

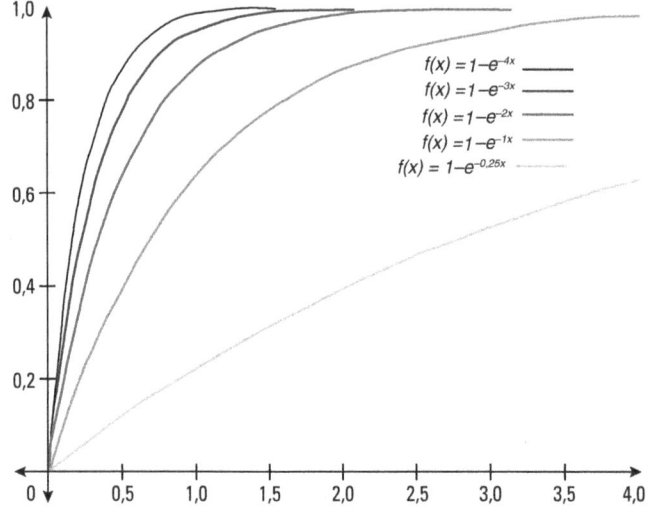

Abbildung 16.10: Der Graph von F(x) *für verschiedene Exponentialverteilungen*

Der Erwartungswert und die Varianz der Exponentialverteilung

Mit dem Erwartungswert, der Varianz und der Standardabweichung der Exponentialverteilung können wichtige praktische Fragen über Lebensdauern und Wartezeiten beantwortet werden. Ein Beispiel: Wie lange müssen Sie durchschnittlich warten, wenn Sie die Hotline Ihres Computerlieferanten anrufen? Wie stark variieren die Zeitabstände der Kundenbesuche in einer Bank?

Der Erwartungswert der Exponentialverteilung

Der Erwartungswert einer Exponentialverteilung ist $E(X) = 1 / \lambda$. Ein Beispiel: Wenn die Wartezeit in einer Warteschlange eine Exponentialverteilung mit $\lambda = 4$ Stunden hat, beträgt die durchschnittliche Wartezeit $E(X) = \frac{1}{4}$ Stunden $= 0,25 \cdot 60$ Minuten $= 15$ Minuten.

Je größer λ wird, desto kleiner wird der Erwartungswert und umgekehrt. Abbildung 16.9 veranschaulicht diese Beziehung: λ ist der Schnittpunkt der Dichtefunktion mit der Y-Achse. Je höher dieser Schnittpunkt liegt, desto schneller fällt die Kurve und desto kleiner ist der Mittelwert. Umgekehrt fällt die Kurve bei einem niedrigen, näher bei 0 liegenden Schnittpunkt langsamer, wodurch der Mittelwert von X nach rechts verschoben und damit höher wird.

Ein Beispiel: Wenn X eine Exponentialverteilung mit dem Mittelwert 4 hat, ist

$$f(x) = \frac{1}{4} e^{-\frac{1}{4}x}, \ x \geq 0$$

(siehe Abbildung 16.9). Aber wenn X eine Exponentialverteilung mit dem Mittelwert ¼ hat, ist

$$f(x) = 4e^{-4x}, \ x \geq 0.$$

Die Varianz und Standardabweichung der Exponentialverteilung

Die Varianz der Exponentialverteilung ist:

$$V(X) = \frac{1}{\lambda^2}$$

Ein Beispiel: Wenn die Wartezeit in einer Warteschlange eine Exponentialverteilung mit $\lambda = 4$ Stunden hat, beträgt die Varianz $V(X) = \frac{1}{4}^2 = \frac{1}{16} = 0,0625$. (Dieser Wert hat keine vernünftige Interpretation.)

Die Standardabweichung ist die Quadratwurzel aus der Varianz:

$$\sigma = \sqrt{\frac{1}{\lambda^2}} = \frac{1}{\lambda}$$

In dem Wartezeitbeispiel beträgt die Standardabweichung

$$\sigma = \sqrt{\frac{1}{4^2}} = \frac{1}{4} \text{ Stunden oder 15 Minuten.}$$

Die Wartezeiten weichen also durchschnittlich um 15 Minuten vom Mittelwert ab.

Der Zentrale Grenzwertsatz und das Gesetz der großen Zahlen

In diesem Kapitel

▷ Die Aussage des Zentralen Grenzwertsatzes nutzen

▷ Das Gesetz der großen Zahlen anwenden

Wahrscheinlichkeit ist die Chance, dass in einer bestimmten Situation ein bestimmtes Ergebnis eintritt (beispielsweise die Wahrscheinlichkeit, dass Sie beim nächsten Spiel an einem Spielautomaten gewinnen). Aber Sie können die Wahrscheinlichkeit auch als die Häufigkeit auffassen, mit der ein bestimmtes Ergebnis Ihrer Erwartung nach langfristig eintreten wird (beispielsweise die Häufigkeit Ihrer Gewinne, wenn Sie sehr lange an einem Spielautomaten spielen). In diesem Kapitel geht es um langfristige Wahrscheinlichkeiten und zwei Grenzwertsätze der Statistik, die Ihnen bei so mancher Fragestellung in der Betriebs- und Volkswirtschaft weiterhelfen können.

Der Zentrale Grenzwertsatz

Der *Zentrale Grenzwertsatz* (ZGS) zählt zu den wesentlichen Wahrscheinlichkeitstheoremen, die Ihnen sagen, wie die Stichprobenverteilung für verschiedene Statistiken, einschließlich der Stichprobensumme, des Stichprobendurchschnitts und der Stichprobenanteile, aussieht. Er ist bei Statistikprofessoren weltweit beliebt, die gerne – und mit Recht! – darüber reden, wie erstaunlich dieser Satz ist. Natürlich müssen Sie nicht gleich in Begeisterung ausbrechen, aber Sie werden es schon schätzen, wie Sie mit diesem Satz Aufgaben der Wahrscheinlichkeitsrechnung für die Summe, den Durchschnitt und Anteile lösen können.

Das Hauptergebnis des Zentralen Grenzwertsatzes

Das Hauptergebnis des Zentralen Grenzwertsatzes besagt, dass sich eine Stichprobenstatistik (zum Beispiel die Stichprobensumme, der Durchschnitt oder ein Anteil) einer Normalverteilung annähert, wenn die Stichprobengröße n hinreichend groß ist. X sei eine Zufallsvariable mit dem Mittelwert μ und der Standardabweichung σ. Sie führen n Versuche mit dieser Zufallsvariablen X aus. Die Ergebnisse seien X_1, X_2, X_3, ... X_n. Die Stichprobenverteilungen der Stichprobensumme, des Stichprobendurchschnitts und eines Stichprobenanteils sind alle annähernd normalverteilt, wenn n hinreichend groß ist.

 Beachten Sie, dass *X eine beliebige* Verteilung haben kann: X kann die Zeit repräsentieren, die Sie benötigen, um eine Seite in einem Buch zu lesen (dies könnte eine Gleichverteilung sein; siehe Kapitel 16) oder es könnte das Verhältnis der zu erwartenden Freiwürfe in einem Basketballspiel repräsentieren (wobei auch eine Binomialverteilung im Spiel wäre; siehe Kapitel 16).

Wesentlich ist: Wenn Sie diese Experimente *n*-mal wiederholen und Summen, Durchschnitte oder Anteile bestimmter Kategorien der Ergebnisse berechnen, nähern sich die Stichprobenverteilungen alle der Normalverteilung an. Es spielt keine Rolle, mit welcher Wahrscheinlichkeitsverteilung Sie beginnen; wenn Sie das Experiment nur oft genug wiederholen, wird die Stichprobenverteilung Ihrer Statistik (die Summe, der Durchschnitt oder Anteile) annähernd einer Normalverteilung entsprechen.

Dieses Ergebnis des ZGS erleichtert die Berechnung von Wahrscheinlichkeiten für die Summe, den Durchschnitt oder Anteile, weil Sie einfach die Schritte zur Ermittlung von Wahrscheinlichkeiten für eine gewöhnliche Normalverteilung verwenden können (siehe Kapitel 15). Sie müssen nur den Durchschnitt und den Standardfehler kennen. (*Standardfehler* ist nur eine andere Bezeichnung für die Standardabweichung einer Stichprobenstatistik.)

 Beachten Sie, dass der ZGS sagt, dass die Stichprobenstatistik (die Stichprobensumme, der Durchschnitt oder ein Anteil) annähernd normalverteilt ist, solange *n* »hinreichend groß« ist. Genauere Informationen zu dem Begriff finden Sie im Abschnitt *Ein Wort über »hinreichend groß«* später in diesem Kapitel.

Warum der Zentrale Grenzwertsatz funktioniert

In diesem Abschnitt soll nicht bewiesen werden, warum der ZGS funktioniert. (Glauben Sie uns: Das wollen Sie gar nicht wissen!) Stattdessen zeigen wir Ihnen einige Beispiele, die Ihnen eine Vorstellung davon vermitteln sollen, wie die Ergebnisse zustande kommen. Hinter allem steht eine Grundidee: Wenn Sie Summen, Durchschnitte oder Anteile berechnen, nähert sich der Durchschnitt der Daten immer dem Mittelwert an, falls genügend Daten vorliegen – das heißt, falls *n* hinreichend groß ist (siehe den Abschnitt *Das Gesetz der großen Zahlen* weiter hinten in diesem Kapitel).

Einen Versuch ausführen

Ein Beispiel: Sie werfen einen einzelnen Würfel einmal. Die möglichen Ergebnisse (1 bis 6) haben eine diskrete Gleichverteilung, was bedeutet, dass jedes der endlich vielen möglichen Ergebnisse gleich wahrscheinlich ist ($\frac{1}{6}$; siehe Kapitel 16). Abbildung 17.1 zeigt den Graphen der Wahrscheinlichkeitsverteilung von X. Die diskrete Gleichverteilung hat einen Erwartungswert $E(X) = (1 + 6) / 2 = 3{,}5$ und die Varianz $(b - a + 2) (b - a) / 12 = (6 - 1 + 2) \cdot (6 - 1) = 2{,}92$. Ihre Standardabweichung ist die Quadratwurzel aus der Varianz: 1,71. **Anmerkung:** Diese Verteilung von X, dem Ergebnis des Wurfes eines einzelnen Würfels, hat nichts Glockenförmiges. Hier ist die Stichprobengröße 1; und wenn Sie alle einzelnen Beobachtungen in ein Histogramm einfügen, sieht es wie die ursprüngliche Wahrscheinlichkeitsverteilung von X (nicht notwendigerweise normalverteilt) aus.

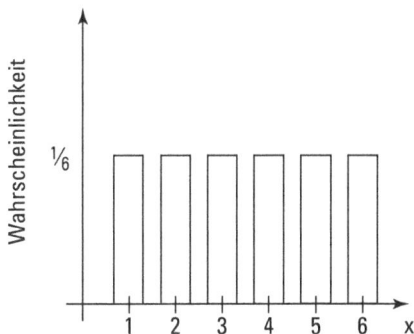

Abbildung 17.1: Wahrscheinlichkeitsverteilung eines Wurfes eines einzelnen Würfels

Zwei Versuche ausführen

Ein Beispiel: Sie werfen einen Würfel zweimal und suchen die Stichprobenverteilung der Stichprobensumme (die Summe der Zahlen bei den Würfen). In der Notation ausgedrückt, suchen Sie die Stichprobenverteilung von $t = X_1 + X_2$, wobei X_1 das Ergebnis des ersten und X_2 das des zweiten Wurfes bedeutet. Wie viele mögliche Werte kann die Summe annehmen? Bevor Sie diese Summe berechnen können, müssen Sie alle möglichen Ergebnisse der Würfe auflisten. Sie wissen, dass die Würfe $6 \cdot 6 = 36$ mögliche Ergebnisse erzeugen können (laut Multiplikationsregel, siehe Kapitel 12). Alle Ergebnisse haben die gleiche Wahrscheinlichkeit: $\frac{1}{36}$. Tabelle 17.1 zeigt alle 36 möglichen Ergebnisse für zwei Würfe sowie deren Summen.

Ergebnis	Summe	Ergebnis	Summe	Ergebnis	Summe	Ergebnis	Summe	Ergebnis	Summe	Ergebnis	Summe
(1,1)	2	(2,1)	3	(3,1)	4	(4,1)	5	(5,1)	6	(6,1)	7
(1,2)	3	(2,2)	4	(3,2)	5	(4,2)	6	(5,2)	7	(6,2)	8
(1,3)	4	(2,3)	5	(3,3)	6	(4,3)	7	(5,3)	8	(6,3)	9
(1,4)	5	(2,4)	6	(3,4)	7	(4,4)	8	(5,4)	9	(6,4)	10
(1,5)	6	(2,5)	7	(3,5)	8	(4,5)	9	(5,5)	10	(6,5)	11
(1,6)	7	(2,6)	8	(3,6)	9	(4,6)	10	(5,6)	11	(6,6)	12

Tabelle 17.1: Alle möglichen Ergebnisse (und ihre Summen) beim zweimaligen Werfen eines Würfels

Die Stichprobensumme kann in diesem Beispiel jede ganze Zahl zwischen 2 und 12 annehmen. Dies bedeutet, dass die Stichprobensumme $t = X_1 + X_2$ mehr mögliche Werte als X_1 oder X_2 alleine annehmen kann, wodurch sich die Stichprobenverteilung bereits von der eines Versuches unterscheidet. Doch wichtiger ist: Die Wahrscheinlichkeiten für die Werte von t sind im Gegensatz zu den einzelnen Werten für X_1 und X_2 nicht alle gleich.

Um die Wahrscheinlichkeiten für alle Werte der Stichprobensumme zu berechnen, sehen Sie nach, wie viele Stichprobensummen in Tabelle 17.1 enthalten sind, und addieren die Wahrscheinlichkeiten (zur Erinnerung: Jedes Ergebnis hat eine Wahrscheinlichkeit von $\frac{1}{36}$). So hat beispielsweise die Wahrscheinlichkeit für die Stichprobensumme 2 den Wert $\frac{1}{36}$, weil dieses Ergebnis nur bei einer Konstellation (1, 1) zustande kommen kann. Die Wahrscheinlichkeit für die Stichprobensumme 3 beträgt $\frac{2}{36}$, weil dieses Ergebnis durch zwei mögliche

Konstellationen entstehen kann: (2, 1) und (1, 2). Die Summe mit der höchsten Wahrscheinlichkeit ist $t = 7$; denn es gibt 6 mögliche Konstellationen; die Wahrscheinlichkeit ist deshalb $\frac{6}{36} = \frac{1}{6}$. Tabelle 17.2. zeigt die gesamte Stichprobenverteilung für die Stichprobensumme. Abbildung 17.2 zeigt den zugehörigen Graphen.

Stichprobensumme	Wahrscheinlichkeit	Stichprobensumme	Wahrscheinlichkeit
2	$\frac{1}{36}$	8	$\frac{5}{36}$
3	$\frac{2}{36}$	9	$\frac{4}{36}$
4	$\frac{3}{36}$	10	$\frac{3}{36}$
5	$\frac{4}{36}$	11	$\frac{2}{36}$
6	$\frac{5}{36}$	12	$\frac{1}{36}$
7	$\frac{6}{36}$		

Tabelle 17.2: Stichprobenverteilung für die Summe zweier Würfe eines Würfels

Jede Stichprobenverteilung ist eine Wahrscheinlichkeitsverteilung und hat deshalb dieselben Eigenschaften wie jede andere Wahrscheinlichkeitsverteilung: Jede Wahrscheinlichkeit muss zwischen 0 und 1 liegen und die Summe der Wahrscheinlichkeiten muss 1 ergeben.

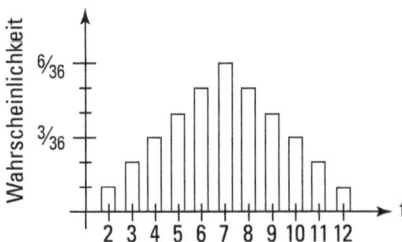

Abbildung 17.2: Stichprobenverteilung für die Summe zweier Würfe eines einzelnen Würfels

Viele Versuche ausführen

Laut ZGS nähert sich die Summe der Ergebnisse einer Normalverteilung, wenn die Gesamtstichprobengröße n eines Zufallsexperiments zunimmt. Anders ausgedrückt: Je häufiger Sie einen Würfel werfen, desto mehr nähert sich die Stichprobenverteilung t der Summe aller Ergebnisse dieser n Würfe der Normalverteilung an. Sie umfasst mehr mögliche Werte und nimmt eine Glockenform an. Erstaunlich ist, dass die Form der ursprünglichen Verteilung keine Rolle spielt. In dem Würfelbeispiel hat der erste Wurf eine flache diskrete Gleichverteilung. Doch je häufiger Sie den Würfel werfen und die Ergebnisse addieren, desto stärker nähern Sie sich der Normalverteilung an. Abbildung 17.3 zeigt die Stichprobenverteilung für die Summe bei 30 Würfen eines Würfels.

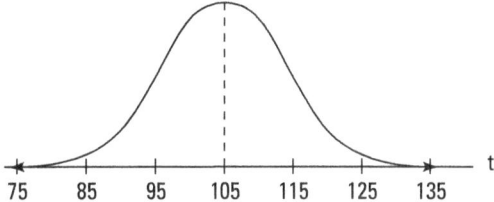

Abbildung 17.3: Stichprobenverteilung für die Summe von 30 Würfen eines einzelnen Würfels

Ein Wort über »hinreichend groß«

Die Stichprobengröße, die erforderlich ist, damit der ZGS anwendbar ist, hängt von der Verteilung von X (bei einer einzelnen Beobachtung) ab:

✔ Falls die ursprüngliche Verteilung X mit einer Normalverteilung beginnt, hat die Stichprobensumme eine Normalverteilung, egal wie groß die Stichprobe ist, und Sie brauchen den ZGS gar nicht.

✔ Falls die ursprüngliche Verteilung von X hügelförmig (den Hügel in der Mitte mit abfallenden Flanken auf beiden Seiten) und symmetrisch ist (spiegelsymmetrisch zu einer Senkrechten durch die Mitte), muss die Stichprobengröße nicht sehr groß sein, um eine brauchbare Annäherung an die Normalverteilung zu erzielen.

✔ Falls die ursprüngliche Verteilung X schief ist (das heißt, wenn auf einer Seite erheblich mehr Werte als auf der anderen liegen), müssen Sie mehr Versuche ausführen, bevor sich der Durchschnitt der Stichprobensumme der Mitte annähert, weil die Werte auf der anderen (weniger häufigen) Seite der schiefen Verteilung nicht sehr oft berechnet werden und deshalb mehr Versuche benötigt werden, um sie in die Stichprobe einzuschließen und den Durchschnitt zurück zum Normalen zu bringen.

In anderen Situationen werden jedoch keine Stichprobengrößen in der Nähe von 30 benötigt, damit die Normalverteilung greifen kann. Ein Beispiel: Bei dem Würfelexperiment muss n nur 2 sein, bevor sich die Wahrscheinlichkeiten für t in der Mitte häufen und zu den Enden hin ausdünnen. Deshalb ist die Annäherung mit $n = 30$ ein konservativer Wert, mit dem alle Fälle abgedeckt werden sollen. Die Einzelergebnisse variieren je nach Form der ursprünglichen Verteilung.

Das Gesetz der großen Zahlen

Das Gesetz der großen Zahlen ist ein wichtiger Satz der Statistik, der in vielen Bereichen der Wirtschaft Verwendung findet. Es besagt, dass sich der Mittelwert eines Zufallsergebnisses mit wachsender Anzahl der Durchführungen (daher die großen Zahlen) an dessen Erwartungswert annähern wird.

Stellen Sie sich eine Kfz-Versicherung vor. Die Versicherung weiß, dass der durchschnittlich verursachte Schaden pro Jahr und Kraftfahrzeug einen Erwartungswert von 973 Euro hat. Die Varianz des Schadens für ein einzelnes versichertes Auto ist jedoch sehr hoch. In den meisten Jahren wird ein Kraftfahrzeug keinen Schaden verursachen. Wenn aber mal ein Unfall passiert, ist der Schaden meistens um ein Vielfaches höher als der Erwartungswert.

Je mehr Autos die Versicherung versichert, desto besser wird sie die zu zahlende Schadensumme für ein bestimmtes Jahr abschätzen können. Ist nur ein Auto versichert, schwankt der Wert zwischen möglicherweise 0 und möglicherweise sehr viel. Sind sehr viele Autos versichert, kann die Versicherung ziemlich sicher sein, dass im Mittel pro versichertes Kraftfahrzeug ein Schaden von 973 Euro entsteht.

Im folgenden Abschnitt wird das Gesetz der großen Zahlen am Beispiel eines Würfels noch einmal ausführlich erläutert.

Wer will wieder Würfel werfen?

Sie werfen mal wieder einen Würfel – diesmal 100-mal – und fragen sich, wie häufig die Zahl 2 gewürfelt werden wird. Da alle sechs möglichen Ergebnisse gleich wahrscheinlich sind, sollte die Zahl 2 das Ergebnis von $\frac{1}{6} = 16{,}67$ Prozent aller Würfe sein. Angenommen, Sie haben Glück und das Ergebnis des ersten Wurfs ist sofort eine 2. Somit wurden in 100 Prozent der bisherigen Würfe (nur der erste) eine 2 gewürfelt. Dieser tatsächliche Wert der Häufigkeit (100 Prozent) weicht um 83,33 Prozentpunkte vom vorhergesagten Wert (16,67 Prozent) ab.

Im zweiten Wurf haben Sie leider kein Glück. Die gewürfelte Zahl ist keine 2. Die tatsächliche Häufigkeit beträgt nach dem zweiten Wurf 50 Prozent (einer von zwei Würfen war eine 2). Dieser Wert weicht nur noch um 33,33 Prozentpunkte von den vorhergesagten 16,67 Prozent ab.

 Das Gesetz der großen Zahlen sagt nun aus, dass bei einer großen Zahl von Wiederholungen die eingetretene Häufigkeit nahe beim Erwartungswert liegt. Mit anderen Worten: Die Häufigkeit (Mittelwert) des Zufallsergebnisses wird sich mit wachsender Anzahl der Durchführungen an dessen Wahrscheinlichkeit (Erwartungswert) annähern.

Die folgenden acht Würfe waren auch kein Treffer. Nach weiteren 40 Würfen haben Sie insgesamt 7-mal eine 2 gewürfelt und nach allen 100 Würfen insgesamt 18-mal. Somit sind ihre tatsächlichen Häufigkeiten nach dem 10ten, 50sten beziehungsweise 100sten Wurf $\frac{1}{10} = 10$ Prozent, $\frac{7}{50} = 14$ Prozent beziehungsweise $\frac{18}{100} = 18$ Prozent. Tabelle 17.3 zeigt die Abweichungen der tatsächlichen Häufigkeit vom vorhergesagten Wert für die verschiedenen Anzahlen von Würfen. Man erkennt deutlich, dass die Abweichungen mit steigender Anzahl der Würfe kleiner werden.

Anzahl der Würfe	Vorhergesagte Häufigkeit	Tatsächliche Häufigkeit	Differenz
1	16,67 %	100 %	**83,33 %**
2	16,67 %	50 %	**33,33 %**
10	16,67 %	10 %	**6,67 %**
50	16,67 %	14 %	**2,67 %**
100	16,67 %	18 %	**1,33 %**

Tabelle 17.3: Vorhergesagte Häufigkeit und tatsächliche Häufigkeit eines Würfelspiels

Teil V
Finanzmathematik

In diesem Teil ...

Alles Gute kommt bekanntlich (fast) zum Schluss und deshalb ist der folgende Teil des Buches der Finanzmathematik gewidmet. In diesem Teil beschäftigen Sie sich mit der Berechnung von Zinsen (Kapitel 18) und lernen die Rentenrechnung (Kapitel 19) sowie die Tilgungsrechnung (Kapitel 20) kennen und Sie lernen dabei ganz geschwind, wie Sie Ihrem Banker am besten auf die Füße treten können. Darüber hinaus beschäftigen Sie sich in diesem Teil mit der Kurs- und Renditerechnung (Kapitel 21) und der Investitionsrechnung (Kapitel 22).

Zinsrechnung

18

In diesem Kapitel

▷ Arten der Zinsrechnung kennen lernen

▷ Unterjährige Verzinsung beachten

▷ Nominal- und Effektivzins anwenden

▷ Gemischt, gerührt, geschüttelt – Gemischte, variable und stetige Verzinsung

Stellen Sie sich vor, Sie geben Ihrem besten Freund ein Gelddarlehen, damit er sich ein Handy kaufen kann, das gerade im Angebot ist. Zu Beginn des nächsten Monats gibt Ihr Freund Ihnen nicht nur das Darlehen zurück, sondern steckt Ihnen auch noch fünf Euro in die Tasche. Er revanchiert sich dafür, dass Sie ihm das Darlehen gegeben haben. Diese fünf Euro können Sie in der Finanzmathematik mit dem Erhalt von Zinsen gleichsetzen. Zinsen stellen eine Art »Gebühr« dar, die man dann bekommt, wenn man jemanden über einen bestimmten Zeitraum Geld überlässt, damit dieser Jemand mit dem Geld »etwas machen« kann. Im allgemeinen Sprachgebrauch spricht man auch von einem Kredit. Rechtlich gesehen ist jeder Kredit ein Darlehen, da sich der Darlehensgeber im Rahmen eines schuldrechtlichen Vertrages dazu verpflichtet, dem Darlehensnehmer einen bestimmten Geldbetrag zur Verfügung zu stellen. Der Darlehnsnehmer muss diesen Betrag zu einem bestimmten Zeitpunkt zurückzahlen. Die damit zusammenhängenden Prozesse und Fragestellungen sind Gegenstand dieses Kapitels. Dazu erklären wir Ihnen zunächst die Grundbegriffe der Zinsrechnung und verschiedene Arten der Zinsrechnung. Weiter geht es mit der unterjährigen Verzinsung und dem Nominal- sowie Effektivzins.

Die Zinsrechnung – aller guten Dinge sind drei

Aller guten Dinge sind drei und so umfasst auch die Zinsrechnung drei zentrale Aspekte: die Zinsen, das Kapital und die Laufzeit.

Die Zinsen

Wenn man sich Geld borgt, dann stellen die Zinsen die dafür zu zahlende »Gebühr« dar, die in der Regel prozentual berechnet wird. Sie können von Ihrem Freund verlangen, dass er nicht nur das geborgte Kapital, sondern auch einen »Aufschlag« von drei Prozent auf das bereitgestellte Kapital zurückbezahlt. Diese drei Prozent sollen Sie dafür entschädigen, dass Ihnen das Geld nicht zur Verfügung stand und Sie sich deshalb beispielsweise keinen neuen DVD-Player kaufen konnten.

✔ Die *Zinsen* werden mit Z abgekürzt.

✔ Der *Zinssatz* wird mit i, vom Englischen *interest rate*, abgekürzt und als Dezimalzahl dargestellt (zum Beispiel 0,03).

✔ Der Prozentsatz wird auch als _Zinsfuß_ bezeichnet und mit p abgekürzt. Ein Zinsfuß von drei Prozent entspricht dem als Dezimalzahl angegebenen Zinssatz von 0,03 und ergibt sich aus $(i \cdot 100)$. Fügt man dem Zinsfuß noch eine 1 hinzu, dann erhält man den _Zinsfaktor_.

Der _Zinsfaktor_ q setzt sich aus $1 + i$ beziehungsweise $\dfrac{1 + p}{100}$ zusammen, also entspricht $q = 1 + i$ (zum Beispiel 1,03).

Das Kapital

Wichtig in der Zinsrechnung sind neben den Zinsen das verwendete Kapital beziehungsweise das Vermögen. Dieses Kapital ist entweder ein Vermögen, das man in Zukunft haben möchte, oder ein Kapital, das man heute besitzt.

✔ Das Kapital, das Sie heute Ihr Eigen nennen, wird als _Anfangskapital_ bezeichnet und mit K_0 abgekürzt.

✔ Das Kapital, das man am Ende der Periode n sein Eigen nennt, wird als _Endkapital_ bezeichnet und mit K_n abgekürzt.

✔ Der _Index_, der den Zeitpunkt darstellt, zu dem das Kapital betrachtet wird, wird unten notiert.

Für das Anfangskapital beziehungsweise den Zeitpunkt zum Beginn der Verzinsung schreibt man K_0. Damit meint man das Kapital zum Zeitpunkt 0. K_1 schreibt man für das Kapital nach Ablauf der ersten Zinsperiode, K_2 für das Kapital nach Ablauf der zweiten Zinsperiode, K_3 für das Kapital nach Ablauf der dritten Zinsperiode usw. Für das Kapital am Ende der Periode n schreibt man K_n.

Die Laufzeit

Die _Laufzeit_ n stellt den Zeitraum dar, über den man Zinsen erhält oder über den man Zinsen für ein geborgtes Kapital bezahlen muss. Den Tag, an dem die Zinsen beispielsweise auf einem Sparbuch gutgeschrieben werden, nennt man _Zinstermin_ oder _Zinszahlungstermin_. Den Zeitraum zwischen den Zinsterminen bezeichnet man als _Zinsperiode_. Zum Zinszahlungstermin werden die Zinsen für die festgelegte Zinsperiode auf dem Konto gutgeschrieben.

Bei einem Sparbuch erstreckt sich die Länge des Zinszeitraumes normalerweise über ein Jahr. Bei einem Tagesgeldkonto kann der Zinszeitraum einen Monat, ein Vierteljahr (_Quartal_) oder auch ein Jahr lang sein. Bei einem Baukredit ist die Zinsperiode in der Regel auf einen Monat festgelegt.

Man bezeichnet den Jahresbezug auch mit _per annum_ oder _pro anno_ und kürzt ihn als _p.a._ ab. Ein Zinssatz von i = 3 Prozent p.a. bedeutet also, dass man für 100 Euro geborgtes Kapital in diesem Jahr drei Euro Zinsen zahlen muss.

Man kann zwei Zinszahlungstermine unterscheiden:

✔ **Nachschüssige Zinszahlung:** Von einer nachschüssigen Zinszahlung spricht man, wenn man die Zinsen *am Ende einer Zinsperiode*, zum Beispiel nach einem Jahr, gutgeschrieben bekommt beziehungsweise die Zinsen fällig werden. Sie legen zum Beispiel heute 100 Euro auf einem Sparkonto an und bekommen bei einer jährlichen Verzinsung *nach* einem Jahr die Zinsen gutgeschrieben. Da dieser Fall in der Praxis am häufigsten auftritt, kann man immer davon ausgehen, wenn nichts anderes genannt wird.

✔ **Vorschüssige Zinszahlung:** Mit einer vorschüssigen Zinszahlung hat man es zu tun, wenn die Zinsen schon *im Voraus bezahlt beziehungsweise fällig* werden. Sie borgen sich zum Beispiel 100 Euro von Ihrem Freund und dieser will, dass Sie ihm umgebend fünf Euro Zinsen dafür zahlen. Sie müssen die Zinsen für das geborgte Geld *sofort* bezahlen. Ihr Freund bekommt *sofort* eine Entschädigung dafür, dass er Ihnen Geld borgt, und er erhält das Geld nicht erst am Ende der »Borgungszeit«.

Verzinsungsmodelle

Wie sich ein angelegtes Kapital über die Zeit entwickelt, hängt stark davon ab, in welcher Form die Zinsen bezahlt werden. Dabei werden zwei Arten unterschieden, die Verzinsung mit Zinseszins und die lineare beziehungsweise einfache Verzinsung.

Lineare Verzinsung

Die lineare oder *einfache Verzinsung* ist dadurch gekennzeichnet, dass pro Periode nur das zu Anfang eingezahlte Kapital verzinst wird und *nicht* das Kapital mit den bereits gutgeschriebenen Zinsen. Mit anderen Worten: Bei der linearen Verzinsung werden die Zinsen in den folgenden Perioden nicht mitverzinst. Innerhalb der Laufzeit gibt es keinen Zinsverrechnungstermin.

 In der Praxis trifft man diese Art der Verzinsung im Falle der unterjährigen Verzinsung und im Wertpapierhandel an, wo die Zinsen nicht dem Kapital zugefügt, sondern direkt ausbezahlt werden.

Dazu ein Beispiel: Wie hoch ist das Endkapital, wenn ein Kapital von 1.000 Euro über drei Jahre zu einem jährlichen Zinssatz von vier Prozent bei einer linearen Verzinsung auf ein Sparkonto angelegt wird? Vier Prozent von 1.000 Euro sind 40 Euro. Sie erhalten also jedes Jahr 40 Euro Zinsen. Das sind über vier Jahre hinweg insgesamt 120 Euro Zinsen. Diese Zinsen werden dem Kapital *nicht* zugeschlagen. Sie tragen also selbst keine Zinsen. Die Kapitalentwicklung finden Sie in Tabelle 18.1, einer so genannten *Kontostaffel*.

Jahr	Kontostand (Jahresbeginn)	Zinsen
1	1.000 Euro	40 Euro
2	1.000 Euro	40 Euro
3	1.000 Euro	40 Euro
Gesamt		**120 Euro**

Tabelle 18.1: Kontostaffel bei linearer Verzinsung

Diese Zinsentwicklung kann man auch mit der folgenden Formel darstellen:

$$Z_n = K_o \cdot i \cdot n$$

wobei Z_n die Zinsen am Ende der Laufzeit n darstellen.

Für das Endkapital K_n gilt:

$$K_n = K_0 + \sum_{j=1}^{n} Z_j = K_0 + \sum_{j=1}^{n} K_0 \cdot i = K_0 \cdot (1 + n \cdot i)$$

Das Anfangskapital von 1.000 Euro ist nach drei Jahren bei einer linearen Verzinsung auf ein Endkapital von 1.120 Euro angestiegen.

$$K_3 = 40 + 40 + 40 + 1.000 = 1.120 \text{ Euro}$$

Allgemein gilt, dass der Zinssatz der j-ten Perioden mit i_j bezeichnet wird und die in den j-ten Perioden gezahlten Zinsen mit Z_j. Nach n Perioden haben Sie bei einem Anfangskapital von K_0 und einer linearen Verzinsung die Endwertformel.

Endwertformel bei linearer Verzinsung: $K_n = K_0 \cdot (1 + n \cdot i)$

Beachten Sie, dass sich i und n stets auf dieselbe Zeiteinheit beziehungsweise Zinsperiode beziehen müssen.

Durch die Endwertformel kommt man mit einem Schritt auf den bereits ermittelten Endwert in Höhe von 1.120 Euro, da

$$K_3 = 1.000 \cdot (1 + 3 \cdot 0,04) = 1.120 \text{ Euro}$$

ist.

Zinseszinsrechnung – verzins mir die Zinsen!

Bei der _Verzinsung mit Zinseszinsen_ (auch als _exponentielle Verzinsung_ oder _geometrische Verzinsung_ bezeichnet) wird davon ausgegangen, dass die Zinsen am Ende der Zinsperiode dem Kapital zugefügt und in der folgenden Periode mitverzinst werden. Die Zinsen tragen in der nächsten Periode selbst wieder Zinsen. Dabei kann es innerhalb der Zinsperiode einen oder mehrere Zinsverrechnungstermine geben.

Stellen Sie sich vor, dass Sie 1.000 Euro im Lotto gewinnen. Sie nehmen das Geld und legen es auf ein Sparbuch zu einem Jahreszinssatz von fünf Prozent an. Nach einem Jahr (Zinsperiode) erhalten Sie 50 Euro Zinsen. Ihr Kapital K_1 beträgt nach einem Jahr also 1.050 Euro. Es gilt für diese Entwicklung allgemein $K_n = K_0 \cdot (1 + i)^n$.

Wie hoch ist Ihr Kapital nach drei Jahren? Sie kennen das Kapital K_0 und den Zinssatz i. Setzen Sie die Zahlen in die Formel $K_n = K_0 \cdot (1 + i)^n$ ein.

Nach dem ersten Jahr erhält man das Anfangskapital plus die Zinsen, indem das Kapital K_1 mit dem Faktor $(1+i)$ beziehungsweise dem Faktor q multipliziert wird. Dies wird auch als *Aufzinsen* bezeichnet.

$$K_1 = K_0 + K_0 \cdot i = K_0 \cdot (1+i) = K_0 \cdot q$$

$$K_1 = 1.000 + 1.000 \cdot 0,05 = 1.000 \cdot (1+0,05) = 1.000 \cdot 1,05 = 1.050 \text{ Euro}$$

Nach dem zweiten Jahr erhalten Sie 52,50 Euro Zinsen, da Ihr Kapital K_1 Zinsen trägt. Da Sie nun ein Kapital von 1.050 Euro besitzen und darauf fünf Prozent Zinsen erhalten, haben Sie nach dem zweiten Jahr ein Kapital K_2 von 1.102,50 Euro, da

$$K_2 = 1.050 + 1.050 \cdot 0,05 = 1.102,50 \text{ Euro}$$

ist.

Das Kapital wird wieder mit dem Faktor $(i+1)$ beziehungsweise dem Faktor q aufgezinst. Es gilt

$$K_2 = K_0 \cdot (1+i) \cdot (1+i) \text{ beziehungsweise } K_2 = K_0 \cdot q \cdot q.$$

Dabei kann man die letzten zwei Terme auch zusammenfassen und erhält $K_2 = K_0 \cdot (1+i)^2$ beziehungsweise $K_2 = K_0 \cdot q^2$.

Nach dem dritten Jahr wird Ihr Kapital K_2 wieder verzinst und Ihr Kapitalendwert beträgt

$$K_3 = 1.102,50 + 0,05 \cdot 1.102,50 = 1.157,63 \text{ Euro.}$$

Das Kapital wird wieder mit dem Faktor $(1+i)$ beziehungsweise dem Faktor q aufgezinst:

$$K_3 = K_0 \cdot (1+i) \cdot (1+i) \cdot (1+i) \text{ beziehungsweise } K_3 = K_0 \cdot q \cdot q \cdot q$$

Und wenn man zusammenfasst, dann erhält man

$$K_3 = K_0 \cdot (1+i)^3 \text{ beziehungsweise } K_3 = K_0 \cdot q^3.$$

Diese Kapitalentwicklung ist in der Kontostaffel (siehe Tabelle 18.2) aufgelistet und in Abbildung 18.1 grafisch dargestellt.

Jahre	Anfangskapital	Zinsen	Kontostand am Jahresende
1	1.000,00 Euro	50,00 Euro	1.050,00 Euro
2	1.000,00 Euro	102,50 Euro	1.102,50 Euro
3	1.000,00 Euro	157,63 Euro	1.157,63 Euro
4	1.000,00 Euro	215,51 Euro	1.215,51 Euro
5	1.000,00 Euro	276,28 Euro	1.276,28 Euro
6	1.000,00 Euro	340,10 Euro	1.340,10 Euro
7	1.000,00 Euro	407,10 Euro	1.407,10 Euro
8	1.000,00 Euro	477,46 Euro	1.477,46 Euro
9	1.000,00 Euro	551,33 Euro	1.551,33 Euro
10	1.000,00 Euro	628,89 Euro	1.628,89 Euro

Tabelle 18.2: Kontostaffel bei Zinseszinsrechnung

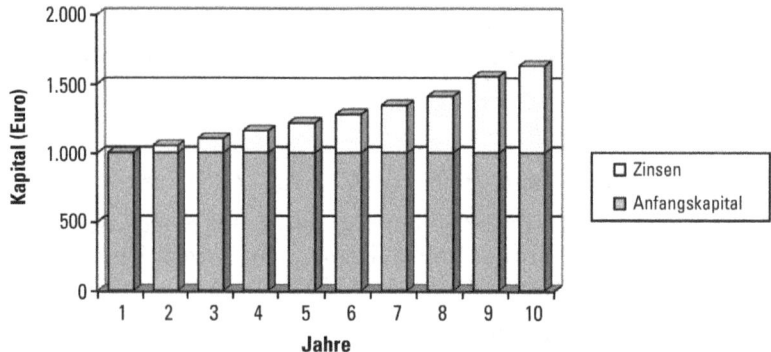

Abbildung 18.1: Kapitalentwicklung bei Zinseszinsrechnung

Allgemein lassen sich diese eben beschriebenen Zusammenhänge wie folgt darstellen:

Die Kapitalwerte $K_0, K_1, K_2, K_3, K_4, \ldots$ stellen eine geometrische Folge dar, da sich die Folgeglieder multipliziert mit einem konstanten Faktor heraus verändern. Bei n Perioden sieht die Zinseszinsformel allgemein dann also so aus:

$$K_n = K_{n-1} \cdot (1+i) = K_0 \cdot (1+i)^{n-1} \cdot (1+i) = K_0 \cdot (1+i)^n = K_0 \cdot q^n$$

 Zinseszinsformel: $K_n = K_0 \cdot (1+i)^n = K_0 \cdot q^n$

Nun vergleichen Sie das oben ermittelte Endkapital in Höhe von 1.157,63 Euro mit dem Endkapital bei linearer Verzinsung aus dem vorangegangenen Abschnitt *Lineare Verzinsung*. Es zeigt sich, dass man bei linearer Verzinsung nach drei Jahren und einem Anfangskapital von 1.000 Euro und einem Zinssatz von fünf Prozent p.a. »nur« 1.150 Euro erhält, da die Formel für die lineare Verzinsung $K_n = K_0 \cdot (1 + n \cdot i)$ mit den Beispielzahlen den Endwert $K_3 = 1.000 \cdot (1 + 3 \cdot 0,05) = 1.150$ Euro ergibt. Bei der Zinseszinsrechnung nach drei Jahren und unter sonst gleichen Bedingungen haben Sie 7,63 Euro mehr Zinsen als bei der linearen Verzinsung erhalten.

Aus Eins mach Vier: Eine Formel und vier Probleme

In der Zinsrechnung gibt es vier Fragen, die man durch Umstellen der Zinseszinsformel nach der jeweils gesuchten Variablen beantworten kann.

 Dieselben vier Fragen kann man auch durch Umstellen nach der gesuchten Variablen für die lineare Verzinsung beantworten.

Die Frage nach dem Endkapital

Sie haben ein Anfangskapital K_0 von 100 Euro und legen dieses Kapital zu einem Zinssatz von drei Prozent p.a. über vier Jahre auf ein Sparkonto an. Wie hoch ist das Endkapital, das Sie nach vier Jahren Ihr Eigen nennen können?

✔ **Anfangskapital:** $K_0 = 100$ Euro

✔ **Zinssatz:** $i = 0{,}03$

✔ **Laufzeit:** $n = 4$ Jahre

✔ **Gesucht:** Variable K_n

1. **Setzen Sie die Ihnen bekannten Werte in die Formel $K_n = K_0 \cdot (1+i)^n$ ein.**

2. **Nach dem Einsetzen der Zahlen in die Formel erhalten Sie**

$$K_4 = 100 \cdot (1 + 0{,}03)^4 = 112{,}55 \text{ Euro}$$

Nach vier Jahren besitzen Sie ein Kapital von 112,55 Euro.

Die Frage nach dem Zinssatz

Sie besitzen 150 Euro und wollen in fünf Jahren 190 Euro haben. Sie fragen: Wie hoch muss der Zinssatz sein, um dieses Ziel zu erreichen?

✔ **Anfangskapital:** $K_0 = 150$ Euro

✔ **Endkapital:** $K_5 = 190$ Euro

✔ **Laufzeit:** $n = 5$ Jahre

✔ **Gesucht:** Zinssatz i

In diesem Fall formen Sie die Gleichung $K_n = K_0 \cdot (1+i)^n$ nach i um:

1. **Dividieren Sie durch K_0 und dann ziehen Sie die Wurzel:**

$$K_n = K_0 \cdot (1+i)^n$$

$$(1+i)^n = \frac{K_n}{K_0}$$

$$i = \sqrt[n]{\frac{K_n}{K_0}} - 1$$

2. **Setzen Sie die bekannten Zahlen in die umgeformte Gleichung ein:**

$$i = \sqrt[5]{\frac{190}{150}} - 1$$

Der Zinssatz beträgt $i = 0{,}048$. Das heißt, Sie müssen eine Bank finden, bei der Sie Ihr Geld zu einem Zinssatz von fast fünf Prozent p.a. anlegen können, sodass Sie nach fünf Jahren 190 Euro besitzen.

Die Frage nach der Laufzeit

Sie möchten ein Endkapital von 800 Euro haben und besitzen ein Anfangskapital von 750 Euro und erhalten auf einem Sparbuch drei Prozent Zinsen. Wie viele Zinsperioden dauert es, bis Sie das Endkapital erreichen?

✔ **Anfangskapital:** $K_0 = 750$ Euro

✔ **Endkapital:** $K_n = 800$ Euro

✔ **Zinssatz:** $i = 0,03$

✔ **Gesucht:** Laufzeit n

Hier wird die Gleichung $K_n = K_0 \cdot (1+i)^n$ nach n aufgelöst:

1. **Bringen Sie K_0 auf die linke Seite der Gleichung.**

   Sie erhalten

   $$\frac{K_n}{K_0} = (1+i)^n$$

   Da der Exponent n gesucht ist, müssen Sie logarithmieren.

   $$\log\left(\frac{K_n}{K_0}\right) = n \log(1+i)$$

   $$n = \frac{\log\left(\frac{K_n}{K_0}\right)}{\log(1+i)}$$

   $$n = \frac{\log K_n - \log K_0}{\log(1+i)}$$

2. **Setzen Sie die bekannten Werte in die Gleichung ein.**

   $$n = \frac{\log 800 - \log 750}{\log 1,03} = 2,18$$

Die Laufzeit beträgt 2,18 Jahre. Das heißt, Sie müssen Ihr Geld gut zwei Jahre lang anlegen, sodass Sie dann über ein Endkapital von 800 Euro verfügen.

Die Frage nach dem Anfangskapital

Sie möchten in drei Jahren 150 Euro besitzen und bekommen auf einem Sparkonto einen Zinssatz von drei Prozent bei jährlicher Verzinsung. Wie viel Geld müssen Sie heute anlegen, damit Sie nach drei Jahren 150 Euro besitzen?

✔ **Endkapital:** $K_3 = 150$ Euro

✔ **Zinssatz:** $i = 0,03$

✔ **Laufzeit:** $n = 3$ Jahre

✔ **Gesucht:** Anfangskapitel K_0

Hier formen Sie die Gleichung $K_n = K_0 \cdot (1+i)^n$ nach K_0 um:

1. Bringen Sie $(1+i)^n$ auf die linke Seite der Gleichung.

$$K_0 = \frac{K_n}{(1+i)^n}$$

2. Setzen Sie die bekannten Werte in die Formel ein.

$$K_0 = \frac{150}{(1+0,03)^3} = 137,27$$

Das Anfangskapitel K_0 beträgt 137,27 Euro. Das heißt, Sie müssen heute 137,27 Euro anlegen, sodass Sie in drei Jahren 150 Euro besitzen.

Die vier Fragen in der linearen Verzinsung

Auch in der linearen Verzinsung können Sie die vier Fragen durch Umstellen der Zinsformel nach der gesuchten Variablen beantworten. Da Sie in dieser Formel keinen Exponenten als Variable haben, geht das ganz einfach. Setzen Sie dabei die bekannten Zahlen in die Gleichung ein:

✔ **Berechnung des Endkapitals:**

$$K_n = K_0 \cdot (1 + n \cdot i)$$

✔ **Berechnung des Zinssatzes:**

Durch Auflösen der Gleichung $K_n = K_0 \cdot (1 + n \cdot i)$ nach der Variablen i erhält man

$$i = \frac{1}{n} \cdot (\frac{K_n}{K_0} - 1)$$

✔ **Berechnung der Laufzeit:**

Durch Auflösen der Gleichung $K_n = K_0 \cdot (1 + n \cdot i)$ nach der Variablen n erhält man

$$n = \frac{1}{i} \cdot (\frac{K_n}{K_0} - 1)$$

✔ **Berechnung des Anfangskapitals:**

Durch Auflösen der Gleichung $K_n = K_0 \cdot (1 + n \cdot i)$ nach der Variablen K_0 erhält man

$$K_0 = \frac{K_n}{(1 + n \cdot i)}$$

Den Barwert des Kapitals berechnen

Wenn man nach dem Anfangskapital sucht, möchte man wissen, was man heute anlegen muss, um in Zukunft über einen bestimmten Geldbetrag verfügen zu können. Diesen heutigen Wert eines in Zukunft festgesetzten Kapitals nennt man auch *Barwert* oder *Gegenwartswert*.

Ein Beispiel: Wie viel müssen Sie heute an Kapital, bei einer Verzinsung von drei Prozent p.a., anlegen, um sich in einem Jahr einen schönen Urlaub im Wert von 1.000 Euro gönnen zu können?

Sie kennen den gewünschten Endwert K_1 (1.000 Euro) und Sie suchen den heutigen Wert K_0. Die Ausgangsformel lautet $K_n = K_0 \cdot (1+i)^n$.

1. **Setzen Sie die Ihnen bekannten Werte in die Ausgangsformel ein.**

   Nach dem Einsetzen erhalten Sie: $1.000 = K_0 \cdot (1+0,03)^1$

2. **Stellen Sie die Gleichung nach K_0 um:**

   Um auf diesen Betrag zu bekommen, müssen Sie das gewünschte Endkapital durch den Faktor $(1+i)$ dividieren.

   Es gilt: $K_0 = \dfrac{K_n}{(1+i)^n}$ beziehungsweise $K_0 = \dfrac{K_n}{q^n}$

   Setzen Sie die Ihnen bekannten Werte für $K_n = 1.000$, $q = 1,03$ und $n = 1$ ein. Sie erhalten:

   $$K_0 = \frac{1.000}{1,03} = 970,87$$

Sie erhalten einen Barwert K_0 in Höhe von 970,87 Euro.

Das Dividieren des Endkapitals durch den Faktor $(1+i)$ bezeichnet man als *Abzinsen* oder *Diskontieren*. Den Faktor, der diesen Vorgang ermöglicht, nennt man *Diskontfaktor d*. Dabei ist der Diskontfaktor d nichts anderes als der Kehrwert des Aufzinsungsfaktors q:

$$d = \left(\frac{1}{q}\right)^n$$

Bezogen auf das vorangegangene Beispiel lautet der Diskontfaktor 0,97, da

$$d = \left(\frac{1}{1,03}\right)^1 = 0,97$$

ist.

Falls Sie das Geld nicht auf einmal zur Verfügung haben, sondern in Teilen oder in Raten einzahlen möchten, dann ist das eine typische Fragestellung für die *Rentenrechnung* (siehe Kapitel 19). Hier berechnet man, welche Teilbeträge angelegt werden müssen, um nach einem Jahr 1.000 Euro zu besitzen.

 Der _Barwert_ ist der wohl wichtigste Wert, den man in der Finanzmathematik errechnet. Denn mit diesem Wert kann man in Zukunft liegende Ein- und Auszahlungen heute bewerten.

Der Barwert spielt zum Beispiel in der Investitionsrechnung eine Rolle, wenn die Vorteilhaftigkeit von Investitionsprojekten beurteilt werden soll. Die Berechnung des Barwertes ist aber auch für die Zinsrechnung wichtig. Stellen Sie sich dabei vor, Sie haben die Wahl, entweder

✔ 330 Euro in drei Jahren oder

✔ 300 Euro in zwei Jahren

zu erhalten. Der Zinssatz am Markt und für beliebige Laufzeiten beträgt fünf Prozent p.a. Welche Alternative wählen Sie?

1. Bestimmen Sie einen gemeinsamen Zeitpunkt.

Um diese beiden Zahlungen vergleichen zu können, muss man sie auf einen gemeinsamen Zeitpunkt ($t = 0$) beziehen und entsprechend den Barwert für beide Alternativen berechnen.

2. Berechnen Sie den Barwert.

Setzen Sie dazu die bekannten Werte in die Barwertformel $K_0 = \dfrac{K_n}{q^n}$ ein:

• Die Zahlung von 330 Euro in drei Jahren hat einen Barwert von:

$$K_0 = \frac{330}{1,05^3} = 285,07$$

• Die Zahlung von 300 Euro in 2 Jahren hat einen Barwert von:

$$K_0 = \frac{300}{1,05^2} = 272,11$$

Wenn Sie die Barwerte vergleichen, stellen Sie fest, dass es besser ist, das erste Angebot zu wählen. Denn hier ist der Barwert höher.

 Sie können den Vergleich auch auf einen anderen Zeitpunkt als K_0 beziehen und zum Beispiel den Endwert berechnen und die Ergebnisse dann vergleichen.

Sehen Sie sich hierzu folgendes Beispiel an: In drei Jahren ist die erste Alternative 330 Euro wert. Um beide Alternativen zum Zeitpunkt $t = 3$ vergleichen zu können, muss die zweite Alternative zusätzlich für ein Jahr verzinst werden. Beim vorgegebenen Zinssatz von fünf Prozent p.a. hat die zweite Alternative zum Zeitpunkt $t = 3$ daher einen Wert von

$$K_3 = 300 \cdot 1,05 = 315 \text{ Euro.}$$

Sie entscheiden sich also auch zu diesem Zeitpunktvergleich für das erste Angebot.

Die unterjährige Verzinsung – kein Untergang

Bisher haben wir immer den Standardfall der jährlichen Verzinsung angewendet. Das heißt, die Zinsen wurden zur weiteren Verzinsung nur am Jahresende dem Kapital hinzugerechnet. Aber es gibt auch kürzere Zinsperioden, zum Beispiel Vierteljahre (Quartale), Monate, Tage oder sogar Stunden. Diese Verzinsung unter dem Jahr nennt man *unterjährige Verzinsung*. Eine Frage, die sich dabei eröffnet, ist, wie hoch ist ein Kapital, das über eine bestimmte Periode angelegt wird, wenn die Zahlungen *mehrmals* unterjährig erfolgen.

Man nennt m die *Häufigkeit der unterjährigen Verzinsung*. Es gilt:

✔ $m = 4$: bei einer vierteljährigen beziehungsweise quartalsweisen Verzinsung, da es im Jahr vier Quartale gibt

✔ $m = 12$: bei einer monatlichen Verzinsung, da das Jahr 12 Monate hat

✔ $m = 360$: bei einer täglichen Verzinsung, da man in der Finanzmathematik aus Gründen der Vereinfachung oft das Jahr mit 360 Tagen ansetzt.

Erfolgt eine unterjährige Verzinsung, dann muss dies in der Zinsberechnung berücksichtigt werden, da aufgrund des Zinseszinseffekts die Verzinsung höher ist, als wenn keine unterjährige Verzinsung vorliegt. Die Zinsen werden dabei m-mal im Jahr zum Zinssatz $\frac{i_{Jahr}}{m}$ gutgeschrieben, wobei i_{Jahr} den zum Beispiel von einer Bank angegebenen Jahreszinssatz, den so genannten *nominellen Jahreszinssatz*, darstellt (mehr dazu weiter unten im Text).

 Das Kapital am Ende einer Periode n berechnet man wie folgt:

$$K_n = K_0(1+\frac{i_{Jahr}}{m})^{n \cdot m}$$

Sie besitzen ein Kapital von 5.000 Euro, das Sie über vier Jahre zu einem Zinssatz von sieben Prozent anlegen. Wie hoch ist das Kapital nach vier Jahren?

✔ **Bei monatlicher Verzinsung ist die Berechnung recht einfach:**

$$K_4 = 5.000 \cdot (1+\frac{0,07}{12})^{4 \cdot 12}$$

$K_4 = 6.610,27$ Euro

✔ **Bei einer vierteljährigen (quartalsweisen) Verzinsung** und sonst gleichen Bedingungen haben Sie nach vier Jahren im Vergleich zur monatlichen Verzinsung knapp 11 Euro weniger und ein Kapital von

$$K_4 = 5.000 \cdot (1+\frac{0,07}{4})^{4 \cdot 4}$$

$K_4 = 6.599,65$ Euro.

✔ **Bei täglicher Verzinsung** und sonst gleichen Bedingungen haben Sie nach vier Jahren im Vergleich zur monatlichen Verzinsung gut fünf Euro mehr und ein Kapital von

$$K_4 = 5.000 \cdot (1 + \frac{0,07}{360})^{4 \cdot 360}$$

$K_4 = 6.615,47$ Euro.

Sie sehen, je öfter Sie unterjährig verzinsen, desto höher wird Ihr Endwert.

Dazu ein Beispiel: Eine Bank verspricht eine Verzinsung in Höhe von acht Prozent p.a. Der Zinszuschlag erfolgt vierteljährig. Dabei gibt die Bank einen zeitproportionalen Zinssatz von zwei Prozent pro Quartal an. Wie hoch ist der tatsächliche Zinssatz? Das Anfangskapital beträgt 100 Euro.

Wenn Sie die vorliegenden Werte in die Formel einsetzen, erhalten Sie nach vier Quartalen beziehungsweise nach einem Jahr.

$$100 \cdot (1 + 0,02)^{4 \cdot 1} = 108,24 \text{ Euro.}$$

Sie bekommen also de facto am Jahresende Zinsen im Wert von 8,24 Euro und damit einen effektiven Zinssatz von 8,24 Prozent p.a. und nicht den nominell festgelegten Zinssatz von acht Prozent p.a. Wie Sie sehen, können nominelle und effektive Verzinsung im Fall der unterjährigen Verzinsung durchaus unterschiedlich sein.

Effektiver und nomineller Zinssatz

Je öfter unterjährig verzinst wird, desto höher ist der Kapitalendwert. Dabei kann es einen Unterschied zwischen effektivem und nominellem Zinssatz geben. Man nennt den tatsächlich erhaltenen Zinssatz den *Effektivzinssatz*. Im Gegensatz zum Jahreszinssatz, der auch als *nominaler Jahreszinssatz* oder *Nominalzinssatz* bezeichnet wird. Der Effektivzinssatz stellt den Zinssatz dar, den wir »wirklich« bezahlen müssen oder erhalten. Dieser effektive Zinssatz, den man mit I abkürzt, ist bei m-facher unterjähriger Zinsfestsetzung wie folgt festgelegt:

 Effektivzinssatz: $I = (1 + \frac{i_{Jahr}}{m})^m - 1$

Wie hoch ist der effektive Zinssatz, wenn der Zinsfuß nominell mit 11 Prozent p.a. festgelegt ist und eine vierteljährliche Zinsgutschrift erfolgt?

Setzen Sie dazu die bekannten Zahlen ($i_{Jahr} = 0,11$; $m = 4$) in die Formel für den Effektivzinssatz ein:

$$I = (1 + \frac{0,11}{4})^4 - 1$$

Der Effektivzinssatz beträgt $I = 0,1146$.

Das Ergebnis zeigt, dass das Kapital *nicht* mit 11 Prozent, sondern (effektiv) mit 11,46 Prozent verzinst wird.

Dazu ein weiteres Beispiel: Eine Kreditkarte wird mit zwei Prozent Zinsen *pro Monat* für Außenstände angeboten. Wie hoch ist der effektive jährliche Zinssatz?

1. **Bestimmen Sie den Jahreszinssatz.**

   Da die Zinsen pro Monat berechnet werden, haben Sie es mit einem Zinssatz pro Jahr von 24 Prozent (2% $\cdot$ 12) zu tun.

2. **Berechnen Sie den effektiven jährlichen Zinssatz.**

   Setzen Sie die bekannten Zahlen (i_{Jahr} = 0,24, m = 12) in die Formel für den Effektivzinssatz ein:

   $$I = (1 + \frac{0,24}{12})^{12} - 1$$

Der effektive Zinssatz beträgt I = 0,2682. So zeigt sich, dass das Angebot auf Basis der effektiven Verzinsung nicht unbedingt attraktiv ist, denn eine Verzinsung von 26,82 Prozent p.a. für Außenstände ist relativ hoch.

 Der effektive Zinssatz sagt nicht nur etwas über den tatsächlichen Zinssatz aus. Man benutzt ihn auch, um verschiedene Anlageangebote mit gleicher Laufzeit, aber unterschiedlicher Zinszahlungshäufigkeit zu vergleichen. Schauen Sie sich die beiden Angebote an:

✔ **Angebot 1:** Vierteljährliche Zinsgutschrift bei einer Verzinsung in Höhe von 4,9 Prozent p.a.

✔ **Angebot 2:** Halbjährliche Zinsgutschrift bei einer Verzinsung in Höhe von 5 Prozent p.a.

Um die Angebote zu vergleichen, berechnen Sie für jedes Angebot den effektiven Zinssatz *I*, indem Sie die bekannten Werte in die Formel für den Effektivzinssatz eintragen:

✔ **Angebot 1:** i_{Jahr} = 0,049, m = 4:

$$I_1 = (1 + \frac{0,049}{4})^4 - 1$$

I_1 = 0,0499

✔ **Angebot 2:** (i_{Jahr} = 0,05, m = 2):

$$I_2 = (1 + \frac{0,05}{2})^2 - 1$$

I_2 = 0,0506

Es zeigt sich, dass das zweite Angebot attraktiver ist, da Sie hier einen höheren effektiven Zinssatz bekommen als bei Angebot 1.

Gemischte Verzinsung

Die unterjährige Verzinsung wird vor allem im Falle einer gemischten Verzinsung angewendet, denn in der Praxis finden Ein- und Auszahlungen von Geldbeträgen nicht immer zu den festgelegten Zinszahlungsterminen statt. Diese Art der Verzinsung findet man zum Beispiel bei Girokonten. Ihr Auto kündigt zum Beispiel nicht vorher an, dass es kaputtgeht und Sie sofort 5.000 Euro für die Reparatur benötigen. Vergegenwärtigen Sie sich folgenden Fall: Sie zahlen heute 5.000 Euro auf ein Sparbuch mit einem Zinssatz von fünf Prozent bei jährlichen Zinszahlungsterminen ein. Da Ihr Auto kaputtgegangen ist, benötigen Sie das Geld aber bereits nach drei Monaten und heben es ab. Sie bekommen also für drei von zwölf Monaten Zinsen, was $t = \frac{3}{12}$ entspricht. In der Regel wird dabei in Deutschland bei unterjährigen Zeitabschnitten die *lineare Verzinsung* $K_n = K_0 \cdot (1 + n \cdot i)$ angewendet. Für das Beispiel gilt bei einer linearen Verzinsung:

$$K_{3\,Monate} = K_0 \cdot (1 + t \cdot i) = 5.000 \cdot (1 + \frac{3}{12} \cdot 0,05) = 5.062,50 \text{ Euro}$$

Dabei wurde der Zinssatz mit dem Bruchteil multipliziert, für den Sie anteilig Zinsen bekommen. Manche von Ihnen werden sich jetzt denken, halt Stopp, es macht ja einen Unterschied, für welche drei Monate die Zinsen gezahlt werden, ob der Februar mit zum Beispiel nur 28 Tagen dabei ist oder der Mai oder Juli mit 31 Tagen. Dieses Problem wird in der *Zinstagemethode* betrachtet. Es gibt zwei Methoden, die sich durchgesetzt haben:

✔ **Die »$\frac{30}{360}$«-Methode:** Diese Vorgehensweise ist in der Praxis am gängigsten. Diese Methode ist auch unter dem Namen *Methode des kaufmännischen Rechnens* bekannt. Dabei wird jeder Monat mit 30 Tagen angesetzt und das Jahr mit 360 Tagen berechnet und das unabhängig davon, wie viele Tage ein Monat wirklich hat. Man findet diese Methode der Berechnung bei Sparbüchern oder Termineinlagen.

✔ **Die »$\frac{actual}{360}$«-Methode:** Wenn die Tage punktgenau angesetzt werden, dann nennt man das die »$\frac{actual}{360}$«-Methode. Hier werden die Zinsen genau berechnet, zum Beispiel im März für 31 Tage und im Februar für 28 Tage und in einem Schaltjahr für 29 Tage. Es gibt diese Art der Berechnung häufig bei Geldmarktgeschäften.

In der Regel arbeitet man mit der »$\frac{30}{360}$«-Methode. Falls davon abgewichen wird, dann wird das hier vermerkt. Weiter gilt als Konvention oft, dass bei einer Sparbuchanlage in Deutschland der erste Tag mitverzinst, der letzte Tag aber nicht mitverzinst wird. Bei Termingeld gilt in Deutschland, dass der erste Tag nicht, aber der letzte Tag mitverzinst wird.

Sehen Sie sich folgendes Beispiel an: Sie zahlen am 30.06.2005 einen Geldbetrag von 5.000 Euro auf ein Tagesgeldkonto mit einer Verzinsung von drei Prozent p.a. ein. Die Zinszahlungstermine sind jeweils auf das Jahresende festgelegt. Sie lassen Ihr Geld bis zum 31.05.2008 auf dem Konto. Da jährliche Zinszahlungstermine vereinbart sind, gibt es für die Teilzinsabschnitte im Jahre 2005 und 2008 eine lineare Verzinsung. Sie bekommen also im Jahre 2005 für sechs Monate (Juli bis Dezember) sowie im Jahre 2008 für fünf Monate (Januar bis Mai) eine lineare Verzinsung gutgeschrieben. Wie viel Geld haben Sie am 31.05.2008?

1. **Ermitteln Sie die Zinsen für den Zeitraum von 30.6.2005 bis zum 31.12.2005, indem Sie die Ihnen bekannten Werte (K_0 = 5.000, t = 6, i = 0,03) in die Formel $K_{6\,Monate}$ = $K_0 \cdot (1 + t \cdot i)$ einsetzen.**

   Die Zinsen werden für sechs Monate ($\frac{180}{360}$ Tage oder $\frac{6}{12}$ Monate) gezahlt (lineare Verzinsung). Das Kapital beträgt am Ende des Jahres 2005 also:

   $$5.000 \text{ Euro} \cdot (1 + \frac{6}{12} \cdot 0,03) = 5.075 \text{ Euro}$$

2. **Berechnen Sie die Zinsen für die nächsten zwei Jahre (Zinseszins).**

   Dazu setzen Sie das Kapital, das Sie am Ende des Jahres 2005 auf Ihrem Konto hatten, als Anfangskapital in die Zinseszinsformel $K_n = K_0 \cdot (1+i)^n$ ein. Ihr Kontostand beträgt am Ende des Jahres 2007:

   $$5.075 \text{ Euro} \cdot (1 + 0,03)^2 = 5.384,07 \text{ Euro}$$

3. **Fügen Sie die Zinsen für das Jahr 2008 hinzu.**

   Im Jahre 2008 gibt es noch für 5 Monate Zinsen (lineare Verzinsung). Hier setzen Sie als Anfangskapital das Kapital vom Jahresende 2007 in die Formel aus Schritt 1 ein:

   $$5.384,07 \text{ Euro} \cdot (1 + \frac{5}{12} \cdot 0,03) = 5.451,37 \text{ Euro}$$

Insgesamt verfügen Sie also am 31.05.2008 über ein Endkapital von 5.451,37 Euro.

Man kann die Bruchteile bis zum ersten Zinszahlungstermin mit t und t_1 für den ersten Bruchteil und t_2 für den zweiten beziehungsweise im Beispiel den letzten Bruchteil sowie die vollen Zinsperioden mit n bezeichnen.

Dann ergibt sich:

$$K_{am\,31.05.2008} = K_0 \cdot (1 + t_1 \cdot i) \cdot (1+i)^n \cdot (1 + t_2 \cdot i)$$

Setzen Sie die Zahlen des Beispiels direkt ein, dann sehen Sie, dass

$$K_{am\,31.05.2008} = 5.000 \cdot (1 + \frac{6}{12} \cdot 0,03) \cdot (1 + 0,03)^3 \cdot (1 + \frac{5}{12} \cdot 0,03)$$

$$K_{am\,31.05.2008} = 5614,91 \text{ Euro}$$

ist.

Ein weiteres Beispiel hierzu: Welchen Betrag haben Sie am Jahresende, wenn Sie folgende Beträge innerhalb eines Jahres auf Ihr Sparkonto bei einer linearen Verzinsung von vier Prozent p.a. einbezahlen?

Datum	01.01.08	01.04.08	01.07.08	01.10.08
Betrag	100,00	200,00	300,00	400,00

Tabelle 18.3: Einzahlungsbeträge Zinsberechnung

Setzen Sie dazu die Einzahlungen aus Tabelle 18.3 in die Formel $K_n = K_0 \cdot (1 + t \cdot i)$ ein und berechnen Sie die Zinsen jeweils anteilig wie folgt:

$$K_1 = 100 \cdot (1 + 0,04) + 200 \cdot (1 + \frac{9}{12} \cdot 0,04) + 300 \cdot (1 + \frac{6}{12} \cdot 0,04) + 400 \cdot (1 + \frac{3}{12} \cdot 0,04)$$

Ihr Endkapital ist nach einem Jahr auf 1.020 Euro angewachsen.

Variable Verzinsung

Was passiert, wenn sich die Zinssätze über die Laufzeit ändern beziehungsweise es unterschiedliche Zinssätze pro Periode gibt? Sehen Sie sich dazu das folgende Beispiel an: Sie legen am 01.01.2006 einen Betrag von 1.000 Euro über drei Jahre mit jährlichen Zinszahlungsterminen an.

✔ Für das Jahr 2006 erhalten Sie 4,43 Prozent Zinsen ($i_1 = 0,0443$).

✔ Für das Jahr 2007 erhalten Sie 3,72 Prozent Zinsen ($i_2 = 0,0372$).

✔ Für das Jahr 2008 erhalten Sie 3,28 Prozent Zinsen ($i_3 = 0,0328$).

Wie hoch ist Ihr Kapital am Ende des dritten Jahres?

1. **Wenn ein Kapital K_0 über eine Periode angelegt wird, dann erhalten Sie für diese Periode Zinsen. Es gilt:**

   $Z_1 = K_0 \cdot i_1$

2. **Schauen Sie sich die Kapitalentwicklung an.**

   Nach drei Jahren ist das Kapital bei variabler Verzinsung angewachsen auf:

   $K_3 = K_0 \cdot (1 + i_1) \cdot (1 + i_2) \cdot (1 + i_3)$

3. **Setzen Sie die Zahlen aus dem Beispiel ein:**

   $K_3 = 1.000$ Euro $\cdot (1 + 0,0443) \cdot (1 + 0,0372) \cdot (1 + 0,0328)$

   $K_3 = 1.118,68$ Euro

Das Endkapital ist nach drei Jahren auf 1.118,68 Euro angewachsen.

Stetige Verzinsung

Stetige Verzinsung bedeutet, dass ein Kapitalbestand kontinuierlich wächst. Die Verzinsung wächst sozusagen ins Unendliche. In der Finanzmathematik bedeutet dies, dass die Anzahl an unterjährigen Zinsperioden m immer größer wird (monatliche, tägliche, stündliche, sekündliche Verzinsung). Dadurch wird die Länge der einzelnen Zinsperioden immer kleiner. Dieser Prozess könnte theoretisch so weit gehen, bis permanent Zinsen gutgeschrieben werden. Mathematisch stellt dies eine Grenzbetrachtung dar, indem beliebig kurze Verzinsungsperioden beziehungsweise eine beliebig hohe (unendliche) Anzahl an Verzinsungsperioden unterstellt werden.

Aus dem Abschnitt *Die unterjährige Verzinsung – kein Untergang* weiter vorn in diesem Kapitel wissen Sie, dass, wenn die Zinsen m-mal im Jahr zum Zinssatz $\dfrac{1}{m}$ gutgeschrieben werden, das Endkapital am Ende einer Periode n wie folgt definiert ist:

$$K_n = K_0 \cdot (1 + \frac{i_{Jahr}}{m})^{n \cdot m}$$

Betrachten Sie nun das Endkapital für m gegen unendlich (man schreibt dafür auch $m \to \infty$). Sie könnten jetzt vermuten, dass ein »unendlich oft« verzinstes Kapital auch unendlich groß wird. Dem ist nicht so, denn wenn m gegen unendlich geht, dann wird der Faktor $\dfrac{1}{m}$ beliebig klein und der Ausdruck $(1 + \dfrac{1}{m})^m$ nähert sich einer bestimmten Zahl an.

Sie glauben das nicht? Sehen Sie sich folgendes Beispiel an: Ein Kapital von $K_0 = 100$ Euro wird bei einem Zinssatz von zehn Prozent p.a. angelegt. Wie entwickelt sich der Endwert am Ende eines Jahres, wenn die Zinsperioden immer größer werden? Werfen Sie einen Blick auf Tabelle 18.4.

m (= Anzahl unterjähriger Zinsperioden)	Verzinsung pro	Endwert
1	Jahr	$K_1 = K_0 \cdot (1 + 0{,}1)^1 = 110$
12	Monat	$K_{12} = K_0 \cdot (1 + \dfrac{0{,}1}{12})^{12} = 110{,}47$
365	Tag	$K_{365} = K_0 \cdot (1 + \dfrac{0{,}1}{365})^{365} = 110{,}516$
8.760	Stunde	$K_{8.760} = K_0 \cdot (1 + \dfrac{0{,}1}{8.760})^{8.760} = 110{,}517$

Tabelle 18.4: Kapitalentwicklung bei stetiger Verzinsung

Sie sehen, dass der Endwert konvergiert. Zwar wird der Endwert an sich immer größer, aber die Abstände zwischen den einzelnen Endwerten werden immer kleiner. Die Differenz zwischen den Endwerten bei täglicher und stündlicher Verzinsung ist bei der Betrachtung von zwei Nachkommastellen schon nicht mehr ersichtlich.

1. Bilden Sie den Grenzwert (limes) von K_n für $m \to \infty$.

Es gilt die Bedingung, dass wenn $m \to \infty$, dann konvergieren die Werte. Es gilt:

$$K_1 = \lim_{m \to \infty} (1 + \frac{1}{m})^m = e = 2{,}71828\ldots \text{ (Eulersche Zahl).}$$

Daraus folgt:

$$K_n = K_0 \cdot (1 + \frac{i}{m})^{m \cdot n} = K_0 \cdot (1 + \frac{1}{\frac{m}{i}})^{\frac{m}{i} \cdot i \cdot n}$$

2. Setzen Sie $x = \dfrac{m}{i}$ in die Formel ein:

Dann gilt, wenn $m \to \infty$ geht, dass auch x gegen ∞ geht.

$$K_n = K_0 \cdot (1 + \frac{1}{x})^{n \cdot x \cdot i}$$

3. Wenden Sie die Grundsätze der Grenzwertbildung an.

Sie erhalten:

$$K_n = \lim_{x \to \infty} (1 + \frac{1}{x})^{x \cdot i \cdot n} = K_0 \cdot (\underbrace{\lim_{x \to \infty} (1 + \frac{1}{x})^x}_{e})^{i \cdot n} = K_0 \cdot e^{i \cdot n}$$

Endwertformel für eine stetige Verzinsung: $K_n = K_0 \cdot e^{i \cdot n}$

Ein Beispiel hierzu: Stellen Sie sich vor, Sie haben ein Kapital von 3.000 Euro und legen es über drei Jahre bei stetiger Verzinsung von zehn Prozent p.a. an. Wie hoch ist Ihr Endkapital?

Setzen Sie die Ihnen bekannten Werte in die Formel für die stetige Verzinsung ein:

$$K_3 = 3.000 \cdot e^{0{,}1 \cdot 3} = 3.000 \cdot e^{0{,}3}$$

Der Endwert nach drei Jahren bei einer stetigen Verzinsung von zehn Prozent p.a. beträgt 4.049,58 Euro.

Ein weiteres Beispiel: Ein Kapital von 20.000 Euro wird über fünf Jahre mit drei Prozent jährlicher Zinsgutschrift verzinst. Wie hoch ist das Endkapital bei:

✔ **Jährlicher Verzinsung?**

$$K_n = 20.000 \cdot 1{,}03^5$$

$$K_n = 23.185{,}48 \text{ Euro}$$

✔ **Monatlicher Verzinsung?**

$$K_n = 20.000 \cdot (1 + \frac{0,03}{12})^{5 \cdot 12}$$

$K_n = 23.232,34$ Euro

✔ **Bei stetiger Verzinsung?**

$$K_n = 20.000 \cdot e^{0,03 \cdot 5}$$

$K_n = 23.236,68$ Euro

Jetzt wollen Sie noch wissen, wie lange es dauert, bis sich Ihr Kapital von 3.000 Euro bei einer stetigen Verzinsung von zehn Prozent p.a. verdoppelt hat.

1. Setzen Sie die Werte in die Formel ein.

$$3.000 e^{0,1 \cdot n} = 6.000$$

$$e^{0,1 \cdot n} = 2$$

2. Logarithmieren Sie, um den Exponenten zu entfernen.

$$\ln 2 = 0,1 \cdot n$$

3. Lösen Sie die Gleichung nach der Variablen n auf.

$$n = \frac{\ln 2}{0,1}$$

$n = 6,93$ Jahre, das heißt, nach fast sieben Jahren hat sich das Kapital verdoppelt.

Rentenrechnung

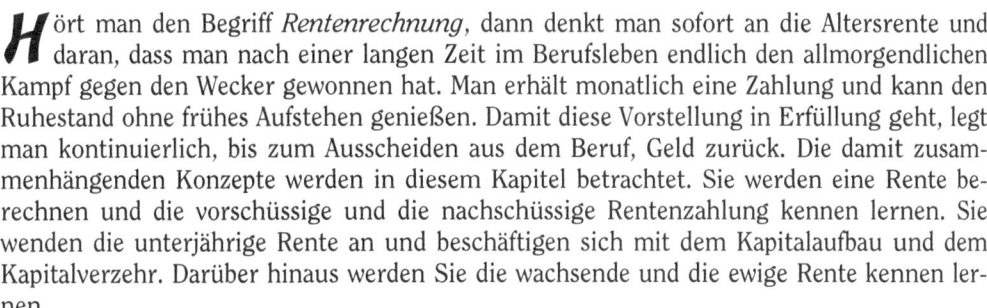

In diesem Kapitel

▷ Renten berechnen

▷ Vorschüssige und nachschüssige Rente kennen lernen

▷ Unterjährige Rente anwenden

▷ Kapitalaufbau und Kapitalverzehr verstehen

▷ Wachsende und ewige Renten kennen lernen

*H*ört man den Begriff *Rentenrechnung*, dann denkt man sofort an die Altersrente und daran, dass man nach einer langen Zeit im Berufsleben endlich den allmorgendlichen Kampf gegen den Wecker gewonnen hat. Man erhält monatlich eine Zahlung und kann den Ruhestand ohne frühes Aufstehen genießen. Damit diese Vorstellung in Erfüllung geht, legt man kontinuierlich, bis zum Ausscheiden aus dem Beruf, Geld zurück. Die damit zusammenhängenden Konzepte werden in diesem Kapitel betrachtet. Sie werden eine Rente berechnen und die vorschüssige und die nachschüssige Rentenzahlung kennen lernen. Sie wenden die unterjährige Rente an und beschäftigen sich mit dem Kapitalaufbau und dem Kapitalverzehr. Darüber hinaus werden Sie die wachsende und die ewige Rente kennen lernen.

Rentenzahlungen

Eine *Rente* oder *Rate* stellt theoretisch eine endliche oder unendliche Anzahl an konstanten Zahlungen dar, die in regelmäßigen Abständen erfolgt und sich über einen festen Zeitraum erstreckt. Zentral in dieser Begriffsbeschreibung ist die regelmäßige Zahlung.

Unter den Rentenbegriff fällt nun nicht die Altersrente, sondern auch monatlich konstante Lohnzahlungen, Mietzahlungen oder ein Wertpapier, das eine konstante Zinszahlung über einen bestimmten Zeitraum ermöglicht.

Durch das Konzept der regelmäßigen Zahlung grenzt sich die Rentenrechnung von der Zinsrechnung ab. In der Zinsrechnung arbeitet man mit Geldbeträgen, die durchaus unregelmäßig und in unterschiedlicher Höhe anfallen können. In der Rentenrechnung geht man von gleichen Beträgen aus, die in regelmäßigen Abständen gezahlt werden. Trotzdem sind Rentenrechnung und Zinsrechnung eng verwandt und viele Aspekte der Rentenrechnung findet man auch in der Zinsrechnung wieder, zum Beispiel die unterjährige Rente, die eng mit dem Konzept der unterjährigen Zinszahlung verknüpft ist (mehr dazu in Kapitel 18).

Um Rentenrechnungen durchführen zu können, müssen Sie sich, neben den aus der Zinsrechnung bekannten Ansätzen, mit den folgenden weiteren Begriffen vertraut machen.

✔ **Rentenhöhe:** Stellt die Höhe der Renten- oder Ratenzahlung dar. Diese kann entweder über die Zeit gleich bleiben (konstante Rente) oder sich über die Zeit nach bestimmten Regeln verändern (variable Rente). Eine Rentenzahlung im Zeitpunkt t kürzt man mit r_t ab, wobei der Index t die Zeiteinheit für die unterjährige Rente angibt.

✔ **Rentendauer:** Stellt die Anzahl an Rentenzahlungen dar. Diese kann endlich sein oder unendlich. Letzteres trifft man zum Beispiel dann an, wenn man ein Grundstück pachtet und sich dann verpflichtet, den Erben des Eigentümers die vereinbarte Pacht weiter zu zahlen. Die Laufzeit der Rente (in Jahren) kürzt man mit n ab.

✔ **Rentenperiode:** Die Zeit zwischen zwei Rentenzahlungen nennt man *Rentenperiode*. Wenn die Rentenperiode ein Jahr lang ist, dann nennt man dies eine jährliche Rente, wenn die Rentenperiode kürzer ist, zum Beispiel monatlich, dann bezeichnet man dies als *unterjährige Rente*. Die Anzahl der unterjährigen Rentenzahlungen kürzt man mit m_t ab.

 Auch in der Rentenrechnung arbeitet man mit Zinsen Z. Dabei wird die Zeit zwischen zwei Zinszuschlägen Zinsperiode genannt (siehe Kapitel 18).

Vor- und nachschüssige Rente

Wie in der Zinsrechnung kann man in der Rentenrechnung aus einer zeitlichen Perspektive zwei Fälle unterscheiden:

✔ **Vorschüssige Rentenrechnung:** Erfolgen die Zahlungen immer zu Beginn einer Periode (Anfang des Jahres), dann nennt man dies eine *vorschüssige Rente*. Die regelmäßigen Raten werden *sofort* bezahlt.

✔ **Nachschüssige Rentenrechnung:** Beginnt die Zahlung erst am Ende einer Periode (Ende des Jahres), dann spricht man von einer *nachschüssigen Rente*. Die regelmäßigen Raten werden erst nach einem Jahr, also *mit Verzögerung*, bezahlt.

Vorschüssige Rentenrechnung

Sehen Sie sich folgendes Beispiel an: Sie entscheiden sich für einen Bonussparplan Ihrer Hausbank, bei dem Sie fünf Jahre lang, jeweils *am Jahresanfang*, 1.000 Euro einbezahlen. Ihr Guthaben wird mit fünf Prozent jährlich verzinst. Wie hoch ist ihr Kapital nach 5 Jahren? Dazu berechnen Sie den Rentenendwert und kürzen diesen mit R_{n_vor} ab. Betrachten Sie dabei die regelmäßigen Zahlungen vorschüssig, da Sie jeweils am Anfang des Jahres die 1.000 Euro einbezahlen. Entsprechend erhalten Sie:

✔ auf die ersten 1.000 Euro, die Sie einbezahlen, fünf Jahre lang Zinseszinsen,

✔ auf die zweiten 1.000 Euro, die Sie im folgenden Jahr einbezahlen, vier Jahre lang Zinseszinsen,

✔ auf die dritten 1.000 Euro, die Sie im darauf folgenden Jahr einbezahlen, drei Jahre lang Zinseszinsen usw.

✔ Die letzte Zahlung wird noch ein Jahr lang verzinst.

Setzen Sie die 1.000 Euro und die erwähnte fünfprozentige Verzinsung in die Formel für die Berechnung von Zinseszinsen ($K_0 \cdot (1+i)^n$ bzw. $K_0 \cdot q^n$) ein.

Sie erhalten:

$$R_{5\_vor} = 1.000 \cdot 1{,}05^5 + 1.000 \cdot 1{,}05^4 + 1.000 \cdot 1{,}05^3 + 1.000 \cdot 1{,}05^2 + 1.000 \cdot 1{,}05^1$$

$$R_{5\_vor} = 5.801{,}91 \text{ Euro}$$

Diese Summe stellt eine geometrische Reihe dar, da sich die einzelnen Glieder durch Multiplikation mit einem konstanten Faktor unterscheiden. Die Reihe besitzt eine konstante Rentenzahlung in Höhe von 1.000 Euro, einer Laufzeit von fünf Jahren und einer Verzinsung von fünf Prozent p.a. Diese 1.000 Euro Raten dürfen aufgezinst zu einem Gesamtwert zusammengefasst werden. Den Summenendwert dieser Reihe kann man als *Rentenendwert* bezeichnen.

$$R_n = r + r \cdot q + r \cdot q^2 + r \cdot q^3 \ldots + r \cdot q^{n-2} + r \cdot q^{n-1}$$

Durch Ausklammern und der Anwendung der Summenformel erhält man in einer etwas anderen Schreibweise die Formel für den vorschüssigen Rentenendwert:

$$R_{n\_vor} = r \cdot q \frac{(q^n - 1)}{(q - 1)}$$

Setzen Sie in diese Formel die oben angeführten Zahlen ($r = 1.000$, $q = 1{,}05$, $n = 5$) ein, dann erhalten Sie:

$$R_{5\_vor} = 1.000 \cdot 1{,}05 \frac{(1{,}05^5 - 1)}{(1{,}05 - 1)}$$

$$R_{5\_vor} = 5.809{,}91 \text{ Euro}$$

Mit dieser Formel erhalten Sie den Rentenendwert, ohne jede Rentenzahlung einzeln berechnen zu müssen.

Nachschüssige Rentenrechnung

Jetzt entscheiden Sie sich für einen Bonussparplan, bei dem Sie fünf Jahre lang, jeweils am *Ende eines Jahres*, 1.000 Euro einbezahlen. Ihr Guthaben wird mit fünf Prozent jährlich verzinst. Wie hoch ist jetzt Ihr Kapital nach 5 Jahren? Dazu suchen Sie den Rentenendwert und kürzen diesen mit R_{n_nach} ab.

Wenn Sie 1.000 Euro erst am *Ende eines Jahres* einbezahlen, also nachschüssig, dann:

✔ werden die ersten 1.000 Euro vier Jahre lang verzinst, da die Zahlung erst am Jahresende erfolgt,

✔ werden die zweiten 1.000 Euro drei Jahre lang verzinst, da die Zahlung erst am Jahresende erfolgt, usw.

Die fünfte Zahlung wird nicht verzinst, da die Zahlung am Jahresende und damit am Tag der letzten Ratenzahlung erfolgt.

Auch hier setzen Sie Zahlen ($r = 1.000$, $q = 1{,}05$, $n = 5$) in die Formel für die Berechnung der Zinsen ($K_0 \cdot (1+i)^n$ bzw. $K_0 \cdot q^n$) ein:

$$R_{5\_nach} = 1.000 \cdot 1{,}05^4 + 1.000 \cdot 1{,}05^3 + 1.000 \cdot 1{,}05^2 + 1.000 \cdot 1{,}05^1 + 1.000$$

$$R_{5\_nach} = 5.525{,}63 \text{ Euro}$$

Wie bei der vorschüssigen Rentenrechnung stellt auch diese Summe eine geometrische Reihe dar. Diese besitzt eine konstante Zahlung in Höhe von 1.000 Euro, eine Laufzeit von fünf Jahren und eine Verzinsung von fünf Prozent jährlich. Das heißt, es gelten die gleichen Bedingungen wie im vorschüssigen Fall, allerdings »fehlt« ein Zinsfaktor (q).

Auch hier kommt man durch Ausklammern und Anwenden der Summenformel auf die Formel für den nachschüssigen Rentenendwert:

$$R_{n\_nach} = r \cdot \frac{(q^n - 1)}{(q - 1)}$$

Setzen Sie die Zahlen aus dem Beispiel ($r = 1.000$, $q = 1{,}05$, $n = 5$) in diese Formel ein:

$$R_{5\_nach} = 1.000 \cdot \frac{(1{,}05^5 - 1)}{(1{,}05 - 1)}$$

Sie erhalten den Rentenendwert $R_{5\_nach} = 5.525{,}63$ Euro.

Vergleich von vorschüssiger und nachschüssiger Rente

Vergleichen Sie die vorschüssige und die nachschüssige Rentenzahlung anhand des folgenden Beispiels: In zehn Jahren wollen Sie sich eine Eigentumswohnung für 100.000 Euro kaufen. Wie viel Geld müssen Sie jährlich sparen, das heißt, wie hoch ist die Rate, wenn das Guthaben mit vier Prozent jährlich verzinst wird?

1. **Lösen Sie die Rentenendwertformel im nachschüssigen Fall nach *r* auf, indem Sie mit dem Kehrwert multiplizieren.**

$$R_{n\_nach} = r \cdot \frac{(q^n - 1)}{(q - 1)}$$

$$r = R_{n\_nach} \cdot \frac{(q - 1)}{(q^n - 1)}$$

2. **Setzen Sie die bekannten Werte ($R_{n\text{-}nach} = 100.000$, $q = 1{,}04$, $n = 10$) ein:**

$$r = 100.000 \cdot \frac{(1{,}04 - 1)}{(1{,}04^{10} - 1)}$$

Sie müssen jedes Jahr $r = 8.329{,}09$ Euro einbezahlen.

3. Lösen Sie die Rentenendwertformel im vorschüssigen Fall nach *r* auf.

$$R_{n\_vor} = r \cdot q \cdot \frac{(q^n - 1)}{(q-1)}$$

$$r = R_{n\_vor} \cdot \frac{(q-1)}{(q^{n+1} - q)}$$

4. Setzen Sie die bekannten Werte (R_{n-vor} = 100.000, *q* = 1,04, *n* = 10) ein.

$$r = 100.000 \cdot \frac{(1,04 - 1)}{(1,04^{11} - 1,04)}$$

Sie müssen jedes Jahr 8.008,74 Euro einbezahlen.

Wenn Sie die vorschüssige und die nachschüssige Rente (*r* = 8.329,09 Euro und *r* = 8.008,74 Euro) miteinander vergleichen, zeigt sich, dass Sie im nachschüssigen Fall jährlich mehr einbezahlen müssen als im vorschüssigen Fall. Der Grund hierfür ist die fehlende Verzinsung bei der nachschüssigen Rente. Der Unterschied zwischen vor- und nachschüssiger Rentenzahlung ist in Abbildung 19.1 grafisch dargestellt.

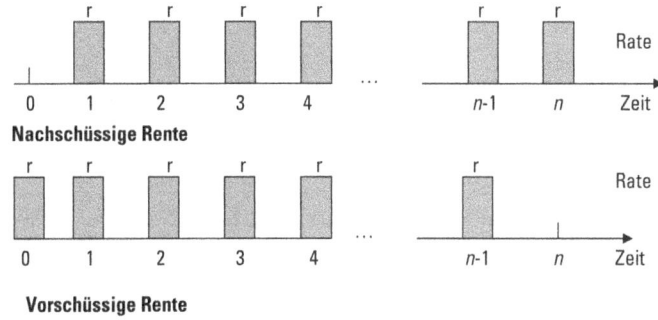

Abbildung 19.1: Vergleich von nachschüssiger und vorschüssiger Rente

Nehmen Sie für die folgenden Ausführungen an, dass die Verzinsung nachschüssig erfolgt. Die Rentenzahlungen sind je nach Aufgabenstellung vor- oder nachschüssig zu leisten. Vorerst entspricht die Rentenperiode der Zinsperiode.

Aus Eins mach Vier (II): Eine Formel und vier Probleme

Ähnlich wie bei der Zinsrechnung gibt es auch in der Rentenrechnung vier Fliegen, die Sie leicht mit einer Formelklappe schlagen können. Sie müssen lediglich die Rentenformel nach der gesuchten Variablen umstellen. Die folgenden vier Fragestellungen beziehen sich auf die nachschüssige Rentenzahlung. Für die vorschüssige Rentenzahlung gelten die vier Probleme analog. Der einzige Unterschied ist, dass Sie im vorschüssigen Fall einen Rentenfaktor mehr haben.

Die Frage nach dem Endkapital

Sie zahlen vier Jahre lang eine Rente von 300 Euro auf ein Sparkonto ein, das mit drei Prozent p.a. verzinst wird. Wie hoch ist das Kapital, das Sie nach vier Jahren Ihr Eigen nennen können?

✔ **Rente:** $r = 300$ Euro

✔ **Zinsfaktor:** $q = 1{,}03$

✔ **Laufzeit:** $n = 4$

✔ **Gesucht:** Rentenendwert R_{n_nach}

Setzen Sie die bekannten Werte in die Formel $R_{n\_nach} = r \cdot \dfrac{(q^n - 1)}{(q - 1)}$ ein. Nach dem Einsetzen der Ihnen bekannten Werte erhalten Sie den Rentenendwert in Höhe von:

$$R_{4\_nach} = 300 \cdot \frac{(1{,}03^4 - 1)}{(1{,}03 - 1)}$$

$$R_{4\_nach} = 1.255{,}09 \text{ Euro}$$

Die Frage nach dem Anfangskapital

Sie wollen Ihrer Tochter das Studium finanzieren. Vier Jahre lang soll sie jedes Jahr 6.000 Euro bekommen, bei einem jährlichen Zinssatz von fünf Prozent. Wie viel Kapital müssen Sie zu Beginn des Studiums besitzen, um Ihrer Tochter dies zu ermöglichen?

✔ **Rente:** $r = 6.000$ Euro

✔ **Zinsfaktor:** $q = 1{,}05$

✔ **Laufzeit:** $n = 4$

✔ **Gesucht:** Anfangskapital R_0

Um den Rentenbarwert berechnen zu können, müssen Sie den Rentenendwert um n Jahre abzinsen. Aus der Zinseszinsrechnung wissen Sie, dass für die Zinseszinsrechnung folgende Formel zur Berechnung des Kapitalendwertes $K_n = K_0 \cdot q^n$ gilt. Entsprechendes gilt für die Berechnung des Rentenendwertes:

$$R_n = R_0 \cdot q^n$$

1. **Lösen Sie die Formel $R_n = R_0 \cdot q^n$ nach R_0 auf.**

   Sie erhalten:

   $$R_0 = \frac{R_n}{q^n}$$

2. Setzen die Rentenendwertformel $R_{n\_nach} = r \cdot \dfrac{(q^n - 1)}{(q - 1)}$ in die eben aufgelöste Formel

$R_0 = \dfrac{R_n}{q^n}$ ein und lösen Sie die Klammern auf.

Sie erhalten:

$$R_0 = r \cdot \frac{q^n - 1}{i \cdot q^n}$$

3. Setzen Sie in diese Formel die Ihnen bekannten Werte ein.

$$R_0 = 6.000 \cdot \frac{1,05^4 - 1}{0,05 \cdot 1,05^4}$$

Das Anfangskapital beträgt $R_0 = 21.275{,}70$ Euro. Folglich müssen Sie zu Beginn des Studiums Ihrer Tochter über diesen Betrag verfügen.

Die Frage nach der Höhe der Rente

Sie wollen in fünf Jahren 20.000 Euro besitzen und bekommen auf einem Sparkonto eine Verzinsung von drei Prozent p.a. Wie hoch müssen die Raten sein?

✔ **Rentenendwert:** $R_5 = 20.000$ Euro

✔ **Zinsfaktor:** $q = 1{,}03$

✔ **Laufzeit:** $n = 5$

✔ **Gesucht:** Höhe der Rente r

1. Stellen Sie die Formel zur Berechnung des Rentenendwertes $R_{n\_nach} = r \cdot \dfrac{(q^n - 1)}{(q - 1)}$ nach der gesuchten Variablen r um.

$$r = R_{n\_nach} \cdot \frac{(q - 1)}{(q^n - 1)}$$

2. Setzen Sie in die umgestellte Formel die gegebenen Werte ein.

$$r = 20.000 \cdot \frac{(1,03 - 1)}{(1,03^5 - 1)}$$

Sie müssen jedes Jahr eine Rente in Höhe von $r = 3.767{,}09$ Euro bezahlen, um in fünf Jahren 20.000 Euro zu besitzen.

Die Frage nach der Laufzeit

Sie wollen ein Kapital von 3.500 Euro besitzen und erhalten auf einem Sparbuch fünf Prozent Zinsen. Sie wollen jährlich eine Rate von 500 Euro bezahlen. Wie viele Perioden lang müssen Sie diese Rate einbezahlen?

✔ **Rentenendwert:** $R_n = 3.500$ Euro

✔ **Zinsfaktor:** $q = 1,05$

✔ **Rente:** $r = 500$ Euro

✔ **Gesucht:** Laufzeit n

1. **Stellen Sie die Rentenendwertformel** $R_{n\_nach} = r \cdot \dfrac{(q^n - 1)}{(q - 1)}$ **nach der gesuchten Variablen** n **um.**

$$q^n = 1 + \cdot \frac{(q-1) \cdot R_{n\_nach})}{r}$$

Die gesuchte Variable n befindet sich im Exponenten.

2. **Bringen Sie das** n **nach unten, indem Sie den Logarithmus anwenden und durch** $\ln q$ **dividieren.**

$$n = \frac{\ln\left(1 + \dfrac{(q-1) \cdot R_n}{r}\right)}{\ln q}$$

3. **Setzen Sie die gegebenen Werte ein.**

$$n = \frac{\ln\left(1 + \dfrac{(1,05 - 1) \cdot 3.500}{500}\right)}{\ln 1,05}$$

$n = 6,15$

Die Rate muss über ca. 6 Jahre lang bezahlt werden. Zudem muss noch eine Restrate von $n = 0,15$ beachtet werden.

Und was ist mit dem Zinssatz i? Die Rentenformel lässt sich nicht so einfach nach i auflösen. Sie müssen in einem solchen Fall die Nullstellen näherungsweise bestimmen.

Nichtübereinstimmung von Zins- und Rentenperiode

Bisher sind wir von der Annahme der Übereinstimmung von Zins- und Rentenperiode ausgegangen. Dies ist aber nicht immer gegeben. Die zwei wichtigsten Fälle, in denen die Zins- und die Rentenperiode divergieren, sind:

✔ Die unterjährige Rente mit jährlicher Zinsverrechnung

✔ Die jährliche Rente mit unterjähriger Zinsverrechnung

Unterjährige Rente mit jährlicher Zinsverrechnung

Sie wollen sich einen neuen Fernseher kaufen und vereinbaren, dass Sie den Kaufpreis in monatlichen Raten zurückzahlen, während die Zinsen dafür jährlich verrechnet werden.

 Analog zur Zinsrechnung nennt man eine solche Zahlung unter dem Jahr *unterjährige Rente* oder *unterjährige Ratenzahlung.*

Die Symbolik für die Anzahl an unterjährigen Perioden *m* wurde bereits in der Zinsrechnung (Kapitel 18) erläutert und gilt hier analog. Um die Brücke zwischen unterschiedlichen Renten- und Zinsterminen zu schlagen, wendet man die so genannte *konforme Ersatzrate* r_e an.

Ein Beispiel: Sie nehmen an einem Bonussparplan teil und zahlen jeden Monat am Monatsende 100 Euro auf ein Sparbuch mit einem Zinssatz von drei Prozent p.a. ein. Gehen Sie zudem davon aus, dass, wie in Deutschland üblich, Geldeinzahlungen innerhalb einer Zinsperiode linear verzinst werden. Wie hoch ist der gesparte Geldbetrag nach vier Jahren?

Schauen Sie sich die Kapitalentwicklung für das erste Jahr an, indem Sie die Ihnen bekannten Werte in die Formel für die lineare Verzinsung im unterjährigen Fall $K_n = K \cdot (1 + t \cdot i)$ einsetzen, wobei *t* zum Beispiel die Monate darstellt, die verzinst werden (wenn Sie beispielsweise in einem Jahr nur für drei Monate Zinsen bekommen, dann gilt: $t = \dfrac{3}{12}$). Im vorliegenden Beispiel gilt deshalb:

✔ Die *ersten* 100 Euro, die Ende Januar einbezahlt werden, sind für elf Monate auf Ihrem Konto und werden dabei linear verzinst. Sie sind am Ende des Jahres 102,75 Euro wert, da nach der Formel für die lineare Verzinsung im unterjährigen Fall gilt:

$$100 \cdot (1 + \frac{11}{12} \cdot 0,03) = 102,75 \text{ Euro}$$

✔ Die *zweite* 100-Euro-Rate, die Ende Februar einbezahlt wird, ist noch zehn Monate lang auf Ihrem Konto verzinst und ist am Ende des ersten Jahres 102,5 Euro wert, da

$$100 \cdot (1 + \frac{10}{12} \cdot 0,03) = 102,5 \text{ Euro entsprechen, usw.}$$

✔ Die *vorletzte* 100-Euro-Rate, die Ende November einbezahlt wird, ist noch genau einen Monat auf Ihrem Konto, trägt Zinsen und ist am Ende des Jahres 100,25 Euro wert, da

$$100 \cdot (1 + \frac{1}{12} \cdot 0,03) = 100,25 \text{ Euro ergeben.}$$

1. **Fassen Sie die einzelnen Monatsbeträge des ersten Jahres zusammen.**

$$100 \cdot (1 + \frac{11}{12} \cdot 0,03) + ... + 100 \cdot (1 + \frac{1}{12} \cdot 0,03) + 100 \cdot (1 + \frac{0}{12} \cdot 0,03)$$

$$= 100 \cdot (1 + ... + 1) + 100 \cdot \frac{1}{12} \cdot (0 + 1 + ... + 11) \cdot 0,03$$

$$= 100 \cdot 12 + 100 \cdot \frac{1}{12} \cdot \frac{11 \cdot 12}{2} \cdot 0,03$$

$r = 1.216,50$ Euro

Sie haben nach dem ersten Jahr 1.216,50 Euro angespart. Dieses Geld verzinst sich mit Zinseszinsen in den noch kommenden drei Jahren weiter.

 Aufwachen! Wenn Sie *jährlich* einen bestimmten Betrag am Jahresende einbezahlen, dann liegt eine *jährlich nachschüssige Rente* vor, bei der die Rentenperiode und die Zinsperiode gleich groß sind!

2. **Setzen Sie nun die Werte ($q = 1,03$, $r = 1.216,50$, $n = 4$) in die Rentenendwertformel im nachschüssigen Fall** $R_{n\_nach} = r \cdot \dfrac{(q^n - 1)}{(q - 1)}$ **ein.**

$$R_{5\_nach} = 1.216,5 \cdot \frac{1,03^4 - 1}{0,03}$$

$$= 5.089,38 \text{ Euro}$$

Dieser Betrag in Höhe von 5.089,38 Euro stellt die *konforme Ersatzrate* dar, die man mit r_e abkürzt.

 Unter der Voraussetzung, dass *gleichmäßige* Raten verteilt auf ein Jahr vorliegen, ermöglicht es die konforme Ersatzrate, eine »normale Rentenrechnung« durchzuführen und damit das Problem von unterschiedlichen Renten- und Zinsterminen zu lösen.

3. **Verallgemeinern Sie die lineare Aufzinsung und die Summenbildung aus dem vorangegangenen Schritt, indem Sie von m Ratenzahlungen pro Jahr ausgehen.**

Die Ratenzahlungen r erfolgen über n Jahre m-mal pro Jahr, der Zinssatz beträgt i. Errechnen Sie die konforme Ersatzrate r_e pro Jahr und verzinsen Sie die erste Rate ($m - 1$) unterjährige Perioden linear, die zweite ($m - 2$) Perioden, die dritte ($m - 3$) Perioden usw. Die vorletzte Rate wird noch eine Periode, die letzte Rate nicht mehr verzinst. Sie erhalten für r_e:

$$r_e = r \cdot (1 + \frac{(m-1)}{m} \cdot i) + \dots + r \cdot (1 + \frac{1}{m} \cdot i) + r \cdot (1 + \frac{0}{m} \cdot i)$$

4. **Wenden Sie nun die Summenformel an und Sie erhalten:**

$$r_e = r \cdot m + r \cdot \frac{1}{m} \cdot \frac{(m-1) \cdot m}{2} \cdot i$$

5. **Multiplizieren Sie r aus.**

$$r_e = r \cdot (m + i \cdot \frac{(m-1)}{2})$$

6. **Setzen Sie die Ersatzrate anstelle der normalen Rate in die Ihnen bekannte Rentenendwertformel ein.**

$$R_{n\_nach} = r_e \cdot \frac{q^n - 1}{q - 1}$$

Am folgenden Beispiel sehen Sie, wie einfach es mit der konformen Ersatzrate ist, den Endwert bei unterjähriger Rentenzahlung zu ermitteln. Hier zahlen Sie drei Jahre lang am Ende eines jeden Monats 100 Euro auf Ihren Bausparvertrag ein, der jährlich mit zwei Prozent verzinst wird. Wie hoch ist Ihr Endkapital?

1. **Ermitteln Sie die konforme Ersatzrate, indem Sie $i = 0{,}02$, $r = 100$ Euro und $m = 12$ (da Sie jeden Monat einbezahlen) in die Formel $r_e = r \cdot (m + i \cdot \frac{(m-1)}{2})$ einsetzen. Sie erhalten:**

$$r_e = 100 \cdot (12 + 0{,}02 \cdot \frac{(12-1)}{2}) = 1.211 \text{ Euro}$$

2. **Setzen Sie den ermittelten Wert in die Rentenendwertformel ein.**

$$R_3 = 1.211 \cdot \frac{1{,}02^3 - 1}{0{,}02}$$

$$= 3.706{,}14 \text{ Euro}$$

 Für die konforme Ersatzrate im vorschüssigen Fall wird eine Rate mehr verzinst als im nachschüssigen Fall. Das Minus-Zeichen im Zähler im nachschüssigen Fall wird durch das Plus-Zeichen ersetzt.

Es gilt deshalb:

$$r_e = r \cdot (m + i \cdot \frac{(m+1)}{2})$$

Dies setzen Sie in die Rentenendwertformel ein und Sie erhalten:

$$R_{n\_vor} = r_e \cdot \frac{q^n - 1}{q - 1}$$

Jährliche Rente mit unterjähriger Zinsverrechnung

Um diese Problematik lösen zu können, simuliert man eine jährliche Zinsverrechnung, indem man den Zinssatz pro Zinsperiode j in den so genannten *konformen Ersatzzinsfaktor* q_e umrechnet. Stellen Sie sich hierzu das folgende Beispiel vor: Sie besitzen ein Tagesgeldkonto, aber nicht mit jährlichen sondern mit *halbjährlichen* Zinsterminen. Der Zinssatz beträgt zwei Prozent. Sie zahlen jedes Jahr am Jahresende Ihr Weihnachtsgeld in Höhe von 800 Euro auf das Konto ein. Nach einem Jahr zahlen Sie die erste Weihnachtsgeldrate ein. Am Ende des zweiten Jahres wurde diese Rate über zwei Halbjahre verzinst. Wie hoch ist Ihr Kontostand nach fünf Jahren?

1. Setzen Sie die vorliegenden Werte ($K_0 = 800$, $i = 0{,}02$; $m = 2$) in die Formel ($(K_n = K_0(1+\frac{i_{Jahr}}{m})^{n \cdot m})$) ein, die Sie aus der unterjährigen Zinseszinsrechnung kennen.

$$800 \cdot (1+\frac{0{,}02}{2})^2$$

$$= 816{,}08 \text{ Euro}$$

2. **Führen Sie diese Berechnung für die nächsten vier Jahre fort.**

Hier wird mit dem halben Zinssatz gerechnet, da die Zinszahlung halbjährlich bei einem linearen Zinszuschlag erfolgt. Dabei ersetzen Sie den Aufzinsfaktor q durch den konformen Ersatzaufzinsungsfaktor $(1+\frac{0{,}02}{2})^2$. Die letzte Rate wird nicht weiter verzinst.

$$800 \cdot (1+\frac{0{,}02}{2})^8 + \ldots + 800 \cdot (1+\frac{0{,}02}{2})^2 + 800$$

$$800 \cdot \sum_{j=0}^{4}((1+\frac{0{,}02}{2})^2)^j$$

3. **Setzen Sie den bekannten Wert ($n = 5$) ein.**

$$800 \cdot \frac{1-(1+\frac{0{,}02}{2})^{2 \cdot 5}}{1-(1+\frac{0{,}02}{2})^2}$$

Und Sie sehen, dass Sie nach fünf Jahren ein Kapital von 4.164,06 Euro besitzen.

 Die Raten verzinsen sich mit dem Zinssatz $\frac{i}{m}$ innerhalb eines Jahres m Perioden lang geometrisch. Es gilt somit allgemein für den konformen Ersatzzinsfaktor: $q_e = (1+\frac{i}{m})^m$.

Wenn Sie das so errechnete q_e in die Endwertformel einer nachschüssigen Rente ($R_{n\_nach} = r \cdot \frac{(q^n-1)}{(q-1)}$) für q einsetzen, erhalten Sie die allgemeine Formel zur Berechnung des Endwertes einer nachschüssigen Rente mit unterjähriger Verzinsung:

$$R_{n \cdot m\_nach} = r \cdot \frac{(1+\frac{i}{m})^{m \cdot n}-1}{(1+\frac{i}{m})^m-1}$$

Alle Dagobert Ducks aufgepasst! Kapitalaufbau und Kapitalverzehr

Wird ein bestimmter Anfangsbetrag auf einem Sparkonto angelegt und werden dann im Laufe der Zeit regelmäßig Raten einbezahlt (das heißt *Kapital wird aufgebaut*) oder ausbezahlt (das heißt *Kapital wird abgebaut*), dann kann man dies mit der *Sparerformel* und der Formel für einen Kapitalverzehr berechnen.

Kapitalaufbau: Die Sparerformel

Zahlt man zu Beginn einer Anlage bereits einen bestimmten Betrag (Startguthaben) ein, dann wird dieser Betrag zusätzlich zu den einbezahlten Raten auch noch verzinst. In diesem Fall wird Kapital aufgebaut. Sehen Sie sich hierzu folgendes Beispiel an: Sie legen für Ihr Patenkind als Taufgeschenk ein Sparbuch an und zahlen darauf einmalig 200 Euro ein. An jedem Geburtstag zahlen Sie weitere 100 Euro ein. Über welches Guthaben verfügt Ihr Patenkind nach seinem 18. Geburtstag bei nachschüssigen Einzahlungen und einer Verzinsung von sechs Prozent p.a.?

Hier rechnen Sie mit der Rentenendwertformel:

$$R_{n\_nach} = r \cdot \frac{(q^n - 1)}{(q - 1)}$$

Sie müssen nun zunächst die 200 Euro über die Laufzeit verzinsen ($K = 200 \cdot 1{,}06^{18}$) und dann zu der Rentenendwertformel hinzuaddieren, da Sie noch jährlich 100 Euro einzahlen. Sie erhalten:

$$K_{18} = 200 \cdot 1{,}06^{18} + 100 \cdot \frac{(1{,}06^{18} - 1)}{(1{,}06 - 1)}$$

Ihr Patenkind verfügt an seinem 18. Geburtstag über ein Guthaben in Höhe von 3.661,43 Euro.

Dies kann man allgemein wie folgt darstellen:

✔ **Sparerformel im nachschüssigen Fall:**

$$K_n = K_0 \cdot q^n + r \cdot \frac{(q^n - 1)}{(q - 1)}$$

✔ **Sparerformel im vorschüssigen Fall:**

$$K_n = K_0 \cdot q^n + r \cdot q \frac{(q^n - 1)}{(q - 1)}$$

Kapitalverzehr

Was passiert, wenn Kapital aufgezehrt wird? Dazu ein Beispiel: Sie erben heute 25.000 Euro und legen diesen Betrag auf einem Sparkonto mit drei Prozent jährlicher Verzinsung an.

Jedes Jahr heben Sie 1.200 Euro am Ende des Jahres ab. Welchen Betrag haben Sie nach sieben Jahren noch auf Ihrem Konto?

Sie gehen bei der Berechnung analog zum Vorgehen beim Kapitalaufbau vor. Da aber nun jährlich Geld abgehoben wird, ergibt sich eine Rente mit negativem Vorzeichen und konstanten jährlichen Raten.

 Für den Endwert beim Kapitalverzehr wird das Plus-Zeichen durch das Minus-Zeichen ersetzt.

Sie müssen nun zunächst die geerbten 25.000 Euro über die Laufzeit verzinsen ($K_0 = 25.000 \cdot 1,03^7$). Setzen Sie die bekannten Werte ($q = 1,03$, $n = 7$, $r = 1.200$) in die Formel zur Berechnung des Rentenendwertes $R_n = r \cdot \dfrac{q^n - 1}{(q-1)}$ ein. Nach sieben Jahren verfügen Sie über ein Kapital in Höhe von

$$K_7 = 25.000 \cdot 1,03^7 - 1.200 \cdot \frac{1,03^7 - 1}{1,03 - 1}$$

$$K_7 = 21.551,89 \text{ Euro}$$

Dieser Betrag setzt sich aus der verzinsten Anfangseinzahlung minus der abgehobenen Rente zusammen.

Allgemein kann man hierzu schreiben: Sie erhalten

✔ **für den Kapitalverzehr im nachschüssigen Fall:**

$$K_n = K_0 \cdot q^n - r \cdot \frac{q^n - 1}{(q-1)}$$

✔ **für den Kapitalverzehr im vorschüssigen Fall:**

$$K_n = K_0 \cdot q^n - r \cdot q \cdot \frac{q^n - 1}{(q-1)}$$

 Die Anwendung der Kapitalverzehrformel löst weitere alltagsinteressante Fragestellungen aus, wie das folgende Beispiel zeigt.

Sie gewinnen im Lotto 500.000 Euro und legen Ihren Gewinn auf einem Sparkonto zu einem Zinssatz von fünf Prozent p.a. an. Sie wollen die nächsten zehn Jahre nicht mehr arbeiten und heben deshalb jährlich nachschüssig bestimmte Beträge ab. Wie hoch sind die Beträge, die Sie jährlich abheben können? Nach zehn Jahren darf Ihr Lottogewinn aufgebraucht sein. Daher müssen Sie die Kapitalverzehrformel mit 0 gleichsetzen.

1. **Setzen Sie die bekannten Werte (K_0 = 500.000, q = 1,05, n = 10) in die Kapitalver-zehrformel ein und setzen Sie die Formel gleich 0. Das heißt K_n = 0.**

$$K_n = K_0 \cdot q^n - r \cdot \frac{q^n - 1}{(q-1)}$$

$$500.000 \cdot 1,05^{10} - r \cdot \frac{1,05^{10} - 1}{1 - 1,05} = 0$$

2. **Lösen Sie die Kapitalverzehrformel nach der Variablen r auf.**

$$r = 500.000 \cdot 1,05^{10} \cdot \frac{0,05}{1,05^{10} - 1}$$

r = 64.752,29 Euro

Sie können zehn Jahre lang 64.752,29 Euro abheben.

Wachsende Renten

Bisher haben Sie sich ausschließlich Renten angesehen, die sich über die Zeit in Ihrer Höhe *nicht* verändert haben (so genannte *konstante Raten*). Ändern sich die Raten über die Lauf-zeit nach bestimmten Regeln beziehungsweise nach bestimmten mathematischen Grund-sätzen, dann können Sie eine Zahlungsreihe bilden und eine entsprechende Formel dafür entwickeln. Hier gibt es zwei Fälle, die zur Berechnung des Rentenendwertes unterschieden werden können:

✔ **arithmetisch veränderliche (steigende oder fallende) Rente:** Jede Rate ergibt sich aus der vorangegangenen Rate durch *Addition* einer Konstanten d.

✔ **geometrisch veränderliche (steigende oder fallende) Rente:** Jede Rate ergibt sich aus der vorangegangenen Rate durch *Multiplikation* einer Konstanten c.

Arithmetisch veränderliche Rente

Bei einer arithmetischen Rente beträgt die Differenz zwischen zwei Rentenzahlungen r_t eine Konstante d. Daher gilt:

$$r_t + d = r_{t+1}$$

Die Rate zum Zeitpunkt $t+1$ erhöht sich immer um den Faktor d. Durch die Entwicklung der Reihe ergibt sich für eine Rentenzahlung im Zeitpunkt t (siehe Abbildung 19.2):

$$r_t = r + (t-1)d$$

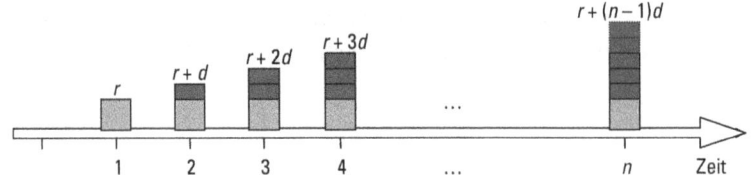

Abbildung 19.2: Zeitstruktur einer arithmetisch wachsenden Rente

Die allgemeine Formel zur Berechnung des Endwerts einer wachsenden Rente lautet:

$$R_n = q^n \sum_{t=1}^{n} r_t \cdot q^{-t}$$

Wird die erste Rente im Zeitpunkt $t = 1$ und die letzte Rate am Ende der Laufzeit ($t = n$) gezahlt und geht man zudem davon aus, dass man auf dem Konto, auf dem die Rentenbeträge eingehen, immer am Jahresende die Zinsen zum Zinssatz i erhält, dann ermittelt man die Reihe zur Berechnung des Endwerts beziehungsweise die Entwicklung der Kontostände im Zeitablauf wie folgt:

1. Berechnen Sie die Renten, indem Sie die Rente r mit dem Zinsfaktor aufzinsen.

 Zinsfaktor: $q = 1 + i$

$R_1 = r_1$

$R_2 = r_2 + R_1 q = r_2 + r_1 q$

$R_3 = r_3 + R_2 q = r_3 + r_2 q + r_1 q^2$

usw.

Sie erhalten, wenn Sie diesen Prozess allgemein zusammenfassen, folgende Gleichung:

$R_n = r_n + R_{n-1} \cdot q$

Die zugehörige Endwertgleichung lautet:

$R_n = r_n + r_{n-1} \cdot q + r_{n-2} \cdot q^2 + ... + r_2 \cdot q^{n-2} + r_1 \cdot q^{n-1}$

2. Stellen Sie die Endwertgleichung nach der Summandenreihenfolge um.

$R_n = r_1 \cdot q^{n-1} + r_2 \cdot q^{n-2} + ... + r_{n-1} \cdot q^1 + r_n \cdot q^0$

Mit Hilfe des Summenzeichens lässt sich die Gleichung so zusammenfassen:

$$R_n = q^n \sum_{t=1}^{n} r_t \cdot q^{-t}$$

3. Setzen Sie in diese Formel den allgemeinen Ausdruck für die Reihe einer Rentenzahlung im Zeitpunkt t ($r_t = r + (t-1) \cdot d$) ein.

Sie erhalten den Rentenendwert für eine jährlich arithmetisch wachsende Rente bei einer jährlichen Rentenzahlung und mit jährlicher Zinsverrechnung:

$$R_n = r \frac{q^n - 1}{i} + \frac{d}{i} \left(\frac{q^n - 1}{i} - n \right)$$

Ein Beispiel hierzu: Sie zahlen am Jahresende 500 Euro auf ein Konto ein, das mit drei Prozent verzinst wird. Am Ende jedes folgenden Jahres zahlen Sie einen Betrag ein, der jeweils 150 Euro über dem Vorjahreswert liegt. Wie groß ist Ihr Kapital nach fünf Jahren?

Setzen Sie dazu die bekannten Werte ($r = 500$, $q = 1{,}03$, $n = 5$, $d = 150$, $i = 0{,}03$) in die Formel ein.

$$R_5 = 500 \frac{1{,}03^5 - 1}{0{,}03} + \frac{150}{0{,}03} \left(\frac{1{,}03^5 - 1}{0{,}03} - 5 \right)$$

Nach fünf Jahren haben Sie den Rentenendwert $R_5 = 4.200{,}25$ Euro.

Von der Rentenendwertformel zur Rentenbarwertformel kommen Sie durch Diskontieren über n Perioden, dabei gilt:

$$R_0 = r \frac{q^n - 1}{iq^n} + \frac{d}{i} \left(\frac{q^n - 1}{iq^n} - nq^{-n} \right)$$

Ein Beispiel hierzu: Sie verpflichten sich, fünf Jahre lang eine Rente zu zahlen, die mit 500 Euro beginnt und jährlich um 75 Euro wächst bei einem jährlichen Zinssatz von fünf Prozent. Wie viel Kapital müssen Sie bereitstellen?

Setzen Sie dazu die bekannten Werte ($r = 500$, $q = 1{,}05$, $n = 5$, $d = 75$, $i = 0{,}05$) in die Formel ein.

$$R_5 = 500 \frac{1{,}05^5 - 1}{0{,}05 \cdot 1{,}05^5} + \frac{75}{0{,}05} \left(\frac{1{,}05^5 - 1}{0{,}05 \cdot 1{,}05^5} - \frac{5}{1{,}05^5} \right)$$

Sie müssen $R_5 = 2.782{,}51$ Euro bereitstellen.

Geometrisch veränderliche Rente

Bei der geometrisch wachsenden Rente ergibt sich jede Rate aus der vorangegangenen Rate durch *Multiplikation* einer immer gleichen Konstanten c. Da bei einer geometrischen Rente der Quotient aus je zwei benachbarten Zahlengliedern der Zahlungsreihe eine Konstante ist, gilt (siehe Abbildung 19.3 auf der folgenden Seite):

$$r_n \cdot c = r_{n+1}$$

Durch die Entwicklung der Reihe ergibt sich für eine Rentenzahlung im Zeitpunkt t:

$$r_t = r \cdot c^{t-1}$$

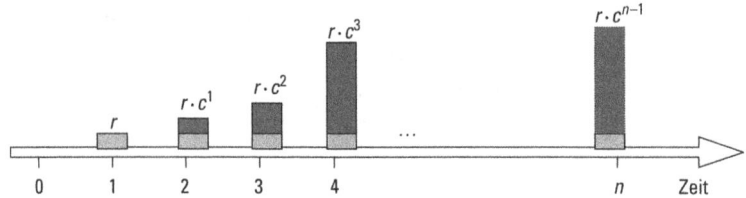

Abbildung 19.3: Zeitstruktur einer geometrisch wachsenden Rente

Die allgemeine Formel zur Berechnung des Endwerts einer geometrisch wachsenden Rente lautet:

$$R_n = q^n \sum_{t=1}^{n} r_t \cdot q^{-t}$$

Zur Berechnung des Endwerts beziehungsweise die Entwicklung der Kontostände im Zeitablauf gehen Sie wie folgt vor:

1. Setzen Sie in die Formel $R_n = q^n \sum_{t=1}^{n} r_t q^{-t}$ **den Ausdruck für eine geometrische wachsende Rente im Zeitpunkt** t, **nämlich** $r_t = r \cdot c^{t-1}$, **ein.**

Sie bekommen den Ausdruck:

$$R_n = \sum_{t=1}^{n} r \cdot c^{t-1} q^{n-t}$$

2. Klammern Sie konstante Faktoren aus und kürzen Sie.

$$R_n = r \frac{q^n - c^n}{q - c} \quad \text{wenn} \quad q \neq c \quad \text{oder}$$

$$R_n = r \cdot n \cdot q^{n-1} \quad \text{wenn} \quad q = c$$

So erhalten Sie den Rentenendwert für eine jährlich geometrisch wachsende Rente bei einer jährlichen Rentenzahlung und mit jährlicher Zinsverrechnung.

Ein Beispiel hierzu: Sie zahlen jedes Jahr am Jahresende eine um zehn Prozent steigende Rente auf ein Konto ein, das mit vier Prozent verzinst wird. Wie hoch ist das Endkapital nach sieben Jahren, wenn die erste Rate 500 Euro beträgt?

Setzen Sie die bekannten Werte ($r = 500$, $q = 1{,}04$, $n = 7$, $c = 1{,}1$) in die Formel ein:

$$R_7 = 500 \frac{1{,}04^7 - 1{,}1^7}{1{,}04 - 1{,}1}$$

Nach sieben Jahren haben Sie den Rentenendwert $R_7 = 5.273{,}21$ Euro.

 Von der Rentenendwertformel zur Rentenbarwertformel kommen Sie, wenn $q \neq c$, durch Diskontieren über n Perioden. Es gilt daher:

$$R_n = r \frac{q^n - c^n}{(q - c) \cdot q^n}$$

Folgendes Beispiel hierzu: Sie verpflichten sich, fünf Jahre lang eine Rente zu zahlen, die mit 500 Euro beginnt und jährlich um fünf Prozent wächst bei einem jährlichen Zinssatz von sieben Prozent. Wie viel Kapital müssen Sie heute dafür bereitstellen?

Setzen Sie die bekannten Werte ($r = 500$, $q = 1{,}07$, $n = 5$, $c = 1{,}05$) ein.

$$R_5 = 500 \, \frac{1{,}07^5 - 1{,}05^5}{(1{,}07 - 1{,}05) \cdot 1{,}07^5}$$

Es zeigt sich, dass Sie $R_5 = 2.250{,}72$ Euro bereitstellen müssen.

Bis zum bitteren Ende: Ewige Renten

Eine *ewige Rente* bedeutet, dass es unendlich viele Ratenzahlungen gibt. Man findet dies zum Beispiel bei einer Stiftung, die ein bestimmtes Kapital besitzt und die Zinsen aus diesem Kapital jährlich für einen bestimmten Zweck verwendet. Überlegen Sie kurz, wie hoch wird der Endwert sein? Was passiert, wenn Sie unendlich oft eine Rente erhalten?

Es gibt keine letzte Rate. Folglich gibt es den Endwert einer ewigen Rente nicht, da es kein Ende in der Ewigkeit gibt.

Allerdings gibt es trotz unendlich vieler zukünftigen Raten einen endlichen Barwert, wenn man es mit positiven Zinssätzen zu tun hat, wovon man im Normalfall ausgeht. Sie können hier zwei Fälle unterscheiden:

✔ Barwert bei ewig gleich bleibender nachschüssiger Rente

✔ Barwert bei ewig gleich bleibender vorschüssiger Rente

Barwert bei ewig gleich bleibender nachschüssiger Rente

Wie viel Geld müssen Sie heute anlegen, um bei einer Verzinsung in Höhe von fünf Prozent ewig 100 Euro im Jahr abheben zu können? Gesucht ist der Barwert einer ewigen nachschüssigen Rente.

Hierfür muss man eine Grenzwertbetrachtung (lim) vornehmen, in der die Laufzeit n gegen unendlich strebt ($n \to \infty$). Es gilt:

$$R_{0\_nach}^{ewig} = \lim_{n \to \infty} R_{0\_nach} = \lim_{n \to \infty} \frac{r}{q^n} \cdot \frac{q^n - 1}{i}$$

$$= \lim_{n \to \infty} \frac{r}{i} \cdot \frac{q^n - 1}{q^n} = \lim_{n \to \infty} \frac{r}{i} \cdot \underbrace{(1 - \frac{1}{q^n})}_{\to 1} = \frac{r}{i}$$

Da q^n für $q > 1$ gegen unendlich strebt, geht die gesamte Klammer $(1 - \frac{1}{q^n})$ gegen den Wert 1.

Der Barwert der ewigen nachschüssigen Rente lautet deshalb: $\frac{r}{i}$

Aus $R_{0\_nach}^{ewig} = \dfrac{r}{i}$ erhalten Sie, indem Sie umstellen:

$$r = R_{0\_nach}^{ewig} \cdot i$$

Die Rente ist der Zins auf den Barwert der ewigen Rente.

Ein Beispiel hierzu: Sie wollen unendlich oft 3.500 Euro von Ihrem Sparkonto abheben, das für ewig mit vier Prozent p.a. vorschüssig verzinst wird. Wie hoch muss Ihr Anfangskapital sein? Setzen Sie in die Formel $R_{0\_nach}^{ewig} = \dfrac{r}{i}$ die Ihnen bekannte Werte ($r = 3.500$, $i = 0{,}04$) ein. Sie erhalten:

$$R_{0\_nach}^{ewig} = \frac{3.500}{0{,}04} = 87.500 \text{ Euro.}$$

Die Rente, die Sie jährlich abheben, entspricht genau den Zinsen, die Sie aus 87.500 Euro erhalten. Sie können jedes Jahr 3.500 Euro abheben und Ihr Kontostand bleibt konstant.

 Die Festsetzung des Zinssatzes für unendlich ist praktisch kaum möglich, da dieser spätestens nach 30 Jahren an das dann herrschende Zinsniveau angepasst werden muss.

Barwert bei ewig gleich bleibender vorschüssiger Rente

Der Barwert einer ewigen gleich bleibenden vorschüssigen Rente ergibt sich analog zur nachschüssigen Rente über die Grenzwertbetrachtung n gegen unendlich ($n \to \infty$).

$$R_{0\_vor}^{ewig} = \lim_{n\to\infty} \frac{r}{q^{n-1}} \cdot \frac{q^n - 1}{q - 1} = \lim_{n\to\infty} \frac{r}{i}\left(q - \frac{1}{q^{n-1}}\right) = \frac{r}{i} \cdot q$$

Entsprechend ist der Barwert der ewigen Rente:

$$R_{0\_vor}^{ewig} = \frac{r}{i} \cdot q$$

Analog lautet für den Fall der vorschüssigen Rentenzahlung die Formel für die Rente:

$$r = \frac{R_{0\_vor}^{ewig} \cdot i}{q}$$

Ein Beispiel hierzu: Sie wollen unendlich oft 5.000 Euro von Ihrem Sparkonto abheben, das für ewig mit vier Prozent p.a. nachschüssig verzinst wird. Wie hoch muss Ihr Anfangskapital sein? Setzen Sie in die Formel $R_{0\_vor}^{ewig} = \dfrac{r}{i} \cdot q$ die Ihnen bekannte Werte ($r = 3.500$, $i = 0{,}04$, $q = 1{,}04$) ein. Sie erhalten

$$R_{0\_vor}^{ewig} = \frac{5.000}{0{,}04} \cdot 1{,}04 = 130.000$$

Die Rente, die Sie jährlich abheben, entspricht genau den Zinsen, die Sie aus 130.000 Euro erhalten. Sie können jedes Jahr 5.000 Euro abheben und Ihr Kontostand bleibt konstant.

Tilgungsrechnung

In diesem Kapitel

▷ Tilgung und Annuität kennen lernen

▷ Tilgungsplan bestimmen

▷ Erforderliche Annuitäten und erforderliche Laufzeit berechnen

---

Sie wollen ein Haus bauen oder eine Wohnung kaufen und Sie müssen dafür ein Darlehen bei Ihrer Hausbank aufnehmen. Kurz: Sie sind ein Kreditnehmer. Als Kreditnehmer stehen Sie der Verpflichtung gegenüber, das aufgenommene Darlehen plus Zinsen an Ihre Bank zurückzubezahlen. Dieser Vorgang wird in der Tilgungsrechnung beachtet. Es geht darum darzustellen, wie ein aufgenommenes Darlehen durch die Entrichtung von Tilgungsraten über einen bestimmten Zeitraum laufend verringert wird, bis die Schuld am Ende der Laufzeit vollständig verschwunden ist. Das Besondere der Tilgungsrechnung ist nun, dass man die Zurückzahlung des Darlehens in zwei Teile zerlegt: einen Zinsanteil und einen Tilgungsanteil. In diesem Kapitel lernen Sie das Konzept der Tilgung und der Annuität kennen und erfahren, wie Sie Tilgungspläne berechnen und wie Sie die erforderlichen Annuitäten und die erforderlichen Laufzeiten bestimmen.

Tilgungsrechnung – Die Zerlegung des Darlehens

Die Tilgungsrechnung ist eng verwandt mit der Zinsrechnung (Kapitel 18) und der Rentenrechnung (Kapitel 19). Das zentrale Merkmal, das nun die Tilgungsrechnung von der Zinsrechnung oder der Rentenrechnung unterscheidet, ist, dass man die Darlehensschuld pro Periode zerlegt und zwar in:

✔ **Tilgungsanteil:** Der Tilgungsanteil entspricht dem Betrag, der zur Minderung der Kreditschuld beiträgt. Die Tilgung verringert somit die aktuell bestehende Schuld. Diese aktuelle Schuld wird auch als Restschuld bezeichnet.

✔ **Zinsanteil:** Dieser stellt die Zinsen dar, die am Ende jeder Periode auf die noch vorhandene Restschuld zu zahlen sind.

In den Tilgungsanteil können neben der Tilgungsrate auch Gebühren, Provisionen oder Prämien einfließen.

Addiert man den Tilgungsanteil T und den Zinsanteil Z, dann bekommt man die so genannte *Annuität*. Die Annuität stellt den Betrag der gesamten Zahlung dar, die ein Kreditnehmer am Jahresende dem Gläubiger (zum Beispiel die Bank) zahlen muss. Es gilt: Annuität zum Zeitpunkt t:

$$A_t = Z_t + T_t$$

Die Tilgung mindert die Restschuld. Die Tilgung kann sich aber auch erhöhen, wenn zum Beispiel die Annuität geringer als die zu zahlenden Zinsen ist.

Die Bausteine der Tilgungsrechnung

In der Tilgungsrechnung gibt es eine Handvoll Grundgleichungen, mit denen man die meisten Probleme der Tilgungsrechnung lösen kann. Nehmen Sie im Folgenden zunächst an, dass

✔ bei der Kreditaufnahme die Tilgungsrate jeweils am Ende des Jahres bezahlt wird und dass die Zinsen jährlich nachschüssig verrechnet werden. Zins- und Tilgungstermin stimmen überein.

✔ analog zur Zinsrechnung (Kapitel 18) und zur Rentenrechnung (Kapitel 19) die zu zahlenden Annuitäten vorschüssig oder nachschüssig verrechnet werden können. Gehen Sie aber zunächst von einer nachschüssig geleisteten Annuität aus.

Die vier Bausteine der Tilgungsrechnung sind:

✔ Bei der Berechnung der Annuität addiert man die Tilgung T und die Zinsen Z. Es gilt im Zeitpunkt t, wie bereits oben dargestellt:

$$A_t = Z_t + T_t$$

✔ Sie erhalten den Schuldbetrag des Zeitpunktes t, indem Sie vom Schuldbetrag des Vorjahres die Tilgungsrate des aktuellen Jahres abziehen. Es gilt:

$$K_t = K_{t-1} - T_t$$

✔ Wenn Sie alle Tilgungsbeträge addieren, dann erhalten Sie den Darlehensbetrag. Mit anderen Worten: Die Summe der T ergibt den aufgenommenen Kreditbetrag. Es gilt:

$$K_0 = \sum_{t=1}^{n} T_t$$

✔ Sie erhalten die Zinsen, wenn Sie den Zinssatz auf den Restbetrag des Vorjahres anwenden. Es gilt:

$$Z_t = i \cdot K_{t-1}$$

Die vier Gleichungen können Sie zusammenfassen. Es gilt:

$$K_0 = \sum_{t=1}^{n} \frac{A_t}{(1+i)^t}$$

Diese zusammenfassende Formel besagt, dass Sie die Anfangsschuld erhalten, indem Sie den Barwert der jeweiligen Annuitäten berechnen. Mit anderen Worten: Die Barwertsumme aller geleisteten Zahlungen (Annuitäten) zum Zeitpunkt $t = 0$ entspricht wieder der aufgenommenen Darlehenssumme.

Tilgungsplan

Mit den vorgestellten Gleichungen ist es möglich, einen so genannten *Tilgungsplan* zu erstellen. Ein Tilgungsplan fasst tabellarisch die Restschuld, den Zinsbetrag, die Tilgungsrate und die Annuität jeweils pro Jahr übersichtlich zusammen. Die Erstellung eines Tilgungsplans ist charakteristisch für die Tilgungsrechnung. Exemplarisch sehen Sie in Tabelle 20.1 einen Tilgungsplan, basierend auf der Ratentilgung, die im Folgenden beschrieben wird.

Jahr (t)	Restschuld Beginn t (K_{t-1}) in Euro	Zinsen (Z_t) ($i = 10 \%$) in Euro	Tilgung (T_t) in Euro	Annuität (A_t) in Euro	Restschuld Ende t (K_t) in Euro
1	10.000 = (K_0) (**Kreditsumme**)	1.000	2.000	3.000	8.000 = (K_1)
2	8.000 = (K_1)	800	2.000	2.800	6.000 = (K_2)
3	6.000 = (K_2)	600	2.000	2.600	4.000 = (K_3)
4	4.000 = (K_3)	400	2.000	2.400	2.000 = (K_4)
5	2.000 = (K_4)	200	2.000	2.200	0 = (K_5)
6	0 = (K_5)				

Tabelle 20.1: Tilgungsplan

 Im Vergleich zur Kontostaffel (siehe Kapitel 18) enthält der Tilgungsplan neben dem Zinsbetrag und den Annuitäten den reinen Tilgungsbetrag.

Es gibt verschiedene Möglichkeiten, eine Schuld zu tilgen. Die zwei wichtigsten Arten lernen Sie im Folgenden kennen.

Tilgungsarten

Eine Tilgung kann auf zwei Arten erfolgen:

✔ **Ratentilgung:** Bei der Ratentilgung bleiben die Tilgungsraten über die Laufzeit konstant.

✔ **Annuitätentilgung:** Bei der Annuitätentilgung bleiben die Annuitäten über die Laufzeit konstant.

Siehe für einen Überblick über die zwei Möglichkeiten Abbildung 20.1.

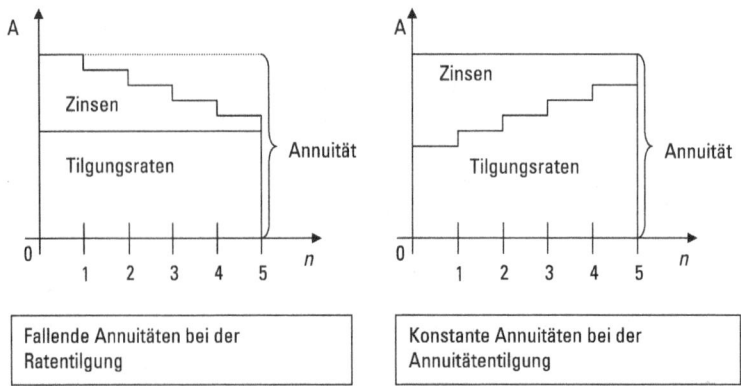

Abbildung 20.1: Ratentilgung und Annuitätentilgung im Überblick

Im Folgenden lernen Sie zuerst die Ratentilgung und dann die Annuitätentilgung kennen.

Ratentilgung

Bei der Ratentilgung wird die Tilgung über die Laufzeit in gleich bleibenden Raten geleistet. Entsprechend vermindert sich die Kreditsumme jährlich um den einen konstanten Betrag. Es gilt:

$$T_1 = T_2 = \ldots T_n = T$$

Bei der Berechnung der Ratentilgung gehen Sie wie folgt vor.

1. Setzen Sie die Annahme $T_1 = T_2 = \ldots T_n = T$ in die folgende Gleichung ein:

$$K_0 = \sum_{t=1}^{n} T_t \quad \text{bzw.} \quad K_0 = n \cdot T$$

Diese Gleichung besagt, dass am Ende der Laufzeit der Kredit vollständig durch die Tilgung »aufgelöst« sein muss.

2. Lösen Sie die Gleichung nach der Variablen T auf, indem Sie dividieren.

Sie erhalten die Tilgungsrate bei Ratentilgung

$$T = \frac{K_0}{n}.$$

Um bei einer Ratentilgung einen Tilgungsplan erstellen zu können, müssen Sie zuerst die Tilgungsrate mit Hilfe der Formel $T = \dfrac{K_0}{n}$ ermitteln. Berechnen Sie dann für den Zeitpunkt $t = 1$ den Zinsbetrag, die Annuität sowie die neue Restschuld. Tun Sie dies so lange, bis Sie das Ende der Tilgungsdauer erreicht haben.

Sehen Sie sich hierzu folgendes Beispiel an: Sie nehmen ein Darlehen über 50.000 Euro zu einem Zinssatz von 6,5 Prozent p.a. auf. Sie vereinbaren, dass Sie das Darlehen über fünf Jahre zu gleichen Raten tilgen. Erstellen Sie den Tilgungsplan wie folgt:

1. **Ermitteln Sie die jährliche Tilgungsrate, indem Sie die Darlehenssumme durch die Laufzeit dividieren.**

$$T = \frac{K_0}{n}$$

$$T = \frac{50.000}{5} = 10.000 \text{ Euro}$$

2. **Berechnen Sie den Zinsbetrag.**

Die Zinsen beziehen sich auf die Restschuld. Da die Restschuld aber von Periode zu Periode geringer wird, sinken die zu zahlenden Zinsen über die Laufzeit. Setzen Sie die Zinsformel ($Z_1 = i \cdot K_0$) die bekannten Werte ($i = 0,065$, $K_0 = 50.000$) ein. Es gilt:

Z_1 (Zinsbetrag des ersten Jahres) $= 0,065 \cdot 50.000 = 3.250$ Euro

3. **Berechnen Sie die Annuität.**

Für die Annuität des ersten Jahres gilt, dass sie die Summe von Tilgungsrate und Zinsbetrag darstellt. Da die Tilgung jedes Jahr den gleichen Betrag hat und die zu zahlenden Zinsen in jeder Periode geringer werden, nimmt auch die Annuität über die Zeit ab. Die Annuität im ersten Jahr ergibt sich aus den Zinsen und der Tilgung. Es gilt:

$$A_t = Z_t + T_t$$

$$A_1 = 3.250 + 10.000$$

$$A_1 = 13.250 \text{ Euro}$$

4. **Berechnen Sie die Restschuld.**

Die Restschuld am Ende des ersten Jahres lässt sich aus der Restschuld zu Beginn des Jahres minus des Tilgungsbetrages ermitteln. Es gilt:

$$K_t = K_{t-1} - T_t$$

$$K_1 = 50.000 - 10.000$$

$$K_1 = 40.000$$

5. **Führen Sie diesen Vorgang über die Laufzeit des Darlehens fort.**

Sie erhalten den Tilgungsplan, wie er in Tabelle 20.2 dargestellt ist.

Jahr	Schuldbetrag des Vorjahres (Restschuld Jahresanfang) in Euro	Zinsbetrag in Euro	Tilgungsrate in Euro	Annuität in Euro
1	50.000	3.250	10.000	13.250
2	40.000	2.600	10.000	12.600
3	30.000	1.950	10.000	11.950
4	20.000	1.300	10.000	11.300
5	10.000	650	10.000	10.650
6	0			

Tabelle 20.2: Tilgungsplan bei der Ratentilgung

Aus Abbildung 20.2 wird ersichtlich, dass die Restschuld sich über die Zeit um einen konstanten Betrag verringert.

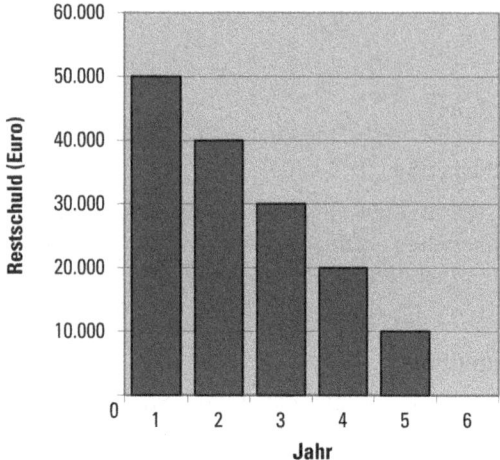

Abbildung 20.2: Entwicklung der Restschuld eines Ratendarlehens

Berechnung einzelner Tilgungselemente ohne gesamten Tilgungsplan

Ein Tilgungsplan ist zwar ein sehr nützliches Instrument, oft interessiert man sich aber für eine Zahlung zu einem bestimmten Zeitpunkt. Ohne einen vollständigen Tilgungsplan erstellen zu müssen, können Sie die Restschuld, den Zinsbetrag und die Annuität auch direkt aus den Tilgungsgleichungen ableiten.

Ermittlung der Restschuld zu einem beliebigen Zeitpunkt t

Da $T = \dfrac{K_0}{n}$ und für die Restschuld im Zeitpunkt t gilt:

$$K_1 = K_0 - T$$

$$K_2 = K_1 - T = K_0 - 2T$$

$$K_3 = K_2 - T = K_0 - 3T$$

Dieser Prozess lässt sich zu folgender Formel zusammenfassen:

$$K_t = K_0(1 - \frac{t}{n})$$

Setzen Sie in diese Formel zum Beispiel die bekannten Werte für das dritte Jahr ($K_0 = 50.000$, $t = 3$, $n = 5$) ein.

$$K_3 = 50.000 \cdot (1 - \frac{3}{5})$$

$$K_3 = 20.000 \text{ Euro}$$

Wie aus dem Tilgungsplan in Tabelle 20.2 ersichtlich, beläuft sich die Restschuld nach dem dritten Jahr auf $K_3 = 20.000$ Euro.

Bestimmung des Zinsbetrages zu einem beliebigen Zeitpunkt t

Da man den Zinsbetrag des laufenden Jahres dadurch erhält, dass man den Zinssatz auf den Restbetrag des Vorjahres anwendet, gilt:

$$Z_t = i \cdot K_{t-1}$$

Wenn Sie in diese Gleichung die Formel $K_t = K_0(1 - \frac{t}{n})$ einsetzen, die Sie zur Bestimmung der Restschuld zu einem beliebigen Zeitpunkt kennen gelernt haben, dann gilt für den Zinsbetrag im Zeitpunkt t:

$$Z_t = i(1 - \frac{t-1}{n}) K_0$$

Setzen Sie in diese Formel die bekannten Werte zum Beispiel für das zweite Jahr ($i = 0,065$, $t = 2$, $n = 5$, $K_0 = 50.000$) ein und Sie erhalten:

$$Z_2 = 0,065 \cdot (1 - \frac{2-1}{5}) \cdot 50.000$$

$$Z_2 = 2.600 \text{ Euro}$$

Wie aus dem Tilgungsplan in Tabelle 20.2 ersichtlich, belaufen sich die Zinsen am Ende des zweiten Jahres auf $Z_2 = 2.600$ Euro.

Ermittlung der Annuität zu einem beliebigen Zeitpunkt t

Da sich die Annuität aus Tilgungsrate und Zinsen $A_t = Z_t + T_t$ zusammensetzt und Ihnen bekannt ist, dass Sie die Tilgungsrate bekommen, indem Sie die Anfangsschuld durch die Laufzeit dividieren ($T = \frac{K_0}{n}$) und sich die Zinsen durch $Z_t = i(1 - \frac{t-1}{n}) K_0$ berechnen lassen, ergibt sich die Annuität im Zeitpunkt t:

$$A_t = (i \cdot (1 - \frac{t-1}{n}) + \frac{1}{n}) K_0$$

Setzen Sie in diese Formel die bekannten Werte ($i = 0,065$, $t = 2$, $n = 5$, $K_0 = 50.000$) ein und Sie erhalten für die Annuität am Ende des zweiten Jahres:

$$A_2 = 0,065 \cdot (1 - \frac{2-1}{5}) \cdot 50.000 + 10.000$$

$$A_2 = 12.600 \text{ Euro.}$$

Wie aus dem Tilgungsplan in Tabelle 20.2 ersichtlich, beläuft sich die Annuität am Ende des zweiten Jahres auf $A_2 = 12.600$ Euro.

Dass die Annuität über die Laufzeit des Darlehens abnimmt, stellt einen Nachteil der Ratentilgung dar, da die Belastung für den Schuldner ungleichmäßig über die Laufzeit verteilt ist. Dies ist vor allem dann von Nachteil, wenn Sie zum Beispiel eine Baufinanzierung in Anspruch genommen haben und hier zu Beginn der Darlehensaufnahme weitere große Ausgaben anstehen. Die Ratentilgung ist auch von Nachteil, wenn Sie zum Beispiel selbst ein Darlehen vergeben haben und dies eine ständige Einnahmequelle für Sie darstellt und Sie an einer gleich hohen Zahlung (Einnahme) interessiert sind. In diesen Fällen ist ein Darlehen, das von einer konstanten Annuität über die Zeit ausgeht, wie es in der Annuitätentilgung der Fall ist, unter diesen Umständen von Vorteil.

Annuitätentilgung

Bei der Annuitätentilgung bleibt die Annuität während der Laufzeit konstant. Gehen Sie im Folgenden von dem Standardfall aus, dass die Zinsperiode der Zahlungsperiode entspricht.

Die Annuitätentilgung ist eine der wichtigsten Kreditarten, die auf dem Geldmarkt existiert.

Es gibt unterschiedliche Modifikationen der Standardvariante der Annuitätentilgung. Gehen Sie im Folgenden vom Standardfall aus. Dieser ist dadurch gekennzeichnet, dass die Zinsperiode der Zahlungsperiode entspricht und die Zurückzahlung des Darlehens (in Form der konstanten Annuitäten A) eine Periode nach der Auszahlung des Darlehens beginnt. Es gilt:

$$A_1 = A_2 = ... = A_n = A$$

Wenn die Laufzeit eines aufgenommenen Darlehens festgelegt ist (zum Beispiel zehn Jahre) und danach das Darlehen getilgt sein soll, dann gilt für die Restschuld nach n Perioden $K_n = 0$. Diese »Zurückzahlung« durch eine feste Anzahl gleicher Zahlungen stellt im Prinzip eine *konstante Rentenzahlung* dar (siehe Kapitel 19).

Aus der Rentenrechnung wissen Sie, dass für den Endwert beim Kapitalverzehr im nachschüssigen Fall gilt: $K_n = K_0 \cdot q^n - r \cdot \frac{q^n - 1}{i}$

Setzen Sie diese Gleichung gleich 0. Sie erhalten:

$$K_0 \cdot q^n - r \cdot \frac{q^n - 1}{i} = 0$$

Ersetzen Sie in dieser Gleichung einfach das »r« durch ein »A« und schon sind Sie in den Begrifflichkeiten der Tilgungsrechnung. Lösen Sie nun die Gleichung nach der Annuität A auf und Sie erhalten den jährlich zu leistenden Betrag:

$$A = K_0 \cdot q^n \cdot \frac{i}{q^n - 1}$$

Ein Beispiel: Sie wollen einen Kredit über 50.000 Euro nach zehn Jahren und bei einem Zinssatz von 5,5 Prozent p.a. vollständig getilgt haben. Wie hoch ist die Annuität, die Sie jährlich bezahlen müssen?

$$A = 50.000 \cdot 1,055^{10} \cdot \frac{0,055}{1,055^{10} - 1}$$

$A = 6.633,39$ Euro

Sie müssen $A = 6.633,39$ Euro für Tilgung und Zinsen bereitstellen, um nach zehn Jahren das Darlehen getilgt zu haben.

 Die Gleichung zur Berechnung der Annuität ermöglicht es, den jährlich zu zahlenden Annuitätsbetrag auszurechnen, der bezahlt werden muss, um den aufgenommenen Kredit einschließlich Zinsen zurückzuzahlen.

Die Erstellung des Tilgungsplans erfolgt bei der Annuitätentilgung analog zur Ratentilgung dadurch, dass Sie die Annuität ermitteln und dann für den Zeitpunkt $t = 1$ den Zinsbetrag, die Tilgungsrate sowie die neue Restschuld berechnen.

Ein Beispiel zum Tilgungsplan: Sie haben einen Kredit in Höhe von 100.000 Euro zu einem Zinssatz von 7,5 Prozent bei einer Laufzeit von sechs Jahren aufgenommen, der getilgt werden soll. Wie sieht der Tilgungsplan aus?

1. **Ermitteln Sie die Annuität, indem Sie die bekannten Werte ($i = 0,075$, $q = 1,075$, $n = 6$) in die folgende Formel einsetzen:**

$$A = K_0 \cdot q^n \cdot \frac{i}{q^n - 1}$$

$$A = 100.000 \cdot 1,075^6 \cdot \frac{0,075}{1,075^6 - 1}$$

$A = 21.304,49$ Euro

2. **Tragen Sie den Betrag $A = 21.304,49$ Euro in den Tilgungsplan über die gesamte Laufzeit ein.**

3. **Berechnen Sie den ersten Zinsbetrag Z_1, die erste Tilgungsrate T_1 und die Restschuld K_1.**

   - $Z_1 = i \cdot K_0$

       $= 0,075 \cdot 100.000$

       $= 7.500$ Euro

   - $T_1 = A - Z_1$

       $= 21.304,49 - 7.500$

       $= 13.804,49$ Euro

- $K_1 = K_0 - T_1$

    $= 100.000 - 13.804,49$

    $= 86.195,51$ Euro

Um den Tilgungsplan zu vervollständigen, müssen Sie den Zinsbetrag, die Tilgungsrate und die Restschuld für jedes Jahr berechnen. Sie erhalten dann einen Tilgungsplan wie in Tabelle 20.3 dargestellt.

Jahr	Schuldbetrag des Vorjahres in Euro	Zinsbetrag in Euro	Tilgungsrate in Euro	Annuität in Euro
1	100.000	7.500	13.804,49	21.304,49
2	86.195,51	6.464,66	14.839,83	21.304,49
3	71.355,69	5.351,68	15.952,81	21.304,49
4	55.402,87	4.155,22	17.149,27	21.304,49
5	38.253,60	2.869,02	18.435,47	21.304,49
6	19.818,13	1.486,36	19.818,13	21.304,49
7	0,00			

Tabelle 20.3: Tilgungsplan bei der Annuitätentilgung

Direkte Berechnung einzelner Tilgungsbausteine

Auch in der Annuitätentilgung kann man, ohne einen vollständigen Tilgungsplan erstellen zu müssen, die Restschuld, den Zinsbetrag und die Annuität auch direkt aus den Tilgungsgleichungen ableiten.

Ermittlung der Tilgungsrate zum Zeitpunkt t

Da bei der Annuitätentilgung die Summe aus Zinsbetrag und Tilgungsrate konstant ist, gilt für aufeinanderfolgende Jahre:

$Z_t + T_t = Z_{t-1} + T_{t-1}$

Da die Differenz zwischen den Restschuldbeträgen K_{t-2} und K_{t-1} mit der Tilgungsrate des Vorjahres übereinstimmt, gilt:

$T_t = T_{t-1} + i \cdot T_{t-1}$ oder zusammengefasst: $T_t = T_{t-1} \cdot q$.

Bei der Annuitätentilgung erhalten Sie die Tilgungsrate des laufenden Jahres immer als Produkt aus Vorjahres-Tilgungsrate und Zinsfaktor. Nimmt man die erste Tilgungsrate als gegeben an und setzt dies fortlaufend ein, dann ergibt sich:

$T_2 = T_1 \cdot q$

$T_3 = T_2 \cdot q = T_1 \cdot q^2$

Da man die Zinsen über die Formel $Z_1 = i \cdot K_0$ berechnet und die erste Tilgungsrate sich aus $T_1 = A - Z_1$ zusammensetzt, bekommt man die Formel zur Berechnung der Tilgungsrate bei der Annuitätentilgung, wenn man die allgemeine Formel zur Tilgungsentwicklung $T_t = T_{t-1} \cdot q = T_1 \cdot q^{t-1}$ einsetzt.

Es gilt:

$$T_t = \frac{i \cdot q^{t-1}}{q^n - 1} K_0$$

Setzen Sie die bekannten Werte ($i = 0{,}075$, $q = 1{,}075$, $t = 6$, $n = 6$) für die sechste (letzte) Tilgungsrate ein:

$$T_6 = \frac{0{,}075 \cdot 1{,}075^5}{1{,}075^6 - 1} 100.000 \text{ Euro}$$

$T_6 = 19.818{,}13$ Euro

Wie aus dem Tilgungsplan (Tabelle 20.3) ersichtlich, beläuft sich die Tilgung am Ende des sechsten Jahres auf 19.818,13 Euro.

Ermittlung des Zinsbetrags zum Zeitpunkt t

Da $Z_t = A - T_t$ und Sie die Berechnung der Annuität mit der Formel $A = \dfrac{i \cdot q^n}{q^n - 1} K_0$ und des Tilgungsbetrages mit der Formel $T_t = \dfrac{i \cdot q^{t-1}}{q^n - 1} K_0$ schon kennen gelernt haben, können Sie leicht durch Einsetzen, Umformen und Zusammenfassen die gesuchte Formel für die Variable Z finden:

$$Z_t = \frac{i(q^n - q^{t-1})}{q^n - 1} \cdot K_0$$

Setzen Sie die bekannten Werte ($i = 0{,}075$, $q = 1{,}075$, $n = 6$, $t = 3$) für das dritte Jahr in die Formel zur Berechnung des Zinsbetrags ein.

$$Z_3 = \frac{0{,}075(1{,}075^6 - 1{,}075^2)}{1{,}075^6 - 1} \cdot 100.000 \text{ Euro}$$

$Z_3 = 5.351{,}68$ Euro

Wie aus dem Tilgungsplan (Tabelle 20.3) in der dritten Zeile ersichtlich, belaufen sich die Zinsen am Ende dritten Jahres auf 5.351,68 Euro.

Ermittlung der Restschuld zum Zeitpunkt t

Gehen Sie von der Formel der Entwicklung der Restschuld $K_t = K_{t-1} - T_t$ aus und setzen Sie

dies in die Entwicklung der Tilgungsrate $T_t = \dfrac{i \cdot q^{t-1}}{q^n - 1} K_0$ ein. Dann gilt für die Restschuld im

Zeitpunkt t:

$$K_t = \frac{q^n - q^t}{q^n - 1} K_0$$

Setzen Sie die bekannten Werte ($i = 0{,}075$, $q = 1{,}075$, $n = 6$, $t = 5$) für das fünfte Jahr ein.

$$K_5 = \frac{1{,}075^6 - 1{,}075^5}{1{,}075^6 - 1} 100.000$$

$$= 19.818{,}13 \text{ Euro}$$

Auch diesen Wert finden Sie im Tilgungsplan (Tabelle 20.3) in der sechsten Zeile (erste Spalte) wieder.

Vergleicht man die Raten- mit der Annuitätentilgung (Tabelle 20.2 und Tabelle 20.3), dann sehen Sie, dass der Tilgungsplan bei beiden Tilgungsarten ähnlich aufgebaut ist. Unterschiede gibt es beim Verlauf der Restschuld und bei den Tilgungsbeträgen. Bei der Annuitätentilgung steigt die Tilgungsrate im Zeitverlauf an. Deshalb verringert sich die Restschuld zu Beginn nicht so stark wie gegen Ende der Laufzeit. Zum Ende der Laufzeit werden die Rückzahlungsbeträge größer und deshalb verringert sich auch die Restschuld mit größeren Schritten (siehe Abbildung 20.3).

 Die Restschuld nimmt bei der Annuitätentilgung progressiv ab.

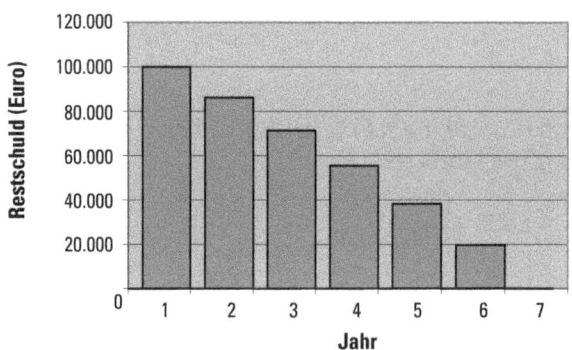

Abbildung 20.3: Entwicklung der Restschuld eines Annuitätendarlehens

Die Länge des Darlehens

Eine Frage, die oft auftaucht, wenn Sie zum Beispiel einen Kredit aufnehmen, lautet: Wie hoch ist die Zahlung, die Sie jährlich aufbringen können, um Ihren Kredit zurückzubezahlen? Gesucht ist in diesem Fall die Laufzeit. Wenn die Annuität vorgegeben ist, dann ermitteln Sie die Laufzeit wie folgt:

1. **Setzen Sie die Gleichung** $A = K_0 \cdot q^n \cdot \dfrac{i}{q^n - 1}$ **gleich 0, indem Sie den Nenner** ($q^n - 1$) **zunächst auf die linke Seite bringen und dann die Gleichung gleich 0 setzen.**

$$A \cdot q^n - A - K_0 \cdot q^n \cdot i = 0$$

2. **Lösen Sie die Gleichung nach der Variablen** q^n **auf.**

$$q^n = \frac{A}{A - K_0 \cdot i}$$

3. **Lösen Sie die Gleichung nach** n **auf, indem Sie den Logarithmus anwenden.**

$$n \cdot \ln q = \ln \left(\frac{A}{A - K_0 \cdot i} \right)$$

Sie erhalten dann:

$$n = \frac{\ln \left(\dfrac{A}{A - K_0 \cdot i} \right)}{\ln q}$$

Und nun zur Anwendung der Formel: Sie nehmen ein Darlehen über 150.000 Euro bei einem Zinssatz von sechs Prozent p.a. auf und können sich eine jährliche Annuität von 10.000 Euro leisten. Wie lange dauert es, bis Sie das Darlehen getilgt haben?

Setzen Sie die bekannten Werte ($A = 10.000$, $K_0 = 150.000$, $i = 0{,}06$, $q = 1{,}06$) in die Gleichung $n = \dfrac{\ln \left(\dfrac{A}{A - K_0 \cdot i} \right)}{\ln q}$ ein:

$$n = \frac{\ln \left(\dfrac{10.000}{10.000 - 150.000 \cdot 0{,}06} \right)}{\ln 1{,}06} = 39{,}52$$

Bei einer Annuität von 10.000 Euro dauert es $n = 39{,}52$ Jahre, bis Sie das Darlehen vollständig zurückbezahlt haben.

Kurs- und Renditenrechnung

In diesem Kapitel

▷ Kurs einer Anleihe untersuchen

▷ Rendite einer Anleihe ermitteln

▷ Mit Aktien handeln

Die wichtigsten Investitionen im Finanzbereich sind Investition in Finanztitel in Form von Wertpapieren. Dabei gibt es viele verschiedene Arten von Wertpapieren: Bonds, Aktien, Optionen, Schuldverschreibungen, Caps, Floors, Swaps usw. Aber egal wie unterschiedlich diese Anlagen im Detail sind, zwei Größen sind immer mit von der Partie, wenn es um Wertpapiere geht: Kurs und Rendite. Der *Kurs* eines Wertpapiers stellt den Preis dar, zu dem ein Investor es als attraktiv ansieht, ein Wertpapier zu verkaufen oder zu kaufen. Die *Rendite* hilft, den Ertrag einer Anlage zu beurteilen. Im Folgenden lernen Sie zunächst allgemeine Aspekte zum Wertpapierhandel kennen und beschäftigen sich im Anschluss daran mit der Berechnung von Kurs und Rendite einer Anleihe. Zum Abschluss setzen Sie sich mit dem Handel von Aktien auseinander.

Wertpapierhandel

Wenn ein Käufer ein Wertpapier erwirbt, dann stellt er sein Geld zur Verfügung, indem er für das Wertpapier einen bestimmten Preis bezahlt. Im Gegenzug bekommt der Investor dafür eine Rückzahlung (zum Beispiel in Form von Zinsen oder einer Gewinnbeteiligung). Der Herausgeber eines Wertpapiers (beispielsweise eine Aktiengesellschaft) kann durch die Ausgabe von Wertpapieren zwei Ziele verfolgen:

✔ **Eigenkapitalbeschaffung:** Durch die Ausgabe von Wertpapieren in Form von Aktien kann beispielsweise eine Aktiengesellschaft Eigenkapital beschaffen, um Investition zu tätigen. Diesen Aspekt werden Sie im Abschnitt *Aktienhandel* weiter hinten in diesem Kapitel kennen lernen.

✔ **Fremdkapitalbeschaffung:** Durch die Ausgabe von Wertpapieren in Form von Anleihen (Schuldverschreibungen) kann sich ein Unternehmen einen Kredit finanzieren, indem es die Kreditsumme in viele kleine Anteile stückelt und an der Börse ausgibt. Die Investition wird dann sozusagen von vielen fremden (kleinen) Anlegern finanziert. Die damit zusammenhängenden Prozesse lernen Sie im nächsten Abschnitt kennen.

Selbst wenn der Begriff Wertpapier sehr viele verschiedene Investitionsanlagen umfasst, hat fast jeder Wertpapierhandel gemeinsam, dass es einen *Nennwert,* einen *Kurswert,* einen *Ausgabe-* und einen *Rücknahmekurs* gibt.

✔ Der *Nennwert* K_0 (auch *Nominalwert* genannt) ist der Wert, der zum Beispiel bei einer Aktie auf dem Papier notiert ist. Er stellt eine Art Referenzwert dar und bezieht sich zum Beispiel auf die Größe 100. Ein Käufer muss beispielsweise für eine Wertpapieranlage in Höhe von 100 Euro Nennwert bei einem Ausgabekurs von 97,5 Prozent für die Anlage 97,50 Euro bezahlen.

✔ Der *Kurswert* K_0' (auch *Realwert* genannt) stellt den aktuellen Wert eines Wertpapiers dar, so wie das Papier aktuell an der Börse gehandelt wird. Aufgrund unterschiedlicher Zinssätze oder aufgrund bestimmter Geschäftsentwicklungen können sich der Nennwert und Kurswert eines Wertpapiers unterscheiden.

✔ Den Preis für eine Aktie zum Kaufzeitpunkt (dem so genannten *Emissionszeitpunkt*) nennt man auch *Emissions- oder Ausgabekurs.*

✔ Den Preis für eine Aktie zum Verkaufszeitpunkt nennt man *Rücknahmekurs.*

Im Zusammenhang mit dem Erwerb und Verkauf von Wertpapieren sind darüber hinaus zwei Punkte relevant:

✔ **Rendite:** Die Rendite kann als Ertragsmaß einer Anlage angesehen werden.

✔ **Kurs:** Der Kurs spiegelt den (Handels-)Preis einer Anlage wider.

Gestatten – Mein Name ist Bond
Kurs und Rendite einer Anleihe

Eine *Anleihe* (die im Englischen als *Bond* betitelt wird) und auch *Pfandbrief, Schuldver-schreibung, Rentenpapier* oder *Obligation* genannt wird, stellt ein fest verzinsliches Wertpa-pier dar. Dies bedeutet, dass die Anleihe über ihre Laufzeit eine feste Verzinsung auf Basis des Nennwertes des ausgeliehenen Kapitals verspricht. Am Ende der Laufzeit erfolgt die Rückzahlung der Anleihe zum Nennwert. Bei den Anleihen, um die es im Folgenden primär geht, gilt zudem, dass die Tilgung des Wertpapiers in einem Stück am Ende der Laufzeit erfolgt (man spricht in so einem Fall von einem *endfälligen Investment*).

 Eine Anleihe kann in der Regel mit einem Darlehen, das bei vielen Anlegern aufgenommen wird, gleichgesetzt werden.

Bei einer Anleihe wird die Darlehenssumme in kleine Anteile aufgeteilt. Jeder Anleger be-kommt dafür Zinsen, dass er sein Geld zur Verfügung stellt. Der Darlehensnehmer verpflich-tet sich seinerseits, die Darlehenssumme plus Zinsen zurückzubezahlen.

In der Regel werden Anleihen über den Kapitalmarkt (Börse) ausgegeben und gehandelt. Herausgeber (so genannte *Emittenten*) von Anleihen können zum Beispiel sein:

✔ Unternehmen (Anleihen in Form von Industrieobligationen)

✔ Bund (Anleihen in Form von Bundesobligationen)

✔ Kommunen (Anleihen in Form von Kommunalobligationen)

✔ Andere Länder (Anleihen in Form von Länderanleihen)

Für den Herausgeber einer Anleihe stellt sich die Frage, zu welchem Kurs die Anleihe ausgegeben werden soll. Für die Anleger ist es wichtig, ob die Anleihe attraktiv ist – sprich, ob sie genügend Zinsen verspricht.

 Zum Beispiel: In der Zeit, in der die Anleihen noch in Papierform vorlagen, musste am Zinszahlungstermin ein Zinsscheinbogen (ein so genannter *Kuponbogen*) von der Anleihe abgetrennt und eingelöst werden.

Berechnung von Anleihen

Die Berechnung von Anleihen kann mit den finanzmathematischen Konzepten der Zins- und Rentenrechnung (Kapitel 18 und 19) geschehen, denn die Zinsen, die ein Anleger erhält, stellen nicht viel anderes als eine Rente dar, die über eine bestimmte Laufzeit ausbezahlt wird. Es gilt:

✔ Am Ende eines jeden Jahres gibt es bis zum Ende der Laufzeit der Anleihe Zinsen auf den Nennwert des ausgeliehenen Kapitals.

✔ Die Rückzahlung des ausgeliehenen Kapitals erfolgt zum Rückzahlungskurs K_n.

Folgende Zahlungsreihe ist gegeben: Es wird eine Anleihe mit den folgenden Merkmalen herausgegeben (wobei sich die Eigenschaften auf den Nennwert in Höhe von 100 Euro beziehen):

✔ **Ausgabekurs:** $K_0 = 95$ Prozent

✔ **Rückzahlungskurs:** $K_n = 102$ Prozent

✔ **Laufzeit:** $n = 6$ Jahre

✔ **Nominalzins:** $i = 6{,}25$ Prozent p.a.

Der Kaufpreis der Anleihe beträgt 95 Euro (95 Prozent bezogen auf den Nennwert 100). Über die Laufzeit bekommt der Anleger 6,25 Euro Zinsen. Am Ende der Laufzeit erfolgt die Rückzahlung zu 102 Prozent (102 Euro). Die Zahlungsreihe dieser Anleihe kann grafisch wie folgt dargestellt werden (siehe Abbildung 21.1).

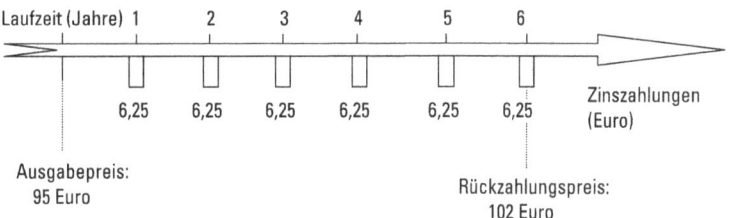

Abbildung 21.1: Zahlungsreihe

In diesem Prozess sind nun vor allem zwei Fragen interessant:

✔ die Frage nach dem Kurs, zum Beispiel wenn ein Wertpapier neu ausgegeben wird

✔ die Frage nach der Rendite, wenn zum Beispiel der Kurs einer Anleihe bekannt ist

Kursermittlung

Der *Kurs* einer Anleihe, der im Prinzip den aktuellen Preis der Anleihe an der Börse darstellt, wird in Prozent angegeben und bezieht sich auf den Nennwert der Anleihe. Liegt der Kurs einer Aktie zum Beispiel bei 97 Prozent, dann muss ein Investor lediglich 97 Euro für eine mit 100 Euro Nennwert notierte Anleihe bezahlen. Die drei Euro, die sich aus der Differenz zwischen Nennwert und Kurswert ergeben, können einen Gewinn für den Investor darstellen, wenn die Anleihe zum Nennwert (also hier 100 Euro) zurückbezahlt wird. Dabei kann man folgende drei Fälle unterscheiden:

✔ Entspricht der Kurswert dem Nominalwert, dann notiert die Anleihe *zu pari*.

✔ Ist der Kurswert kleiner als der Nominalwert, dann notiert die Anleihe *unter pari*.

✔ Ist der Kurswert größer als der Nominalwert, dann notiert die Anleihe *über pari*.

Da Anleihen nichts anderes als ein Darlehen von vielen kleinen Investoren darstellen, gibt es auch Zinsen (mehr zu Zinsen in Kapitel 18). Den Zinssatz, den der Käufer und der Verkäufer eines Wertpapiers vereinbaren und der für die Laufzeit des Wertpapiers konstant ist, nennt man *Nominalzinssatz i*. Dieser vereinbarte Nominalzinssatz kann aber vom aktuellen, an der Börse gehandelten Zinssatz, der auch *Marktzinssatz, Effektivzinssatz* oder *Realzinssatz i'* genannt wird, abweichen. Diese Abweichung ist deshalb möglich, da sich der Zinssatz am Markt über die Laufzeit einer Anleihe ändern kann. Wenn Sie zum Beispiel eine Anleihe zu einer Zeit gekauft haben, in der die Zinsen sehr niedrig waren, und wenn Sie nun Ihre Anleihe vor Laufzeitende verkaufen möchten und das Zinsniveau nun gestiegen ist (das heißt, Sie bekommen, wenn Sie jetzt eine vergleichbare Anleihe kaufen würden, eine höhere Zinsgutschrift), dann haben Sie Schwierigkeiten, Ihre Anleihe zu verkaufen. Dabei gelten folgende Zusammenhänge: Kauft ein Anleger eine Anleihe zu einem fest vereinbarten Nominalzinssatz und

✔ steigen die Marktzinsen, dann bekommt der Anleger am Markt höhere Zinsen als von dem bereits gekauften Papier. Der Kurs der Anleihe fällt.

✔ sinken die Marktzinsen, dann erhält der Anleger am Markt weniger Zinsen als von dem bereits gekauften Papier. Der Kurs der Anleihe steigt.

Stellen Sie sich vor, Sie wollen den Ausgabekurs einer Anleihe ermitteln. Diesen bekommen Sie, indem Sie alle zukünftigen Zahlungen zum Effektivzinssatz (Realzinssatz) i' abdiskontieren und so den Barwert des Zahlungsstroms ermitteln. Den Ausgabekurs einer Anleihe erhält man also, indem man alle zukünftigen Zahlungen (zum Beispiel in Form von Zinsen) sowie den geplanten Rücknahmekurs abzinst (den Barwert ermittelt). Für gesamtfällige Wertpapiere kann diese allgemeine Beschreibung zu der folgenden Formel zur Ermittlung des Ausgabekurses einer Anleihe präzisiert werden:

$$K_0 = i \cdot \frac{q^n - 1}{q - 1} \cdot \frac{1}{q^n} + \frac{K_n}{q^n} \text{ mit } q = (1 + i')$$

Gehen Sie von folgenden Variablen aus:

✔ **Emissionkurs:** K_0

✔ **Rücknahmekurs:** K_n

✔ **Nominalzinssatz:** i

✔ **Effektivzinssatz:** i'

Sehen Sie sich hierzu ein Beispiel an: Ein Unternehmen will ein Wertpapier ausgeben. Als Nominalverzinsung verspricht das Unternehmen fünf Prozent und gibt einen Rücknahmekurs von 105 Prozent an. Die Laufzeit wird auf zehn Jahre festgelegt. Dem Käufer der Anleihe wird eine Effektivverzinsung von 7,5 Prozent zugesagt, wenn er die Anleihe nicht vor Ende der Laufzeit verkauft. Berechnen Sie den Ausgabepreis der Anleihe K_0. Setzen Sie hierzu die Ihnen bekannten Werte $(i = 5, q = 1{,}075, n = 10, K_n = 105)$ in die Formel

$$K_0 = i \cdot \frac{q^n - 1}{q - 1} \cdot \frac{1}{q^n} + \frac{K_n}{q^n} \text{ ein.}$$

$$K_0 = 5 \cdot \frac{1{,}075^{10} - 1}{1{,}075 - 1} \cdot \frac{1}{1{,}075^{10}} + \frac{105}{1{,}075^{10}}$$

Der Emissionskurs der Anleihe beträgt rund 85,27 Prozent.

Handel während der Laufzeit

Eine Besonderheit von Anleihen ist nicht nur, dass sie an der Börse gehandelt werden, sondern dass sie während der Laufzeit gekauft oder verkauft werden können. Vor allem in diesem Fall ist der Nominalwert und die Abweichung vom Realwert besonders interessant.

Welcher Kurs ergibt sich, wenn eine Anleihe vor der Fälligkeit auf dem Markt verkauft wird? Man kürzt die Zeit, zum Beispiel die Jahre, die bereits seit der Ausgabe der Anleihe vergangen sind, mit m ab, die gesamte Laufzeit der Anleihe mit n und die Restlaufzeit mit t. Wie hoch ist der Kurs der Anleihe in t $(= n - m)$?

Der Käufer der Anleihe interessiert sich vor allem für die:

✔ noch zu erwartenden Zinszahlungen

✔ sowie die Rückzahlungsbedingungen.

Auch in diesem Fall gilt, dass der Kurs der Anleihe durch den mit Hilfe des Effektivzinssatzes/Marktzinssatzes abgezinsten Barwert aller noch offenen Zahlungen (Leistungen) ermittelt werden kann. Es wird deshalb für den Ankauf- beziehungsweise Weiterveräußerungskurs K_t der Anleihe, wenn noch genau t Zinszahlungstermine bis zur Rückzahlung offen sind,

in der Formel $i \cdot \dfrac{q^n - 1}{q - 1} \cdot \dfrac{1}{q^n} + \dfrac{K_n}{q^n}$ das n durch das t ersetzt:

$$K_t = i \cdot \frac{q^t - 1}{q - 1} \cdot \frac{1}{q^t} + \frac{K_n}{q^t} \quad \text{mit } q = 1 + i'$$

Sehen Sie sich hierzu das folgende Beispiel an: Eine Anleihe wird mit einem Rücknahmekurs K_n in Höhe von 100 Prozent gehandelt. Die Nominalverzinsung ist mit acht Prozent p.a. festgelegt. Die Laufzeit beträgt zehn Jahre. Berechnen Sie den Kurs nach der fünften Zinszahlung, wenn der Verkäufer einen Realzins von neun Prozent garantiert. Da die Restlaufzeit sich noch auf fünf Jahre beläuft, ist $t = 5$. Der gesuchte Ankaufskurs ergibt sich aus:

$$K_5 = 8 \cdot \frac{1,09^5 - 1}{1,09 - 1} \cdot \frac{1}{1,09^5} + \frac{100}{1,09^5} = 96,11\,\%$$

Vergleichen Sie nun den Ankaufskurs bei einem Realzins von sieben Prozent.

$$K_5 = 8 \cdot \frac{1,07^5 - 1}{1,07 - 1} \cdot \frac{1}{1,07^5} + \frac{100}{1,07^5} = 104,10\,\%$$

Es bestätigt sich, dass, wenn der Zins sinkt (wie im Beispiel von neun auf sieben Prozent), der Kurs der Anleihe steigt.

Werden Anleihen zwischen zwei Zinsterminen gehandelt, dann muss noch ein Zinsanteil verrechnet werden.

Um verschiedene Anleihen miteinander vergleichen zu können, ist der Kurs nicht unbedingt beliebt. Meistens wird die *Rendite* vorgezogen. Mit Hilfe der Rendite kann man die Vorteilhaftigkeit des Wertpapiers messen.

Renditeermittlung

Unter der *Rendite*, was gleichbedeutend mit dem Markt- oder Effektivzinssatz einer Anleihe ist, versteht man die tatsächliche Verzinsung einer Anleihe. Während die Nominalverzinsung lediglich die Zinszahlungen auf den Nennwert der Anleihe darstellt, berücksichtigt der Effektivzins Kursgewinne und Zinszahlungen.

Um die Rendite i' ermitteln zu können, muss die Gleichung $K_0 = i \cdot \dfrac{q^n - 1}{q - 1} \cdot \dfrac{1}{q^n} + \dfrac{K_n}{q^n}$ mit

$q = 1 + i'$ nach der gesuchten Variablen i' aufgelöst werden.

Es ist nicht immer ohne Schwierigkeiten möglich, die Rendite zu ermitteln, da Sie es mit Polynomen höherer Ordnung zu tun haben könnten. In einem solchen Fall müssen Sie zur Bestimmung der Rendite Näherungsverfahren verwenden.

Um diese Schwierigkeiten zu umgehen, gibt es in der Finanzmathematik für endfällige Anleihen eine so genannte *Praktikerformel*, mit der es möglich ist, die Rendite ohne größeres Problem zu bestimmen. Diese Praktikerformel ergibt sich aus:

✔ der jährlichen Verzinsung in Höhe des Nominalzinses (bezogen auf den Nennwert)

✔ der linear auf die Restlaufzeit bezogenen Kursdifferenz in Prozent p.a.

Diese Annahmen können zur folgenden Formel zur Ermittlung der Rendite präzisiert werden:

$$i' \approx \frac{i}{K_0} + \frac{K_n - K_0}{n}$$

Ein Beispiel: Ermitteln Sie die Rendite, wenn folgende Werte gegeben sind:

✔ **Emissionskurs:** $K_0 = 96$ Prozent

✔ **Rücknahmekurs:** $K_n = 101$ Prozent

✔ **Nominalzinssatz:** $i = 7{,}5$ Prozent

✔ **Laufzeit:** $n = 5$ Jahre

Als Näherungswert für die Rendite ergibt sich nach Einsetzen dieser Werte in die oben genannte Formel:

$$i' \approx \frac{0{,}075}{0{,}96} + \frac{1{,}01 - 0{,}96}{5} \approx 0{,}088125$$

Die Rendite beläuft sich nach der Praktikerformel auf ca. 8,81 Prozent p.a. Will man nun diesen Wert noch näher bestimmen, dann können Sie dies mit Hilfe geeigneter iterativer Verfahren bewerkstelligen.

Erfolgt der Verkauf oder der Kauf einer Anleihe zwischen zwei Zinsterminen, dann müssen für die noch ausstehende Zeit so genannte *Stückzinsen* beachtet werden, diese Stückzinsen müssen bei der Berechnung der Rendite auf den Emissionskurs der Anleihe aufgeschlagen werden.

Zero-Bond

Eine besondere Wertpapierart ist der so genannte *Zero-Bond*, der auf Deutsch auch als *Nullkuponanleihe* bezeichnet wird. Ein Zero-Bond ist dadurch charakterisiert, dass ein Investor während der Laufzeit keine Gegenleistung erhält (es werden beispielsweise keine Zinsen gutgeschrieben). Am Ende der Laufzeit bekommt dann der Investor den eingesetzten Betrag mit einem Aufschlag versehen oder mit den angesammelten Zinsen zurückbezahlt.

Ein Investor kauft eine Nullkuponanleihe. Aus diesem Wertpapier erhält er in sieben Jahren 1.000 Euro. Der Kurs der Anleihe wird mit 86 Prozent notiert. Wie hoch ist die Rendite?

1. **Allgemein kann der Kurs einer Anleihe durch das Verhältnis des aktuellen Wertes der Anleihe K_0' zum Nennwert K_0 ausgedrückt werden. Es gilt:**

$$C = \frac{K_0'}{K_0}$$

Da es während der Laufzeit keine Zinsen gezahlt werden, gibt es nur einen Zahlungsstrom am Ende. Es gilt: $K_0' = \dfrac{1.000}{(1+i')^7}$.

2. Setzen Sie das berechnete K_0' sowie den Kurs in Höhe von 86 Prozent in die Gleichung $C = \dfrac{K_0'}{K_0}$ ein.

Sie erhalten:

$$0,86 = \dfrac{\dfrac{1.000}{(1+i')^7}}{1.000}$$

3. Lösen Sie diese Gleichung nach der Rendite i' auf.

$$0,86 \cdot 1.000 = \dfrac{1.000}{(1+i')^7}$$

$$(1+i')^7 = \dfrac{1.000}{860}$$

4. Ziehen Sie die siebte Wurzel.

Sie erhalten:

$$i' = \sqrt[7]{\dfrac{1}{0,86}} - 1$$

Ihre Rendite beträgt 2,18 Prozent.

 Allgemein berechnet man die Rendite einer Nullkuponanleihe mit:

$$i' = \sqrt[n]{\dfrac{1}{C}} - 1$$

Aktienhandel

Eine *Aktie* stellt ein so genanntes *Beteiligungspapier* an einem Unternehmen – genauer genommen einer Aktiengesellschaft – dar. Mit dem Kauf von Aktien beteiligt sich der Aktienbesitzer, der so genannte *Aktionär*, finanziell an einem Unternehmen. Durch den Erwerb von Aktien bringt er Kapital ein und wird zum Miteigentümer des Unternehmens. Als Eigentümer stehen dem Aktionär vor allem zwei Rechte zu:

✔ **Ein Mitspracherecht:** Im Rahmen der Hauptversammlung kann der Aktionär durch sein Stimmrecht über bestimmte unternehmerische Fragen und Entscheidungen mitentscheiden. Je mehr Aktien ein Investor besitzt, desto stärker kann er die Entscheidung beeinflussen.

✔ **Ein Gewinnbeteiligungsrecht:** In Abhängigkeit des Erfolges des Unternehmens steht dem Aktionär eine Beteiligung am Gewinn, eine so genannte *Dividende*, zu. Die Höhe der Dividende errechnet sich durch einen vereinbarten Prozentsatz vom Nennwert der Aktie.

Wie bei jedem Wertpapiergeschäft gibt es auch im Aktienhandel die Rendite als Möglichkeit, den Ertrag einer Aktie zu bewerten. Auch für die Analyse von Aktien ist die Ermittlung der Rendite sinnvoller als beispielsweise die Erfassung des Kurses, da man mit Hilfe der Rendite Kursschwankungen direkt erfassen und bewerten kann. Damit kann man die Entwicklung der Aktien verschiedener Unternehmen besser vergleichen.

Auch beim Aktienhandel bezieht sich die Berechnung der Rendite immer auf einen bestimmten Zeitraum (zum Beispiel eine Woche, einen Monat oder ein Jahr).

Es haben sich bei Praktikern zwei Arten der Renditeberechnung im Aktienhandel durchgesetzt:

✔ die einfache Rendite

✔ die logarithmische Rendite

Einfache versus logarithmische Rendite

Stellen Sie sich vor, Sie kaufen eine Aktie für 32,00 Euro. Eine Woche später verkaufen Sie die Aktie wieder zu einem Preis von 35,00 Euro. Sie erzielen einen Kursgewinn von drei Euro. Das Verhältnis zwischen Gewinn und Kaufpreis beträgt:

$$\frac{3,00}{32,00} = 0,093 = 9,3 \, \text{Prozent}$$

Stellen Sie sich nun den Fall vor, dass Sie es leider versäumt haben, die Aktie zu verkaufen. Der Kurs sinkt auf 30 Euro. Das Verhältnis zwischen Verlust und Kaufpreis beläuft sich auf:

$$\frac{-2,00}{32,00} = -0,062 = -6,2 \, \text{Prozent}$$

Die Berechnung des Verhältnisses zwischen Verkaufspreis K_n und Kaufpreis K_0 der Aktie ist die *einfache Rendite r*. Diese einfache Rendite lässt sich allgemein wie folgt darstellen:

$$r = \frac{K_n - K_0}{K_0}$$

Neben der einfachen Rendite kann man auch eine *logarithmische Rendite* $r_{\log}$ ermitteln. Die logarithmische Rendite berechnet man, indem man den Logarithmus zum Verhältnis von Endkurs zu Anfangskurs berechnet. Es gilt:

$$r_{\log} = \ln\left(\frac{K_n}{K_0}\right)$$

Aufgrund der Tatsache, dass die logarithmische Rendite symmetrisch bezüglich des Nullpunktes ist, und aufgrund ihrer Additivitätseigenschaft ziehen Finanzmathematiker die logarithmische Rendite zur Berechnung der Aktienrendite der einfachen Rendite vor.

Einfache und logarithmische Rendite entsprechen sich bei kleinen Kursänderungen, das heißt, wenn das Verhältnis zwischen Verkaufskurs und Kurs zum Kaufzeitpunkt nahe bei 1 liegt. Wenn das Verhältnis größer oder kleiner 1 ist, dann stimmen die Ergebnisse, die man mit beiden Renditeberechnungsarten erhält, allerdings nicht mehr überein.

Was nun den Aktienhandel im Vergleich zu einer festverzinslichen Anlage auszeichnet, ist die Tatsache, dass es keine festen und bekannten Zahlungen gibt. Die Höhe der Dividende einer Aktie ist abhängig davon, wie sich die Geschäfte entwickeln. Entsprechend sind die Variablen Rendite und Dividende nicht mit Sicherheit gegeben. Ein großer Teil der Analyse von Aktien beschäftigt sich daher mit der Frage, wie man die zukünftige Renditeentwicklung einer Aktie schätzen kann. Hierzu benutzt man verschiedene Statistikkonzepte (mehr dazu in Kapitel 13).

Im Rahmen der Aktienrechnung sind das arithmetische Mittel und die Standardabweichung der Rendite die wichtigsten zu ermittelnden Größen. Dabei gilt:

✔ **arithmetisches Mittel:** Dies ist das so genannte *Trendmaß* einer Aktie und spiegelt die durchschnittliche Kursänderung innerhalb eines bestimmten Zeitintervalls wider. Das arithmetische Mittel wird auch *Drift* einer Aktie genannt.

✔ **Standardabweichung:** Dies ist das so genannte *Chancen- und Risikomaß* einer Aktie. Die Standardabweichung stellt die durchschnittliche Abweichung der einzelnen Kursänderungen vom Durchschnitt aller Kursänderungen dar. Der Kurs einer Aktie schwankt umso stärker, je größer die Standardabweichung ist. Die Standardabweichung kann man auch als Kennzeichen für die *Volatilität* einer Aktie auffassen.

Investitionsrechnung

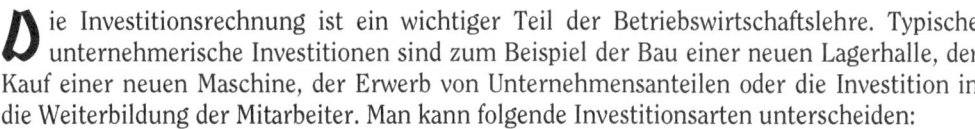

In diesem Kapitel

▶ Zahlungsströme beachten

▶ Kapitalwertmethode berechnen

▶ Interner Zinssatz als Maß der Investitionsvorteilhaftigkeit kennen lernen

▶ Amortisationsdauer berechnen

Die Investitionsrechnung ist ein wichtiger Teil der Betriebswirtschaftslehre. Typische unternehmerische Investitionen sind zum Beispiel der Bau einer neuen Lagerhalle, der Kauf einer neuen Maschine, der Erwerb von Unternehmensanteilen oder die Investition in die Weiterbildung der Mitarbeiter. Man kann folgende Investitionsarten unterscheiden:

✔ **Produktionsinvestitionen:** zum Beispiel der Kauf einer Produktionsanlage

✔ **Finanzinvestitionen:** zum Beispiel der Kauf von Aktien

✔ **Immaterielle Investitionen:** zum Beispiel Investitionen in die Aus- und Weiterbildung von Mitarbeitern.

Ein wichtiges Ziel der Investitionsrechnung ist die Beantwortung der Frage, ob es sich lohnt, eine Investition zu tätigen oder nicht. Ist es rentabler zu investieren oder ist das »Nicht-Investieren« finanztechnisch sinnvoller? Und, ab welchem Zeitpunkt rechnet sich eine Investition? Um diese Frage beantworten zu können, beschäftigen Sie sich zunächst mit Zahlungsströmen, das heißt mit Ein- und Auszahlungen. Sie lernen die Kapitalwertmethode und die Methode des internen Zinssatzes zur Beurteilung der Vorteilhaftigkeit von Investitionen kennen sowie das Konzept der Amortisationsdauer, mit der man herausfinden kann, wie lange es dauert, bis sich eine Investition lohnt.

Zahlungsströme bestimmen

In der Investitionsrechnung wird zwischen statischen und dynamischen Investitionsrechnungsarten unterschieden.

✔ **Statische Investitionsrechnungsverfahren:** Diese Verfahren, zum Beispiel auf Grundlage des Vergleichs von Kosten oder Gewinnen, basieren auf Durchschnittswerten und berücksichtigen nicht die zeitliche Entwicklung eines Investitionsprojektes. Man berücksichtigt in diesen Verfahren nur *eine* Planungsperiode.

✔ **Dynamische Investitionsrechnungsverfahren:** Diese Verfahren, zum Beispiel auf Grundlage der Berechnung des Kapitalwertes einer Investition, basieren auf finanzmathematischen Konzepten und berücksichtigen die zeitliche Entwicklung eines Investitionsprojektes. Dabei werden *mehrere* Perioden betrachtet. Im Folgenden stellen wir Ihnen dynamische Investitionsrechnungsverfahren vor.

Die Beurteilung der Rentabilität von Investitionen lässt sich in Form von *Zahlungsströmen* darstellen. Zahlungsströme bilden über die Zeit die Reihe der Zahlungen, die mit einer Investition verbunden sind, ab (siehe Abbildung 22.1). Die Zahlungsreihe, die Sie in der Abbildung sehen, beginnt mit einer Anfangsauszahlung A_0 (das Geld, das Sie zum Beispiel zur Beschaffung einer Investition in Form einer neuen Maschine aufbringen müssen) in Höhe von 1.500 Euro. Über die nächsten fünf Jahre können Sie durch die Maschine Einzahlungen in Höhe von jeweils 100 Euro generieren. Am Ende des sechsten Jahres haben Sie noch eine letzte einmalige Einzahlung in Höhe von 800 Euro, da Sie die Maschine noch für 800 Euro verkaufen können.

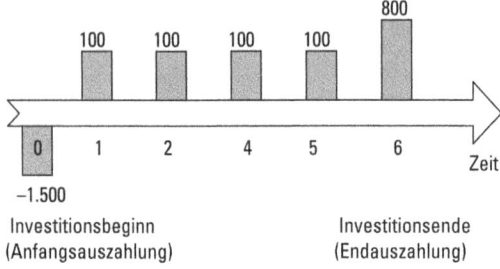

Abbildung 22.1: Zahlungsströme einer Investition

Über die Laufzeit der Investition gibt es:

✔ **Einzahlungen E_j:** Das sind positive Werte, also Geld, das aufgrund der Investition zufließt. Dies nennt man auch *Mittelzufluss*.

✔ **Auszahlungen A_j:** Das sind negative Werte, also Geld, das aufgrund der Investition aufgewendet werden muss. Diese Werte nennt man auch *Mittelabfluss*.

 Die Differenz von Aus- und Einzahlungen nennt man *Periodenüberschuss P_j*. Es gilt: $P_j = A_j - E_j$.

Im Folgenden werden alle Zahlungen so gedacht, als wären sie am Ende einer Periode (die im Allgemeinen ein Jahr lang ist) angefallen. Gehen Sie zudem davon aus, dass es sich bei den getätigten Investitionen um so genannte *Normalinvestitionen* handelt. Normalinvestitionen haben folgende Merkmale:

✔ Sie beginnen mit einer Anfangsauszahlung und weisen nach dieser Anfangsauszahlung (und eventuellen weiteren anfänglichen Auszahlungen) nur noch positive Überschüsse auf. Es liegt nur ein Vorzeichenwechsel vor.

✔ Die Summe der Einzahlungen über die Laufzeit ist größer als die Summe der Auszahlungen. Mit anderen Worten: Die Periodenüberschüsse sind positiv.

Um eine Entscheidung treffen zu können, ob sich eine Investition lohnt oder nicht oder welche von mehreren Investitionen besser ist, muss man einen einheitlichen Bezugspunkt (Zeitpunkt) finden. Dies kann durch Aufzinsen oder Abzinsen geschehen. Den Vergleichsmaßstab, den man dabei zugrunde legt, nennt man *Kalkulationszinssatz i*. Diesen Kalkulationszinssatz kann man mit dem Zinssatz gleichsetzen, den man bekommen würde, wenn man eine Investition nicht tätigen und das Geld zum Beispiel auf einem Sparkonto anlegen würde. Ein Beispiel hierzu: Ein Unternehmer besitzt die zu einer Investition notwendigen 20.000 Euro voll selbst. In diesem Fall bedeutet der Kalkulationszinssatz, dass der Unternehmer diese 20.000 Euro auch nehmen könnte und zum Beispiel auf einem Sparkonto anlegen oder ein bestehendes Darlehen mit einer zusätzlichen Tilgung schneller zurückbezahlen könnte.

 Stellen Sie sich den Kalkulationszinssatz als Grenze vor, über die eine Investition kommen muss, um rentabel zu werden. Je höher der Kalkulationszinssatz liegt, desto mehr muss die Investition an Geld abwerfen, um über die Grenze zu kommen.

Höhe des Kalkulationszinssatzes

Die Höhe des Kalkulationszinssatzes hängt von der Art der Finanzierung der Investition ab. Folgende drei Fälle kann man unterscheiden:

✔ **vollständige Eigenfinanzierung der Investition:** Wird die Investition vollständig mit eigenen Mitteln finanziert, dann wählt man den *Zinssatz einer alternativen Geldanlage* (zum Beispiel eines Sparbuches oder eines Wertpapiers) als Kalkulationszinssatz. Die Investition rentiert sich, wenn die gewählte Investition eine höhere Verzinsung ermöglicht als der Alternativzinssatz. Da eine Investition in der Regel mit Risiken verbunden ist, erhöht man den Kalkulationszinssatz um einen *Risikozuschlag*. Die Höhe dieses Risikozuschlags hängt von dem Risiko der Investition ab und beruht auf subjektiven Einschätzungen.

✔ **fremdfinanzierung:** Besitzt man nicht genügend Eigenkapital und muss man die Investition über Fremdkapital finanzieren, also zum Beispiel ein Darlehen aufnehmen, dann muss der Kalkulationszinssatz so hoch wie der *Darlehenszinssatz* sein. Dieser kann zusätzlich um einen Risikozuschlag erweitert werden.

✔ **gemischte Finanzierung:** In diesem Fall verwendet man für den Kalkulationszinssatz eine Mischung zwischen dem Zinssatz für Anlagen und dem Zinssatz für Darlehen.

Sehen Sie sich ein Beispiel an: Ein Unternehmer möchte in eine innovative Technologie investieren. Die Anschaffungskosten betragen 20.000 Euro. Die Technologie soll über vier Jahre genutzt werden. Da die Innovation den Produktionsprozess beschleunigen kann, plant der Unternehmer, jeden Monat Erträge in Höhe von 200 Euro (Periodenüberschüsse) aus der Investition zu erwirtschaften. Bezogen auf ein Jahr summieren sich diese Erträge auf 2.400 Euro. Allerdings müssen in den ersten beiden Jahren 500 Euro in Anpassungsarbeiten investiert werden. Nach vier Jahren könnte der Unternehmer die Technologie noch für 15.000 Euro verkaufen.

In den ersten beiden Jahren ($t = 1$ und $t = 2$) erwirtschaftet der Unternehmer Periodenüberschüsse in Höhe von 1.900 Euro (die Einzahlungen in Höhe von 2.400 Euro minus die Auszahlungen in Höhe von 500 Euro). Im dritten Jahr ($t = 3$) hat der Unternehmer einen Periodenüberschuss in Höhe von 2.400 Euro und im vierten Jahr ($t = 4$) einen Periodenüberschuss in Höhe von 17.400 Euro, nachdem er die Technologie für 15.000 Euro verkauft hat. Die Entwicklung dieser Investition sehen Sie zusammengefasst in Tabelle 22.1.

Jahr	$t = 0$	$t = 1$	$t = 2$	$t = 3$	$t = 4$
Auszahlungen	20.000	500	500	0	0
Einzahlungen	0	2.400	2.400	2.400	2.400
Periodenüberschüsse	–20.000	1.900	1.900	2.400	17.400 (15.000 + 2.400)

Tabelle 22.1: Ein- und Auszahlungen einer Investition

Allerdings erschweren zwei Probleme die Bewertung der Vorteilhaftigkeit dieses Investitionsprojektes:

✔ **unsichere Periodenüberschüsse.** Probleme mit der Technologie oder zusätzliche Reparaturkosten, die zum Zeitpunkt der Investition noch nicht sichtbar sind, können die Überschüsse schmälern.

✔ **unsichere Verkaufspreise:** Der Veräußerungsgewinn am Ende der vier Jahre ist nicht sicher. Der Unternehmer weiß nicht mit Sicherheit, ob auch ein Käufer gefunden wird, der den kalkulierten Preis bezahlt.

Wie Sie sehen, ist eine Investitionsentscheidung nicht so einfach zu treffen. Wie könnte man dem Unternehmer in seiner Entscheidungsfindung helfen, ob sich die Investition rentiert oder ob es nicht sinnvoller wäre, nicht zu investieren, oder welche von mehreren Investitionsmöglichkeiten die beste ist? In der Investitionsrechnung gibt es dazu zwei Methoden, die zur Entscheidungsfindung herangezogen werden können: die Kapitalwertmethode und die Methode des internen Zinssatzes.

Kapitalwertmethode

Der *Kapitalwert* K_0 entspricht dem Wert, um den das Vermögen eines Investors am Ende der Investitionsdauer größer (oder kleiner) sein wird als bei Unterlassung der Investition. Der Kapitalwert einer Investition setzt sich aus der Summe der auf einen beliebigen Zeitpunkt auf- oder abgezinsten Periodenüberschüsse einer Investition zusammen. Mit anderen Worten: Die Zahlungsströme werden durch Auf- oder Abzinsen auf einen gemeinsamen Zeitpunkt bezogen. In der Regel benutzt man hierfür den Zeitpunkt $t = 0$. In diesem Fall werden alle Einnahmen und Ausgaben mit Hilfe des Kalkulationszinssatzes auf den Zeitpunkt 0 abgezinst. Sie berechnen dabei also nichts anderes als den Barwert einer Investition (mehr zum Barwert in Kapitel 18).

 Der Barwert wird durch Abdiskontieren berechnet. Dabei ermittelt man den heutigen Wert von in der Zukunft liegenden Zahlungen.

Zurück zum obigen Beispiel, in dem ein Unternehmer in den ersten beiden Jahren Periodenüberschüsse in Höhe von 1.900 Euro und im dritten Jahr einen Periodenüberschuss in

Höhe von 2.400 Euro und im vierten Jahr einen Periodenüberschuss in Höhe von 17.400 Euro erzielt hatte. Gehen Sie zudem von einem Kalkulationszinssatz in Höhe von vier Prozent p.a. aus.

1. **Berechnen Sie den Barwert der Investition, indem Sie die Periodenüberschüsse abdiskontieren und die bekannten Periodenüberschüsse (1.900 Euro, 1.900 Euro, 2.400 Euro und 17.400 Euro) in die Formel zur Berechnung des Barwertes eines Kapital $K_0 = \dfrac{K_n}{(1+i)^n}$ einsetzen, die Sie bereits im Zinsrechnungskapitel (Kapitel 18) kennen gelernt haben.**

   Der Barwert der Periodenüberschüsse beträgt entsprechend, wenn Sie die bekannten Werte einsetzen:

   $$K_0 = \frac{1.900}{(1+0,04)} + \frac{1.900}{(1+0,04)^2} + \frac{2.400}{(1+0,04)^3} + \frac{17.400}{(1+0,04)^4}$$

   $K_0 = 20.590,76$ Euro

2. **Diesen Vorgang, das heißt die Berechnung des Barwertes, kann man nun mit einem Summenzeichnen versehen und wie folgt schreiben:**

   $$K_0 = \sum_{j=1}^{n} \frac{P_j}{(1+i)^j} = \sum_{j=1}^{n} \frac{E_j - A_j}{(1+i)^j}$$

   Die Periodenüberschüsse, bestehend aus der Differenz zwischen Ein- und Auszahlungen (bezogen auf den Zeitindex j) werden über die Zeit abdiskontiert und man erhält den Barwert der Investition.

   Integriert man in diese Formel $K_0 = \sum_{j=1}^{n} \dfrac{P_j}{(1+i)^j}$ die Anfangsauszahlung A_0 (im Beispiel belief sich diese auf 20.000 Euro), indem man sie vom Barwert abzieht, so bekommt man den so genannten *Nettokapitalwert der Investition* C_0.

   Es gilt:

   $$C_0 = \sum_{j=1}^{n} \frac{P_j}{(1+i)^j} - A_0$$

   Für das Beispiel gilt deshalb, dass die Überschüsse über die Laufzeit abdiskontiert und um die Anschaffungskosten verringert werden müssen. Daraus folgt:

   $$C_0 = \frac{1.900}{(1+0,04)} + \frac{1.900}{(1+0,04)^2} + \frac{2.400}{(1+0,04)^3} + \frac{17.400}{(1+0,04)^4} - 20.000$$

   Der Nettokapitalwert des Investitionsprojektes beläuft sich auf 590,76 Euro.

 Der Nettokapitalwert wird im Englischen als *Net Present Value* bezeichnet.

Beachten Sie, dass im Folgenden immer der Einfachheit halber der Begriff _Kapitalwert_ benutzt wird, aber genau genommen meint man hiermit den Nettokapitalwert der Investition.

Beurteilung der Rentabilität mit der Kapitalwertmethode

Die Beurteilung der Rentabilität eines Investitionsprojektes erfolgt über das Vorzeichen des Kapitalwertes C_0. Dabei gilt:

✔ **positiver Nettobarwert ($C_0 > 0$):** Die Investition ist gegenüber der Alternative (Anlage zum Kalkulationszinssatz) absolut beurteilt im Vorteil. Die Investition lohnt sich umso mehr, je größer der Unterschied zwischen C_0 und A_0 ist.

✔ **Nettobarwert = 0 ($C_0 = 0$):** Ist der Nettobarwert gleich 0, dann macht der Investor weder Gewinne noch Verluste im Vergleich zur Alternative (Anlage zum Kalkulationszinssatz).

✔ **negativer Nettobarwert ($C_0 > 0$):** Die Investition ist gegenüber der nächstbesten Alternative (Anlage zum Kalkulationszinssatz), absolut betrachtet, im Nachteil. Die Investition lohnt sich nicht.

Im vorangegangenen Abschnitt haben Sie berechnet, dass der Investition von 20.000 Euro ein Rückfluss von $K_0 = 20.590,76$ Euro gegenübersteht. Das Investitionsprojekt hat also einen Nettobarwert in Höhe der Differenz zwischen Investitionskosten und Rückfluss, nämlich 590,76 Euro. Diesen Betrag nennt man auch den _barwertigen Gewinn_ einer Investition.

Schauen Sie sich noch einmal das Rechenbeispiel aus dem Abschnitt _Kapitalwertmethode_ weiter vorn in diesem Kapitel an. Da es sich bei der geplanten Investition um eine technologische Innovation handelt, die mit gewissen Risiken verbunden ist, fügt der Unternehmer dem Zinssatz von vier Prozent p.a noch einen Risikozuschlag von zwei Prozent p.a. zu. Sie rechnen folglich mit einem Kalkulationszinssatz von sechs Prozent. Nun stellt sich die Frage, ob sich die Investition dennoch lohnt:

1. **Berechnen Sie den Kapitalwert auf Basis des neuen Kalkulationszinssatzes, indem Sie die Ihnen bekannten Werte ($P_1 = 1.900$ Euro, $P_2 = 1.900$ Euro, $P_3 = 2.400$ Euro, $P_4 = 17.400$ Euro, $A_0 = 20.000$ Euro und $i = 0,06$) in die bereits kennen gelernte Kapitalwertformel $C_0 = \sum_{j=1}^{n} \dfrac{P_j}{(1+i)^j} - A_0$ einsetzen.**

Sie erhalten:

$$C_0 = \frac{1.900}{(1+0,06)} + \frac{1.900}{(1+0,06)^2} + \frac{2.400}{(1+0,06)^3} + \frac{17.400}{(1+0,06)^4} - 20.000$$

$C_0 = -719,04$ Euro

Es zeigt sich, dass sich der Kauf nicht lohnt, da der Wert negativ ist und die Investition die geforderte Verzinsung, in die das Risiko der Investition integriert wurde, nicht erreichen.

 Wenn mehrere Investitionsprojekte verglichen werden sollen, dann richtet sich ihre Vorteilhaftigkeit nach der Höhe der positiven Kapitalwerte.

Schauen Sie sich dazu Tabelle 22.2 an. Hier sehen Sie die Periodenüberschüsse zweier Investitionsprojekte A und B im Zeitverlauf (Investitionsdauer). Der Kalkulationszinssatz beläuft sich auf fünf Prozent p.a.

Zeit	Periodenüberschüsse Projekt A in Euro	Periodenüberschüsse Projekt B in Euro
$t = 0$	–10.000	–15.000
$t = 1$	500	1.500
$t = 2$	200	1.500
$t = 3$	200	18.000
$t = 4$	25.000	–

Tabelle 22.2: Vergleich zweier Investitionsprojekte

1. Berechnen Sie den Kapitalwert von Projekt A, indem Sie die Ihnen bekannten Werte in die Formel zur Berechnung des Kapitalwertes $C_0 = \sum_{j=1}^{n} \dfrac{P_j}{(1+i)^j} - A_0$ einsetzen.

$$C_{0A} = \frac{500}{(1+0,05)} + \frac{200}{(1+0,05)^2} + \frac{200}{(1+0,05)^3} + \frac{25.000}{(1+0,05)^4} - 10.000$$

$C_{0A} = 11.397,93$ Euro

2. Berechnen Sie den Kapitalwert von Projekt B.

$$C_{0B} = \frac{1.500}{(1+0,05)} + \frac{1.500}{(1+0,05)^2} + \frac{18.000}{(1+0,05)^3} - 15.000$$

$C_{0B} = 3.338,19$ Euro

3. Vergleichen Sie die zwei Investitionsprojekte.

Aufgrund des Vergleichs der Kapitalwerte ist Projekt A gegenüber Projekt B vorzuziehen, da Projekt A einen viel höheren Kapitalwert besitzt.

Man zieht Investition A der Investition B vor, wenn $C_{0A} > C_{0B} > 0$ ist.

Die Kapitalwertmethode kann man auch bei Investitionen mit unterschiedlicher Nutzungsdauer und einem unterschiedlichen Anschaffungswert anwenden. Sie »verfälschen« das Ergebnis nicht, da in der Kapitalwertmethode die Unterschiede in der Nutzungsdauer oder dem Anschaffungswert dadurch aufgefangen werden, dass die Unterschiede zum Kalkulationszinssatz verzinst werden.

Interner Zinssatz

Der _interne Zinssatz_ i_{inn} ist der Zinssatz, bei dem der Kapitalwert der Investition gleich 0 ist. Der interne Zinssatz entspricht im Prinzip der Effektivverzinsung einer Investition (siehe Kapitel 18).

Der interne Zinssatz wird auch _innerer Zinssatz_, _Rendite_, _interne Ertragsrate_ oder _interner Zinsfuß_ genannt.

Den internen Zinssatz kann man auch als:

✔ **Effektivverzinsung** des in der Investition »gebundenen« Kapitals und als

✔ **kritischen Zinssatz** interpretieren, denn wenn Sie für die Investition ein Darlehen aufnehmen müssen, dann darf, damit die Investition vorteilhaft bleibt, der Zinssatz hierfür nicht höher sein als der interne Zinssatz.

Da der interne Zinssatz den Zinssatz darstellt, bei dem der Kapitalwert einer Investition gleich 0 ist, gibt er den Punkt an, an dem der Barwert (Endwert) aller Einzahlungen (Leistungen) mit dem Barwert (Endwert) aller Auszahlungen (Gegenleistungen) übereinstimmt. Es gilt:

$$-A_0 + \frac{P_1}{(1+i_{inn})} + \frac{P_2}{(1+i_{inn})^2} + \frac{P_3}{(1+i_{inn})^3} + \ldots + \frac{P_n}{(1+i_{inn})^n} = 0$$

Die Berechnung des internen Zinssatzes weicht nicht viel von der schon beschriebenen Berechnung des Kapitalwertes im vorherigen Abschnitt ab. Der einzige Unterschied ist nun, dass Sie die Variable i_{inn} (beziehungsweise aus der Kapitalwertformel den Kalkulationszinssatz i) ermitteln müssen und nicht den Kapitalwert, da dieser ja gleich 0 ist.

Der Zusammenhang zwischen Kapitalwert einer Investition und internem Zinssatz ist in Abbildung 22.2 zu sehen. Im Punkt i_{inn} schneidet die Kapitalwertfunktion die x- bzw. die i-Achse.

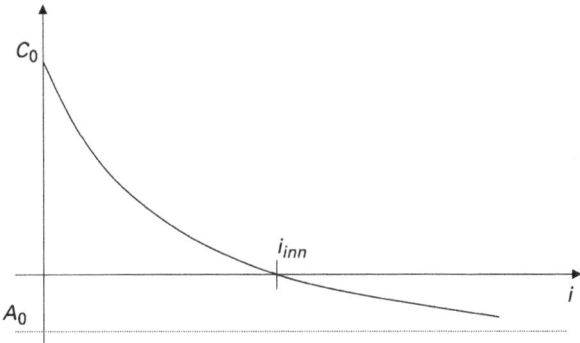

Abbildung 22.2: Zusammenhang zwischen Kapitalwert und internem Zinssatz

Bei einer Normalinvestition gibt es bei der Berechnung des internen Zinssatzes immer eine eindeutige Lösung, da die Kapitalwertfunktion aufgrund des nur einmal stattfindenden Vorzeichenwechsels monoton fällt.

Sehen Sie sich folgendes Beispiel an: Die Anschaffungskosten einer neuen Maschine belaufen sich auf 50.000 Euro. Die Nutzungsdauer beträgt zwei Jahre. Im ersten Jahr liefert die neue Maschine Einnahmen in Höhe von 30.000 Euro und im zweiten Jahr Einnahmen in Höhe von 40.000 Euro. Berechnen Sie den internen Zinssatz der Investition.

1. **Setzen Sie die Werte (A_0 = 50.000, P_1 = 30.000, P_2 = 40.000, n = 2) in die eben kennen gelernte Formel zur Berechnung des internen Zinssatzes**

$$-A_0 + \frac{P_1}{(1+i_{inn})} + \frac{P_2}{(1+i_{inn})^2} + \frac{P_3}{(1+i_{inn})^3} + \ldots + \frac{P_n}{(1+i_{inn})^n} = 0$$

ein.

Sie erhalten:

$$-50.000 + \frac{30.000}{(1+i_{inn})} + \frac{40.000}{(1+i_{inn})^2} = 0$$

2. **Lösen Sie die Gleichung nach i_{inn} auf, indem Sie mit dem gemeinsamen Hauptnenner $(1 + i_{inn})^2$ durchmultiplizieren.**

$$50.000 \cdot (1+i_{inn})^2 = 30.000 \cdot (1+i_{inn}) + 40.000$$

$$5i_{inn}^2 + 7i = 0$$

Sie erhalten als einzige positive Lösung: i_{inn} = 0,1307 indem Sie in die ABC-Formel für quadratische Gleichungen einsetzen. Das heißt, der interne Zinssatz der Investition beträgt 13,07 Prozent.

Beurteilung der Vorteilhaftigkeit einer Investition

Um die Vorteilhaftigkeit dieser Investition beurteilen zu können, gelten folgende Entscheidungsregeln:

✔ Wenn i_{inn} größer als der Kalkulationszinssatz ist, dann lohnt sich die Investition. Die Investition lohnt sich umso mehr, je höher der interne Zinssatz ist.

✔ Wenn i_{inn} dem Kalkulationszinssatz entspricht, dann liefert die Investition weder Gewinn noch Verlust.

✔ Wenn i_{inn} kleiner als der Kalkulationszinssatz ist, dann lohnt sich die Investition nicht.

Manchmal gibt es nicht nur eine sondern mehrere Lösungen aus der Gleichung zur Berechnung des internen Zinssatzes der ja durch die folgende Formel $(-A_0 + \frac{P_1}{(1+i_{inn})} + \frac{P_2}{(1+i_{inn})^2} + \frac{P_3}{(1+i_{inn})^3} + \ldots + \frac{P_n}{(1+i_{inn})^n} = 0)$ gegeben ist, da Sie es mit einem Polynom n-ten Grades zu tun haben.

Als Kriterium für die Auswahlentscheidung der Rentabilität von Investitionsprojekten ist der interne Zinssatz nicht immer sinnvoll.

Der Grund liegt darin, dass die Methode des internen Zinssatzes einen Zinssatz erst errechnet. Deshalb zinst diese Methode die Rückflüsse zu dem Zinssatz ab, den sie berechnet. Es ist kein Kalkulationszinssatz in die Formel integriert. Diese Methode berücksichtigt deshalb die zeitliche Entwicklung eines Investitionsprojektes nicht, da nicht beachtet wird, ob zum Beispiel eine Investition gegen Ende der Nutzungsdauer sehr hohe Rückflüsse generiert (die dann anderweitig angelegt werden könnten) oder ob eine Investition bereits früh moderate, aber kontinuierliche Rückflüsse entwickelt. Die Methode des Kapitalwertes hingegen weist diesen Nachteil nicht auf.

Amortisationsdauer

Will man wissen, wie lange es dauert, bis sich eine Investition rentiert, dann berechnet man die _Amortisationsdauer_. Dabei gilt als Entscheidungskriterium:

✔ **Amortisationsdauer < Laufzeit der Investition:** Die Investition lohnt sich.

✔ **Amortisationsdauer > Laufzeit der Investition:** Die Investition lohnt sich nicht.

Sehen Sie sich hierzu folgendes Beispiel an: Die Beschaffung einer neuen Maschine beläuft sich auf 2.500 Euro. Gehen Sie von einer Nutzungsdauer von vier Jahren und einem Kalkulationszinssatz in Höhe von fünf Prozent aus.

Nach einem Jahr betragen die durch die Maschine erzielten Einsparungen (Periodenüberschüsse) 1.500 Euro, nach zwei Jahren 1.000 Euro, nach drei Jahren 500 Euro und nach vier Jahren 500 Euro.

1. **Berechnen Sie den Kapitalwert am Ende der Laufzeit.**

$$C_0 = \frac{1.500}{(1+0,05)} + \frac{1.000}{(1+0,05)^2} + \frac{500}{(1+0,05)^3} + \frac{500}{(1+0,05)^4} - 2.500$$

$C_0 = 678,87$ Euro

Die Investition lohnt sich insgesamt, da der Kapitalwert positiv ist. Lohnt sich die Investition aber auch nach drei Jahren?

2. **Berechnen Sie den Kapitalwert nach drei Jahren.**

$$C_0 = \frac{1.500}{(1+0,05)} + \frac{1.000}{(1+0,05)^2} + \frac{500}{(1+0,05)^3} - 2.500$$

$C_0 = 267,52$ Euro

Die Investition lohnt sich bereits nach drei Jahren.

3. **Berechnen Sie den Kapitalwert nach zwei Jahren.**

$$C_0 = \frac{1.500}{(1+0,05)} + \frac{1.000}{(1+0,05)^2} - 2.500$$

$C_0 = -164,40$

Nach zwei Jahren lohnt sich die Investition noch nicht.

Nach drei Jahren rentiert sich die Investition.

Teil VI
Der Top-Ten-Teil

»Was genau wollten wir nochmal beweisen?«

In diesem Teil ...

Jedes ... *für Dummies*-Buch endet mit Top-Ten-Listen. Wir werden Ihnen hier zehn Schritte beim Lösen von Textaufgaben zeigen und zehn Ausreden, mit denen Sie wirklich nur dann durchkommen, wenn Ihr Mathedozent versagt hat (die Gründe sind wirklich gut).

Zehn Schritte beim Lösen von Textaufgaben

In diesem Kapitel

▸ Die richtige Formel finden

▸ Variablen einsetzen

▸ Nach Unbekannten auflösen und die Lösung prüfen

▸ Die Aufgabe mit Zahlen und Zeichen wiedergeben

*J*ede Textaufgabe ist einzigartig. Genauso wie Ihre Fingerabdrücke sich von unseren unterscheiden, so unterschiedlich sind auch Textaufgaben. Aber so einmalig Fingerabdrücke und Textaufgaben sind, sie teilen Ähnlichkeiten und bestimmte Muster. Am leichtesten wird es, wenn man sich diese Ähnlichkeiten und Muster zunutze machte. Die folgende Liste hilft Ihnen dabei, die Gleichartigkeiten zu entdecken. Arbeiten Sie mit so vielen oder wenigen dieser Tipps, wie Sie möchten, um mit einer zu lösenden Textaufgabe zurechtzukommen.

Ein Bild zeichnen

Viele Menschen reagieren gut auf visuelle Reize. Zeichnen Sie ein Bild – kein Kunstwerk –, um darzustellen, worum es in der Aufgabe geht. Versehen Sie diese Zeichnung mit Zahlen, Namen und anderen Informationen, die Ihnen helfen, die Situation besser nachzuvollziehen. Ergänzen oder verändern Sie die Zeichnung, wenn Sie eine Gleichung für die Aufgabe erstellen.

Eine Liste erstellen

Probieren Sie ein paar Lösungen, einen Schätzwert. Wenn in der Aufgabe die Frage danach ist, wie viele der 100 Menschen Kinder waren, machen Sie sich eine Liste mit möglichen Kombinationen: 90 + 10, 80 + 20 usw. Bisweilen findet man das Ergebnis auf diese Weise und kann dann rückwärts arbeiten, um einen systematischen Lösungsweg zu finden. Selbst wenn Sie die Lösung dabei nicht finden, werden Sie eine Ahnung davon bekommen, wie sie ungefähr aussehen wird. Sie haben eine grobe Schätzung.

Variablen für Zahlen wählen

Lassen Sie Variablen (Buchstaben) für Zahlen stehen. Eine Variable kann die Länge eines Bootes oder eine Anzahl von Menschen repräsentieren, aber nie das Boot oder die Menschen selbst. Sie können die Buchstaben so wählen, dass sie Ihnen helfen, die Zusammenhänge im

Auge zu behalten. Beispielsweise kann k für Karins Größe stehen; lassen Sie es einfach nur nicht für Karin stehen.

Wörter in Zeichen übersetzen

Nutzen Sie die Hinweise in einer Aufgabe dazu, eine Gleichung aufzustellen, indem Sie die Wörter in mathematische Zeichen übersetzen. Normalerweise bedeuten Wörter wie _und_ oder _vermehrt um_ ein Plus-Zeichen und Wörter wie _weniger als_ oder _verringert um_ ein Minus-Zeichen. Schreiben Sie »$2 \cdot$« für zweimal und das Gleichheitszeichen für _sind, hat, ist_ und andere Verben.

Sie können eine Gleichung auch häufig in der gleichen Reihenfolge schreiben, wie die Schlüsselwörter in der Aufgabe stehen. Zum Beispiel:

> Stefan hat sechs mehr als zweimal so viele Bücher wie Alina.

Schreiben Sie: $s = 6 + 2a$. Dabei steht s für die Anzahl von Stefans Büchern und a für die Anzahl von Alinas Büchern.

Den letzten Satz beachten

Sehen Sie sich den letzten Satz der Aufgabe an. Er informiert Sie normalerweise darüber, wofür die Variablen stehen sollen. Oft können Sie aus ihm auch herauslesen, ob Sie eine Standard-Formel für den Inhalt, die Entfernung, die Zinsen oder das Volumen verwenden können. Zum Beispiel:

> Maria und Harald laufen um die Wette. Maria ist zwei Minuten vor Harald im Ziel, läuft aber auch einen Kilometer weniger als Harald. Wenn sie gleich schnell laufen und die Gesamtstrecke der beiden zusammen neun Kilometer lang ist, wie lange brauchen sie dann?

Sehen Sie sich all die Wörter an, dann den letzten Satz und noch weiter den letzten Teil des letzten Satzes. Er verrät Ihnen, dass Sie nach der _Zeit_ suchen, die benötigt wurde. Die Formel, die diese Phrase nach sich zieht, ist $s = vt$ – Strecke entspricht Geschwindigkeit mal Zeit.

Eine Formel finden

Arbeiten Sie, wenn möglich, ganz oder teilweise mit Formeln. Sie sind ein guter Ausgangs-punkt, um Beziehungen darzustellen. Halten Sie die Standard-Formeln bereit, um sie schnell nachsehen zu können (zum Beispiel die Schummelseite). Machen Sie sich damit vertraut, wofür die einzelnen Variablen in den Formeln stehen.

Mit Ersetzungen vereinfachen

Suchen Sie nach Variablen, die in irgendeiner definierten Beziehung zu einer anderen Vari-ablen stehen, und versuchen Sie dann, die eine Variable mit Hilfe der anderen zu beschrei-ben. Wenn beispielsweise eine Seite eines Dreiecks zweimal so lang ist wie eine andere, kön-nen Sie für die beiden Seiten x und $2x$ statt x und y schreiben.

Eine Gleichung lösen

Übersetzen Sie die Aufgabe in eine Gleichung, die das geschilderte Problem und die Bezüge darstellt. Lösen Sie anschließend diese Gleichung mit Hilfe algebraischer Regeln.

Den Sinn prüfen

Wenn Sie eine Lösung erhalten, prüfen Sie, ob diese im gegebenen Kontext auch Sinn macht. Wenn Sie die Größe eines Mannes ermitteln und Sie ein Ergebnis von 40 Metern erhalten, hat sich sehr wahrscheinlich irgendwo ein Fehler eingeschlichen. Ist eine Lösung sinnvoll, heißt das natürlich nicht automatisch, dass sie korrekt ist, aber es ist eine erste Prüfung, ob sie *nicht* korrekt sein könnte.

Die Genauigkeit kontrollieren

Wenn Sie festgestellt haben, dass ein Ergebnis sinnvoll ist, überprüfen Sie den Wert der Lösung. Das können Sie ganz einfach, indem Sie die Antwort in die ursprüngliche Gleichung einsetzen und nachrechnen. Wenn das klappt, gleichen Sie Ihre Lösung noch mit der Textaufgabe ab, ob sie in allen gegebenen Situationen und Bezügen funktioniert.

Zehn Dinge, mit denen Sie in der Prüfung nicht durchkommen

In diesem Kapitel

▸ Was zu tun ist, wenn Sie trotz der Lektüre dieses wunderbaren Buches die Wirtschaftsmathematik immer noch nicht verstanden haben

D er ursprüngliche Titel für dieses Kapitel war *Zehn Dinge, die als Ausreden gelten, wenn Ihr Mathedozent versagt hat*, aber die Rechtsabteilung des Verlags hatte Angst, dass irgendjemand dies wirklich ausprobieren könnte, erwischt würde und dann einen Prozess anstrengen könnte. Deshalb hat man diesen langweiligen Titel daraus gemacht. Die Rechtsanwälte wollten, dass wir Ihnen Folgendes mitteilen: »Die oben erwähnten zehn Dinge, mit denen Sie nicht durchkommen, sind nachfolgend so beschrieben, als würden Sie tatsächlich damit durchkommen. Dies ist das Stilmittel des Sarkasmus. Diese zehn Dinge sind nur der Unterhaltung halber beschrieben und sollen Ihr Verhalten nicht beeinflussen. Wir bei Wiley-VCH unterstützen keine Ausreden.« Wir mussten dies schreiben – Entschuldigung.

Geben Sie für eine Prüfungsfrage zwei Lösungen an

Wenn Sie sich nicht entscheiden können, welche von zwei Lösungen die richtige ist, schreiben Sie sie beide hin, unterkringeln Sie beide irgendwie und streichen Sie sie irgendwie halbherzig durch. Wenn eine von Ihren beiden Lösungen richtig ist, wird Ihr Dozent im Zweifel einen Punkt für Sie geben.

Schreiben Sie in Prüfungen unleserlich

Ermitteln Sie die Lösung auf Ihrem Taschenrechner und schreiben Sie Ihren »Lösungsweg« dann so schlampig, dass Ihr Dozent ihn nicht lesen kann. Weil Sie die richtige Antwort haben, geht er davon aus, dass Sie wussten, was Sie tun, und gibt Ihnen die volle Punktzahl.

Zeigen Sie Ihren Lösungsweg in der Prüfung nicht auf

Ermitteln Sie die Lösung auf Ihrem Taschenrechner und schreiben Sie unter die Aufgabe »Einfache Aufgabenstellung – im Kopf gelöst«. Ihr Lehrer wird Ihnen glauben.

Lösen Sie nicht alle Prüfungsaufgaben

Wer sagt, dass Sie alle Prüfungsaufgaben lösen müssen? Wenn eine Prüfung vier Seiten umfasst, suchen Sie die Seite mit den schlimmsten Aufgaben, entfernen Sie sie, stecken Sie sie in die Tasche und legen Sie die anderen Seiten sorgfältig wieder zusammen. Ihr Dozent wird denken, die Seite sei beim Kopieren verloren gegangen. Wenn Sie später den »fehlenden Teil« der Prüfung vervollständigen und alle Aufgaben perfekt beherrschen, wird Ihr Dozent keinen Verdacht schöpfen.

Machen Sie Ihre Lerngruppe für Ihre schlechten Noten verantwortlich

Sagen Sie Ihrem Dozenten, dass Ihre Lerngruppe Ihnen alles falsch erklärt hat, dass es also nicht Ihr Fehler war. Ihr Dozent wird Sie die Prüfung wiederholen lassen.

Sagen Sie Ihrem Dozenten, dass Sie eine gute Note in Wirtschaftsmathematik brauchen, um Ihre Flamme zu beeindrucken

Ihr Dozent ist letztlich ein Romantiker – und erinnert sich sicher an seine Schultage, als er gut in Wirtschaftsmathematik und damit der Liebling aller Frauen war – und gibt Ihnen eine 1,0.

Beschweren Sie sich, dass Prüfungen am frühen Morgen nicht fair sind, weil Sie ein Morgenmuffel sind

Erklären Sie, dass Sie im Frühaufstehen einen persönlichen Angriff sehen. Ihr Dozent erlaubt Ihnen, alle Prüfungen nachmittags zu schreiben, und vertraut Ihnen, dass Sie in der Zwischenzeit nicht mit Ihren Freunden sprechen, die die Prüfung schon vormittags abgelegt haben.

Stellen Sie das gesamte Notensystem in Frage

Verklagen Sie Dozenten, die annehmen, sie hätten das Recht, Ihnen eine Note zu geben. Wer sind sie, dass sie glauben, Sie beurteilen zu können? Treten Sie als engagierter Notengegner auf. Argumentieren Sie, dass Noten eine ungerechte Bewertung von Talent und Intelligenz darstellen – und dass das gesamte System menschenfeindlich ist. Ihr Dozent wird von Ihren philosophischen Abhandlungen beeindruckt sein und lässt Sie alle Prüfungen bestehen.

Lösen Sie während der Prüfung den Feueralarm aus

Das ist nun wirklich ein bisschen kindisch – im Gegensatz zu den vorherigen Tipps, natürlich.

Verwenden Sie dieses Buch als Entschuldigung

Wenn Sie keine der obigen Ausreden anbringen können, sagen Sie Ihrem Dozenten, dass Sie meinten, es stimmt, weil Sie es in einem Buch gelesen haben. Ihr Lehrer wird Ihnen sicher glauben.

Stichwortverzeichnis